国家社会科学基金项目(09BSS007)成果

光明社科文库

十三四世纪蒙古人
在西亚统治研究

徐良利◎著

光明日报出版社

图书在版编目（CIP）数据

十三四世纪蒙古人在西亚统治研究 ／ 徐良利著．－－
北京：光明日报出版社，2019.12
（光明社科文库）
ISBN 978－7－5194－4997－1

Ⅰ.①十… Ⅱ.①徐… Ⅲ.①蒙古族—政治制度史—
研究—西亚—13 世纪－14 世纪 Ⅳ.①K281.2

中国版本图书馆 CIP 数据核字（2019）第 114069 号

十三四世纪蒙古人在西亚统治研究
SHISANSI SHIJI MENGGUREN ZAI XIYA TONGZHI YANJIU

著　　者：徐良利

责任编辑：史　宁　　　　　　　责任校对：姚　红
封面设计：中联学林　　　　　　责任印制：曹　净

出版发行：光明日报出版社
地　　址：北京市西城区永安路 106 号，100050
电　　话：010－63139890（咨询），010－63131930（邮购）
传　　真：010－63131930
网　　址：http：//book. gmw. cn
E － mail：shining@ gmw. cn
法律顾问：北京德恒律师事务所龚柳方律师

印　　刷：三河市华东印刷有限公司
装　　订：三河市华东印刷有限公司
本书如有破损、缺页、装订错误，请与本社联系调换，电话：010－63131930

开　　本：170mm×240mm
字　　数：440 千字　　　　　　印　　张：24.5
版　　次：2019 年 12 月第 1 版　印　　次：2019 年 12 月第 1 次印刷
书　　号：ISBN 978－7－5194－4997－1
定　　价：99. 00 元

目 录
CONTENTS

引　言

一、伊利汗国史在蒙古帝国史中的地位

13世纪前半期成吉思汗及其继承者三次西征，中亚和西亚大部分地区都囊括在蒙古帝国版图之中。伊利汗国是蒙古帝国的藩属之域，是成吉思汗的幼子拖雷的第三个儿子旭烈兀通过军事征服在西亚建立起来的外族统治政权，并立国于西亚长达一个世纪。伊利汗国在西亚上承阿拉伯帝国、花剌子模帝国和塞尔柱帝国，下启帖木儿帝国、伊朗萨法维王朝和奥斯曼土耳其帝国，在世界史和中国史上皆占有十分重要的历史地位。

13世纪20—50年代，蒙古三次西征之后，西亚成为蒙古帝国的一个重要组成部分，蒙古统治者在西亚城郭农耕之地设官置守。种种历史原因，统一的蒙古帝国随忽必烈登上帝位而瓦解，横跨欧亚的蒙古帝国则出现元朝、伊利汗国、金帐汗国、察合台汗国和窝阔台汗国等独立的或半独立的几个蒙古政权。其中元朝皇帝被尊为宗主，称为合罕，地位最高。其余诸汗国则为西北宗藩，地位次之，统治者称为汗。伊利汗国由蒙哥大汗的二弟旭烈兀通过继续征服西亚的木剌夷宗教国、巴格达的阿拔斯王朝、叙利亚的艾尤卜王朝、小亚细亚的塞尔柱王朝发展而来，其领土东起阿姆河和印度河，与察合台汗国和窝阔台汗国为邻，西括小亚细亚大部分地区，南抵波斯湾，北达高加索山，与金帐汗国为界。随着蒙古帝国解体，伊利汗国向半独立方向发展，但仍属元朝的宗藩之国，且与元朝的关系甚为密切，伊利汗国史实际上属于蒙古帝国史的一个重要组成部分，也构成世界中古史、西亚史的一个不可或缺的组成部分。长期以来，因多元文化的基本文献原因，学术界尤其是国内学界对元朝这个西北宗藩国的研究不够，或微观研究诸如伊利汗国合赞汗改革等问题，或片面阐释蒙古人西征对中亚和西亚地区所造成的破坏作用，或个案分析伊利汗国与周邻的马木路克王朝、基督教世界国家、金帐汗国和元帝国之间的关系。总体来说，其研究碎化。

故研究十三四世纪蒙古人统治西亚的历史，可以改变国内外学术界关于此课题研究的不完整、零散状态，使若干内容具有显而易见的补白作用。

伊利汗国作为蒙古帝国一个重要的组成部分，是 13 世纪游牧世界对西亚农耕地区大冲击的结果。发动这次冲击的领导者是蒙古人，作为主力的是与之联合的突厥人。在本次大冲击中，部族构成发生巨大变化。涉及的部族包括蒙古人、突厥人、亚美尼亚人、格鲁吉亚人、马木路克人、叙利亚人、西欧人、波斯人、阿拉伯人等。而在本次大冲击之后，发生和发展着两个世界的各种交往和矛盾。蒙古人以暴力进入农耕世界，对中亚和西亚的社会经济造成了严重的破坏，在较长时期内造成中亚和西亚的历史停滞甚至倒退。但是，蒙古人和突厥人扎根定居下来之后，不以其主观意志为转移，不可抗拒地为曾经破坏过的西亚的经济和文化所吸引。来自蒙古高原和河中地区的游牧部族、倾向于农耕或开始从事农耕的半游牧部族，更多地被吸收、融化于西亚的农耕世界。旭烈兀及其继承者也就构成遭到破坏后的西亚历史发展的因素之一。蒙古人和突厥人对西亚的大冲击，通过中亚和西亚这座历史上的地理桥梁，使中国文明的生产技术、科学文化传入西亚和欧洲，伊斯兰文明也正是通过西亚和中亚传入中国内地，成为中国文明的一部分。蒙古人的大冲击客观上大大打开古代欧亚大陆已闭塞的各民族、各地区的交通管道，成为世界历史发展的正能量。十三四世纪蒙古人统治西亚历史的研究，可以在唯物史观的指导下，将蒙古人征服和统治西亚的历史置于中古时代游牧群体与农耕世界交往的宏观背景下，在充分利用国内外相关文献的基础上展示出一幅全景式的蒙古人西征和统治西亚的历史画卷，对开拓世界史的研究视野有很强的理论意义和现实意义。本课题接近学术前沿。

二、伊利汗国研究史

伊利汗国，元朝西北宗藩国，13 世纪中叶至 14 世纪中叶统治西亚大部分地区的蒙古汗国，是成吉思汗第四子拖雷之子旭烈兀所建，因旭烈兀及其继承者自称伊利汗，故名伊利汗国。1252 年蒙古帝国蒙哥大汗派遣二弟旭烈兀统兵征讨尚未降服的西亚伊斯兰国家。1256 年，旭烈兀消灭盘踞在今伊朗马赞德兰省的伊斯兰教亦思马因派宗教国——木剌夷国。1258 年，灭阿拔斯王朝阿拉伯帝国。1259 年旭烈兀侵入叙利亚，叙利亚的艾尤卜王朝表示臣服。同年因蒙哥大汗去世，旭烈兀兄弟忽必烈和阿里不哥为争夺汗位而爆发战争，旭烈兀率西征大军退回波斯，以蔑剌合①为都城建立起伊利汗国。1355 年金帐汗国札尼别汗攻入伊利汗国首都大不里士，伊利汗努失儿完不知所终，历经百余年的伊利汗国解体。汗国内地方贵族纷纷独立，割据称雄，战乱不已。1340 年札剌亦儿部蒙古贵族大哈散占据巴格达，自立为汗，建立札剌亦儿王朝。1358 年兀洼思汗兼并阿塞拜疆，迁都大不里士。14 世纪末，帖木儿帝国灭札剌亦儿王朝。

蒙古人的征略震撼了亚欧大陆整个文明世界，吴于廑先生认为它是游牧世界向农耕世界发起的最后一次大规模的、最激烈的、也是范围最广的冲击，对世界历史产生了巨大影响。因此，包括伊利汗国史在内的蒙古帝国在 13 世纪中叶至 14 世纪便引起东西方社会各阶层的广泛关注与高度重视，存留下大量的多种文字的官修史书、行纪游记、文集笔记，构成东西方学者研究伊利汗国史、蒙古帝国史具有极高史料价值的基本文献资料。

（一）近代西方的伊利汗国史研究

1. 18 世纪西方蒙古史的研究

14 世纪下半叶，蒙古帝国在内部矛盾的压力和欧亚被征服地区人民的解放斗争打击下，渐渐退出历史舞台。伊利汗国在 1355 年瓦解，金帐汗国在 1380 年库里科沃战役中遭到毁灭性打击，帖木儿帝国（1370—1506）在中亚崛起，连接西欧与中亚和中国的直通商道阻断。1348 年欧洲爆发史无前例的黑死病。整整两个世纪，西方与东方比任何时期都更加隔绝。17 世纪，欧洲列强开始向中国渗透，为搜集资料情报，天主教"耶稣会"传教士大批涌向东方，长期留寓中国，对中国文化倍感兴趣。一些有教养、有才干的传教士甚至在明末清初的中国朝廷中担任要职。耶稣会会士源源不断地向欧洲人介绍中国文化和历史，利玛窦、汤若望、卫匡国、南怀仁、张诚、刘应、宋君荣、冯秉正等，依据阿拉伯文、波斯文、拉丁文以及汉文、满文等部分史料，对蒙古史进行研究。张诚的《大鞑靼里亚》，刘应的《鞑靼里亚史》，宋君荣的《元史》前十卷译文，给欧洲留下一批蒙古史、亚洲诸民族古代史著述，奠定了欧洲汉学的基础，也为研究蒙古在内的欧亚大陆历史留下大批珍贵文化遗产。

18 世纪，欧洲产生一批蒙古史研究者，初期起主导作用的是法国人。马·伊·戈尔曼认为，西方真正开蒙古帝国史研究之先河者，当属佩蒂·德·拉·克鲁阿。② 克鲁阿以中古波斯和阿拉伯文献为基础写成西欧第一部蒙古史著作

---

① 蔑剌合（Marāgheh）：今伊朗东阿塞拜疆省的马拉盖。
② 〔苏〕马·伊·戈尔曼. 西方的蒙古史研究［M］. 陈弘法，译. 呼和浩特：内蒙古教育出版社，1992：46.

《伟大的成吉思汗史》，此书六百余页，卷帙浩繁，1710 年在巴黎出版，1722 年英译本在伦敦出版。

18 世纪西方最杰出的蒙古史专家是德儿涅（1721—1800），他是法国汉学家和阿拉伯语权威，其代表作是在巴黎出版的 5 卷本《古代和公元起至今的匈奴、突厥、蒙古及其他西方鞑靼人通史》。此书鸿篇巨制，1757 年出版的第 3 卷叙述 1147—1259 年蒙古史。德儿涅在西方首次以整个内亚（Inner Asia）游牧民族的历史作为研究主体，首次提出中亚游牧民族起源和发展的一系列重大问题，第一次尝试系统地叙述和总结蒙古人历史。A. ю. 雅库鲍夫斯基说："德儿涅的功绩必须得到承认的原因还在于，他早在 18 世纪中叶就或多或少正确地向读者介绍了上自为建立蒙古国而斗争的时期下至帖木儿王朝时代所发生的重大事件。"[①] 但是，德儿涅最大的缺陷是带着强烈的民族主义情感，主观认知游牧民族是野蛮的、不曾有历史演变可能性的民族。

18 世纪西方蒙古史研究集大成者，当属耶稣会士冯秉正（1669—1728），他根据丰富的汉文和满文文献，于 1777—1785 年在巴黎出版 12 卷本《根据中华帝国史料编成的中国通史》，这套百科全书式的著作最后三卷是蒙古史部分，其内容不少涉及蒙古人西征及成吉思汗后裔在西亚统治的历史。不过，包括冯秉正在内的近 18 世纪西方学者视蒙古人的征服活动为巨大灾难，给被征服地区造成了骇人听闻的破坏。

2. 19 世纪西方的伊利汗国史研究

19 世纪西方历史思想推陈出新，史学研究方法更为趋向科学，史学流派繁衍不息，史学研究分工日益精细，历史学发展为一门独立的学科，跃居为人文科学之首，19 世纪被誉为"历史学的世纪"。作为汉学、蒙古学、伊斯兰学等东方学分支学科交汇的蒙古帝国史和伊利汗国史研究获得长足发展，出现真正意义上的伊利汗国史专题研究，产生一批诸如多桑、霍渥斯等杰出的伊利汗国史学家。

（1）多桑的《蒙古史》

亚伯拉罕·康斯坦丁·穆拉扎·多桑（1779—1855），瑞典人，1779 年生于土耳其伊斯坦布尔，历任瑞典驻柏林公使，1855 年在柏林逝世。他精通突厥、阿拉伯、波斯等多民族语言，对蒙古人在西亚的历史兴趣盎然。多桑大量搜集波斯文、突厥文、阿拉伯文、格鲁吉亚文、德文和波兰文等史料，广泛引用

---

① 〔苏〕马·伊·戈尔曼. 西方的蒙古史研究 [M]. 陈弘法，译. 呼和浩特：内蒙古教育出版社，1992：48.

《拉失德史》《世界征服者史》《史集》《突厥世系》《哈里发史略》《伊斯兰教王朝史》和《乐园》等原始文献，特别是在西方蒙古史研究中首次利用拉施特的《史集》波斯文抄本。1824 年多桑在巴黎以法文出版《上起成吉思汗下迄帖木儿伯克或曰跛者帖木儿的蒙古史》（即通称的《多桑蒙古史》），1852 年该书四册全部付梓，成为西方第一部著名的伊利汗国史研究著作，深得西方学界好评，故多次再版。修订较大的版本是增订本 2 版，1834—1835 年在海牙—阿姆斯特丹出版。1852 年《多桑蒙古史》按 2 版重印第 3 版。我国著名中西交通史专家冯承钧在 30 年代将此书译成汉文。1962 年 6 月中华书局推出汉译本第 1 版。1963 年 4 月中华书局将冯氏原译本整理重版，该版由陆峻岭负责译名修订统一工作，并增添译名对照表，约 68.4 万字，印数为 3300 册。冯氏的《多桑蒙古史》不仅有中华书局版，还有商务印书馆版、上海书店版等多个版本，成为中国学者学习和研究蒙古史的重要参考文献。

冯氏的《多桑蒙古史》中译本，分上下两册，共七卷。上册为前三卷，第一卷始于成吉思汗而终于帖木儿。第二卷自窝阔台汗至蒙哥汗，该卷第一章记述窝阔台汗派兵远征波斯，第四章记述贵由汗继续用兵波斯，本章末记述贵由汗时期蒙古帝国与罗马教皇之间互遣传教士史实。第五章记述蒙哥汗派遣胞弟旭烈兀第三次西征。第六章记述 1253 年欧洲基督教传教士东行蒙古并觐见蒙哥大汗。本章最后还描述小亚美尼亚国王海屯一世向蒙古帝国称臣纳贡。第三卷详尽记述忽必烈之后的蒙元史。

下册后四卷专门叙述伊利汗国史实，并附带金帐汗国（钦察汗国）和察合台汗国的一些史事。第四卷第一章记述花剌子模沙摩诃末之子扎兰丁的复国运动以及蒙古统将绰儿马罕领兵西征波斯。第二章记述蒙古人攻陷花剌子模，继续西征并占领美索不达米亚（两河流域）、曲儿忒（库尔德）、阿哲儿拜占（阿塞拜疆）、亚美尼亚、谷儿只（格鲁吉亚）及伊剌克阿剌伯（伊拉克）边境。西亚的塞尔柱克王朝的鲁木国（小亚细亚）降附。西亚的西里西亚称臣纳贡。第三章记叙成帖木儿、阔儿吉思留镇花剌子模故地，蒙古人在中亚和西亚的行政管理。第四章记叙蒙哥 1251 年即位后，召集忽里勒台（贵族大会），决定派旭烈兀西征尚未降服的西亚诸地。本章第二部分作者大篇幅地介绍了伊斯兰教亦思马因派之宗教信仰和教义，阿剌模式诸亦思马因教主之沿革，哈散撒巴及其继承者们的暗杀行为。第五、六章记叙旭烈兀灭亦思马因人之后，出征报达（巴格达）。第六章论及旭烈兀进攻西利亚（叙利亚）与密昔儿（埃及），埃及艾尤卜王朝灭亡和马木路克王朝崛起。1260 年艾因贾鲁特战役。第七章第二部分还记述了金帐汗国汗王别儿哥与伊利汗国汗王旭烈兀争夺高加索的战争。第五卷记述旭烈兀长子、伊利汗阿八哈汗史实。第六卷翔实记载伊利汗阿鲁浑和合赞汗史实。尤其是第九章着重叙述合赞汗改革及其影响。第七卷记述完者都汗和不赛因汗时代的伊利汗国历史。该卷第五章记述不赛因汗死后，伊利汗国分裂，地方贵族相互争战，直至中亚的帖木儿大帝崛起。本书最后附波斯诸蒙古汗世系表、察合台诸汗世系表、钦察诸汗世系表、世系表中人名对照表及译名对照表五个附录。

　　多桑因《蒙古史》遴选为瑞典皇家科学院院士，是19世纪西方学术界最著名的蒙古史专家。《多桑蒙古史》最主要的优点是占有大量罕见并可靠的蒙古帝国时代的东西方史料，为后人学习和研究蒙古史提供了丰富的甚至是一些孤本等文献资料。多桑写作《蒙古史》，最大的特点是参考了大量的中古时代波斯文、阿拉伯文、拉丁文和汉文等史籍。中国史籍主要是《续通鉴纲目》《元史类编》《元史》，此主要引用于前三卷。后四卷引用西方文献较多，主要是拉施特的《史集》、志费尼的《世界征服者史》、瓦撒夫的《土地之分割与世纪之推移》，这些作者皆为当时代波斯和阿拉伯史学家所著，是我们研究蒙古史最珍贵的第一手文献。此外本书还参考了古叙利亚、亚美尼亚、埃及等国的历史文献，如《拜巴儿思传》《哈剌温传》《诺外利书》《埃及诸王史》和《海屯书》等著作。本书史料十分扎实。还值得一提的是，《多桑蒙古史》以一种较为客观的态度看待蒙古人的历史活动。在筛选和组织史料、复原成吉思汗及其蒙古帝国崛起的历史真相时，多桑力图摆脱西方学者长期受西欧中心论的束缚，用自己的笔墨刻画出蒙古人尤其是西亚蒙古人历史的真实图景，并对成吉思汗以及蒙古人的历史活动做出了较为客观的评价。

　　毋庸置疑，《多桑蒙古史》也有其局限性。他在蒙古西征和蒙古帝国创建等重要问题上不能做出正确的解释，更不能科学地揭示出伊利汗国历史发展的客观规律；同时多桑受社会历史条件限制，未能充分利用《蒙古秘史》等蒙汉史料。书中所录人名、地名也很不一致，尚需考证之处颇多。

　　(2) 霍渥斯的《蒙古史》

　　亨利·H. 霍渥斯，英国著名历史学家，代表作是《蒙古史》。这部巨著曾被认为是继《多桑蒙古史》之后19世纪欧洲学术界有关蒙古史研究影响巨大的论著，也是英国蒙古史研究的里程碑，在学术界久享盛名。霍渥斯精通阿拉伯文和法文，大量搜集英文、法文、阿拉伯文等历史文献，特别是充分利用同时代的蒙古史专家多桑的研究成果，写成19世纪英国最宏大的概述性的蒙古史巨作。

　　霍渥斯《蒙古史》，全称是《9—19世纪蒙古史》（*HISTORY of the MON-*

GOLS:*FROM THE 9ᵗʰ TO THE 19ᵗʰ CENTURY*），四卷共五册，伦敦朗文出版。第1卷，蒙古族人与卡尔梅克人，1876年出版，本卷12章，记叙蒙古族源、成吉思汗、窝阔台汗及其继承者们、蒙哥、忽必烈及其继承者们、柯尔克孜人、布里亚特人等史实。第2卷，俄罗斯和中亚的鞑靼人。第3卷，波斯的蒙古人，1888年出版，该卷共12章，翔实记述13世纪中叶至14世纪中叶蒙古人在西亚的历史活动。第1章记叙旭烈兀之前蒙古前两次西征及中亚和西亚的行政管理。第2—3章记述旭烈兀第三次西征及伊利汗国的创建。第4章介绍阿八哈汗。第5章介绍阿合马汗。第6章记述阿鲁浑汗在伊利汗国的统治与征略。第7章介绍乞合都和拜都汗。第8—9章详尽记述合赞汗的统治，特别是合赞汗推行的宗教、税赋改革。第10章记述完者都汗。第11章记述不赛因汗。第12章叙述伊利汗国晚期诸伊利汗及札剌亦儿朝的建立。第4卷，附录和索引，1924年出版，第1章记述中亚族属、生物和地理，第2章记述蒙古人特性、生活和环境。

霍渥斯的《蒙古史》第三卷专论十三四世纪蒙古人在西亚的统治，最大特色是大量参考和引用欧洲蒙古史专家研究的成果。西方历史文献主要是《多桑蒙古史》、瓦尔坦的《亚洲杂志》、基拉罗斯的《亚洲杂志》、布鲁塞的《格鲁吉亚史》《大英博物馆东方钱币目录》、卡特麦尔的《史集》校订本和亨利·玉尔的《马可·波罗游记》。阿拉伯历史文献主要是《纳西尔书》、阿布·法拉吉的《阿拉伯编年史》、瓦撒夫的《土地之分割与世纪之推移》、阿布·菲达的《十字军史评论》《马克利齐书》等。囿于语言条件限制，霍渥斯未能利用中国、波斯和阿拉伯史学家的第一手文献资料。

霍渥斯的《蒙古史》像多桑一样，也以一种较为客观的态度全面地看待蒙古人的历史活动。在阐释蒙古帝国的社会历史发展进程时，力图摆脱西欧中心论和种族主义思想的束缚，对成吉思汗以及蒙古人在历史舞台上的活动做出了较为客观的评价。譬如，霍渥斯评论伊利汗合赞时说："合赞在其统治时期，毫无疑问是东方出现的最杰出的君主之一。"①

（3）其他研究成果

19世纪西方学者关于伊利汗国史研究的成果还表现在对东西方各种语言的蒙古历史文献进行校勘、翻译和注释。贡献卓著者莫过于法国东方学家、巴黎现代东方语言学院波斯语教授艾蒂安·马克·卡特麦尔（1782—1851）。众所周知，《史集》波斯文抄本是研究伊利汗国史最珍贵的原始资料之一。主编拉施

---

① HOWOTH H. H. History of the Mongols：From the 9ᵗʰ to the 9ᵗʰ Century. Part III［M］. London：Longmans，1888：487.

特·阿丁·法兹勒·阿拉赫（1247—1318）长期供职于伊利汗廷，是伊利汗合赞、完者都和不赛因三朝的维齐尔（大臣、宰相）。《史集·蒙古史》是研究蒙古帝国史特别是伊利汗国史不可或缺的重要史料。在世界各地馆藏的《史集》波斯文抄本中，唯巴黎国立图书馆藏的《史集·蒙古史》关于伊利汗国史部分记述最为完整。卡特麦尔据此抄本，部分校刊并以法文译注《史集·旭烈兀传》。1836 年 E. M. 卡特麦尔在巴黎以题为《波斯的蒙古史：拉施特以波斯文撰写》出版。卡特麦尔在这部著作中用三分之一的篇幅描述了这位三朝维齐尔的生平，奠定了西方学术界对拉施特生平及其《史集》波斯文抄本研究的基础。同时代的德国学者弗兰茨·冯·埃尔德曼（1795—1862）在 1840 年用德文曾译出《史集》之部族志。

另一东方学家让－皮埃尔·阿贝尔－雷穆沙（1788—1832），是法国亚洲学会创始人之一，也是法国第一批东方学杂志《亚洲杂纂》（1825—1826）和《新亚洲杂纂》（1829—1830）出版人之一。1829 年任法国亚洲学会会长。在伊利汗国史研究方面，雷穆沙主要研究中世纪法国与伊利汗国的政治关系。1822—1823 年他率先刊布伊利汗阿鲁浑、完者都致法国国王"美男子"腓力四世（1285—1314）的信函。雷穆沙于 1822—1824 年还在《法国皇家研究院院刊》（第 6 卷、第 7 卷）发表《论教皇特别是法国国王与蒙古皇帝的政治关系》和《通过中世纪鞑靼若干未知地理解释以研究哈剌和林城》论文。1829 年在《新亚洲杂纂》第 2 期刊发《速不台：一位蒙古元帅》《耶律楚材：一位蒙古宰相》《撒塔克：一位蒙古王子》《塔塔统阿小传》和《阿玉奇小传》等蒙古史研究系列文章。

此外，一些西方学者还对普兰·迦尔宾、鲁布鲁克、马可·波罗、马黎诺里等人的东方行记，经过精细研究后刊出多种近代欧洲文字的译注本。杰出者当属英国学者亨利·玉尔。玉尔上校（1820—1889），他以收集和校勘中世纪东西方行记见长。1875 年，亨利·玉尔根据收集到的鲁斯梯谦诺、鲍契埃、拉穆西奥诸抄本编辑、翻译和出版了 2 卷本的《马可·波罗游记》（伦敦第 1 版，1903 年纽约和 1921 年伦敦再版）。该译本注解广博，至今仍是学术界关于马可·波罗的主要参考书。我国学者张星烺曾翻译亨利·玉尔和亨利·考狄修订补注的英译本《马可·波罗游记》导言部分，1924 年北京地学会以《马哥孛罗游记导言》书名发行，1929 年，张星烺将所译《游记》正文第 1 卷 30 章与《导言》合并，由北美印刷局印刷，燕京大学图书馆发行。玉尔上校还根据中国史料文献写成 3 卷本著作《中国及通往中国之路》（伦敦，1866 年，1913 和 1916 年再版），它是西方人了解十三四世纪东方历史的有力之作。还需提及的是，20 世纪初美国学者柔克义校勘、翻译并出版了《威廉·鲁布鲁克 1253—1254 年行记》。附关于约翰·普兰·迦尔宾早期游记的两篇报道（伦敦，1900）。柔克义的《鲁布鲁克东行纪》译注本，我国学者何高济译成汉译本。

19 世纪上半叶，俄国在蒙古史和伊利汗国史研究方面成绩也非同凡响。著名的汉学家雅琴夫·俾丘林（1777—1853）曾将《元史》前 3 卷译成俄文，并根据南宋朱熹就司马光《资治通鉴》所编的《通鉴纲目》，编为《成吉思汗前四汗史》（1829），该书成为《多桑蒙古史》主要参考的汉文文献。俄驻华使馆医生布莱资奈德专注于东西方交通研究，用英文译注《西游录》《西使记》等元代西域史料。杰出的突厥学专家巴托尔德（1869—1903），代表作是《蒙古人入侵时期的突厥斯坦》，他在首部历史著作《成吉思汗帝国的形成》一书中试图以阶级的观点解释蒙古国家起源，将俄罗斯关于蒙古的史学思想纵深推进。在波斯文、阿拉伯文蒙古史籍的译注与研究上，俄国突厥学专家贝勒津（1819—1896）精通阿拉伯文、波斯文、突厥文，1858—1888 年先后发表拉施特《史集》部族志和成吉思汗纪的波斯原文校勘本和俄译本。另外，齐申高申在 1822 年与 1870 年先后将亚美尼亚文史籍《海屯行记》《引弓民族史》译为俄文。

总的来说，这一时期西方的蒙古史和伊利汗国史研究有了较大发展，出现了各种语言的伊利汗国专门史及其相关文献的发掘和研究，伊利汗国史研究已成为西方学者所重视的课题之一。

（二）近代我国的蒙古史和伊利汗国史研究

17—19 世纪我国的蒙古史研究主要集中在元史这一领域。清朝历代皇帝很重视辽、金、元的历史经验，元史研究在当时备受人们的关注。《元史》作为"正史"自然是必读之书，但由于《元史》在明洪武初年仓促修成，疏于考订。加之明代中后期学术日益空乏，元史研究成果的学术价值不大。所以，顾炎武（1613—1682）、朱彝尊（1629—1709）等学者倡导博学求实、经世致用，清初逐渐形成注重文献资料的广泛搜集、辨析和名物制度的训诂考据学风。

乾嘉时期，考据学成为当时学术主流，考据学派影响下的蒙元史研究成绩斐然。其中贡献较大者有：康熙三十八年（1699）邵远平撰写的《元史类编》。钱大昕（1729—1804）勤于元史史料发掘，撰文著述，《元朝秘史》《长春真人西游记》等史料价值得以彰显。钱大昕还广泛搜集元代文集、金石碑铭，补正史之阙，考订《元史》。同时代的史家汪辉祖（1730—1807）的《元史本证》、赵翼（1727—1814）的《廿二史札记》中的元史部分，在蒙元史料的收集、考订上成绩斐然。但是，治蒙元史的乾嘉学者，由于种种原因，究其民族语言、漠北西域地理几无进展，更勿论伊利汗国史等专题研究。

19 世纪以降，西方列强基于侵略需要，大兴我国西北舆地之学，一批西域、蒙古史地著作纷纷问世。鸦片战争后，中国边疆问题日益严重，爱国学者面对西方资本主义列强入侵带来的屈辱和危机，特别注意了解域外学术动态，致力于西北史地研究，西北舆地之学在清朝中后期兴起，并在晚清成为显学。一些学者抛开狭隘的民族观，放开历史视野，翻译域外史著，以期经世致用。成就较为突出者，如具有进步史观的魏源，其史著《元史新编》，采录前人成果，参阅西方论著，呈现出强烈的爱国主义情感。

清末驻俄大臣洪钧（1839—1893），同治朝状元出身，曾任翰林院修撰。1881 年任内阁学士，官至兵部左侍郎。1889—1892 年任清廷驻俄、德、奥、荷四国大臣。在域外，洪钧阅读俄国史家贝勒津所译拉施特的《史集》、志费尼的《世界征服者史》，参阅多桑《蒙古史》法文本，通过域外蒙古史历史文献证补《元史》，编成 30 卷《元史译文证补》，开了我国学界利用域外历史文献研究元史的先河。

清季进士屠寄（1856—1921），通过博引旁征，比附汉文文献、拉施特《史集》《多桑蒙古史》，考异辨谬，编纂《蒙兀儿史记》（北京中国书店 1984 年 12 月第 1 版），该书本纪 18 卷，上起成吉思汗下至妥欢帖睦尔汗；列传 129 卷，记述诸汗后妃、皇亲国戚、辅佐僚臣事迹；表 12 卷，记述宗室世系、蒙兀氏族、色目氏族、三公、宰相、行省宰相；志 1 卷，地理志·西北三藩地通释。《蒙兀儿史记》在蒙古史研究上独辟蹊径，对伊利汗国史研究裨益匪浅。

清末民初史家柯劭忞（1848—?）以《元史》为底本，呕心沥血三十年，1920 年编撰《新元史》，全书 257 卷，内涵本纪 26 卷、列传 154 卷、表 7 卷、志 70 卷。与屠氏《蒙儿儿史记》互比，柯氏书虽不如屠寄书所引材料皆注出处，但其资料的补充极为宏富。正如是，北洋政府总统徐世昌下令把《新元史》列入正史，成为官修史书的二十五史，并于 1922 年刊行。

总之，与同时代西方学者相比，我国学者对元史的研究获得巨大发展，但对伊利汗国史研究浅尝辄止。主要原因是波斯文和阿拉伯文史料及其译文的收集、检索并非易事，某些域外史料的歧义更增添学者考订工作的困难。与近代西方学者相比，近代我国的伊利汗国史研究落后一大截。

（三）现代西方的伊利汗国史研究

1. 20 世纪 20—40 年代西方的伊利汗国史研究

20 世纪 20—40 年代西方学界对伊利汗国史研究最显著的特点是在发扬蒙古史的传统研究中偏重语言、历史和文化的同时，并开始从政治学、经济学、地理学、历史学、语言学、文学、宗教、社会文化人类学、考古学和艺术等众多学科来研究蒙古学，导致蒙古史和伊利汗国史的研究渠道和研究领域大大拓宽。20世纪20—40年代西方学界对伊利汗国史研究的一个共同特点是，西方蒙古学者大都在蒙古国和中国的蒙古人生活集中区进行学术考察或进行考古发掘。但其学者虽大多详今略古，良好的语言修养和独特的研究经历，使蒙古史和伊利汗国史研究有了更大的发展，主要表现在汉、蒙、突厥等多种语言的掌握、多语言历史文献的诠释和利用、多学科知识和研究方法的运用，涌现出劳费尔、伯希和、海涅什、田清波、符拉基米尔佐夫、格鲁塞、斯柏勒、波伊勒、拉铁摩尔等一大批卓越的蒙古史和伊利汗国史学者。

美国东方学家贝托尔德·劳费尔（1874—1934），出生于德国科隆，1897年在莱比锡大学获博士学位。受法国汉学家沙畹影响，劳费尔热衷西伯利亚、中亚和西藏考察，探讨东方名物、语言和制度。1910年劳费尔任职美国芝加哥自然历史博物馆，1911—1934年担任该馆人类学部主任。1919年劳费尔在芝加哥出版代表作《中国伊朗编》，副标题为《中国对古代伊朗文明史的贡献》。1964年我国学者林筠因将此书翻译成中文，由商务印书馆出版发行。劳费尔在本书中运用丰富可靠的中国、日本、波斯、阿拉伯古代史料，集中论述了中国与古代中亚和西亚的植物、矿物的传播关系，他含辛茹苦地钩稽中国文献关于古代西亚和中亚的名物、语言和制度，使之成为研究西亚和中亚历史和中国西域关系史具有重要参考价值的著作。劳费尔还对蒙古语和阿尔泰语和文学颇感兴趣，曾刊发《女真语和蒙古语中的数词》（《科罗西·肖玛文献，1921—1925》第1卷第2期）、《阿尔泰语中所属格的产生》（《东方评论》1901年第2卷）。特别是出版的《蒙古文学史纲》，为我们勾勒出一幅生动的蒙古文学图景。

伯希和的《蒙古与教廷》

伯希和（1878—1945），法国人，1878年5月生于巴黎，1945年10月去世。他是法国著名汉学家、探险家，通晓13种语言，学识渊博，曾师从著名汉学家沙畹和印度学家列维，致力于东方学研究，成为阿尔泰学和敦煌学研究先驱。

1900年伯希和被派往法属印度支那河内的法国远东学院工作，1900—1903年间三次派往北京，为远东学院图书馆收集了大量的中国古籍文物。1906年"中亚与远东历史、考古、语言及人种学考察国际协会"法国分会委任伯希和为探险队队长，开始赴中亚和我国西北考察。1908年2月伯希和抵达我国敦煌莫高窟，对所有的洞窟进行编号、测量、拍照和抄录各种文字题记，分别以《伯希和敦煌石窟图录》与《伯希和敦煌石窟笔记》为名出版，成为今天研究敦煌石窟的重要资料。后来伯希和掠走敦煌莫高窟藏经洞6000多卷文献，对中国人民的利益造成巨大损害。1911年法兰西学院特设中亚历史考古学讲座，伯希和聘为主讲。1921 年他被选为法国金石铭文与文艺学院院士，负责主编欧洲的主要汉学杂志《通报》。伯希和研究成果颇多、令人瞩目，我国学者冯承钧和耿昇先生在翻译伯希和著作的工作上做出了巨大成就，现将伯希和涉及蒙古史研究的主要研究成果列下：《吐谷浑为蒙古系人种说》（商务印书馆 1931 年版）、《唐元时代中亚及东亚之基督教徒》（商务印书馆 1962 年版）、《蒙哥》（商务印书馆 1962 年版）、《中古时代中亚西亚及中国之基督教》（兰州大学出版社 1989年版）。在伯希和领军下，法国汉学有了精而深的研究，并使汉学作为正统学问在欧洲学术殿堂占有一席之地，伯希和对中西文化交流做出了重大贡献。

20 世纪 20 年代初，梵蒂冈蒙古外文文献公之于世，伯希和开始从事蒙古与教廷关系史研究。伯希和中外关系史名著《蒙古与教廷》分三次刊布于《东方基督教杂志》第 23、24、28 期，1923 年刊布第 1 卷，1924 年刊布第 2 卷的第1、2 章，1931 年刊布第 2 卷第 3 章，成为伯希和研究蒙古帝国时期蒙古与教廷遣使交往的重要研究成果。我国学者冯承钧在 1941 年将《蒙古与教廷》译成中文，1994 年中华书局将冯氏遗稿整理出版，分两卷四章，约 16.5 万字。究其内容，《蒙古与教廷》第 1 卷为大汗贵由汗致因诺曾爵四世书（1246）。第 2 卷共三章。第 1 章，聂思脱里派之审温·列边阿答。第 2 章，阿思凌。第 3 章，安德·龙如美。

《蒙古与教廷》最大特色是考证精细。诚如伯希和所说："一种朴学必须宁阙勿滥"[1]。伯希和运用梵蒂冈档案馆藏并保留较完整的教皇与蒙古大汗、伊利汗及镇守西亚的蒙古统帅之间的官方往来文书，并与 13 世纪学者范珊·薄韦的《史鉴》、19 世纪学者达维扎克的《柏朗嘉宾修士蒙古记》、柔克义的《鲁布鲁克修士行记》、瓦丁的《方济各年会记》、20 世纪学者戈鲁波维次神甫的《圣地书录》等研究成果互相比较考证，稽核柏朗·嘉宾、列边阿答、阿思凌和安德·龙如美奉使之事，该书体现出高水平的学术价值。伯希和原计划研究的对象不只是上述所列四项，还包括伊利汗国汗王阿八哈、阿鲁浑致罗马教皇信札等问题，由于作者仅完成部分问题的研究，实际上本书是未竟之作，此为本书的遗憾。

伯希和二十年如一日对 13 世纪蒙古史最珍贵的第一手史料《蒙古秘史》进行全面、缜密的校订和考释，并用拉丁文复原音撰写出《秘史》全部原文，将前六章译成法文出版（1949）。他还完成了《圣武亲征录》部分章节的法文译本并附有大量的注释。伯希和认为《圣武亲征录》来自蒙古史籍《脱卜赤颜》，

---

① 〔法〕伯希和. 蒙古与教廷［M］. 冯承钧，译. 北京：中华书局，1994：151.

甚至是传说的《阿勒坛·迭卜帖儿》。1928 年伯希和在《通报》第 26 卷上发表《评王国维遗书》，对王国维有关《蒙鞑备录》《西游记》和其它关于蒙古早期历史的汉文史料进行评说。伯希和还与韩百诗分工协作研究中国史料《元史》，为 1945 年韩百诗发表的《元史》译文做注释补充。

在东西交通史上，伯希和也有精湛的研究。《阿拉伯波斯突厥人东方文献辑注》是伯希和研究 8—18 世纪东西方交通史名著，法国著名东方学家费琅编译校注，我国学者耿昇将之译成中文，中华书局 1989 年上下册出版。该书汇集了伊斯兰东方文献 58 种，其中波斯文献 11 种。尤其是第 2 卷辑录的纳西尔·丁·图西、瓦撒夫、拉施特等十三四世纪蒙古人在西亚统治历史的珍贵资料。1938 年伯希和与亚瑟·莫尔还共同刊布马可·波罗《对世界的描述》拉丁文译文（伦敦，1938）。1949 年巴黎出版伯希和遗著《金帐汗国史札记》，可以说此书是伯希和研究金帐汗国史的杰作。

埃里希·海涅什（1880—1966），20 世纪 20—50 年代德国汉学家、蒙古学家。他毕业于柏林大学，在中国工作多年，回国后先后在诺林大学、哥廷根大学、莱比锡大学、柏林大学和慕尼黑大学任教。海涅什潜心研究《蒙古秘史》，1931 年在莱比锡出版《〈元朝秘史〉（〈蒙古秘史〉）的研究》，1935 年首先刊布《蒙古秘史》拉丁文音写本，1938 年在《德国近东学会学报》第 32 卷上发表《对〈元朝秘史〉（〈蒙古秘史〉）复原的说明》，1939 年发表《〈蒙古秘史〉辞典》，1941 年出版《蒙古秘史》的德文译本。直到 70 年代初，海涅什的《蒙古秘史》德文译本仍然是西欧唯一完整的《蒙古秘史》译文。海涅什是德国蒙古学派的奠基人。1940 年海涅什还出版《蒙古统治时期汉族寺院的赋税特权》（莱比锡），1943 年出版《蒙古世界大国的文化政策》。同年他与 H. 舍德尔编辑出版《蒙古世界帝国：资料与研究》（莱比锡）。1949 年在《东方》杂志上刊布《蒙古伊利汗阿鲁浑和完者都致法国国王"美男子"腓力的信件（1289 年和1305 年）》的原文复印件、音写形式、译文和注释。

田清波（1881—1971），比利时圣母圣心会神甫，著名的汉学家、蒙古学家，美国蒙古学会名誉会员。1881 年 8 月生于比利时的布鲁日，早年在天主教神学院学习，并研习汉语和蒙古语。1905 年前往中国鄂尔多斯传教，并从事蒙古文字和民间文学、鄂尔多斯方言研究，发表和出版了《鄂尔多斯（南部）蒙古方言》《鄂尔多斯口语文集》《鄂尔多斯民间文学》《鄂尔多斯研究》《甘肃蒙古人及其语言》等系列著作。1926—1948 年在北京辅仁大学工作。1948 年后在美国弗吉尼亚州阿灵顿任神甫，参与哈佛大学哈佛燕京学院蒙古学研究，组织和编撰出版《蒙古尔语—法语辞典》《鄂尔多斯语辞典》《蒙古文手稿》等辞典和史料丛书。在蒙古史研究上，田清波对《蒙古秘史》情有独钟。1950—1956年在《中亚学报》《哈佛亚洲研究杂志》和《东方学研究》等刊物上发表了《对〈蒙古秘史〉若干节的研究》一系列论文，这些论文除了是有关蒙古早期历史问题研究之外，还包含许多《秘史》相关的词汇学、句法学研究。田清波一生著作颇丰，其著作目录可参阅1956年第19卷第1—2期的《哈佛亚洲研究杂志》。1971年田清波在比利时故乡逝世。

符拉基米尔佐夫（1884—1931），苏联蒙古语言学家和历史学家，在蒙古史研究方面著有《西藏和蒙古的佛教》（1919）、《成吉思汗传》（1922）和《蒙古社会制度史：蒙古游牧封建主义》（苏联科学院出版，列宁格勒，1934）。尤其重要的是，《蒙古社会制度史》一书，试图以唯物主义观点解释蒙古人社会制度的历史问题，在蒙古古代社会制度史研究上产生了重大影响。

（2）雷纳·格鲁塞的《蒙古帝国史》

雷纳·格鲁塞（1885—1952），法国历史学家，法兰西学院院士，法国东方学泰斗。1885年格鲁塞生于加尔省，毕业于蒙彼利埃大学历史系。1925年他被任命为巴黎吉美博物馆的助理管理员，1933年成为塞努奇博物馆的馆藏指导及亚洲艺术藏品的负责人。第二次世界大战前夕，格鲁塞发表了两部重要著作：《草原帝国》（1939）和《十字军史》（1934—1936）。第二次世界大战中，维希政府解除了他在博物馆的职务，但他仍秘密从事研究工作，并在战争期间出版了三本有关中国和蒙古的作品。法国光复后，他先后成为塞努奇博物馆和吉美博物馆的馆长。1946年格鲁塞成为法兰西学院院士。1946年至1949年间，他出版了关于小亚细亚和近东的四部作品。格鲁塞一生潜心研究东方历史与文化，著述甚丰，主要有《亚洲史》《亚洲的觉醒》《中国史》《中国和她的艺术》《蒙古帝国史》《佛陀的足迹》《成吉思汗》和4卷本的《东方文明史》等十几部著作。

在蒙古史和伊利汗国史研究领域，格鲁塞的《蒙古帝国史》为学界所青睐并成为史学名著，1989年商务印书馆出版中译本（龚钺译、翁独健校）。中文本共五章，32万余字，前284页为正文，后有附录：《成吉思汗系诸汗国》和《成吉思汗系人物的肖像和服装》、77页注释、5幅蒙古地区图、《人名译名对照表》《地名译名对照表》《部落、族别、种族译名对照表》）。

《蒙古帝国史》全面论述了4—14世纪初蒙古帝国的发展历程，重点论述蒙古草原的统一及蒙古对外征服战争的历史。第1章叙成吉思汗勃兴前的蒙古。第2章叙铁木真幼年苦难的岁月和成长历程及蒙古草原的统一。第3章叙述1206年蒙古国家的建立后，成吉思汗对金国、东突厥斯坦、花剌子模、呼罗珊、阿富汗、唐兀惕（西夏）的用兵。第4章叙窝阔台统治下的蒙古帝国对金、南宋、波斯和东欧的战争。第5章论蒙古入侵的规律、定向、周期性与偶然性、影响等。在结构上，此章是本书的一大特色，它对研究游牧文明与农耕文明的相互交往具有一定的参考价值。格鲁塞认为蒙古人征服是游牧民族所有征服活动的最后一幕，其活动具有游牧民族"大迁徙"的一般特征。作者还一分为二地分析了蒙古人征服活动的历史影响，指出在消极方面上蒙古人的征服破坏了农耕文明，使农耕国家的社会发展一定程度上停滞不前甚至大大倒退；在积极方面上蒙古人的征服几乎将亚欧大陆整体上连接起来，促进了亚欧大陆各地区、各民族的经贸商旅交流、文化传播和种族融合。

在20世纪20—50年代，施普勒、米诺尔斯基、欧文·拉铁摩尔对蒙古史和伊利汗国史研究也颇有建树。

施普勒，德国东方学家，1939年发表专著《蒙古人在伊朗：伊利汗时代的政治、管理、文化，1220—1350》（莱比锡），对伊利汗国的内外政策、伊利汗对基督教的态度、伊利汗的税收政策以及1220—1350年伊朗的行政体制、国家机构和文化做了较为详细的描述。该书1955年在西柏林再版。1943年施普勒在莱比锡还出版有《金帐汗国：蒙古人在俄国（1223—1502）》，1961年在柏林出版《历史上的蒙古人》（1972年纽约出版英译本），1969年在莱顿出版《伊斯兰国家史》第2卷（《蒙古时代》）。

在伊利汗国史研究上，施普勒除了1939年的《蒙古人在伊朗》外，1968年在苏黎世出版了《据13—14世纪东西方史料编写而成的蒙古史》（加利福尼亚大学出版社，伯克里-洛杉矶，1972年英译本）（以下简称《蒙古史》）。斯柏勒的《蒙古史》分为5章，即帝国的建立：成吉思汗及其继承人、欧洲人眼中的蒙古（蒙古使团的报告）、波斯地区的伊利汗国（1256—1335/54）、中国的蒙古可汗、俄罗斯的金帐汗国。全书网罗了大量东西方史料，作者立足于有关蒙古人的中国史籍和欧洲使者出使蒙古的报告，较为全面地还原了蒙古帝国的政治、经济、宗教及文化等方方面面的历史情况。值得一提的是，本书第3章从向伊斯兰王朝转变、伊利汗致法国国王腓力四世的信函（1285—1314）、合赞汗的行政管理（1295—1304）三节入手，详尽地论述了蒙古人自1258年征服巴格达后，诸伊利汗在西亚统治的历史进程。该章还从伊利汗旭兀烈的正妻脱古思合敦（1255—1265）、大异密阿儿浑阿合、丞相不花和宗王们的叛乱，维齐尔们的命运，纸币从中国引入波斯，1289年阿鲁浑和1305年完者都致法王信函为切入点，阐释了伊利汗国在西亚地区的政治、经济、宗教和外交上的重大变革。第3章第3节详细介绍了合赞汗统治下的西亚地区财政、税收、伊克塔和驿站的改革。斯柏勒的《蒙古史》为研究十三四世纪蒙古人在西亚的统治提供了有益的借鉴和参考价值。

俄裔东方学者、英国伦敦大学教授米诺尔斯基（1877—1966），早年在莫斯科大学学法律，在拉扎列夫东方语言学院学东方学。曾任俄驻伊朗和土耳其外交官。后从事伊朗、土耳其和外高加索地区历史和文化研究。1917年侨居法国，1930年侨居英国后在伦敦大学从事科学研究并蜚声史坛。在伊利汗国史研究上，他的论文《881—1476年的法尔斯变更》[载《东方和非洲学院学报》（伦敦大学），1939年第10卷第1期]，以伊朗法尔斯省为个案，借以分析并说明蒙古人统治伊朗时期即使遭受战争灾难最小的法尔斯省也在十三四世纪伊利汗国的税收政策下导致社会经济严重衰退。米诺尔斯基还与M.米诺维合作，根据伊利汗国维齐尔、波斯著名天文学家、数学家兼哲学家火者·纳昔剌丁·徒昔（Nasir al－Din Tusi，1201—1274）《论财政》的两个波斯文抄本加以校订和翻译，1940年3月在《东方和非洲学院学报》发表《纳昔剌丁·徒昔论财政》论文。英译注本《财政论》分为四部分，即纳昔剌丁·徒昔简介、《纳昔剌丁·徒昔论财政》英译本、《纳昔剌丁·徒昔论财政》的赋税体系和赋税专有词汇。该文使我们较为清晰地了解十三四世纪蒙古人统治西亚时期的经济、财政和赋税情况[1]。米诺尔斯基在《东方和非洲学院学报》1952年第14卷上还发表《高加索研究之三：阿儿兰都城篾怯思与蒙古人发动的战役》、1954年第16卷的《伊斯兰教历720/公元1320年蒙古人向沙亦黑·扎希德家族颁发的敕令》以及1956年第19卷的《穆克里·库尔德斯坦的蒙古地名》系列论文。米诺维于1932年还在巴黎出版了《底廉王朝》（Daylamits）。两位作者从里海沿岸的不同角度向我们展示出蒙古人在西亚的军事活动。

欧文·拉铁摩尔（1900—1989），美国著名的汉学家、蒙古学家，美国、英国、法国蒙古学会名誉会长，国际蒙古学会前主席。生于美国华盛顿，父母是著名的汉学家，童年在北京与父母生活成长。1926年拉铁摩尔第一次旅行中亚。1927—1928年在哈佛大学进修人类学并获博士学位。1933—1950年任约翰·霍普金斯大学佩奇国际关系学院院长，从事蒙古学研究。20世纪50年代在美国遭麦卡锡主义迫害，后移居欧洲。1963—1970年任英国利兹大学汉学部主任。拉铁摩尔著述甚丰，《满洲的蒙古人》《满洲——冲突的发源地》《中国在亚洲腹地的边境》《亚洲腹地的道路》《亚洲的形势》《亚洲的轴心》《通往突厥斯坦的

---

① MINOVI M，MiINORSKY V. NaSīr al－DīnTūsī on Finance［J］. Bulletin of the School of Oriental and African Studies，University of London，1940，10（3）：755－789.

荒漠道路》《蒙古登上历史舞台》《蒙古史上的地理因素》等系列著作，蜚声史坛。代表作是《中国的亚洲内陆边疆》。此书 1940 年出版，后多次再版。1988年英国牛津大学出版社附加前言再版。我国学者唐晓峰 2005 年将此书译成中文，由江苏人民出版社出版发行。该书对中国其他省份与东北、内蒙古、新疆、西藏四个边疆地区的历史地理、政治经济、古代游牧与农耕民族的交往进行了深入的考察和研究。尤其是该书第一部分第 4 章着力探讨蒙古草原与草原游牧社会的特征，对我们了解中国内陆农耕文化与边疆游牧文化的冲突与融合具有一定的启迪作用。

（3）成吉思汗大扎撒的专题研究

在 19 世纪 40 年代之前，西方学者在蒙古史研究领域中，还十分关注成吉思汗大扎撒及大扎撒对蒙古帝国的影响，并使这一问题的研究深入到对伊利汗国和马木路克王朝的影响。

成吉思汗大扎撒，亦称大扎撒，一般视为成吉思汗颁布的有关 13 世纪蒙古游牧社会的习惯法，虽然大扎撒没有流传下来，但在十三四世纪对蒙古帝国和伊利汗国及同时代的埃及马木路克王朝的社会生活、政治管理和风俗习惯的影响和作用相当大。早在 18 世纪法国学者帕提斯·德·拉·克洛瓦在所著的《成吉思汗大帝历史》（1710 年、1722 年伦敦英译版）一书中首次辑录大扎撒条文。在 19 世纪早期，西方学者研究大扎撒的论著日渐增多。较有影响的是，俄国学者波波夫的《成吉思汗的扎撒与蒙古王朝的法典》（1907）、V. A. 梁赞诺夫斯基的《蒙古部落习惯法》（哈尔滨，1929）和蜚声史界的《蒙古法的基本原理》（天津，1937）、C. 阿林奇的《蒙古法律》（莱比锡，1934）、G. 维尔纳德斯基的《成吉思汗扎撒的范围和内容》（载《哈佛亚洲研究杂志》，1938 年，第 3卷）、米诺尔斯基翻译的《论成吉思汗'大扎撒'的组成》（布鲁塞尔，1939年）、贝列津的《术赤兀鲁思的内部组织》（载《蒙古学报》1941 年，第 2 号）。

20 世纪 70 年代后，西方学术界对成吉思汗大扎撒研究的代表当属 D. 阿亚龙。1971—1973 年，阿亚龙在《伊斯兰研究》第 33 号、第 34 号、第 36 号和第 38 号上分别刊发《成吉思汗大扎撒之审视》系列论文。此外，罗依果的《关于成吉思汗扎撒的一些看法》（载《东亚历史》，1996 年，第 6 期），海达尔的《14—15 世纪蒙古的传统及其在中亚的残存》（载《中亚杂志》，1984 年，第 28卷），P. 拉赤涅夫斯基的《成吉思汗的扎撒及其问题》（柏林，1974）等论文均对成吉思汗大扎撒在内亚社会组织的地位和作用进行了基础性的探索。在考察大扎撒对伊利汗国的影响方面上，D. O. 摩根 1986 年在《东方和非洲研究学院学报》第 49 卷上发表论文《成吉思汗大扎撒与伊利汗国的蒙古法》。该文第 4

部分通过拉施特、瓦撒夫、喀沙尼、乌马里等波斯和阿拉伯史料关于合赞、完者都和不赛因等伊利汗政令的分析，并推论出成吉思汗大扎撒对伊利汗国的法制具有强大的作用。① 此外，波利亚克在 1942 年刊发《成吉思汗的扎撒对马木路克国家基本组织的影响》论文，（载《东方和非洲研究学院学报》，第 10 卷，第 4 期），曾试图论证埃及的马木路克王朝的社会组织基本上建立在成吉思汗扎撒的基础之上。

2. 20 世纪 40 年代以来西方的伊利汗国史研究

20 世纪 40 年代以后，西方的伊利汗国史研究有了全新且高水平的发展，最大亮点是产生了几部大型的集体编纂的内含伊利汗国史的伊朗史丛书，代表性的作品是 1957 年 4 卷本《剑桥伊朗史》和 1968 年 5 卷本《剑桥伊朗史》。其中由著名学者佛列依编撰的 1957 年《剑桥伊朗史》第 4 卷和著名伊朗史家波伊勒主编的 1968 年《剑桥伊朗史》第 5 卷，两书较系统地阐述了中古时代蒙古人在波斯地区（今伊朗、伊拉克、叙利亚和土耳其部分地区）的征服活动以及伊利汗国在中亚和西亚的统治历史。20 世纪 70 年代以来西方学界研究伊利汗国史，最突出的成就是涌现出一大批杰出的伊利汗国史专家学者，产生一批有影响力的伊利汗国史研究专著，佼佼者有：英国著名的伊朗学家约翰·安德鲁·波伊勒、乔治·兰恩、爱德华·布朗；苏联近东和中东史教授伊利亚·彼得鲁舍夫斯基和安·K. S. 兰布通；美国学者托马斯·爱尔森、唐纳德·N. 威尔伯；以色列学者列文·阿米太·普瑞斯等。

（1）波伊勒的伊利汗国史研究

约翰·安德鲁·波伊勒（1916—1978），1916 年生于苏格兰，父亲是著名的书商，在拉丁语、古法语、西班牙语、葡萄牙语及其文学上颇有修养。童年的波伊勒基本上没有经过正规的学校教育。父亲教他拉丁语和希腊语，并让儿子在自己的伦敦和伯明翰书店工作，波伊勒遂养成爱好读书的良好习惯，为他日后渊博的历史知识奠定了扎实的基础。② 1933 年波伊勒在伯明翰大学学习，并在 1936 年得到德国政府的经济援助而转入柏林大学学习他所感兴趣的东方学。第二次世界大战期间，波伊勒回到伦敦，获得英国政府特别津贴，与米诺尔斯基教授一起研究伊朗和东方文化。1947 年波伊勒发表了关于波斯史学家志费尼

---

① MORGAN D O. The Great "yāsā" of Chingiz Khān' and Mongol Law in the īlkhānate [J]. Bulletin of the School of Oriental and African Studies. London: University of London, 1986, 49（1）：163 – 176.

② ELWELL – SUTTON L P. John Andrew Boyle [J]. Folklore, 1979, 90（1）.

的巨著《世界征服史》方面的论文而获得硕士学位。1949 年波伊勒出版处女作
《实用波斯语字典》，此书使他 1950 年起成为曼彻斯特大学波斯学终身教授。
1966 年他晋升为首席教授。

约翰·波伊勒是一位著名的伊利汗国史专家，他最大的贡献是翻译波斯两
位杰出史学家阿老丁·阿塔·篾里克·志费尼的史学名著《世界征服者史》和
拉施特的史学巨著《史集》之《成吉思汗的继承者们》。波伊勒清楚地认识到
蒙古帝国在世界历史发展中的重要地位以及伊利汗国时期波斯史学的繁荣现象。
所以，他主要从波斯文献入手，对十三四世纪蒙古统治下的西亚历史，做了大
量的原始资料翻译和专题研究工作。1958 年波伊勒出版了志费尼《世界征服者
史》的三卷英文译注本，因原著史料的珍贵价值与译者的审慎博恰，波伊勒的
英译本甚至被视为 20 世纪最重要的一部译著。

约翰·安德鲁·波伊勒的另一贡献是编纂《剑桥伊朗史》第 5 卷和第 6 卷。
在他主编的《剑桥伊朗史》第 5 卷（蒙古与塞尔柱时期）一书中，波伊勒亲自
撰写了本卷的第 4 章 "伊利汗时期的王朝与政治史"，清晰地叙述了蒙古对中
亚、西亚的征服以及伊利汗国建立和发展的全过程。1971 年波伊勒还出版了
《成吉思汗的继承者们》，即拉施特《史集》第 2 卷的英文译注本。除此之外，
他还与在莱顿大学任职并毕生献身于伊利汗国维齐尔拉施特研究的奥地利人卡
尔·雅恩共同完成德语版的《拉施特历史传记》。1977 年波伊勒出版个人论文
集《蒙古世界帝国》，1978 年完成《波斯的历史与遗产》和《伊朗的伊利汗们》
研究。同年 11 月，波伊勒因病逝世。

（2）彼得鲁舍夫斯基与兰布通的伊利汗国经济史研究

伊利亚·彼得鲁舍夫斯基（1898—1977），战后苏联最著名的伊利汗国史专
家，列宁格勒国立大学教授，苏联科学院研究员，他最重要的著作是《中世纪
伊朗伊斯兰教研究》。在伊利汗国经济史研究方面，彼得鲁舍夫斯基在其《旭烈
兀王朝统治下的伊朗和阿塞拜疆（1256—1353）》（载《鞑靼蒙古人在亚洲和欧
洲》）和《剑桥伊朗史》第 5 卷第 6 章的《伊利汗国统治下的伊朗社会经济》
论著中，他遵循马克思主义唯物史观，具体考察了蒙古人在西亚的经济和财政
管理。可以说，彼得鲁舍夫斯基是伊利汗国经济史大师。在《伊利汗国统治下
的伊朗社会经济》一章中，他将蒙古统治下的伊朗社会经济发展史分为 13 世纪
20—90 年代、13 世纪 90 年代至 1335 年伊利汗不赛因之死、1335 年至 14 世纪
80 年代帖木儿在西亚崛起三个阶段。从创新的角度而言，彼得鲁舍夫斯基较客
观地指出，蒙古的入侵很大程度上导致伊朗社会经济的衰退，但经过合赞汗改
革，伊朗社会经济有了较大的恢复和发展。这就完全抛弃了以往西方一大批学

者对蒙古人入侵和统治西亚的不折不扣的绝对否定趋向。彼得鲁舍夫斯基还重点考察了蒙古人统治下的伊朗农业经济、农民、土地形态及其赋税体系。美国学者穆里尔·阿特金在评论苏联的伊朗学研究时指出："在整个20世纪60年代，彼得鲁舍夫斯基对伊朗古代史的研究无人能出其右。"①

继彼得鲁舍夫斯基之后，苏联两位突出的伊朗学史学家是米哈尔·伊万诺夫和兰布通。伊万诺夫，莫斯科国立大学中近东研究所教授（1909—1982），他曾在1943—1947年服务于伊朗塔斯社，1967—1974年多次访问过伊朗，后致力于学术研究。伊万诺夫出版过许多关于伊朗的论著，代表作是《伊朗史纲》（中译本由李希泌、孙伟、汪德全合译，1958年三联书店出版），不过伊万诺夫涉及伊利汗国封建主义学说在学术界争论颇大。

在伊利汗国经济史研究上，A. K. S. 兰布通的成果卓著，特别是他的《中世纪波斯的连续性和变迁：11—14世纪政治、经济和社会史》一书，首先纵论中世纪波斯的政治、经济和社会历史，然后重点考察蒙古人在波斯的经济活动。他强调西亚由于蒙古人的征服战争带来的是社会生产力的严重破坏，但西亚传统的维齐尔制、哈的制、税制、瓦克夫制和土地经营方式等政治、经济政策在蒙古人统治西亚时期则具有历史的延续性，并且是波斯中世纪历史的主要特征之一。兰布通还在《蒙古在波斯的财政管理》（载《伊斯兰研究》，1986年第64期）一文中，强调蒙古对波斯财政的管理虽然在不同的地方造成了不同的影响，但人口普查后，蒙古统治者在西亚地区则规范了忽卜出儿（ypcúr）等赋税的征收和管理。他认为伊利汗国在波斯已经建立起有效的财政管理。

（3）爱尔森的伊利汗国文化交流史研究

13世纪是蒙古人的世纪，成吉思汗及其子孙建立起一个横跨欧亚大陆的蒙古帝国，蒙古统治者鼓励内亚地区的商品贸易，支持不同的意识形态，传播东西方工艺技术，"蒙古统治下的和平"客观上为东西方文化交流营造了良好的外部条件。

托马斯·爱尔森，新泽西学院历史系教授，他二十五年如一日重点关注13世纪晚期和14世纪早期中国的元帝国和西亚的伊利汗国之间的历史学、天文学、地理学、绘图学、农学、医学以及印刷术、军事技术等东西方文化交流的研究。在国家人文基金的帮助下，2001年爱尔森出版专著《蒙古帝国的商品和交换：伊斯兰纺织文化史》（剑桥大学出版社，2001年）。本书分五部分，第1

---

① 〔美〕鲁迪·马特，尼基·凯迪主编，姚继德译校. 伊朗学在欧洲和东亚［M］. 宁夏人民出版社，2008：203.

部分是背景介绍，包括引言及前蒙古统治时期的中国和伊朗之间交往。在序言中，爱尔森说："我发现（古代中国和伊朗）两国几乎同时进行了农书的编纂，因这一重要线索，进而我对两国的农业交流产生兴趣，然后扩展到两国的文化交往，这也成了我过去十年研究的焦点。"① 在第 2 部分，爱尔森阐述了元帝国与伊利汗国两国的政治和经济联系。他强调旭烈兀的伊利汗国不是成吉思汗的分封，而是蒙哥汗为维护拖雷系利益对旭烈兀的封赐，伊利汗国和元帝国有着坚实而良好的政治基础。第 3 部分详述 13 世纪中国和伊朗文化交往的两位重要人物孛罗阿合和拉施特。爱尔森指出拉施特与孛罗丞相在政治和文化上的珠联璧合，尤其在合赞改革中，堪称完美合作。第 4 部分则是从历史学、地理学、绘图学、农学、烹饪术、医学等文化交往层面，凸显出这一时期东西文化交往的大规模和高水平。毫无疑问，爱尔森的著作，资料翔实，信息丰富，在蒙元时期的东西方文化交往研究史上，许多观点多有突破，不愧为这一领域的经典之作。

此外，爱尔森 1979 年撰写《蒙古帝国主义的政治：蒙哥汗朝的中央集权和人才动员》一文而获博士学位。1987 年出版专著《蒙古帝国：1251—1259 年大汗蒙哥在汉地、俄罗斯和伊斯兰国家的政策》，成为他多年来全面研究蒙古帝国政治史的总结。在史料研究方面，爱尔森也是一位颇有建树的学者，他曾研究拉施特《史集》附录《五族谱》抄本。爱尔森还与罗莎比、萧启庆等学者合作撰写《剑桥中国史》第 6 卷《剑桥中国辽西夏金元史》。

（4）威尔伯的伊利汗国建筑史研究

唐纳德·N. 威尔伯，美国著名建筑史家。威尔伯对伊利汗国史研究的最大贡献是，通过 1934—1942 年近十年多次在伊朗实地考察而收集到的大量有关艺术和建筑资料的基础上，全面而深入研究了十三四世纪伊利汗国及 1335—1400 年波斯地方王朝这一独特历史时期伊朗的伊斯兰建筑文化。1955 年新泽西州普林斯顿大学出版了威尔伯的研究成果《伊利汗国时期伊斯兰伊朗的建筑》一书。威尔伯著作的内容分为蒙古伊利汗国统治下的伊朗历史和伊利汗国时期伊朗建筑遗址风格两大部分。在第 1 部分中，陈述旭烈兀入侵后历代伊利汗在伊朗的政治统治；在第 2 部分中，作者剖析了伊利汗国时期建筑的主要特征、建筑种类、建筑遗址间的联系、建筑方法和建造材料、建筑设计特征、装饰方法和材料、地方性建筑学派等方方面面。附录中，威尔伯列出这一时期 119 座重要建

① ALLSEN T T. Culture and Conquest in Mongol Eurasia [M]. Cambridge University Press, 2001.

筑遗址和建筑物，并附217幅插图、3张地图、57幅平面图和12张建筑图解表。本书中，威尔伯体现出两大主题思想。一是波斯建筑文化的连续性和活力。他分析了伊利汗国统治西亚的十三四世纪历史，指出伊斯兰文化对野蛮的蒙古统治者的吸引力，并最终成为伊利汗国建筑艺术活动的沃土。另一主题是，他强调伊朗建筑业在蒙古人统治西亚时期的稳步发展、建筑风格和装饰艺术的成长。并进而指明作为一种建筑文化，1335年伊利汗不赛因之死"并非使这一时期的建筑活动戛然而止，相反，在接下来的几个世纪里，这种伊斯兰建筑在风格和装饰上维持了稳定发展，并且在帖木儿王朝的建筑遗址上，我们可看到它的巅峰表现"①。威尔伯的建筑史专著的发表在学术界引起热烈争论，总体上他的研究成果在帮助我们了解中古时代西亚伊斯兰建筑方面做出了巨大贡献。本书的不足是作者并没有领会到建筑艺术的演变以及塞尔柱时期的米哈拉布与伊利汗国时期的米哈拉布之间的本质不同。伊利汗国时期的伊斯兰建筑包含了很多新元素和特征，这些元素是在蒙古入侵之后引入西亚的。

（5）布朗的伊利汗国文学史研究

伊利汗国是蒙古游牧民族对农耕世界第三次大冲击的产物，是元帝国在西亚地区的宗藩国。不可否认，他们在西亚的武力征服给被征服地区带来了深重灾难，然而，伊利汗国时期也是波斯文化发展史上的一个辉煌时期，涌现出一大批享有世界声誉的诗人和文学家，突出者如萨迪、埃米尔·库思老、哈桑·克尔曼尼、哈菲兹、欧贝德·扎康尼等。爱德华·G.布朗在主编的《波斯文学史，卷三：鞑靼人统治时期（1265—1502）》（剑桥大学出版社，1928）一书中，从波斯蒙古伊利汗（1265—1337）、伊利汗时期的历史学家，伊利汗时期的诗歌和神秘主义三方面总体上让我们了解了蒙古人统治下的波斯文学成就，并指明历史上波斯文化成就最高体现者反倒是这个草莽游牧民族统治下的蒙古人。遗憾的是，作为《波斯文学史》丛书中之一的《鞑靼人统治时期的波斯文学史》，在伊利汗国统治下的西亚文化研究方面，无论是其文化繁衍的历史氛围，还是文化本体的阐释，布朗的论述皆较为粗略，也只是简单地勾勒。

（6）普瑞斯的伊利汗国战争史研究

列文·阿米太·普瑞斯，耶路撒冷希伯来大学博士，通过对古阿拉伯和波斯文献资料的分析，以政治和军事为视角，首次全面考察1260年的巴勒斯坦地区艾因贾鲁特之战到1280年的霍姆斯之战这一时期，埃及和叙利亚的马木路克

---

① WILBER D N. The Architecture of Islamic Iran: The Ilkhanid Period [M]. Princeton, New Jersey, Princeton University Press, 1955: Preface Ⅴ.

王朝和波斯的伊利汗国之间战争这一重要历史现象，1995 年他在博士论文
（1990 年 2 月）的基础上出版了专著《蒙古人与马木路克王朝战争：（1260—
1281）》（剑桥大学出版社）。本书正文十章，分别为历史背景、艾因贾鲁特之
战、反伊利汗国政策的形成、第二条战线的探索、军事和外交冲突、暗战、拜
伯尔斯涉足鲁木的塞尔柱王朝、拜伯尔之后的马木路克人胜利——第二次霍姆
斯之战、马木路克王朝——伊利汗国的边境、综论马木路克王朝和伊利汗国。
普瑞斯阐明了双方之间对抗缘于蒙古人对叙利亚的入侵，并以"冷战"方式在
边界或以战争、谍战、心理战或通过外交博弈等形式延续了 21 年的蒙古人和马
木路克人的冲突对抗，同时得出结论，在马木路克王朝与伊利汗国之间的重大
战役上，通常是马木路克人占据优势并在叙利亚大部分地区建立起马木路克人
的统治权。本书是学术界第一次全面而深入研究蒙古人在西亚军事活动的杰出
成果，欠缺的是对马木路克王朝与伊利汗国之间的战争原因和影响的分析过于
简单。

　　（7）兰恩的伊利汗国政治史研究

　　1253 年蒙哥大汗举行忽里勒台，决定派胞弟旭烈兀征服阿剌模忒堡的亦思
马因派木剌夷国和巴格达的哈里发王朝，揭开了蒙古帝国第三次西征序幕。
1258 年蒙古军攻陷巴格达，结束了阿拔斯王朝在伊朗、伊拉克的统治。1263 年
忽必烈大汗赐予旭烈兀"伊利汗"封号，管理东起阿姆河，西至叙利亚边境，
北自高加索山，南临印度洋的广阔领土。

　　乔治·兰恩（1952—）通过梳理中古阿拉伯、突厥和波斯编年史文献，以
旭烈兀和阿八哈两代伊利汗为研究对象，重点探讨了蒙古人在西亚征服和统治
的前 10 年历史。2003 年兰恩出版专著《13 世纪蒙古人在伊朗的早期统治：波
斯复兴》（伦敦劳特利齐书局），本书最具创新的观点是，兰恩从文化的角度认
为蒙古人在波斯地区的入侵和统治的历史景象，并非如宰相拉施特所言的伊利
汗国前 40 年之乱局。相反，兰恩在本书前言中阐明："在 13 世纪中期，蒙古人
不再是一个外来威胁，旭烈兀代表了伊朗的希望，他的眼睛自然瞄准东方的中
国而非西方的阿拉伯。伊利汗国意味着伊朗的重生以及伊斯兰最前沿的波斯文
化的复兴，随后出现的伊朗文化融合诸多东方文化元素，西亚的蒙古人巩固了
中国和伊朗的桥梁，并成为文化的经纪人。"[1] 不过，本书最明显的不足是未能
充分阐明伊利汗国中央与地方政治关系的多元性和复杂性，以至于蒙古人统治

---

　　① LANE G. Early Mongol Rule In Thirteenth Century Iran：A Persian renaissance ［M］
　　. London：Routledge Curzon，2003.

下的波斯文化繁荣在伊利汗国统治的政治背景下显得支离破碎。

在伊利汗国政治史研究上,朱迪思·高巴斯和J.J.桑德斯也占有一席之地。2006 年高巴斯出版专著《蒙古人在伊朗:成吉思汗至完者都:1220—1309 年》(伦敦劳特利齐书局)。本书分两部分,第 1 部分专论蒙古帝国在西亚和中亚地区总督牙剌瓦赤、阔儿吉思和阿儿浑阿合三人的政治生涯。第 2 部分纵论历代伊利汗阿八哈、帖古迭儿、阿鲁浑、乞合都、拜都、合赞和完者都的政治和经济政策。本书创新点是,高巴斯以蒙古人在西亚和中亚统治时期的货币发行和流通为切入点,梳理了伊利汗国从成吉思汗到完者都长达一个世纪间蒙古人在西亚的货币发展史,通过分析蒙古统治者在西亚的货币发行和流通的社会背景、运行状况和历史影响,以此考察作为游牧方式的蒙古人在定居的西亚农业地区的政治、经济的冲突和融合,这在伊利汗国研究史上可谓独辟蹊径。J.J.桑德斯对伊利汗国政治史研究的贡献是 1971 年出版专著《蒙古征服者史》(伦敦),该书分十章,依次是欧亚游牧主义、突厥人加入蒙古人征服、突厥人至蒙古人(750—1200)、成吉思汗、蒙古人侵入欧洲、基督教世界的反应、游牧帝国主义:蒙古人在中国和波斯的统治、反蒙古人的作用、钦察汗国和察合台汗国和蒙古人时代的总结。在第 6 章中作者强调旭烈兀西征和统治西亚后,蒙古人给暗淡的基督教世界重新燃起解放耶路撒冷的希望。尤其是第 7 章,桑德斯通过蒙古人对中国和波斯的统治政策分析和比较,指出游牧主义与农耕世界的交往和冲突。本章还较详细地描述了伊利汗国在西亚地区与马木路克人的对抗以及与基督教世界的频繁联系,进而指出"合赞汗统治的十年是伊利汗国历史的分水岭"[1]。大卫摩根说:"近些年,桑德斯 1971 年问世的《蒙古征服史》肯定是最清楚地介绍蒙古帝国历史的书。"[2]

此外还有三篇芝加哥大学博士论文专论伊利汗国政治,它们对拓展蒙古人在西亚的统治研究大有裨益。科斯·魏斯曼的《蒙古人在巴格达的统治》(1990年 12 月)一文,作者根据 13 世纪阿拉伯学者伊本·福瓦提(Ibn Al – Fuwat,1244—1318)的《编年史》,详细论述了 1258—1301 年巴格达地区为旭烈兀领导的蒙古军队征服,蒙古人在巴格达的统治使巴格达从五百年统治历史的阿拔斯王朝的中央辖区降为伊利汗国的一个地方行省,沦为伊利汗国的边缘地带。魏斯曼解析了历代伊利汗在巴格达的政治事务,阐明了伊利汗国在巴格达的统

---

[1]　SAUNDERS J J. The History of the Mongol Conquests [M]. University of Pennsylvania Press,1971:135.

[2]　MORGAN D. The Mongols [M]. Wiley – Blackwell, 2007:27.

治既保证了巴格达行政管理方式的连续性，也体现出蒙古帝国的政治传统。作者对志费尼家族在巴格达的行政管理的阐释使本文也增色不少。帕垂克·温格的《伊利汗国时期札剌亦儿部及其王朝的形成》（2007年8月）一文，作者以扎实的语言功底，根据阿拉伯、波斯、突厥和欧洲语言文献，对后伊利汗国时代的蒙古札剌亦儿部在小亚细亚、贾兹拉和阿塞拜疆的统治提供了一个卓越的审视。温格在伊利汗国政治背景下考察了札剌亦儿王朝（1335—1410）的崛起和政治统治合法性的认可。并得出结论，札剌亦儿王朝的政治原则也是蒙古帝国和伊利汗国政治意识形态遗产的象征。萨拉·努尔·伊尔迪兹的《13世纪蒙古人对安纳托利亚的塞尔柱王朝的统治》（2006年12月）一文，作者根据阿拉伯、波斯、突厥、亚美尼亚、格鲁吉亚、拉丁语和汉文原始文献，对蒙古人在1243—1282年西亚的征服和统治进行了深入探讨，全文从1220—1241年蒙古人在西亚统治的确立、1241—1251年蒙古帝国解体、1251—1256年伊利汗国建立、1256—1265年伊利汗国统治下的塞尔柱苏丹国等几个方面，构筑起一幅蒙古人在小亚细亚的统治方略和塞尔柱突厥人在小亚细亚崛起的图景。

（8）伊利汗国的外交史研究

20世纪40年代以降，西方学者强化了伊利汗国外交关系的研究。代表性论著有：俄国学者 A. A. 阿里·扎德的《金帐汗国与伊利汗国争夺阿塞拜疆的斗争》（载《阿塞拜疆共和国科学院通报》，1946年，第5、7期）和《13—14世纪阿塞拜疆社会经济和政治史》（巴库，1956年）；J·理查德的《教廷与波斯蒙古人关系的肇始》（载《亚洲学报》，1949年，第237卷）和《蒙古人与法兰克人》（载《亚洲历史学报》，1969年，第3卷）；柯立福的《13世纪和14世纪蒙古公文程式》（载《哈佛亚洲研究杂志》，1951年，第14卷，第3—4期）；澳大利亚国立堪培拉大学远东史教授罗依果的《出使大汗的教皇使者》（斯坦福大学出版，1971）和《约翰神甫与欧洲对东亚的发现》（堪培拉大学出版，1972）。这些论著从不同视角论述了伊利汗国的对外关系，阐释了伊利汗国为征服叙利亚和埃及多次遣使西欧，积极构建与西欧基督教国家建立反埃及马木路克王朝的联盟，分析了伊利汗国对埃及马木路克王朝多次发动叙利亚的战争，以及与同宗的金帐汗国的交恶关系。总体而言，这些论著对伊利汗国的外交关系的历史进程分析不够，没有实质性的突破。

（四）现代东亚的伊利汗国史研究

近几年，日本在蒙古东西方关系研究上十分活跃，取得了明显的进步，也产生了那珂通世、箭内亘、白鸟库吉等一批较有影响的蒙古史学者。总体而言，日本在伊利汗国史研究上水平不高，有些论文只是一般性的叙述文章。譬如，松田孝一的《旭烈兀家族的东方领地》（载《东洋史研究》39.1）研究了旭烈兀立国西域后，其家族在蒙古和中国内地的封地的变化问题。井谷钢造的《论蒙古入侵后的鲁迷——兄弟争位》（载《东洋史研究》39.2），论述了拜住那颜（官人或富人）征服鲁迷（又译鲁木、鲁姆，即今小亚细亚）的过程。志茂硕敏的《伊利汗国的蒙古人》（载《东洋史研究》42.4）以《史集·部族考》为中心研究伊利汗国蒙古系、突厥系诸部族兴衰情况，梳理了旭烈兀兀鲁思集团的构成成分，分析出合赞汗及其伊利汗政权的核心。近年，志茂硕敏出版的《蒙古帝国史研究序说——伊利汗国的核心部族》（东京大学出版会1995年版）和《蒙古帝国研究正篇——中央欧亚游牧诸政权的国家构造》（东京大学出版会2013年版），两书是作者多年来在蒙古帝国和游牧民族政治形态研究领域的总结。北川诚一的《伊儿汗称号考》（载《东方》30.1）得出伊利汗对大汗来说具有从属性的观点。本田实信的《算端尼牙建都考》（载《东方学论集》），论述了伊利汗完者都修建算端尼牙城（又译苏丹尼牙、苏丹尼耶）及其意义。赤坂恒明的《术赤后裔诸政权史的研究》（风间书房2005年版）分析了金帐汗国及其后裔在中亚和东欧所建政权的演进。后腾富男的《骑马游牧民》、本田实信的《蒙古史研究》第2、3章，考察了蒙古与伊斯兰、蒙古与伊朗的关系。上述学者一般是汉学家兼蒙古学家，汉学所占位置大于蒙古学，蒙古史学研究也没有超出传统的古代史、中古史、史料学及部分近代史的范畴。

20世纪20—40年代，受西方蒙古史学者注重史料文献研究的影响，我国一批先进的学者如国学大师王国维（1877—1927）、陈寅恪（1890—1969）等，为改变我国蒙古史学停滞落后局面，主张西学中用，吸收国外先进的学术研究方法。王国维1913年起转治经史之学，利用新史料，倡导二重证据法，写出一系列重要的蒙古史、西域史论文，如《鞑靼考》（1925）、《蒙古史料校注四种》（1926）等。王国维运用多学科知识精湛考证，集汉文、蒙文和域外史料，信而有征，不囿成见，对蒙古史学研究开了一代新学风，既直接秉承清朝以来西北舆地之学传统，又吸收西方学者在我国西北的考古成就。陈寅恪著《蒙古源流》论文四篇，博引汉、藏、蒙文史料，审音勘同、考疑诠释。陈垣（1880—1971）的《元西域人华北考》《元典章校补八卷》《元典章校补释例六卷》《元也里可温教考》《火袄教入中国考》《摩尼教入中国考》《回回教入中国史略》等，博采群书，以翔实资料和细密方法进行专题研究；在翻译域外史著上，冯承钧（1887—1946）做出了重大贡献，全文翻译格鲁塞《蒙古史略》、多桑《蒙古史》《马可·波罗行纪》等著，为我国伊利汗国史的研究，充实了许多文献基础。此外，邵循正（1909—1973）据布洛舍刊印的波斯文《史集》，直接尝试译出若干篇，兼做考释（后收入《邵循正历史论文集》，北京大学，1985）。

　　总体上，20世纪20—40年代，我国伊利汗国史、蒙古帝国史研究取得不少成果，积极翻译域外著作，并从以往摘要、转译发展为原著全文、直接翻译，为以后我国学者利用波斯史籍和西文著述以研究伊利汗国史输入了一大批新资料。但是，我国的蒙古史研究仍处于落后状态，史学理论没有重大突破，伊利汗国史事只是附带论及。

　　中华人民共和国成立后，我国伊利汗国史研究进入一个全新的研究阶段。在唯物史观指导下，五十多年来，我国伊利汗国史、蒙古帝国史研究取得很大进展。首先，史籍的整理和翻译硕果累累，先后完成《元史》的点校、波斯文献《世界征服者史》（1980）、道森编《出使蒙古记》（1983）、《中亚突厥史十二讲》（1984）、《一五五〇年前的中国基督教史》（1984）、波斯文献《史集》（1983—1986）、格鲁塞的法文本《蒙古帝国史》（1989）、伯希和的《蒙古与教廷》（1994）、格鲁塞的法文本《草原帝国》（2002）、《海屯行纪鄂多立克东游录沙哈鲁遣使中国记》（2002）、（日）《北方民族史与蒙古史译文集》（2003）、沙海昂本《马可·波罗行纪》（2004）、《突厥世系》（2004）、拉铁摩尔《中国的亚洲内陆边疆》（2005）等重要文献和著作的汉文翻译和出版。

　　其次，我国学者还广泛探讨伊利汗国、蒙古帝国的社会经济、政治和军事制度、法律、文化等研究领域的新课题。韩儒林、翁独健和邵循正三先生30年代赴欧留学，师从伯希和，研读域外蒙元史籍和西方学者著作，学术视野开阔。近十年来我国对外学术联系十分密切，大大促进了我国伊利汗国史、蒙古史研究的发展，产生一批学术价值较大的通史性著作，其中韩儒林主编的《元朝史》（1986）、内蒙古社会科学院历史研究所编著的《蒙古族通史》（2000）、内蒙古大学出版的《蒙古民族通史》（2002）等，不同程度地考察了伊利汗国。此外，《新疆简史》（1986）、《中国大百科全书·中国历史·元史》（1985）、周良霄和顾英菊合著的《元代史》（1993）、白寿彝主编的《中国通史·元史卷》（1997）、王治来的《中亚史纲》（1986）和《中亚通史》（2004）等著述，都涉及伊利汗国历史方面。近年来，我国一批年轻的史学工作者在伊利汗国的政治、对外关系、宗教、历史地理等方面也发表了一系列较高水平的学术论文，将伊利汗国史研究推向一个新阶段。

　　不过，迄今，我国在伊利汗国史研究上大多属于一些零散的论文形式的成果，政治史、经济史研究十分薄弱，缺乏从世界整体性的角度对伊利汗国历史进行全面考察，未出现系统的、综合性的伊利汗国史专著，尚待学术界重视。

三、基本史料

伊利汗国是成吉思汗嫡孙旭烈兀通过军事手段在中亚和西亚地区建立起来的外族统治政权，是蒙古帝国在西域的藩属之国。有关伊利汗国的史料堪称丰富。其中主要是波斯文史籍。此外亦包括一些汉文、蒙古文、阿拉伯文、拉丁文和亚美尼亚文史料。限于篇幅，不一赘述，兹择其要者，概述如下。

（一）汉文和蒙古文文献

1.《元史》

明初官修史书，210 卷，明代李善长（1314—1390）监修，宋濂（1310—1381）等撰。洪武三年（1370）编成。它记载自 1206 年成吉思汗创建蒙古汗国至 1368 年元朝灭亡 163 年历史。虽然《元史》仅历 331 天编撰修成，疏于考订，纰漏百出。但《元史》辑录的内容据以第一手史料，有较完备的原始档案，史料价值大，它是史学家研究蒙古帝国史和伊利汗国史的重要文献之一。

2.《元名臣史略》

元代苏天爵编，15 卷。天历二年（1329）编成。它依照元代蒙古人、色目人、汉人、南人四等级社会制，收录并依序排列元代名臣 47 人，是研究蒙元历史的珍贵资料。《元史》中的与伊利汗国关系的元名臣如孛罗丞相的传记均取材于此，可与波斯文史料所记相对照。

3.《圣武亲征录》

亦名《圣武亲征记》，佚名撰，是一部关于成吉思汗、窝阔台汗两朝时期重要的蒙古历史史籍。据学者研究，波斯历史名著《史集》第 1 卷之《成吉思汗纪》，大抵据之蒙文秘籍《金册》，除西征部分外，其内容与《圣武亲征录》几近相同。

4.《蒙鞑备录》

南宋孟珙撰写，是现存记载早期蒙古国历史的重要行纪。

5.《黑鞑事略》

南宋彭大雅撰，徐霆疏，是记载蒙古民族早期经济活动的资料之一。

6.《西使记》

又名《长春真人西游记》，2 卷，元代李志常（1193—1256）撰，它记载全真七子之一的丘处机带着尹志平、李志常等 18 位弟子应诏受命西行觐见成吉思汗所经山川道里及沿途所见风土人情，兼述丘处机生平，是研究 13 世纪漠北、西域史地及全真道历史的重要资料。因丘处机足迹遍及今蒙古、吉尔吉斯斯坦、哈萨克斯坦、乌兹别克斯坦、阿富汗等国，该书也成为后人研究十三四世纪中亚、西亚历史与文化的第一手资料,史料价值不薄,相继有俄文、法文、英文译本问世。

7.《西游录》

元代耶律楚材撰,记载元名臣耶律楚材随成吉思汗西征(1219—1223)河中地区所见所闻,是研究 13 世纪蒙古人在中亚和西亚历史文化的重要资料。

8.《湛然居士集》

元代耶律楚材撰,14 卷,是耶律楚材随成吉思汗西征花剌子模时所写诗歌 60 余首,也构成研究 13 世纪蒙古西征中亚和西亚历史文化的重要资料。

9.《清容居士集》

元代袁桷撰,50 卷,其中《拜住元帅出使史实》等文记载蒙元时期西北戍军在西亚的军政活动,可与波斯文史料相对照。

10.《蒙古秘史》

亦称《元朝秘史》,12 卷(一作 15 卷),蒙古汗国官修史书,是 13 世纪蒙古族的历史巨著,记载着成吉思汗和窝阔台汗两朝历史,构成研究蒙古早期社会史的珍贵史料。

(二)穆斯林文献(波斯文、阿拉伯文和突厥文)

1. 波斯文文献

(1)《世界征服者史》

13 世纪波斯著名史学家阿老丁·阿塔·蔑力克·志费尼(Ala' al - Din Ata' Malik Juvayni,1226—1283)著,原名为《塔里黑扎罕古沙》(Ta' rīkh - i Jahān - Gushā),后称为《世界征服者史》,记述成吉思汗及其子孙拖雷、蒙哥、旭烈兀等人事迹,描述了 1229—1256 年初帖木儿、阔里吉思、阿儿浑等蒙古长官统治中亚和西亚地区的历史。因志费尼生活在蒙古征服时期且长期供职于蒙古帝国和伊利汗国,其资料或直接源于目击者的叙述,或为著者自身所闻,因此,本书是波斯文蒙古史文献中最具权威性的著作之一,是研究 13 世纪蒙古人在西亚统治最具权威性的波斯文献之一。

(2)《史集》

13 世纪波斯著名史学家和卓越政治家拉施特·阿丁·法兹勒·阿拉赫·哈马丹尼(1247—1318)主编。现存《史集》分三部:第一部《蒙古史》,第二部《世界史》,第三部《世界地志》,然留传至今的只有前两部和一个残缺不全的附编。第一部四卷,分别记述突厥和蒙古部族志、成吉思汗先世、成吉思汗纪、波斯伊利汗以外的成吉思汗后裔史以及旭烈兀至合赞诸伊利汗纪。特别是第二部四卷,利用了伊利汗廷所藏元廷颁赐的《金册》等档案和谙熟蒙古史事的蒙、汉等族学者口述资料，记述古代波斯诸朝历史、先知穆罕默德传、诸哈里发历史、10—13 世纪伊斯兰教诸王朝史及突厥、中国、西欧人诸民族历史，其史料价值极高，是研究蒙古人在中亚和西亚历史最重要的基本史料。《史集》是一部 14 世纪初以波斯文写成的世界通史性巨著。

（3）《拉施特镇捐赠书》

也称《瓦克夫书》（Waqf－nama），伊利汗国著名宰相拉施特著，是拉施特在其兴建的拉施特镇（或译拉施特区、拉施特城）与瓦克夫宗教慈善机构订立的捐赠契据文献。合赞汗统治时期（1295—1304），大力发展科学文化事业，兴修天文台，建立学校。1299 年拉施特在大不里士城东北角合赞城墙内的瓦里安①山麓兴修了一座集清真寺、客栈、医院、学校于一体的综合文化设施建筑群——拉施特镇。拉施特镇是当时世界上最大和最有价值的宗教、学术、教育综合建筑群。目前关于拉施特镇最具重要信息的文献来源于《拉施特镇捐赠书》，它包含了当年兴修拉施特镇的条件、状况及使用等若干信息，是我们了解伊利汗国中后期社会历史状况的宝贵文献。

《拉施特镇捐赠书》现藏于伊朗大不里士中央图书馆，有波斯文影印本和排印本两种刊本，382.1972 年影印本在伊朗德黑兰出版。排印本由米努维和阿剌沙尔编辑（Waqf－nama－yi Rab－i Rashīdī，Tehran 2536）。1984 年现代学者希拉.S. 布莱尔全面分析了《拉施特镇捐赠书》。②

（4）《拉施特书信集》

是一本伊利汗国两朝宰相拉施特的书信集，由拉施特亲自写，1357 年拉施特的秘书收集整理而成，波斯文写本包括 52 封书信和收集者的 1 篇绪言。书信内容大多涉及拉施特致书其子或下属官员关于政治和经济事务，是研究伊利汗国政治、经济的重要资料。

《拉施特书信集》的真伪在学术界争论颇大，近代学者列维认为这本书信集是赝品③，彼特鲁舍夫斯基则坚持书信集的真实性毋庸置疑。1947 年穆罕默德·萨菲首次在巴基斯坦拉合尔刊布《拉施特书信集》。1979 年，答尼什帕朱在伊朗德黑兰再次编辑并出版此书信集。

（5）《瓦撒夫史》

---

① 瓦里安山（Valiān）：今伊朗大不里士萨尔·哈布山。

② BLAIR S S. Ilkhanid Architecture and Society：An Analysis of the Endowment Deed of the Rab－i Rashīdī ［J］. Iran, 1984，22：67－90.

③ LEVY R. The Letters of Rashīd al－Dīn Fadl－Allāh ［J］. Journal of the Royal Asiatic society of Great Britain and Ireland, 1946：74－78.

　　十三四世纪波斯著名史学家瓦撒夫（1264—1334）著，是一部起于蒙古帝国大汗蒙哥而止于 1319 年伊利汗国历史的史作，故一般被视为志费尼的《世界征服者史》续编。《瓦撒夫史》，1853 年首次在印度孟买刊布，1959 年伊朗德黑兰重刊此书。1856 年德国人哈默·普尔格斯塔尔将该书的第一卷译成德文。

　　瓦撒夫，原名希哈布丁·本·阿卜杜拉·法兹拉赫·谢拉夫，出生于波斯法尔斯省设拉子城，最初任伊利汗国设拉子的税务官。受拉施特宰相赏识，阿卜杜拉·法兹拉赫被引荐到伊利汗宫廷任职。1312 年 6 月拉施特在苏丹尼耶将阿卜杜拉·法兹拉赫的书进献给伊利汗完者都汗，完者都大为赞赏，赐阿卜杜拉·法兹拉赫名为瓦撒夫，意为"御前颂扬者（Vassaf al – Hazrat）"，并将此书改名为《瓦撒夫史》。

　　《瓦撒夫史》，原名《地域之分割与岁月之推移》（*Tajziyat al – Am sar wa Tazjiyat al – Asar*，1312 – 1328），共五卷，主要记载伊利汗国历代君主旭烈兀、阿八哈、帖古迭儿、阿鲁浑、乞合都、合赞、完者都和不赛因等 8 任伊利汗的历史，同时记载了忽必烈汗、术赤汗、察合台汗后裔的历史，以及同时期法尔斯、克尔曼、德里等地方苏丹的历史。第 1 卷为蒙哥大汗之死至帖古迭儿（阿合马汗）时代的历史。第 2 卷为阿鲁浑汗以及法尔斯阿塔卑历史。第 3 卷为乞合都汗（包括拜都）和合赞汗统治前期历史以及德里苏丹的历史。第 4 卷为合赞汗统治后期和完者都汗统治前期以及元成宗之后元朝皇帝的历史。第 5 卷为完者都汗统治后期和不赛因汗以及术赤、察合台、窝阔台后王的历史。此外，书中还附有《世界征服者史》的摘要。就文献学而言，《瓦撒夫史》的成就，在许多方面是其他同时代史料所无法超越的，尤其是伊利汗国晚期完者都和不赛因两朝的历史资料。诚如乔治·兰恩所言，"他的史作不幸地成为现代学者了解这一时期必不可少的资料来源"[①]。

　　(6)《完者都算端史》

　　十三四世纪波斯史学家喀沙尼著，是一部始于 1304 年伊利汗合赞去世而讫于 1317 年不赛因汗即位的伊利汗国完者都朝历史，故一般被视为拉施特的《史集》续编。

　　喀沙尼，全名阿布·卡西姆·阿卜杜拉·本·穆罕默德·喀沙尼（？—1337），其早年历史不详，是伊利汗宫廷文书或史官，作为拉施特的僚臣，曾参加拉施特主持的《史集》编纂工作。拉施特被处死后，喀沙尼曾宣称自己是《史集》的真正著作者。但是，作为《完者都算端史》的编著者喀沙尼，学者

---

① LANE G. Early Mongol Rule Thirteenth – Century Iran［M］. Routledge Curzon, 2003：7.

玛欣·罕布里认为，对比这两部史书的写作风格，让人很难相信这两部风格迥然不同的史书是出于同一人。

《完者都算端史》是一部编年体断代史，它详细完整地记载了伊利汗国第八任君主完者都在位（1304—1316）的13年史实，并包括同时期察合台汗国的相关历史。全书分前言、正文和结语三部分，正文部分按伊斯兰时间逐年编排，一年一篇，共十四篇，每一篇前冠以年份作为篇名，诸如"伊斯兰历704年大事"。与伊利汗国时期其他著名的波斯史家相比，喀沙尼的作品"缺乏专业性，文字不够紧凑，编排相当混乱并且包含一些不精确的因素"①。但是，《完者都算端史》却保留了相当珍贵的关于完者都朝的法律资料，同时因现存《史集》"完者都纪"的阙如，此书正好弥补这一缺欠，这对研究伊利汗国晚期完者都的统治及伊利汗国与察合台汗国的政治关系有着不可或缺的作用。《完者都算端史》波斯文手抄本有二，一是现藏于土耳其伊斯坦布尔阿亚索菲亚图书馆的土耳其本，另一是藏于法国巴黎国家图书馆的法国本。其中法国本是土耳其本的摹本。1969年玛欣·罕布里在德黑兰出版该书波斯文校勘本。

此外，喀沙尼还编写有《历史的精华》，这是一部始于阿丹而止于阿拔斯王朝都邑巴格达1258年为蒙古宗王旭烈兀攻陷的通史性著作。本书大约成于1305—1306年。书中有关成吉思汗后裔旭烈兀西征并消灭立国近六百年之久的阿拉伯帝国（661—1258年）的记载，有一定的参考价值。

（7）《史集续篇》

中亚帖木儿王朝（1370—1506）后期杰出历史学家哈菲兹·阿布鲁著，是一部关于1304—1393年伊利汗国完者都汗和不赛因汗两朝历史。此书因效仿拉施特的《史集》体例，故被视为《史集》另一部续作。

哈菲兹·阿布鲁（？—1430），本名失哈卜丁·阿卜杜拉·本·鲁特法拉哈·本·阿卜杜·拉施德·比哈达迪尼，生于哈烈②，在哈马丹受教育，早年追随帖木儿大帝，后投附帖木儿之子沙哈鲁。作为帖木儿帝国史臣，阿布鲁在沙哈鲁（1405—1447）的襄助下编写了《史集续篇》《历史汇编》《沙哈鲁史》等大量历史著作。《史集续篇》按照扎因丁·卡兹维尼对伊利汗国晚期史实叙述的基本结构，主要依据喀沙尼的《完者都史》史实，记述了完者都和不赛因两任伊利汗的历史。本书对帖木儿大帝征服伊利汗国统治下的波斯地区以及伊利汗国晚期小亚细亚的札剌亦儿王朝的历史增添了不少独特的内容。1939年德黑

---

① LANE G. Early Mongol Rule Thirteenth – Century Iran［M］. Routledge Curzon, 2003：7.
② 哈烈（Herat）：汉书称也里，今阿富汗赫拉特。

兰出版了汗巴巴·巴雅尼校勘的《史集续篇》。

（8）《心之愉悦》

伊利汗国晚期历史地理学家韩达剌·穆思托非·卡兹维尼著，大约在 1335 年伊利汗不赛因去世十多年后完成，主要是一部伊利汗国晚期经济地理著作。

卡兹维尼（？—1340），出生于今伊朗加兹温的显贵家庭，全名韩达剌·本·阿里·巴克尔·阿合马·本·纳绥尔·穆思托非·卡兹维尼。如卡沙尼一样，卡兹维尼受伊利汗国维齐尔拉施特提携，被任命为加兹温、阿卜哈尔、赞詹财政监督官，后升为伊利汗国最高税务官。卡兹维尼留存三部著作。一是《心之愉快》，本书分两部分，第一部分简略描述蒙古人在波斯的统治，第二部分详细记载伊利汗国的地理区域及人口数据。本书最大的亮点是，因作者长期任伊利汗国税务官，书中所提供的财政信息相当可信，是研究伊利汗国晚期地理学和人口统计学的重要资料。二是《选史》，完成于 1330—1334 年，是一部散文体的历史通史性著作。全书分绪言、六章正文、结语三部分。第 4 章蒙古史内容简要记述了成吉思汗、窝阔台、贵由、蒙哥、忽必烈、旭烈兀至不赛因等九位伊利汗十四位蒙古君王事迹。因本书取材很大程度上较为陈旧，史料价值不大。值得一提的是，书中包含的部分原始资料，尚属作者时代的记载，弥足珍贵。1910 年和 1913 年布朗在莱顿和伦敦校刊并出版了本书影印本和英译节本。三是《胜利之书》，它是一部仿效菲尔多西《列王纪》的诗作，囊括自古至 1334 年的重大历史事件。《胜利之书》是阿布鲁《史集续编》重要的史料来源之一，查尔斯·梅尔韦曾强调《胜利之书》的重要性。

（9）《巴纳卡提史》

伊利汗国史学家巴纳卡提著。它是一部始自人类阿丹止于伊利汗国不赛因汗 1317 年登位为止的世界通史。

巴纳卡提，全名为法赫丁·阿布·苏莱曼·达乌德·本·阿比·法兹勒·巴纳卡提（？—1330），1301—1302 年是合赞汗宫廷诗人，曾有"诗圣"之称。在拉施特的支持下，著有《显贵的历史与系谱的智慧园》，通称《巴纳卡提史》。全书九部分，其最后部分为蒙古史。巴纳卡提虽有比较明显的通史眼光，但其书主要节录拉施特《史集》而成，对伊利汗国的欧洲人、犹太人、中国人、印度人、蒙古人以及其他民族记录的信息较少，因此史料价值不大。1970 年伊朗学者贾法尔·希尔通过巴纳卡提手稿的整理在德黑兰出版了《巴纳卡提史》。

（10）《伊利汗历表》

伊利汗国著名天文学家纳速剌丁·徒昔（1201—1274）主编，是一部伊利汗国天文学著作。纳速剌丁·徒昔也是伊利汗国数学家兼哲学家、什叶派大法官、伊利汗国财政顾问，曾著有《论财政》，是研究十三四世纪蒙古人统治西亚时期的经济、财政和赋税历史的珍贵资料。

（11）《职官委任书范文》

穆罕默德·本·辛都沙·纳赫吉瓦尼著，是一部伊利汗国合赞汗朝以来的官方文书汇编。全书由序言、两部正文、结语三部分组成。正文第 1 部为官方书函，第 2 部为政令和官员委任书。这部书是研究蒙古兀鲁思官制的重要文献。

（12）《鲁木的塞尔柱王朝史》

伊利汗国史学家伊本·比比（？—1282/1283）著。中古时代的鲁木曾是塞尔柱王朝的版图，旭烈兀西征后，为蒙古人所控制，鲁木的塞尔柱王朝被纳入伊利汗国的政治管辖。本书是一部伊利汗国统治下的小亚细亚地方政治史，是研究伊利汗国晚期，尤其是札剌亦儿王朝统治小亚细亚时期历史的珍贵资料。帕垂克·温格认为，"伊本·比比的史书提供了伊利汗国在安纳托利亚的统治时期，马木路克人的侵袭和鲁木的塞尔柱人起义的详情"①。

（13）《历史》

卡里姆·丁·阿赫萨拉伊（？—1333）在 1323 年著，它是另一部关于蒙古人在安纳托利亚统治的重要历史著作。本书是为伊利汗国不赛因（1317—1327年在位）统治时期大异密出班的儿子帖木儿塔失所写，异密帖木儿塔失时为伊利汗国鲁木地区军政长官。本书四分之三的内容是关于蒙古人札剌亦儿部在安纳托利亚动荡不安的政治环境中崛起的历史，也是研究自合赞汗后，伊利汗国与鲁木的塞尔柱王朝和埃及的马木路克王朝之间政治关系史的重要参考资料。

（14）《洒黑兀洼思史》

阿布·伯克尔·库特比·阿赫里著，大约写于公元 1360 年，是阿赫里献给札剌亦儿王朝统治者洒黑兀洼思的作品，是唯一一部为札剌亦儿王朝而写并以伊利汗国后继者自居的札剌亦儿王朝为主体的历史著作。

1335 年不赛因死后，伊利汗国统治集团内部矛盾、国内阶级矛盾和民族矛盾激化，汗国迅速瓦解，权臣、统将相继各自拥立阿儿巴等傀儡伊利汗。1355年金帐汗国攻入大不里士，伊利汗努失儿完不知所终。在纷乱中，部分蒙古贵族割据称雄。1340 年蒙古札剌亦儿部贵族洒黑哈散在巴格达自立为汗。1358 年哈散之子兀洼思兼并阿塞拜疆，迁都大不里士，史称札剌亦儿王朝，14 世纪为帖木儿所灭。

---

① WING P. The Jalayirids and Dynastic State Formation in the Mongol Ilkhanate ［M］. Chicago Illinois，2007：49.

关于伊利汗国 1335—1356 年统治者的历史，阿赫里以独特的视角，记叙了阿儿巴（1335—1336）、木撒（1336—1337）、麻合马（1336—1338）、脱合帖木儿（1338—1352）、只罕帖木儿（1339—1341）、撒迪别（1339—1340）、速来蛮（1339—?）、努失儿完（1355—?），这些不赛因汗以后、洒黑哈散之前被公认的伊利汗国傀儡汗昙花一现的统治历史。虽然阿赫里著作的资料大多依据拉施特《史集》，但是阿赫里关于 1304 年之后蒙古人在西亚统治的历史提供了许多独一无二的文献资料。

（15）《札剌亦儿王朝史》

伊利汗国宫廷史臣席林·巴雅尼著，是一部关于蒙古人札剌亦儿部在西亚的政治史，始于洒黑·哈散创建札剌亦儿王朝，讫于 15 世纪札剌亦儿王朝溃灭。巴雅尼在大量吸收阿赫里、哈菲兹·阿布鲁和纳赫吉瓦尼著作的基础上，对札剌亦儿王朝历史提供了一个卓越的审视。本书的不足是，缺乏对伊利汗国政治背景下蒙古札剌亦儿部政治统治权上升和合法性的阐释。

（16）《穆扎法尔王朝史》

伊利汗国史学家摩诃末·库图比著。穆扎法尔王朝作为伊利汗国的一个地方性的家族王朝，统治着克尔曼和亚兹德地区。该书是研究伊利汗国与藩属穆扎法尔家族及其伊利汗国统辖下波斯克尔曼和亚兹德地区政治和经济关系的珍贵史料。

（17）《也里史志》

又称《库尔特朝列王史》，赛义夫·穆罕默德·本·哈拉维（1282—?）著，大约写于 1318—1320 年，主要记录了成吉思汗西征之后也里城（元代之也里城，明代之哈烈城，今阿富汗赫拉特。中古时代，也里城是呼罗珊地区内沙布尔、徒思、谋夫、也里四大名城之一）动荡不安的历史。《也里史志》的不少内容未见诸志费尼的《世界征服者史》和拉施特的《史集》，它是研究蒙古人在东波斯地区活动的重要文献，也是研究伊利汗国与察合台汗国交往的珍贵史料。赛义夫在书中因过分夸大蒙古人入侵呼罗珊地区期间对也里城和内沙布尔城的破坏程度和死亡人数数据，其作品招致蒙古统治者的十分不满，后受到伊利汗国地方王朝——库尔特王朝（1221—1321）统治者的保护。1944 年，史迪奇在印度加尔各答将此书波斯文抄本首次刊布。

（18）《纳昔儿史》

朱思扎尼（一译术兹札尼）著。它是一部讫于 1260 年蒙古人入侵伊斯兰世界的阿富汗通史。朱思扎尼，以敏哈吉·希拉吉著称，全名为敏哈吉·丁·阿布·奥马尔·奥斯曼·本·希拉吉·丁·穆罕默德·朱思扎尼（1193—1261），出生于阿富汗中部的古尔（Ghor），并供职于古尔王朝（一译廓尔王朝）。他亲眼见证了蒙古人对阿富汗及伊斯兰世界的入侵。当蒙古军攻入中亚后，为避战祸，朱思扎尼前往印度，在德里苏丹纳西儿丁·摩诃末沙（1246—1265）宫廷任大法官。

《纳昔儿史》作于1259—1260年，因为纳西儿丁·摩诃末沙而写，故名。它始自先知、哈里发、古波斯帝王及东伊斯兰世界诸王朝历史，讫于1260年旭烈兀征服西亚史实。全书23节。与蒙古史有关的主要是第23节，内容是成吉思汗至旭烈兀历史，尤详于1221—1223年蒙古军西征东波斯史实。关于蒙古人最初的入侵以及旭烈兀征服西亚的历史基本轮廓，与志费尼的《世界征服者史》记载基本一致，但资料更为精确，对蒙古人在伊斯兰世界征略的评价更为客观。譬如，作者肯定了蒙古人强大的军事力量以及严格的军事纪律。但本书最大缺陷是，朱思扎尼带有强烈的民族情感进行历史描述，对蒙古人西征始终持公开对抗态度，本书详细叙述蒙古人入侵伊斯兰历程时，自始至终把成吉思汗的名字与"恶魔"等同，反复"诅咒"蒙古士兵死后应都"被下地狱"。1864年纳骚·李士校订和编辑了朱思扎尼的《纳昔儿史》，首刊于印度加尔各答。1963—1964年，哈比比编辑和出版了《纳昔儿史》全卷，在阿富汗喀布尔出版。该书第7—23节，列威特译成英文，1881年在加尔各答出版《纳昔儿史》英译节本，1970年在伦敦再版。

（19）《里海行省史》，阿莫里著，完成于1362年，即伊利汗国君主不赛因逝世之后25年，它是一部伊利汗国统治波斯时期的里海行省地方史。阿莫里出生于今伊朗马赞达兰省阿莫勒城，面对不赛因死后伊利汗国政治动荡不安、地方割据称雄的混乱局面，阿莫里认为不赛因汗之前的伊利汗国的统治与其说是动荡不安的无政府状态的80年，倒不如说是蒙古人统治波斯的繁荣与安宁的80年，是蒙古人在波斯统治的黄金时代。阿莫里特别强调合赞汗、完者都汗和不赛因汗统治下的波斯的安定与和平。阿莫里的史观对我们认识蒙古人在波斯的统治给予了全新的理念。

（20）《成吉思纪》

又称《王中王书》，是阿合马·大不里兹奉不赛因汗（1317—1335）之命编写的一部关于成吉思汗及其继承者历史的长篇叙事诗。本书仿效波斯诗人菲尔多西的《列王纪》，按照神话传说、英雄史诗和历史故事三部分内容，以一万八千余诗句编写了传说中的王朝、1338年为止的蒙古帝国和伊利汗国诸王的经历。《成吉思纪》波斯文写本现藏于英国不列颠图书馆。因书中的历史故事精心挑选，很大程度上体现了历史内容的可靠性。这种叙事诗形式的历史资料值得学者关注和利用。

(21)《合赞纳美》

即《合赞纪》,伊利汗国维齐尔拉施特的儿子努尔丁·阿兹达里著,是一部关于伊利汗国第七任君主合赞汗(1275—1304)及其祖先在西亚统治事迹的诗作,史料大多取材于《史集》,学术价值不大。努尔丁·阿兹达里将此书献给了伊利汗国后继者札剌亦儿王朝统治者洒黑兀洼思。另一部《合赞纳美》作品,是努尔丁·本·苦思丁在1357年所作,作者仿效菲尔多西《列王纪》诗韵写成,全书一万余句,英国学者布朗收藏有该书的波斯文写本。

(22)《显贵家史》

穆罕默德·本·阿里·本·穆罕默德·萨班卡拉亦(?—1358)著,该书极力赞扬伊利汗国君主不赛因汗和札剌亦儿工朝奠基者洒黑哈散,提供了关于洒黑哈散在伊拉克建立政权并试图占领伊利汗帝国中心阿塞拜疆的大量史实。

(23)《预言者、国王、哈里发的洁净园》,帖木儿帝国后期著名史家米儿洪德(1433—1498)著,是一部始自创世纪止于1522年的世界性历史著作。全书分七卷,其中第4、5卷为阿拔斯王朝哈里发、成吉思汗及其继承者的波斯历史。因该书记叙蒙古人统治西亚历史的史料主要源自《世界征服者史》《史集》和《瓦撒夫史》,故本书史料价值不大,但作者在本书中也增补了一些"成吉思汗大札撒"新资料。1960年本书全卷(附索引)在伊朗德黑兰出版。

(24)《人类个人历史的传记之友》

帖木儿帝国后期著名史家米儿洪德的外孙洪达米儿(1476—1535)编,是一部始自创世纪止于1524年的世界性历史著作。全书分三卷,第3卷第一部分为突厥斯坦国王和成吉思汗及其后裔历史。本书是通过摘录他人的著作编录而成,所以史学价值不大,但因编者所利用的著作如《四兀鲁思史》今已散佚,因此仍具参考作用。1955年该书在伊朗德黑兰出版。

2. 阿拉伯文文献

研究蒙古人在西亚的统治以及与马木路克王朝(1250—1517)之间的关系尤其是战争方面所参考的文献,阿拉伯资料不可或缺且十分丰富。

(1)《编年史》

伊利汗国历史学家伊本·福瓦提著,是一部关于13世纪晚期伊利汗国在巴格达统治的政治和经济史专著。

伊本·福瓦提(1244—1318),1258年在蒙古军征服巴格达后被俘。1261年参与纳昔剌丁·徒昔主持的簸剌合(今伊朗马拉盖城)天文台工作。1281年被任命为巴格达穆思坦昔里耶图书馆主管。1304年被任命为阿塞拜疆图书馆主管。伊本·福瓦提是在伊利汗国政府部门任职的少有的阿拉伯杰出学者，其诗歌、历史、传记作品颇丰，现大多散失。历史著作《编年史》，详细记录了伊利汗国在巴格达地区的官吏任免、土地经营、国际贸易、城市发展和货币流通等信息，为志费尼、拉施特、瓦撒夫的王朝史著所缺欠，是研究巴格达在蒙古人统治下政治和经济地位变更的宝贵文献。

（2）《全史》

一译《历史大全》，阿拉伯历史学家伊兹丁·阿里·伊本·额梯儿（1160—1233）著，是一部始于创世，止于 1231 年蒙古第一次西征的编年体史著。

1160 年 5 月，伊本·额梯儿出生于阿拔斯王朝杰吉拉省乌马尔城一官宦世家，后定居今伊拉克摩苏尔城，兄弟三人皆为学者，伊本·额梯儿精研历史和伊斯兰神学，亲眼目睹了十字军东征和蒙古西征，著有 14 卷本《全史》。该巨著关于十字军和蒙古军战事的记载是阿拉伯文历史编纂的新贡献。在第 12 卷中，伊本·额梯儿翔实叙述了蒙古军 1220 年在河中地区、波斯和两河流域、格鲁吉亚、高加索的战役，书中对蒙古军在中亚和西亚战争的破坏性描写较为客观。1851—1876 年，托恩伯格编辑并在莱顿出版《全史》。伊本·额梯儿还著有《莽丛群狮》，是穆罕默德 7500 位弟子的列传。

（3）《苏丹扎兰丁传》

花剌子模帝国书记官和税收官·摩诃末·奈撒维在 1241 年撰，是一部关于花剌子模帝国苏丹摩诃末和扎兰丁两朝的史作，详于扎兰丁复国运动史实。

1219—1223 年成吉思汗西征花剌子模，摩诃末西逃里海，传位其子扎兰丁，约 1220 年，摩诃末病死。蒙古人征服中亚，置达鲁花赤，建立起较松散的军政统治，扎兰丁开始从事花剌子模王朝复国运动。1223 年，扎兰丁从北印度前往伊朗南部克尔曼①、法尔斯。1224 年，抵达伊朗西北部剌夷城。1225 年攻占阿塞拜疆首邑大不里士，并占领格鲁吉亚首府第比利斯（元代称梯弗利斯）。讫于 1228 年，伊朗西部基本上成为扎兰丁复国运动的基地。1229 年窝阔台被推为蒙古大汗后，为平息扎兰丁叛乱，委以绰儿马罕统帅 10 万蒙古军出征伊朗。1230 年绰儿马罕率军西行伊朗的阿塞拜疆（元代称阿哲儿拜占），扎兰丁逃往波斯西北部山区阿米德②城附近。1231 年扎兰丁为当地库尔德人所杀，花剌子模国灭亡。

奈撒维初为花剌子模帝国呼罗珊省北部奈撒城附近哈伦德尔堡堡主，扎兰

---

① 克尔曼：《辽史》称起儿漫。

② 阿米德（Amīd）：位于底格里斯河上游，今土耳其的阿米德。

丁自印度来伊朗，奈撒维被委任为扎兰丁宫廷书记官，旋即被任命为奈撒城税收官，在蒙古军追击下，奈撒维伴随扎兰丁西奔。扎兰丁在阿米德城被杀后，受伊本·额梯儿《全史》中关于扎兰丁记事的启发，奈撒维作《苏丹扎兰丁传》，全书108章，始于花剌子模沙摩诃末，讫于1231年扎兰丁之死。本书记事，是研究蒙古帝国在中亚和西亚征略和统治的珍贵资料。1891—1895年，奥斯达编译并在巴黎出版阿拉伯文本和法译本的《扎兰丁传》。

（4）《眼历诸国行纪》

马木路克王朝埃及、叙利亚伊玛目、大法官伊本·法兹勒·乌马里（？—1348/1349）著，是一部关于1246—1344年埃及和叙利亚两地历史的百科全书式的编年著作。书中包含了大量的关于伊利汗国政治、经济以及西亚的蒙古人与马木路克王朝争夺叙利亚的信息。阿拉伯文本《眼历诸国行纪》现藏于法国巴黎图书馆，唯存第23篇。1968年德国学者克劳斯·莱西在威斯巴登出版德译节本。

（5）《伊本·白图泰游记》

原名《异域奇游胜览》，是伊利汗国不赛因汗统治时期（1317—1335）著名的穆斯林旅行家伊本·白图泰游历马格里卜①、埃及、叙利亚、波斯、印度、德里和中国各地的口述记录。

伊本·白图泰（1304—1377），马格里卜人，今摩洛哥丹吉尔城人。原名穆罕默德·伊本·阿卜杜拉·伊本·穆罕默德·伊本·易卜拉欣·伊本·优素福，以伊本·白图泰闻名于世。1304年出身于鲁瓦塔部落一伊斯兰法官世家，1325年赴麦加朝圣，并开始三次遨游亚非欧列国。在第一次旅行中（1325—1349），正值伊利汗国不赛因统治时期，伊本·白图泰游历了安纳托利亚、波斯、伊拉克、波斯湾、呼罗珊和阿富汗地区，在伊利汗国境内遍访大马士革、大不里士、巴格达、库法、瓦西特、巴士拉、摩苏尔、设拉子、霍尔木兹、锡瓦斯、马尔丁、伊兹密尔、巴尔赫、赫拉特、徒思、内沙布尔名城。1354年伊本·白图泰奉摩洛哥国王苏丹阿布·安纳尼之命，口述所见所闻，宫廷书记官伊本·朱扎伊笔录，名为《异域奇游胜览》。

伊本·白图泰的游记卷帙浩繁，一直以节本传颂。1853—1858年德弗列梅里和桑圭勒梯校勘、出版《伊本·白图泰游记》法译全本。1958年吉布又刊印英译本，1972年再版。我国学者马金鹏根据埃及出版的阿拉伯文版本译成中文，1985年宁夏人民出版社出版《伊本·白图泰游记》中文本。游记的上述版本中

---

① 马格里卜（Maghrib）：古地名，历史上埃及以西的北非称马格里卜。

有关伊利汗国名城都邑记述甚详，对蒙古人统治下西亚的历史地理、民俗方物、经济贸易、宗教文化、交通往来的研究皆有重要的参考价值。

（6）其他有关蒙古人在西亚统治的阿拉伯文献

伊利汗国的西邻马木路克王朝（1250—1517），在埃及和叙利亚统治时间长，帝国的史学家们用阿拉伯文撰写的作品十分丰富，特别是年代记和传记体的编年史。这些马木路克王朝文献从另一视角提供了大量的伊利汗国和后伊利汗国时期波斯和安纳托利亚事务的信息。

伊本·台格里比尔迪（？—1470）1453 年撰写的《埃及历代国王纪》，涉及马木路克王朝苏丹拜伯尔斯、盖拉温与伊利汗国的战争。盖勒盖山迪的《夜盲者曙光》，记录了伊利汗国的某些政治制度内容。阿合马的《诺外利书》，叙述了西亚的蒙古人在叙利亚的战事，特别是 1303 年的黄牧场之役。苦思丁·苏扎伊的《盖拉温传》，包括了不赛因死后伊拉克的札剌亦儿部统治者洒黑哈散、出班家族以及伊利汗国和马木路克王朝边境冲突。马木路克王朝叙利亚哈马城总督艾勒卜·斐达的《世界史纲要》提供了马木路克苏丹国和伊利汗国边境领土之争的信息，尤详于安纳托利亚事务。马克利齐的《诸国志》，详述了艾尤卜王朝和马木路克王朝统治下的埃及和叙利亚历史，提供了札剌亦儿王朝洒黑哈散及其儿子洒黑兀洼思在巴格达的统治。和马克利齐同时代的是伊本·哈扎尔·艾什哈拉尼（？—1449）的《王国历代记》，对札剌亦儿王朝苏丹阿合马与跛子帖木儿之冲突的研究尤显重要。

3. 突厥文文献

《突厥世系》，阿布尔—哈齐—把阿秃儿汗撰，本书是一部始于人类祖先阿丹，止于 17 世纪中叶的蒙古史略。作者出生于花剌子模地区的玉龙杰赤城，系成吉思汗之子术赤的直系后裔、术赤的十二代孙。1643 年阿布尔—哈齐—把阿秃儿汗登上希瓦汗国之位，文韬武略，1663 年开始撰写《突厥世系》，史实多节录拉施特的《史集》。该书遗稿在其子希瓦汗阿努失—穆罕默德统治期间（1663—1687）完成。全书分为九章。第 1 章叙述阿丹至蒙兀儿汗，第 2 章记载成吉思汗诞生前的蒙兀儿历史，第 3 章为成吉思汗传，第 4 章为窝阔台传及窝阔台汗国史，第 5 章为察合台汗国史，第 6 章叙述统治波斯（伊朗）的成吉思汗幼子拖雷汗后裔的历史，即伊利汗国史，第 7 章为钦察汗国史，第 8、9 章为术赤第五子昔班汗后裔的历史。1871—1874 年法国人戴美桑在圣彼得堡出版《突厥世系》的突厥文和法文译文 2 卷本。我国学者罗世贤转译戴美桑法译本，2005 年中华书局出版《突厥世系》的中文本。此书对研究西亚的蒙古人历史有一定的参考价值。

（三）拉丁文文献（拉丁文、叙利亚文和亚美尼亚文文献）

1. 拉丁文文献

西欧开始认识蒙古人发端于 1235 年蒙古第二次西征。蒙古人不期而至且西欧人对其茫然无知，慑于恐惧，罗马教皇、英法君主纷纷遣使蒙古，涌现一大批关于蒙古人早期活动的报告、行记以及外交信函，特别是 13 世纪 60 年代中期后，西方基督教世界不断向伊利汗国旭烈兀（1256—1265）、阿八哈（1265—1282）、阿鲁浑（1284—1291）、合赞（1295—1304）、完者都（1305—1326）派出外交使团，留下大批外交信函，这是研究西亚的蒙古人与罗马、英法外交关系的珍贵文献。

（1）《大编年史》

13 世纪上半叶英国历史学家马修·帕里斯（？—1259）著。马修·帕里斯因曾在巴黎求学而有"巴黎的马修"之称，此书为了解 1235—1259 年欧洲大事、蒙古汗国政治军事制度及蒙古帝国扩张史提供了重要资料。1993 年斯特劳德出版理查德·沃恩编辑的《马修·帕里斯的插图本编年史》。

2.《柏朗嘉宾蒙古纪行》

天主教圣方济各会修士柏朗嘉宾东行蒙古帝国的出使报告。柏朗嘉宾（1182—1252），一译普兰·迦尔宾、普兰诺·卡尔皮尼，意大利翁布里亚区佩鲁贾人，圣方济各会修士。1229 年窝阔台被推举为蒙古大汗后，继续从事成吉思汗对外扩张未竟之业，发动蒙古第二次西征（也称拔都西征、长子西征，1235—1241）。在欧洲，1236 年蒙古军灭不里阿耳城（废址位于伏尔加河和卡马河交汇处南，今俄罗斯鞑靼斯坦共和国首府喀山之南 115 公里的不里阿耳—乌斯平斯科伊村附近）。1237 年灭伏尔加河下游的钦察部。1240 年灭乞瓦城①，征服斡罗思。1241 年里格尼兹战役大败孛烈儿（波兰）军并进兵德国边境。1241 年 4 月蒙古军灭马札儿（匈牙利）都城佩斯②，12 月攻陷格兰城③。1243 年拔都在伏尔加河下游建立起钦察汗国（1243—1502）。在西亚，1230 年绰儿马罕追击花剌子模帝国复国者扎兰丁，1231 年扎兰丁为库尔德人所杀，花剌子模国彻底灭亡。1231—1241 年绰儿马罕转战外高加索、亚美尼亚、格鲁吉亚和小亚细亚，两度侵袭巴格达，引起阿拔斯王朝哈里发穆斯坦绥尔（1226—1242）的巨大恐慌。1241 年绰儿马罕死，拜住那颜继任其职，继续征略叙利亚、小亚细亚、

---

① 乞瓦（Kiev）：今乌克兰首都基辅。

② 佩斯（Pest）：《元史》称马茶。

③ 格兰城（Gran）：亦称斯特里戈尼亚。

伊拉克等地。1242 年蒙古军攻克西瓦思城①，鲁木的塞尔柱王朝纳币求和。蒙古帝国对欧洲和西亚的征略引起欧洲朝野上下一片恐慌和震惊。1245 年罗马教皇英诺森四世在法国里昂召集宗教大会，决定派遣传教士出使蒙古，窥探蒙古人的军事行动，劝说蒙古统治者皈依基督教并停止对基督教世界的杀戮。

1245 年柏朗嘉宾奉教皇之旨，从里昂启程，历经两年，跋涉万里，途径法国、波兰、俄罗斯、钦察汗国，1246 年 7 月到达蒙古帝国首都哈剌和林，觐见蒙古大汗贵由（1246—1248），11 月携带贵由汗诏书西归，1247 年复命教皇，并呈上贵由诏书和拉丁文本的出使报告《蒙古纪行》。

柏朗嘉宾东行见闻录的《蒙古纪行》是西欧第一份最准确的关于蒙古高原的文字记载。全文由引言和正文九章构成，重点介绍了蒙古人征略方策、军事组织、武器装备、风俗习惯、社会经济以及劝诫西欧基督教世界归顺蒙古帝国等情况，文章"详细地讨论了蒙古人是如何组织战争以及欧洲力量如何做好抵抗蒙古人的入侵"②，此报告是研究蒙古帝国扩张和东西交通史的珍贵文献。贵由汗的信函现仍保存在梵蒂冈档案馆。

柏朗嘉宾的《蒙古纪行》第一手稿现藏于牛津大学图书馆，后有拉丁文、德文、法文、俄文等多种文本出版。我国学者耿昇根据 1965 年贝凯和韩百诗的法文译注本转译为中文，1985 年中华书局出版了《柏朗嘉宾蒙古行纪》的汉译本。

（3）《达达史》

洗满·圣康坦所撰，多明我会修士范珊·薄韦（？—1264）转录于《史鉴》。柏朗嘉宾出使蒙古后，1245 年 3 月，多明我会修士阿思凌和洗满·圣康坦使团奉教皇之命出使驻屯里海西岸的蒙古军统将拜住营地。伯希和认为，阿思凌使团希望经伊斯兰世界赴拜住营地，但在巴勒斯坦和叙利亚逗留甚久，后经大亚美尼亚、小亚美尼亚，③ 1248 年 9 月，阿思凌携带拜住那颜信札和两名蒙古使者突厥人爱别吉和基督徒薛儿吉思回罗马。11 月教皇签署致拜住那颜复信，

---

① 西瓦思城（Sīvās）：今土耳其锡瓦斯。
② MORGAN D. The Mongols［M］. Wiley – Blackwell, 2007：22 – 23.
③ 大亚美尼亚：（Great Armenia）古代西南亚的一个王国，位于今土耳其西北部和前苏联西南部。公元 7 世纪形成国家，11 世纪为塞尔柱突厥人所灭。
小亚美尼亚或西里西亚（Lesser Armenia or Little Armenia）：大亚美尼亚灭亡后，亚美尼亚人一部分迁移到谷儿只（格鲁吉亚）、波斯等地，另一部分人迁移到西里西亚（Silesia），12 世纪又建立起国家，史称小亚美尼亚。

首开蒙古和西欧基督教世界友好往来。① 洗满·圣康坦的《达达史》关于蒙古人记事较柏朗嘉宾的《蒙古行纪》更为具体和详细，是研究早期蒙古人历史和东西交通史的重要参考资料。

（4）《鲁布鲁克东方行纪》

天主教圣方济各会修士鲁布鲁克东行蒙古帝国的出使报告。

柏朗嘉宾、阿思凌和龙如美奉使蒙古后，纷纷了解到蒙古大汗对基督徒颇为眷顾，蒙古贵族中有不少人信仰基督教，这激起罗马教廷和西欧君主加强与蒙古联系的愿望。1253 年 5 月，法国佛兰德斯人、圣方济各会修士威廉·鲁布鲁克（1215—1270）奉法王路易九世之命前往哈剌和林传教，并试图寻求蒙古统治者联盟以对抗近东地区的穆斯林。鲁布鲁克一行从君士坦丁堡启程，途经克里米亚的苏达克和钦察草原，拜谒钦察汗拔都。12 月 27 日抵达哈剌和林。1254 年 1 月，觐见蒙哥大汗（1251—1259）。鲁布鲁克请求在蒙古地区传教遭到蒙哥汗的婉言谢绝后，7 月携带蒙哥汗致法王路易九世国书回国。1255 年 8 月到达的黎波里。1256 年鲁布鲁克以拉丁文写成蒙古东行见闻录——《东方行纪》出使报告，并转呈法王路易九世。蒙哥汗的回复国书现仍保存在梵蒂冈档案馆。

与柏朗嘉宾的《蒙古纪行》相比，鲁布鲁克的《东方行纪》是一本浅显易懂的旅游手册，并且是一份观察敏锐的报告。在《东方行纪》中，重点叙述的不是蒙古帝国的军事组织、武器装备，而是蒙古人的风俗习惯、衣食住行，尤其是宗教信仰。《鲁布鲁克东方行纪》是研究早期蒙古史和中西交通史的重要文献。我国学者何高济根据 1900 年柔克义的英文译注本转译为中文，1985 年中华书局出版了《鲁布鲁克东方行纪》的汉译本。

（5）《马可·波罗游记》，是一部关于十三四世纪意大利著名旅行家马可·波罗在中国和东方各国所见所闻的口述、鲁斯梯谦诺笔录而成的世界奇书。

马可·波罗（1254—1324）②，出身于意大利威尼斯一个商人家庭。1265 或 1266 年，其父尼柯罗·波罗和叔父马菲奥·波罗来远东经商并抵达上都哈剌和林，觐见元世祖忽必烈（1260—1294），波罗氏兄弟二人奉忽必烈大汗之命出使罗马教廷。1271 年波罗氏兄弟携 17 岁的马可·波罗同来元廷复命，在地中海东

---

① Guzman G G. Simon of Saint – Quentin and the Dominican Mission to the Mongol Baiju: A Re-appraisal［J］. Speculum, 1971, 46（2）: 232 – 249.

② 马可·波罗：系《中国大百科全书·中国历史》译名，以往其汉译名较杂乱，1874 年始译为博罗玛格、后有马可孛罗、马哥博罗、马哥孛罗、马哥波罗、马可波罗、马哥·波罗等。

岸阿克城①晋见新教皇格雷戈里十世（1271—1276），取道伊利汗国，经桃里寺②、波斯湾港口忽里模子，走传统的丝绸之路，越过巴达克山和帕米尔高原，1275 年到达上都，在中国侨居 17 年，马可·波罗入仕元朝。1289 年波罗氏三人眷念故乡，请求回国。1289 年忽必烈命波罗氏三人护送阔阔真公主出伊利汗国成婚。1291 年波罗氏三人从泉州启程走海路，历经两年，达到伊利汗国，完成忽必烈汗使命。1293 年阔阔真公主与阿鲁浑汗之子合赞完婚。波罗氏三人从桃里寺出发回国，1295 年抵达威尼斯。1296 年在威尼斯与热拉亚海战中，马可·波罗被俘，在狱中口述东方游历见闻，狱友比萨人鲁斯梯谦诺笔录，1298 年完成《东方闻见录》，后多称《马可·波罗游记》。

马可·波罗时代，"蒙古帝国统治下的和平"出现，欧洲人来中国旅行，不再为蒙古人所蔑视。马可·波罗从商业视角出发，轻快地叙述了东方见闻。虽然当代中外学者对《马可·波罗游记》可信度争论不休③，但是，马可·波罗的书皆为趣闻、杂录，且非常精确。

杨志玖为首的中国学者纷纷撰文，论证《马可·波罗游记》的真实可靠性。④ 但《马可·波罗游记》可以说是欧洲人曾经写过的最能了解远东的作品。书中关于伊利汗国各地所见所闻，也是研究西亚的蒙古人及其与元帝国之间关系和中西交通史的最重要的资料之一。

---

① 阿克城（Acre）：古地名，今以色列海法北。

② 桃里寺：古地名，今伊朗阿塞拜疆省的大不里士城。

③ 马可·波罗及《马可·波罗游记》的种种质疑如下所示。20 世纪中叶后，部分学者对古今中外家喻户晓的马可·波罗及其行纪的质疑又风生水起。引人注目的有德国慕尼黑大学教授赫伯特·福兰克 1966 年发表在《亚洲皇家学会香港分会学报》第 6 期的《蒙古帝国时期的中西方接触》一文（Herbert Franke, Sino－Western Contacts under t he Mongol Empire, Journal of the Royal Asiatic Society, Hong Kong Branch），他提出马可·波罗是否到过中国仍是一个悬而未决的问题。1979 年美国学者海格尔在《宋元研究学刊》1979 年第 14 期上发表《马可·波罗到过中国吗？——从内证看到的问题》论文（Haeger J W. Marco Polo in China? Problems with Internal Evidence［J］. Bulletin of Sung and Yuan Studies, 1979 (14).），否定马可·波罗游记的可信性。曾先后 1981 年求学于北京的英国学者弗朗西丝·伍德（Frances Wood 汉名吴芳思），出版题为《马可·波罗到过中国吗？》（DID MARCO POLO GO TO CHINA?）（弗朗西丝·伍德著，洪允息译：《马可·波罗到过中国吗？》，新华出版社，1997）。英国学者克雷格·克鲁纳斯在《泰晤士报》1982 年 4 月 14 日发表《马可·波罗到过中国吗？》，持完全相同观点。

④ 杨志玖. 关于马可波罗研究——读柯立夫教授的《关于马可波罗离华的汉文资料及其到达波斯的波斯文资料》［J］. 南开大学学报, 1979 (3)；马可波罗足迹遍中国——与海格尔先生商榷［J］. 南开大学学报, 1982 (6)；马可·波罗与中国——对《马可·波罗到过中国吗？》一文的看法［J］. 北京《环球》杂志, 1982 (10)；中国国际文化书院. 中西文化交流先驱——马可·波罗文集［M］. 北京：商务印书馆, 1995.

《马可·波罗游记》中外版本较多，汉译本主要有9种。

清末魏易、林纾合译《元代客卿马哥博罗游记》，1913年北京正蒙印书局出版。

张星烺据亨利·玉尔和亨利·科迭（Henri Cordier）合订的英文译注本译《马哥孛罗记》，1929年北美印刷局印刷，燕京大学图书馆发行。

李季据纽曼尔·科姆罗夫英译本译《马可孛罗游记》，1936年4月上海亚东图书馆发行。

冯承钧据沙海昂法文译注本译《马可波罗行记》，1936年11月上海商务印书馆出版，1947年2月第三版，1954年中华书局重印，2001年8月上海世纪出版集团重印，2004年1月北京中华书局重印。2009年7月吉林出版集团有限责任公司出版。

张星烺据拜内戴托的意文本的英译本译《马哥孛罗游记》，1937年7月上海商务印书馆出版。

陈开俊据纽曼尔·科姆罗夫英译本等合译《马可波罗游记》，1981年11月福建科学技术出版社出版。

梁生智译《马可·波罗游记》，1998年9月中国文史出版社出版。

余前帆译注《马可·波罗游记》，2009年1月中国书籍出版社出版。

苏桂梅译《马可·波罗游记》，2012年3月中国对外翻译出版公司出版。

学界一般认为张星烺和冯承钧所译《马可波罗游记》中文本较好。目前《马可·波罗游记》最佳英译本是1938年穆尔①与伯希和合译的《马可波罗寰宇记》。

（6）《通商指南》

意大利商人裴哥罗梯1335—1343年编著，是一部东起中国，西至英国的各国商业志。裴哥罗梯，全名弗朗切斯科·巴尔杜奇·裴哥罗梯，曾在佛罗伦萨、安特卫普、塞浦路斯、大不里士和巴格达等多地经商。书中所述14世纪从欧洲，经西亚和波斯，通往中国的商路、重要商城、进出口货物以及度量衡制度等，是研究伊利汗国国际贸易和中西交通史的重要参考资料。

（7）《鄂多立克东游录》

意大利圣方济各会托钵僧鄂多立克（？—1331）口述笔录的东行记，是一部关于鄂多立克游历中世纪小亚细亚、波斯、印度和中国各地所见所闻轶事。

---

① 穆尔（A. C. Moule）：亦译牟里或慕阿德。

1316 年鄂多立克决定周游世界，从君士坦丁堡启程，途径特列比松①、额尔哲龙②、讨来思③、孙丹尼牙（曾是伊利汗国都邑）、柯伤④、耶思特⑤、迦勒底⑥和忽里模子⑦，1321 年抵达德里，1325 年到达元大都汗八里，在中国寓居三年后回国。鄂多立克作为中世纪前往东方的欧洲旅行家的影响仅次于马可·波罗，他在伊利汗国境内的所见所闻，对研究西亚的蒙古人历史有一定的参考价值。我国学者何高济据亨利·玉尔英译本翻译为中文，2002 年中华书局出版《鄂多立克东游录》。

2. 叙利亚文文献

（1）《拉班·扫马和马克西行记》

伊利汗国佚名者撰，是一本叙述蒙古帝国景教徒拉班·扫马和马克（后为马·雅八拉哈三世）西行的历史原始记录。作为虔诚的基督教徒，拉班·扫马（1245—1294）和马克两人 1275 年从元大都启程西行，途径中亚、波斯等地，赴圣城耶路撒冷朝觐。1281 年马克被推选为基督教东方教会大总管，拉班·扫马为教会巡视总监。1287—1288 年，拉班·扫马奉伊利汗国统治者阿鲁浑和大总管马·雅八拉哈之命，出使拜占庭帝国、西欧基督教国家，希望伊利汗国与西方结盟反对埃及的马木路克王朝。拉班·扫马途径君士坦丁堡、那不勒斯、罗马、热那亚、巴黎、波尔多诸城，在那不勒斯拜见国王伊里德·萨尔达罗，在巴黎晋见法王腓力四世，在加斯科尼晋见英王爱德华一世，在罗马拜见教皇尼古拉斯四世（1288—1292）。拉班·扫马被学界称为"逆向的马可·波罗"，他的出使，使罗马教廷更加相信蒙古帝国统治者崇信基督教并遣使元帝国传教，对东西方文化交流起了一定的促进作用。

拉班·扫马的西方纪行波斯文原稿已佚，1888 年贝詹神甫根据留存的叙利亚文本编辑并在巴黎首次以《大总管马·雅八拉哈三世和拉班·扫马传》之名发表。其历史方为人知。拉班·扫马和马克西行记及伊利汗国和基督教国家的官方书函，是研究蒙元时代中西关系，尤其是西亚的蒙古人与西欧基督教国家交往的宝贵文献。2009 年 3 月朱炳旭翻译的中译本由河南大象出版社出版。

---

① 特列比松（Trebizond）：今黑海南土耳其特拉布宗。
② 额尔哲龙（Arziron）：今土耳其埃尔祖鲁姆。
③ 讨来思（Tauris）：今伊朗阿塞拜疆省的大不里士城。
④ 柯伤（Cassan）：今伊朗卡尚。
⑤ 耶思特（Iest）：今伊朗亚兹德。
⑥ 迦勒底（Chaldaea）：今伊拉克巴格达。
⑦ 忽里模子（Ormes）：今伊朗波斯湾的霍尔木兹。

（2）《王朝史略》

把儿赫不烈思著，是一部在伊利汗国赞助下完成的，始于人类始祖阿丹，止于1286年的欧亚大陆各国政治史。该书初以叙利亚文书写，后被作者译为阿拉伯文。

通称的把儿赫不烈思（1226—1286），一译巴赫布拉攸斯，是其拉丁语姓名，阿拉伯语名为艾卜勒·法赖吉·伊本·伊卜里，叙利亚阿勒颇天主教雅各派大主教、史学家、数学家和医生。1259年旭烈兀进军叙利亚，把儿赫不烈思前来会见蒙古人，并向旭烈兀表示效忠。1268年作者曾在伊利汗国讲授欧几里得的《几何原理》，1272—1273年讲授托勒密的《天文大集》。把儿赫不烈思生前著有《年代纪》和《王朝史略》。

在伊利汗国早期的历史编纂作品中，《王朝史略》的史学价值极高，一是因为作者被允许进入伊利汗国在马拉盖和大不里士图书馆查阅资料，二是因为作者性情谦卑，不供职于任何王室，不虚美，不隐恶，公正客观地叙述各国政治变迁历史。书中关于马木路克王朝和伊利汗国关系史的叙述都是以他个人的经历为基础编纂的，史料价值可见一斑。本书也是研究叙利亚天主教雅各派发展史以及伊利汗国宗教政策的珍贵文献。1890年萨里哈尼编辑《王朝史略》。

3. 亚美尼亚文文献

（1）《弓箭手（蒙古人）民族史》

亚美尼亚历史学家阿克纳的格利哥尔著述，布列克和佛列依编译，1949年在《哈佛亚洲研究杂志》第12期刊发。格利哥尔的《弓箭手（蒙古人）民族史》完成于1273年的小亚美尼亚，在其作品中，口述信息所占比例大，许多叙述不甚准确甚至想象，学界对本书的可信度提出严重质疑，本书史料价值不大。

（2）《亚美尼亚史》

亚美尼亚历史学家基拉罗斯撰，是一部关于蒙古人在亚美尼亚和格鲁吉亚的征略和统治的历史著述。

蒙古第一次西征，哲别和速不台奉成吉思汗之命追剿花剌子模沙摩诃末，1221年蒙古军入掠谷儿只，1222年春进军刚加①，索取赎金，并攻入失儿湾②，进取打耳班③，翻越太和岭（大高加索山），穿越阿速人④地盘。1223年底，哲

---

① 刚加（Ganjak）：今阿塞拜疆基洛瓦巴德东。
② 失儿湾（Shirvān）：今阿塞拜疆希尔万平原。
③ 打耳班（Derbent）：今俄罗斯杰尔宾特市。
④ 阿速人（AS）：阿兰人，或称库蛮人。

别和速不台率军东归蒙古。

扎兰丁复国运动中，1225 年他占领阿塞拜疆全境，侵入谷儿只，1226 年攻占首府梯弗利思。窝阔台即位后，委派绰儿马罕西征扎兰丁。1231 年 8 月扎兰丁在阿米德为库尔德人所杀。绰儿马罕统帅蒙古军驻屯今阿塞拜疆共和国西南一带的穆甘草原和阿兰。1236 年蒙古军兵入谷儿只，女王鲁速丹逃走，梯弗利思地区贵族纷纷降服。1239 年绰儿马罕军攻入谷儿只的藩属大亚美尼亚，拔都城阿尼并实行屠城政策。1240 年亚美尼亚国王前往哈剌和林觐见蒙古大汗窝阔台。1241 年绰儿马罕死后，拜住那颜继续西征，1242 年侵入鲁木，鲁木的塞尔柱王朝苏丹凯亦·豁思鲁二世纳币求和，向蒙古帝国称臣为藩。1244 年小亚美尼亚国王海屯一世遣使归附，为蒙古藩属。1245 年谷儿只女王臣服拔都。

基拉罗斯作为生活在大亚美尼亚的学者，经历了蒙古人入侵并占领高加索地区的全过程，1222 年，他在刚加为蒙古人所俘，并作为秘书一直服务于西亚的蒙古人。基拉罗斯的书是关于蒙古帝国在高加索地区征略，特别是伊利汗国在西亚统治最重要的亚美尼亚史料。1865 年威尼斯出版基拉罗斯的《亚美尼亚史》。

（3）《瓦尔丹的世界通史》

亚美尼亚史学家瓦尔丹在 1267 年完成的一部世界史略。瓦尔丹与基拉罗斯同时代，伊利汗旭烈兀及其正妻脱古思合敦的座上客，瓦尔丹的《世界通史》中关于伊利汗国史部分，明显反映了他亲蒙古的史学倾向，尤其是他钦佩蒙古统治者的宗教宽容政策。此书是了解蒙古人在西亚统治政策的有益参考资料。1862 年威尼斯出版瓦尔丹的《世界通史》。

（4）《海屯行纪》

小亚美尼亚国王海屯以法文和拉丁文写于公元 1307 年的蒙古行纪，主要叙述蒙古人崛起后，1254—1255 年小亚美尼亚海屯王，经由西亚的蒙古军拜住营地、旭烈兀驻屯地、中亚、蒙古帝国首都哈剌和林并觐见蒙哥大汗往返途中的所见所闻。海屯的东方行纪与其他西欧基督教徒出使蒙古的东方行纪相比，虽然特别短小，但对于研究蒙古人在西亚的活动、中西交通史仍有十分重要的参考价值。我国学者张行烺、唐长孺根据俄国学者白莱脱胥乃德的《海屯行纪》英译本，何高济根据英国学者波伊勒的英译本相继翻译成中文出版。

第一章

蒙古三次西征

阿拉伯帝国的解体既为欧洲基督教国家发动十字军东侵提供了可乘之机，同时也为蒙古人向西扩张提供了有利条件。12 世纪末 13 世纪初，蒙古人崛起于漠北高原。在长期的草原部落战争和军事掠夺中，蒙古人特别是在畏兀儿地和汉地学到当时世界上最先进的文化。在冷兵器时代，蒙古游牧部族铁骑的打击力量无敌于天下。以成吉思汗为首的蒙古游牧贵族为征服世界，向西发动了三次举世闻名的掠夺战争，即 1219—1225 年成吉思汗领导的第一次西征、1235—1241 年窝阔台汗进行的第二次西征、1252—1258 年旭烈兀统率的第三次西征。蒙古三次西征开始了游牧部族对农耕世界的第三次大冲击。① 伊利汗国是 13 世纪中叶蒙古帝国第三次西征的直接产物，是游牧部族蒙古人和与之联合的突厥人在西亚等农耕地区建立起来的外族统治政权。

一、蒙古帝国西征前的欧亚大陆

（一）、阿拉伯帝国的解体

1. 阿拉伯帝国解体的原因

7 世纪中叶，从荒漠中崛起的阿拉伯人，在伊斯兰教的旗帜下，进行了史无前例的大扩张，短短一个多世纪，建立起一个跨欧、亚、非三洲的大帝国。8 世纪前半叶的阿拉伯帝国版图，东起印度河和帕米尔高原，西至大西洋的比斯开湾，南自尼罗河下游，北达里海和咸海。阿拉伯帝国历经正统四哈里发（632—661）、倭马亚王朝（661—750）和阿拔斯王朝（750—1258）的统治，8 世纪中叶至 9 世纪中叶臻于全盛时代。

---

① 吴于廑先生从宏观史学的观点出发，论证了人类历史在成为世界历史之前（自古代起直至十三四世纪），古代亚欧大陆形成了游牧与农耕两个世界，游牧世界先后对农耕世界发起三次大冲击。详见 1994 年高等教育出版社出版的吴于廑、齐世荣主编《世界史·古代史编·上卷》之总序。

阿拉伯帝国是一个主要通过军事扩张而建立起来的大帝国，疆域广袤、民族关系错综复杂，社会结构等级鲜明、宗教信仰迥异，各地区、各民族社会发展极不平衡。在帝国西部，沙姆地区①在拜占廷帝国统治时代（476—1453）曾是帝国的粮仓之一。更有甚者，"叙利亚是当时商业贸易的集散地、东西方交通的枢纽，富得到处都是牛奶和蜂蜜，犹如天堂一般，当时有句话说：'要幸福，到沙姆'"②，伊斯兰教产生之前，叙利亚的居民主要信仰基督教和犹太教。埃及自古以来土地肥沃，物产丰富，人烟稠密，工商业繁盛，经济文化发达。埃及也曾是拜占廷帝国的粮仓，亚历山大港是重要的海军基地、东西方交通的门户，伊斯兰教产生前的埃及，大多信仰原始宗教和基督教。埃及以西的北非（马格里卜），柏柏尔人以游牧为主，文明程度较低。在帝国东部，伊拉克地区是两河文明发源地，物产丰饶。泰伯里（838—926）曾说，"俄特白派遣艾奈斯·胡查雅往谒欧麦尔，报告麦尔祖邦地方的状况。欧麦尔问使者道：'那里的穆斯林如何？'使者答道：'沉溺于尘世，迷恋于金银，所以，巴士拉人都喜欢到麦尔祖邦去。'"③而波斯地区，大都以农耕为主，经商为辅，萨珊王朝以火祆教为国教，波斯帝国灭亡前，波斯文明相当发达。阿拉伯帝国统治下的各地区、各民族，虽大多皈依伊斯兰教、说阿拉伯语，但社会发展相差甚远，缺乏紧密的经济联系。阿拉伯帝国，实际上一开始就是一个庞大而松散的政治军事联合体，潜伏着显而易见的分裂因素。

8世纪中叶至9世纪中叶的阿拉伯帝国经济繁荣，阿拔斯家族的财富堆积如山。史载，第二任哈里发曼苏尔（754—775）的国库中留存有8亿1千万迪尔汗银币。马蒙统治时期（813—833），伊本·赫尔敦记载，帝国27个省区的土地税收，最多的一年可达39,080万迪尔汗。④巨大的财富使得哈里发为首的统治阶层借以挥金如土，过着荒淫糜烂的生活。哈里发马蒙和宰相哈桑·伊本·赛海勒的女儿布兰的婚礼，大婚布置十七天，内宫装饰金碧辉煌，婚礼耗资5200万迪尔汗，相当于法儿思和爱赫瓦兹两省的地租收入。婚礼之夜，宫女手捧着内盛一千颗硕大珍珠的大金盆撒向新人。一支两百磅重的龙涎香烛，把黑夜照得通明如昼。⑤奢靡之风甚嚣，皇亲显贵声色犬马，竞强斗富。波斯籍宰相世家巴尔马克家族，仅动产就有3000万第纳尔金币，生活豪华无异于皇室。

---

① 沙姆地区（Sham）：今叙利亚、黎巴嫩、巴勒斯坦和约旦部分地区。
② 北京大陆桥文化传媒. 当世界提起阿拉伯［M］. 北京：世界知识出版社，2005：47.
③ 纳忠. 阿拉伯通史：上卷［M］. 北京：商务印书馆，1997：391.
④ 纳忠. 阿拉伯通史：上卷［M］. 北京：商务印书馆，1997：505.
⑤ HITTI P K. History of the Arabs［M］. New York，1974：302.

帝国的繁盛，建立在对各族人民残酷剥削和专制统治的基础之上。马蒙统治时期，每年仅土地税的现金收入高达 42.5 万迪尔汗。① "哈里发穆塔辛姆时期（833—842），每年的租税平均增加了 5700 万底尔汉。不到几年工夫一下子就增加了 14.2%。"②

　　阿拔斯王朝表面上的浮华，决定了帝国无法摆脱的崩溃命运，阶级矛盾、民族矛盾和统治阶级内部矛盾错综交织，日益尖锐，并引发一连串人民大起义。影响较大者，如 776—783 年中亚河中地区粟特农民反封建统治的穆康那起义；869—883 年帝国心脏地带伊拉克的黑奴大起义，此被称为"西亚历史上所记载的一次流血最多和破坏最大的变乱"，"曾震撼了哈里发帝国的根基"③；9 世纪中叶亦思马因派发起的卡尔马特起义，并立国 200 余年。波澜壮阔的人民起义强烈地冲击着阿拉伯帝国的封建专制统治，加速了阿拔斯王朝的衰落。

　　哈里发权力的政治斗争与伊斯兰教派的宗教斗争交织在一起成为帝国分裂的直接动因。希提指出："继任者的问题是伊斯兰教所面临的第一个问题，也是一个现实的问题。"④ 哈里发权力的政治斗争与伊斯兰教派的宗教斗争交织在一起。彭树智说："政治势力的较量和争夺权利的斗争是产生宗教派别的主要原因。也就是说，教派是伊斯兰教内部矛盾激化的产物。"⑤ 逊尼派和什叶派是伊斯兰教内部分离出来的最早和最大的两个阵营，初始原因即为争夺哈里发之位。680 年 10 月 10 日，阿里之子侯赛因在伊拉克的卡尔巴拉殉难，什叶派由最初的政治派别逐渐演化为宗教派别。随着社会历史条件的变迁和伊斯兰教的发展，伊斯兰教出现教律学、教义学、圣训学等不同的学说观点，形成诸如逊尼派中的哈奈斐、马立克、沙斐仪和罕伯里等四大教律学派以及什叶派中的十二伊玛目派、亦思马因派、宰德派、阿萨辛派等错综复杂的派系局面。伊斯兰教派别的衍生给伊斯兰世界的政治和社会带来了深远的影响，导致阿拉伯帝国的政治动荡，成为帝国分裂的直接动因，很大程度上加剧了阿拉伯帝国的衰亡。

① 郭应德. 阿拉伯中古史简编［M］. 北京：北京大学出版社，1987：93.
② 朱寰主编. 世界中古史［M］. 长春：吉林文史出版社，1986：292.
③ HITTI P K. History of the Arabs［M］. New York，1974：469－445.
④ HITTI P K. History of the Arabs［M］. New York，1974：139.
⑤ 彭树智. 阿拉伯国家史［M］. 北京：高等教育出版社，2002：117.

2. 阿拔斯王朝的解体

（1）后倭马亚王朝与阿拔斯王朝分庭抗礼

阿拔斯王朝的创始人艾卜·阿拔斯，以残暴著称，宣称自己是"赛法哈"（屠夫），对前朝倭马亚家族实行斩尽杀绝的极端政策。750 年叙利亚总督阿布杜拉虚以宴请倭马亚家族，残酷屠杀 80 余名倭马亚王室成员，唯倭马亚王朝第十位哈里发希沙木的孙子阿卜杜勒·拉赫曼王子虎口逃生，开始在西班牙与阿拔斯王朝对抗。拉赫曼以西班牙的倭马亚王朝叙利亚旧部为基础，积极争取柏柏尔人支持，756 年在瓜达尔基维尔河岸与阿拔斯王朝西班牙总督优素甫展开决战，攻克科尔多瓦，以此为都，建立起后倭马亚王朝（756—1492），公开与阿拔斯王朝分庭抗礼，开了分割阿拉伯帝国之先河。761 年拉赫曼大败阿拔斯王朝哈里发曼苏尔委任的西班牙新总督阿拉·穆伊斯军队，穆伊斯战死，阿拔斯王朝再也无力经略西班牙。

（2）阿拔斯王朝在非洲各省区的失控

阿拔斯王朝是一个幅员辽阔、多民族的复杂集合体，中央政权对各地的控制往往较为松弛，边远地区更是鞭长莫及。后倭马亚王朝建立之后，阿拔斯王朝渐渐失去对非洲各省区的控制，地方政权相继出现，割据自立。

在摩洛哥，哈桑的曾孙易德里斯·伊本·阿卜杜勒因参与阿里派在麦地那的暴动，被阿拔斯王朝镇压后逃到马格里卜（埃及以西的北非），在非斯建立起第一个什叶派王朝——易德里斯王朝（788—974），国祚延续近二百年，974 年为后倭马亚王朝所灭。

在突尼斯，800 年阿拔斯王朝哈里发哈伦·赖世德（786—809）任命易卜拉欣·伊本·艾格莱卜为易弗里基叶①的埃米尔②。艾格莱卜自受命之日起，便以易弗里基叶为自己的独立王国。艾格莱卜人统治中地中海达百年之久（800—909），后并入埃及的法蒂玛王朝。

在埃及，9 世纪中叶以后，先后经历了土伦王朝（868—905）、伊赫希德王朝（935—969）、法蒂玛王朝（909—1171）、艾尤卜王朝（1171—1250）和马木路克王朝（1250—1517）的统治，逐渐摆脱了阿拔斯王朝的控制，开始走向独立。诚如学者所言，"从土伦王朝到伊赫希德王朝结束的一个世纪，是埃及从阿拉伯帝国的行省向独立的国家转变的过渡时期；埃及在承认巴格达哈里发的宗

---

① 易弗里基叶（Ifrīqiyah）：主要指今突尼斯。
② 埃米尔（amīr）：总督、军政长官。

主权的前提下，逐渐摆脱了阿拔斯王朝的直接统治而走向独立"①。

需引起关注的是，法蒂玛王朝的兴起，它是亦思马因派在北非的积极传播，也是阿拔斯王朝诸矛盾激化的产物。亦思马因派原是什叶派的一个重要分支，尊崇什叶派伊斯兰教，公开否认阿拔斯王朝哈里发的最高宗教领导权，主张摧毁现存的社会秩序，这种学说在马格里卜的柏柏尔人中产生了广泛影响。突尼斯的柏柏尔人在凯鲁万拥立自称是先知穆罕默德之女法蒂玛和哈里发阿里后裔的亦思马因派首领赛义德·伊本·侯赛因为新哈里发，建立起法蒂玛王朝。法蒂玛王朝以突尼斯为中心开疆拓土，向西征服了整个马格里卜地区，向东攻入埃及。973 年迁都开罗，埃及成为法蒂玛王朝的统治中心。哈里发阿齐兹统治时期（975—996），法蒂玛王朝臻于鼎盛，版图西起大西洋沿岸，东至幼发拉底河上游及阿拉伯半岛西部广大地区。在伊斯兰世界，形成了开罗的法蒂玛王朝、巴格达的阿拔斯王朝、科尔多瓦的后倭马亚王朝三足鼎立的局面。

阿拉伯帝国的解体，为西欧基督教国家发动十字军东侵提供了可乘之机，1096—1291 年，西欧封建主对东部地中海沿岸国家发动了近两百年的殖民远征。1153 年十字军把埃及视为东侵目标，法蒂玛王朝无力抵御，遂向据有叙利亚北部的赞吉王朝（1127—1262）求救②。库尔德将领萨拉丁（尤素福·伊本·艾尤卜）驰援，积极抗击十字军的入侵，并取得一系列辉煌的胜利。1171 年萨拉丁废黜法蒂玛王朝哈里发阿迪德在埃及和叙利亚的统治，自立为苏丹，建立起艾尤卜王朝（1171—1250），其版图包括埃及、努尔丁的区域（主要是叙利亚、巴勒斯坦地区），美索不达米亚的部分地区、希贾兹、也门以及北非沿岸直到突尼斯的边界。

需要指出的是，艾尤卜王朝的存续与十字军东侵的"圣战"贯穿着王朝的始终。如是说第二次十字军东侵（1147—1149）是这一军事贵族王朝建立的外部催生剂。反过来，这一政体也孕育着艾尤卜王朝灭亡的内在因素。与阿拔斯

---

① 朱寰，马克尧. 世界史·古代史编：下卷［M］. 北京：高等教育出版社，1994：270.
② 赞吉王朝（1127—1262）：1127 年幼发拉底河上游摩苏尔地区塞尔柱人埃米尔伊马杜丁·赞吉所建立。在抗击十字军中，1144 年收复埃德萨，伊马杜丁·赞吉长子赛西丁、次子努尔丁成功地抵御了西欧第二次十字军东征。因赞吉王朝胜利地抗击十字军，其势力在叙利亚日渐壮大。1154 年努尔丁·赞吉从突厥的斤家族手中夺取大马士革，成为叙利亚地区的统治者。1174 年突厥赞吉王朝统治者努尔丁逝世。萨拉丁建立的艾尤卜王朝宣布独立。

王朝和法蒂玛王朝一样，艾尤卜王朝的禁卫军也多从马木路克中招募而来。①
每当王朝统治者懦弱无能或年幼无知时，这些禁卫军首领则专横跋扈、左右朝
政，甚者取而代之。正如埃米尔们所说，"每天我们树立一个统治者，而每天我
们废黜一个统治者"②。1250 年突兰沙试图削弱马木路克禁卫军的势力在宫中被
害身亡。其继母舍哲尔·杜尔自称穆斯林女王，在开罗统治八十天后，萨拉丁
之孙、年仅六岁的艾什赖弗被推上苏丹之位，而大权则掌握在马木路克首领艾
伊贝克手中，艾尤卜王朝名存实亡。不久，舍哲尔·杜尔与艾伊贝克结婚，废
黜艾什赖弗，艾伊贝克为禁卫军埃米尔们公推为苏丹，建立起马木路克王朝
（1250—1517）。马木路克王朝是由外籍奴隶出身的将领在埃及和叙利亚地区建
立起来的军事寡头统治政权，它是中古阿拉伯世界最后一个王朝。学者们一般
把马木路克王朝分为前期的伯海里系马木路克（1250—1390）和后期的布尔吉
系马木路克（1382—1517）两部分历史。总体而言，伯海里系马木路克王朝在
宗教政策上继续尊奉阿拔斯王朝哈里发为全体穆斯林的宗教领袖，在军事上积
极抗击来自十字军和蒙古人的东西两面的夹攻，为捍卫古老的埃及文明和灿烂
的伊斯兰文明做出了不可磨灭的贡献。

（3）阿拔斯王朝东部各省区小王朝的建立

9 世纪中叶后，阿拔斯王朝走向衰落，阿拉伯帝国在东方的版图任由突厥人
或波斯人肆意肢解，先后建立起塔希尔王朝（820—872）、萨法尔王朝（867—
903）、萨曼王朝（874—999）、哥疾宁王朝（962—1186）、布韦希王朝（945—
1055）等一系列独立或半独立的地方政权。

塔希尔王朝的创始人是波斯呼罗珊人塔希尔·伊本·侯赛因，出身于今阿
富汗赫拉特大贵族家庭。马蒙和艾敏兄弟争夺哈里发之位内战中，813 年塔希尔
在巴格达战役中大败艾敏军队，助马蒙登上哈里发之位。为奖掖塔希尔的战功，
马蒙任命塔希尔为巴格达以东所有领地的总督。塔希尔以呼罗珊地区为中心，
在谋夫（Merv）置官设府。822 年命令所领辖区的穆斯林在星期五聚礼的诵读
中停止对巴格达哈里发马蒙的祈祷而改为自己祝福，这一行为标志着塔希尔脱

---

① 马木路克（mamlūks）：意为"奴隶"，主要是突厥人。埃及的马木路克可分三类：一是
　皇家马木路克（mushtarawāt, ajlāb, julbān），其中包括统治者苏丹的马木路克、前任苏
　丹的部分马木路克转为新任苏丹的马木路克，它是埃及马木路克军队中最重要的组成
　部分，拥有许多特权地位；二是埃米尔的马木路克（mamālīk al‑umarā, ajnād al‑
　umarā'）；三是哈勒嘎兵团（ajnād al‑halqa），它是一个非马木路克军事组织，主要是
　由苏丹、埃米尔和马木路克的儿子组成，地位较高。

② PETRY C F. The Cambridge History of Egypt［M］. Cambridge university press, 1998：220.

离阿拔斯王朝，在中亚地区建立起一个独立的地方王朝，"塔希尔王朝的建立标志着中亚史上阿拉伯统治的结束"①。

萨法尔王朝的建立，源于东波斯哈瓦立及派的暴动和锡吉斯坦的冲突，为打击哈瓦立及派，867 年阿拔斯王朝哈里发穆耳台兹（866—869）委任雅库布为统将，雅库布以锡吉斯坦为中心，先后据有赫拉特、克尔曼、设拉子、法尔斯等地，在东波斯建立起萨法尔王朝。雅库布雄心勃勃，决心推翻阿拔斯哈里发政权，一度率军进逼巴格达。继任者阿木尔，表面上效忠哈里发而为波斯和呼罗珊的总督，实际上是东波斯的君主。

与塔希尔王朝、萨法尔王朝同时并列于中亚的地方王朝还有萨曼王朝。史载，萨曼初为巴尔赫地区祆教贵族，后改信伊斯兰教。马蒙统治时期，萨曼家族协助哈里发镇压中亚拉非起义，被委任为撒马尔罕、费尔干纳、塔什干、赫拉特等地总督，萨曼家族名义上听命于哈里发，实际上成了中亚的统治者。塔希尔王朝灭亡后，萨曼王公纳斯尔·伊本·艾哈迈德（874—907）加强河中地区的统治权，铸造银币，聚礼日停止对哈里发祈福。伊司马益统治时期，名义上继续承认哈里发的宗主地位，宣誓忠于伊斯兰教，藉以阿拔斯王朝哈里发的支持，剪除萨法尔王朝君主阿木尔，萨曼王朝的势力扩展到呼罗珊地区，统辖之地从天山北坡延伸到苏莱曼山，从锡尔河以北拓展到波斯湾，成为中亚的强大帝国，直至 999 年为突厥奴将领所推翻，萨曼王朝的灭亡标志着波斯开始突厥人统治时代。

第一个影响波斯的突厥人王朝是哥疾宁王朝。哥疾宁王朝，一译伽色尼王朝、加兹尼王朝。一般认为，哥疾宁王朝的奠基人是艾勒布的斤，初为萨曼王朝的突厥奴，后升为呼罗珊省长，因不满萨曼王朝新苏丹，艾勒布的斤与素布克的斤（976—997）来到阿富汗，在哥疾宁（今阿富汗加兹尼）建立起独立王国。麦哈茂德在位时期（999—1030），哥疾宁王朝臻于全盛。版图东起北印度，西至波斯西北部，北抵花剌子模，南迄锡吉斯坦。哥疾宁王朝政权的维系依靠的是军事贵族，一俟强权松弛，地方军人纷纷叛离，国势渐衰。11 世纪后半期，兴起于河中地区的塞尔柱突厥人不断地吞食哥疾宁王朝的属地，12 世纪后期，衰落的哥疾宁王朝终为阿富汗强大的古尔王朝所灭。

布韦希王朝，亦译白益王朝。如上所述，自哈里发穆耳台绥木（833—842）后，阿拔斯王朝哈里发渐为突厥奴禁卫军所掌控。945 年自称波斯萨珊王朝后裔的艾哈迈德·伊本·布韦希率领什叶派波斯军队攻占巴格达，在波斯和伊拉克

---

① 王治来. 中亚史纲 [M]. 长沙：湖南教育出版社，1986：306—307.

建立起布韦希家族的军事封建专制政权。布韦希王朝专制时期,巴格达成为阿拉伯帝国名义上的政治中心,布韦希王朝的首府设拉子则成为穆斯林世界的中枢。学者们称之为"哈里发帝国史上更黯淡的一章"①。11世纪初在中亚崛起的塞尔柱人推翻了布韦希王朝的统治,并形成塞尔柱帝国,塞尔柱帝国是对西亚历史影响最大的突厥人统治王朝。

(4) 塞尔柱帝国的崛起和瓦解

中亚北部草原,地处蒙古高原和南俄草原之间,是古代游牧民族生息繁衍之地。史载,6世纪发迹于阿尔泰山以南一带的突厥人在漠北称雄两百年,受隋唐不断打击,渐次退出漠北,散居西域各地,中亚地区突厥化。8世纪初,阿拉伯人征服中亚,伊斯兰教渗入河中地区。9世纪中叶以后,阿拔斯王朝走向衰落,东波斯和中亚地区先后出现上述一系列名义上尊奉哈里发但实际上独立的地方王朝。尤其是11世纪,突厥人在中亚建立起喀喇汗王朝、哥疾宁王朝、古尔王朝、花剌子模王朝等一系列政权,突厥人伊斯兰化,河中地区后来竟被称为突厥斯坦。13世纪初成吉思汗崛起之时,中亚地区突厥化基本完成。

塞尔柱人或称塞尔柱突厥人,出自九姓乌古斯部族之一的塞尔柱乌古斯人,是突厥人一支,得名于其首领塞尔柱,最初游牧于锡尔河中游北岸至伏尔加河支流卡马河之间,后改信伊斯兰教。受中亚喀喇汗王朝军事扩张的逼压,塞尔柱人在10世纪下半叶迁徙到锡尔河下游。历史上,中亚地区一直是霸权角逐的激烈场所。11世纪20年代,塞尔柱人卷入变幻莫测的中亚政治斗争,首先参与萨曼王朝反对喀喇汗王朝冲突,萨曼王朝无力控制河中地区的统治权后,塞尔柱人又抛弃萨曼王朝。转而投附喀喇汗王朝,1025年,塞尔柱人允诺为哥疾宁王朝服务,哥疾宁王朝成为塞尔柱人的宗主国,约四千帐塞尔柱人被允许在呼罗珊扎营放牧。② 为摆脱哥疾宁王朝在呼罗珊的统治,1040年塞尔柱军事首领托格里勒在丹丹坎战役中消灭了哥疾宁王朝军队的主力。1043年定都谋夫,在呼罗珊建立起塞尔柱王朝,并开始向西扩张。1055年12月,塞尔柱人率军进入巴格达城,推翻布韦希王朝,阿拔斯王朝哈里发嘎义木(1031—1075)任命托格里勒为"东方和西方的国王",并赐予苏丹称号,塞尔柱王朝取代布韦希王朝控制了阿拔斯王朝哈里发政权,哈里发仅保留宗教首领的地位,完全丧失了帝国的统治权。塞尔柱王朝的政治重心移到巴格达后,"哈

---

① HITTI P K. History of the Arabs [M]. New York, 1974: 471.

② 蓝琪. 称雄中亚的古代游牧民族 [M]. 贵阳: 贵州人民出版社, 2004: 160.

里发变得比以前更像傀儡了，他由苏丹自由摆布，他装扮成十足的国家元首，由外国人的手把他撑持在宝座上。在聚礼日的祈祷中，苏丹的名字与哈里发的名字并列在一起"①。

塞尔柱王朝的崛起，也给塞尔柱人带来生存空间的巨大压力。为解决大批塞尔柱人、土库曼人的土地和牧场，塞尔柱王朝开始把冲击的浪潮指向小亚细亚。7世纪阿拉伯人崛起后，小亚细亚一直是拜占廷帝国抵抗穆斯林扩张的"桥头堡"。11世纪科穆宁王朝（1081—1185）推行普洛尼亚制，导致拜占廷帝国分裂割据加剧，削弱了拜占廷帝国对塞尔柱人的军事斗争。1071年曼兹喀特②战役，塞尔柱人以少胜多，决定性地摧毁了拜占廷帝国的雇佣军，拜占廷帝国向塞尔柱人纳贡。1078年，塞尔柱人军事首领苏莱曼以马尔马拉海峡的尼西亚城为都城，建立起鲁木的塞尔柱苏丹国，1134年科尼亚取代尼西亚成为其都城。1176年拜占廷军队在埃里迪尔湖北岸的迈里奥克法隆再次遭到塞尔柱人的重创，拜占廷丧失了对小亚细亚的统治权，小亚细亚成为突厥人的永久领地。③

塞尔柱帝国的辉煌是短暂的，马立克沙（1072—1092）死后12年，如同历史上所有的游牧帝国一样，塞尔柱帝国瓦解。1092年马立克沙死，年仅4岁的儿子马赫穆德（1092—1094）继承王位，王后塔尔干专擅政权。在宰相尼扎姆·穆尔克追随者的支持下，马立克沙的儿子巴尔基雅鲁克（1094—1104）成为第二位继任者，新苏丹体弱多病，塞尔柱帝国发生内战，陷于分裂之中。巴尔基雅鲁克兄弟、穆罕默德苏丹（1105—1118）在位期间，政局一度稳定。但1118年之后，庞大的塞尔柱帝国终于解体，穆罕默德苏丹的四个儿子为争夺王位形成各霸一方、轮流称王的局面，出现巴格达的大塞尔柱王朝和若干个小塞尔柱国家，主要有：叙利亚的塞尔柱王朝（1094—1117）、波斯的塞尔柱国（1117—1157）、克尔曼的塞尔柱国（1041—1187）、鲁木的塞尔柱苏丹国（1084—1300）。这些王朝名义上都以巴格达的大塞尔柱王朝为宗主，实际上都已取得实质上的独立地位。

大塞尔柱王朝中央权力的解体导致地方势力的崛起，西亚进入阿答毕时代，④ 出现众多独立的地方家族王朝。在伊拉克境内的主要有：摩苏尔的赞吉

---

① HITTI P K. History of the Arabs [M]. New York, 1974: 476.

② 曼兹喀特（Manzikert）：今土耳其凡湖之北。

③ RICE T T. The Seljuks in Asia Minor [M]. New York: Praeger, 1961: 42-43.

④ 阿答毕（Atābeg），ata，突厥语"父亲"；beg，突厥语"王"。atābeg原义为父王，初为塞尔柱王朝太子的老师太傅，后取代塞尔柱王朝地方政权。

王朝（1127—1262）、希拉的马兹亚德家族（1012—1150）、埃尔比勒的巴格提金家族（1144—1232）、库尔德斯坦的阿塔贝克（1231—1262）等。

瓦解的塞尔柱帝国无法形成一个牢固的统一整体以抵御十字军在近东地区的不断冲击。在塞尔柱帝国东部，12世纪20年代兴起的西辽觊觎河中之地，1141年西辽军在撒马尔罕附近的卡特万草原与塞尔柱帝国军队会战，《辽史》记载，塞尔柱帝国苏丹桑贾尔（1118—1157）大败，妻子被俘，塞尔柱帝国锐气大减，再也无力控制河中地区。1153年桑贾尔率军镇压乌古思人暴动，兵败被俘。1157年桑贾尔死，波斯的大塞尔柱王朝名义上的宗主国地位也宣告终结。1194年昔日臣服于塞尔柱帝国的花剌子模王朝占据巴格达，末代大塞尔柱王朝苏丹突格里勒三世（1177—1194），为花剌子模国王特基什（1172—1200）所亡，塞尔柱帝国寿终正寝。花剌子模王朝又将巴格达的阿拔斯王朝玩弄于股掌之中。

阿拉伯帝国的解体，无论对伊斯兰世界还是对欧亚大陆的历史进程，都产生了巨大而深刻的影响。地方王朝肆意肢解阿拉伯帝国，无情剥夺巴格达哈里发的宗教和世俗权力，阿拔斯王朝江河日下，统一的伊斯兰世界不复存在，西欧基督教国家乘机发动十字军东侵，蒙古帝国的西征也即将拉开序幕。

（二）成吉思汗的崛起

在历史舞台上，十三四世纪是蒙古人的世纪。蒙古人崛起于漠北高原。成吉思汗家族率领蒙古人及其与之联合的突厥人，[①] 东略西讨，南征北伐，秋风扫落叶式地荡平欧亚大陆一系列分散的、式微的封建王朝，建立起一个空前绝后的世界大帝国。蒙古征略，对欧亚大陆历史产生了巨大影响。

1. 蒙古高原的统一

亚欧大陆腹地、蒙古高原历史上是游牧民族的祖庭，也是匈奴、月氏、鲜卑、突厥诸游牧民族向农耕文明猛烈冲击的发源地。作为中国北方一个后起的少数民族，蒙古人很早就散居在蒙古高原北部的额尔古纳河流域。关于蒙古历史的文字记载，最早见于《旧唐书》，称蒙兀室韦，属古室韦20余部之一。约8世纪中叶，突厥汗国灭亡，蒙古各部越过额尔古纳河，西迁到石勒克河下游的斡难河流域。10—12世纪辽金时代，蒙古人包括塔塔儿部、克烈部、尼伦部、蔑儿乞部、乃蛮部、汪古部等数十部，其中塔塔儿部最为强大，故史料多视蒙古人为鞑靼。12世纪蒙古人占据大漠南北广阔草原，东起

---

① 学者认为，"蒙古人"的概念，分广义和狭义两种，广义上的蒙古人泛指蒙古民族，狭义上的蒙古人，特指成吉思汗所出部落的蒙古人。

呼伦贝尔湖、黑龙江沿岸，西至额尔齐斯河和叶尼塞河上游，南抵长城，北止西伯利亚。

蒙古人以牛羊马驼游牧饲养为主，辅以狩猎。尤其是蒙古马，身躯短小、四腿健壮、特别能忍渴耐寒，最适于森林和草原上长途奔跑。蒙古马是蒙古人放牧、狩猎和交通运输的生产资料，更是蒙古人征略的重要战备物资。成吉思汗曾说："一个作战时落马的人，要有何等样的力量才能挺身再战啊？即使站起来作战，一个徒步者又怎能对抗一个骑士，取胜而归呢？"① 古代游牧民受自然环境条件、社会生产力性质和水平的限制，向来居无定所，逐水草而生。12 世纪蒙古人以古列延为单位生产和生活，无文字，信萨满，尊崇最高天神长生天——腾格里。无论生老病死、婚丧嫁娶、医治疾病、祛邪除灾、起营游牧、战争媾和，皆须祈问上天，萨满教在蒙古人的心目中占据重要地位。因萨满教是一种原始宗教，并未形成完整的思想体系，蒙古人正值原始社会军事民主制阶段，所以，萨满教对异教一贯持宽容态度，伊斯兰教、基督教、佛教、袄教等众多宗教派别在蒙古高原皆可传播。

12、13 世纪之交，蒙古高原处在一个社会剧烈动荡和重大变革时期。蒙古氏族组织开始解体，出现财产分化和社会分化，古列延演变为阿寅勒（父系家长制大家族）。在阿寅勒基础上产生以部落首领——汗为首的贵族那颜集团并霸占氏族牧场。汗、那颜贵族豢养大批武装亲兵那可儿以巩固自己的利益和特权，那可儿平时牧马放羊，战时充当战士，那颜以赏赐、分配等形式给予那可儿一定数额的牧场和畜群作为俸禄，那可儿与那颜阶层形成早期的依附关系。一般氏族成员则变成依附牧民（阿拉特），蒙古社会出现早期奴隶制。社会财产分化，贫富加剧，社会矛盾错综复杂并尖锐化，蒙古氏族部落之间、那颜阶层之间为争夺牧场、水源、牲畜、奴隶和阿拉特，相互征伐仇杀。人云，"有星的天空旋转，诸部落混战，没有人进入自己的卧室，都去互相抢劫。有草皮的大地翻转，诸部落纷战，没有人睡进自己的被窝，都去互相攻杀"②，蒙古社会生产力和人民生活遭到严重破坏。结束蒙古各部的分裂、实现蒙古高原的统一，成为蒙古人的迫切需要和历史重任。

蒙古高原的统一与成吉思汗铁木真紧密联系在一起。《蒙古秘史》记载，铁木真，1162 年生。父亲也速该是蒙古朵奔篾儿干部首领。铁木真出生之时，正

---

① 〔波斯〕拉施特. 史集：第一卷第一分册［M］. 余大钧，周建奇，译. 北京：商务印书馆，1983：284.

② 余大钧，译注. 蒙古秘史［M］. 石家庄：河北人民出版社，2001：432—433.

值也速该与邻近部落塔塔儿交战，掳获对方大量牲畜和人口，并俘虏一个首领铁木真兀格，兴头之下，给儿子取名铁木真。

1170年也速该前往翁吉剌部为儿子铁木真求婚，归途中为塔塔儿人毒死，朵奔篾儿干部与塔塔儿部结下世仇。9岁的铁木真继任朵奔篾儿干部首领，蒙古泰亦赤兀氏贵族纷纷叛离，也速该的部众也投附强大的泰亦赤兀部，"也速该统辖尼伦全部，以故泰亦赤兀亦隶麾下"①。孤儿寡母十人，备受欺凌，饱尝辛酸。全家靠挖野菜、采野果、捕鱼、猎取野兽，艰难维生。史载："妇人诃额伦夫人生来能干，她抚育幼小的儿子们，紧系固姑冠，以腰带紧束其衣，沿着斡难河上下奔走，采拾杜梨、野果，日夜[辛苦]，以糊口。母亲夫人生来有胆识，抚育她的有福份的儿子们，手拿桧木橛子，掘取地榆根、狗舌草，供养儿子们。"② 为躲避泰亦赤兀部追杀，少年铁木真四处逃奔，历尽艰险，或藏匿水沟，或逃遁深山，或隐身密林。幼年恶劣的生活和成长环境铸就了铁木真坚强的性格和顽强的毅力。

在母亲诃额伦的鼓励和帮助下，铁木真收集部众，朵奔篾儿干部开始兴盛起来。1179年或1180年，铁木真与翁吉剌部德薛禅家的孛儿帖完婚。蒙古人流行抢婚风俗和血族复仇，孛儿帖为仇家三姓蔑儿乞人掳走。"向蔑儿乞人报仇，夺回自己被抢走的妻子，成为铁木真从患难中崛起的第一个契机。"③ 1185年在强大的克烈部首领脱斡邻勒王罕和蒙古札答兰部首领札木合的支持下，铁木真发动对蔑儿乞人战争，夺回孛儿帖和被掳的家人，并俘获仇敌大量的妇孺为奴。对蔑儿乞战争的胜利，展示了铁木真的政治和军事才华，大大提升了铁木真在蒙古部众中的威望，蒙古乞颜部人纷纷聚集在铁木真的麾下，乞颜部贵族在怯绿连河、斡难河和土兀拉河三河之源推举铁木真为部落联盟的首领—汗，号成吉思。"蒙兀自忽图剌汗以后，可汗之号中旷莫敢居。诸部离析，各自为长，国势不振者数十年。至是思择共主，以听约束。于是阿勒坛、忽察儿、薛扯别乞等会议，共推铁木真为汗。"④⑤

铁木真的崛起，蒙古部贵族势力强弱转换，利益冲突加剧，引发十三翼

---

① 屠寄撰. 蒙兀儿史记：卷第二 [M] //成吉思汗本纪 [M]. 北京：北京市中国书店，1984：10.
② 余大钧，译注. 蒙古秘史 [M]. 石家庄：河北人民出版社，2001：73.
③ 朱耀廷. 成吉思汗传 [M]. 北京：人民出版社，2004：88.
④ 屠寄撰. 蒙兀儿史记：卷第二 [M] //成吉思汗本纪. 北京：北京市中国书店，1984：10.
⑤ 关于铁木真推举为乞颜部可汗的时间，学界众说纷纭，可参阅贾敬颜，洪俊. 关于成吉思汗历史的几个问题 [J]. 社会科学辑刊，1981（3）.

（部）之战。十三翼之战是铁木真称汗之后的第一次战争，也是对成吉思汗崛起的真正考验。关于十三翼之战时间、地点、部族构成及胜负，史料记载和学界争鸣莫衷一是。① 不过，战争的客观结果之一是，骄横跋扈的札木合渐次失去民心并众叛亲离，而注重笼络人心的铁木真受到蒙古部民的拥护和支持，札木合阵营中的札答兰部、泰亦赤兀部、弘吉剌部属民纷纷归附成吉思汗。《史集》记载："泰亦赤兀惕的异密们平白无故地压迫、折磨我们，铁［帖］木真太子却将［自己身上］穿的衣服脱下来让给［我们］，从自己坐骑的马上跳下来［将马］让给［我们］，他是个能为地方操心，为军队操心，将兀鲁思好好地掌管起来的人"②，十三翼之战巩固了成吉思汗在蒙古部中的领导地位，铁木真雄心勃勃地举起了统一蒙古高原的旗帜。

为报世仇和消灭蒙古草原东部实力强大的塔塔儿部，1196 年铁木真继续与克烈部首领王罕联盟出兵，协助金朝军队在斡里札河［浯勒札河］（今蒙古国乌勒吉河上游乌尔札河）征伐塔塔儿人，塔塔儿部从此一蹶不振。斡里札河之战，显示了成吉思汗卓越的政治才能。一方面，金朝加封铁木真为"札兀惕忽里"统领官职，至少在形式上，金朝成为成吉思汗聚集蒙古部众强大的支撑力，成吉思汗以金朝职官这一耀眼的身份统领蒙古各部，大大提高了自己的可汗权威。另一方面，金朝军队毁灭性地打击草原东部强邻塔塔儿部，为成吉思汗统一蒙古高原扫除了一巨大障碍。周良霄说：金朝"三次北伐有力地打击了东蒙古草原的强悍部落塔塔儿、弘吉剌、合答斤、撒勒只兀惕诸部，使北边得到暂时的安定，但同时却替正在兴起的成吉思汗削弱了他的东方劲敌，为他进一步削平蒙古草原诸部、完成统一铺平了道路"③。1199 年铁木真再次联合王罕进攻草原西部劲旅乃蛮部首不亦鲁黑汗，"大败之，尽杀其诸将族众，积尸以为京观。乃蛮之势遂弱"④。1200 年，成吉思汗与王罕会师萨里川（今蒙古国克鲁伦县西南），讨伐与铁木真争夺蒙古部众的对手泰亦赤兀部贵族，泰亦赤兀部退出历史舞台。1201 年在今哈拉哈河源地阔亦田［阙亦坛之野］击溃昔日盟友札木合纠集的塔塔儿、弘吉剌、泰赤乌十一部散败联军。1202 年灭亡塔塔儿部。在蒙古草原上最终形成成吉思汗和王罕两霸的政治格局。

① 韩儒林. 成吉思汗十三翼考. 穹庐集. 石家庄：河北教育出版社，2002：6—22.
② ［波斯］拉施特. 史集：第一卷第二分册，［M］. 余大钧，周建奇，译. 北京：商务印书馆，1983：117.
③ 周良霄，顾菊英. 元代史［M］. 上海：上海人民出版社，1993：50.
④ （明）宋濂等撰. 元史：卷一［M］//太祖纪. 北京：中华书局，1976：7.

自 1189 年铁木真被推举为乞颜部首领以来，成吉思汗一直与强大的克烈部首领王罕结盟，依托克烈部实力不断壮大自己。起初，王罕也只是把铁木真视为自己的附庸，成吉思汗的崛起，使王罕筹划剪除铁木真，双方决战已不可避免。史载，王罕"心胸狭窄，心怀恶意，杀了许多兄弟，他投降过合剌契丹，并且使百姓们受苦"，"帖木真［从部众处］征收实物税来供养他。如今他忘记义子帖木真对他的恩德，又起了恶念"①。1203 年春，成吉思汗与王罕会战合兰真沙陀（今内蒙古东乌珠穆沁旗北部），战斗非常激烈，双方死伤惨重，铁木真仅剩两千六百战骑败退哈拉哈河中游，伺机进攻王罕。是年秋，成吉思汗在克鲁伦河上游夜袭王罕营盘，经三天三夜激战，王罕主力被击溃。王罕西逃进入乃蛮部边境，为乃蛮部人所杀。合兰真之战是成吉思汗一生中最艰苦的战斗，克烈部的败亡，奠定了成吉思汗统一蒙古高原大业之基础。

1204 年，不可一世、妄自尊大的乃蛮部首领太阳汗统兵东征铁木真，铁木真率军在纳忽昆山（今鄂尔浑河东岸）迎击，乃蛮部军队大败，塔阳汗受伤被擒。太阳汗之子屈出律率残部投奔叔父不欲鲁汗营地。铁木真乘胜追击，征服了塔阳汗所属的乃蛮部众。至此，铁木真扫平漠北高原各部贵族势力，完成了统一蒙古高原大业。

1206 年，铁木真召集全蒙古高原的部落首领在斡难河河源举行库里勒台贵族大会，建九旄白旗，定国号为蒙古，正式建立大蒙古国，史称蒙古汗国，版图东起兴安岭，西至阿尔泰山，南达阴山，北连贝加尔湖。蒙古汗国的建立，标志着全蒙古草原的统一，使世世代代乱砍乱伐、相互征讨、抢劫掠夺的局面结束，蒙古草原有了一个安定的社会环境，促进了蒙古社会生产力和文化的发展，并使蒙古族成为一个真正意义上统一的民族，也为蒙古人发动震惊世界的征服战争创造了条件。

2. 统一全国

为巩固新生政权，确立大汗的领导核心地位，将氏族部落制下松散的贵族联盟转变为君主专制国家，成吉思汗全面深化社会、政治、司法、军队改革。实行领户分封制，彻底打破原有的氏族部落组织，构建起万户长、千户长、百户长和十户长系列的封建官阶等级结构；健全怯薛护卫军制，强化汗权和军事

---

① 余大钧，译注. 蒙古秘史［M］. 石家庄：河北人民出版社，2001：207.

国家机器;① 制定大札撒，设置札鲁忽赤，维护黄金家族最高统治权和封建主阶级的利益，成吉思汗在蒙古汗国基本构建起了封建制度。

新兴的封建国家——蒙古汗国，是成吉思汗为首的草原游牧贵族通过武力，经过若干年的征伐，将蒙古高原分散的部落联盟统一起来的产物，也正是在无休止的战争中造就了特别凶猛的以军事为职业的骑士阶层，氏族部落时代热衷掠夺战争的习性顽固地沿袭下来，军事游牧贵族把掠夺财富视为最荣光的事业，开始向周邻地区发起征服战争。1189 年乞颜部贵族推选铁木真为汗时誓言:"我们立你为汗，帖木真你做了汗啊，众敌在前，我们愿做先锋冲上去，把美貌的姑娘、贵妇（合屯），把宫帐（斡儿朵）、帐房（格儿），拿来给你! 我们要把异邦百姓的美丽贵妇和美女，把臀节好的骟马，掳掠来给你!"②《史集》记载，成吉思汗宴饮群臣说:"男子最大的乐事，在于压服乱众和战胜敌人，将其根绝，夺其所有的一切迫使其结发之妻痛苦，骑其骏马，纳其美貌之妻妾以侍寝席。"③ 成吉思汗勉励子孙说:"世界广大，江河很多，可以分封给你们地域辽阔之国，让你们各自去镇守!"④ 强烈的掠夺财物和占有地盘的欲望是蒙古贵族不断对外扩张的最强劲的驱动力。

12 世纪末 13 世纪初的中国政治特征是四分五裂，地区政权割据一方并相互混战。在中原地区和东北地区是女真人完颜氏建立的金朝，在陕甘宁地区是党项人拓跋氏控制的西夏唐兀惕，在新疆东部是畏兀儿人的亦都护政权，而新疆西部则是契丹人耶律大石家族掌控的西辽哈剌契丹，在云贵川地区是独霸一方的段氏大理国，而淮水到大散关（今陕西宝鸡西南）以南地区则是赵氏家族的

---

① 《蒙古秘史》第 224 节记载:共同建国、共历艰辛的功臣，被委任为千户长。每一千户编组为一个千户，委任了千户长、百户长、十户长。编组了万户，委任了万户长们。各万户长、千户长中，凡可给予恩赐者，给予了恩赐圣旨。成吉思汗降旨说:"以前朕只有八十人做宿卫，七十名侍卫做轮番护卫。如今依靠长生天的气力，天地的佑护，平定了全国百姓，都归朕独自统治。如今，可从各千户中挑选人到朕处进入轮番护卫队、侍卫队中。选入的宿卫、箭筒士、侍卫，共满万人。""在有云的夜里，围卧在朕的有天窗的帐庐周围的老宿卫们，使朕得以安静地睡眠，使朕得以登临大汗宝座。在有星的夜里，围卧在朕的宫帐周围的吉庆的宿卫们，使朕得以安心睡眠，使朕得以登临大汗宝座。在飘摇的风雪中，在令人颤抖的严寒中，在倾泻大雨中，站立着未曾消歇，在朕的有编壁的帐庐周围守卫着的至诚的宿卫们，使朕得以心安，使朕得以登临安乐的宝座。"（余大钧译注. 蒙古秘史［M］. 石家庄:河北人民出版社，2001:370，383.）
② 余大钧，译注. 蒙古秘史［M］. 石家庄:河北人民出版社，2001:149.
③ ［波斯］拉施特. 史集:第一卷第二分册［M］. 余大钧，周建奇，译. 北京:商务印书馆，1983:362.
④ 余大钧，译注. 蒙古秘史［M］. 石家庄:河北人民出版社，2001:435.

南宋政权。各地区政权相互混战，内部矛盾重重，国势衰弱。这种政治上的乱局为成吉思汗发动统一全国的战争提供了良好的契机。

成吉思汗建国前，乃蛮部的近邻畏兀儿是西辽的藩属国。一方面，西辽派驻畏兀儿的最高行政长官太师僧少监骄奢淫逸，恣意妄为、凌辱藩属。另一方面，惶于乃蛮部的败亡和慑于成吉思汗的崛起，1209 年畏兀儿亦都护巴而术阿而忒的斤决然怒杀西辽长官少监，遣使觐见成吉思汗，衷心归附蒙古汗国。史载，巴而术阿而忒的斤呈递的国书上说，"我从来往的人们处听得［吾］王、世界征服者、宇宙之王的强盛、伟大、威严和坚强，便起来造了哈剌契丹的反。我愿派遣使者完整、详细地［向您］报告我所知道的有关古儿汗的情况，忠心耿耿地［为您］效劳。在考虑这些事的当儿，我仿佛觉得天空中乌云驱散，晴日当空，在阳光照射下，江面上冰封尽消，一江净水，我整个身心欢腾起来，自今以后，我要将全部畏兀儿国土献上，做成吉思汗的奴隶和儿子！"① 畏兀儿地贯通东西交通，畏兀儿的投附，为成吉思汗征略西夏、西辽和花剌子模提供了一个坚实的前沿阵地。

蒙古汗国统一全国实行两步走的战略，第一步是消灭结有世仇的金国。

西夏和金国早有攻守同盟之约，将来或有不虞，交相救援。为避免受东西两面夹击，成吉思汗采取了先取西侧弱小的西夏政权以扫清对金战争的外围战术。为此，1205 年、1207 年秋、1209 年春、1218 年、1226 年春、1227 年春，成吉思汗六征西夏，灭了西夏政权，掳了大量财物，为进军金朝解了后顾之患。

铁木真崛起之初，曾投附金朝以壮大自己。不过，金朝对蒙古人实行粗野残暴的统治，每三年深入草原腹地行"减丁"政策，屠杀蒙古精壮男子。金章宗后期，统治集团竟尚奢靡，争权夺利，金朝已趋衰败。1208 年金章宗死，卫王永济登位，遣使传诏蒙古朝拜。成吉思汗决定先发制人，统率大军南下攻金。1211 年秋，野狐岭（河北万全膳房堡北）之役，金军 30 万精锐尽没于此。蒙古军仍沿用游牧贵族掳掠作战的方式，意在抢劫金帛女子、牛羊马畜，以劫杀掠夺为主，至 1215 年，黄河以北所有土地尽遭蒙古骑兵践踏和蹂躏。1217 年秋，成吉思汗封木华黎为"太师国王"，经略中原。木华黎推行安抚政策，大力吸纳和笼络中原地方实力，契丹贵族和汉族官僚地主武装纷纷降附蒙古汗国。1227 年成吉思汗逝世，临崩前，定下灭金方略，"金精兵在潼关，南据连山，北限大河，难以遽破。若假道于宋，宋金世仇，必能许我，则下兵唐、邓，直捣大梁。

---

① ［波斯］拉施特 . 史集：第一卷第一分册［M］. 余大钧，周建奇，译 . 北京：商务印书馆，1983：211—212.

金急，必征兵潼关。然以数万之众，千里赴援，人马疲敝，虽至弗能战，破之必矣"①。

1229 年成吉思汗三子窝阔台即位，决定亲征金国，采用父汗灭金方略。1232 年春，在今河南禹县的三峰山战役中，金朝精锐 20 万丧失殆尽。金哀宗求和，蒙古军不从。为彻底消灭金朝，1232 年底，窝阔台汗遣使南宋，建议联合灭金。1233 年南宋襄阳守将孟珙与蒙古军攻下唐州、蔡州。1234 年春金哀宗自杀，金朝灭亡。

蒙古汗国统一全国的第二步是灭亡南宋。

南宋自为金国所败以来，偏安东南，都邑临安，苟且偷安。国家举步维艰，宫廷争权夺利、内讧不已。皇帝声色犬马、加害忠良。贵族豪强割山海林野田池，以为私财。农民全无容针之地，生活饥寒交迫。南宋政权威信力大大降低。1235 年蒙古军进攻南宋，抄掠财物。1251 年蒙哥即位后，命胞弟忽必烈统领蒙汉军队镇守中原，负责征伐南宋。忽必烈采纳汉人谋士姚枢建议，军屯要地，以守为主，亦战亦耕，广积粮草，充实边备，大军伺机南下灭宋。忽必烈的经理，为攻宋打下了坚固的基础。1257 年蒙哥大汗南征，南宋守将奋勇抵抗。1259 年 7 月，蒙哥病死军中，蒙古右翼军撤军北还。9 月，忽必烈军队突破南宋长江防线，包围鄂州（武汉），南宋朝野震惊。为与幼弟阿里不哥争位，忽必烈暂缓战事，与南宋议和。1260 年 4 月忽必烈在开平（今内蒙古正蓝旗东），举行忽里勒台，被拥戴即位。5 月阿里不哥在哈喇和林也宣布称汗登位。1260—1264 年兄弟双方打了四年内战，最终，阿里不哥败落。1271 年忽必烈定都大都，改国号为元，建立元朝，并继续伐宋。1276 年 2 月蒙古军攻陷南宋都城临安，1279 年灭亡南宋，完成了全国的统一。

元朝的建立结束了我国历史上自五代以来长达 400 多年的东西割据、南北对峙的分裂和混乱局面，实现了我国中原内地与四周边疆地区多民族的空前大一统，为我国统一事业做出了历史性的贡献。

二、蒙古西征

12 世纪末 13 世纪初，蒙古人崛起于漠北高原。铁木真顺应历史潮流，以武力实现了大漠南北蒙古各部的统一，1206 年建立起蒙古汗国。蒙古汗国的建立标志着蒙古人从松散的、分裂的部落联盟向统一的封建君主专制国家过渡的基本完成。以成吉思汗为首的新兴的游牧贵族周邻国家和地区发动了一系列战争，

---

① （明）宋濂等撰．元史：卷一［M］//太祖纪．北京：中华书局，1976：25.

尤其是蒙古三次西征。

（一）蒙古第一次西征

1. 蒙古第一次西征的原因

（1）掠夺奴隶和掳获财富，是成吉思汗历次对外战争，也是西征的主要动因

蒙古第一次西征（1219—1225），或曰成吉思汗西征，西征对象是中亚地区的花剌子模帝国。蒙古西征花剌子模的原因，学者多认为，因发生在两国间的一突发事件——讹答剌事件导致成吉思汗出兵。笔者认为成吉思汗举兵复仇、西征花剌子模只是政治层面上的原因，实质上，蒙古三次西征的真正动因既为满足军事游牧贵族掠夺农耕地区物质财富的经济需要，也为入主中亚、征服世界之目的。

就古代欧亚大陆而言，吴于廑先生认为，以兴安岭、燕山、阴山、祁连山、昆仑山、兴都库什山、扎格罗斯山、高加索山和喀尔巴阡山为分界线，亚欧大陆形成农耕世界和游牧世界两大平行地带，以南宜于农耕，以北适于游牧。在冷兵器时代，农耕生产的增长率大于游牧生产的增长率，农耕民族的生活方式较为稳定。相对而言，游牧地带的生产增长缓慢，逐水草而生，传统的氏族公社制牢固存在，游牧民族生活简朴，社会落后，骁勇强悍、性情凶野，热衷掠夺战争。游牧经济迫切需要与定居民族交往。古代农耕与游牧两个世界在产品交换的基本形式上主要是互补性的朝贡、互市贸易和冲突、战争两种形式。当朝贡、互市不能在和平环境下进行，古代游牧世界往往对农耕世界采取冲突、战争等非正常的互补形式。勒内·格鲁塞在《草原帝国》序言中说："游牧者尽管在物质文化上发展缓慢些，但他一直有很大的军事优势。他是马上弓箭手。这一专门化的兵种是由具有精湛的弓箭技术和具有令人难以置信的灵活性的骑兵组成，这一兵种赋予了他胜过定居民族的巨大优势，就像火炮赋予近代欧洲胜过世界其他地区的优势一样。"[①] "逐牧草而做季节性迁徙的放牧生活的需要，决定了他们特有的游牧生活；游牧经济的迫切需要决定了他们与定居民族之间的关系；这种关系由胆怯地仿效和嗜血性的袭击交替出现所形成。"[②] 正如此，历史上的亚欧大陆腹地一直是战争的策源地，从公元前3世纪的匈奴开始，先后有月氏、鲜卑、突厥等游牧民族不断发起对外战争，或抄略财物，或攻城略地。《史记·匈奴列传》载：匈奴"逐水草迁徙，毋城郭常处耕田之业，然亦各

---

① 〔法〕勒内·格鲁塞. 草原帝国［M］. 蓝琪，译. 北京：商务印书馆，1998：6.
② 〔法〕勒内·格鲁塞. 草原帝国［M］. 蓝琪，译. 北京：商务印书馆，1998：3.

有分地。毋文书，以言语为约束。儿能骑羊，引弓射鸟鼠；少长则射狐兔，用以食。士力能弯弓，尽为甲骑。其俗，宽则随畜，因射猎禽兽为生业，急则人习战攻以侵伐，其天性也"。氏族公社制下游牧民族有热衷掠夺战争的传统习性，蒙古帝国也不例外。

蒙古帝国是成吉思汗为首的草原游牧贵族通过若干年的武力征伐，一统全蒙古高原分散的部落联盟而建立起来的新兴的封建君主专制国家，也正是在无休止的战争中造就了特别凶猛的以军事为职业的骑兵阶层，氏族部落时代热衷掠夺战争的习性顽固地沿袭下来，军事游牧贵族把掠夺财富视为最荣光的事业，不断地向周邻地区发起征服战争。蒙古初兴时，成吉思汗说："取天下呵，各分地土，共享富贵。"强烈的掠夺财物和征服的欲望是蒙古贵族不断对外战争最强劲的驱动力。

成吉思汗西征前，蒙古汗国对外战争主要是六征西夏（1205 年、1207 年秋、1209 年春、1218 年、1226 年春、1227 年春）和南征金国（1211—1234）。考察成吉思汗对西夏和金国用兵的主要原因，皆为借口世仇，实为掠夺财物，征服中原。

西夏是蒙古汗国对外战争瞄准的第一个受打击对象。1205 年成吉思汗第一次用兵西夏，《元史》和《史集》对其原因皆无记载。1226 年成吉思汗第五次用兵西夏，《元史》说，"帝以西夏纳仇人（赤）[亦]腾喝翔昆及不遣质子，自将伐之"①。成吉思汗用兵西夏长达 22 年，仅仅因为西夏王接纳成吉思汗的仇人便诉诸武力，并因不纳质子便置之死地，非也。成吉思汗用兵西夏，意在灭金。西夏与金相比，地小人少，国力强弱悬殊，先灭西夏，政治上可断夏金联盟，军事上可免东西两面受敌危险，经济上可抄略西夏府乡财物。史载，成吉思汗一征西夏，"拔力吉里寨，经落思城，大掠人民及其橐驼而还"②。二征西夏，"克斡罗孩城"③。三征西夏，"夏主李安全遣其世子率师来战，败之，获其副元帅高令公。克兀剌海城，俘其太傅西壁氏。进至克夷门，复败夏师，获其将嵬名令公。薄中兴府，引河水灌之。堤决，水外溃，遂撤围还"④。四征西夏，"伐西夏，围其王城，夏主李遵顼出走西凉"⑤。六征西夏，"帝留兵攻夏王城，自率师渡河攻积石州"。（《元史》）通观成吉思汗六征西夏，非掳掠财物，

① （明）宋濂，等．元史：卷一［M］//太祖纪．北京：中华书局，1976：23.
② （明）宋濂，等．元史：卷一［M］//太祖纪．北京：中华书局，1976：13.
③ （明）宋濂，等．元史：卷一［M］//太祖纪．北京：中华书局，1976：14.
④ （明）宋濂，等．元史：卷一［M］//太祖纪．北京：中华书局，1976：14.
⑤ （明）宋濂，等．元史：卷一［M］//太祖纪．北京：中华书局，1976：20.

即拔城略地。诚如《史集》所云："成吉思汗整集军队去征讨被称做唐兀惕的合申地区。[他们]进入该地区后,先到了力卜勒乞寨,该寨修筑得非常牢固。他们包围了它,在短时期内攻了下来,将寨墙和基础全部平毁。他们从那里进到克邻—罗失城,这是座很大的城,他们攻下了它,进行了洗劫,并将那些地区找到的牲畜全部驱走。[然后]他们带着许多战利品和无数骆驼、牲畜回来,以奴隶顺服之礼来见成吉思汗。"①

　　1209 年西夏在成吉思汗连续打击下投降蒙古汗国,成吉思汗也做好了伐金的充分准备,灭亡金朝是成吉思汗对外战争的第二个目标。成吉思汗伐金的原因,《元史》在 1206 年成吉思汗建国之初记载:"帝始议伐金。初,金杀帝宗亲咸补海罕(俺巴孩汗),帝欲复仇。会金降俘等具言金主璟肆行暴虐,帝乃定议致讨。"② 1210 年《元史》记载:"金谋来伐,筑乌沙堡。帝命遮别袭杀其众,遂略地而东。初,帝贡岁币于金,金主使卫王允济受贡于(静)[净]州。帝见允济不为礼。允济归,欲请兵攻之。会金主璟殂,允济嗣位,有诏至国,传言当拜受。帝问金使曰:'新君为谁?'金使曰:'卫王也。'帝遂南面而唾曰:'我谓中原皇帝是天上人做,此等庸懦亦为之耶,何以拜为!'即乘马北去。金使还言,允济益怒,欲俟帝再入贡,就进场害之。帝知之,遂与金绝,益严兵为备。"1211 年 2 月,"帝自将南伐败金将野狐岭"③。成吉思汗伐金自然是蒙古民族反抗金人剥削和压迫的复仇战争,但也是游牧民族对农耕地区的经济掠夺战争。成吉思汗在中原拔城略地,金帛、女子、牛羊马畜皆席卷而去。掠夺财物,掳获人口,是古代游牧民族社会生产力水平和统治阶级本性所决定的。正如恩格斯在《家庭、私有制和国家的起源》中所言:"战争以及进行战争的组织现在已成为民族生活的正常职能。邻人的财富刺激了各民族的贪欲,在这些民族那里,获取财富已成为最重要的生活目的之一。他们是野蛮人,进行掠夺在他们看来是比进行创造(性)的劳动更容易甚至更荣誉的事情。以前进行战争,只是为了对侵犯进行报复,或者是为了扩大已经感到不够的领土;现在进行战争则纯粹是为了掠夺,战争成为经常的职业了。"④ 历经 24 年的蒙古帝国对金战争,成吉思汗及其继承者在一定程度上具有反抗金朝的民族解放性,但重要原因是蒙古贵族要求对中原地区进行经济掠夺和军事征服。此政治和经济上的

---

① [波斯]拉施特. 史集:第一卷第一分册 [M]. 余大钧,周建奇,译. 北京:商务印书馆,1983:207.

② (明)宋濂,等. 元史:卷一 [M]//太祖纪. 北京:中华书局,1976:24.

③ (明)宋濂,等. 元史:卷一 [M]//太祖纪. 北京:中华书局,1976:15.

④ 马克思恩格斯选集:第 4 卷 [M]. 北京:人民出版社,1972:160.

原因，同样也是成吉思汗出兵花剌子模帝国的主要原因。

（2）天命所归的帝国意识是成吉思汗西征的思想源泉

1206 年铁木真统一蒙古高原，告天即位，"诸王群臣共上尊号曰成吉思汗"①。成吉思汗称号首倡者是萨满教"通天巫"阔阔出。《史集》记载："蒙古力克——额赤格的儿子阔阔出——帖卜腾格里是一个奇迹的预言者。以前他屡次对［成吉思汗］说：'最高的主让你统治大地'。"并说："最高的主命你采用成吉思汗的称号。"②《世界征服者史》也记载，阔阔出回来称："天神跟我谈过话，他说：'我已经把整个地面赐给铁木真及其子孙，名他为成吉思汗'"。③成吉思汗的含义，学界无定论，但中外文献大抵如《史集》所言："成吉思汗这个词也就是最高君主或王中之王。"④ 铁木真借萨满教最高神——天神的代理人"通天巫"之口，以"最高的主"或"天神"的名义赐予成吉思汗这一称号并使之神圣化，自然也赋予成吉思汗及其子子孙孙征服和统治世界的权力。斯柏勒认为，"蒙古人声称要成为大地的真正统治者。天神创造大地仅仅是为了他们的利益，并实施蒙古人的统治。甚至天空中飞翔的小鸟都是为了向人们报告蒙古人才是世界的统治者，整个大地必是天神赐予蒙古人的礼物"⑤。

成吉思汗正是在天命所归这一政治理念下进行了一场又一场惊心动魄的征服战争。1208 年追击蔑儿乞部部首脱脱父子，降服"林木中百姓"。1205—1227 年六征西夏，1209 年慑服畏兀儿亦都护，1211—1234 年南伐金国，1211 年降服海押立⑥、阿力麻里⑦、不剌城⑧为中心的哈剌鲁地区，1235—1279 年攻略南宋。诚如成吉思汗在致长春真人丘处机的诏书中所言："七载之中成帝业，六合之内为一统。非朕之行有德，盖金之政无恒，是以受天之佑，获承至尊，南连赵宋，北接回纥，东夏西夷，悉称臣佐。"⑨

正是利用萨满教赋予成吉思汗统治世界的神权思想，也正因为天命所归，

① （明）宋濂，等 . 元史：卷一［M］//太祖纪 . 北京：中华书局，1976：13.
② 〔波斯〕拉施特 . 史集：第一卷第一分册［M］. 余大钧、周建奇，译 . 北京：商务印书馆，1983：347.
③ 〔伊朗〕志费尼 . 世界征服者史：上册［M］. 北京：何高济，译 . 商务印书馆，2004：37.
④ 〔波斯〕拉施特 . 史集：第一卷第一分册［M］. 余大钧、周建奇，译 . 北京：商务印书馆，1983：207.
⑤ SPULER B. History of the Mongols［M］. University of California Press，1972：26.
⑥ 海押立（Qayaligh）：今哈萨克斯坦之塔尔迪·库尔干以东。
⑦ 阿力麻里（Almalyk）：今新疆霍城西北。
⑧ 不剌城：今新疆博乐市。
⑨ （元）陶宗仪撰 . 南村辍耕录：卷 10，"丘真人"条 . 北京：中华书局，1997.

天神给予成吉思汗统治世界权力的合法性，帝国意识在膨胀，成吉思汗如是说："取天下呵，各分地土，共享富贵。"所以，我们不难理解成吉思汗致花剌子模沙摩诃末的国书中所说："我知君势之强，君国之大。我知君统治大地之广大，我深愿与君修好。我之视君，犹爱子也。君当知我已征服中国。服属此国北方之诸突厥民族。"① 国书之中，成吉思汗视花剌子模沙摩诃末为爱子、自己的附庸，傲慢态度跃然纸上。《突厥世系》说："至高无上的天神将一个大帝国，包括从太阳升起之地直到你的国土临界之地的所有地方都授予了我。现在你应该承认作我的儿子，要识时务，小心从事，以使穆斯林们享受一种充分的安宁。"② 可以肯定地说，成吉思汗西征只是时间早晚问题，而不是西征会不会发生问题。诚如朱耀廷所言："当时成吉思汗已经征服了大半个中国，自比为天下之主，老子天下第一的情绪溢于言表。""花剌子模杀死蒙古商队和使者，不过是成吉思汗西征的直接导火线，更主要的或终极原因却是成吉思汗企图占领更多的领土，以便为自己的后代经营更辽阔、更理想的地盘。"③

（2）花剌子模帝国的崛起，是蒙古帝国向西扩张的绊脚石。

花剌子模，中亚古国，属阿姆河下游的绿洲地带。《大唐西域记》称之为"货利习弥迦"，蒙古人称之为"撒儿塔兀勒"，《元史》称之为"回回国"。花剌子模、康国、安国、曹、石、何、史和伐，合称"昭武九姓"，操东伊朗语。710—712 年阿拉伯帝国呼罗珊行省长官古太白统率阿拉伯军队征服和统治花剌子模地，花剌子模伊斯兰化。9 世纪中叶以后，阿拔斯王朝走向衰落，东波斯和中亚地区先后出现以阿富汗巴尔赫地区为中心的萨曼王朝和以阿富汗加兹尼地区为中心的哥疾宁王朝，萨曼王朝和哥疾宁王朝名义上宗奉哈里发，但实际上是独立的地方王朝。花剌子模初臣属萨曼王朝，999 年萨曼王朝为突厥奴将领推翻后，1017 年花剌子模臣服哥疾宁王朝。1040 年丹丹坎战役，塞尔柱人击溃哥疾宁王朝主力，完全控制呼罗珊地区，花剌子模落入塞尔柱帝国的管辖，塞尔柱帝国任命突厥籍马木路克纳石的斤为花剌子模舍黑捏④。1097 年纳石的斤长子忽都不丁·摩诃末为塞尔柱帝国授予"花剌子模沙"称号，名义上花剌子模沙仍是塞尔柱帝国的地方长官，实际上忽都不丁·摩诃末统治花剌子模三十年，

---

① 〔瑞典〕多桑. 多桑蒙古史：上册［M］. 冯承钧，译. 上海：上海书店出版社，2001：92.

② 阿布尔—哈齐—把阿秃儿汗. 突厥世系［M］. 罗贤佑，译. 北京：中华书局，200：96.

③ 朱耀廷. 成吉思汗传［M］. 北京：人民出版社，2004：374，388.

④ 舍黑捏（Shahna）：汉译少监。

学界一般视忽都不丁·花剌子模为花剌子模王朝的缔造者。

花剌子模王朝，在塞尔柱帝国内部崛起，也在反塞尔柱帝国和哈剌契丹王朝①的斗争中壮大起来。1127—1128年忽都不丁·摩诃末死，其子阿齐思即位，在西辽的帮助下，阿齐思宣布花剌子模独立，举起反叛业已衰败的塞尔柱帝国旗帜。英国著名历史学家亨利·H. 霍渥斯说："阿齐思雄心勃勃，尽可能使花剌子模成为一个独立的国家，虽然，处在塞尔柱人和哈剌契丹两强之间，他困难重重，但他还是决心追求自己的目标，为自己的继承者们实现完全独立的政策奠定基础。"② 阿齐思在位时期（1127—1156），花剌子模兴盛起来，以玉龙杰赤为都，控制着西波斯、呼罗珊、阿富汗和河中地区广袤土地。王治来先生说："阿即思是使花剌子模真正成为一个强大帝国的奠基人。"③

1156年阿齐思去世，其子阿儿思兰即位，乘塞尔柱帝国衰败，占据呼罗珊西部地区。1172年阿儿思兰死，长子帖乞失在西辽的帮助下登上花剌子模王位并对西辽称臣纳贡。1177年西辽内乱，政局不稳，帖乞失野心勃勃，积极向西扩张，率军进攻内沙布尔，1186年帖乞失完全成为呼罗珊的主人。1194年帖乞失在北波斯的列夷城与塞尔柱帝国军队大战，25岁的塞尔柱帝国末代苏丹托格里勒被杀，塞尔柱帝国灭亡。帖乞失占领哈马丹和吉巴勒，花剌子模的版图扩展到伊拉克，帖乞失自称苏丹，由一个地方统治者成为掌管伊拉克、呼罗珊和河中地区的帝国君主。1196年帖乞失在哈马丹击败阿拔斯王朝哈里发纳西尔的军队，并胁迫哈里发交出政权和出让西波斯的胡齐斯坦。

1200年帖乞失死，其子摩诃末即位，花剌子模国迎来全盛时代。在东面，1204年摩诃末与西辽联合，击溃赫拉特地区的古尔王朝主力，最终解除古尔王朝长期以来给花剌子模的挑战。1208年花剌子模帝国夺取赫拉特，古尔王朝臣属花剌子模帝国。在西面，摩诃末威胁巴格达的阿拔斯王朝，甚至要求哈里发向自己称臣。摩诃末还派遣其弟阿里沙进军里海各省，使巴万迪王朝（Bāvandid）成为帝国的藩臣。1218年蒙古军将哲别消灭了在河中地区立国两百年的西辽，蒙古帝国占领了西辽东北部广大地区，花剌子模帝国趁机占有直至讹答剌为止的西辽西部土地，花剌子模帝国掌控了波斯西部、呼罗珊、阿富汗和河中地区，实力臻于极盛，蒙古帝国与花剌子模帝国两强毗邻，全线接壤，成为蒙古帝国向西扩张的绊脚石。摩诃末也自以为天下无敌，甚至计划东扩，

---

①　哈剌契丹王朝（Qara‐Khitai or Qarakhānids）：哈剌汗王朝，亦称西辽。

②　BOYLE J A. The Cambridge History of Iran［M］. Cambridge University, 1968：143.

③　王治来. 中亚史纲［M］. 长沙：湖南教育出版社，1986：385.

征服中国。我们可从摩诃末咨询成吉思汗出使花剌子模的使者麻哈木的语言中窥见一斑："啊，麻哈木！难道你没有见到我国土的广大和我力量的强盛吗？你的汗凭什么自认为比我强大，将我视为他的儿子？难道他觉得他的军队会多于我吗？"① 蒙古帝国和花剌子模帝国两强对峙，战争抑或不可避免。

第三，讹答剌事件成为成吉思汗西征的导火索和借口

游牧经济具有单一性，家畜是游牧民族赖以生存的主要财富，举凡衣食住行一切生活资料和生产资料几乎均仰赖家畜。但游牧民毕竟不能一年四季食畜肉，衣皮革，被旗袭，无论如何他们需要农耕民族的粮食、茶叶、丝棉织品等物，游牧民族必须与农耕世界展开必要的商贸活动。蒙古人十分欢迎各地商贾穿梭于蒙古草原和农耕地区，将农产品源源不断地供给草原上的牧民。为促进商人与蒙古人之间的商贸往来，成吉思汗甚至颁布一条札撒："凡进入他的国土内的商人，应一律发给凭照，而值得汗受纳的货物，应连同物主一起遣送给汗"。② 蒙古帝国和花剌子模帝国两强为邻，一定程度上也便利了两国之间的贸易往来。

1218 年成吉思汗为与花剌子模通好商贸，命后妃、宗王、驸马、那颜各自选两三名亲信，组成了一支 450 人的商队，500 峰骆驼带着大量的金银巴里失、丝绸和毛皮，前往中亚的花剌子模帝国去进行贸易。花剌子模帝国边城讹答剌③长官亦纳勒术，是摩诃末母亲、太后秃儿罕合敦的族亲，曾受封为"哈只儿汗"，位高权重。他一不满成吉思汗商队成员举止傲慢和不恭，二垂涎商队财物，便诬告商队使者是成吉思汗的间谍，拘禁商队全体成员，派人报告摩诃末。拉施特说：摩诃末"没经深思就发出了杀死商人、没收商人财产的命令"④。志费尼也说："没有稍加考虑，算端便同意要他们的命，认为剥夺他们的财货是合法的"⑤。除一人逃离外，亦纳勒术将 449 人杀死，货物全部被没收。

摩诃末和亦纳勒术这一行为使成吉思汗义愤填膺。为讨个说法，成吉思汗

① 阿布尔—哈齐—把阿秃儿汗．突厥世系［M］．罗贤佑，译．北京：中华书局，200：96.
② ［伊朗］志费尼．世界征服者史：上册［M］．何高济，译．北京：商务印书馆，2004：90.
③ 讹答剌（Utār）：今哈萨克斯坦南哈萨克斯坦州希姆肯特西北帖木儿，锡尔河右岸阿雷斯河口附近．
④ ［波斯］拉施特．史集：第一卷第一分册［M］．余大钧，周建奇，译．北京：商务印书馆，1983：259.
⑤ ［伊朗］志费尼．世界征服者史：上册［M］．何高济，译．北京：商务印书馆，2004：90.

又派出三名使臣前往花剌子模交涉，谴责花剌子模的杀人越货行为，要求花剌子模沙交出凶手亦纳勒术，摩诃末拒绝蒙古使臣要求，并再次开启杀机，蒙古正使被害，二名副使侮辱性地剃去胡须逐回。摩诃末这一极端做法使成吉思汗狂怒不已。史载，成吉思汗独自一人登上圣山，摘去帽子，松下腰带置于脑后，以脸向地跪求天神三天三夜。他说："我不是挑起这次战乱的肇祸者！请佑助我。赐我以复仇的力量吧！"① 成吉思汗向花剌子模沙下达战书。讹答剌事件导致花剌子模帝国成为蒙古帝国第一次西征的主要目标及花剌子模帝国的灭亡。耶律楚材说："此城渠酋尝杀大朝使命数人、贾人百数，尽有其财货。西伐之意始由此耳。"② 志费尼评说："谁要是种下枯苗，谁就决无收获。可是，谁要是种下仇怨的苗，那大家一致认为，谁就将摘取悔恨的果实。"③

2. 蒙古第一次西征

鉴于花剌子模沙摩诃末处理讹答剌事件，非但不息事宁人，还肆意羞辱蒙古使臣，讹答剌事件成为成吉思汗对花剌子模帝国发动战争的导火索和借口。1218 年成吉思汗召开忽里勒台，宗王和权臣们一致决定出征花剌子模帝国。

巴托尔德说，1219 年夏，成吉思汗集结蒙古大军 15—20 万人④，对外号称 60 万。耶律楚材在《西游录》中说："车帐如云，将士如雨，马牛被野，兵甲赫天，烟火相望，连营万里。"⑤ 1219 年秋，成吉思汗兵分四路，经畏兀儿地向花剌子模挺进，目标直指讹答剌城。志费尼说："大军层层包围城池；当所有的队伍在那里集中后，成吉思汗派将官分头出师。他遣长子率几土绵（万户）的骁勇士卒往攻毡的⑥和巴耳赤邗⑦；另一些将官被遣往攻忽毡⑧和费纳客忒⑨。他亲征不花剌，留下窝阔台和察合台指挥那支奉命围攻讹答剌的军队。"⑩

① 〔波斯〕拉施特. 史集：第一卷第一分册［M］. 余大钧，周建奇，译. 北京：商务印书馆，1983：260.
② （元）耶律楚材撰，向达校注. 西游录：上［M］. 北京：中华书局，1981.
③ 〔伊朗〕志费尼. 世界征服者史：上册［M］. 何高济，译. 北京：商务印书馆，2004：88.
④ BOYLE J A. The Cambridge History of Iran［M］. Cambridge University，1968：306.
⑤ （元）耶律楚材撰，向达校注. 西游录：上［M］. 北京：中华书局，1981.
⑥ 毡的（Jand）：今锡尔河右岸克孜尔奥尔达附近。
⑦ 巴耳赤邗（Barjligh–Kent）：一译养吉干，柏朗嘉宾作 Barchin，位于毡的和昔格纳黑之间，今哈萨克斯坦卡札林斯克南面，锡尔河下游右岸吉日根河流域。
⑧ 忽毡（Khojend）：今塔吉克斯坦列尼纳巴德城。
⑨ 费纳客忒（Banākath）：今乌兹别克斯坦塔什干南，锡尔河北岸。
⑩ 〔伊朗〕志费尼. 世界征服者史：上册［M］. 何高济，译. 北京：商务印书馆，2004：91.

　　1219 年 9 月，蒙古军在窝阔台和察合台指挥下开始猛攻讹答剌。讹答剌戍军 2 万，成吉思汗围攻前，摩诃末外调 5 万军拨给镇守官亦纳勒术，并派哈剌察 1 万人增援。亦纳勒术拼死抵抗，战斗持续 5 个月，讹答剌城内的军备物资和生活物品已十分匮乏，蒙古军攻入外堡，亦纳勒术深知自己是这场战争的罪魁祸首，拒绝投降，在内堡顽强不屈，又坚持了 1 个月，仅孤身一人，也无逃生之路，亦纳勒术被俘，讹答剌城被夷为平地。

　　1220 年三月，成吉思汗和拖雷中路军攻克河中地区伊斯兰文化中心布哈拉城，抵抗者中 3 万多人遭屠杀。志费尼记载："比鞭梢高的康里男子，一个都没有剩下，遇害者计三万多人；而他们的幼小子女，贵人和妇孺的子女，娇弱如丝柏，全被夷为奴婢。"①

　　4 月，蒙古四路大军会师撒马尔罕②，围城五日，3 万康里部军被屠杀，幸存者纳贡赋 20 万第纳尔。《世界征服者史》说："蒙古人清点刀下余生者；3 万有手艺的人被挑选出来，成吉思汗把他们分给他的诸子和族人；又从青壮中挑出同样的人，编为一支签军。其余获允回城者，因为他们既没有遭到他人的厄运，也未殉难，而是仍活在世上。成吉思汗向这些幸存者征收 20 万第纳尔［的赎金］"。③ 耶律楚材曾吟诗咏叹："寂寞河中府，颓垣绕故城。""城隍连畎亩，市井半丘坟。"④ 撒马尔罕陷落，花剌子模沙摩诃末逃奔北波斯。

　　7 月，窝阔台和察合台攻克玉龙杰赤⑤，花剌子模守军坚决抵抗，蒙古军苦战达 7 个月，伤亡惨重。1221 年 4 月，窝阔台攻入城内，为报复玉龙杰赤人的顽强抵抗，蒙古军实行屠城政策，10 万花剌子模守军全部阵亡，工匠和妇孺掳往蒙古。史载：玉龙杰赤"市民在行动中斗志倍增，抵抗更为顽强。城外也一样，武器更猛，战浪更高。骚扰之风更喧嚣，天上地下皆然。攻占一间接一间的住所，一所又一所的房屋，蒙古军拿下城池，一面摧毁建筑物，一面杀戮居民，直到整个城镇最后落入他们之手。接着，他们把百姓赶到城外；把为数超过十万的工匠艺人跟其余的人分开来，孩童和妇孺被夷为奴婢，驱掠而去，然

---

① 〔伊朗〕志费尼. 世界征服者史：上册［M］. 何高济，译. 北京：商务印书馆，2004：115.

② 撒马尔罕（Samarqand）：一译撒麻耳干、寻思干、薛迷失坚、薛迷失干。

③ JUVAINI. The History of the World – Conqueror，［M］. BOYLE J A. Manchester University，1958：122.

④ 耶律楚材撰. 湛然居士文集：卷 6［M］. 北京：中华书局，1986：114.

⑤ 玉龙杰赤（Gurgānj or Urganch）：一译乌尔健赤或花剌子模城，今土库曼斯坦阿姆河下游的乌尔根奇。

后，把余下的人分给军队，让每名军士屠杀二十四人"①。玉龙杰赤的陷落，标志着蒙古军征服了整个河中地区。

据称花刺子模沙握有重兵 40 万②，但因国内矛盾重重，尤其是以国王摩诃末为首的突厥蛮诸部和以太后秃儿罕哈敦为首的康里部贵族之间争权夺利，加之花刺子模沙采取消极防守和积极逃跑的错误方针，严重地削弱了抵御蒙古人的战斗力，花刺子模诸重要城镇——为成吉思汗分而破之。

1221 年春，成吉思汗和拖雷率领 7 万蒙古军进兵呼罗珊地区。历史上的呼罗珊包括巴里黑、马鲁、也里和内沙布尔四大区域。成吉思汗和拖雷父子对呼罗珊地区进行了毁灭性的扫荡。

花刺子模沙摩诃末 1220 年初驻守阿姆河南岸一带，成吉思汗兵进，摩诃末召开几次战前会议，因康里部将与摩诃末的矛盾重重，摩诃末无法有效组织帝国抵抗蒙古军进攻。不花刺和撒马尔罕河中府两大名城相继陷落后，摩诃末从内沙布尔逃奔可疾云③。为防止摩诃末重新聚集力量对抗蒙古军，成吉思汗特委任哲别为前哨、速不台为后卫、脱忽察儿各率 1 万轻骑追剿逃亡北波斯的摩诃末。1220 年 6 月哲别和速不台在内沙布尔兵分两路，搜寻花刺子模沙。哲别向志费因省④推进，兵进禑椮答而和哈马丹。速不台兵锋东指，途径徒思、哈不珊⑤、亦思法刺因⑥、担寒⑦、西模娘⑧。在西模娘，哲别和速不台会合，一同抄略刺夷。摩诃末为躲避蒙古军的追击，在北波斯各地东奔西突，在北波斯阿莫勒地区，受当地埃米尔建议，摩诃末最后遁入里海南岸阿斯塔拉巴德湾一小岛上避难。1220 年 12 月或 1221 年 1 月，闻讯藏匿于马赞达兰省阿莫勒县杜达干镇亦刺勒城堡的诸子被杀、诸女被虏，太后秃儿罕合敦被俘（1233 年死于哈剌和林）。志费尼说，摩诃末悲愤致死，死前传位其子扎兰丁。花刺子模帝国的灭亡加速了蒙古帝国对外征略的步伐。

哲别和速不台得知摩诃末死讯后，挥师西指，转战于北波斯、格鲁吉亚和

① 〔伊朗〕志费尼. 世界征服者史：上册［M］. 何高济，译. 北京：商务印书馆，2004：138.
② 〔瑞典〕多桑. 多桑蒙古史：上册［M］. 冯承钧，译. 上海：上海书店出版社，2001：95.
③ 可疾云（Qazvin）：今伊朗加兹温。
④ 志费因（Juvain）：今伊朗呼罗珊省札哈台。
⑤ 哈不珊（Khabushan）：一译哈不伤，今伊朗古昌，亦译忽昌。
⑥ 亦思法刺因（Isfarā'īn）：今伊朗苏丹阿巴德附近。
⑦ 担寒（Damghan）：今伊朗达姆甘。
⑧ 西模娘（Simnan）：今伊朗塞姆南。

阿塞拜疆各地，一路攻城略地。遵照成吉思汗的命令，哲别和速不台取道高加索地区，经钦察草原回蒙古会合。1221 年 8 月，蒙古军三临大不里士，其在献纳巨额贡赋后幸免于难。1221 年 10 月，哲别和速不台进军阿兰重镇白勒寒和首府干札。1222 年，蒙古军途经失儿湾，攻陷打耳班首府沙马哈，越过高加索山，进入阿兰和钦察部之地。1223 年 5 月迦勒迦战役，蒙古军击溃斡罗思和钦察部联军，俄罗斯六位王公战死，蒙古军长驱直入俄罗斯南部烧杀掳掠。俄国学者说："迦勒迦一役是留在人民记忆中的一件大事，因为在这次的事件以后，罗斯土地颓废荒凉。"① 然后，蒙古军沿里海北岸东行，途经伏尔加格勒，与术赤会合，班师蒙古。哲别和速不台追剿花剌子模沙的战争，历经 3 年之久，行军万里之遥，孤军深入，长驱直入。历史学家爱德华·吉本评说：哲别和速不台的奇袭，是空前绝后的远征，② 它为蒙古第二次西征收集了十分实用的军事信息，积累了在南俄大草原作战的经验。

　　扎兰丁在父王摩诃末困死里海孤岛并传位与他后，取道奈撒、内沙布尔，抵达自己的封地哥疾宁聚集军队反蒙。多桑说："额明灭里③率所部之突厥康里人重返哥疾宁，算端以女妻之，阿格剌黑灭里自富楼沙率所部胡鲁只突厥蛮人，可不里长官偕阿匝木灭里率所部古儿人皆来会，总以上诸军凡六七万骑。"④ 八鲁湾⑤之战，扎兰丁大败失吉忽秃忽，蒙古军 3 万损失过半，因瓜分战利品不均，一些部将离他而去。1221 年 8—9 月，成吉思汗和拖雷、窝阔台和察合台会师塔里寒，成吉思汗亲统大军讨伐哥疾宁，伺机与扎兰丁决战，扎兰丁退至印度河岸，企图前往德里以东山再起，成吉思汗穷追猛打。1221 年 11 月，扎兰丁英勇抗争，全军伤亡殆尽，奋勇跃马入河，潜入印度。1222 年成吉思汗派遣八剌率 2 万蒙古军入印度追击扎兰丁，未有结果，班师蒙古。

　　成吉思汗西征，历时五载，灭花剌子模帝国，征服了整个河中地区，同时袭扰了波斯东部、北部和西部等许多地方，扫荡了钦察草原，占领了北起咸海、阿姆河下游，南近波斯湾，东自帕米尔，西至高加索山的广袤地区。成吉思汗西征无疑给中亚、西亚各族人民的生命和财产造成了巨大的破坏。但是，蒙古

① В. Т. 帕舒托等. 蒙古统治时期的俄国史略：上册［M］. 北京：科学出版社，1985：63.

② BOYLE J A. The Cambridge History of Iran［M］. Cambridge University，1968：311.

③ 额明灭里（Amīn Malik）：一译阿明灭里，太后秃儿罕合敦的侄子。

④ 〔瑞典〕多桑. 多桑蒙古史：上册［M］. 冯承钧，译. 上海：上海书店出版社，2001：122.

⑤ 八鲁湾（Parvān）：今阿富汗查里卡东北。

大军也消除了妨碍东西方交往的中亚花剌子模国屏障，打通了业已闭塞的亚欧大陆通道，客观上促进了东西方物质文明和精神文明的交往，对世界历史的发展起到较大的促进作用。如李思纯所说："蒙古西侵，乃将昔日阻塞未通之道途，尽开辟之，而使一切民族种姓，聚首相见。"① 蒙古第一次西征开始了游牧民族对农耕世界的第三次大冲击。

3. 成吉思汗的诸子分封

与历史上一切游牧民族首领一样，蒙古大汗把国家视为整个氏族的共有家产，对诸弟、诸子实行领户分封、裂土专辖，共享赋入。志费尼说："虽然形式上权力和帝国归于一人，即归于被推举为汗的人，然而实际上所有儿子、孙子、叔伯都分享权力和财富。"②《元典章》也记载："太祖皇帝初建国时，哥哥弟弟每商量定：取天下呵，各分地土，共享富贵。"③ 根据蒙古贵族分配家产体例，长妻所生儿子有资格分得父亲财产。1207 年成吉思汗将蒙古百姓分配给长妻孛儿帖的四个儿子术赤、察合台、窝阔台和拖雷各人所得"忽必"（份子）。《蒙古秘史》记载："分给拙赤九千户百姓，分给察阿歹八千户百姓，分给斡歌台五千户百姓，分给拖雷五千户百姓"。④ 第一次西征后，术赤、察合台、窝阔台和拖雷又分得数量不等的领户。

关于成吉思汗诸子的裂土封地，《蒙古秘史》记载，1207 年成吉思汗因长子术赤迅速征服生活在叶尼塞河和鄂毕河上游以及贝加尔湖周围的"林木中百姓"，建功立业，弘扬了国威。成吉思汗降旨道："在朕诸子之中，拙赤你是长子，你初出家门，出征顺利，所到之处，人马无恙，不费力地招降了有福的森林部落。今朕将［这些森林部落］百姓都赐给你。"毋庸置疑，叶尼塞河和鄂毕河流域以及贝加尔湖周围地区皆属术赤的兀鲁思。

志费尼说，成吉思汗把"从海押立和花剌子模地区，伸延到撒哈辛⑤及不里阿耳⑥的边境、向那个方向尽鞑靼马蹄所及之地，他赐与长子术赤。察合台

---

① 李思纯. 元史学［M］. 上海：上海中华书局，1926：8.
② 〔伊朗〕志费尼. 世界征服者史：上册［M］. 何高济，译. 北京：商务印书馆，2004：42.
③ （元）佚名，陈高华点校. 元典章. 卷九［M］吏部：三，改正投下达鲁花赤. 北京：中华书局，2011.
④ 余大钧，译注. 蒙古秘史［M］. 石家庄：河北人民出版社，2001：395.《史集》关于成吉思汗术赤、察合台、窝阔台和拖雷的"忽必"份额与《蒙古秘史》记载有差异，详情参见汉译本《史集》第一卷第二分册，第 375—378.
⑤ 撒哈辛（Saqsin）：伏尔加河下游一城镇。
⑥ 不里阿耳（Bulghar）：今喀山以南。

受封的领域，从畏兀儿地起，至撒麻耳干和不花剌止，他的居住地在阿力麻境内的忽牙思。皇太子窝阔台的都城，当其父统治时期，是他在叶密立①和霍博②地区的禹儿惕（份地）；但是，他登基后，把都城迁回他们在契丹和畏兀儿地之间的本土，并把自己的其他封地赐给他的儿子贵由。……拖雷的领地与之邻近，这个地方确实是他们帝国的中心（蒙古本土），犹如圆中心一样"③。

关于长子术赤分地，拉施特说："钦察草原的所有君主与宗王都是他的后裔。"而察合台的疆土"起自突厥斯坦，直到阿母河口为止。他的兀鲁思由阿鲁忽、木八剌沙和八剌管辖，现在又由他的儿子都哇和忽都鲁—火者管辖"④。蒙古人自古以来有幼子守产的惯例，成吉思汗说："［掌管］国家和大位是艰难的事，就让窝阔台掌管吧，而包括我所聚集起来的禹儿惕、家室、财产、库藏以及军队在内的一切，则让拖雷掌管。"⑤

以上史实表明，成吉思汗长子术赤的兀鲁思主要在钦察草原，南起高加索山以北，包括锡尔河下游和花剌子模地区，与后起的伊利汗国毗邻，北至西伯利亚，直到蒙古马蹄所到之处，东起也儿的石河（额尔齐斯河），与察合台汗国和窝阔台汗国交界。1243 年术赤第二子拔都西征归来，在伏尔加河下游建都萨莱，形成金帐汗国（钦察汗国）。术赤兀鲁思的准确疆界难以认定，据阿拉伯文、突厥文和波斯文史料，"金帐汗国的东北包括不里阿耳城及其所辖州，北与罗斯诸公国接壤；金帐汗国的南部一方面辖有克里木及其沿海城市，另一面辖有高加索（直到打耳班，有时直到巴库）、北花剌子模及玉龙杰赤城；西部领有西起德涅斯特河或更远之处的草原地带；东部直到西西伯利亚及锡尔河下游"⑥。

成吉思汗次子察合台的封地，起于乃蛮故地阿尔泰山，止于阿姆河畔。可以说，第一次西征所占领的土地除花剌子模外，几乎皆属察合台。在成吉思汗诸子中察合台的领地最大，形成所谓的察哈台汗国，分别与窝阔台汗国、金帐汗国和伊利汗国为邻。

---

① 叶密立（Emil）：今新疆额敏。
② 霍博（Qobag）：今新疆霍博。
③ 〔伊朗〕志费尼. 世界征服者史：上册［M］. 何高济，译. 北京：商务印书馆，2004：42—43.
④ 〔波斯〕拉施特. 史集：第一卷第二分册［M］. 余大钧，周建奇，译. 北京：商务印书馆，1983：86.
⑤ 〔波斯〕拉施特. 史集：第二卷［M］. 余大钧，周建奇，译. 北京：商务印书馆，1985：5.
⑥ 〔苏〕Б·Д·格列科夫、А·Ю·雅库博夫斯基. 金帐汗国兴衰史［M］. 余大钧，译. 北京：商务印书馆，1985：49.

三子窝阔台的驻地北接术赤兀鲁思、西临察合台兀鲁思，主要在叶密立与霍博之地，即所谓的窝阔台汗国。窝阔台继位后，迁至哈喇和林。

幼子拖雷遵例守产，占据土拉河、鄂嫩河与克鲁伦河上游之间蒙古本土地区。成吉思汗诸子名义上被封以疆土，实际上上述封地仍由大汗委任长官统辖，诸子在其封地上只享有一定数量的赋入。蒙古帝国统一时期，金帐汗国、察合台汗国、窝阔台汗国乃至后起的伊利汗国实际上均无独立可言。

4. 蒙古对中亚的统治

蒙古人征服中亚和西亚部分地区之后，在中亚各地建立起蒙古帝国的统治权。史载：成吉思汗"既定西域，置达鲁花赤于各城，监治之"①。《蒙古秘史》第263节也记载："成吉思汗占领回回国后，降旨在各城设置答鲁合臣。"②《元史》卷1《太祖本纪》同样记载：太祖"十八年癸未（1223），遂定西域诸城，置达鲁花赤监治之"。所以，巴托尔德认为："从1223年开始，蒙古人在河中与花剌子模的统治权已无人挑战。伊本·阿尔·阿昔儿与志费尼都证明了如此事实：因为蒙古统治权的建立，河中地城邑较之呼罗珊、伊拉克诸城从蒙古人的破坏中恢复得更快、更多。"③ 达鲁花赤，相当于突厥语八思哈，伊朗语舍黑捏，达鲁花赤为蒙古帝国在占领区及重要城镇所设置的最大军政监治长官，负责监临占领区被委任的当地官员，位于占领区当地统治者之上，握有最终裁定权。成吉思汗占领花剌子模帝国后，命长子术赤镇守，在花剌子模各城设置达鲁花赤。同时委任效力于蒙古帝国的原花剌子模国玉龙杰赤城的贵族世家牙老瓦赤、马思忽惕父子为花剌子模全权总督。《蒙古秘史》第263节记载："从兀笼格赤城来了回回人姓忽鲁木石的名叫牙剌哇赤、马思忽惕的父子两人，向成吉思汗进奏管理城市的制度。成吉思汗听了后，觉得有道理，就委派他〔牙剌哇赤〕的儿子马思忽惕·忽鲁木石与我们的答鲁合臣们一同掌管不合儿、薛米思坚、兀笼格赤、瓦丹、乞思合儿、兀里羊、古先·答里勒等城。"④ 需要指出的是，尽管蒙古军曾攻掠洗劫伊朗北部的剌夷、赞章、加兹温等城市。但是，迄止1224年成吉思汗班师东归，蒙古汗帝国在波斯还没有设立任何军政统治

---

① 何秋涛，校．元圣武亲征录（丛书集成初编）［M］．北京：商务印书馆，1939：106.
② 余大钧，译注．蒙古秘史［M］．石家庄：河北人民出版社，2001：454.
③ BARTHOLD W. Turkestan down to the Mongol invasion［M］．Fourth Edition Porcupine Press INC. 1977：456.
④ 余大钧，译注．蒙古秘史［M］．石家庄：河北人民出版社，2001：454. 瓦丹，《元史》作斡端、忽炭，今新疆和田。乞思合儿，《元史》作可失哈耳，今新疆喀什。兀里羊，《元史》作鸭儿看，清代作叶儿羌，今新疆莎车。古先，《元史》作曲先、苦叉，今新疆库车。答里勒，《元史》作塔林、答林，今新疆塔里木河。

机构。

达鲁花赤的设置，说明蒙古汗国对中亚地区的主权行使，也表明蒙古贵族在被征服的广袤土地上开始了一种新型的统治方式。这种统治方式以蒙古习惯法《札撒》为根本，结合占领地原有的统治惯例实行蒙古帝国对征服地的统治权，从而保障了蒙古大汗及贵族们的既得利益，一定程度上有利于被征服地区社会经济的恢复和发展，为蒙古帝国在波斯的统治提供了一个施政蓝本。

（二）蒙古第二次西征

1. 拔都西征

1227 年成吉思汗死，1229 年窝阔台即位（1229—1241），窝阔台汗与兄长察合台商议，决定远征西亚和钦察草原，继续父汗西征未竟之业，这是蒙古第二次西征的主要动机。1235 年窝阔台召开忽里勒台，启动第二次西征。第二次西征的目标有二，首先主要是实现 1223 年速不台向成吉思汗提出征服钦察草原的建议并践行父汗之命；二是剿灭长期流窜西亚的花剌子模沙扎兰丁。所以，第二次西征分兵东欧和西亚两个方向，动因皆为开疆拓土，掳掠财物。拉施特说："［窝阔台］合罕英明地决定，让宗王拔都、蒙哥合罕、贵由汗和其他宗王们率领一支大军前往钦察人、斡罗思人、不剌儿人［波兰人］、马札儿人、巴失乞儿惕人、阿速人的地区，前往速答黑和那边的边远地区，将那些地区全部征服。"①《蒙古秘史》记载："绰儿马罕箭筒士使巴黑塔惕国（巴格达的阿拔斯王朝）归附了。听说那里地方好，物产好，斡歌歹·合罕降旨道：'命绰儿马罕箭筒士为探马，驻在那里，每年把黄金、黄金制品、浑金、织金、珠子、大真珠、长颈高腿的西马、骆驼、驮用的骡子送来。'"②

1235 年窝阔台汗召开忽里勒台，决定成吉思汗各宗室均由长子统率，万户长以下各级那颜也派长子从征，出征诸王以术赤第二子拔都为首。史料记载：窝阔台下令，"以前曾派遣速别额台·把阿秃儿出征康邻、乞卜察兀惕、巴只吉惕、斡鲁速惕、阿速惕、薛速惕、马札儿、客失米儿、薛儿格速惕、不合儿、客列勒等部落、国家，渡过有水的阿的勒河③、札牙黑河④，征伐篾客惕、绵·客儿、绵·客亦别等城，因为那里的百姓难攻，可命巴秃、不里、古余克、蒙

---

① 〔波斯〕拉施特. 史集：第二卷［M］. 余大钧，周建奇，译. 北京：商务印书馆，1985：59.

② 余大钧，译注. 蒙古秘史［M］. 石家庄：河北人民出版社，2001：478.

③ 阿的勒河（Atil or Etil or Ethil）：又译亦的勒河、额只勒河、也的里河、阿得水，为突厥人对伏尔加河的称呼。

④ 札牙黑河（Yayiq）：又译押亦河，为突厥人对乌拉尔河的称呼。

格等众多宗王出征，增援速别额台。这次出征的众多宗王们，以巴秃（拔都）为首长。……这次出征者之中，凡管领百姓的宗王，应在其诸子中命其长子出征。不管领百姓的宗王们，万户长、千户长、百户长、十户长们，无论何人，也应命其长子。公主、驸马们，也应照规矩命其长子西征"①。故第二次西征又称长子西征。第二次西征的军队主要由五部分组成：①成吉思汗的长子术赤的儿子——拔都、别儿哥、昔班、唐兀惕；②成吉思汗的次子察合台的儿子拜答儿、长孙子不里；③成吉思汗三子窝阔台的儿子贵由和合丹、长孙海都；④成吉思汗幼子拖雷的儿子蒙哥和拔绰；⑤成吉思汗的庶子阔列坚。拔都西征，成吉思汗家族12位宗王出征，出征军队约15万人，规模巨大。瓦西里·扬认为西征大军是33万人。②

　　第二次西征之所以委任拔都为西征大军统帅，原因是窝阔台必须履行成吉思汗的遗命，也就是按照成吉思汗的大扎撒办事。成吉思汗分封诸子，术赤作为长子，封地最西，营帐在伏尔加河，海押立以西所有征服地区，乃至马蹄所及之地均属术赤兀鲁思。成吉思汗"并颁降了一道务必遵命奉行的诏敕，命令术赤将钦察草原诸地区以及那边的各国征服并入他的领地"③。1227年术赤病逝，次子拔都承袭金帐汗位，"他的兄弟们受他节制并服从他"④。速不台自抄略钦察草原的阿速人和钦察人⑤、1223年返回蒙古后，向成吉思汗谏言："请讨钦察。"⑥成吉思汗许之。所以，窝阔台一登上汗位，便"根据成吉思汗先前向术赤颁降的、征服北方各地区的必须无条件执行的诏敕，[将这件事]交给他[术赤]的子孙[去完成]"，"指派拔都率领诸兄弟和其他宗王们，按照成吉思汗先前的诏敕，去征服北方诸地区"⑦。

　　1236年春，全体宗王一起出发。秋，在不里阿耳境内与术赤系宗王会师，

① 余大钧，译注. 蒙古秘史 [M]. 石家庄：河北人民出版社，2001：468—469.
② 〔苏联〕瓦西里·扬. 拔都汗 [M]. 陈弘法，译. 北京：中国书店，2012：50.
③ 〔波斯〕拉施特. 史集：第二卷 [M]. 余大钧，周建奇，译. 北京：商务印书馆，1985：139.
④ 〔波斯〕拉施特. 史集：第二卷 [M]. 余大钧，周建奇，译. 北京：商务印书馆，1985：142.
⑤ 阿速人（AS）：阿兰人，或译阿儿兰人，操伊朗语，分布于高加索山北麓，信奉基督教。钦察人，操突厥语，分布在里海、黑海以北，东起乌拉尔河，西至顿河的辽阔草原，拜占庭人称之为库蛮人，罗斯人称之为波洛伏奇人，穆斯林称之为钦察人。主要信仰伊斯兰教，部分信仰基督教。
⑥ （明）宋濂，等. 元史：卷一二一 [M] //速不台传. 北京：中华书局，1976：2976.
⑦ 〔波斯〕拉施特. 史集：第二卷 [M]. 余大钧，周建奇，译. 北京：商务印书馆，1985：142.

拔都开始行使西征统帅职责。苏联著名作家瓦西里·扬的《蒙古人的入侵》之第二部《拔都汗》生动地描述了拔都誓师出征场面。"拔都勒住金马缰，把弯刀举过头顶。……用洪亮的声音喊道：'我伟大的祖父、神圣的震撼世界者命令我去征服西方全部大地，直到最后的边疆。我保证和你们——勇气超人的巴特尔们完成这项大业，沿着崎岖的血火之路走到世界的尽头！'"①

1236 年春，拔都兵分两路进抵东欧。同年秋，速不台先锋军攻取不里阿耳。1237 年春，蒙哥与速不台擒获钦察人部首八思蛮，歼灭钦察部，征服钦察草原。

1237 年秋，拔都召集西征大军宗王大会，决定共同进军罗斯方略：全军须听拔都发号施令，速不台协调指挥，各宗王所率本部以围猎方式分头并进，互为犄角，沿途攻城略地，各个击破。

1237 年冬，拔都入罗斯，利用罗斯大公们之间的内讧，首先征服莫尔多瓦国，进入梁赞公国。1237 年 12 月蒙古军攻破梁赞城。1238 年初，蒙古军兵分四路，一月内连破科洛姆纳、莫斯科、罗斯托夫和苏兹达尔十余城。2 月，蒙古军围攻苏兹达尔和弗拉基米尔公国首府弗拉基米尔城，昔迪河之役，蒙古军歼灭弗拉基米尔大公军队，弗拉基米尔大公战死。昔迪河之战是蒙古第二次西征与基辅罗斯之间具有决定性意义的会战。作为罗斯当时最强大的公国——苏兹达尔和弗拉基米尔公国的败亡，不仅大大鼓舞了蒙古军西征士气，也使罗斯其他公国对蒙古军失去有效的抵抗。3 月，蒙古军进军诺夫哥罗德，抄略斯摩棱斯克、契尔尼果夫诸地。同年秋，蒙哥所率蒙古军征服高加索山西北的薛儿客速惕部。1239 年蒙哥攻占阿速国首都篾怯思，征服阿速部，阿速人前往中原者多从军，组成元朝的阿速卫。

1239 年冬，蒙古大军从伏尔加河出发，长驱直入罗斯南部。1240 年拔都亲统大军围攻基辅。基辅自 882 年建城来，一直是基辅罗斯公国的首府。基辅罗斯国是罗斯人建立最早的封建国家，在 14、15 世纪莫斯科中央集权国家形成前，基辅罗斯是东斯拉夫人文明的摇篮。12 月基辅被蒙古军攻克，蒙古贵族征服罗斯大半河山。

1241 年春，拔都与速不台两军会合，兵分两路进军孛烈儿（波兰）和马札儿（匈牙利）。2 月，逼近克拉科夫，大掠而归。3 月，大败波兰军，火烧克拉科夫城。4 月，里格尼茨之役，蒙古军大败波兰人、日耳曼人和条顿人三万联军，西方世界陷于一片惊惶。1242 年拔都继续挥师西征，横扫塞尔维亚、保加利亚等地。同年，拔都大军兵分三路侵入匈牙利。4 月火烧佩斯城。7 月进抵维

---

① 〔苏联〕瓦西里·扬. 拔都汗［M］. 陈弘法，译. 北京：中国书店，2012：50.

也纳。12 月拔都渡过多瑙河，攻克格兰城。1241 年 11 月窝阔台汗暴死的讯息传到，拔都引军驻守伏尔加河下游，以萨莱为都城，建立起钦察汗国。因蒙古人大帐为金色，故罗斯人称之为金帐汗国或青帐汗国，开始了蒙古人对俄罗斯200 年的统治。

蒙古贵族之所以征服和统治罗斯 200 年，主要原因首先在于 11 世纪中叶至14 世纪后期，罗斯分裂割据 300 余年。1054 年雅罗斯拉夫死后，三子共治，各行其是，政治分散，兄弟阋墙，水火不容，相互残杀，罗斯实际上解体。11、12 世纪之交，罗斯面临强悍的波洛伏奇人汹涌冲击。在国内，罗斯人民民不聊生，1113 年基辅人民起义，罗斯贵族重建中央政治权威已是南柯一梦。穆斯提斯拉夫（1125—1132）死后，基辅罗斯完全解体，全罗斯分裂为 23 个独立或半独立的诸侯国，严重影响罗斯人抵御蒙古人的入侵。多桑评说："当时亚洲及西方诸民族，皆信鞑靼所至，乃上帝假其手而罚罪。信徒且信其为《圣经》中所载反基督降世前之民族，信其来自极东之地，灭此基督教名称。顾处此世纪中，君主之权日弱，封建之势日盛，欧洲分为若干小国，互相敌视，凡有大事，非集会议不能决。益以道院积习，幼稚信仰，与夫无益之迷信，妨碍理性之发展，遂致基督教界对于蛮族之来侵，竟鲜有筹备防御之策者。"① 另一原因在于冷兵器时代，游牧民族的蒙古人对农耕民族的罗斯人所具有的军事优势，也使罗斯人屈服于蒙古骑兵的铁蹄之下。

2. 绰儿马罕西征

窝阔台汗除对中国北部的金朝和东欧进行征服战争之外，还派出绰儿马罕出征波斯和西亚。绰儿马罕用兵波斯和西亚的主要原因是镇压流亡的花剌子模沙扎兰丁的复国运动，此为其一。其二，绰儿马罕西征目标之一也包括灭亡巴格达的阿拔斯王朝。《蒙古秘史》记载：窝阔台汗说，"父汗成吉思汗未征服完毕而留下的百姓有巴黑塔惕国的合里伯·莎勒坛，曾派绰儿马罕箭筒士去征讨，如今可派斡豁秃儿、蒙格秃二人去增援"。②

蒙古第一次西征大军撤回漠北后，在阿姆河以北的河中地、畏兀儿地实施了较为松弛的军政统治。而阿姆河以南地区的呼罗珊和马赞达兰，由于留镇的蒙古军不多，无力高压管控，呼罗珊等地的社会秩序一片混乱，特别是扎兰丁在波斯和西亚开始从事花剌子模复国运动后。

① 〔瑞典〕多桑. 多桑蒙古史：上册［M］. 冯承钧，译. 上海：上海书店出版社，2001：226.
② 余大钧，译注. 蒙古秘史［M］. 石家庄：河北人民出版社，2001：468.

　　1223 年扎兰丁从北印度前往波斯南部的起儿漫和法儿思，抢占御弟吉牙撒丁①封地亦思法杭和伊剌克阿只迷。1224 年扎兰丁抵达波斯西北部剌夷城，吉牙撒丁部属叛向扎兰丁，吉牙撒丁审时度势，将僭越的苏丹大位让与王兄扎兰丁。扎兰丁以伊斯法罕为首都，设官置府。志费尼记载："算端保留了每个人在军中的原位，并授予他们每人一个职务。至于地方长官，他分别给予适当的工作，同时颁发必要的诏旨和敕令。"② 同年，扎兰丁前往八吉打（巴格达），"指望大教主纳速儿·里丁阿拉给他援助，使他成为抗拒敌人的一面屏藩"③。1225 年扎兰丁攻占阿哲儿拜占首邑大不里士并迁都至此，尔后又占领谷儿只（格鲁吉亚）首府梯弗利思，大肆掳掠财物。至 1228 年，波斯西部基本上成为扎兰丁复国运动基地。拉施特说："算端的帑藏又重新由于篾力阿失剌甫的财富而充裕起来。因为算端击溃了格鲁吉亚人并攻下了阿黑剌式，他的强大的名声便传开了。密昔儿（埃及）和叙利亚的篾力们仿效和平之城哈里发的〔榜样〕，派遣使者带着礼物去到他的宫中。算端的事业又兴隆起来。"④ 志费尼说："因为他令人凛然敬畏，在整个那些地区，人心都在打哆嗦，敌人吓得要命；而他的军队和从前相比，现在是真正强大了。"⑤ 鉴于扎兰丁复国运动汹涌蓬勃，大有在波斯卷土重来之势，窝阔台汗决定派遣绰儿马罕经略西亚。志费尼说："在呼罗珊和伊剌克，动乱的火焰尚未熄灭，算端扎兰丁仍活跃于该地。合罕派绰儿马罕带领许多异密及三万军士，向那里出师。"⑥

　　1229 年窝阔台汗为平息花剌子模王公扎兰丁叛乱，委以绰儿马罕为统帅，率三万蒙古军出征波斯和西亚。志费尼记载："世界的皇帝合罕把绰儿马罕派往第四大洲，颁发一道札儿里黑⑦称：四方的大将和八思哈应随军出发，向绰儿马罕提供援助；于是成帖木儿从花剌子模，经薛合里斯塔纳出兵，同时把代表

---

① 吉牙撒丁（Ghiyās al‐Dīn）：一译嘉泰丁、该牙思丁。

② 〔伊朗〕志费尼. 世界征服者史：下册〔M〕. 何高济，译. 北京：商务印书馆，2004：464.

③ 〔伊朗〕志费尼. 世界征服者史：下册〔M〕. 何高济，译. 北京：商务印书馆，2004：469.

④ 〔波斯〕拉施特. 史集：第二卷〔M〕. 余大钧，周建奇，译. 北京：商务印书馆，1985：46.

⑤ 〔伊朗〕志费尼. 世界征服者史：下册〔M〕. 何高济，译. 北京：商务印书馆，2004：469.

⑥ 〔伊朗〕志费尼. 世界征服者史：下册〔M〕. 何高济，译. 北京：商务印书馆，2004：469.

⑦ 札儿里黑（yarligh）：圣旨、敕令之意。

诸王的其他异密，置于他的麾下。"① 绰儿马罕西征的主要目标是勘定呼罗珊叛乱、追剿花剌子模王公扎兰丁并伺机在大蒙古帝国西端最前沿开疆拓土。

窝阔台汗之所以任命绰儿马罕为出征波斯统将，主要原因是成吉思汗西征期间，在 1221 年 4 月术赤、察合台和窝阔台攻陷花剌子模帝国都城玉龙杰赤后，三人未经成吉思汗许可便瓜分了玉龙杰赤的财富，并且也未留给父汗份额。这严重地违背了成吉思汗大扎撒精神，成吉思汗非常愤怒，三日闭门不见三位王子，众将领和那颜纷纷劝解，身为成吉思汗怯薛的箭筒士绰儿马罕在劝解的同时，还建议成吉思汗攻取西亚，征服巴格达。这一建议深受成吉思汗赏识。成吉思汗既息了怒，又赐旨："派遣斡帖格歹·搠儿马罕去征讨巴黑塔惕国的合里伯·莎勒坛。"② 所以，遵嘱父汗之命，窝阔台汗派遣绰儿马罕西征波斯和西亚。

1230 年，绰儿马罕率军西行至阿哲儿拜占，波斯西部各地贵族闻风丧胆，扎兰丁因得不到西亚地区军民支持，只身逃往波斯西北山区阿米德附近，1231 年 8 月，扎兰丁为当地库尔德人所杀，花剌子模帝国彻底灭亡。帝国昙花一现，但西方学者还是高度评价了它的统治者顽强地对抗蒙古人的强大进攻，称颂"扎兰丁及其军队在伊斯兰和鞑靼之间筑起一道墙"。③ 只是艾尤卜王朝和塞尔柱王朝皆无能为力阻止蒙古人西扩这股汹涌的洪水。

扎兰丁死后，绰儿马罕继续在西亚攻城略地，征服了伊剌克、阿哲儿拜占和谷儿只，驻营水草肥美的穆干草原和阿兰。1233 年，蒙古西征军再次兵临大不里士城，在献纳大量金银、布帛和技艺精湛的工匠条件下，大不里士免遭屠戮。1236 年，绰儿马罕兵入格鲁吉亚，女王鲁速丹尼逃亡库塔伊斯，第比利斯地区降服。1239 年，蒙古军攻入大亚美尼亚都城阿尼。1240 年，大亚美尼亚国王前往哈剌和林觐见蒙古大汗，窝阔台汗颁旨绰儿马罕将其领地交给大亚美尼亚国王统治。

1241 年，绰儿马罕病逝，拜住那颜继任其职，统帅波斯的蒙古军，继续经略西亚。1242 年，拜住挥师西指鲁木④，占领额儿哲鲁木城⑤。1243 年 3 月，

① 〔伊朗〕志费尼．世界征服者史：下册［M］．何高济，译．北京：商务印书馆，2004：540.
② 余大钧，译注．蒙古秘史［M］．石家庄：河北人民出版社，2001：448.
③ BOYLE J A. The Cambridge History of Iran［M］. Cambridge University, 1968, 5：335.
④ 鲁木（Rūm）：今土耳其小亚细亚地区。
⑤ 额儿哲鲁木（Erzurum）：今土耳其埃尔祖鲁姆。

鲁木的塞尔柱王朝苏丹凯·豁思鲁二世在额儿詹章①统兵迎战蒙古军，豁思鲁二世溃败，拜住占领西瓦思②，苏丹逃往科尼亚并愿称藩纳币。至此，小亚细亚成为蒙古帝国的直属藩地。1243 年，蒙古军还侵入叙利亚，阿勒颇城献纳战赋。1244 年，小亚美尼亚国王海屯遣使拜住营地，表示称臣纳贡。1245 年，拜住占领底格里斯河上游的起剌特和阿米德城。摩苏尔和大马士革地区均归附蒙古。格鲁吉亚女王鲁速丹尼也称臣为藩。1247 年 8 月贵由汗（1246—1248）任命野里知吉带（宴只吉带）继续西征。《元史·定宗》记载："八月，命野里知吉带率搠思蛮（绰儿马罕）部兵征西。"③ 至 13 世纪 40 年代，西亚大部分地区均为蒙古人所征服。

（三）蒙古第三次西征与伊利汗国的形成

1. 蒙古第三次西征的历史动因

1251 年成吉思汗幼子拖雷的长子蒙哥被推举为蒙古帝国第四代大汗之后，委派胞弟旭烈兀分镇波斯，统兵征讨尚未降服的西方国家，发动了蒙古帝国第三次西征或曰旭烈兀西征。蒙哥大汗发动第三次西征的动因较为复杂，笔者认为有下面几个原因。

第一，第三次西征是蒙哥汗秉承祖先传统的征略政策和满足游牧贵族掠夺物质财富的需要，是蒙古帝国前两次西征的继续。尽管两次西征的动因不一，但正如晃孩等蒙古军事贵族所说："像刚开始调教、练习的雏鹰，皇子们初学出征，为什么要这样责怪他们，使他们退缩、困惑呢？这样恐怕使他们惧怕而灰心吧？从日出到日落之地，敌国还多。像指挥吐蕃似的，让我们去征讨敌国吧。若蒙天地佑护，我们为您取来金银、缎匹、财物、百姓、人口。若问何国？听说西方有巴黑塔惕国的合里伯莎勒坛。让我们去征讨吧！"④ 事实上，蒙古西征的动因就是为了满足游牧贵族们攻城略地、掠夺物质财富的需要，征服阿拉伯帝国也早已根植于蒙古游牧贵族心目之中。

历经两次西征之后，整个中亚以及波斯东部、南部和外高加索的阿塞拜疆、格鲁吉亚以及亚美尼亚、小亚细亚的大部分地区皆为蒙古帝国所有。至 13 世纪中叶，亚洲大陆唯有波斯西部尚未臣服，尤其是作为伊斯兰世界的政治和宗教中心的巴格达偏安一隅，苟延残喘，成为蒙古帝国进一步扩张的对象。史载：

---

① 额儿詹章（Erzincan）：今土耳其埃尔津詹。
② 西瓦思（Sīvās）：今土耳其锡瓦斯。
③ （明）宋濂，等. 元史：卷二 [M] //定宗纪. 北京：中华书局，1976：39.
④ 余大钧，译注. 蒙古秘史 [M]. 石家庄：河北人民出版社，2001：447—448.

蒙哥汗宪宗二年（1252），"秋七月，命忽必烈征大理，诸王秃儿花、撒（丘）［立］征身毒（即印度），怯的不花征没里奚（即亦思马因人），旭烈兀征西域苏丹诸国"①。宪宗三年（1253），"夏六月，命诸王旭烈兀及兀良合台等率师征西域哈里发八哈塔（即巴格达）等国"②。所以，旭烈兀西征的主要目标是里海以南的亦思马因派木剌夷宗教国和巴格达的阿拔斯王朝，也就是尚未纳贡称降于蒙古帝国的西亚地区。第三次西征完全是蒙古帝国前两次西征的继续。

第二，旭烈兀西征也缘于亦思马因派的刺杀恐怖行为对蒙哥大汗的安全及其统治构成严重的威胁。亦思马因派属伊斯兰教过激的什叶派。塞尔柱王朝时期亦思马因派在波斯有很大的势力。1090 年亦思马因派从塞尔柱突厥人手中夺取阿剌模忒堡③，并以此为大本营，在里海以南山区形成一个地势险要、与世隔绝、防范严密、独立的宗教王国。在伊斯兰世界，正统派视之为"异端"，阿拉伯语被称为"木剌夷"（Mulahida），迷途者之意。汉文史料又译作"没里奚"或"木乃奚"。亦思马因派成员惯于使用暗杀等恐怖手段对付异己，危害极大，东西方统治者甚为畏惮。在英语和法语中，"刺客""暗杀者"一词为"assassin"，故亦思马因派又称为阿萨辛派。史载："木乃奚……所属山城三百五十（《元史》卷 149《郭侃传》载为 128 城，《史集》载为 100 城。——引者注）……城绝高险，仰视之帽为坠。……其国兵皆刺客。"④

绰儿马罕西征（1229）及蒙古人在中亚和西亚的早期行政统治，使蒙古君王及亲附蒙古的中亚和西亚显贵也成为阿萨辛派行刺的对象。据《鲁布鲁克东行纪》之第 32 章所载，蒙哥即位后，阿萨辛派 40 人，化装进入蒙古汗廷哈剌和林，伺机行刺蒙哥大汗，以至蒙哥大汗在其住所不得不对域外使臣保持高度警备，并严加盘查。鲁布鲁克说："他们（蒙哥汗廷的大书记兼断事官孛鲁合——引者注）很仔细地盘问我们从何处来，为何要来，我们的任务又是什么。作这次询问是因为蒙哥汗得到消息说，有四十名哈杀辛人（道森编《出使蒙古

① （明）宋濂，等. 元史：卷三［M］//宪宗纪. 北京：中华书局，1976：46.

② （明）宋濂，等. 元史：卷三［M］//宪宗纪. 北京：中华书局，1976：47.

③ 阿剌模忒堡，又称鹰堡。伊本·艾西尔（Ibn al – Athīr）记载，底廉（Daylam）的朱思坦王朝（Justānid）的统治者瓦赫苏丹·本·马尔祖班（Wahsūdān b. Marzubān），在狩猎时看到一只在蓝天上翱翔的雄鹰落在一块石头上，这位统治者注意到这一地方在战略上的重要性，决定在这里建立一个城堡，后来被称为阿剌模忒堡，即雄鹰的指引之意，按照伊本·艾西尔的翻译，这一名称后被简称为 Alamūt。

④ 刘郁撰. 西使记（丛书集成初编）［M］. 北京：商务印书馆，中华民国 25：2.

记》载400名阿萨辛人——引者注）以各种伪装进入该城，要刺杀他。"① 拉施特也记载，绰儿马罕西征军的豁儿赤（箭筒士）长"被邪教徒［亦思马因派］用刀杀死"②。《史集》还载有一则相关的轶事："首席伊斯兰教法官苫思丁·可疾维尼来到［蒙哥］陛下处觐见。一天，他穿上连环锁子甲，［将它］指给［合罕］看，说道：'我由于害怕邪教徒（亦思马因派教徒——引者注），经常在衣服外面穿上这件连环锁子甲。'接着他禀告了他们夺取政权和横行霸道的某些情况。"③ 因为亦思马因派在波斯势力的强大以及实行恐怖活动，拜住、苫思丁等西亚众多文武官员要求蒙哥大汗予以镇压。因此，蒙哥决定派遣旭烈兀首征亦思马因派宗教国。拉施特说：蒙哥大汗"开始移注于征服世界上东、西方的远方各城。首先，由于有许多人要求对邪教徒的不义行为加以审判，提出自己的控告听从圣裁，蒙哥合罕便于牛年［1253年］，派遣……兄弟旭烈兀汗，前往大食地区讨伐邪教徒"④。

第三，别失八里、阿母河等处行尚书省的设立及其蒙古人在中亚和西亚被征服地区的早期行政统治，为旭烈兀西征提供了一个较为稳定的后方基地。旭烈兀西征前蒙古人在中亚和西亚先后进行过两次西征。成吉思汗第一次西征后，蒙古帝国在中亚设置达鲁花赤，建立起蒙古帝国的统治权。史载：成吉思汗"既定西域，置达鲁花赤于各城，监治之"⑤。《蒙古秘史》第263节还记载："从兀笼格赤城来了回回人姓忽鲁木石的名叫牙剌哇赤、马思忽惕的父子两人，向成吉思汗进奏管理城市的制度。成吉思汗听了后，觉得有道理，就委派他［牙剌哇赤］的儿子马思忽惕·忽鲁木石与我们的答鲁合臣们一同掌管不合儿、薛米思坚、兀笼格赤、瓦丹、乞思合儿、兀里羊、古先·答里勒等城。"⑥ 绰儿马罕西征后，蒙古帝国在波斯地区委任成帖木儿、诺撒耳、阔儿吉思为最高行政长官。

元宪宗蒙哥即位后，蒙古帝国中央政府加强了对被占领地区的统治，在蒙古帝国所征服的土地上设置燕京、别失八里、阿母河等处三个行尚书省。其中

① 耿升，何高济译．柏朗嘉宾蒙古行纪鲁布鲁克东行纪［M］．北京：中华书局，1985：292.

② ［波斯］拉施特．史集：第一卷第一分册［M］．余大钧，周建奇，译．北京：商务印书馆，1983：162.

③ ［波斯］拉施特．史集：第三卷［M］．余大钧，译．北京：商务印书馆，1986：28.

④ ［波斯］拉施特．史集：第二卷［M］．余大钧，周建奇，译．北京：商务印书馆1985：264—265.

⑤ 何秋涛，校．元圣武亲征录（丛书集成初编）［M］．北京：商务印书馆，1939：106.

⑥ 余大钧，译注．蒙古秘史［M］．石家庄：河北人民出版社，2001：454.

阿母河等处行尚书省负责管理波斯、南高加索、上美索不达米亚和小亚细亚部分地区，并由阿儿浑经理。《元史·宪宗纪》记载：宪宗元年（1251），"以牙剌瓦赤、不只儿、斡鲁不、睹答儿等充燕京等处行尚书省事，赛典赤、匿昝马丁佐之；以讷怀、塔剌海、麻速忽等充别失八里等处行尚书省事，暗都剌兀尊、阿合马、也的沙佐之；以阿儿浑充阿母河（即阿姆河）等处行尚书省事，法合鲁丁、匿只马丁佐之"①。行尚书省后来简称行省或省，并成为元帝国的地方一级行政建制单位。拉施特还记载：阿儿浑"被授命统治伊朗各地区——呼罗珊、祃桜答而、伊拉克、法儿思（即法尔斯）、克尔曼、罗耳、阿儿兰、阿塞拜疆、谷儿只斯坦、亚美尼亚、[鲁木]、迪牙别克儿、毛夕里和合列卜"②。蒙哥大汗还任命乃蛮台和秃鲁麻台为阿儿浑的那可儿，撒都鲁丁为整个阿儿兰、阿塞拜疆的篯里克③，苦思丁·穆罕默德·迦儿特为赫拉特、锡斯坦和迄今征服的印度的一切土地的篯里克，马合木为克尔曼和桑忽兰④的篯里克。阿母河等处行尚书省的设置和阿儿浑等地方官员的委任，使蒙古帝国中央政府与西亚被征服地区建立起直接的行政隶属关系，为旭烈兀西征打下较为坚实的政治基础。

第四，绰儿马罕、拜住所率领的蒙古军一直驻扎在阿塞拜疆的穆干草原，对波斯西部起着威慑和监视作用，为旭烈兀第三次西征并最终灭亡阿拔斯王朝创造了有利的外部环境。1229 年窝阔台被推举为蒙古大汗后，继续从事成吉思汗对外扩张未竟之业。为平息花剌子模王公扎兰丁的叛乱，窝阔台汗委以绰儿马罕为统帅，率三万蒙古军出征波斯。为充实绰儿马罕军力，窝阔台大汗还颁旨，四方的大将和八思哈应随军出发，向绰儿马罕提供援助。蒙古诸王公纷纷派出代表，置于绰儿马罕麾下。这主要包括：术赤原委任的玉龙杰赤达鲁花赤、汪古部人成帖木儿为副统帅，代表窝阔台大汗方面的怯勒孛剌，代表拔都方面的诺撒耳，代表察合台方面的吉思勒不花以及代表拖雷妃唆鲁禾帖尼别吉的也可。在蒙古王公的支持下，绰儿马罕组成一支十万大军向波斯地区挺进。

1230 年绰儿马罕率军西行至阿塞拜疆，波斯西部各地诸侯闻风丧胆。1231 年扎兰丁为当地库尔德人所杀，花剌子模残部溃散，蒙古军在西波斯没有受到太多的抵抗，西波斯城邑纷纷降服。"两月之间，蒙古军历陷底牙儿别克儿、美

---

① （明）宋濂，等．元史：卷三［M］//宪宗纪．北京：中华书局，1976：45.
② 〔波斯〕拉施特．史集：第二卷［M］．余大钧，周建奇，译．北京：商务印书馆，1985：258.
③ 篯里克（Melik or Melic）：蒙古时代指州行政长官。
④ 桑忽兰（Sanquran）：今库腊姆河谷区。

索波达米亚、额儿比勒、起剌特等地。未见有一人敢执兵以抗。"① 1231—1241
年绰儿马罕转战外高加索、亚美尼亚、格鲁吉亚和小亚细亚，两度侵袭巴格达，
引起阿拔斯王朝哈里发穆斯坦绥尔（1226—1242）极大的恐慌。

太宗十三年（1241），绰儿马罕病死，拜住那颜继任其职，继续经略西亚等
地。多桑说："绰儿马罕死后，继由拜住统率，摧陷抄掠波斯以西诸地者，亘二
十年。"② 1246 年蒙古军再次侵袭巴格达地区，大肆掳掠，虽无法征服巴格达
城。但是，至 14 世纪 40 年代，波斯大部分地区和高加索诸国均为蒙古军所征
服。只有厄尔布尔什山区、忽希斯坦、伊拉克和胡齐斯坦等少数地区残存。波
斯广大地区在旭烈兀西征前一直为驻扎在阿塞拜疆穆干草原的蒙古军所威慑和
监视，它为旭烈兀第三次西征并最终灭亡阿拔斯王朝创造了有利的外部环境。
正因为如此，旭烈兀西征前夕，即"命拜住退军至罗姆边界"③，以防止蒙古人
在占领区遭受当地人的反叛，阻碍大军向西推进。

第五，13 世纪中叶西亚的政治格局为旭烈兀西征提供了极为有利的外部条
件。12 世纪中叶之后，伊斯兰世界进一步走向危机，巴格达的哈里发政权有名
无实，游牧的塞尔柱人从中亚南下，在阿拔斯王朝西部各省区相继建立起自己
的政权，哈里发政权已经成为塞尔柱苏丹的附庸。而 8 世纪中叶就开始与阿拔
斯王朝公开分庭抗礼的后倭马亚王朝（756—1492）在西班牙收复失地运动的沉
重打击下迅速萎缩。在埃及和叙利亚，萨拉丁虽然凭借强悍的突厥军事贵族建
立起军事寡头政权艾尤卜王朝（1171—1250），顽强地抗击着川流不息的十字军
东征。但是萨拉丁死后（1193），盛极一时的艾尤卜王朝迅速解体，伊斯兰世界
不仅无力进取，而且诸如贝鲁特、撒法德、太巴列等被收复的城市相继重新落
入西亚的欧洲人之手。1249 年法王圣路易九世发动第七次十字军东征，埃及再
一次面临严重的直接威胁。

第六，十字军东征运动在近东地区日渐衰落。八次大规模的十字军东征，
可以说只有第一次暂时称之为成功的军事行动。1096 年约 15 万欧洲骑士冲入耶
路撒冷，在近东占领区主要是叙利亚和巴勒斯坦沿岸地带先后建立起四个十字
军拉丁国家。但是十字军在近东地区缺乏牢固的根基，遭到以埃及为首的近东

---

① 〔瑞典〕多桑. 多桑蒙古史：下册 [M]. 冯承钧，译. 上海：上海书店出版社，2001：
   26.
② 〔瑞典〕多桑. 多桑蒙古史：下册 [M]. 冯承钧，译. 上海：上海书店出版社，2001：
   27.
③ 〔瑞典〕多桑. 多桑蒙古史：下册 [M]. 冯承钧，译. 上海：上海书店出版社，2001：
   49.

各族人民的沉重打击。1130 年摩苏尔地区埃米尔伊马顿丁·赞吉开始向十字军发动大规模的反攻，收复叙利亚北方重要据点阿勒颇。1144 年爱德萨伯国区沦陷，叙利亚地区的重要城市大部分落入赞吉王朝之手。艾尤卜王朝时期，1187年萨拉丁在赫淀战役中大败耶路撒冷王国国王 G. D. 律西安，攻陷耶路撒冷城，收复叙利亚和耶路撒冷大部分地区，耶路撒冷王国事实上已不复存在。圣城的陷落在欧洲再次掀起十字军的征伐，虽然英王狮心理查占领了拜占庭帝国属地塞浦路斯岛，在巴勒斯坦攻占阿克（1191），但是十字军已无法夺回圣地耶路撒冷。1192 年英国狮心王理查与艾尤卜王朝缔结和约后，西欧基督教国家为夺取圣地而战的念头，事实上已烟消云散。

从第四次十字军东征（1202—1204）开始，西欧基督教国家收复"圣墓"的宗教热情基本丧失，放弃了既定的直接夺取圣城耶路撒冷的军事目标。第四次十字军东侵所占领的是信仰同一的拜占庭，并在君士坦丁堡建立起一个拉丁帝国。有学者认为，十字军 1204 年的胜利，只是一次新的军事与商业联盟的胜利。欧洲并非每一个人都沉醉于这次十字军运动，几乎有一半十字军拒绝把目标转向君士坦丁堡。① 从第五次十字军东征开始，罗马教皇失去了组织者、鼓动者的核心地位。第五次十字军东征由德皇腓特烈二世统帅，主攻埃及，在教皇的诅咒中，德皇同样招致失败。尔后腓特烈二世纯粹出于贸易扩张的原因又进行了未曾使用武力的第六次东征。十字军最后两次较大的军事行动则由法王路易九世组织。1248 年路易九世领导第七次十字军进攻埃及的艾尤卜王朝。"为侵略埃及，法兰西用尽了它所有的军队和财力；他在塞浦路斯海上布满了 1800艘帆船；按最保守的估计船上也得有 5 万人之多。"② 但是法王最终也落得兵败被俘的境地（1250），被迫缴纳 40 万金币之后获得释放。之后路易九世在近东苦心经营四年，修葺城堡和军事要塞，并于 1270 年发动一场进攻北非突尼斯的第八次十字军车证。尽管如此，法军还是未逃脱失败的命运。所以 H. G. 科尼格斯伯格说："法王的最后冒险纯粹是一场闹剧。"③ 伊斯兰世界和十字军东征的日渐衰落客观上为旭烈兀西征提供了一个较为有利的外部条件。

2. 旭烈兀西征和伊利汗国的形成

① KOENIGSBERGER H G. Medieval Europe（400 – 1500）［M］. Longman Group （FE）Ltd, 1987：256.
② ［英］爱德华·吉本. 罗马帝国衰亡史：下册［M］. 黄宜思，黄雨石，译. 北京：商务印书馆，1997：476.
③ KOENIGSBERGER H G. Medieval Europe（400 – 1500）［M］. Longman Group （FE）Ltd, 1987：260.

(1) 旭烈兀西征军的构成

旭烈兀西征军的组成成分十分复杂，《史集》记载：蒙哥大汗举行忽里勒台，派遣旭烈兀出征"西方伊朗、叙利亚、密昔儿、鲁木、亚美尼亚诸地区……并通过决议，过去由拜住和绰儿马浑率领的被派去担任探马的军队驻在伊朗，而由答亦儿—把阿秃儿率领、被派到客失米儿和印度担任探马的军队，全部归旭烈兀汗统率。……除这些军队外，还决定从成吉思汗分给诸子、诸弟和诸侄的全体军队中，每十个人抽出两个人，作为额外人员，交给旭烈兀汗作为媵哲 [分民]，随同他出征，服役于此方。由于这个 [决定]，所有的人都从自己的诸子、宗亲和那颜中间指派了人率领军队去为旭烈兀效力。由此之故，在我国一直有出自汗族和出自成吉思汗每个异密的亲属的异密们"①。据此，旭烈兀西征所动员的军队，主要由四部分构成：

第一，原第二次西征后一直留镇在阿塞拜疆穆干草原的拜住和绰儿马罕的西征军。拉施特记载："[窝阔台] 派遣雪你惕部人绰儿马浑那颜带着一些异密和三万骑兵去讨伐他。"② 蒙哥合罕通过决议，"过去由拜住和绰儿马罕率领的被派去担任探马的军队驻在伊朗，而由答亦儿—把阿秃儿率领、被派到客失米儿和印度担任探马的军队，全部归旭烈兀统率"③。据日本学者志茂硕敏研究，三万骑兵即为 3 个万户，分别是波斯军政长官、雪你惕部人绰儿马罕指挥的"第一万户"；斡勒忽讷兀惕部人也可·也速儿指挥的"第二万户"；灭里沙指挥的畏兀儿人、哈勒鲁人、突厥人、喀什噶尔人和库车人组成的"第三万户"④。绰儿马罕死后，别速惕部人万户长拜住继任其职位并任"第一万户"首领。第三次西征时，旭烈兀继续任拜住为万户长，拜住和绰儿马罕的旧部进驻鲁木。

第二，原镇戍喀什米尔和印度的蒙古探马军。志茂硕敏认为，这支军队人数约两万，因与当地人通婚，形成一支混血儿部族，称合剌兀纳思人，在第三次西征时充当旭烈兀直属的禁卫部队。

第三，成吉思汗诸子、诸弟和诸侄的从征军，充当旭烈兀西征军的左、右翼。志费尼记载：蒙哥"从东、西大军中每十人抽二人拨归，并派一位宗

① 〔波斯〕拉施特. 史集：第二卷 [M]. 余大钧，译. 北京：商务印书馆，1986：29.

② 〔波斯〕拉施特. 史集：第二卷 [M]. 余大钧，周建奇，译. 北京：商务印书馆，1985：32.

③ 〔波斯〕拉施特. 史集：第二卷 [M]. 余大钧，周建奇，译. 北京：商务印书馆，1985：29.

④ 〔日〕志茂硕敏. 伊儿汗国的蒙古人 [J]. 蒙古学资料与情报，1987（2—3）.

王——他的幼弟雪别台斡兀立去跟随他。他还把昔班罕之子八刺海，秃乞儿斡兀立，忽里及拔都麾下的士卒，派作拔都的代表，以莫希斡兀立之子台古歹儿为察合台的代表；从扯扯干别吉那里派出不花帖木儿及一支斡亦刺部兵，又从四方的驸马，异密和大那颜那里调集一支将官队伍，以致要一一列举会占太多的时间。同时他遣人到契丹去取射石机手"①。据此，旭烈兀西征军右翼为：扯扯干别吉派出的斡亦刺部人不花帖木儿和阔阔亦勒该所率的军部。左翼是：察合台系的台古歹儿斡兀立和乃蛮部人怯的不花的军部。中军是：旭烈兀及其长子阿八哈所率军部。旭烈兀西征是蒙古帝国的重大军政事务，随征的宗王还有：旭烈兀的同父异母兄弟雪别台，术赤系的斡儿答之子忽里（率军1万人）、昔班之子八刺海、台古歹儿斡兀立。

第四，汉人组成的砲手、弩手、火焰喷射手千人队。拉施特记载："［蒙哥合罕］便向汉地派去急使，让人们派来一个砲手、火焰放射手、弩手的汉军千人队。"②

除镇戍波斯阿塞拜疆穆干草原的拜住和绰儿马罕的旧部外，旭烈兀西征主力军共计12万人。③

旭烈兀西征军人数众多、规模甚大，整个中亚地区都在积极备战。大军所过之处，四方诸侯都有义务提供粮秣、保护好牧草场、修筑桥梁、整治津渡。蒙哥大汗还诏谕旭烈兀："事无巨细都要遵守成吉思汗的习惯和法令。从阿母质浑河④到遥远的密昔儿国都要加以爱抚，对顺从你的命令和禁令者要赐予恩惠、礼物，而对于固执顽抗、桀骜不顺者，要把他们连同妻妾、全家老少和族人一起推倒在受暴力压制和屈辱的沙漠中，要摧毁从忽希思丹和呼罗珊起的各处堡寨。……扫荡了这些地方后，就准备好向伊拉克进军，把经常在沿途胡作非为的曲儿忒人和罗耳人收拾掉，如果报达哈里发打定主意效忠听命的话，就不要以任何方式得罪他，而如果他骄傲自大、心中想的、说的不［同我们］一致，那就把他归并到其他［敌人］中。你还应在一切事情上以真知灼见为准绳。在一切情况下都要警惕、慎重。免除刺亦牙惕（农民）漫无节制的徭役和粮税，

---

① 〔伊朗〕志费尼. 世界征服者史：下册［M］. 何高济，译. 北京：商务印书馆，2004：678—679.

② 〔波斯〕拉施特. 史集：第三卷［M］. 余大钧，译. 北京：商务印书馆，1986：30.

③ 彭树智主编. 中东国家通史·伊朗卷［M］. 北京：商务印书馆，2002：171.

④ 乌浒水（Oxus）：阿拉伯语和波斯语称质浑河（Jayhun），即现代的阿姆河（Amu Darya）。历史上，阿姆河曾是伊兰和突兰之间，即说波斯语的民族和说突厥语的民族之间传统的界限。

让他们过幸福的生活。让被毁的地区重新繁荣起来。"①

（2）阿剌模忒宗教国的灭亡

1251 年蒙哥即位之初，伊斯兰世界东部地区尚未征服的是阿剌模忒的亦思马因派宗教国和巴格达的阿拔斯王朝。

亦思马因派，亦称七伊玛目派，属伊斯兰教什叶派的主要支派之一，源于穆罕默德女婿阿里后裔穆罕默德·本·亦思马因。8 世纪中叶第六代伊玛目贾法尔·萨迪克因长子亦思马因酗酒而剥夺其继承权，立次子穆萨·卡西姆（744—799）为继承人，任第七代伊玛目，导致内部纷争，部分极端的信徒坚决反对贾法尔违背《古兰经》精神，公开维护亦思马因的合法权益。约 762 年亦思马因先于其父去世，贾法尔广为通告，但是亦思马因的追随者认为亦思马因是第七代伊玛目，也是最后一代的伊玛目，即"隐遁的伊玛目"。765 年贾法尔去世，亦思马因派正式形成。亦思马因派受柏拉图主义影响，主张《古兰经》有内识、外识之义，应以注释和隐遁之法探求奥义，逊尼派贬之为内学派——巴特尼叶派。最初，该派秘密传教。9 世纪中叶开始半公开布道，教徒主要分布在叙利亚、波斯、阿富汗和印度等地。9—12 世纪亦思马因派在巴林建立起卡尔马特派国家（899—1077），在埃及建立起法蒂玛王朝。

法蒂玛王朝哈里发穆思坦昔儿执政时期（1036—1094），先立长子尼查尔为继承人，后另立次子艾卜勒·卡西姆·艾哈迈德，号穆斯塔里。埃及的亦思马因派分化为穆斯塔里派和尼查尔派。1078 年亦思马因派传道师哈散·本·萨巴因公开反对哈里发废长子尼查尔另立次子为继承人而被逐出埃及，哈散·本·萨巴先到叙利亚，后到波斯北部传教和发展组织，势力渐大。1090 年哈散·本·萨巴从塞尔柱突厥人手中夺取加兹温北部地区的低廉②之阿剌模忒堡并以此为大本营，以秘密抚养尼查尔的幼子为旗号，创立新亦思马因派，在里海以南山区形成一个地势险要、与世隔绝、防范严密、独立的宗教王国。哈散·本·萨巴成为新亦思马因派的第一任谢赫（1090—1124）和阿剌模忒宗教国的奠基者，并以"山中老人"著称。

阿剌模忒的亦思马因派国家是一个政教合一的世袭制宗教国家，最高统治者是谢赫，下设大传道师和传道师。谢赫、大传道师和传道师为宗教上层，是

---

① 〔波斯〕拉施特 . 史集：第三卷 ［M］. 余大钧，译 . 北京：商务印书馆，1986：30—
31.

② 低廉（Dailam）：西波斯的布韦希王朝的一地区，位于今伊朗吉兰省和马赞达兰省西部
之间地区。

"知秘者"，负责培养一些为教派献身服务的信徒"菲达伊"①，使用政治报复、暗杀和恐吓等手段对付异己，东西方统治者甚为畏惮。志费尼记有一事：塞尔柱王朝"算端桑扎儿不能解决那些异教徒，他们恢复了他们的力量；但当他使国家恢复秩序后，他企图剪除他们，并先把一支军队开进库希斯坦②。战事持续了若干年；哈散萨巴愿遣使乞和，但他的请求没有被接纳。他这时用种种手段收买了算端的某个廷臣替他在算端面前辩护；同时他用一大笔钱贿赂他的一个太监，给他一把匕首，乘算端在一个晚上醉卧时插在他床侧的地上。算端醒来发现了匕首，他万分惊恐，但因不知是谁干的，他下命把这事保密。哈散萨巴这时遣一名使者送去如下的使信：'若我不想算端好，那把插在硬地上的匕首就会插进他的软胸。'算端大吃一惊，从此以后愿跟他们讲和。总之，因为这种欺诈，算端停止进攻他们，在他统治期间，他们的事业昌盛。"③

阿剌模忒宗教国统治者不断对菲达伊使用"大麻酚"（阿萨辛），在虚幻中对菲达伊灌输为信仰献身的精神，故新亦思马因派又称阿萨辛派。阿萨辛派最大特征是神化伊玛目，前三任谢赫否认法蒂玛王朝哈里发为本派的宗教领袖，并自称是"隐遁的伊玛目"。在伊斯兰世界，正统派视之为"异端"，阿拉伯语称为"木剌夷"，汉文史料又译作"没里奚"或"木乃奚"。12世纪十字军在近东的军事远征活动，导致埃及和叙利亚的法蒂玛王朝和艾尤卜王朝政局动荡，阿萨辛派势力扩展到伊拉克、叙利亚和黎巴嫩。阿剌模忒宗教国第七任谢赫为扎兰丁·哈散之嗣子阿老丁（1221—1255），第八任谢赫是阿老丁之长子鲁坤丁·忽儿沙（1225—1256）。亦思马因派在成吉思汗西征和窝阔台汗统治时期曾遣使与蒙古帝国修好，或袭略花剌子模帝国城镇，或趁机抢占花剌子模帝国遗产，表现出企图在西亚缔造一个取代花剌子模帝国的雄心壮志，这与蒙古帝国向西扩张，无疑存在巨大冲突。所以，蒙哥派遣旭烈兀西征阿剌模忒，其中一个重要原因是，帝国驻在穆干草原和阿兰的军事统帅拜住和帝国设在呼罗珊徒思的行省总督阿儿浑阿合均上表蒙哥合罕，建议帝国剪除亦思马因派在西亚的威胁。近代学者荷治松认为，"1238年叙利亚的亦思马因派派遣使节前往西部（沿海地区），目的是希望结成穆斯林—基督教徒联盟共同对抗蒙古人"，"即便

---

① 菲达伊（fidā'i）：献身者、义侠。
② 库希斯坦（Kūhistān）：一译忽希思丹、忽希思坦、库吉斯坦、"山国"，大抵指今伊朗内沙布尔沿阿富汗边境向南延伸的地区，首府是今伊朗的比尔詹德。
③ 〔伊朗〕志费尼.世界征服者史：下册［M］.何高济，译.北京：商务印书馆，2004：760—761.

亦思马因派出于自身利益与蒙古人结盟，它依然拥有着征服世界的志向"。①

1251 年蒙哥即位后，为完成蒙古帝国未竟之征服大业，并解除阿萨辛派的威胁，决定派遣其弟旭烈兀率大军征讨阿刺模式的阿萨辛派宗教国。

1252 年初，旭烈兀派遣阔阔·亦勒该和怯的不花为先锋，率一万两千人出征忽希斯坦，为蒙古西征大军扫清障碍。1253 年 3 月，怯的不花率五千步骑围攻吉儿迭库赫②要塞，该堡历史悠久，堡垒十分牢固，加之阿萨辛人顽强抵抗，吉儿迭库赫堡两年久攻不成，蒙古部将不里战死。8 月，蒙古军进攻刺夷附近的沙的司堡，怯的不花同样没有成功占领。1255 年 12 月阿刺模式宗教国谢赫阿老丁被害，其长子鲁坤丁·忽儿沙继承谢赫之位。忽儿沙专横残暴，在宫内大行清除政敌，不思抵抗蒙古军良策。1256 年 4 月，阔阔·亦勒该和怯的不花攻占秃温，并前往徒思与旭烈兀主力军会合。

1253 年 10 月旭烈兀亲率主力出征，途经中亚，在阿力麻里（今新疆伊犁哈萨克自治州霍城西 13 公里处）受到察合台汗国统治者兀鲁忽乃哈敦（1252—1260）的热情款待，别失八里等处行尚书省行政长官马思忽惕以及诸异密前来拜见旭烈兀。1255 年 6 月，忽希思坦地区长官纳昔剌丁前往旭烈兀营地表示归附。1256 年 5 月，旭烈兀大军渡过阿姆河，兵至徒思和哈不珊，受到阿母河等处行尚书省阿儿浑阿合的迎接。9 月旭烈兀军队到达哈剌罕和毕思塔木，派出赫拉特总督为使者前往鲁坤丁·忽儿沙驻堡劝降。忽儿沙首鼠两端，是战是和举棋不定，心存降意，却优柔寡断。志费尼记载，早在 1255 年忽儿沙就说："有我父的恶行，蒙古军打算进攻本国，而我父什么也不管。我将脱离他，遣使给地面上的皇帝和他朝中的奴仆，表示纳款臣服"。③1256 年 6 月蒙古部将牙撒兀儿进兵阿刺模式的鲁德八儿，忽儿沙写信给牙撒兀儿，表示他要纳款投诚。牙撒兀儿回信忽儿沙，希望他亲自前往呼罗珊，晋见旭烈兀，但忽儿沙只是派出代理人、自己的幼弟沙罕沙觐见旭烈兀表示归顺。旭烈兀再次派出急使，希望忽儿沙拆毁堡垒以示诚意，但忽儿沙请求旭烈兀宽限一年出降，拖延时间。1256 年 9 月 2 日，旭烈兀下令：右翼军不花—帖木儿和阔阔—亦勒该从马赞达兰出发，左翼军涅古迭儿—斡忽勒和怯的不花从胡瓦尔（Khuvār）和塞姆南出发，旭烈兀自己率领一万中军全线进攻阿刺模式诸堡。9 月 9 日，忽儿沙再次派

①　MAY T.　A Mongol Ismaili Alliance?：Thoughts on the Mongols and Assassins［J］．Journal of the Royal Asiatic Society，Third Series，2004，14（3）：235．

②　吉儿迭库赫（Girdkūh）：今伊朗达姆甘城西约 18 公里。

③　〔伊朗〕志费尼．世界征服者史：下册［M］．何高济，译．北京：商务印书馆，2004：708．

出丞相为首的使团觐见旭烈兀表示臣服归顺。9 月 22 日，旭烈兀军队进逼达马万德，兵临忽儿沙所在的麦门底司堡下。麦门底司堡，地势险要，山高路陡，悬梯山下。志费尼说："人们不能攀登它的巅峰，鸟也不能，哪怕鹫和鹰都办不到。探索者对它不抱希望，它的狗仅向着星星而吠。"① 但在郭侃的弩砲和火箭流星般的射击下，忽儿沙及其臣民一片惊恐。在幕僚的建议下，忽儿沙以狸猫换太子方式，将一奴仆儿子诡称太子派遣前往觐见旭烈兀。阴谋被识破后，10 月 26 日，忽儿沙又派出兄弟失栾沙去见旭烈兀。有鉴如此，旭烈兀最后下通牒："如果鲁坤丁坠毁麦门底司堡并亲自去见国王［旭烈兀］，那么，按照皇帝陛下的仁慈风尚，他会得到宽大和礼遇；但如他不计他行动的后果，唯有上帝知道［他因此会得到个什么下场］。"② 11 月 19 日，忽儿沙离开麦门底司，觐见旭烈兀并俯首称臣。旭烈兀派人护送他去哈剌和林觐见蒙哥合罕，受蒙哥之令，忽儿沙在路途中被杀，他继他父亲统治阿剌模忒整整一年，阿萨辛派宗教国灭亡。同时代的志费尼认为旭烈兀西征的军事高峰就是剿灭阿剌模忒堡为中心的亦思马因派，他宣称蒙古人结束了鲁坤丁·忽儿沙的历史，"他和他的追随者没有留下什么足迹，他和他的族人变成人们嘴上的笑谈，世上的一个传说。然而毫无疑问，亦思马因派被毁灭了"。③ 维拉尼写道："蒙古人见证了阿剌模忒堡的彻底毁灭，同时也见证了亦思马因派的灭绝。以志费尼为首的许多波斯历史学家坚信他们在历史上这一事业的成功"。④

诚然，在崛起的蒙古帝国面前，阿萨辛派宗教国的灭亡不足为奇，但是需强调的是，其灭亡的重要原因之一是忽儿沙众叛亲离。《史集》记载："世界上最完善、最聪明的人，幸福的毛拉、火者纳昔剌丁·徒昔和许多不由自主地陷入该国中的大医师剌亦撒—倒剌、木瓦非合—倒剌和他们的儿子们亲眼看到忽儿沙举止失措、性格横暴，他显然有精神错乱的征状。他们心中不痛快，充满着对为邪教徒效劳的厌恶心情，而效忠于旭烈兀汗的意愿则更强烈，这是他们过去久已盼望的事。他们经常互相暗中商议，怎样以最好的方式、最容易的途

① 〔伊朗〕志费尼. 世界征服者史：下册［M］. 何高济，译. 北京：商务印书馆，2004：740.

② 〔伊朗〕志费尼. 世界征服者史：下册［M］. 何高济，译. 北京：商务印书馆，2004：798.

③ JUVAINI, The History of the World – Conqueror［M］. trs, J. A. Boyle, Manchester University, 1958：724.

④ VIRANI S N. The Eagle Returns：Evidence of Continued Ismāīlī Activity at Alamut and in the South Caspian Region Following the Mongol Conquests［J］. Journal of the American Oriental Society, 2003, 123（2）：351 – 352.

径使该国被他［旭烈兀］征服。"① 阿萨辛派宗教国自 1090 年建国至 1256 年灭亡，历经八任谢赫，统治近 170 年。阿萨辛派在 13 世纪无论在伊斯兰世界还是基督教的近东国家，抑或崛起的蒙古帝国皆为受攻击的对象，其灭亡似乎是众望所归。其败灭的历史影响之一是，为打通东西方交通扫除了一大障碍。忠实的逊尼派穆斯林史学家志费尼说："被他们妖氛沾染的尘世因此得到澄清。路人现在来回通行而不需担惊受怕或遭到缴纳过境税之忧，并且为拔除他们根基、把他们消灭干净的福王的［永久］幸福而祈祷。这个行动确实是治穆斯林创伤的灵丹，是针对政教骚乱的良药。"②

（3）阿拔斯王朝的灭亡

旭烈兀灭亡阿剌模忒宗教国后，按照蒙哥合罕之命，下一个目标是巴格达的阿拔斯王朝。1256—1257 年旭烈兀在加兹温和兰麻撒耳附近扎营过冬。1257 年 3 月，旭烈兀自加兹温移师哈马丹，准备集中全力攻打巴格达。4 月 26 日，旭烈兀到达迪纳维儿。7 月 27 日，折回大不里士。蒙古帝国一贯战略是：包围目标，使敌人丧失机动性和陷入混乱状态，不断派出使者，以被战败王国为例，威逼利诱敌方屈服称臣，达到不战而屈人之兵。否则，采取军事行动，并且使用所有的武器和尽可能多的人力围攻而歼灭之。9 月 10 日，旭烈兀回到哈马丹，派出第一批使者前往巴格达招降哈里发。旭烈兀宣称："对于全世界和人类，从成吉思汗时代以迄于今，由于蒙古军队发生了些什么，由于长生天神的力量，花剌子模沙家族、塞尔柱家族、迭亦列木箧力、阿答毕等家族，这些家族的威武伟大的君主，他们全都辱没身份到何等地步，报达没有对这些家族中任何一个关上大门，那里有他们的京城。但我们拥有强大的力量，他们怎能躲开我们，我们过去曾劝告过你，现在再对你说：不要和我们敌对，不要以拳击箭，不要用泥巴去涂抹太阳，这只能是自讨苦吃。……如果你服从我们的命令，那就不要和我们敌对，国土、军队、臣民仍将留下给你，如果你不听我们的劝告，想反抗我们，和我们敌对，那就部署军队，指定战场吧。"③ 旭烈兀的劝告遭到哈里发穆斯台耳绥木（1242—1258）的拒绝后，便向哈里发下达战表："长生天神选择了成吉思汗和他的家族，并将东方到西方的全部土地赐给了我们。凡是俯首听命地从内心和言词与我们一条心的人，他的领地、财产、妻子、儿女和生

---

① 〔波斯〕拉施特. 史集：第三卷［M］. 余大钧，译. 北京：商务印书馆，1986：38.
② 〔伊朗〕志费尼. 世界征服者史：下册［M］. 何高济，译. 北京：商务印书馆，2004：808.
③ 〔波斯〕拉施特. 史集：第三卷［M］. 余大钧，译. 北京：商务印书馆，1986：48.

命就能保全，蓄意反对［我们］的人，不能享有一切。"①

　　1257 年 11 月，旭烈兀调集军队，兵分三路，向巴格达挺进。命令驻营鲁木的拜住为右翼军，从伊拉克的埃尔比勒向摩苏尔推进，进攻巴格达的西面；怯的不花、忽都孙和额里怯为左翼军，从伊朗的洛雷斯坦和胡齐斯坦向两河流域下游、巴格达东南部推进；旭烈兀自率中军主力，沿伊朗的克尔曼沙阿和忽里汪南下。三路大军目标直指巴格达。《史集》记载：旭烈兀"命令驻地确定在鲁木的绰儿马浑和拜住那颜的部队担任右翼从亦儿必勒向毛夕里推进，越过毛夕里河，在指定时间驻扎在报达西面，以便我们的部队从东面赶到时，他们从那方面出动，术赤的儿子昔班的儿子秃塔儿、术赤之子斡儿答的儿子忽里等宗王以及不花—帖木儿、孙扎黑那颜——都在右翼中，孙台那颜从山岭上来到旭烈兀处，左翼军的乞忒不花那颜、忽都孙和额里怯从罗耳、帖克里忒、忽即思丹和巴牙忒等地推进到兀木满海岸边。旭烈兀汗将辎重留在哈马丹地区咱乞草原上，委派合牙黑那颜主管辎重。655 年 1 月（公元 1257 年），他率领蒙古人称做忽勒的中军沿着通往乞里茫沙杭和忽里汪的道路前进。［在他身边］效劳的有大异密阔阔—额里怯、兀鲁黑秃、阿儿浑—阿合、必阇赤合剌海、曾任国家行政长官的赛甫丁—必阇赤，毛拉、火者纳昔剌丁·徒昔和幸运的撒希卜阿剌丁·阿塔—灭里以及伊朗地区的所有算端、篾力和阿答毕们"。② 出征巴格达的蒙古高级将领有 15 人。学者约翰·马森·斯密斯认为，除伊斯兰世界归顺的首领随军作战外，蒙古军右翼为 6 个万户、左翼 3 个万户、中军 4 个万户，蒙古军合计 13 万人。③ 11 月 27 日，右翼军和中军驻扎在克尔曼沙阿，宗王孙扎黑、拜住那颜和孙台在库尔德山区进见旭烈兀，并押上战俘哈里发的先锋爱伯。通过爱伯禀告哈里发的真实情况，旭烈兀进一步明确了右翼军的任务。12 月 18 日，旭烈兀驻营忽里汪河畔。怯的不花攻占洛雷斯坦众多城堡。

　　1258 年 1 月 16 日，拜住、不花—帖木儿和孙扎黑率领的右翼军横渡底格里斯河，作为先锋，孙扎黑西向挺进巴格达。在安巴儿附近，孙扎黑和不花—帖木儿了解到哈里发军队统帅、书记官木札希答丁—爱伯结营巴忽巴和巴只思剌之间以逸待劳、准备迎击来侵的蒙古军后，蒙古军主动撤退到都者里附近的巴失里牙，木札希答丁认为蒙古军兵力少，主动追击，双方展开激战，胜负不明。蒙古军乘黑夜掘开敌营后方大水塘，淹死者众多，敌人军心动摇。次日，蒙古

---

①　〔波斯〕拉施特. 史集：第三卷［M］. 余大钧，译. 北京：商务印书馆，1986：51.

②　〔波斯〕拉施特. 史集：第三卷［M］. 余大钧，译. 北京：商务印书馆，1986：58—59.

③　KOMAROFF L. The Legacy of Genghis Khan［M］. Boston：Brill Leiden，2006：130 – 131.

军发起猛攻，哈里发军队一万两千人，全军溃败，大半被蒙古人所杀，书记官带着少数兵马逃回巴格达。拉施特记载："拜住和不花—帖木儿攻打书记官和法忒合丁·伊宾·苦儿忒，胜利地打跑了报达的军队。军队统将法忒合丁·伊宾·苦儿忒、合剌孙忽儿及一万二千个报达人被杀，落水和陷于淤泥中的还不在内。书记官带着少数人逃到了报达，有些人逃到了希剌和苦法。"① 巴失里牙之战，大大鼓舞了蒙古军围攻巴格达的士气，右翼军迅即进占巴格达西面，驻扎在城郊底格里斯河畔；左翼军在怯的不花率领下，从胡齐斯坦迂回上行到巴格达南面；旭烈兀的中军主力则从 1 月 22 日启程出发，在巴格达东面驻扎下来。三路大军团团围住和平之城，一场决定伊斯兰世界政治走向的大战拉开序幕。

1258 年 1 月 29 日，蒙古军对巴格达全面发起总攻。旭烈兀亲率中军攻打阿札木城楼；怯的不花所属军队攻打合勒瓦思城门；忽里等术赤系宗王部队攻打巴咱儿·莎勒坛城门；拜住和孙扎黑的军队攻打巴格达西面的阿都忒城门。哈里发派宰相维齐尔出城求和，被旭烈兀拒绝。蒙古军连续猛攻巴格达城六个昼夜，郭侃的石砲千人队在巴格达的攻城战中发挥了巨大作用，先后摧毁阿札木和巴咱儿·莎勒坛城楼，巴格达东城和西城所有城头均为蒙古军占领。近代西方学者弗兰克和尼德汉姆研究，元代汉人弩砲的投射力，重可达 250 磅，远可抵 167 码。此外，攻城器中还有射程达 2500 步的火箭和石油燃烧瓶。② 拉施特说："面对着阿札木城楼，架起了石炮，把城楼打出了窟窿。"③ 2 月 5 日，内城中岌岌可危的哈里发企图乘船逃跑不成，无奈之下决定请降，派出次子阿不法思勒·奥都剌合蛮奉币求降，旭烈兀拒绝接见，并继续攻城。2 月 10 日，哈里发为首的三千名高官显贵出城投降。史载：郭侃"预造浮梁以防其遁。城破，合里法算滩登舟，见河有浮梁扼之，乃自缚诣军门降"④。旭烈兀宣谕，巴格达军民放下武器，走出巴格达城，可以免死。一俟城中军民弃械，蜂拥而出，守在城外的蒙古军迅速进行残酷屠杀。2 月 13 日，蒙古军入城，大行烧杀掳掠，洗劫 17 天，稍晚的波斯史家韩达剌·穆思托菲·卡兹维尼据纳瓦伊的《选史》记载说死者达 80 万人，1262 年旭烈兀致函法王路易九世称巴格达被杀者 20 万人。⑤ 蒙古人清查哈里发宫，登记在册的后妃为 700 名，仆役 1000 人。哈里发宫五百年积蓄的黄金珠宝，堆积如山。2 月 10 日，不花—帖木儿的蒙古军接受

① 〔波斯〕拉施特. 史集：第三卷 [M]. 余大钧，译. 北京：商务印书馆，1986：62.
② KOMAROFF L. The Legacy of Genghis Khan [M]. Boston：Brill Leiden，2006：127.
③ 〔波斯〕拉施特. 史集：第三卷 [M]. 余大钧，译. 北京：商务印书馆，1986：62.
④ （明）宋濂，等. 元史：卷一四九 [M] //郭宝玉. 北京：中华书局，1976：3524.
⑤ MOGAN D. The Mongols [M]. Blackwell Publishing Ltd，2007：133.

希拉的归顺。2 月 17 日，蒙古军攻克瓦西特城，屠杀 4 万居民。巴士拉也归顺了蒙古人。2 月 20 日，旭烈兀下令按照蒙古人处死王室成员或贵人的习俗，将哈里发穆斯台耳绥木裹在毡子中，踩踏致死。立国 500 余年的阿拔斯王朝宣告灭亡。

阿拔斯王朝的灭亡主要由三方面决定，如前所述，一是巴格达的阿拔斯王朝在 9 世纪中叶业已衰颓，东西部各省纷纷独立或半独立，尤其是呼罗珊和中亚地区的游牧或半游牧部族的崛起及其对巴格达的逼压和统治，导致 11 世纪的哈里发中央政权成为布韦希王朝、塞尔柱王朝和花剌子模帝国等地方割据政权的傀儡。二是旭烈兀征服巴格达前夕，1256 年年底的底格里斯河大水灾，重创阿拔斯王朝统治。韩达剌·穆思托非·卡兹维尼在他的《扎法纳美》中更充分或者说更公正地叙述了在巴格达崩溃前夕底格里斯河洪水所造成的严重后果，他说："在洪涝灾害中，城市建筑物都矗立在水中，令人恐慌的海水倒灌带来的洪涝摧毁了昔日人们的欢乐，原来人人向往的宫殿现在到处充斥着混有泥土的洪水，那些令人叹为观止的建筑物被洪水冲垮，他们所处的地方变成一片荒芜。"① 拉施特也记载："654 年〔1256 年〕年底，发生了一场大水灾，报达城被水淹没，该城建筑物的低层没入水中看不到了。洪水在五十天内向上涨着，其后才开始下落，伊拉克诸县有一半被毁坏一空，迄今在民间还口头流传着木思塔昔木的洪水这件事。"② 大水灾使巴格达社会矛盾凸显，教派纷争，尤其是民不聊生，民心思变。《史集》说："当地居民苦于阿拔思王朝的统治，他们开始厌恶它，认为王朝的威势已到了末日。他们中间意见分歧了，狂热心〔强烈起来〕。哈里发非常惊慌。"③ 三是哈里发宫廷内部政局错综复杂，逊尼派和什叶派纷争，廷臣矛盾尖锐，严重影响哈里发主战和主和决断，哈里发优柔寡断的言行反反复复，激怒蒙古军统帅旭烈兀。更有甚者，在争夺巴格达战斗白热化之际，哈里发考虑的是如何能成功逃脱蒙古军围攻，而不是积极抗战。正如 D. 摩根所言，"哈里发并没有真正希望通过武力去驱赶蒙古人，巴格达被旭烈兀军队包围后，他张皇失措，接受维齐尔降和的劝说，最终为旭烈兀所困"④。1256 年大水灾这次浩劫结束后，随之而来的是几乎立刻发生的宗派斗争，这场宗派斗争主要在逊尼派和什叶派之间展开。拉施特描述了什叶派教徒在巴格达

① LANE G. Early Mongol Rule In Thirteenth Century Iran A Persian renaissance〔M〕. Routledge Curzon，2003：31.
② 〔波斯〕拉施特. 史集：第三卷〔M〕. 余大钧，译. 北京：商务印书馆，1986：46.
③ 〔波斯〕拉施特. 史集：第三卷〔M〕. 余大钧，译. 北京：商务印书馆，1986：47.
④ MOGAN D. The Mongols〔M〕. Blackwell Publishing Ltd，2007：133.

横行霸道,军队统帅木扎希达丁·爱伯,他是逊尼派教徒,希望巴格达保持政治不稳定状态以此为自己牟取最大利益。《史集》记载:"洪水为患时,城里的败类、恶棍、二流子、流浪汉,横行霸道,每天杀人。书记官木札希答丁—爱伯拉拢了流浪汉、二流子,在短期内力量大增。当他的实力巩固后,见哈里发木思塔昔木优柔寡断、不明事理、老实可欺,便同几个大臣商议,要把他废黜掉,另立一个阿拔思家族的人"①。而哈里发的首席维齐尔木爱亦答丁·穆罕默德·本·阿勒合迷,信仰什叶派,在旭烈兀围攻巴格达期间,他力举和谈请降。阿勒合迷"不再受到其他王室大臣们的信任,因为他们认为阿勒合迷与蒙古人串通在一起。朱思扎尼明确地指责这个维齐尔,因为后者声称他对哈里发的儿子表示强烈的不满,异密艾卜·别克儿说阿勒合迷是埃米尔们中最早与旭烈兀非法通信的人。"② 什叶派与旭烈兀的亲密联系发生在旭烈兀的巴格达胜利前后,希拉城的什叶派居民都十分高兴地迎接旭烈兀派来的使者,其他城市像巴士拉、库法和纳杰夫,视蒙古人为他们的解放者,都敞开城门十分乐意地迎接蒙古军的到来。异密赛甫丁必阇赤请求组建一支 100 名蒙古人的军队来保护阿里的坟墓以及这座圣城的人们。哈里发政权的灭亡,的确是一个历史的悲剧。

(4) 叙利亚的艾尤卜王朝灭亡

巴格达陷落和哈里发被害,旭烈兀甚至派遣汉军千户长郭侃向塞浦路斯扩展。史载:"戊午,旭烈兀命侃西渡海,收富浪。侃喻以祸福,兀都算滩曰:'吾昨所梦神人,乃将军也。'即来降。"③ 伊斯兰世界处于恐惧之中,1258 年 8月 1 日,摩苏尔的阿答毕④巴忒剌丁·鲁鲁⑤亲自到马拉盖觐见旭烈兀,8 月 6日,小亚细亚的塞尔柱王朝苏丹两敌对兄弟凯·卡兀思二世和乞立赤·阿儿思兰三世⑥前往大不里士晋见旭烈兀表示臣服。8 月 7 日,波斯南部法尔斯的阿答毕阿不·别克儿派其子赛德去祝贺旭烈兀成功占领巴格达,并表示归顺。旭烈兀决定征服叙利亚和埃及。

13 世纪 50 年代的叙利亚,主要是两股政治力量,一是萨拉丁缔造的艾尤卜王朝继承者掌控叙利亚大部分地区;二是十字军在叙利亚沿海的狭长地带建立

---

① 〔波斯〕拉施特. 史集:第三卷 [M]. 余大钧,译. 北京:商务印书馆,1986:47.

② LANE G. Early Mongol Rule In Thirteenth Century Iran:A Persian renaissance [M]. Routledge Curzon,2003:30.

③ (明) 宋濂,等. 元史:卷一四九 [M] //郭宝玉. 北京:中华书局,1976:3524.

④ 阿答毕 (Atābeg):一译阿塔卑,地方统治者。

⑤ 巴忒剌丁·鲁鲁 (Badr al – Dīn Lulu):一译别都鲁丁·卢卢。

⑥ 乞立赤·阿儿思兰三世 (Qilich Arslan):一译鲁克纳丁。

起来的十字军国家，其北部为波赫蒙德六世的安条克公国，兼领的黎波里伯国，南部为所谓的提尔、阿克①和雅法三个男爵领地的耶路撒冷王国。波赫蒙德六世是北部邻国小亚美尼亚国王海屯一世的女婿，他效仿岳父海屯，加入了蒙古联盟。阿拉伯中古时代民族英雄萨拉丁建立起艾尤卜王朝，1193 年他病逝后，埃及、叙利亚和美索不达米亚三地为其继承者所瓜分。叙利亚的艾尤卜王朝虽保持着一定程度的统治地位，但长期陷于内讧，在蒙古人西征的狂风中已是风雨飘摇。

1259 年 9 月 12 日，旭烈兀兵分三路，任怯的不花所率军队为先锋，失克秃儿和拜住那颜为右翼军，孙扎黑为左翼军，旭烈兀亲率中军主力出征叙利亚。蒙古三军向叙利亚边地进发，抵达上两河流域的迪亚别克尔地区，分兵占领篾牙法里勒、阿米德、尼西宾和哈兰诸地，渡过幼发拉底河后，开始包围了阿勒颇。阿勒颇是叙利亚的北大门，地当要冲，它也是历史名城，当地军民倚仗城池坚固、不易攻取，顽强抵抗，拒不投降。1260 年 1 月 18 日，蒙古军四面包围阿勒颇，筑栅栏，架石炮，双方鏖战一周，1 月 24 日，蒙古军攻破外城。经过四十昼夜的血战，蒙古军攻克内堡，实施屠城。巴赫布拉攸斯在《叙利亚编年史》中说：“他们把 20 门弩砲推入阵地，1 月 24 日他们进入该城。他们是在一次大胜后占领了除城堡以外的阿勒颇城的，城堡一直坚持到 2 月 25 日。”② 拉施特说：旭烈兀“下令将他们一下子连同妇女、孩子都杀光，只有一个亚美尼亚金匠得以幸免”③。叙利亚的艾尤卜王朝苏丹纳昔儿·优素福企图逃亡埃及。旭烈兀委任法黑剌丁·撒乞为行政长官、秃格勒—巴黑失为军事长官管理阿勒颇。旭烈兀委派怯的不花向大马士革移师，阿勒颇是大马士革的屏障，阿勒颇的陷落，蒙古军威赫赫，大马士革长官闻风请降，3 月 1 日，怯的不花的先锋军入城纳降，旭烈兀设官镇守。蒙古军继续在叙利亚攻城略地，1260 年夏，兵锋直达加沙。适值蒙哥合罕去世之讯传到，依蒙古旧例，旭烈兀停止战事，委任怯的不花镇守叙利亚，主叙利亚和埃及战务，旭烈兀班师回波斯阿哲儿拜占。获悉忽必烈继大汗位，并同幼弟阿里不哥发生汗位之争，旭烈兀遣使双方，表示拥戴忽必烈为大汗。1264 年，阿里不哥败。忽必烈遣使旭烈兀，传旨将阿姆河以西直至埃及边境的波斯和西亚地区军民划归旭烈兀管治，封他“为从阿母河起

---

① 阿克（Acre）：一译阿迦、阿卡。
② 〔法〕勒内·格鲁塞. 草原帝国 [M]. 蓝琪，译. 北京：商务印书馆，1998：458.
③ 〔波斯〕拉施特. 史集：第三卷 [M]. 余大钧，译. 北京：商务印书馆，1986：47.

以迄叙利亚、密昔儿遥远边境的君王"。① 于是，原属蒙古汗廷直接掌管的波斯和西亚地区，变成旭烈兀的兀鲁思，从而形成伊利汗国。

3. 蒙古第三次西征的历史影响

蒙古第三次西征强烈地震撼并扰动了整个亚欧大陆文明世界，对世界历史产生了巨大影响。历史唯物主义认为，矛盾规律是人类社会发展的普遍规律，矛盾分析法就是辩证分析法，它要求我们从实际出发，实事求是，联系地而不是孤立地、发展地而不是静止地、全面地而不是片面地看待历史问题。蒙古西征开始了游牧世界对农耕世界的第三次大冲击。早在 20 世纪 80 年代初，吴于廑先生就从宏观史学的观点出发，提出要对世界历史再认识，对世界历史上的游牧世界与农耕世界及其意义再认识。吴先生曾说："在近代以前，几乎所有的历史学家，都是农耕世界文明的产儿。因为，很少例外，农耕世界的历史学几乎都对游牧世界带有歧视，都把以战车和骑兵武装起来的、使农耕世界屡次吃了亏的游牧部族、半游牧部族，看作是历史上的破坏力量。这种歧视的影响一直传到近代。"② 蒙古三次西征及伊利汗国的形成和对波斯和西亚的统治，虽然时间不长，但是意义深远。

毋庸讳言，蒙古西征采取的攻城略地、肆无忌惮的屠杀政策，蒙古骑兵的野蛮行径确实造成中亚和西亚成千上万无辜百姓的死亡，白骨蔽野，人口锐减，庐舍为墟，大片耕地荒芜，许多城镇化为灰烬，大量手工业者被杀或沦为奴隶，城市急剧衰落，蒙古西征严重地阻碍了波斯、伊刺克和小亚细亚社会经济的发展，中亚和西亚地区社会生产力遭到空前的破坏。

另一方面，入主波斯和西亚的伊利汗国是草原游牧民族通过武力征服建立的一个较为粗野的专制统治。伊利汗国前期，以伊利汗为首的绝大部分蒙古军事游牧贵族，在政治、经济、宗教和文化上仍崇尚蒙古旧习，坚持传统的游牧生活方式，敌视伊斯兰教，排斥农耕文明，主张竭泽而渔式的剥削定居农民和城市下层，并继续奉行对外扩张政策。伊利汗国前期粗野的统治给伊朗和西亚等地各族人民带来较大的消极影响。有如恩格斯所说，"比较野蛮的征服者杀光或者驱走某个国家的居民，并且由于不会利用而使生产力遭到破坏或衰落下去。……每一次由比较野蛮的民族所进行的征服，不言而喻地都阻碍了经济的发展，摧毁了大批的生产力"③。

① 〔波斯〕拉施特. 史集：第三卷［M］. 余大钧，译. 商务印书馆，1986：94.
② 吴于廑. 世界历史上的游牧世界与农耕世界［J］. 云南社会科学，1983（1）.
③ 马克思恩格斯选集：第三卷［M］. 北京：人民出版社，1972：222.

　　诚然，我们并不否认蒙古人和突厥人的征服和早期统治给伊朗和西亚地区造成的严重破坏和损失，但是不能过于绝对化，我们也应看到它对伊斯兰历史和世界历史所起的巨大积极影响。马克思在《资本论》中说："在真正的历史上，征服、奴役、劫掠、杀戮，总之，暴力起着巨大的作用。"① 当然，这种作用也就包括其积极的方面。

　　旭烈兀西征对于统一整个中东地区，至少是波斯地区客观上起到了很大的促进作用。12世纪末和13世纪初，从政治格局上看，整个阿拉伯伊斯兰世界四分五裂、割据混战。后倭马亚王朝与阿拔斯王朝分庭抗礼，埃及法蒂玛王朝、艾尤卜王朝虎视眈眈，巴格达的阿拔斯王朝极度衰败、大塞尔柱王朝（1055—1194）呈现解体、花剌子模帝国昙花一现（1194—1219），波斯各地诸如摩苏尔、法尔斯、克尔曼、赫拉特、阿剌模式什叶派宗教国等各式各样的地方性小王朝林立。12世纪末和13世纪初整个伊朗和穆斯林世界的社会发展总特征是分崩离析。崛起于漠北高原的蒙古人在13世纪20—50年代以秋风扫落叶之势四面扩张，在亚洲中部和西部先后消灭一度统治伊朗的突厥人王朝花剌子模帝国，铲除伊斯兰世界视为极端偏激的"异端"亦思马因派木剌夷宗教国，结束了行将就木的阿拔斯王朝阿拉伯帝国，扫除了叙利亚的艾尤卜王朝残余势力，勘定了波斯境内割据一方的各地小王朝。蒙古人的扩张和统治结束了伊斯兰世界的混乱局面。几百年来，内部腐败、堕落，或内讧、分裂的伊斯兰世界在蒙古人的政权统治下完成了政治统一。某种程度上，它既为伊朗、伊拉克、土耳其等近代意义上国家的出现创造了必要的政治环境，更为伊斯兰世界各地区经济和文化的交流做出了极其重要的贡献，蒙古游牧民族在伊斯兰历史的进程上留下了独特的历史脚印。

　　蒙古大征服以及包括伊利汗国在内的蒙古帝国的统治对人类交往的扩大、世界历史的形成做出了巨大的积极作用。成吉思汗及其后人以雷霆万钧之力，摧枯拉朽地消灭了亚欧大陆几十个国家和政权，扫除了太平洋西岸至东欧平原和伊朗高原之间人为闭塞的政治疆界，包括朝鲜、中国、整个中亚、俄罗斯、伊朗、伊拉克和小亚细亚大部分地区都统一在蒙古帝国政权之下，这是亚欧大陆自古以来绝无仅有的历史现象，它使亚欧大陆的交往具有完全不同于历史上任何时期的崭新环境。在蒙古大征服及其暴力冲击农耕世界的高潮渐渐平息之后，包括伊利汗国在内的蒙古人和与之联合的突厥人不以其意志为转移逐渐地定居下来，蒙古人和突厥人日益本土化，伊利汗国则波斯化和伊斯兰化。亚欧

---

① 马克思恩格斯选集：第二卷［M］. 北京：人民出版社，1972：260.

大陆出现空前活跃的各地区、各民族之间的经济和文化大交流，波斯文化空前繁荣、东西方文化迅猛发展，人类社会极大进步。所以，在前资本主义时期，蒙古人和突厥人为冲破亚欧大陆各地区、各民族狭隘的、相对闭塞的状态，为东西方交通的畅开，为新航路的开辟，并使人类社会的历史在越来越大的程度上发展，为世界历史起到了不可忽视的积极意义，一个崭新面貌的世界历史即将诞生。

第二章

蒙古人在西亚的政治

一、旭烈兀西征前蒙古帝国对西亚统治的建立

旭烈兀西征前蒙古人在中亚和西亚先后进行过两次西征。成吉思汗第一次西征后，蒙古帝国在中亚地区设置达鲁花赤，建立起蒙古帝国的统治权。绰儿马罕西征后，蒙古帝国在波斯地区委任成帖木儿、诺撒耳、阔儿吉思为最高行政长官。蒙哥即位后，蒙古帝国加强对西方疆域的统治，设置阿母河等处行尚书省，委任阿儿浑管理西亚地区，蒙古帝国在西亚建立起中央与行省之间直隶行政管理。

（一）蒙古帝国对中亚统治的建立

1. 实行投下制

蒙古帝国最高统治集团是成吉思汗的"黄金家族"，与历史上所有游牧民族首领一样，蒙古大汗把整个国家视为家族的共有家产，所有的百姓都是黄金家族的臣民。按照家产分配体例，大汗是各兀鲁思的共主，支配共有家产的权力很大程度上掌握在大汗手中。大汗对诸子、诸弟实行投下分封采邑制，领户分封，裂土专辖，共享赋入。成吉思汗时代，蒙古帝国大规模的分封是三次。第一次分封为1206年，即称汗立国的忽里勒台上对勋臣们的领户分封。《蒙古秘史》第202节记载，成吉思汗整治了蒙古百姓，降旨道："共同建国有功者，在编组各千户时，封授为千户长。"① 本次针对蒙古属民和牧地在蒙古贵族中分封了95个千户那颜。第二次分封为1207年，即成吉思汗对母亲、诸子、诸弟的分封。《蒙古秘史》记载：成吉思汗说："'艰辛地收集百姓，有朕的母亲，在朕的诸子之中，长子是术赤。在朕的诸弟之中，幼弟是斡惕赤斤。'于是，分给母亲、斡惕赤斤［共］一万户百姓。母亲嫌少，没做声。分给拙赤九千户百姓，分给察阿歹八千户百姓，分给斡歌歹五千户百姓，分给拖雷五千户百姓，分给

---

① 余大钧，译注. 蒙古秘史［M］. 北京：河北人民出版社，2001：325.

合撒儿四千户百姓，分给阿勒赤歹二千户百姓，分给别勒古台一千户百姓。"①
本次分封，成吉思汗在分封子弟时，分配的仍是蒙古百姓和营盘牧地。

蒙古帝国对外扩张初期，蒙古贵族最初把西域和中原所俘虏的人口带到蒙
古高原，视为奴属。但随着对外战争规模的不断扩大和疆域的不断拓展，所俘
虏的人口数量越来越多，十分庞大，占领区也十分广袤，成吉思汗开始对被征
服地区所俘人口在实行就地安置的前提下，实行了第三次大规模的领户封地。
志费尼记载：成吉思汗把"从海押立和花剌子模地区，伸延到撒哈辛及不里阿
耳的边境、向那个方向尽鞑靼马蹄所及之地，他赐与长子术赤。察合台受封的
领域，从畏兀儿地起，至撒麻耳干和不花剌止，他的居住地在阿力麻境内的忽
牙思。皇太子窝阔台的都城，当其父统治时期，是他在叶密立和霍博地区的禹
儿惕；但是，他登基后，把都城迁回他们在契丹和畏兀儿地之间的本土，并把
自己的其他封地赐给他的儿子贵由。……拖雷的领地与之邻近，这个地方确实
是他们帝国的中心，犹如圆中心一样"②。成吉思汗的继承者窝阔台汗和蒙哥汗
也依循旧例，实行投下。丙申年（1236）和丁巳年（1257）的大规模岁赐，也
是蒙古帝国对黄金家族及其贵族勋臣的分封。

蒙古帝国依辽旧制，实行蒙古贵族领户封地的投下制，派官管领。投下制
下，各宗王可以在自己封地内完全支配自己的百姓和各级官员。投下内的各级
官员对大汗和各宗王处于绝对服从地位，若失职或不忠，大汗可将其撤职定罪，
实际上各级官员是被委派管理百姓的地方官员。窝阔台汗接受耶律楚材的建议，
封主可以在投下内设置达鲁花赤管领，负责监督和管理自己的一份地租数额，
但封主应得的租额，由帝国政府所配置的地方官员负责征收，然后由朝廷分别
支付。投下的军政大权则由大汗所派镇戍军将和行政官员掌管。投下是世袭的，
封户隶属封主，不得任意迁徙他投。窝阔台汗执政时期，严格贯彻家族共产共
治原则。巴托尔德说："在将呼罗珊的民政事务交给赤因—帖木儿掌管时，各兀
鲁思也选派常驻赤因—帖木儿左右。"③ 志费尼记载："世界的皇帝合罕把绰儿
马罕派往第四大洲，颁发一道札儿里黑称：四方的大将和八思哈应随军出发，
向绰儿马罕提供援助；于是成帖木儿从花剌子模，经薛合里斯塔纳出兵，同时
把代表诸王的其他异密，置于绰儿马罕麾下。绰儿马罕也同样把代表每位王公

① 余大钧，译注. 蒙古秘史 [M]. 石家庄：河北人民出版社，2001：400.
② 〔伊朗〕志费尼. 世界征服者史：上册 [M]. 何高济，译. 北京：商务印书馆，2004：42—43.
③ ［俄］巴托尔德. 蒙古入侵时期的突厥斯坦：下册 [M]. 张锡彤，张广达，译. 上海：上海古籍出版社，2007：525.

及王子的异密置于他的指挥下：怯勒亭剌代表合罕，诺撒耳代表拔都，吉思勒不花代表察合台，也可代表唆鲁禾帖尼别吉。"① 上述材料说明，术赤、察合台、窝阔台和拖雷各系宗王在自己的领地内设置异密，蒙古帝国中央设置总管大臣，统管代表每位宗王的代理人。

2. 设置达鲁花赤

蒙古帝国在中亚地区除实行投下制外，还以中亚两大历史名城不花剌和撒马尔罕为中心设置达鲁花赤军政长官，在整个中亚被征服地区每一城市建立起蒙古帝国行政管理机构，监守和安绥中亚地区，行使中央统治权。《蒙古秘史》第 263 节记载："成吉思汗占领回回国后，降旨在各城设置答鲁合臣。"②《元圣武亲征录》说，成吉思汗"既定西域，置达鲁花赤于各城，监治之"③。《元史》卷 1《太祖本纪》记载：太祖"十八年癸未（1223），遂定西域诸城，置达鲁花赤监治之"。《元史》卷一五〇《耶律阿海传》说："下蒲华、寻思干，留监寻思干，专任抚绥之职。未几，以疾薨于位，年七十三……绵思哥袭太师（大统帅），监寻思干城。"志费尼说："攻陷撒麻耳干后，成吉思汗派塔兀沙八思哈管治不花剌。他到那里，使该城恢复了一些繁荣。"④ 所以，巴托尔德经过研究后得出结论：从 1223 年开始，蒙古人在河中地区与花剌子模的统治权已无人挑战。伊本·艾西尔与志费尼都证明了如此事实：因为蒙古统治权的建立，河中地区城邑较之呼罗珊、伊拉克诸城从蒙古人的破坏中恢复得更快、更多⑤。

达鲁花赤（daruqai），为蒙古帝国在中亚占领区及其重要城镇所设置的最高军政长官，负责监督和管理占领区受委任的当地官员，位于占领区当地统治者之上，握有最终裁定权。成吉思汗占领花剌子模国后，命长子术赤镇守，在花剌子模各城设置达鲁花赤。同时委任效力于蒙古帝国的原花剌子模国玉龙杰赤城的贵族世家牙老瓦赤、马思忽惕父子为花剌子模全权总管，即大达鲁花赤或总管大臣，负责统管中亚地区及其各城达鲁花赤。《蒙古秘史》第 263 节记载："从兀笼格赤城来了回回人，姓忽鲁木石的名叫牙剌哇赤、马思忽惕的父子两

---

① 〔伊朗〕志费尼. 世界征服者史：上册［M］. 何高济，译. 北京：商务印书馆，2004：540.

② 余大钧，译注. 蒙古秘史［M］. 石家庄：河北人民出版社，2001：454.

③ 何秋涛，校. 元圣武亲征录（丛书集成初编）［M］. 上海：上海商务印书馆，1939：106.

④ 〔伊朗〕志费尼. 世界征服者史：上册［M］. 何高济，译. 北京：商务印书馆，2004：117.

⑤ BARTHOLD W. Turkestan down to the Mongol invasion［M］. Porcupine Press INC，Fourth Edition. 1977：456.

人，向成吉思汗进奏管理城市的制度。成吉思汗听了后，觉得有道理，就委派他［牙剌哇赤］的儿子马思忽惕·忽鲁木石与我们的答鲁合臣们一同掌管不合儿、薛米思坚、兀笼格赤、瓦丹、乞思合儿、兀里羊、古先·答里勒等城。"①蒙古帝国在中亚各地设立大达鲁花赤、达鲁花赤，行政管理机构不断完善，使帝国在中亚的统治日渐巩固。需指出的是，尽管蒙古军曾攻掠波斯北部的剌夷、赞章、加兹温等城镇。但是，迄止1224年成吉思汗班师东归，蒙古帝国在波斯等西亚地区还未设立任何军政和行政管理机构。

达鲁花赤的设置，说明蒙古帝国对中亚地区开始行使统治权，也表明蒙古贵族在被征服地区开始了一种新型的统治方式。这种统治方式以蒙古习惯法《札撒》为根本，结合占领区原有的统治惯例实行蒙古帝国对被征服地区的统治权，从而保障了蒙古大汗及贵族们的既得利益，一定程度上有利于被征服地区社会经济的恢复和发展，也为蒙古帝国在西亚的统治提供了一个施政范本。

（二）蒙古帝国对西亚统治的建立

绰儿马罕西征（1231—1241），扎兰丁的花剌子模帝国被灭，拜住（1242—1256）远征鲁木，塞尔柱苏丹国臣服。波斯、摩苏尔、格鲁吉亚、西里西亚和小亚细亚大部分地区都纳入了蒙古帝国的版图，直接隶属于蒙古帝国在西亚的军政或行政机构，蒙古帝国开始对波斯和西亚地区建立起统治权。

1. 设立底万

底万（dīwān），突厥语，办事处或政府部门或官员之意，是塞尔柱王朝和阿拔斯王朝统治西亚时期在中央或地方设置的政府各部的一种官制。蒙古人初入波斯和西亚，大多留任或新任穆斯林显贵为被征服地区的底万，并置于蒙古帝国达鲁花赤之下。绰儿马罕西征扎兰丁，征服波斯众多城池，志费尼说："他攻占一些地方，置八思哈镇守。"② 新征服地置于绰儿马罕军政府管辖之下。

绰儿马罕的武力高压管治方式，使呼罗珊呈现一片骚乱状态。1238年呼罗珊爆发哈剌察和牙罕孙忽儿领导的反蒙古统治的起义。志费尼记载："叛军和突厥人在四方出现，给百姓制造骚乱；同时乱民和暴徒占了优势，使一个已经平定和归顺的地区，在灾害和动荡下，重陷混乱。……绰儿马罕派往各地的八思哈，被哈剌察及其突厥人所杀，后者经常向所有降于蒙古者发动袭击。"③ 窝阔

① 余大钧，译注. 蒙古秘史 [M]. 石家庄：河北人民出版社，2001：454.
② 〔伊朗〕志费尼. 世界征服者史：上册 [M]. 何高济，译. 北京：商务印书馆，2004：540.
③ 〔伊朗〕志费尼. 世界征服者史：上册 [M]. 何高济，译. 北京：商务印书馆，2004：540—541.

台委任成帖木儿勘定呼罗珊叛乱，成帖木儿主要以安抚手段对大部分的百姓从宽处理，不予追究；对哈剌察重拳出击，派军遣将镇压，扫荡无遗。东波斯亦思法剌因县的宝合丁和马赞达兰的亦思法合巴忒表示归顺，并前往哈剌和林觐见窝阔台汗。窝阔台汗赞赏成帖木儿的管理才能，任命成帖木儿为呼罗珊、祸楼答而两州行政长官，享有所辖地官员的任免权，作为军事长官的绰儿马罕不得干预其职权的行使。史载："自绰儿马罕出征并臣服许多大地方以来，他从来没有给我们送来一个篾里克。但是，成帖木儿尽管管辖的地方小、财力弱，他做到了。我赏赐他，把呼罗珊和祸楼答而的政权交给他牢固地掌握。"① 成帖木儿成为蒙古帝国任命的第一位波斯行政长官，波斯地区开始置于蒙古帝国中央政府的直接管辖之下，蒙古帝国在波斯的统治呈现由原有单一的军政开始转向军政和民政共管的趋向。

与成帖木儿同时被委任的官职还有：窝阔台大汗本人的亲信怯勒孛剌作为成帖木儿的行政副官；首次入朝蒙古帝国的波斯当地统治者宝合丁、亦思法合八忒两人被颁授"篾里克"，其职能是治理所属之地政务。据史料分析，蒙古帝国中央政府与波斯行政长官、地方"篾里克"之间的行政关系属于上、下隶属关系，最高行政长官对于地方诸如土地之争等问题具有最高裁定权。波斯地区无论民政抑或军政，一切可由帝国中央政府定夺。

成帖木儿被赐授中央政府委任的职官金牌和敕令后，在呼罗珊州自己家中开府设衙，建置底万，即行政官府中枢机构，相当于内阁，实施庶政。为了有效地发挥底万的基本职能，也考虑到花剌子模地区是术赤系的兀鲁思，成帖木儿任命资深的花剌子模人舍里甫丁为兀鲁黑必阇赤（ulūgh bitikchī，大书记官）兼拨都家的代理人，任命波斯呼罗珊州志费因郡显贵、史学家志费尼之父巴合丁·马合谋·志费尼为撒希卜底万（Sāhib-Dīwān，宰相兼财政大臣），主管财赋。舍里甫丁与巴合丁·马合谋·志费尼两人在此后蒙古人统治波斯的历史上扮演着极其重要的角色。前者是花剌子模官僚代表，后者是波斯呼罗珊官僚代表。1235 年成帖木儿派遣巴合丁·马合谋·志费尼与阔儿吉思出使窝阔台大汗宫廷，窝阔台大汗对巴合丁·马合谋·志费尼给予优礼厚待，改授他为国家的撒希卜底万（Mamālik Sāhib-Dīwān），呼罗珊官僚开始为蒙古中央政府所重视。成帖木儿还任命自己的僚臣、畏兀儿人阔儿吉思为掌印官，任命阿儿浑阿合为八思哈和那可儿。上述职官的设置标志着蒙古帝国在波斯开始实施民政管理，

---

① JUVAINI. The History of the World – Conqueror, Vol. ⅱ ［M］.tr., BOYLE J A. Manchester University, 1958：486.

官衙机构的管理人员有相当一批花剌子模和呼罗珊地区原花剌子模帝国旧有官吏或显贵，拔都家在成帖木儿的官署施政中影响大。为保障成吉思汗家族诸系宗王在波斯的利益，拔都、察合台、窝阔台、蒙哥宗王随征军各派一名必阇赤（bitikchī 书记官）进入成帖木儿的底万，共同经理各宗王所应得的赋入。

成帖木儿任呼罗珊和祃桚答而长官，并不能将两州全区置于自己的直接管辖之下。呼罗珊西北的亦思法剌因、志费因等地，根据窝阔台汗旨意，交由速鲁克堡的阿里克·巴合丁掌管，祃桚答而的合不忒·扎篾至阿思塔剌巴忒地区交由亦思法黑巴忒·奴思剌塔丁掌管。呼罗珊的四大名城，除内沙布尔外，巴里黑、谋夫和赫拉特三城也不在成帖木儿的管辖之中。成帖木儿的波斯官府规模不大、管理不充分，但他开创了蒙古帝国将呼罗珊和祃桚答而等西亚地区直接纳入帝国中央行政管理体系。

1235 年成帖木儿死，年逾百岁的诺撒耳代表拔都家，被窝阔台大汗任命为第二任波斯行政长官。根据诏旨，"异密们、底万的书记们和大臣们从成帖木儿的家府移迁到诺撒耳的营帐，在那里，底万的事务重新开始进行"①。所以，波斯行政长官一职并没有因为人员的变动而影响蒙古人对波斯的行政统治。

诺撒耳为任不久被撤除行政权，阔儿吉思取而代之，成为第三任波斯行政长官。阔儿吉思，畏兀儿西部别失八里八儿里黑村人，幼年丧父，家境贫寒，但他研习和精通畏兀儿文字，"胸怀大志，他不甘心于贫贱和低微……他没有可以依附的裙带关系，既无亲属救他于贫窭，又无友人解囊或借贷以资助"②，阔儿吉思只身一人前往拔都营帐初做一牧夫，因口才和文笔才华卓越，脱颖而出，为窝阔台汗赏识。在丞相镇海的提携下，阔儿吉思进入成帖木儿和诺撒耳衙府。

阔儿吉思与前两任波斯行政长官相比，阔儿吉思的职权，最大区别在于以下几个方面。第一，开始在全波斯地区充分行使职权。除呼罗珊和祃桚答而两州外，阔儿吉思还将绰儿马罕所辖的西亚地区的征税权也囊括其中，甚至以赫拉特为中心的阿富汗也纳入其管辖范围之内。阔儿吉思还派遣自己的儿子前往阿兰、阿塞拜疆实行统治，使该地区也置于蒙古帝国中央政府的直接管辖之下。第二，阔儿吉思管治时期，波斯军政和行政完全分离，军政长官职司军事，行政长官职守民政，改变了以往军政长官在所辖区统摄一切的非常现象。阔儿吉

---

① JUVAINI. The History of the World – Conqueror, Vol. ⅱ . [M]. tr., BOYLE J A. Manchester University, 1958：488.

② 〔伊朗〕志费尼. 世界征服者史：上册 [M]. 何高济，译. 北京：商务印书馆，2004：549.

思以徒思（今伊朗马什哈德）作为自己的行政驻地，改信伊斯兰教，开始了卓有成效的波斯管理工作。

首先，清查户口，整顿赋税，严格限制蒙古军事贵族暴虐，调和蒙古帝国中央政府和黄金家族在波斯投下的利益分配。史载，窝阔台大汗在颁给阔儿吉思的敕令中说："朕派他确定多年来的收获量以及每人拖欠的数额，他也清查户籍，他人不得干预。"① 除从窝阔台汗处取得呼罗珊和襕桲答而的统治权外，阔儿吉思还获得绰儿马罕军事管制下的所有西亚地区的征税权，阔儿吉思在波斯和西亚开始分派租税，希望以合理的赋税体系尽快恢复被占领区混乱的社会经济状况。

其次，遍设驿站，畅通波斯和哈剌和林的交通。窝阔台汗建都哈剌和林后，为了交通、军需、商旅、政令畅通，正式建立驿站制，在帝国境内设置驿道和驿站。旭烈兀西征前，西亚大部分地区为蒙古帝国管控，但地域分散，管理松弛，尤其是作为大军事贵族的绰儿马罕、拜住和宴只吉带在西亚的军政统治，驿站也出现许多弊端。有些王公贵族、官吏不遵守驿站制度，滥用驿站设施，无理索要驿站及居户财富，被征服地区贵族叛乱和百姓暴动风起云涌。阔儿吉思为了加强中央和西亚地区的政治联系，革除蒙古军事贵族的弊端，在波斯和西亚设置驿站。史载："在各地遍设驿站，配备马匹及其他需用之物以便使百姓不受使臣的骚扰；他的统治如此严厉，以至于异密们从前杀人而谁也不敢反抗，现在却不能滥杀一只鸡；即使有蒙古大军驻营田间，他们甚至不要求农民去饲养马匹，更不用说征索军需和提供食物，农民如此放心生产和生活。"②

然后，重建徒思城。徒思位于马什哈德西北 15 英里地方，卡沙弗鲁德河畔，中古时代是呼罗珊地区四大名城之一，也是什叶派的圣地，更是伊朗名人的故乡。波斯最著名史诗《列王纪》的作者菲尔道西、塞尔柱王朝最负盛名的维齐尔尼扎姆—穆尔克（1019—1092）、什叶派第八位伊玛目阿里·礼萨、伊斯兰教最杰出的神学家安萨里、花剌子模帝国最著名的天文学家、神学家纳昔剌丁·徒昔，皆生活于此。徒思也位于波斯北部通往中亚、阿富汗和波斯东南部商旅要道之上，是商旅歇脚和贸易中心。不过，徒思缺水，大量依靠坎井或泉水灌溉。

---

① JUVAINI. The History of the World – Conqueror, Vol. ⅱ . [M]. tr. BOYLE J A. Manchester University, 1958：493.

② JUVAINI. The History of the World – Conqueror, Vol. ⅱ. [M]. tr. , BOYLE J A. Manchester University, 1958：501 – 502.

成吉思汗西征，1220 年蒙古人洗劫了徒思，并且严重摧毁了徒思的建筑物——伊玛目墓、清真寺、伊斯兰学校和商栈。志费尼记载："除了名字外，徒思一无所有，整个城内不超过五十户人家，即使这五十户，也东西南北分散在四处。市场毁坏得很厉害，两头驴子在瓦砾和荆棘中对过时，会腿压着腿。"①

阔儿吉思为任波斯行政长官，以徒思为府衙，重建徒思城。他兴建仓库，设计园林，重建市场，挖掘坎井，修复废墟。短时期内，贵族名流购置邸宅，人口八方汇集，徒思得到较好的恢复，地产业欣欣向荣。志费尼记载："头一天卖两个鲁克尼的那的宅第，一周后卖到二百五十个的那。"②

阔儿吉思卓越的管理成效，保证了蒙古帝国中央政府在西亚地区统治权的有效运作，开创了蒙古帝国在波斯的行政统治的良好局面。史载："阔儿吉思使呼罗珊和襕楼答而的事务恢复秩序，并且保护财产。他从四方征集值得进献皇上的贡礼。他实施新的户口调查，重征赋税。他建立工场，对百姓普施仁政。现在，没有人敢于不讲明缘由就触水，奸商的贪婪受到限制。才智之士和愚昧之徒泾渭分明；由此，这个地区〔再度〕产生繁荣之望。"③ 但是，阔儿吉思上述政策引起视驻屯区为蒙古军事贵族自己的领地及把被占领区视为共产的黄金家族宗王们的强烈反对，阔儿吉思虽为一名优秀的行政管理者，最终却为察合台系宗王所杀。

太宗十三年（1241），窝阔台大汗驾崩，蒙古帝国中央政府在察合台辅弼下由皇后脱列哥那哈敦称制（1241—1246）。在波斯事务上，阔儿吉思事件并未影响波斯底万机构的运转。脱列哥那哈敦任命原阔儿吉思的那可儿、斡亦剌惕部人阿儿浑阿合继任其职，授予阿儿浑"兀鲁黑·忙豁儿·兀鲁思·别克"称号，成为蒙古帝国在西亚地区的大总管。志费尼记载："从乌浒水（今阿姆河）到法尔斯、格鲁吉亚、鲁木和摩苏尔（的辖地），交给异密阿儿浑掌管和控制，并任命舍里甫丁为兀鲁黑必阇赤……其他大臣各留原职。"④

定宗贵由汗时期（1246—1248），阿儿浑深受贵由汗信任，继续掌管波斯民政事务。贵由汗还任命花剌子模人法合鲁丁·比希昔惕为兀鲁黑必阇赤取代舍

---

① 〔伊朗〕志费尼. 世界征服者史：上册 [M]. 何高济，译. 北京：商务印书馆，2004：549.

② 〔伊朗〕志费尼. 世界征服者史：上册 [M]. 何高济，译. 北京：商务印书馆，2004：552.

③ 〔伊朗〕志费尼. 世界征服者史：上册 [M]. 何高济，译. 北京：商务印书馆，2004：552.

④ JUVAINI. The History of the World – Conqueror, Vol. ⅱ . [M]. tr., BOYLE J A. Manchester University, 1958：507.

里甫丁。阿儿浑抵达呼罗珊之后，恢复该区的行政管理秩序，着重治理财政问题，追缴欠税，充实国库，他带着大批的财富觐见贵由汗，受到大汗的嘉赏。

2. 设置阿母河等处行尚书省

1251 年元宪宗蒙哥即位后，蒙古帝国中央政府加强了对被占领地区的统治，在蒙古帝国所征服的土地上设置燕京、别失八里、阿母河等处三个行尚书省。行尚书省，后简称行省或省，是蒙元帝国的地方一级行政单位。其中阿母河等处行尚书省负责管理波斯、南高加索、上美索不达米亚和小亚细亚地区，并仍由阿儿浑经理。阿儿浑成为首位由蒙古帝国中央政府任命的波斯和西亚地区的行省总督。

《元史·宪宗纪》说：宪宗元年（1251），"以牙剌瓦赤、不只儿、斡鲁不、睹答儿等充燕京等处行尚书省事，赛典赤、匿晷马丁佐之；以讷怀、塔剌海、麻速忽等充别失八里等处行尚书省事，暗都剌兀尊、阿合马、也的沙佐之；以阿儿浑充阿母河等处行尚书省事，法合鲁丁、匿只马丁佐之"①。《世界征服者史》记载，阿儿浑"管辖呼罗珊、祃桫答而、印度、伊拉克、法尔斯、克尔曼、罗耳、阿儿兰、阿塞拜疆、格鲁吉亚、摩苏尔和阿勒颇各州"②。《史集·蒙哥合罕纪》也记载：阿儿浑"被授命统治伊朗各地区——呼罗珊、祃桫答而、伊拉克、法儿思、克尔曼、罗耳、阿儿兰、阿塞拜疆、谷儿只斯坦、亚美尼亚、[鲁木]、迪牙别克儿、毛夕里和合列卜"③。蒙哥大汗还任命乃蛮台和秃鲁麻台为阿儿浑的那可儿，撒都鲁丁为阿兰、阿塞拜疆的篾里克，苦思丁·穆罕默德·迦儿特为赫拉特、锡斯坦和迄今征服的印度的一切土地的篾里克，马合木为克尔曼和桑忽兰的篾里克。蒙哥汗还将内沙布尔和徒思的所有土地委付给篾里克纳速鲁丁·阿里·灭里作为万户长。

阿儿浑阿合出生于蒙古望部斡亦剌愓部，其父为千户长。成年后，阿儿浑初为窝阔台汗侍从。渊博的学识和流利的畏兀儿语使他受到窝阔台汗的恩宠，被任命为必阇赤，掌管宫廷文书。阿儿浑的发达缘于阔儿吉思事件的处理。阔儿吉思在掌管呼罗珊事务时执法不畏强围，悉掌于法典，以致多方树敌。成帖木儿之子为首的受阔儿吉思当权影响的贵族联合起来上书窝阔台汗，诽谤、中伤和诬陷阔儿吉思，窝阔台汗委派阿儿浑前往呼罗珊处理这一诉讼案。作为阔

---

① （明）宋濂，等. 元史：卷三 [M] //宪宗纪. 北京：中华书局，1976：45.

② JUVAINI. The History of the World – Conqueror, Vol. ⅱ. [M]. tr., BOYLE J A. Manchester University, 1958：597.

③ 〔波斯〕拉施特. 史集：第二卷 [M]. 余大钧，周建奇，译. 北京：商务印书馆，1985：258.

儿吉思的僚友，阿儿浑不偏不倚，深入调查，弄明案件真相，并把案件相关人带到哈剌和林，公明审断，得到窝阔台汗肯定。阔儿吉思死后，在脱列哥那摄政和贵由汗执政时期，阿儿浑因刚正不阿、政绩卓著，继续留任波斯行政长官，代表蒙古帝国管理波斯和西亚地区。

阿儿浑成为蒙古帝国在波斯和西亚地区建立行省的首位行省总督后，行政管理成绩卓著。

（1）知人善用，改善管理

1248 年贵由大汗驾崩后，皇后斡兀立海迷失摄政（1248—1251），因海迷失统治失控，政令未能统一，其子忽察和脑忽建立起自己的府邸，与母后对立抗衡。帝国中央机构紊乱，导致河中地区、呼罗珊地区的蒙古宗王们各自为政，扰民敛财，官怒民怨。志费尼记载："各地王公遣使四方，滥发号令，以便几年的赋入因预征而耗尽，税额巨大。加上蒙古税吏接踵而至以及宴只吉带的征调和需索，致使百姓贫乏，异密们、篾里克们、书记们无能为力。"① 此为一。其二，斡兀立海迷失任命花剌子模人舍里甫丁为波斯兀鲁黑必阇赤，为完成征税总额，舍里甫丁滥用职权，志费尼称舍里甫丁为"这卑鄙的坏蛋""人形魔鬼""穿着衣服的猪"，简·奥宾认为舍里甫丁在呼罗珊，就像"拔都的眼睛"②。斡兀立海迷失摄政时期，波斯和西亚地区行政管理一片混乱，社会经济濒临崩溃。

阿儿浑受任西亚行省总督后，开始全面整顿行政管理，一方面，把波斯划分为三个行政区——呼罗珊州、祃桵答而州和伊拉克州，委任官吏，加强吏治，建立起与蒙古帝国行省同步的管理机构。阿儿浑作为一省长官，握有人事任命权，他会按照个人意志和工作特征任免官员，做到知人善用。蒙古军事显贵不花，戎马一身，阿儿浑委任他为八思哈，负责波斯和西亚军政。西域人匿赞马丁最初是舍里普丁副手，积累了丰富的财政管理经验，阿儿浑任命他为撒希卜底万，主管货币铸造和发行。在征服格鲁吉亚和亚美尼亚的古尔基斯坦州（Gurjistan）后，匿赞马丁征集赋税，发行货币，不仅增加了政府的财政收入，并对维护波斯的社会经济稳定也起到一定积极作用。波斯人巴合丁·马合谋·志费尼以及他的儿子、著名的史学家阿老丁·阿塔蔑力克·志费尼深受阿儿浑器重。前者官至大撒希卜底万，在帝国统治下的西亚为官 20 余年。阿儿浑还规定，若自己赴朝述职期间，阿塞拜疆、格鲁吉亚、鲁木诸地赋税事务，则由巴

---

① JUVAINI. The History of the World – Conqueror, Vol. ⅱ. ［M］. tr., BOYLE J A. Manchester University, 1958：512.

② LANE G. Arghun Aqa：Mongol Bureaucrat ［J］. Iranian Studies, 1999, 32（4）：461.

合丁·马合谋·志费尼全权代理。后者作为阿儿浑私人秘书，阿老丁·阿塔蔑力克·志费尼在1243—1256年间常伴阿儿浑左右，并写下千古名著《世界征服者史》，为蒙古帝国歌功颂德。蒙古帝国统治西方疆域初期，高层管理人员大部分是中央派遣的蒙古军事贵族，西亚当地显贵通常处于次要地位。阿儿浑任西亚行省总督以来，波斯贵族匿赞马丁、志费尼父子、火者法合鲁丁·比希昔惕进入蒙古人在西亚的政治管理机构，这些人受到阿儿浑的赏识，被任命为蒙古帝国在西亚地区的高层民政官吏，并握有重权。

另一方面，阿儿浑收缴贵由汗驾崩后，各后妃或宗王以个人名义私自在西亚愈益滥发的牌子和敕令，交给蒙哥合罕，建议合罕颁布一条新法令，限制蒙古宗王贵戚苛敛波斯居民赋税而滥发的牌子和玺书。蒙哥合罕接受了阿儿浑的建言，向后妃和宗王们降旨道："让他们每个人各自在自己的地区内追查玺书和牌子，凡人们从成吉思汗、窝阔台合罕和贵由汗时代以来，从他们和其他宗王们处获得的玺书、牌子、全部收回，今后宗王们未经请示陛下的大臣，不得书写和颁发涉及各地区事务的令旨，大使启程时所用的备换乘的马匹，不得超过十四匹，他们应逐站而行，不得沿途夺取居民的马匹。"① 有了尚方宝剑，阿儿浑向宗王们委派的官员和帝国税收人员强化蒙哥合罕札撒的最高权威，规定在不经合罕允许的情况下，宗王无权干涉波斯和西亚地方政务，阿儿浑削弱了蒙古宗王们过去对波斯和西亚地区监管的强大影响，限制了蒙古贵族的暴虐，代表帝国安民保民，有利于中央集权的加强。

（2）在西亚开展人口普查

为振兴斡兀立海迷失摄政时期西亚地区濒临崩溃的社会经济，扭转蒙古贵族对西亚百姓恣意妄为征调赋税而导致的赋入不敷、财政混乱状态，阿儿浑实行人口普查，按照十户、百户、千户为单位编制西亚居民。首先，阿儿浑委任人口普查官员。在呼罗珊，王族代表脑忽为达鲁花赤，火者法合鲁丁和亦咱丁·塔希儿为大必阇赤；在伊拉克，乃蛮台为达鲁花赤，巴哈丁·志费尼为大必阇赤；在阿哲儿拜占，脱鲁木台和撒里黑·不花为达鲁花赤，撒都鲁丁为蔑力克，火者哲马都丁·帖必里昔为大必阇赤。各自前往所辖地区从事户口调查，划分千户区。阿儿浑自己则前往格鲁吉亚、阿兰进行人口调查。

阿儿浑的人口普查，逐户登记造册，规定被征服地区居民的赋税和兵役义务，引起各地居民强烈不满，特别是高加索的亚美尼亚人和格鲁吉亚人。乔

---

① 〔波斯〕拉施特．史集：第二卷［M］．余大钧，周建奇，译．北京：商务印书馆，1985：259.

治·兰恩认为，阿儿浑抵达格鲁吉亚后，大卫王国的所有居民受到巨大威胁。阿儿浑开始调查人口、牲畜、田地、葡萄园、植物、花园。依据人口普查结果，大卫王国应提供给蒙古帝国 9 个万户单位的义务。因此，大卫王国每一臣民，"每 1000 只羊羔缴纳 1 只羊羔和 1 德拉罕的人头税，骑士则每人缴纳 3 特特里"①。

格里戈尔记载："自［阿儿浑阿合的统治］后，他们常常惯于按登记注册的人头数量来征税，尽管如此，他们还是会劫掠东部的一些村落。起初在一个小村庄，他们清点记录从三十岁到五十岁的村民，后来又扩大范围从十五到六十岁。他们带走簿册。如果村民逃跑或躲藏，蒙古人会残酷地把他们的手反背到脚后，用木棍抽打他们，直到身体血迹斑斑并致死。然后他们冷酷地放出凶猛的、受训吃人肉的狗，让他们吞食这些悲惨和贫困的基督徒们。"②

基拉罗斯③也强烈抱怨阿儿浑的人口普查和新税法。他说："［人口普查员］也到达亚美尼亚、格鲁吉亚、阿尔巴尼亚及其邻近地区，除了女人，开始登记 11 岁以上的所有人。他们要缴纳最严苛的税收，远超过一个人的承受能力。人们陷入贫困。人们遭受了令人难以置信的殴打、酷刑。躲藏的将会被逮捕与杀害。无力支付者用其子女抵税。因为［人口普查员］的身边环绕着伊斯兰穆斯林侍从……所有的工匠，不论是在城市还是在乡村，都要交税。再者，海里和湖里的渔民，矿工和铁匠和画家/粉刷匠都要［被征税］……因此一切变得昂贵，土地变得充满怨恨和悲恸。"④

亚美尼亚王室显贵三帕德，1252 年 3 月在哈剌和林觐见蒙哥合罕时，希望帝国税收官员免除基督教会赋税。因此，蒙哥合罕颁旨阿儿浑豁免亚美尼亚教会和僧侣的赋税。文献记载，高加索的贵族们称阿儿浑是一个公正的朋友，"这个［贵族官僚］阿儿浑阿合在四个汗国中全部指定适当的［税收征管］，因为他是一个正直的人。至于僧侣、修道士、教会地产，他没有把它们纳入征税范围。对于箆力克们和托钵僧也一样，他放过了那些被称为神的仆人的［课税］"⑤。1255 年阿儿浑在西亚又进行了一次人口普查。通过人口普查和登记造册，蒙古帝国在西亚既稳定了税源，也提供了新的兵源。

① LANE G. Arghun Aqa：Mongol Bureaucrat ［J］. Iranian Studies, 1999, 32 (4)：473.
② GRIGOR OF AKANC. History of the Nations of Archers ［M］. trans. BLAKE R P, FRYE R N. Cambridge, Mass.：Harvard University Press, 1954：57.
③ 基拉罗斯（Kirakos）：一译乞剌可思。
④ LAME G. Arghun Aqa：Mongol Bureaucrat ［J］. Iranian Studies, 1999, 32 (4)：472.
⑤ LANE G. Arghun Aqa：Mongol Bureaucrat ［J］. Iranian Studies, 1999, 32 (4)：472.

（3）铸造货币，实行忽卜出儿税法

蒙古西征，蒙古帝国对被征服地区采取的方略是：顺者，纳款称臣；逆者，攻城略地。在此后的管理中，很多地区仍然维持着交纳贡赋的惯例，但上交数额不一且驻屯的蒙古军事贵族和投下领地的宗王各自强行勒索，这就造成两个问题，一是西亚地区蒙古贵族和当地显贵人滥用扎儿里黑，向所属辖区居民横征暴敛，给地区经济和管理造成极大危害。二是不同地区所上交的货币在设计、重量等方面都不尽相同，这为货币的流通和计算带来极大不便。蒙哥合罕上台后，1251 年忽里勒台向阿儿浑在内的封疆大吏们咨询国策，官吏们在呈文中几乎都把辖区内赋税繁重视为居民困苦的主要原因，蒙哥合罕决定为赋税的征收确立正常和合理的规程以制止非法勒索。为贯彻帝国行政意图，阿儿浑完成户籍调查后，即与波斯显贵、官吏共同商议税额，发行新货币，重新调整西亚赋税，实行忽卜出儿税法。

为了征税、计税和商业贸易之便，早在伊斯兰 642 年（公元 1244 年），阿儿浑在古尔基斯坦州一个距离梯弗里斯 100 公里远的贸易中心——德马尼西镇铸造格鲁吉亚铜币，"铜币正面有希吉拉日期及波斯和阿拉伯语铭文'德马尼西城市，上帝使它繁荣'，而反面则有波斯字样'耶和华的仆人'，同时还有格鲁吉亚日期和新大卫王时期的皇家文字"①。阿儿浑在古尔基斯坦发行的是传统的阿兰弓形货币，新货币只是在铸造地点的上方增加了波斯文"德马尼西"城名和底部以阿拉伯语铭刻的时间：伊斯兰 642 年。

古尔基斯坦的铜币是蒙古帝国中央货币体系在西亚的过渡货币。伊斯兰历 642—646 年（公元 1244—1248 年），蒙古帝国在西亚使用的货币主要是重三分之二米思哈勒的"银骑士"，货币正面中央图像是，左边一匹马在奔驰、骑兵侧后转向，作向右射击姿势，正面有蒙古语简单题铭"大蒙古国"，采用阿拉伯书写方式，题铭下有铸造日期和地点，正面四周边缘仍是点状圆形。② 蒙古帝国货币的发行和流通表明，阿儿浑继承前任阔儿吉思在西亚的货币政策：蒙古帝国银币体系，目的在于发展商业及其征收赋税。在银骑士货币流通期间，梯弗里斯的重量是 2.51 克，纳黑出汪和锡瓦斯的是 2.75 克。因此，梯弗里斯的货币重量只是纳黑出汪和锡瓦斯货币的 91%。在税值上，格鲁吉亚比小亚细亚就少交了几乎 10% 的赋税货币。

---

① LANE G. Arghun Aqa：Mongol Bureaucrat［J］. Iranian Studies，1999，32（4）：468.

② Kolbas J. The Mongols in Iran：Chingiz Khan to Uljaytu 1220 – 1309［M］. Routledge Taylor & Francis Group，2006：141.

阿儿浑为解决上述各地区货币不一的弊端，更为了保证国库的货币资金充盈以推行新税法，变西亚地区的贡赋为人头税。伊斯兰历 650—652 年（1252—1255 年），阿儿浑下令铸造新货币，这套货币被命名为塔木花货币，首先在不里阿耳铸造发行，货币反面刻有"蒙哥合罕，至高无上，公正无私"阿拉伯文题铭，并用涡卷饰的图案装饰，这与拔都家的货币有一定联系。货币正面刻有"世上没有上天但有上帝，上帝没有任何助手"，正面货币边缘刻有日期和铸造地点"不里阿耳铸造"。① 不过，这套货币是阿儿浑发行的众多货币中的一种，他在不同时期、不同地区，据社会环境不同，以不里阿耳塔木花货币为范式铸造不同的货币，这些货币都是官方发行，流通中政府认可，货币重量计算有一定规律。阿儿浑新货币体系对西亚地区的贸易交往提供了便利，也有利于行省政府以货币杠杆调节西亚财政经济有效运转。

阿儿浑在进行广泛人口普查和登记造册的基础上，仿效牙老瓦赤在河中地区实施的"忽卜出儿"税法，实行赋税分摊体制。阿儿浑的新税法主要内容是，费改税，固定税额，按丁抽税。史载："每人每年缴纳的赋税按照他个人的财富和缴纳的能力来决定，并且在完纳规定的税额之后不得在同一年随意摊派。做出如此决定之后，皇帝（蒙哥大汗）下诏：富人每年应缴纳 10 个第纳儿，如此递减至每一穷人缴纳 1 个第纳儿。赋入全部所得用于支付强征的签军、驿站和使臣的生活开支。除此之外，不得骚扰百姓，不得用非法手段征索百姓财物，更不得接受贿赂。"② 拉施特记载：蒙哥合罕规定年贡，"在呼罗珊，富人缴纳七个第纳儿，穷人缴纳一个第纳儿。……收税员和文牍吏，不得徇私偏袒，不得收受贿赂；向牧地征收的名为'忽卜出儿'的税，各种牲畜每一百头缴纳一头，不满一百头时，就什么也不缴纳。之于逋负，无论何地何人所欠，均不向居民收取。"③ 志费尼也记载，阿儿浑最后决定，"在实施人口调查时，税额应定为每十人每年交七十个鲁克尼的那。他这时指派异密和书记去编制户籍和忽卜绰儿"④。忽卜出儿税法实施的目的，无疑是为了禁止蒙古贵族在斡兀立海迷失摄政时期所滥发的敕令、牌符以及税吏的横征暴敛，减缓西亚百姓的流散与

---

① KOLBAS J. The Mongols in Iran：Chingiz Khan to Uljaytu 1220 – 1309 ［M］. Routledge Taylor & Francis Group，2006：43.

② JUVAINI. The History of the World – Conqueror，Vol. ⅱ ．［M］. tr.，BOYLE J A. Manchester University，1958：517.

③ 〔波斯〕拉施特．史集：第二卷．余大钧，周建奇，译．北京：商务印书馆，1985：260—261.

④ 〔伊朗〕志费尼．何高济，译．世界征服者史：下册［M］．北京：商务印书馆，2004：578.

民瘼，最终保障蒙古贵族在西亚的既得利益。

与河中地税法相比，阿儿浑新税法并非是河中地税法的再版，其差异在于：河中地税收所得，直接上交蒙古帝国中央政府，由朝廷分拨部分赋入给诸系宗王，反映出蒙古中央政府对中亚地区实行直接管辖；而波斯地区的赋税所得则直接支付在西亚的军政人员开支，成吉思汗诸系宗王对波斯占领区的控制影响还较小。不过，囿于文献史料，阿儿浑实施新税法的结果影响如何，我们较难做出一个具体而准确的评判。但有一点可以肯定，阿儿浑新税法与之前舍里甫丁所行的苛酷赋税法形成了鲜明的对比，新税法对波斯经济的恢复与发展起到了一定的积极作用。兰恩评说："1244 年阿儿浑阿合来到大不里士，他稳定了那些因亲近诸如拜住、绰儿马罕等大贵族和其他拥有自己的地产的显贵们而造成的管理混乱地区。他保护了国家税收，并因此使这些人有所收敛，从此，他恢复了对所有的居民的管控，包括贵族和平民，包括那些依靠政府保护的人，也包括那些曾经逃离暴政和压迫的人。"①

1254 年旭烈兀西征开始，阿儿浑在西亚的行政管理一切服从蒙古帝国第三次西征军事行动，阿儿浑府衙官员成为旭烈兀帐下官员，在旭烈兀的军队和管理中充当了重要角色，阿儿浑本人作为波斯和西亚行省总督的作用终结，忽必烈称汗后，阿母河等处行尚书省就已解散。

（三）蒙古人在中亚和西亚统治的特点

检视中亚和西亚底万和阿母河等处行尚书省所司职能，蒙古人在中亚和西亚的早期行政统治，我们可以得出如下几个特点。

①成帖木儿在呼罗珊和祃桦答而两州设置底万，开始了蒙古帝国中央政府对波斯的直接管辖，但两州城邑并非全部置于成帖木儿的职守范围，反映出蒙古征服时期所实施的行政管理具有粗放性以及被占领地区存在某种混乱局面。阿儿浑统治西亚时期，蒙古人在波斯的管辖范围明显扩大，其行政管理趋向精细、有序。阿富汗、印度部分地区、亚美尼亚、格鲁吉亚，甚至小亚细亚地区也包括在管辖的范围之内。

②蒙古人在西亚所置官衙的达官要人，除最高行政长官外，其他重要官员大多由随从成帖木儿由花剌子模进驻波斯以及平息呼罗珊叛乱而降服蒙古帝国的波斯当地显贵两部分人组成，波斯当地贵族一开始就被纳入蒙古统治阶级集团行列。在阿儿浑统治时期，波斯官僚积极参与蒙古人的政治生活，确立了波斯官僚在蒙古人统治机构中的优势地位。征服者和被征服者的统治阶级相互结

---

① LANE G. Arghun Aqa：Mongol Bureaucrat［J］. Iranian Studies，1999，32（4）：68.

合、共同统治被征服地区黎民百姓成为这一时期西亚历史发展的必然趋势。

③无论是成帖木儿设置的底万抑或阿儿浑负责的阿母河等处行尚书省，其统治机构规模不大，建制不全，尤其是行政长官的人选完全随帝国中央政府政治气候的变化而剧烈波动，波斯行政长官职位易为蒙古朝廷的政治倾向所左右。

④伊利汗国建立前蒙古人在西亚所设置的官衙中，其最高行政长官，或是蒙古人、或是畏兀儿人，大多出身卑微，精明强干，通晓当时蒙古帝国通用的官方语言——畏兀儿文。波斯本地官员大多为撒希卜底万，主要负责财政赋税的征收。

（四）蒙古人在中亚和西亚统治的影响

蒙古帝国在中亚和西亚的早期行政统治对中亚和西亚的社会历史发展产生了重要的影响。

一方面，它一定程度上保护和继承了中亚和西亚的制度文化，某种程度上保护、恢复和发展了呼罗珊残破的社会经济，尤其是阔儿吉思和阿儿浑治下，很大程度上抑制了蒙古人对西亚百姓的暴虐，波斯百姓的生命财产得到一定的保障。史载："阔儿吉思使呼罗珊和祃桵答而的事务恢复了秩序，保护了财产；他从四方征集贡礼进献可汗皇帝；他实行新的户籍调查，重新规定赋税；他建立工场，对百姓公正、平等。现在，没有人敢胡作非为，奸商的贪婪受到抑制。能人仁者和愚汉莽夫区分开来；因而呼罗珊和祃桵答而诞生了繁荣富强的希望。"① 多桑也说："至是蒙古官吏不复再能任意杀人，军行所过，士卒亦不复能扰害平和居民。……徒思城自经兵燹以后，仅余五十户。及择此城为治所之后，伊朗贵人遂在城内购买邸舍。……也里城亦同时兴复。……次年（1240）籍户口，已达六千九百人。"②

另一方面，底万的创设，特别是阿母河等处行尚书省的设立，确定了蒙古人在波斯行政统治的架构及其统治方式的蓝本，吸纳了当地显贵们积极参与蒙古贵族在中亚和西亚的政治、经济建设行列之中，使波斯呼罗珊官僚的优势地位得以确立、巩固。同时蒙古人在中亚和西亚地区从军政转向民政，确保了蒙古帝国在这些地区的赋税来源畅通以及治安的维护，为旭烈兀西征以及伊利汗国的建立和巩固打下了较为良好的政治基础。

---

① JUVAINI. The History of the World – Conqueror, Vol. ⅱ. ［M］. tr., BOYLE J A. Manchester University, 1958：493.

② 〔瑞典〕多桑. 多桑蒙古史：下册［M］. 冯承钧，译. 上海：上海书店出版社，2001：43 - 44.

二、伊利汗国与元帝国的政治关系

（一）伊利汗国与元帝国的政治关系

13 世纪中叶旭烈兀在西亚建立伊利汗国，伊利汗奉蒙古帝国大汗及元朝皇帝为宗主，元廷也正式称呼伊利汗国为"宗藩之国"①，在政治上与元帝国一直保持着密切和友好的宗藩关系。这种关系为元帝国的统一、为中国与西亚、欧洲的交往产生了良好的影响。笔者从政治层面以下三个方面来勾勒伊利汗国与元帝国之间政治关系的基本轮廓。

1. 伊利汗国奉元朝皇帝为宗主，接受元朝皇帝的册封

伊利汗，历史上和学术界大都认可为藩属之意。旭烈兀自称伊利汗，没有任何文献资料明确记载何时何地始称这一称谓。据研究，约 1252—1260 年，旭烈兀使用了伊利汗这一称号。在这一时段内，尚属西北诸王之一的旭烈兀，受蒙古帝国最高统治者蒙哥大汗之命统兵西征西域素丹诸国，旭烈兀称伊利汗应理解为蒙古帝国的臣属或波斯和西亚新征服地区的总督。原因可从四方面理解。

第一，1253 年蒙哥合罕派遣旭烈兀领导西征，并从各支贵族中抽调兵力参加，波斯和西亚新旧占领区都是蒙古帝国的共同事业，蒙哥合罕并没有把西亚地区授给旭烈兀作为兀鲁思，拉施特甚至说，蒙哥合罕下令"你完成这些大事后，就返回本土来吧"②。乌马里记载："正如我们的亦思法杭人詹思丁长老所云，旭烈兀生前不是独立的统治者，而是以其兄蒙哥合罕的代表人的身份来实行统治的，底儿罕和第纳儿钱币上铸的不是他的名字，而是其兄的名字。"③

第二，旭烈兀按照蒙古帝国旧例，把从马赞德兰、巴格达、摩苏尔、小亚细亚、格鲁吉亚、亚美尼亚、洛雷斯坦掠夺来的财富，挑选出有价值的金玉珠宝奇珍送往蒙哥大汗。旭烈兀按照蒙古帝国战利品分配原则，在新征服地区履行着黄金家族的战利品分配惯例。拉施特记载："旭烈兀同列夷撒希卜阿剌丁［之子］纳昔剌丁异密将在报达取得的珍宝和大量财富以及属于邪教徒诸堡、鲁木诸堡、格鲁吉亚、亚美尼亚、罗耳人和曲儿忒人的［财富］送到阿塞拜疆。［旭烈兀］命令帖必力思篾力马札丁在乌儿米牙湖和撒勒马思湖边的帖列山上建造一座特别坚固的壮丽建筑物。将所有的硬币熔化后，铸成了巴里失堆放在那

① （明）宋濂，等. 元史：卷三十五［M］//文宗纪. 北京：中华书局，1976：790.
② 〔波斯〕拉施特. 史集：第三卷［M］. 余大钧，译. 北京：商务印书馆，1986：31.
③ 刘迎胜. 蒙元帝国与13—15世纪的世界. 北京：读书·生活·新知三联书店，2013：15.

里。从这些珍贵的礼物和财富中，旭烈兀汗将一部分送去给蒙哥合罕陛下。"①木法答剌说："旭烈兀须将其五分之二的掠获物送付大汗廷。"②

第三，旭兀烈宣布他要征服叙利亚和埃及，便遣使帝国中心哈剌和林，蒙哥大汗对此表示极大兴趣和肯定。旭烈兀在西亚地区的重大军事行动，上呈帝国中央政府并由中央决断。拉施特记载："旭烈兀奏告了征服伊朗各地区的情况，宣称决定出征密昔儿和叙利亚边区。异密忽剌术带着这份奏疏前去，合罕对这个喜讯非常高兴"。③

第四，伊利汗国的建立和伊利汗的称谓为蒙元帝国所认可，始于忽必烈合罕。1259 年蒙哥大汗在攻取钓鱼城前线猝然身亡，按照蒙古惯例，旭烈兀停止战事，将前锋统帅怯的不花留守叙利亚，自己带着主力撤回阿塞拜疆。蒙哥汗生前未指定汗位继承者，也未召开忽里勒台决定继位者，因此，在黄金家族内部，新一轮汗位之争在拖雷系的忽必烈与阿里不哥之间展开。1260 年忽必烈和阿里不哥均自立为大汗。政治上，旭烈兀与忽必烈和阿里不哥都是成吉思汗的嫡孙蒙哥合罕的兄弟，远在西亚的旭烈兀静观其变。基拉罗斯甚至说"旭烈兀似欲自叙利亚还蒙古而争帝位"，④ 但此观点无其他文献资料佐证。为得到旭烈兀的支持，忽必烈将阿姆河以西地区授予旭烈儿，《史集》载：忽必烈合罕传来圣旨，"封旭烈兀汗为从阿母河起以迄叙利亚、密昔儿等遥远边境的君王，并派遣了三万蒙古勇士来援助他"。⑤ 伊利汗这一称谓得到元帝国皇帝忽必烈的认可，伊利汗国建立起来。刘迎胜推定，旭烈兀受封伊利汗的时间在 1264 年夏季或此后不久。⑥

1265 年 2 月 8 日，旭烈兀病逝，遗命长子阿八哈继位。阿八哈诸弟、众异密跪拜请求阿八哈继承伊利汗位，阿八哈以得到元朝皇帝的册封作为汗位合法必要的政治前提。阿八哈婉言谢绝说："忽必烈合罕是长房，怎能不经他的诏赐就登临 [汗位] 呢？"⑦ 宗王和异密谏言："你是宗王们的长兄，通晓古老的习

① 〔波斯〕拉施特. 史集：第三卷 [M]. 余大钧，译. 北京：商务印书馆，1986：72.
② 马木路克算端史 [M] //刘迎胜. 蒙元帝国与 13—15 世纪的世界. 北京：三联书店，2013：17.
③ 〔波斯〕拉施特. 史集：第三卷 [M]. 余大钧，译. 北京：商务印书馆，1986：72.
④ 〔瑞典〕多桑. 多桑蒙古史：下册 [M]. 冯承钧，译. 上海：上海书店出版社，2001：115.
⑤ 〔波斯〕拉施特. 史集：第三卷 [M]. 余大钧，译. 北京：商务印书馆，1986：94.
⑥ 刘迎胜. 蒙元帝国与 13—15 世纪的世界 [M]. 北京：读书·生活·新知三联书店，2013：21.
⑦ 〔波斯〕拉施特. 史集：第三卷 [M]. 余大钧，译. 北京：商务印书馆，1986：103.

俗、法规和吉祥的传说,旭烈兀在世时就已让你做汗位的继承人,别人怎能坐上汗位呢?"① 全体宗亲显贵恳切希望阿八哈登位,否则,国无君主,群龙无首。1265 年 6 月 19 日,阿八哈才举行即位仪式。阿八哈在未取得忽必烈大汗册封认可前,权当摄政。多桑认为:"阿八哈以未奉忽必烈命,不敢就汗位,坐一凳上,执行最高大权,追认旭烈兀之一切遗命。"② 五年后,忽必烈大汗特使抵达伊利汗廷,"带来了赐给阿八哈汗的诏旨、王冠、礼物,让他继承自己的光荣的父亲成为伊朗地区的汗,沿着父祖的道路前进"③。阿八哈接到元朝的册封后,1270 年 11 月 26 日,第二次举行登位庆典。

1282 年 4 月 1 日,阿八哈酗酒致死。如同蒙古帝国一样,伊利汗国的汗位继承也一直没有固定的制度,新汗人选决定,或前任汗的指定,或忽里勒台会议的拥戴,或各宗支实力的较量。阿八哈汗猝死,其子阿鲁浑与叔父忙哥—帖木儿和帖古迭儿—阿合马争夺汗国最高统治权。宗王、后妃和异密就王位继承问题举行忽里勒台,"在那次会议上,弘吉剌台、忽剌术、术失怯卜、勤疏以及异密失克秃儿那颜、孙扎黑阿合、阿剌卜、阿昔黑、合剌一不花等人推戴阿合马为国君。完者哈敦和她身边的异密们则想让忙哥—帖木儿[当国君]。不花和他的兄弟阿鲁黑,阿黑不花和阿八哈的其他近侍们说:'宗王阿鲁浑以其智慧、见解、洞察力和严谨的统治高于一切人,他应该统治国家。'"④ 因阿鲁浑身边没带军队,主动放弃汗位的角逐。1282 年 6 月 21 日,旭烈兀汗的第七个儿子、阿八哈汗的弟弟帖古迭儿—阿合马被全体异密们拥戴为国君。阿合马醉心信仰伊斯兰教,企图改变蒙古帝国和伊利汗国反埃及的马木路克王朝既定政策,并开始使伊利汗国转向伊斯兰教,提议与马木路克王朝谈和结盟。一批信仰佛教或基督教的蒙古贵族遣使元帝国,向帖古迭儿的伯父、宗主忽必烈合罕申诉。马可·波罗说,忽必烈很不高兴,并威胁要对伊利汗国进行干涉。阿鲁浑以反阿合马伊斯兰政策为旗号⑤,积极联络一批反阿合马的政治力量,阿鲁浑与阿合马之战已无法避免。全体宗王和异密方向支持阿鲁浑,1284 年 8 月 10 日,阿鲁浑处死阿合马。8 月 11 日,全体哈敦、宗王和异密拥戴阿鲁浑登位。1286 年

① 〔波斯〕拉施特. 史集:第三卷[M]. 余大钧,译. 北京:商务印书馆,1986:103.
② 〔瑞典〕多桑. 多桑蒙古史:下册[M]. 冯承钧,译. 上海:上海书店出版社,2001:148.
③ 〔波斯〕拉施特. 史集:第三卷[M]. 余大钧,译. 北京:商务印书馆,1986:136.
④ 〔波斯〕拉施特. 史集:第三卷[M]. 余大钧,译. 北京:商务印书馆,1986:162.
⑤ 〔意〕马可·波罗. 马可波罗行纪[M]. 冯承钧,译. 上海:上海书店出版社,2001:492.

2 月 23 日，"兀儿都乞牙从合罕处来到，带来诏敕如下：册封阿鲁浑继承其父为汗，封赐不花以丞相的尊荣称号"①。1286 年 4 月 7 日，阿鲁浑举行例行礼仪，第二次登上汗位。所以，前几任伊利汗均视忽必烈合罕为宗主，忽必烈合罕则把伊利汗作为西北地方藩王，政治上宗藩关系非常明确。大卫·摩根说："伊利汗国未改信伊斯兰教之前的三十年来，与忽必烈大汗保持着密切的关系，在伊利汗的提名候选与册封上从没有遇到任何麻烦"。②

元中央政府不仅对伊利汗加以册封，而且对伊利汗国功勋大臣也赐官封爵。阿鲁浑与帖古迭儿争夺汗位，异密长不花力挺阿鲁浑为伊利汗国的合法继承人。《史集》记载："不花说：'合罕是有居民的四大地区的帝王和成吉思汗后裔所有各家族的长者。他在自己的兄弟旭烈兀汗死后，把伊朗地区的王位赐给了他的最聪明、完美的长子阿八哈。阿八哈死后，王位遗留给了他的儿子和法定继承人阿鲁浑。'……帖克捏愤怒而生硬地反驳。不花拔出军刀说：'只要我手里拿着这把军刀，除了阿鲁浑以外，谁也坐不了王位。'"③ 不花为阿鲁浑成为新一任伊利汗立下了赫赫功劳，阿鲁浑汗委任不花为伊利汗国丞相。如上所述，元廷在册封阿鲁浑之时，也赐封不花以丞相尊荣称号。同样，泰定帝元年（1324），因异密长出班拥戴不赛因有功，伊利汗廷请元廷给予出班加官晋爵。《元史》记载：冬〔十一月〕乙丑，"诸王不赛因言其臣出班有功请官之，以出班为开府仪同三司、翊国公，给银印、金符"④。

伊利汗奉元帝为宗主，在伊利汗国流通的货币和对外关系的国书上也能充分表现出来。据多桑记载，"旭烈兀时代之货币留存于今者，货币上大汗之名在旭烈兀之前。其阿剌壁文曰：'最大可汗，伊利汗大旭烈兀。'至其后人，则仅在货币上自称曰可汗之达鲁花赤"⑤。这一记载，现已为所发现的伊利汗国钱币上的铭文所证实。⑥ 不仅如此，在伊利汗国与西方基督教各国的正式交往中，诸伊利汗概以元朝为宗主从事外交活动。现存阿八哈兔儿年（1267 年或 1279年）颁发的敕令以及 1289 年阿鲁浑致法国国王腓力四世的答书上，"钤朱印三

---

① 〔波斯〕拉施特. 史集：第三卷〔M〕. 余大钧，译. 北京：商务印书馆，1986：194.

② MORGAN D. Medieval Persia 1040 – 1797〔M〕. London and New york：Longman，1988：62.

③ 〔波斯〕拉施特. 史集：第三卷〔M〕. 余大钧，译. 北京：商务印书馆，1986：182.

④ （明）宋濂，等. 元史：卷二十九〔M〕//泰定帝一. 北京：中华书局，1976：651.

⑤ 〔瑞典〕多桑. 多桑蒙古史：下册〔M〕. 冯承钧，译. 上海：上海书店出版社，2001：143.

⑥ 牛汝极，贾克佳. 大英博物馆蒙古钱币及相关问题述评〔J〕. 中国钱币，2000（3）. 陈戈. 昌吉古城出土的蒙古汗国银币研究〔J〕. 新疆社会科学，1981 年创刊号.

方，……其汉文印应是大汗册封时并赐阿鲁浑者"①。据韩儒林考订，国书上钤盖着"'辅国安民之宝'，当是忽必烈颁发给伊利汗的专用章"②。这些印信表明：伊利汗完者都承认和强调元成宗的大汗之尊。直至元武宗海山即位（1307），伊利汗合儿班答、金帐汗脱脱以及察合台汗国宽阇汗依旧是元朝的地方侯王。众多史实证明，尽管1291年后的诸伊利汗，文献资料中再也未见元帝国中央政府的册封记载，但双方的宗藩关系犹存，元帝仍视伊利汗为藩王，伊利汗继续承认"北京大汗的普通统治权"③。

2. 元政府可以对伊利汗国调用人员、委派官吏或稽考户籍赋入

早在忽必烈登位之前，西亚地区诸如天文、军事等技艺工匠就源源不断地输往中国，为蒙元帝国服务，忽必烈登位后，来华者一如既往，佼佼者如扎马鲁丁、阿老瓦丁和亦思马因。

《元史》记载："世祖在潜邸时，有旨征回回为星学者，札马剌丁（扎马鲁丁）等以其艺进，未有官署。"④ 扎马鲁丁是波斯大天文学家，博学多才。何时来华？史籍未见明确记载，但可断定，1259年秋至1260春，旭烈兀应忽必烈之请，委派扎马鲁丁来蒙古帝国服务。扎马鲁丁来华后，正值忽必烈围攻襄阳，诚如刘整和阿术向忽必烈所言："我精兵突骑，所当者破，惟水战不如宋耳。夺彼所长，造战舰，习水军，则事济矣"。⑤ 正如此，扎马鲁丁首先设计并进献用于攻灭南宋的战船船样。1267年扎马鲁丁在元大都西域星历司负责制造咱秃哈剌吉（混天仪）等西域仪象。《元史》载："世祖至元四年，扎马鲁丁造西域仪象。"⑥ 同年，扎马鲁丁撰写《万年历》，忽必烈大汗正式颁行，《万年历》是中国历史上首部由中央政府下令使用的伊斯兰历法。德国学者哈特拉指出："马拉盖的天文学家为满足大汗要求用世界各地所有最新的仪器装备北京观象台的意愿，才传出（鲁哈麻日晷）新知识"。⑦ 至元八年（1271）七月，在扎马鲁丁的督造下，中国第一座伊斯兰天文台回回司天台在上都（开平府）落成，扎马鲁

① 〔瑞典〕多桑. 多桑蒙古史：下册 [M]. 冯承钧，译. 上海：上海书店出版社，2001：238—239.
② 韩儒林. 元朝史：下册 [M]. 北京：人民出版社，1986：396.
③ 〔法〕雷纳·格鲁塞. 蒙古帝国史 [M]. 龚钺，译. 北京：商务印书馆，1989：266.
④ （明）宋濂，等. 元史：卷九十 [M] //百官六. 北京：中华书局，1976：2297.
⑤ （明）宋濂，等. 元史：卷一百六十一 [M] //列传第四十八. 北京：中华书局，1976：3787.
⑥ （明）宋濂，等. 元史：卷四十八 [M] //天文志一. 北京：中华书局，1976：998.
⑦ 〔英〕李约瑟. 中国科学技术史：第四册 [M]. 陆学善，等译. 北京：科学出版社，1975：476.

丁成为司天监首任提点。史载，"至元八年，始置司天监，秩从五品"①。至元十年（1273），元政府首设秘书监（国家图书馆和档案馆），扎马鲁丁就任元帝国首任秘书监。扎马鲁丁操理监事，兴建馆舍，收集图书，整理文牍。元代所修缮的图书，《明史》赞曰："先是，秘阁书籍皆宋元所遗，无不精美，装用倒摺，四周外向，虫鼠不能损。"② 扎马鲁丁主持编修大型图书《元大一统志》，功不可没。作为伊利汗宫廷天文台、图书馆的负责人，扎马鲁丁应蒙元帝国征用，成为元帝国司天监和秘书监的负责人，直至大德四年（1307年）辞世。这位国初遗臣，不远万里，负重东来，毕其一生于中国天文历法、图书档案事业，成为中国和西亚文化交流史上的佳话。

阿老瓦丁，西域木法里（伊拉克摩苏尔）人，擅长制造回回炮。至元四年（1267），忽必烈为巩固自己的地位，决定举兵南下灭宋，首要目标是南宋防御蒙古最重要的据点——襄阳、樊城。襄樊城坚池深，两城唇齿相依，兵力储备可坚持十年，军民英勇抵抗，坚意与敌决一死战。畏兀儿人阿里海牙和南宋降将刘整统兵围攻襄樊，数年不下。阿里海牙谙熟西域兵器工艺，建议忽必烈汗使用回回炮。至元八年（1271），忽必烈汗遣使伊利汗国征调回回炮匠。阿八哈汗派遣阿老瓦丁和亦思马因二人举家东往元大都。史载，"至元八年，世祖遣使征回回炮匠于宗王阿不哥（阿八哈），王以阿老瓦丁、亦思马因应诏二人举家驰驿至京师，给以官舍，首造大炮竖于五门前，帝命试之，各赐衣段"③。1274年元政府设立专管回回炮手官署——回回炮手总管府。阿里海牙围攻襄樊，派人请求回回炮匠支援，忽必烈命阿老瓦丁前往。拉施特说："巴阿勒伯和迪马失克（大马士革）的一个射石机匠，从我国〔伊朗〕去到了该处（襄阳）。他的儿子阿木一伯克儿（亦思马因长子）、亦不剌金（亦思马因次子）、马合谋（阿老瓦丁孙子），以及他的助手们，建造了七架庞大的射石机。"④ 阿老瓦丁的回回炮参战后，一年内，先破樊城，再破襄阳。1275年又克潭州（长沙）、静江（桂林）。为奖掖阿老瓦丁战绩，至元十七年（1280），忽必烈汗颁诏改元帅府为回回炮手军匠上万户府，阿老瓦丁为副万户，秩正三品，子孙承袭官职。

亦思马因，西域旭烈（伊拉克纳杰夫）人，擅长造炮，1271年与阿老瓦丁一起来华服务元帝国。他与阿老瓦丁造的回回石炮，重可达150斤。亦思马因

① （明）宋濂，等．元史：卷四十八［M］//天文志一．北京：中华书局，1976：2297.
② （明）宋濂，等．元史：卷九十六［M］//艺文志．北京：中华书局，1976：2344.
③ （明）宋濂，等．元史：卷二百三［M］//工艺．北京：中华书局，1976：4544.
④ 〔波斯〕拉施特．史集：第二卷［M］．余大钧，周建奇，译．北京：商务印书馆，1985：343.

的投石机既省力，射程又远，威力大。襄樊之战中，亦思马因亲自选定石炮发射地址和方位，首发石炮命中襄阳城楼，"声震天地，所击无不摧陷，入地七尺。宋安抚吕文焕惧，以诚降"①。亦思马因以功得赏银二百五十两，升为回回炮手总管，佩虎符。长子布伯承袭父职，在灭宋战争中，屡立战功，被授以回回炮手都元帅。阿老瓦丁和亦思马因，都是中古时代西亚造炮世家，所造回回炮，在元朝的统一事业中发挥了巨大作用。

忽必烈大汗为征伐南宋，还派急使撒礼塔前往旭烈兀处召回蒙古八邻部人伯颜统将。史载，"当忽必烈合罕派遣宿敦那颜的儿子撒儿塔黑同奥都剌合蛮出使旭烈兀汗处时，他要求［将］伯颜［召回］"，"牛年［1265 年］，……他（伯颜）与撒儿塔黑那颜一同被派往合罕处"②。《元史·伯颜传》也记载："伯颜，蒙古八邻部人。……从宗王旭烈兀开西域。伯颜长于西域。至元初（1264），旭烈兀遣入奏事，世祖（忽必烈）见其貌伟，听其言厉，曰：［非诸侯王臣也，其留事朕。］……二年（1265）七月，拜光禄大夫、中书左丞相。"③伯颜深谋远虑、文韬武略。归元后，忽必烈视之为曹彬，节制河南等路行中书省，委以灭宋重任。襄阳被克，伯颜与史天泽并拜中书左丞相，行省荆湖。伯颜统率 20 万元军，由襄阳顺汉水东下，沿途克沙洋、新城、汉阳、鄂州、黄州（黄冈）、江州（九江）。1274 年伯颜在丁家洲与宋军会战，宋军水陆两军主力殆尽，元军直抵建康（南京）。建康失守后，伯颜又克镇江、江阴、无锡、常州，兵逼南宋都城临安。1276 年伯颜接受南宋降表，忽必烈发布南宋灭亡文告。伯颜称贺曰："国家之业大一统，海岳必明主之归；帝王之兵出万全，蛮夷敢天威之抗。始干戈之爱及，迄文轨之会同。区宇一清，普天均庆。"④史载，"伯颜深谋善断，将二十万众伐宋，若将一人，诸帅仰之若神明"⑤。1300 年伯颜死。至正四年（1344），元廷加赠伯颜宣忠佐命开济功臣、太师、开府仪同三司，追封淮安王，谥号忠武。

以上所述元帝国征调伊利汗国工艺名匠和将军史实，既体现双方关系亲密无间，也说明元帝国对伊利汗国行使着宗主权。

经济关系上，元朝还遣使伊利汗国稽考元室所属封地、属民及赋入。拉施

---

① （明）宋濂，等．元史．卷二百三 ［M］//工艺．北京：中华书局，1976：4544.

② 〔波斯〕拉施特．史集：第二卷 ［M］．余大钧，周建奇，译．北京：商务印书馆，1985：318.

③ （明）宋濂，等．元史：卷一百二十六 ［M］//伯颜传．北京：中华书局，1976：3099.

④ （明）宋濂，等．元史：卷一百二十六 ［M］//伯颜传．北京：中华书局，1976：3111.

⑤ （明）宋濂，等．元史：卷一百二十六 ［M］//伯颜传．北京：中华书局，1976：3116.

特说，忽必烈合罕派遣撒儿塔黑那颜和奥都剌合蛮出使波斯，"奥都—剌合蛮则留在我国（伊利汗国）以结束查账"①。《元史》载：军器监官的瓮吉剌带，从忽必烈征讨阿里不哥，因功大奖，"俄奉旨使西域，籍地产，悉得其实"②。阿八哈统治时期，忽必烈还派遣马思忽惕前往伊利汗国，"登记征收属于察合台汗国八剌和东部邻居窝阔台汗国海都的赋入"③。泰定元年（1324），元帝委任忽咱某丁主管西域户籍。终元一代，元廷委派官员不时勾考在伊利汗国所辖的封户属民及应缴的财赋。

3. 旭烈兀家族享受着中原份地上的经济受益权

在成吉思汗及其黄金家族看来，整个蒙古帝国的属地属民都是共有财产，按照与宗亲约定的各分地土、共享富贵的原则，诸子、诸弟、后妃、勋臣各得一"份子"。成吉思汗时期，作为嫡孙的旭烈兀也就被授予一定数额的份地、份民。史载："初，太祖以随路打捕鹰房民户七千余户，拨隶旭烈（旭烈兀）大王位下。"④ 太宗窝阔台汗还在燕京设置行尚书省管理诸王投下事务。蒙哥大汗时期，依例封土分民。丁巳年（1257）颁发岁赐。《元史·食货志》载："睿宗子旭烈大王位：岁赐，银一百锭，段三百匹。五户丝，丁巳年，分拨彰德路二万五千五十六户。"⑤ 从宪宗丁巳年的分封中，可以明显地看出，分拨与旭烈兀位下的人户数额剧增且数额巨大，自然反映出蒙古帝国大汗之位从窝阔台系转到拖雷系后，作为拖雷系宗王旭烈兀权益分配上受益的经济体现。

旭烈兀承认忽必烈为蒙古帝国大汗，自然依例享受着在中原所领的封地岁赐。忽必烈还对政治上休戚与共的同胞兄弟旭烈兀关爱有加。中统二年（1261），忽必烈特设管领随路打捕鹰房总管府，专管拔赐旭烈兀位下的中原户计。《元史》载："管领随路打捕鹰房民匠总管府，秩从三品。达鲁花赤一员，总管一员，副总管二员，经历、知事各一员，提控案牍一员，吏属令史六人。……中统二年始置。至元十二年（1275），阿八合（即阿八哈）大王遣使奏归朝廷，隶兵部。管领本投下大都等路打捕鹰房诸色人匠都总管府，秩正三品。掌哈赞（即合赞）大王位下事。大德八年（1304）始置，官吏皆王选用。至大

① 〔波斯〕拉施特. 史集：第二卷 [M]. 余大钧，周建奇，译. 北京：商务印书馆，1985：318.

② （明）宋濂，等. 元史：卷一百三十五 [M] //忽林失传. 北京：中华书局，1976：3283.

③ BOYLE J A. The Cambridge History of Iran, Vol. 5 [M]. Cambridge University, 1968：356.

④ （明）宋濂，等. 元史：卷八十五 [M] //百官一. 北京：中华书局，1976：2141.

⑤ （明）宋濂，等. 元史：卷九十五 [M] //食货三. 北京：中华书局，1976：2417—2418.

四年（1311）省并衙门，以哈儿班答（即完者都汗合儿班答）大王远镇一隅，别无官属，存设不废。定置府官，达鲁花赤二员，总管一员，同知一员，副总管一员，知事一员，提控案牍一员，令史四人，译史二人，奏差二人，典吏一人。"① 另据《元史·食货志》记载，伊利汗国旭烈兀位下在元帝国的经济收益巨大。"延祐六年（1319），实有二千九百二十九户，计丝二千二百一斤。"② 伊利汗国在汉地拥有巨额的属地属民。

可见，有元一代遵照"共享"体例，中央朝廷始终维持、保护着旭烈兀家族在中原分赐的经济权益。拉施特也说："对于汉地的阿合儿—秃马儿，合罕（忽必烈）曾下令照旧编造清册，并把旭烈兀汗及其儿子们名下的珠宝和钱保留起来，直到得便送往〔伊朗〕为止。"③ 1298 年合赞汗遣使法克尔爱丁和博开伊尔济抵达元廷，"元成宗命给旭烈兀离东后所积四十年之岁赐，优待诸使，居大都四年而归"④。完者都汗时期，"遣使赴东方，领取数年来其分地之岁赐"⑤。至顺三年（1330）三月，文宗"遣使往西域，赐诸王不赛因绣彩币帛二百四十匹"⑥。元廷还委派多达 23 名官员管理诸伊利汗的封地岁赐。《元史》载，大德十年（1306），"诸王合而班答部民溃散，诏谕所在敢匿者罪之。"⑦

另一方面，诸伊利汗也不时向元朝进贡方物。大德二年（1298），伊利汗合赞"遣木阿匝木法合鲁丁阿合马（Moazz－am Fakhr－ud－din Ahmed）、不花伊勒赤（Boca？Iltchi）往朝中国皇帝铁穆耳（Temour）可汗，献大珠宝石、奇珍异物，内有文豹。法合鲁丁并自赍珍宝往献。合赞以金十万付使臣，命购中国土产。使臣自杭海（Cangca？）山至可汗廷，凡物皆由驿站供应。使臣至大都，献贡物"。⑧ 伊利汗不赛因汗时期（1317—1335），更是频繁地派遣使者前往元廷进贡方物，甚至一年内竟达五次之多。史载，元泰定三年（1326）春正月，"诸王不赛因遣使献西马"⑨ "夏四月，……西域诸王不赛因使者也先帖木儿等，

① （明）宋濂，等．元史．卷八十五［M］百官一．北京：中华书局，1976：2141．
② （明）宋濂，等．元史．卷九十五［M］食货三．北京：中华书局，1976：2417—2418．
③ 〔波斯〕拉施特．史集：第二卷［M］．余大钧，周建奇，译．北京：商务印书馆，1985：199．
④ 杨钦章．元代奉使波斯碑初考［J］．文史，1988（30）：137．
⑤ 〔瑞典〕多桑．多桑蒙古史：上册［M］．冯承钧，译．北京：上海书店出版社，2001：341．
⑥ （明）宋濂，等．元史：卷二十一［M］//文宗五．北京：中华书局，1976：801．
⑦ （明）宋濂，等．元史：卷二十一［M］//成宗四．北京：中华书局，1976：472．
⑧ 〔瑞典〕多桑．多桑蒙古史：下册［M］．冯承钧，译．上海：上海书店出版社，2001：315．
⑨ （明）宋濂，等．元史：卷三十［M］//泰定帝二．北京：中华书局，1976：667．

皆来贡方物"①，上述种种，毋庸存疑，诸伊利汗大量派出使臣频繁出使元廷以贡方物，既可聊表藩属之意，更可从元廷获取大量回赐和经济利益。

（二）伊利汗国与元帝国亲密关系的历史影响

伊利汗国与元帝国的藩属关系既十分明确又亲密友好。诚如朱杰勤先生所说，"13 世纪，伊朗伊利汗王朝同中国元朝的政治联系是密切的"②。这种关系在十三四世纪的中西交通史上具有重要的意义。

双方在政治上互为支持，共同维护了蒙古帝国统一之大业。在阿里不哥和忽必烈争位问题上，忽必烈承认伊利汗旭烈兀对西亚的统辖权。史载："各地区有叛乱，从质浑河岸到密昔儿的大门，蒙古军队和大食人地区，应由你，旭烈兀掌管，你要好好防守，以博取我们祖先的美名。"③ 与之对应，旭烈兀坚定地站在忽必烈汗一边。拉施特说："旭烈兀和阿鲁忽都倾向于［忽必烈］合罕方面，两人不断互相派遣急使。旭烈兀向阿里—不哥派出急使，责备他并力图制止他［的称合罕之举〕。"④ 另一方面，在与察合台系和窝阔台系后王叛乱的斗争中，忽必烈和旭烈兀团结一致、共同反对海都、八刺。尤其是 1269 年的塔剌思河会盟后，伊利汗国在其东北边境与窝阔台系和察合台系后王奋力作战，有力地牵制了海都叛乱力量对元朝的威胁，为元朝最终平息西北藩王的叛乱以及维护元朝为代表的蒙古帝国的统一起了巨大的助推作用。

双方亲密友好的政治关系为伊利汗国和元帝国之间全方位交往提供了良好的政治条件，大大地促进了中国与西亚以及欧洲的经济、文化交流。旭烈兀西征，蒙哥大汗征集一千多名中国火炮手、弓弩手从军，带出大量先进武器技术设备。《元史·唵木海传》说："从宗王旭烈兀征剌里西番、斜巨山、桃里寺、河西诸部，悉下之。"⑤ 当下的中国火炮堪称世界一流。从此，中国的火药武器及制造技术传入波斯、阿拉伯，进而传入欧洲。此外，旭烈兀还从中国带去不少精通天文、历法的学者及医学、天文历法、历史等各类书籍，大大促进了波斯文化教育事业的发展。波斯著名的天文学家纳速鲁丁·徒昔编纂《伊利汗国天文表》，曾向中国学者学习天文推步术。至元二十年（1283），忽必烈遣使孛

① （明）宋濂，等. 元史：卷二十一［M］//文宗五. 北京：中华书局，1976：803.

② 朱杰勤. 中外关系史论文集［M］. 郑州：河南人民出版社，1984：87.

③ 〔波斯〕拉施特. 史集：第二卷［M］. 余大钧，周建奇，译. 北京：商务印书馆，1985：299.

④ 〔波斯〕拉施特. 史集：第二卷［M］. 余大钧，周建奇，译. 北京：商务印书馆，1985：299.

⑤ （明）宋濂，等. 元史：卷一百二十二［M］//唵木海. 北京：中华书局，1976：3010.

罗、爱薛出使伊利汗国。孛罗在伊利汗廷与李大迟、倪克孙等中国学者积极参与《史集》《伊利汗国的中国的科学宝藏》编修。在乞合都汗时期，孛罗还将元朝的钞法向伊利汗廷推介，使波斯认识了世界上最早实行的中国纸币制度和雕版印刷术。至今，波斯语中还保留"钞"（chāo）字。

综上所述，13 世纪中叶旭烈兀在西亚建立伊利汗国，诸伊利汗奉蒙古大汗及元朝皇帝为宗主并受其册封和使用宗主所赐印玺，元帝国中央可以对伊利汗国调用人员、委派官吏或稽考户籍赋入，统治西亚的旭烈兀朝自始至终享受着中原份地上的经济受益权，伊利汗国与中国元朝建立起密切和友好的政治关系。双方政治上相互支持既维护了蒙古帝国的统一，也大大地促进了中国与西亚及欧洲的经济、文化交流。

三、伊利汗国的国家制度

以中外文献资料论，全面和深入考察伊利汗国尤其是伊利汗国初期的国家制度较为困难，我们只能粗线条地勾勒出伊利汗国大体上的国家政治形态。总体而言，伊利汗国前期（1260—1295）的国家制度较不完善，多行蒙古旧俗，国家统治方式主要是一种粗放式管理、军事贵族为主体的军政统治。伊利汗国后期（1295—1355），合赞汗全面改革，伊利汗国的国家制度逐步完善，形成了中央集权的君主专制国家。

（一）伊利汗和汗位继承体例

依照游牧民族的家产继承传统，分封而立的各兀鲁思是大蒙古汗国的封国，可以确定自己的汗。作为最高统治者，汗位在自己家族中产生并传承，具有很强的独立性。

旭烈兀 1256 年自称"伊利汗"，1264 年得到忽必烈大汗的认可和册封，旭烈兀家族始行汗位世袭制。这种制度因袭了蒙古汗位继承的传统，既在原则上也在实际上从旭烈兀家族宗室成员中产生，并名义上经过元帝国大汗的认可。

1. 伊利汗的职权

第一，伊利汗具有全国军队的最高统帅权，可以召集各支宗王的军队参与大规模的征战。伊利汗国是一个外来的军事贵族统治的国家，在所有的重大军事行动中，伊利汗是最高统帅，全权指挥军队的集结、将帅的安排、进退的决断。伊利汗国的重大军事活动，主要是与埃及的马木路克王朝争夺叙利亚的战争，次之与同宗的蒙古汗国——东北部的察合台汗国和北部的金帐汗国争夺边境地区。

1260 年 9 月艾因贾鲁特（Ain Jālūt）之战后，旭烈兀汗本想为牺牲的先锋怯的不花复仇，出兵埃及和叙利亚，"由于蒙哥合罕［去世］之事以及他和亲族们之间的意见分歧，情况和时间不允许他实现出兵之举，因此他取消了［出征］"①。1262 年 12 月，面对金帐汗国别儿哥汗的军事挑衅，旭烈兀"下令从伊朗所有各地区派出军队"，"让全体军队武装出发"②，并最终迫使那海的三万骑兵败归。

阿八哈汗即位之初，金帐汗国又兵犯伊利汗国边境，1265 年 7 月 19 日，宗王玉疏木忒奉阿八哈汗之命反击那海军队，阿八哈亲率主力在库拉河建立环营迎战别儿哥三十万大军。在东北部，1269—1270 年，河中地区的察合台汗国八剌不断袭扰伊利汗国呼罗珊地区，占领赫拉特和内沙布尔，阿八哈"带着除秃卜申之外的所有兄弟们以及异密们，国内的英杰们，统率着浩荡大军急速地冲向伊拉克和呼罗珊"③。以宗王玉疏木忒、孙台、阿儿浑阿合、失克秃儿为左翼，宗王秃卜申为右翼，阿八台那颜为中军。1270 年 7 月 22 日赫拉特战役，大败巴剌军，基本解除了伊利汗国东北部的军事威胁。1281 年，马木路克王朝侵入鲁木和迪亚别克尔，阿八哈果断决定出兵叙利亚。

1290 年 3 月 22 日，金帐汗国军队又侵入打耳班，阿鲁浑汗颁旨，命秃格勒、失克秃儿那颜和弘出黑巴勒率军出征。4 月 13 日，阿鲁浑自率主力抵达沙别兰并在卡拉斯河畔击退敌军。

1294 年合赞汗皈依伊斯兰教，实行伊斯兰法，但未改变蒙古人在西亚传统的军事扩张政策。合赞汗三次兵进叙利亚，亲率伊利汗国骑兵与马木路克王朝作战。1299 年 10 月，合赞汗规定，"十人中金军五人，每人应有马五匹，军装全副，赍六月粮，以驼五千运输军粮"④，集结九万骑兵，任命忽都鲁沙为统帅，木来为先锋，兵进阿勒颇和大马士革。

1307 年 5 月，完者都汗出兵并征服伊朗的吉兰。1312 年 10 月，完者都决定进取叙利亚。12 月，围攻位于幼发拉底河岸的叙利亚的剌合伯特堡，因天气炎热，蒙古军退兵。综观伊利汗国重大的军事活动，无不表明伊利汗是国家最高的军事统帅。

第二，伊利汗具有全国最高行政管理权，可以直接任免中央、地方各级行

---

① 〔波斯〕拉施特．史集：第三卷［M］．余大钧，译．北京：商务印书馆，1986：82.
② 〔波斯〕拉施特．史集：第三卷［M］．余大钧，译．北京：商务印书馆，1986：90—91.
③ 〔波斯〕拉施特．史集：第三卷［M］．余大钧，译．北京：商务印书馆，1986：119.
④ 〔瑞典〕多桑．多桑蒙古史：下册［M］．冯承钧，译．上海：上海书店出版社，2001：288.

政、财政、司法管理者，并握有生杀予夺之权。伊利汗国是一个君主专制国家，也是一个游牧贵族军事政权的国家，它在充分保障旭烈兀家族为中心的蒙古军事贵族特权地位和利益的前提下，实行中央集权的封建统治体系。

1258 年 2 月 20 日，旭烈兀处死阿拔斯王朝末代哈里发穆斯台耳绥木的当天，为重建巴格达城，委任原哈里发的首席维齐尔、主和派的木爱亦答丁·穆罕默德·本·阿勒合迷为蒙古帝国在巴格达的宰相，原哈里发的财政大臣法黑刺丁·答木合尼为巴格达的财政大臣，阿里—把阿秃儿为巴格达的军事长官和工商业者的首领，尼咱马丁·阿不答木明为巴格达的伊斯兰教法官长，额里该和合刺不海率三千骑兵镇守巴格达。1258 年 6 月 6 日，宰相木爱亦答丁去世，其子沙刺法丁被委任为巴格达的宰相。1259 年旭烈兀选任苦思丁·马合谋·志费尼为旭烈兀所征服地区的撒希卜底万。论波斯的伊利汗，学者威廉·亚当认为，旭烈兀是蒙古人在波斯建立王朝的帝王①。

1265 年 6 月 19 日，阿八哈举行即位仪式，着手安排国家和军队大事。首先确定帖必力思（大不里士）为第一京城，篾刺合（马拉盖）为第二京城；其次委派宗王玉疏木忒镇守打耳班、设里汪、穆干草原，以宗王秃卜申镇守呼罗珊和马赞达兰，委任必阇赤秃忽和秃答温前往鲁木的篾力宫廷，监管鲁木地区，派都刺拜那颜镇守迪亚别克尔和迪牙儿刺必阿，以绰儿马罕之子失烈门那颜镇守格鲁吉亚，以孙扎黑为阿拉伯的伊拉克和法尔斯地区的长官。阿儿浑仍主管全国税收，苦思丁·马合谋·志费尼仍为宰相兼财政大臣，苦思丁·志费尼的兄弟、历史学家火者阿老丁·阿塔蔑力克·志费尼受命为巴格达的副长官。1281 年春，任命马只忒—木勒克·也思迪为全国的木失里甫（税赋总监）。

1282 年 6 月 21 日帖古迭儿—阿合马即位后，首先解除被马只忒—木勒克所诬陷而遭拘押的苦思丁·志费尼的兄弟、历史学家志费尼，并恢复他巴格达副长官职位，然后下令处死马只忒—木勒克。1284 年 1 月 18 日阿合马任命他的女婿阿里纳黑掌管军队。

1284 年 8 月 11 日，阿八哈长子、宗王阿鲁浑登位后，委任不花为全国宰相，管理大大小小国事，以失克秃儿那颜为众异密的首领。派遣宗王术失怯卜和拜都、阿鲁黑那颜掌管巴格达和迪亚别克尔，宗王忽刺术和乞合都镇守鲁木，宗王阿泽掌管格鲁吉亚。阿鲁浑之子、宗王合赞掌管呼罗珊、马赞达兰和列夷地区，宗王勤疏为合赞的摄政，捏兀鲁思为呼罗珊的军事长官。1284 年 8 月 4 日处死撒希卜底万苦思丁·马合谋·志费尼。伊斯兰历 683 年（1284/1285 年），

①　BOYLE J A. The Cambridge History of Iran［M］. Cambridge University, 1968：355.

阿鲁浑委任屯速该为巴格达长官，不久，屯速该死，拜都速古儿赤继任。1286年6月6日，委任兀儿都乞牙为巴格达的异密（军事长官），沙剌法丁为巴格达的篦力（行政长官），撒都—倒剌为巴格达的木失里甫。1289年1月16日处死宰相不花，2月22日处理不花的兄弟阿鲁黑那颜。1289年6月阿鲁浑任命撒都—倒剌为全国宰相。1291年3月5日又下令处死撒都—倒剌和僚臣兀儿都乞牙。

1291年7月23日，乞合都被诸哈敦、异密和宗王全体拥戴登位后，委任失克秃儿那颜为众异密的首领，授权失克秃儿在全国各地享有充分权力。1292年11月18日，在阿兰冬营地，阿鲁浑汗委任撒都剌丁·曾扎尼为撒希卜底万，委任撒都剌丁·曾扎尼的兄弟忽忒巴丁为全国伊斯兰教大法官兼大不里士长官，委任撒都剌丁·曾扎尼的堂兄弟瓦合木·木勒克为伊拉克长官。

1292年初，宗王合赞委任撒都剌丁·曾扎尼为底万官员的首领，采办军粮，管理呼罗珊、祃桫答而、忽米思和列夷地区的赋税。[1] 1295年10月合赞任命捏兀鲁思为全国宰相。1295年合赞登临大位后，着手整顿全国各地统治秩序。11月9日，委任脱合察儿为鲁木的军事长官。1296年合赞汗任命哲马里丁·迭思忒哲儿答尼代替沙剌法丁·西模娘尼为新宰相，伊利汗国开始出现双宰相制，哲马里丁·迭思忒哲儿答尼通好马木路克王朝，为官不足两个月，10月27日被处死。1297年8月4日，捏兀鲁思因骄横跋扈在赫拉特被合赞汗处死。1298年5月4日，合赞汗下令处死臭名昭著的前宰相撒都剌丁·曾扎尼，6月3日处死撒都剌丁·曾扎尼的兄弟忽忒巴丁。1301年8月3日，合赞汗任命火者撒都丁为宰相，任完者都为呼罗珊领地的长官。

1304年7月11日，诸哈敦、异密和宗王拥戴合赞汗之弟完者都为伊利汗，完者都即位后，委任忽都鲁沙的女婿火儿忽答为呼罗珊异密，以忽都鲁沙和出班那颜为异密长，掌管全国军事。以拉施特和火者撒都丁为撒希卜底万，掌管全国财政。忽都海牙和巴哈丁·雅库布，总管瓦克夫（宗教基金）。原各地异密、篦力，各司其职。1312年2月19日，完者都不满宰相火者撒都丁结党营私，下令处死撒都丁。5月1日，任命塔只乌丁·阿里沙为新宰相，与拉施特宰相共同管理全国财政。

1316年12月16日，完者都汗因声色犬马致死，其子不赛因在1317年4月为诸哈敦、异密和宗王拥戴继位。不赛因即位后，遵父命以出班为摄政王，命拉施特和阿里沙二位宰相仍为撒希卜底万，以出班之子帖木儿—塔失为鲁木军

---

[1] 〔波斯〕拉施特. 史集：第三卷［M］. 余大钧，译. 北京：商务印书馆，1986：258.

政长官，以拉施特宰相之子火者扎鲁丁为鲁木的财政长官，以出班之子的马失火者为阿塞拜疆和两伊拉克（阿拉伯的伊拉克和波斯的伊拉克），波斯的伊拉克又称伊拉克阿只迷的行政长官，以完者都的舅父亦邻真异密为迪亚别克尔的军政长官，以雪你台为亚美尼亚的军政长官，委派也先忽都鲁镇守呼罗珊。由于阿里沙不断进谗，1318 年 7 月 18 日，不赛因下令处死宰相拉施特。综上所述，历代伊利汗关于国家重要官员的任免，可以说是全国最高的行政管理者，也是专制君主。

第三，伊利汗对汗国共有财产有很大的支配权。

与历史上所有游牧民族首领一样，蒙古大汗把国家视为整个氏族的共有财产，对诸弟、诸子、诸异密实行领户分封、裂土专辖，共享赋入。伊利汗国也遵循蒙古帝国的家产共享体例，伊利汗通过封地和宴庆赏赐等不同形式，对所有哈敦、异密和宗王分享财富，最大可能满足军事贵族的经济利益。史载，旭烈兀"把伊拉克、呼罗珊、襐楼答而地区直至质浑河口为止赐给他的卓越的长子宗王阿八哈，把阿儿兰（阿兰）、阿塞拜疆地区直到［边］墙为止赐给了玉疏木忒（旭烈兀的第三子）"①。

遵照共享体例，后妃们可从国赋收入和战利品中获取一定比例的收益。原留驻蒙古地区的旭烈兀后妃忽推哈敦来到伊利汗国阿八哈汗廷，闻听旭烈兀之死，悲伤之余，要求阿八哈按例分赐属于她的收益。《史集》记载，"忽推哈敦进入大帐，要求阿八哈照章办事。阿八哈将迪亚别克儿、篾牙法里勤地区［的几处地方］和另外几个地方赐给她以供生活花费之需，每年从那些地方可取得十万左右金第纳儿。有时［阿八哈汗］表示关心，竭力照顾她们"。1279 年 4 月哈剌温人，也就是通称的尼兀答儿部人归顺后，阿八哈汗回到京师大不里士，对诸后妃分封土地。拉施特记载："［阿八哈汗］说：'既然我们的荣耀的父亲征服了如此辽阔的地区，无论如何应当分给他的妻子和儿子们各一份。'他把篾牙法里勤地区赐给了忽推哈敦，把迪亚别克儿的一部分地区和札即鲁地区赐给完者哈敦，把撒勒马思赐给术木忽儿的妻子讷伦哈敦和他的儿子术失怯卜和勤勒，另一些地区则赐给了嫔妃所生下的其他儿子们。"② 阿八哈汗则把自己的封地委托给阿勒塔出那颜管理，以阿剌答黑和昔牙黑苦黑为自己的驻夏营地，阿儿兰、巴格达和温暖的察合秃河谷为驻冬营地。

1295 年 5 月，拜都与合赞争位之战处于胶着状态，蒙古军事贵族希望通过

---

① 〔波斯〕拉施特. 史集：第三卷［M］. 余大钧，译. 北京：商务印书馆，1986：95.

② 〔波斯〕拉施特. 史集：第三卷［M］. 余大钧，译. 北京：商务印书馆，1986：149.

领地和军队的重新分配实现双方和解，合赞方的异密说，让拜都把阿鲁浑汗、大不鲁罕哈敦、兀鲁克哈敦以及合儿班答等宗王的帐殿交给宗王合赞，并把合赞的财产、金库以及萨非德河彼岸的伊拉克、呼罗珊、忽米思、禡桫答而交给合赞，法尔斯的一半地区及阿鲁浑的全部私属领地，包括脱合察儿统帅的一万合剌温军队，均应归合赞所有。拜都回答说："宗王合赞知道，阿鲁浑汗也把我当作亲生儿子抚养，他为每个儿子确定了某个地区作为驻冬牧场并配有某个异密。脱合察儿和一万合剌温军队是我在巴格达的经常战友。如果〔合赞〕能决定赞同阿鲁浑汗的意志，那么就能对此做出判断。"① 拉施特的记录告诉我们，在争战中，双方都以前任伊利汗阿鲁浑汗的决定，作为扎撒，作为战争诉求的最高、最有利依据，但双方争战的焦点也就是蒙古军事贵族，尤其是旭烈兀家族宗王们的利益之争。1302 年夏，合赞汗在庆祝三天三夜阅读《古兰经》后，倾注于治理国事，对诸王、异密分封领地，以禡桫答而地区为宗王完者都的冬营地，徒思、谋夫、巴忒吉思为夏营地，阿儿兰为讷邻异密的冬营地。1303 年 4 月 19 日，合赞汗把迪亚别克尔和迪牙儿剌必阿，即上两河流域的统治权授予马尔丁的阿图格王朝苏丹纳只马丁二世（1294—1312）。为整顿诸哈敦帐殿开支费用，合赞下令从汗室的私属领地中为各帐殿指定一个地区，从政府财税为各帐殿的哈敦们拨付基本的费用。

总而言之，伊利汗集军事、政治、经济大权于一身。伊利汗国的国体属于世袭的君主专制国家。诚如格鲁塞所言，"旭烈兀死后（1265），波斯继续是一个世袭君主国，由其子孙诸伊儿汗执政"。②

2. 伊利汗汗位继承体例

伊利汗国，至少在统治前期，其汗位继承及选汗仪制，几乎完全同于蒙古帝国汗廷的组织与制度，实行"国俗旧礼"。也就是说，汗的选举通过忽里勒台完成。新汗即位，由蒙古诸宗王权贵参加，外人无由侪列。《中堂事记》所言："皇族之外，皆不得预，礼也。"③《世界征服者史》也翔实地记载了推选窝阔台为大汗而举行的忽里勒台全过程。据志费尼记述，经过 40 天的推选与辞让，在与会贵族的再三敦促下，多次表示拒绝之意的窝阔台终于服从其父的遗旨，采纳众兄弟叔伯的劝告，按照旧俗，登临大汗之位，与会贵族们向新汗三次跪拜

① 〔波斯〕拉施特. 史集：第三卷［M］. 余大钧，译. 北京：商务印书馆，1986：272.
② 〔法〕雷纳·格鲁塞. 蒙古帝国史［M］. 龚钺，译. 北京：商务印书馆，1989：304.
③ （元）王恽撰. 中堂事记［M］// 秋涧先生大全文集：卷81.

表示忠诚。① 雅库博夫斯基在研究蒙古帝国忽里勒台制时断论："1251 年（蒙哥汗即位）的忽里勒台是十分典型的，……可以把这次忽里勒台看成是蒙古帝国及其各个部分（兀鲁思）的大小忽里勒台的典型例子。"② 而关于蒙哥即位仪式，所记内容与窝阔台即位情形相差无几，兹不赘言。

《史集》所记述的大量史实表明，诸伊利汗的选举也都是在忽里勒台上完成的。前汗去世，汗国立即召开忽里勒台，诸宗王、哈敦们、异密们全体推举新汗登临汗位，向新汗宣誓拥护、效忠。兹摘录阿八哈即位情形，从中可对伊利汗即位仪制窥见一斑。拉施特说："旭烈兀汗死后，他们按照自己的风俗习惯将道路阻塞，并下令：任何人不得［将消息］传出去，因为他（阿八哈）是长子和［汗位］继承人，还去把担任宰相、在阿八哈汗身边的阿儿浑阿合叫来。……在相当于伊斯兰教历 663 年 5 月 19 日的忽客儿年，阿八哈汗驻营于察合秃［河］畔。由于他的到来，全体近臣和异密们都出去迎接他。……哀悼仪式举行后，所有的后妃、宗王、驸马们聚在一起，举行了有关他即位的会议。……其中失克秃儿那颜曾由旭烈兀汗授以遗嘱并委以必里克。孙扎黑—阿合在其他异密们之前证明阿八哈汗有权继承汗位，他［阿八哈汗］表示拒绝，并逊让于其诸弟。诸弟一起跪拜说：我们是臣下，我们认为你是父亲的继承者。……宗王和异密们说：'你是宗王们的长兄，通晓古老的习俗、法规和吉祥的传说，旭烈兀汗在世时就已让你作汗位继承人，别人怎能坐上汗位呢？'全体都真心实意地同意了。相当于 663 年 9 月 3 日［1265 年 6 月 19 日］的牛年顺［?］月 5 日星期五，……阿八哈汗在彼剌罕地区察罕—纳兀儿湖畔即位，举行了即位的全部仪式。"③

伊利汗国的汗位继承体例，与历史上游牧民族的汗位继承、蒙古汗位的继承基本一致，没有形成类似汉制的特别明确、固定有序的嫡长继承制，蒙古传统力量占主导地位。汗位继承的方法主要是三种，一是军事民主制时代沿袭下来的忽里勒台贵族大会的推举，忽里勒台制越来越流于一种形式。伊利汗的认定或由先帝生前指定其子孙、兄弟，或其兄弟子孙通过明争暗斗甚至武力强取。继承人确立之后，仍需忽里勒台哪怕是形式上的贵族大聚会宣示，由蒙古诸王、

① JUVAINI. The History of the World – Conqueror［M］. tr. ，BOYLE J A. Manchester University, 1958（Vol. i：pp. 183—187、Vol. ii：p. 568.）

② 〔苏〕Б·Д·格列科夫，А·Ю·雅库博夫斯基. 金帐汗国兴衰史［M］. 余大钧，译. 北京：商务印书馆，1985：99.

③ 〔波斯〕拉施特. 史集：第三卷［M］. 余大钧，译. 北京：商务印书馆，1986：102—103.

贵戚推举，方能登临汗位。阿八哈之后的诸伊利汗，如遗嘱指定的帖古迭儿、完者都、不赛因，武力夺位的阿鲁浑、合赞，权臣拥立的乞合都、拜都，其即位仪制，无一不是按照蒙古旧俗进行。二是父死子继，且长子优先继承权。如阿八哈、阿鲁浑、合赞、不赛因。三是兄终弟继，如帖古迭儿、乞合都、拜都、完者都。

伊利汗国汗系表

序号	伊利汗名	英 译	在位年代	说 明
1	旭烈兀	Hülegü	1256～1265	开国君主
2	阿八哈	Abaqa	1265～1282	1 之子
3	帖古迭儿（阿合马）	Tegüder（Ahmad）	1282～1284	1 之子
4	阿鲁浑	Arghun	1284～1291	2 之子
5	乞合都	Geikhatu	1291～1295	2 之子
6	拜都	Baidu	1295	1 之孙
7	合赞	Ghazan	1295～1304	4 之子
8	完者都	? ljeitü	1304～1316	4 之子
9	不赛因	Abū Saʿīd	1317～1335	8 之子
10	阿儿巴	Arpa	1335～1336	阿里不哥家族
11	木撒	Mūsā	1336～1337	旭烈兀家族
12	麻合马	Muhammad	1336～1338	6 之孙

序号	伊利汗名	英译	在位年代	说明
13	脱合帖木儿	Togha – Temür	1338～1352	拙赤合撒儿家族 一说术赤家族
14	只罕帖木儿	Jahān – Temür	1339～1341	5之孙
15	撒迪别（女）	Sati Beg	1339～1340	8之女
16	速来蛮	Sulaimān	1339～？	旭烈兀家族
17	努失儿完	Anushīrvān	1344～？	旭烈兀家族

总的说来，伊利汗国的汗位继承体例，既确立了西亚的蒙古贵族之间君臣上下的誓约关系，又表明了西亚的蒙古人在汗位继承体例上坚持蒙古传统旧俗。实质上是，完全排斥波斯贵族参与伊利汗国最高政治活动，从根本上维护了旭烈兀家族以及蒙古贵族在波斯和西亚地区的特权。

（二）忽里勒台

"忽里勒台"，亦译"忽里台"等名，是蒙古语 quriltai 的音译。《中国大百科全书·中国历史·元史》之"忽里台"条释，忽里勒台是蒙古人部落或部落联盟最初的议事会，用于推举首领，决定征战等大事。

据符拉基米尔佐夫研究，蒙古汗国初期的忽里勒台由氏族首领、显贵人物乃至有势力的属部成员，即古代蒙古社会上层阶级的代表人物参与。在如此的忽里勒台内部，看不到它是任何有组织的机构。所以，忽里勒台是一种氏族成员的家庭会议，商讨偶然发生的种种事件，只有愿意出席和与会务有关系的人参加。部落议事会选举的首领——汗，其"权力非常微弱，……很难想像部落议事会能够举行正当的选举"①。但是，13 世纪初成吉思汗武力统一漠北高原后，具有原始民主制的忽里勒台演变为蒙古帝国的诸王大会、大朝会，忽里勒台已具有决策权力的职能。

作为统治伊朗的成吉思汗后人旭烈兀等诸伊利汗，继续沿用蒙古帝国的忽里勒台制。除前述新伊利汗通过忽里勒台被推举即位和确定君臣关系的重要功能外，忽里勒台在伊利汗国还起着颁发赏赐、瓜分国库帑藏以及笼络蒙古显贵的作用。

史料记载，阿八哈第一次即位，遵循蒙古宴饮庆祝习俗，大行赏赐，"将无

---

① 〔苏〕Б·Я·符拉基米尔佐夫. 蒙古社会制度史［M］. 刘荣焌，译. 北京：中国社会科学出版社，1980：128—129.

数钱财、珍宝和珍贵的服装分赐给后妃、宗王和异密们，以至所有的士兵们都分沾到了好处"①。1282 年 6 月帖古迭儿—阿合马即位仪式后，按照蒙古人的庆贺习俗，欢庆典礼举行后，阿合马下令将父汗旭烈兀储存在乌尔米耶湖中的沙忽岛上的宝藏取来，分赐给后妃、诸王、异密们和贫困者们，在全体军队中每个士兵分得一百二十个第纳儿。乞合都即位后，依俗在宫廷宴乐一个月，更是横赐嫔妃、宗王、勋属。多桑说："从前在阿鲁浑时因滥杀而充溢之库藏，至是因赏赉为之罄。前此诸汗所保存之珍宝，概为乞合都分赐诸可敦妃主。"② 至于其他诸伊利汗也都依俗宴乐赏赐，余不一一讲述。所以，以忽里勒台作为赏赐平台，在诸伊利汗的政治生活中，其作用非常明显。新汗即位，动辄封赏，甚至滥赐。忽里勒台行赏赐成为新伊利汗拉拢、争取宗亲贵戚的一种重要手段。

忽里勒台大会还起着决定和宣布汗国重大军政事务的功能。通过大聚会，新伊利汗处置叛逆臣子，或分派征伐，而更多的是委任职官和分封领地。据马加基说，绰儿马罕上任伊朗行政长官之际，下令召集大忽里勒台，"将全部土地分配给了一百零十名统将"③。拉施特说，阿八哈在忽里勒台宴乐后，立即"着手安排国家和军队的大事"，分封诸王众帅镇戍全国各地。如，宗王玉疏木忒镇守汗国西北部的打耳班、设里汪等地，宗王秃卜申守卫东北部战略要地呼罗珊、祃桵答而，异密孙扎黑镇戍东南部的巴格达和南部的法尔斯，西北部的鲁木分封给兄弟秃答温，而异密绰儿马罕之子失列门守卫格鲁吉亚，京城大不里士为阿八哈的驻地，苫思丁·志费尼继续担任撒希卜，阿儿浑主管汗国各地包税等。总之，忽里勒台虽不是伊利汗国常设的军政决策机构，但享有汗国临时性的重大决策权力，一定程度上起着伊利汗国"最高国事会议"的功能。

（三）维齐尔制

旭烈兀西征，尤其是忽必烈认可旭烈兀对阿姆河以西至埃及边境的统治权之后，阿姆河等处行尚书省作为蒙古帝国中央政府在西亚地区的最高行政管理机构的职能也就自行消失。伊利汗国实行维齐尔制，委以穆斯林精英掌管全国民政、财政、司法等事务。之所以如此，主要因为以下几个原因。

第一，伊利汗国初期，蒙古人替代阿拔斯王朝、塞尔柱王朝和花剌子模国等阿拉伯人、突厥人和花剌子模人统治波斯、伊拉克和小亚细亚，并不完全同

---

① 〔波斯〕拉施特. 史集：第三卷［M］. 余大钧，译. 北京：商务印书馆，1986：103.

② 〔瑞典〕多桑. 多桑蒙古史：下册［M］. 冯承钧，译. 北京：上海书店出版社，2001：242—243.

③ 〔苏〕Б·Д·格列科夫，А·Ю·雅库博夫斯基. 金帐汗国兴衰史［M］. 余大钧，译. 北京：商务印书馆，1985：101.

于上述外来征服者的统治。因为在波斯和西亚的穆斯林看来，蒙古人敌视伊斯兰世界，属于"异教徒"，已构成对伊斯兰世界的最大威胁。蒙古人上层统治阶级的高压政策不断激起波斯和西亚人民的强烈反抗。例如，臣服于伊利汗国的摩苏尔、法尔斯纷纷叛乱。波斯和西亚的阶级矛盾、民族矛盾与宗教矛盾交织在一起，斗争十分尖锐。

第二，伊利汗国所辖的波斯和西亚，地域广阔。分布在如此广大地区的民族众多，有讲波斯语的波斯人、讲阿拉伯语的阿拉伯人、讲突厥语的突厥部族、讲蒙古语的蒙古人。此外，还有格鲁吉亚人、亚美尼亚人、库尔德人、阿塞拜疆人等。所有这些民族从事着农业、畜牧业、手工业、商业等不同的经济，信仰着伊斯兰教、基督教、佛教、萨满教等不同的宗教。民族、经济、宗教及文化多种多样，情况极为复杂。

第三，蒙古人在波斯和西亚属于少数派。据伊朗史学家阿宝斯·艾克巴尔·奥希梯扬尼说，1295 年合赞汗率伊朗的全体蒙古人皈依伊斯兰教时，人数近 10 万。亚美尼亚历史学家海屯说，在西亚的蒙古人也就是 20 万人。[①] 毋论人数准确数目，蒙古人在西亚伊斯兰世界属极少数人种，而且蒙古人是外来的游牧民族，文化程度相对不高，缺乏管理国家大事的经验，不能独立理财，因此蒙古人像阿拉伯人、塞尔柱人一样，不得不借重波斯和西亚当地穆斯林精英来管理国家民政事务，特别是财税的管理，完全依照当地的传统。这种情况一直持续近百年，直至伊利汗国灭亡。

第四，蒙古人入主波斯和西亚，主要依靠的是蒙古—突厥军事游牧贵族。伊利汗国前期，基本上奉行蒙古传统的军事扩张政策，内外征战频仍。旭烈兀是一位典型的游牧部落统治者，热衷于对外战争，藉以掠夺更多的财富、侵占更大的牧场。其继任者阿八哈、阿鲁浑继续执行旭烈兀的路线，崇尚战争。所以，伊利汗国前期，只能是在蒙古旧制的基础上，对西亚原有的制度尤其是民政、财政、司法等制度保留或稍加变通以适应伊利汗国初期蒙古人统治的需要。

因此，伊利汗国初期从中央到地方设置机构，启用穆斯林精英管理国家事务。搜索整理史料有关伊利汗国中央常设机构的记载，发现伊利汗国初期的中央机构最重要的职官有：维齐尔、撒希卜底万、必阇赤三职。按其重要性而言，维齐尔、撒希卜底万、必阇赤等文职次于万户长、千户长等军职。至于伊利汗

---

① 〔伊朗〕阿宝斯·艾克巴尔·奥希梯扬尼. 伊朗通史：下册 [M]. 叶奕良，译. 北京：经济日报出版社，1997：548. BOYLE J A. The Cambridge History of Iran, Vol. , 5 [M]. Cambridge University, 1968：397.

国中央机构中的汗廷官职不是十分明晰，有待进一步研究。

维齐尔（vizier），波斯语，"辅弼"之意，大臣、丞相、宰相，在阿拔斯王朝前期（750年—9世纪中叶），跻居高位、握有重权，是哈里发一人之下、万人之上的国家最高行政长官，总揽全国军政大权，下辖行政、军事、财税、司法、驿传等部①。维齐尔由哈里发直接任免，掌管政府各部，权力并未明确划分，根据维齐尔个人的性格特征以及当时的社会状况可以限制或扩大。维齐尔的职能以哈里发的利益为重心来掌管国家事务，尤其是促进国家的农业和人口繁荣，最终增加财政收入。"他被期望于保持地方财政处于健康状态，还保证拥有充足的储备用于应急事件，很少有维齐尔能够完全做到这些。"② 尽管维齐尔属于国家政府文职官员而非军事指挥官，大塞尔柱王朝的维齐尔还时常陪伴苏丹巡游王国或参加军事远征。

阿拔斯王朝后期（9世纪中叶—1258年）和大塞尔柱王朝时期（1038—1194），突厥人和波斯人相继当权，"维齐尔"一职虽继续存在，但实际权力大大缩减，成为哈里发或苏丹的私人秘书，并且当哈里发、苏丹去世或下台，维齐尔及其幕僚一般共退同进。大塞尔柱王朝时期，首先作为阿尔普·阿尔斯兰（1063—1072）的维齐尔，然后又成为马立克沙（1072—1092）的维齐尔的波斯著名宰相尼扎姆·莫尔克（1019—1092），这种情况属于少见的个例。

蒙古人入主波斯和西亚，伊利汗国继续沿用"维齐尔"一职。史料记载，受任伊利汗国的维齐尔，既有阿儿浑、不花、捏兀鲁思等蒙古人，也有撒都·倒剌、三朝宰相的拉施特等犹太人，但大多数的维齐尔还是波斯人，如三朝宰相的苫思丁·马合谋·志费尼、撒都剌丁·曾札尼、札马鲁丁·迭思塔只儿尼、火者撒都丁、塔只乌丁·阿里沙等人。

从阿拉伯和波斯史料关于伊利汗国时期维齐尔的活动、职责及权限来看，维齐尔职官虽不及万户长、千户长等军职重要，但其权力在国家行政机关中最大，总理全国政务，尤其是国家的税收。这可以伊利汗国旭烈兀、阿八哈和阿合马的三朝维齐尔苫思丁·志费尼的政治生涯为例。

蒙古统治西亚时期，维齐尔常常也被称为撒希卜底万，他的职责主要是税收和财政的管理。舍里甫丁必阇赤被处死后，旭烈兀赐予苫思丁·志费尼为撒

---

① 底万（Dīwān）：突厥语，"办事处"或"部"之意，指中央政府、内阁及其所辖各行政部门，尤其是财政部。

② LAMBTON A K S. Continuity and Change in Medieval Persia – Aspect of Administrative, Economic and Social History, 11th – 14th Century ［M］. Bibliotheca Perica, 1988：29.

希卜底万官职，封授他"全权决定、主宰、安排和掌管国事"①。在 1277 年 7 月，阿八哈汗出兵鲁木，征讨塞尔柱苏丹国某些贵族勾结马木路克王朝苏丹拜伯尔斯对小亚细亚的军事活动。在鲁木，阿八哈汗下令处死部分引起骚乱的鲁木贵族，并下令对锡瓦斯等某些地区进行屠杀和掠夺。苦思丁·志费尼为了小亚细亚的社会、生产以及财政收入的稳定，几次劝诫阿八哈汗，希望阿八哈汗不要因为鲁木贵族的叛乱而迁怒于平民，阿八哈汗最终接受了苦思丁·志费尼的建议。据此而知，尽管苦思丁·志费尼属于政府文职官员而非军事指挥官，他伴随在伊利汗阿八哈身边，并在军事活动中及时劝诫君王体恤民生，尽可能减少民政事务中妨碍社会生产和财税增长的一些不利因素。所以，某些著名的维齐尔如苦思丁·志费尼、拉施特等人，可以在国家政策上对统治者加以建议，行使更加广泛的权力。

很少有详细资料关于伊利汗国维齐尔的薪俸问题。伊利汗国，像大塞尔柱王朝所面临的问题一样，维齐尔及其幕僚并没有固定资金来运作行政管理机构。维齐尔认为，他的薪酬在很大程度上是通过一定的土地等基金方式或某一地区的税收转让获得的，这些收入包括没收扣押财物、罚款、贪污和贿赂。这也可以同样解释为什么部分穆斯林精英渴望进入那些花费巨大的政府部门以此来获得巨额收入。从某种方式上说，维齐尔以伊利汗利益为出发点，总理巨额钱财，他个人的利益，伊利汗的利益以及国家的利益三者之间的区别很难辨别。一些维齐尔，比如说苦思丁·志费尼、拉施特及其下属都是富有的人。正因为如此，维齐尔往往成为政敌攻击乃至身亡的症结。

苦思丁·志费尼的政敌最初是马只忒—木勒克·也思迪，史料说他是一个"天生的文牍员和十分能言善辩、能干的人"②。马只忒—木勒克起初在苦思丁·志费尼的儿子火者别哈丁身边供职，后转而服务于苦思丁·志费尼。苦思丁·志费尼委派他前往格鲁吉亚统计人口，在短时间内，马只忒—木勒克功成名就，所有人皆惊叹不已。苦思丁·志费尼还委派马只忒—木勒克负责摩苏尔和迪亚别克尔的税收，十分赞赏马只忒—木勒克的工作能力。为能获得撒希卜底万之职，马只忒—木勒克竭尽全力攻击志费尼兄弟。首先，马只忒—木勒克向身为宗王的阿鲁浑进谗说苦思丁·志费尼"以自己的名义用国家资财几乎购买了四千万产业，拥有二千万现金以及畜群和马群"③。阿鲁浑把马只忒—木勒

---

① 〔波斯〕拉施特. 史集：第三卷 [M]. 余大钧，译. 北京：商务印书馆，1986：95.
② 〔波斯〕拉施特. 史集：第三卷 [M]. 余大钧，译. 北京：商务印书馆，1986：150.
③ 〔波斯〕拉施特. 史集：第三卷 [M]. 余大钧，译. 北京：商务印书馆，1986：150.

克的谗言报告给父王阿八哈汗，以致阿八哈汗对宰相苫思丁非常生气，派遣急使到全国各地缉捕苫思丁的同僚，审计苫思丁的账册。虽然苫思丁暂时逃过此劫，但阿八哈汗赐予马只忒—木勒克为全国的税收监理官，成为苫思丁·志费尼的同僚。

伊利汗国军政统治不会产生廉正和独立的行政体制，维齐尔并不能期待在他的同僚中拥有忠诚。因此出于自我保护的要求，他尽可能在要害部门安插自己的亲戚和心腹，前者因为他可以在某些方面控制他们，后者则是他们希望提升自己。但是维齐尔必须与他的支持者分享利益成果，并且这些利益者还会时不时与其他人一起策划维齐尔的毁灭。马只忒—木勒克对苫思丁的奸计不成，转而开始百般攻击苫思丁的弟弟阿老丁·志费尼，即著名史学家志费尼，说他任巴格达长官期间贪污 250 万巨款。阿八哈汗下令逮捕阿老丁·志费尼，阿老丁·志费尼同意交出 100 万，并受到各种殴打、刑讯和摧残，终至卖妻鬻子。史载，马只忒—木勒克 1281 年 11 月来到巴格达，索取阿老丁·志费尼答允的 300 万，"阿剌丁把他所有的东西一下子完全给出，甚至卖掉子女，然后写下字据说，今后若从他那里找出几个迪儿赫木（迪尔汗银币），他就有罪"[①]。不久，马只忒—木勒克再次进谗，阿八哈命令异密脱合察儿到巴格达去审查阿老丁·志费尼，因一无所获，阿老丁·志费尼游街并加以殴打。一计不成，马只忒—木勒克向宗王阿鲁浑诬陷说阿八哈汗父王之死是因为撒希卜底万苫思丁下毒。伊利汗阿合马弄清真相后，阿老丁·志费尼被平反昭雪，阿合马汗下旨发还阿老丁·志费尼被没收入国库的财产、家什，并得到阿合马汗的厚爱。在志费尼家族的请求下，1282 年 8 月，马只忒—木勒克被处死。

维齐尔很容易招致伊利汗家族其他成员的不满，如果这些人被反对，或被阻止参与政治事务，他们就会把这些归因于维齐尔，并且维齐尔渴望自身强大的对手们会鼓动这些人反对维齐尔。1283 年阿鲁浑赴巴格达驻冬，派人对阿老丁·志费尼说："我要索取阿剌丁所欠缴的税款以及他在我父亲在位时欠缴的税款。"[②] 阿老丁·志费尼认识到事态的严重性，知晓阿鲁浑对"余款"的要求只是借口。在阿八哈汗身边效力的兄长苫思丁得知弟弟的困境后，立马赶到巴格达，把自己和子女家中所能收集到的一切金银器皿，乃至亲朋好友所能借到的钱财统统献给了阿鲁浑。5 月 3 日，闻讯阿鲁浑对阿老丁·志费尼的僚属纳只马丁掘墓抛尸后，一代史家志费尼抑郁而死。

---

① 〔波斯〕拉施特. 史集：第三卷 [M]. 余大钧，译. 北京：商务印书馆，1986：158.

② 〔波斯〕拉施特. 史集：第三卷 [M]. 余大钧，译. 北京：商务印书馆，1986：168.

　　1284 年阿鲁浑即位后，蒙古人不花为宰相，苫思丁·志费尼大权旁落，并接受调查。阿鲁浑汗下旨苫思丁·志费尼交出 2000 万。苫思丁·志费尼说："我所取得的一切，都投资于［取得］地产收入了，如今我的资财只有每天从地产收入中得到的一千第纳儿。"① 苫思丁·志费尼受到审讯，1284 年 10 月 16 日被处死，全家遭到诛灭。伊利汗国几乎所有的维齐尔，像苫思丁·志费尼一样，时不时要承受极具羞辱性的棒打等刑罚，并在军政体制的政治环境中丧失生命。很少有维齐尔属自然死亡，阿里沙是唯一的一个。被处死是解职的通常结局，不仅是维齐尔，而且他的幕僚亦是如此。伊利汗国时期，维齐尔及其幕僚被解职或处死，他们的家庭及其幕僚就会被剥夺财富。在伊利汗看来，维齐尔的财富皆因任职宰相而得，应属公共基金、公众利益的部分资金，他们的财富并不是属于个人，而是属于国家，因此当解职和被处死时，伊利汗会不遗余力地侵占维齐尔的资财、私产。

　　伊利汗国统治西亚时期，蒙古人在西亚属于外来统治者并且最初是非穆斯林，那些为蒙古人服务的维齐尔的动机，对旭烈兀家族成员而言，是有所怀疑的。毫无疑问，一部分人进入伊利汗廷服务的非蒙古人维齐尔希望采用传统的西亚行政体制来影响西亚和波斯的蒙古人统治，以减轻蒙古军事贵族在西亚对当地人民所施加的极不公平的负担，另一部分人任职维齐尔是为了生计，而其他人任职维齐尔则希望个人有所得。伊利汗国军政统治体制下的物质奖励比阿拔斯王朝和大塞尔柱王朝时期的维齐尔更加优越，但它的危险性也不断增加，阴谋无时不在滋生，忠诚不再存在于维齐尔和他的幕僚之间，嫉恨与对抗十分普遍。穆思托非·韩达剌说："阿鲁浑的维齐尔撒都·倒剌不断刁难财务官法赫尔丁，尽管这两人在撒都·倒剌成为伊利汗国大臣之前并不存在敌意。这样的原因是撒都·倒剌意识到法赫尔丁的才能非常契合维齐尔一职，把他视为自己的对手。穆思托非·韩达剌叙述，有一天，阿鲁浑要求审查汗国的账目。撒都·倒剌说这需要很长的时间来准备。法赫尔丁做了一份财务清单，列出了汗国土地的赋税收入、行省和斡耳朵的常规开支，以及国库金额的总量。阿鲁浑审查了财政清单，非常满意，而撒都·倒剌则非常烦恼。此后，撒都·倒剌等待机会打击法赫尔丁。一天，阿鲁浑酒醉，撒都·倒剌得到伊利汗的同意，1290 年铲除了法赫尔丁。"②

---

① 〔波斯〕拉施特. 史集：第三卷［M］. 余大钧，译. 北京：商务印书馆，1986：191.

② LAMBTON A K S. Continuity and Change in Medieval Persia – Aspect of Administrative, Economic and Social History, 11th – 14th Century［M］. Bibliotheca Perica, 1988：63 – 64.

合赞汗和完者都汗时期，伊利汗国实行双宰相制，联合处理政府各部事务，相互掣肘，绝对服务汗室。1298 年 5 月维齐尔撒都剌丁·曾扎尼被下令处死，8 月，合赞汗封赐火者撒都丁·摩诃末继任宰相，合赞汗使他辉煌荣耀。史料记载，"因为［君王］已将统辖各地区的权柄和对国事的主宰权交到了他的能干、智慧的手中，无法再增加他的官位，所以他就赐予他如下恩典：封赐给他一千蒙古军队，赐予纛鼓，并命令全体异密前来举行庆祝仪式"①，并让拉施特作为他的伙伴。维齐尔的地位似乎在撒都丁任职期间有了特别的变化，他在保持着大批的随行的行政人员的同时，还拥有了私人军队，并陪伴统治者到处巡行。瓦撒夫说，"撒都丁对整个王国行使充分的控制权"，② 但最后，撒都丁和拉施特相互争吵，以 1298 年火者撒都丁被处死作为此事件结束的标志。完者都委任阿里沙和拉施特为联合维齐尔。完者都的儿子不赛因，在他任命嘉泰丁·谟罕默德·拉施特维齐尔时，让阿老瓦丁·谟罕默德共同担任维齐尔。"无论联合维齐尔的潜在动机是什么，事实上它使行政机构滋生了阴谋活动与党派主义。最突出的例子就是联合维齐尔拉施特和阿里沙，阿里沙就曾使用各种方式摆脱拉施特的束缚。他们之间相互嫉妒的情绪几乎使行政机构处于停滞状态，直至完者都把汗国的行政管理区域一分为二。"③ 拉施特受任管理伊拉克·阿只迷、法尔斯、克尔曼和洛尔斯坦，阿里沙管理大不里士、迪亚别克尔、穆干草原、阿兰、巴格达、巴士拉、瓦西特、希拉和库法，两人都委派代理人。然而阿里沙的阴谋在继续，不赛因即位后，1317 年阿里沙成功地使拉施特被解职。1318 年阿里沙诬陷拉施特毒死完者都，怂恿不赛因汗处死拉施特。

与阿拔斯王朝和大塞尔柱王朝时期的维齐尔相比，伊利汗国维齐尔的职能既没有司法裁判权，也无军事指挥辅佐权，伊利汗国维齐尔可以委任地方次要官员，尤其是财税官员。蒙古人统治下的维齐尔的职责及其实践，第一是负责维持汗室和军队必需的花费，第二是调整地方官员及其行政机构的花费，第三是解决伊斯兰宗教阶层的福利和津贴。实际上，伊利汗国的维齐尔监督政府各部，尤其是国库，同时还须监督汗室家产（媵哲 inju），特别是田产。维齐尔作为伊利汗的代管人，主要是服务于旭烈兀家族王朝的财税大臣。

① 〔波斯〕拉施特 . 史集：第三卷［M］. 余大钧，译 . 北京：商务印书馆，1986：340.
② LAMBTON A K S. Continuity and Change in Medieval Persia – Aspect of Administrative, Economic and Social History, 11th – 14th Century［M］. Bibliotheca Perica, 1988：56.
③ LAMBTON A K S. Continuity and Change in Medieval Persia – Aspect of Administrative, Economic and Social History, 11th – 14th Century［M］. Bibliotheca Perica, 1988：56 – 57.

伊利汗国历任维齐尔表

历任维齐尔	姓名	历任伊利汗	任职时间	解职方式和时间	籍贯
第一任	舍里甫丁必阇赤苫思丁·志费尼	（1）旭烈兀（1256—1265）	？？	被处死	花剌子模人呼罗珊人
	苫思丁·志费尼	（2）阿八哈（1265—1282）	1265年6月		
	苫思丁·志费尼	（3）帖古迭儿（1282—1284）	1282年6月	1284年10月被处死	
第二任	不花	（4）阿鲁浑（1284—1291）	1284年9月	1289年1月被处死	蒙古人
第三任	撒都·倒剌	阿鲁浑	1289年6月	1291年3月	波斯犹太人
第四任	撒都剌丁·曾札尼	（5）乞合都（1291—1295）	1292年11月	1298年5月	波斯人
第五任	哲马剌丁·迭思忒哲儿答尼	（6）拜都（1295）	1295年4月	？	波斯人
第六任	捏兀鲁思	（7）合赞（1295—1304）	1295年10月	1297年8月被处死	蒙古人
第七任	沙剌法丁·西模纳尼	合赞	？	1296年9月被解职	波斯人
第八任	哲马剌丁·迭思忒哲儿答尼	合赞	1296年9月	1296年10月被杀	
第九任	撒都剌丁·曾札尼	合赞	1297年3月	1298年5月被处死	
第十任	火者撒都丁拉施特	合赞	1298年9月？		波斯人波斯犹太人
第十一任	火者撒都丁拉施特	（8）完者都（1304—1316）	1304年7月	1312年2月被处死	
第十二任	拉施特塔只乌丁·阿里沙	完者都	1312年5月		波斯人

续表

历任维齐尔	姓名	历任伊利汗	任职时间	解职方式和时间	籍贯
第十三任	拉施特塔只乌丁·阿里沙	(9) 不赛因 (1317—1335)	1317年4月	1318年7月被处死 1324年自然死	
第十四任	鲁克赖丁·赛因嘉泰丁·拉施特	不赛因	1324年？	1328年	波斯人波斯犹太人
第十五任	嘉泰丁·拉施特阿老瓦丁·穆罕默德	不赛因	1327年10月	1328年5月	呼罗珊人
	嘉泰丁·拉施特	(10) 阿儿巴 (1335—1336)			
	嘉泰丁·拉施特	(11) 木撒 (1336—1337)		1336年被处死	
第十六任	麻速忽沙苦思丁·匝哈里亚	木撒	1336年		
		(12) 麻合马 (1336—1338)			
第十七任	阿老瓦丁·穆罕默德	(13) 脱合帖木儿 (1338—1352)	1338年	？	波斯人
第十八任	苦思丁·匝哈里亚	(14) 只罕·帖木儿 (1339＝1341)	1339年	？	波斯人
		(15) 撒迪别 (1339—1340)			
		(16) 速来蛮 (1339—？)			
		(17) 努失儿完 (1344—？)			

　　维齐尔之下设置各部底万，分掌国家行政事务。从掌握的文献来看，我们无法确定伊利汗国究竟有多少个底万，只能根据有限的史料归纳出最常见的底万职官。它们主要是：①撒希卜，掌管国库，总理财政；②必阇赤，主管国家

重要文书以及与他国的外交关系；③驿传长，管理政府公文传递，同时负责向汗廷报告地方官吏情况，并直接听命于中央。此外，还有掌管法律事务的官吏等。

在各底万中，最重要的当推撒希卜·底万。作为一个民政机构，撒希卜·底万可视为政部、税务局或国库，负责登记、管理各地上缴的税款，如天课、土地税、关税、路税、人头税、战利品、贡赋等；撒希卜·底万也可作为一种职官，是财政大臣。伊利汗国对国库收入实行统一管理，各种赋税的依例完纳是撒希卜·底万最主要的职能。所以，撒希卜·底万仍然像塞尔柱王朝和阿拔斯王朝一样，是国家极其重要的民政机关。伊利汗国前期，伊利汗最关心的就是财政税收，撒希卜·底万成为伊利汗政府中最重要的人物之一，以至于常常出现财政大臣兼宰相这种特殊的行政现象。例如，1265年阿八哈任命苫思丁·志费尼继续担任撒希卜·底万职务，也就是财政大臣兼宰相，史载，阿八哈"让他全权决定、主宰、安排和掌握国事"①，以至于志费尼家族大权在握、权倾一时。不过，应指出的是，伊利汗虽然把波斯贵族作为不可或缺的政治力量，波斯官僚充斥中央到地方各个部门。但是，波斯人在伊利汗国中央政府机构中的政治基础非常脆弱，宰相、财政大臣以及地区长官、伊斯兰教大法官，等等，动辄被处以极刑。

伊利汗国，无论是初期还是后期，都有比较完善的税收管理体制。汗国的征税范围，除直接管辖的州区外，还包括臣服于伊利汗国的藩属国。例如，在13世纪伊利汗国各州县的税收清册中，其中就包括亚美尼亚和格鲁吉亚的税单，基督教寺院纳税亦无例外。13世纪末，亚美尼亚史学家斯捷潘·奥儿别里安尼说："他（亚美尼亚阿答毕塔儿撒亦赤）到梯弗里斯（第比利斯）去，吩咐将汗室大底万的迭卜帖儿（税册）取来给他，并从头到尾读了一遍；因为上面录有亚美尼亚应纳税的寺院名，他预先将一百五十多所寺院名划掉后，召见了大底万的书记官，让他将迭卜帖儿重录一份。然后，他焚掉了旧的迭卜帖儿，就这样免了我们这里所有的寺院的税。"② 所以说，臣服于伊利汗国的亚美尼亚、格鲁吉亚至少在伊利汗国前期是向伊利汗缴纳赋税的。税收是伊利汗国控制地方的经济手段，伊利汗国的税收可谓多如牛毛，无孔不入。土地、房屋、园圃、家禽、牲畜、人头、买卖交易、关卡交通、各种商品等都在纳税的范围之列。

---

① 〔波斯〕拉施特.史集：第三卷〔M〕.余大钧，译.北京：商务印书馆，1986：95—96.

② 〔苏〕Б·Д·格列科夫，А·Ю·雅库博夫斯基.金帐汗国兴衰史〔M〕.余大钧，译.北京：商务印书馆，1985：107.

为了更简便地敛财，伊利汗国在波斯各州和地方藩属国实行包税制，所有税收都包给当地权贵。包税者对居民增捐加税，肆意搜括，甚至公开敲诈勒索，产生诸多弊端。1304 年合赞汗废除包税制，实施新税法。

必阇赤（Bitikchi），突厥语，书记官、文书官之意。在伊利汗国，军队、中央各部、地方各州县行政机关皆设必阇赤若干名，其中一人为本部门的大必阇赤，称兀鲁黑·必阇。大必阇赤统领僚属，各司其职。

在中央各部底万，伊利汗国设有御前底万的书记官，称底万必阇赤，即大底万中的大必阇赤，组成一个类似今天的书记处，其主要职能是根据伊利汗旨意编制国库和各州支票、收据、结算凭证及商贸、水土等各底万公文。由于伊利汗国前期的行政工作主要围绕国家税收的征缴开展，所以，大底万的必阇赤们最经常性的职能是制作、发放各州的税单或凭证。同样，各州、县必阇赤分层分级登记户口，按丁计税，制出税册，为下级行政机关县、村出具税单。合赞汗为了整饬税收，从大底万中特派一名必阇赤驻各州工作，直接听命于大底万，编制出详细的可直接操作的收税单，详细登记各村剌亦思（以农民为主的缴纳赋税的居民）的税册，写明剌亦牙惕姓名，规定居民应缴的税额，并将税收清册送交底万。各州的税收清册及副本集中保存在京都大不里士的阿卜瓦卜一必儿（伊斯兰教大寺院），并派专人保管，便于查考。合赞汗实行军事采邑分封制后，军队设有千人队必阇赤和必阇赤·阿里思，分别负责千户和百户、十户军队采邑的文书。千人队必阇赤的职责主要是监督军队千户采邑诏令条文的贯彻执行；登记本采邑内土地耕作及荒地情况并上呈底万汇总。必阇赤·阿里思负责调查百户、十户采邑的经营，直接向伊利汗奏告本采邑的管理及违规状况，登记辖区内享有采邑的军户军士名册并层层上呈给百户长、千户长、万户长、中军统帅，各级分别对军士名册进行核查、统计。伊利汗国时期的书记官几乎全是波斯人，偶尔任命蒙古人为必阇赤。书记官一职，必须谙习蒙古文和突厥文，通晓各种学问，具备各方面的经验，随时准备伊利汗的询问。所以，必阇赤这一官职很受人尊崇。

伊利汗国前期的法制特点是法律双轨并行制，即在司法过程中，札鲁忽赤遵奉成吉思汗札撒的原则，哈的（伊斯兰教法官）以伊斯兰教法为司法依据。

蒙古人作为征服者和统治者，无疑需以法律的手段维护以旭烈兀家族为核心的外来统治者在波斯和西亚的特权。伊利汗国前期奉行蒙古传统政策，意识形态上与伊斯兰世界迥然不同。阿八哈汗曾诏谕全国："凡旭烈兀汗制定的一切法律和他所颁布的各种诏令，都要坚决遵守和履行，严禁更改歪曲。"① 阿鲁浑汗也颁旨："所有的人都要遵守自己父祖的道路。"② 司法组织上，雅库博夫斯基说："旭烈兀汗国设有专门的札鲁忽赤底万。"③ 遗憾的是，迄今为止没有充分材料说明札鲁忽赤底万在伊利汗国如何行使司法职权。我们只能认为：作为断事官的札鲁忽赤这一蒙古法官职官，的确在伊利汗国的法制生活中存在并发挥着审理诸如大量地产证书所有权归属等民事案件的作用。伊利汗国至少在前期直接沿用蒙古法律札撒。至于穆斯林本身案件的诉讼和审理完全以札撒为依据以及伊利汗国法制上出现较为明显的民族歧视与民族压迫等现象，我们还较难论断。主要原因之一是伊利汗国的法制体系中，诸伊利汗继续保留着塞尔柱王朝的某些诉讼法，伊斯兰教法官在法院的势力较大；原因之二是关于伊利汗国法制问题的史料记载支离破碎，没有较为完整的法制文件保留下来。

蒙古人入主波斯之后，积极笼络被征服地区的统治阶级以扩大伊利汗国的统治基础，巩固蒙古人对被征服地区的统治。在法制建设上，诸伊利汗一开始就委任穆斯林为伊斯兰法官，利用波斯原有的伊斯兰教法律体系审判和处理民事、刑事诉讼。史载，旭烈兀攻陷巴格达后，将伊斯兰教法官长一职授予班答里者因的尼咱马丁·阿不答木明。1292年乞合都汗委以当朝宰相撒都剌丁·曾札尼的兄弟忽忒巴丁为伊斯兰教大法官并授予"忽忒必·哲罕"（世界极端）的称号。14世纪初，蒙古上层社会信奉伊斯兰教以及伊利汗国伊斯兰化，伊斯兰教成为伊利汗国占统治地位的法律思想体系。合赞汗时期，赫拉特著名的学者毛拉法赫剌丁成为伊斯兰教法官长。据载，法赫剌丁的主要职能是按照伊利汗的诏谕，负责起草若干重要的法规，经众伊玛目（教长）同意后颁行于全国。

与任何封建国家一样，伊利汗国的整个法院体系都是封建主把持。在伊利汗国前期，法官们与地方行政当局紧密结合在一起共同履行司法专政职能，法院没有独立性，这也构成伊利汗国法院体系特征之一。伊利汗国像入主汉地的元朝一样，一百多年始终没有产生一部适用于蒙古人和波斯等西亚人的新法典，伊利汗国实际上无法可循，量刑标准往往带有很大的随意性，法制较为混乱。

（四）地方行政机构

伊利汗国前期的土地大部分属国家所有，地方一级行政机构为州。由于伊

① 〔波斯〕拉施特.史集：第三卷［M］.余大钧，译.北京：商务印书馆，1986：104.
② 〔波斯〕拉施特.史集：第三卷［M］.余大钧，译.北京：商务印书馆，1986：188.
③ 〔苏〕Б·Д·格列科夫，А·Ю·雅库博夫斯基.金帐汗国兴衰史［M］.余大钧，译.北京：商务印书馆，1985：110.

利汗位继承原则不明，汗位之争激烈，统治阶级集团成员上下变动较大，加上波斯边远地区的政治隶属关系无序，所以，伊利汗国的州区划分并不固定。据哈穆德·阿拉·卡兹维尼关于伊利汗国地方上缴税收的名册记载，结合《史集》地名考察，伊利汗国大概分为24个州区，主要是：①阿拉伯的伊拉克；②波斯的伊拉克（伊拉克阿只迷）；③大罗耳；④小罗耳；⑤阿塞拜疆；⑥阿兰和木甘；⑦失儿湾（设里汪）；⑧古昔塔思非（库拉河和阿拉斯河三角洲）；⑨古耳吉斯坦和阿布哈思；⑩鲁木（罗姆 小亚细亚）；⑪大亚美尼亚；⑫迪牙别克儿和迪牙剌壁阿（上美索不达米亚或叙利亚边区）；⑬库尔德斯坦；⑭胡齐斯坦（胡泽斯坦）；⑮忽希斯坦；⑯沙班卡剌；⑰克尔曼和莫克兰；⑱锡斯坦；⑲法尔斯；⑳呼罗珊；㉑古尔干；㉒祸椤答而；㉓列夷；㉔吉兰。至于亚美尼亚、摩苏尔、赫拉特，甚至鲁木、法尔斯、克尔曼等边区在或长或短的时期内曾一度附属于伊利汗国，属于半独立的地方性政权。上述诸州既是伊利汗国行政组织编制单位，也是军事组织编制单位。

作为行政组织机构的州，伊利汗国在各州委任一名州长官，称哈乞木。州下设县，县的行政长官为异密。县下置村，设一村长。州、县、村三级的行政管理多为伊朗、伊拉克当地的穆斯林。无论州，抑或诸县各村，管理者的主要职能是负责征收贡赋、上缴国库。

作为军事组织单位的州区，尤其是在伊利汗国初期，伊利汗主要在蒙古贵族中按宗亲关系疏密、统将功劳大小，将各州县交给诸子、诸弟、诸将属僚管理。他们是各辖区内的军事统将，称万户长、千户长和百户长。军事统将在辖区内建有营盘和军队的土地、牧场。军队是伊利汗国征伐和统治的支柱，几乎全是蒙古人和与之联合的突厥人。伊利汗国仍沿用蒙古帝国时期的民兵千户制。史载：蒙古人"家有男子十五以上，七十以下，无众寡，尽科为军。有事则空营帐而出，十人为一牌，设牌头，上马则备战斗，下马则屯聚牧养"①。《蒙鞑备录·军政》亦云："自元帅至千户、百户、牌子头，传令而行。"② 万户长、千户长、百户长，佩金、银、虎符，各有差科，称蒙古那颜或突厥异密。因而在拉施特等波斯史籍中，某某那颜、某某异密的称呼比比皆是。若无重大军事变故，百户、千户、万户三长，其职一般世袭。所以，伊利汗国的十而百、百而千、千而万的军事组织属全民皆兵、亦民亦兵制。名义上，伊利汗是军队的最高统帅。若其实力雄厚，伊利汗便是军队真正的最高统帅，如阿八哈、阿鲁

---

① （元）《经世大典序录·军制》．

② （宋）孟珙，撰．蒙鞑备录（丛书集成初编）［M］．上海：上海商务印书馆，1939：4．

浑、合赞、完者都。若其势单力薄，伊利汗则往往委任都元帅和副都元帅各一名，负责汗国的军事，如帖古迭儿、乞合都、拜都。所以，伊利汗国前期的军事制度基本上沿袭了蒙古旧制。1295 年合赞汗改革，在军队全面推行采邑分封制。伊利汗国的军事制度，使万户长、千户长在汗国内占据几乎全部的军事要职，构成伊利汗国一个特殊的封建军事贵族阶层，他们往往大权独揽，拥有广泛的权力，居于统治阶级的上层，对伊利汗国诸如确立、推选新汗以及发起军事行动等军政要务起着决定性的作用。

（五）币制

蒙古入侵前，波斯和西亚一直实行金银币流通制，货币为金币第纳儿（dinār）与银币底儿罕（dirhām）。蒙古人统治波斯和西亚时期的财政方法是利用当地穆斯林上层进行直接管理，并非过分干预地方财政事务，只是坐取赋税而已。在币制上，伊利汗国除乞合都汗短期内仿元实行纸钞外，其他统治者皆沿袭穆斯林世界的钱币传统，实行金属货币制，主要是银币制。一些西方学者根据拉施特的《史集》、瓦撒夫的《历史》、韩达剌·穆思托非·卡兹维尼的《心之愉悦》《伊本·白图泰游记》、司丹雷·兰·伯乐的《大英博物馆蒙古钱币》所收录的 343 种伊利汗国钱币、易卜拉欣和瑟夫里耶·阿图克的《伊斯坦布尔博物馆伊斯兰钱币目录》所收录的伊利汗国钱币（1971—1974）、摩诃末·穆巴拉克的《胡马雍博物馆伊斯兰钱币目录》之第三卷《成吉思汗朝、伊利汗朝、札剌亦儿王朝和克里木汗朝钱币》所收录的伊利汗国钱币、美国钱币协会所收藏的蒙古钱币来分析，伊利汗国钱币的文字、钱币上的宗教术语、赞语和称号、造币地点、时间和重量、装饰图案大都承袭了伊斯兰世界钱币的传统。总体上看，1299 年前的伊利汗国，币制较为混乱，鲁木、阿塞拜疆、格鲁吉亚以及法尔斯、克尔曼和马赞达兰均可根据自己的标准铸造各自不同的钱币，极大地影响了伊利汗国的经济生活，促使合赞汗币制改革，实行货币国家标准化。

伊利汗国钱币的基本特征为以下几个方面。

1. 币名、面值和材质

伊利汗国钱币采用伊斯兰币制，主要是银币，少量金币，短期内某些地区推行纸币。

合赞、完者都和不赛因三朝的金币有：1 金米思哈勒（Miʔ kāl/mithqāl，约重 4.34—4.36 克）。1 个金米思哈勒当值 4 个银第纳儿。

银币有：1 银第纳儿（约重 12.78—13.02 克）、1 银米思哈勒（约重 4.26—4.34 克）、1 银迪儿赫木（约重 2.13—2.17 克）。1 个银第纳儿当值 3 个银米思哈勒、6 个银迪儿赫木，1 个银米思哈勒当值 2 个银迪儿赫木。①

纸币有：1294 年 9 月伊利汗乞合都仿效中国元朝在大不里士发行纸币，不到一个月便停止使用。

伊利汗国金银币长期在不同地区铸造，前期成色不纯正，重量波动较大。合赞汗币制改革后，金银币纯度和重量标准统一，全国通用。伊利汗国晚期尤其是 1296—1336 年间铸造的蒙古银币，在伊斯坦布尔、德黑兰和巴格达等中东地区的博物馆藏钱币中，不仅数量丰富，而且质量上乘，深受伊斯兰世界欢迎。

2. 纪年

伊利汗国钱币纪年按希吉拉历（Hijrī 伊斯兰历），采用阿拉伯字母计数法。无月份字符标记。

3. 币文

伊利汗国钱币正、背两面均为币文，正面的币文，中心主体部位为"信仰的表白"（清真言），主体部位外缘为《古兰经》诗句或四哈里发的名字或十二伊玛目的名字，在中心主体部位清真言字体的行与行之间偶有铸造钱币的地名。币文采用库法体阿拉伯字，偶有畏兀儿字，排列在正方形、圆形、椭圆形、五角形、七角形、八角形框内。

背面的币文，中心主体部位为伊利汗国君主的名字、称号及赞语或伊利汗国君主及地方统治者的名字、称号及赞语。币文采用库法体阿拉伯字，排列在正方形、圆形、椭圆形、五角形、七角形、八角形框内。主体部位外缘通常为铸造钱币的纪年或铸造钱币的纪年及地名。

币文的目的在于继承伊斯兰传统文化基础上，凸显伊利汗统治者权威和尊严，并宣示王权的合法。正如拉施特所言，"毫无疑问，以帝王的名义举行星期五祈祷和用他的名字铸币乃是帝王尊严标志之一。"②

①　SMITH J M. The Silver Currency of Mongol Iran ［J］. Journal of the Economic and Social History of the Orient，1969，12（1）：19.

②　〔波斯〕拉施特. 史集：第三卷 ［M］. 余大钧，译. 北京：商务印书馆，1986：468.

上为伊利汗国后期银币图形和币文，均源于希拉·S. 布莱尔所著《伊利汗国晚期钱币的类型学分析》①

4. 币图

伊利汗国钱币体制遵循伊斯兰文化传统，大部分钱币无人物图形，偶有新月、骑士等图形，它既尊重了伊斯兰世界钱币体制的传统，也偶尔融合游牧民族传统文化特征。

5. 造币地

造币地标记一般置于背面文框外下方，采用阿拉伯字符标记。伊利汗国主要造币地分散在全国各地，波斯有：阿尔达比勒、大不里士、马拉盖、哈马丹、加兹温、剌夷、苏丹尼耶、达姆甘、内沙布尔、亦思法剌因、朱尔詹、伊斯法罕、亚兹德、设拉子、克尔曼、徒思。伊拉克有：巴格达、辛贾尔、巴士拉、希拉。鲁木有：埃尔津詹、锡瓦斯。格鲁吉亚和亚美尼亚有：埃里温、阿尼等地。

综上所述，伊利汗国特别是1295年合赞登位前的蒙古统治者在波斯和西亚的政治、经济、司法等方面，基本上沿袭了蒙古人的传统统治方式，同时为适

---

① Blair S. The Coins of the Later Ilkhanids: A Typological Analysis [J]. Journal of the Economic and Social History of the Orient, 1983, 26 (3): 295 – 317.

应伊利汗国初期统治波斯和西亚的需要，诸伊利汗主要对伊斯兰原有的制度稍加变通加以利用，在行政、财政和司法等方面任用少数波斯和西亚当地显贵，使当地贵族跻身于伊利汗国统治阶级行列，不过为数不多。伊利汗国主要依靠蒙古人和与之联合的突厥人等军事贵族对波斯和西亚进行统治，对本地穆斯林上层利用而不重用。以旭烈兀家族为核心的蒙古游牧军事贵族在伊利汗国构成一个特殊的享有充分权力的统治阶级集团。

四、伊利汗国与地方王朝的政治关系

鼎盛时期的伊利汗国，东起阿姆河和印度河，西至安纳托利亚高原和叙利亚，南抵波斯湾，北界高加索。作为人数极少的外来的蒙古统治者，新兴的伊利汗国在如此广袤的地区实施不同的统治政策。在阿塞拜疆、伊拉克、乌尔米耶湖以东的波斯地区，伊利汗国确立了直接统治的政治格局。在克尔曼，忽都鲁汗王朝与蒙古统治者一直保持着亲密的政治联系，尤其是忽都鲁秃儿罕哈敦（1257—1283）统治时期，通过与伊利汗国的婚姻纽带，使克尔曼政治稳定，经济繁荣，社会发展。在法尔斯，伊利汗国起初实行阿答毕（监护者）地方政权，设拉子的萨尔古尔王朝与伊利汗廷建立起政治上的宗藩关系，1264年塞尔柱克沙之死标志着萨尔古尔王朝相对独立的统治时代终结，萨尔古尔王朝名存实亡。伊利汗廷设官置府，法尔斯完全成为蒙古统治者直接管辖区。在小亚细亚，伊利汗国通过军事征服手段，使鲁木的塞尔柱苏丹国臣服，并不断册立鲁木苏丹，形成十分明确的宗藩关系。伊利汗在鲁木委任军政和民政官员，使之成为伊利汗国的直接管辖区。在赫拉特，阿富汗土著王朝——库尔特王朝的统治者与西亚的蒙古统治者保持着一定的政治联系，维持着较为独立的地方小王朝统治。

（一）克尔曼省与蒙古人的统治

1. 博剌克的发迹

1132年耶律大石称帝，以虎思斡耳朵①为都城，建立起西辽王朝（又称哈剌契丹朝），并成为中亚强国。1211年或1212年乃蛮部王子屈出律篡夺西辽皇位，仍用西辽国号。1218年成吉思汗派遣哲别统兵征讨屈出律，西辽灭亡，版图纳入蒙古汗国。西辽军将博剌克·哈吉布（？—1235）② 投奔花剌子模帝国，

---

① 虎思斡耳朵（Ghuz – ordo）：又名八剌沙衮（Balāsāghūn），今吉尔吉斯斯坦托克马克西南布拉纳古城。

② 博剌克·哈吉布（Baraq Hajib）：《世界征服者史》汉文版译为八剌黑；《史集》汉文版译为八剌—哈只卜。

成为花刺子模沙摩诃末的一名侍从官，并率兵追随王子扎兰丁。1222 年博剌克与克尔曼省长官叔扎丁·阿布·哈西姆·扎瓦扎尼发生武装冲突，博剌克占据克尔曼地区。成吉思汗西征，扎兰丁东奔西突，博剌克乘机建立起地方性的克尔曼王朝，因博剌克为哈剌契丹人，所以人称克尔曼王朝为哈剌契丹王朝。

　　1223 年扎兰丁从北印度前往波斯南部的克尔曼和法尔斯，强占王弟吉牙撒丁的封地——伊斯法罕和伊剌克阿只迷。1224 年吉牙撒丁将僭越的苏丹王位让与王兄扎兰丁，与其母寓居克尔曼。1225 年扎兰丁攻占阿塞拜疆首邑大不里士并迁都至此，不久出兵格鲁吉亚，占领首府第比利斯，波斯西部基本纳入扎兰丁的势力范围。博剌克审时度势，开始走亲蒙古帝国路线，秘密遣使蒙古帝国，通报扎兰丁复国之势，希望蒙古帝国防患于未然。1226 年扎兰丁进兵克尔曼，讨伐博剌克，因克尔曼城坚池固，且博剌克纳款求和，扎兰丁俾守其位。野心勃勃的博剌克为安定克尔曼民心，攀龙附凤，强娶吉牙撒丁的母亲。博剌克苦心经营克尔曼王朝的生存和发展，实行灵活的政治策略。一方面，1228 年遣使哈剌和林，希望献上花刺子模帝国王子吉牙撒丁。史载，博剌克向窝阔台大汗进言："你有两个敌人扎兰丁和他的弟弟吉牙撒丁苏丹。我把他们中的一个给你送去。"[①] 窝阔台大汗要博剌克处死吉牙撒丁。另一方面，1228 年博剌克遣使巴格达，希望阿拔斯王朝哈里发穆斯坦绥尔（1226—1242）赐予他为克尔曼的苏丹。据志费尼和瓦撒夫记载，大约在 1230 年哈里发授予博剌克"苏丹"称号，博剌克自称忽都鲁苏丹，故博剌克建立的王朝又称忽都鲁汗王朝，博剌克的政治影响力不断加强。不过，博剌克同时讨好东西方两大君主，脚踩两只船，许多学者认为，他选择在这一敏感时期宣称自己的新政治身份是值得怀疑的。

　　1229 年窝阔台大汗为剿灭花刺子模王公扎兰丁的复国运动，派遣绰儿马罕出征波斯和西亚。蒙古军将台儿·拔都儿进围昔思田（锡斯坦），命令博剌克率兵出战，并希望他前往哈剌和林觐见窝阔台大汗。博剌克为巩固克尔曼王朝的统治，充分利用他娴熟的政治手段，立即来到台儿·拔都儿的营帐，不仅仅在战役中提供兵力帮助，还坚称一定用自己的力量来解决好锡斯坦事务，并服从于蒙古帝国事业。一方面，博剌克把长女舍云治·秃儿罕嫁给蒙古帝国三王子察合台，希望通过与蒙古帝国联姻以巩固自己的统治。另一方面，博剌克因年事已高，派遣王子鲁克赖丁火者前往哈剌和林，以示效忠蒙古帝国。

---

① LANE G. Early Mongol Rule in Thirteenth – Century Iran：A Persian Renaissance ［M］. Routledge Curzon, 2003：102.

2. 忽都不丁和鲁克赖丁的纷争

1235 年博剌克去世，临终前把克尔曼政权交给侄子、鲁克赖丁的堂弟忽都不丁·塔阳古。闻讯父王逝世，鲁克赖丁仍继续东行哈剌和林，窝阔台大汗十分赞赏鲁克赖丁的忠顺，册封鲁克赖丁为克尔曼王，承袭忽都鲁汗称号。忽都不丁君临克尔曼，鲁克赖丁决定投靠窝阔台大汗。忽都不丁对克尔曼王朝的统治是短暂的，在既是蒙古宗王又是博剌克的女婿身份的察合台支持下，鲁克赖丁获得了窝阔台大汗的谕令，回到克尔曼，成功地接管克尔曼的统治权。1236—1251 年鲁克赖丁统治克尔曼的十五年里，鲁克赖丁的王位十分稳固，忽都不丁也遵从哈剌和林的命令，服务于蒙古帝国大臣牙老瓦赤。

1251 年蒙哥登位后，在牙老瓦赤的支持下，忽都不丁向蒙哥大汗提出克尔曼统治权的要求，并得到蒙哥大汗的许可，蒙哥汗下旨任命忽都不丁为克尔曼王朝的统治者，并派遣一支蒙古军队进驻克尔曼以巩固忽都不丁的政权。除此之外，蒙哥汗还派遣五位八思哈来到克尔曼以维护蒙古帝国的利益。克尔曼的动荡政局迫使鲁克赖丁退避洛雷斯坦，为获得阿拔斯王朝哈里发的支持，鲁克赖丁遣使巴格达。考虑到蒙古帝国的威势，哈里发拒绝了鲁克赖丁的请求，鲁克赖丁的克尔曼统治权危如累卵。1253 年或 1254 年，鲁克赖丁前往哈剌和林朝见蒙哥大汗，大汗命忽都不丁杀之。A. K. S. 兰布通说："鲁克赖丁在向哈里发穆斯坦绥尔求助失败后，就动身前往蒙哥大汗的营地请命。在那里，他和忽都不丁之间的案件受到汗廷的审问。审讯结果，蒙哥汗把鲁克赖丁交给他的堂弟忽都不丁，忽都不丁杀了他后就回到了克尔曼。"① 忽都不丁在蒙古帝国的支持下，成为克尔曼唯一的统治者，克尔曼得到繁荣和发展。

忽都不丁恪尽服务蒙古帝国职守，在旭烈兀进攻阿剌模式的亦思马因派军事行动中，出兵哈马丹，向旭烈兀提供军事援助，并义无反顾地随时听候旭烈兀调遣。为了与蒙古领主们建立更亲密的关系，1252 年忽都不丁还谋求和呼罗珊的蒙古长官阿儿浑联姻，请求娶他的女儿别吉哈敦为妃，而他的这一请求也得到阿儿浑的欣然同意，但他还没来得及完婚，1257 年就死了。忽都不丁留下两个年幼的儿子哈扎只·速勒坛和锁咬儿哈的迷失。多桑说："蒙哥大汗册封哈扎只·速勒坛嗣位，成为克尔曼主。"②

① LAMBTON A K S. Mongol Fiscal Administration in Persia（Part Ⅱ）［J］. Studia Islamica，1987（65）：97.
② 〔瑞典〕多桑. 多桑蒙古史：下册［M］. 冯承钧，译. 上海：上海书店出版社，2001：244.

3. 忽都鲁秃儿罕哈敦的摄政

古代游牧社会的妇女地位一般都要比农耕社会的妇女地位高，游牧社会的妇女经常在社会生活中起着重要乃至领导作用。考虑到哈扎只年幼无知，1257 年克尔曼众多贵族支持哈扎只的继母秃儿罕哈敦摄政。秃儿罕哈敦率领克尔曼贵族来到伊利汗廷，向旭烈兀请求把忽都鲁汗王朝的所有事务交给她，旭烈兀汗下令让秃儿罕哈敦掌管克尔曼政权，于是，秃儿罕哈敦开始称忽都鲁秃儿罕哈敦。兰布通认为"在忽都鲁秃儿罕哈敦统治时期（1257—1283），克尔曼王朝臻于鼎盛"①。

据匿名书《哈剌契丹列王纪》所载，秃儿罕哈敦 1214 年出生于河中地区一个契丹贵族家庭，原名哈拉勒。在游牧社会惯于劫掠和奴隶买卖的传统中，她早年被掳掠为奴，卖给一位年长的名叫哈吉·萨利赫的伊斯法罕商人。哈吉·萨利赫发现哈拉勒非常美丽、聪慧和顽强，对她宠爱有加，甚至把她视为己出。哈拉勒佳名远播，伊斯法罕长官也为其美貌所吸引。为了能得到这位绝代佳人，伊斯法罕长官向哈吉·萨利赫示好，但被哈吉·萨利赫回绝。最后，伊斯法罕长官通过暴力夺走了哈拉勒。不久，花剌子模帝国王子吉牙撒丁也想把哈拉勒据为己有，伊斯法罕长官只能忍痛割爱。但是，吉牙撒丁和哈拉勒的婚姻是短暂的。婚后不久，王兄扎兰丁来到伊斯法罕争位，1225 年吉牙撒丁带着秃儿罕哈敦和他母亲一起逃到克尔曼的博剌克居所。1228 年窝阔台大汗命博剌克处死吉牙撒丁，秃儿罕哈敦乘机逃走。

秃儿罕哈敦是一个备受人们猎取的女人。亚兹德的阿答毕阿拉·倒剌·摩诃末沙派一支军队到达伊斯法罕抓住了她，并把她带回亚兹德以求她能嫁给他。博剌克闻讯后十分震惊，立刻发兵亚兹德，武力索取秃儿罕。博剌克的理由是，他代表蒙古帝国大可汗的利益杀死了吉牙撒丁，所有原属吉牙撒丁包括妇孺在内的财产现在统统都属于他。博剌克的要求被亚兹德的阿答毕拒绝，两位统治者相互征战。最后在设拉子大法官的调停下，双方相互妥协。亚兹德的阿答毕把秃儿罕哈敦交给博剌克，作为补偿，博剌克把他自己的女儿嫁给阿拉·倒剌·摩诃末沙。瓦撒夫记载，博剌克和秃儿罕哈敦回到克尔曼之后，秃儿罕哈敦为博剌克生了一个女儿。1235 年博剌克死后，博剌克侄子忽都不丁获得克尔曼王权。纳坦兹说，与王冠随之而来的是，忽都不丁迎娶了这位众人渴望得到的秃儿罕哈敦。

历史上统治者之间的联姻，本质上带有很强的政治性。忽都鲁秃儿罕哈敦

---

① LANE G. Early Mongol Rule in Thirteenth – Century Iran：A Persian Renaissance ［M］. Routledge Curzon，2003：106.

同样意识到，她的统治取决于伊利汗的政治意愿，除了亲自去伊利汗廷寻求支持之外别无他途，联姻在她的政策中起着非常重要的作用。第一，忽都鲁秃儿罕不希望错失亡夫忽都不丁与波斯蒙古显贵阿儿浑的女儿别吉的联姻所带来的政治利益。为此，1263 年她派遣八思哈速瓦秃和篾力亦纳克前往阿塞拜疆的旭烈兀斡耳朵，请求伊利汗同意她的继子哈扎只与阿儿浑的女儿别吉结为连理。她的要求得到旭烈兀的许可，旭烈兀准许使节们前往格鲁吉亚的阿儿浑营地求婚。在第比利斯，速瓦秃向阿儿浑献上忽都鲁秃儿罕准备的珍贵礼物，几乎第比利斯所有的街道都铺上地毯，市民们被分发喜钱，阿儿浑接受了忽都鲁秃儿罕的联姻请求。1264 年旭烈兀同意别吉嫁给哈扎只，阿儿浑遣送他女儿前往克尔曼完婚。婚礼相当隆重和奢华，陪同别吉来到克尔曼的蒙古贵族都是当时声名显赫的人士。第二，1265 年阿八哈汗即位，要求娶忽都鲁秃儿罕最疼爱的女儿帕忒沙为妃。忽都鲁秃儿罕允诺把她嫁给阿八哈作为别妻。伊斯兰历 670 年（公元 1271—1272 年），忽都鲁秃儿罕献出了她的女儿，并希望她那脾气暴躁、纤巧妩媚的女儿能够适应波斯蒙古后宫内的钩心斗角和蒙古人的风俗习惯。事实上，帕忒沙最初的"职责之一就是给蒙古哈敦们呈上酒杯并把这些高脚杯盛满酒"①。作为回报，忽都鲁秃儿罕稳固了她在克尔曼的江山，并独揽大权。拉施特说："算端哈只札只［仅］有算端之名，而由秃儿罕—哈敦独揽大权。"②1270 年 4 月哈扎只·速勒坛率军参加阿八哈汗对河中地区察合台汗国统治者八剌汗的战争，克尔曼军队编入阿儿浑的左翼军。1280 年哈扎只·速勒坛企图推翻她继母的统治，失败后远走印度，15 年后，客死他乡。他的行为被伊利汗阿八哈视为谋反，哈扎只·速勒坛的财产被充公，并赐给他同父异母兄弟锁咬儿哈的迷失，与他继母忽都鲁秃儿罕共管克尔曼事务。

帕忒沙的忠诚、才智和超强的适应力深得阿八哈汗的赏识。史载，阿八哈汗让帕忒沙"继承了阿八哈汗母亲亦孙真哈敦的位置"③，帕忒沙正式戴上凤冠，她也越来越受到阿八哈那些蒙古妻子、异密们的认可，这充分说明了忽都鲁秃儿罕哈敦的联姻政策的正确性和应用性。与伊利汗保持亲密关系，使忽都鲁秃儿罕能得到伊利汗廷的强有力支持，她在继子哈扎只·速勒坛名下对克尔曼王朝的摄政统治更为巩固。瓦撒夫认为，"正是由于阿八哈对帕忒沙的特别宠

---

① LANE G. Early Mongol Rule in Thirteenth – Century Iran：A Persian Renaissance ［M］. Routledge Curzon，2003：109.

② 〔波斯〕拉施特. 史集：第二卷［M］. 余大钧，周建奇，译. 北京：商务印书馆，1985：360.

③ 〔波斯〕拉施特. 史集：第三卷［M］. 余大钧，译. 北京：商务印书馆，1986：100.

爱才使其地位高于其他妃子,同样也正是她的关系才帮助忽都鲁秃儿罕哈敦能够统治克尔曼三十年"①。秃儿罕哈敦统治开创了忽都鲁汗王朝的黄金时代。秃儿罕哈敦甚为公正。由于她的公正和贤明,克尔曼的政事治理得井井有条。近代学者 L. 洛克哈特说,"她是一位有着坚定决心几乎没有什么顾忌的女人,事实上,她为这座城市做出了许多贡献。她兴建许多村落,挖掘许多坎井,在她陵寝上修建的圆顶屋是克尔曼城最出名的建筑,1896 年才为地震所毁。在她统治时期,马可·波罗途经克尔曼城,这位威尼斯人对克尔曼人在马鞍、马勒、踢马刺、箭囊以及各式各样的武器制作的技艺上留下了深刻印象,同时他还赞美克尔曼妇女们精美的丝绣品"。②

4. 锁咬儿哈的迷失的集权

对秃儿罕哈敦的权威再次构成挑战的人是她的继子锁咬儿哈的迷失。1280年 9 月,锁咬儿哈的迷失回到克尔曼,下令在星期五集体礼拜上必须诵读他和他继母秃儿罕哈敦的名字,要求与秃儿罕哈敦平起平坐,并结党反对秃儿罕哈敦,这激起了秃儿罕哈敦的强烈不满。秃儿罕哈敦马上派遣使团前往阿八哈汗廷,一方面上呈克尔曼政情,另一方面向她女儿帕忒沙哈敦申诉委屈,请求既是主子又是女婿的阿八哈汗给予支持。阿八哈汗得知这一情况后,立即颁布一条敕令,禁止锁咬儿哈的迷失干涉克尔曼任何事务,撤销他掌管同父异母兄弟哈扎只·速勒坛名下的领地权力,并按照札撒规定,处死叛离秃儿罕哈敦的克尔曼贵族。自忽都鲁汗王朝创立以来,克尔曼的统治者们与蒙古人及其伊利汗廷建立起来的亲密的联姻关系,使克尔曼统治者受益匪浅。秃儿罕哈敦利用她女儿帕忒沙哈敦与阿八哈汗的姻亲关系实现了长久统治克尔曼的目的。

但是,1282 年 4 月,阿八哈汗在哈马丹去世,帖古迭儿即位。锁咬儿哈的迷失利用他与伊利汗国新君主帖古迭儿的友谊,开始实施他个人的政治野心。除此之外,锁咬儿哈的迷失还与胡齐斯坦和波斯阿拉伯省的蒙古长官孙扎黑那颜保持着密切关系。

按照蒙古礼仪,阿八哈汗去世和新伊利汗登位,秃儿罕哈敦必须前往大不里士的阿八哈殿帐进行一天的哀悼,并觐见新君主帖古迭儿。秃儿罕哈敦意识到她的继子锁咬儿哈的迷失与伊利汗帖古迭儿和异密孙扎黑那颜之间的政治交

---

① LANE G. Early Mongol Rule in Thirteenth – Century Iran: A Persian Renaissance [M]. Routledge Curzon, 2003: 109.
② LOCKHART L. Famous Cities Of Iran, Walter Pearce & Co. [M]. Brentford, Middlesex, 1939: 68.

易。在秃儿罕哈敦还没有到达阿塞拜疆之前，帖古迭儿已任命锁咬儿哈的迷失为克尔曼王朝唯一的统治者，剥夺了秃儿罕哈敦对克尔曼的统治权。在哈马丹，锁咬儿哈的迷失当众向秃儿罕哈敦以及陪伴在她母亲身边的帕忒沙哈敦得意扬扬地宣读了帖古迭儿的敕令。对秃儿罕哈敦来说，这是她命运的转折点。听完敕令宣读，秃儿罕哈敦受到莫大打击，以至于昏厥过去。锁咬儿哈的迷失命令所有陪伴秃儿罕哈敦前往大不里士的克尔曼贵族必须立刻返回。与秃儿罕哈敦保持密切关系的一些贵族开始密谋对抗锁咬儿哈的迷失，不过当秃儿罕哈敦的外孙、比比哈敦的儿子素尤克·沙赫向锁咬儿哈的迷失透露叛乱细节后，叛乱活动顷刻瓦解。按照札撒规定，锁咬儿哈的迷失对叛乱者处以死刑。秃儿罕哈敦及其长女比比哈敦以及一些高级官员来到伊利汗廷，试图通过伊利汗国宰相兼财政大臣苦思丁·志费尼向帖古迭儿进谏，维持秃儿罕哈敦的克尔曼统治权。苦思丁·志费尼考虑到克尔曼的财政管理的有序性，建议克尔曼一分为二，分别由锁咬儿哈的迷失和秃儿罕哈敦两人管理。但是，锁咬儿哈的迷失的支持者、帖古迭儿汗室最有影响力的母后忽推哈敦和孙扎黑那颜极力反对这一建议，认为这一妥协方案势必激起锁咬儿哈的迷失站到帖古迭儿的对手呼罗珊的阿鲁浑宗王阵营，将会对帖古迭儿的统治形成极大威胁。忽推哈敦和孙扎黑那颜还进一步提出扭转这一局面的解决办法，就是在大不里士为秃儿罕哈敦建立冬宫，使其留寓阿塞拜疆，以此平息克尔曼王朝之间的纷争。秃儿罕哈敦在阿兰地区的巴尔达阿度过了她最后的一个冬天，因悲伤过度，1283 年 2 月病逝，享年 70岁。锁咬儿哈的迷失抵达克尔曼，在没有遭到任何反对的情况下开始独揽克尔曼统治权。拉施特说："他是一位真正聪明卓越的君主。"①

5. 忽都鲁汗王朝的衰落

1283 年 2 月，比比哈敦听到母亲秃儿罕哈敦去世的消息，在离开大不里士之前，比比哈敦和帕忒沙哈敦已结成反对锁咬儿哈的迷失的联盟。锁咬儿哈的迷失开始准备前往帖古迭儿斡耳朵处以寻求支持，行进到克尔曼边境，闻讯阿鲁浑已发起反对帖古迭儿的战争。1284 年 8 月，帖古迭儿被处死，阿鲁浑登临汗位。比比哈敦的儿子纳斯赖特丁·尤鲁克沙在阿鲁浑和帖古迭儿争夺汗位的斗争中给予了阿鲁浑的支持，阿鲁浑登位后，他带着他母亲以及他哥哥素尤克·沙赫来到阿鲁浑汗廷，并服务于阿鲁浑。阿鲁浑审讯了锁咬儿哈的迷失，但在伊利汗国宰相不花的鼎力支持下，锁咬儿哈的迷失躲过一劫，承诺克尔曼

---

① 〔波斯〕拉施特. 史集：第二卷［M］. 余大钧，周建奇，译. 北京：商务印书馆，1985：361.

省每年向伊利汗廷缴纳 60 万第纳儿的扑买税，阿鲁浑汗降旨锁咬儿哈的迷失继续掌管克尔曼，并且拥有克尔曼省的财政管理权。史料记载，为筹备每年缴纳的扑买税，"锁咬儿哈的迷失允许的开支为 39 万第纳儿,① 这一数字包括 10 万第纳儿的军饷，10 万第纳儿的国防开支，1 万第纳儿的要塞、城墙、灌溉系统的维修费，1 万第纳儿的抚恤金，3 万第纳儿的粮食储备金，90,000 第纳儿的驿传费，10,000 第纳儿的急使饮食费以及 10,000 第纳儿的政府官员工薪"。②

1291 年 3 月，阿鲁浑汗病死，阿八哈汗的第二个儿子乞合都登上汗位。乞合都迎娶了阿八哈汗的遗孀、锁咬儿哈的迷失同父异母的妹妹帕忒沙哈敦，并派遣帕忒沙哈敦前往克尔曼行使统治权。锁咬儿哈的迷失不能与之对抗，1292 年帕忒沙哈敦囚禁了锁咬儿哈的迷失，锁咬儿哈的迷失的妻子、宗王忙哥帖木儿的长女古儿都臣公主安排他逃跑，但是他又被抓了回来，1294 年为帕忒沙哈敦所杀。锁咬儿哈的迷失的统治是忽都鲁汗王朝的鼎盛时代，他的倒台和被杀，标志着秃儿罕哈敦所开造的"黄金时代"一去不复返，忽都鲁汗王朝开始衰落。

如同伊利汗廷尔虞我诈和钩心斗角的政局一样，克尔曼王朝在秃儿罕哈敦和锁咬儿哈的迷失统治时期所形成的稳定政局被打破。1295 年拜都推翻了乞合都汗的统治，拜都一妃子为锁咬儿哈的迷失的女儿沙—阿蓝，他遣使克尔曼。锁咬儿哈的迷失的的妻子、忙哥帖木儿的女儿古儿都臣派兵围困克尔曼城，抓捕并处死了帕忒沙哈敦，古儿都臣成为克尔曼的新统治者，但是克尔曼省从此由蒙古八思哈监管，代表伊利汗廷在克尔曼省的统治。

合赞汗统治早期，哈扎只·速勒坛的儿子穆罕默德沙·哈札只与素尤克·沙赫又开始互相争夺克尔曼的统治权。素尤克·沙赫通过与合赞汗的宰相捏兀鲁思的联姻来改善他的政治处境，合赞汗任命素尤克·沙赫享有包括波斯湾沿海地区在内的克尔曼统治权，但这引起穆罕默德沙和克尔曼富商马立克·伊斯兰的强烈抗议。合赞汗撤销了素尤克·沙赫的权力，转而委任穆罕默德沙统治克尔曼，并向他索取克尔曼省大量税金。素尤克·沙赫来到合赞汗廷，接受了从克尔曼省征收两年赋税供呼罗珊军队使用的谕令。1299 年，穆罕默德沙迫于税收任务无法完成，前往合赞汗廷述职。合赞汗任命锁咬儿哈的迷失的儿子忽都不丁·沙杰罕·锁咬儿哈的迷失掌管克尔曼，并派出法赫剌丁·哈剌维为克

---

① 多桑说，锁咬儿哈的迷失的 60 万第纳儿扑买税，其中 29 万上缴伊利汗国国库，余者 31 万以供克尔曼省开支费用。详见多桑蒙古史：下册，245.

② LAMBTON A K S. Mongol Fiscal Administration in Persia (Part Ⅱ) [J]. Studia Islamica, 1987 (65): 99.

尔曼省的维齐尔，许多蒙古异密陪同一起来到克尔曼。克尔曼贵族不堪蒙古异密们的经济盘剥和政治压迫，奋起叛乱，蒙古军队包围克尔曼城。因合赞汗远征叙利亚，他传召穆罕默德沙前往克尔曼统治。尽管如此，蒙古军围攻克尔曼城持续了 10 个月，克尔曼城最终为法尔斯军队带来的攻城器所摧毁，克尔曼城饥殍遍野，工商业凋零。1284 年，穆罕默德沙颁布了一项旨在减免赋税的政策，但这一政策随他在 1303 年去世而中止。合赞汗重新任命在汗廷供职的忽都不丁·沙杰罕·锁咬儿哈的迷失为克尔曼长官。1304 年 5 月，合赞汗病逝。1305 年忽都不丁·沙杰罕·锁咬儿哈的迷失企图宣称独立失败而被废，忽都鲁汗王朝终结，从此克尔曼省直接由伊利汗国委派政府官员管理，直至 1340 年。

（二）法尔斯省与蒙古人的统治

1. 阿不·别克尔的统治

12 世纪 40 年代末，塞尔柱王朝衰落。1148 年突厥部首萨尔古尔之孙宋豁儿（？—1161）乘机占领法尔斯，以设拉子为都，建立起萨尔古尔王朝（1148—1287）。13 世纪初花剌子模在中亚崛起，1210 年花剌子模沙摩诃末战胜西辽，出兵法尔斯，迫使萨尔古尔王朝第三任国王萨德一世（？—1226）称臣纳贡。1219—1225 年成吉思汗西征，花剌子模灭亡。1221 年 11 月白沙瓦之战，花剌子模帝国王子扎兰丁兵败遁入印度。成吉思汗东归后，扎兰丁从印度回到波斯，图谋复兴，夺取克尔曼和法尔斯，1224 年花剌子模帝国旧将和波斯各地诸侯奉之为主。1226 年萨德一世之子阿布·别克尔（1226—1260）继任萨尔古尔王朝阿答毕，成为法尔斯第四任统治者。

第一，作为地方小王朝的首领，阿布·别克尔为求自保，审时度势，归顺蒙古帝国，称藩纳贡。

1229 年窝阔台即位，派遣绰儿马罕征讨中兴的花剌子模。1231 年 8 月扎兰丁被杀。阿布·别克尔归附蒙古帝国，派遣侄子塔哈木坦留寓窝阔台汗廷以为人质。据瓦撒夫记载，阿布·别克尔还心悦诚服地向其宗主蒙古大汗进献贡物，每年上交 3 万鲁克尼第纳儿。① 多桑引证说："法儿思主每年进奉金底那三万于蒙古可汗廷，并遣宗王一人奉贡品入朝。"② 正因为与哈剌和林的蒙古大汗保持密切关系，阿布·别克尔，赢得了蒙古帝国的肯定，并像他东部近邻克尔曼统

---

① LANE G. Early Mongol Rule in Thirteenth – Century Iran: A Persian Renaissance ［M］. Routledge Curzon, 2003: 126.

② 〔瑞典〕多桑. 多桑蒙古史: 下册 ［M］. 冯承钧, 译. 上海: 上海书店出版社, 2001: 139.

治者博剌克一样，获得忽都鲁汗称号，君临法尔斯。

第二，阿布·别克尔的统治赢得广大属民的称誉。

历史上设拉子的库拉尔酒倍受好评，吉本在他的《罗马帝国衰亡史》中谈到"设拉子的酒在任何时期都优于默罕默德的法律"。作为一名伊斯兰教信仰坚定者，阿布·别克尔对饮酒有严格限制，但他准许他的异密和贵族在他的王宫内饮酒作乐。G. 兰恩说："他是一个非常机智和严于律己、宽以待人的统治者。"①

同时代的波斯史地学家韩达剌·穆思托非记载，阿布·别克尔的王国在他统治时代得到了普遍繁荣和发展，兴建了很多道路，建造了大量优美、雄伟的建筑物，保护了萨尔古尔王朝最值得夸耀的白堡和艾比·阿卜杜拉·哈非非的圣陵。阿布·别克尔在他统治的 36 年内，积极招徕学者，鼓励研究伊斯兰哲学、伦理学和文学，使设拉子孕育出萨迪和哈菲兹闻名于世的大诗人。瓦撒夫认为："阿布·别克尔在他的家族中属于一束闪耀的光芒。"②

2. 秃儿罕哈敦的摄政

1261 年 70 岁的阿布·别克尔去世，临终前将王位传给年初被派往伊利汗旭烈兀王室作为人质的儿子萨德，称萨德二世（？—1261）。早在 1255 年 9 月，旭烈兀西征军驻营撒马尔罕，萨德代表父王从法尔斯赶到旭烈兀斡耳朵效劳。1258 年 8 月又代表父王前往伊拉克，祝贺旭烈兀攻陷巴格达的胜利。萨德前后两次得到旭烈兀的接见，并蒙受旭烈兀的恩赐。但是，萨德二世在位仅 12 天，37 岁的他暴病身亡。从此，萨尔古尔王朝在阿布·别克尔离世后接下来的几十年被打上混乱、动荡不安的字眼。新王位由萨德二世的 12 岁儿子马合谋（？—1262）即位，称为苏丹阿祖德。母后秃儿罕哈敦摄政，秃儿罕哈敦的父亲忽都不丁·摩诃末沙是亚兹德的阿答毕，她兄长是亚兹德的新阿答毕阿拉杜拉。

秃儿罕哈敦在法尔斯的摄政，第一要务是争取伊利汗旭烈兀的认可和支持。她任命使者带着大量的金银财物前往旭烈兀汗廷，以征求旭烈兀对她儿子以及她摄政这一统治方式的认可。结果不出意料，使者返回法尔斯，为秃儿罕哈敦带回旭烈兀表示同意他儿子继承王位和她以摄政者的名义成为法尔斯实际统治者的敕令。

① LANE G. Early Mongol Rule in Thirteenth – Century Iran: A Persian Renaissance [M]. Routledge Curzon, 2003: 125.

② LANE G. Early Mongol Rule in Thirteenth – Century Iran: A Persian Renaissance [M]. Routledge Curzon, 2003: 125.

　　秃儿罕哈敦个人生活糜烂，桃色绯闻四起。其中最有影响的是她与一名为苦思丁·米亚克的美貌男宠之间的谣言。瓦撒夫说，秃儿罕哈敦赐予这个男人作为她丈夫的头衔。秃儿罕哈敦权力欲极强，谣传她那 12 岁大的儿子、小阿答毕马合谋之死，是被她踢死的。马合谋名义上在设拉子统治两年零七个月，她母亲的摄政既没得到臣民的拥护，也没获得僚属们的支持。

　　为推选王位继承人，秃儿罕哈敦召集设拉子王公大臣议政。1262 年马合谋沙（？—1263）成为新的法尔斯统治者。马合谋沙是小阿答毕马合谋的堂兄，也是秃儿罕哈敦的女婿。多桑说："旭烈兀攻报达，（马合谋沙）曾以兵从征，为人勇敢，然残忍放逸，民多怨之。"① 令其政治生涯夭折的是他为政断事一意孤行，伊利汗旭烈兀多次传召马合谋沙觐见，马合谋沙经常借故不至。马合谋沙更不在意摄政者、岳母大人秃儿罕哈敦的命令。为把专横跋扈的女婿赶下台，秃儿罕哈敦联合一批王公贵族，秘密策划了一场逮捕新阿塔毕的行动，并把控告马合谋沙血腥统治的条文上呈伊利汗廷。旭烈兀批准了秃儿罕哈敦拘禁马合谋沙和册封马合谋沙之兄塞尔柱克沙（？—1263 年）为新阿答毕的请求，马合谋沙仅 8 个月的统治终结。

　　3. 塞尔柱克沙的暴动

　　旭烈兀册封塞尔柱克沙为法尔斯新阿答毕，设拉子大街小巷的人们欢呼雀跃，希望新统治者廓清设拉子王宫动荡不安的政治雾霾，发展法尔斯经济。对塞尔柱克沙来说，他十分警惕来之不易的小王位，最主要的是杜绝秃儿罕哈敦不时煽动叛乱的各种行为。在设拉子贵族的支持下，塞尔柱克沙决定与秃儿罕哈敦结婚。但他们之间的婚姻并未产生实质性的政治利益，秃儿罕哈敦甚至想把法尔斯的王位交给她的情人苦思丁·米亚克。为了不使大权旁落和沦为阶下囚，塞尔柱克沙密令侍从暗杀秃儿罕哈敦。瓦撒夫生动描述了秃儿罕哈敦血淋淋的悲剧故事，他说在塞尔柱克沙下达命令不久，那位侍从就把一个盛着秃儿罕哈敦脑袋的盘子交给了他。秃儿罕哈敦耳朵上依然留着结婚当晚穿戴的一对稀世夜明珠耳环。塞尔柱克沙亲手把秃儿罕哈敦耳朵割下来，然后把那双夜明珠耳环赏给了乐人。那一夜，塞尔柱克沙彻夜未眠，他凝视着面前的一大碗酒，以平静自己长久被压抑的心情，他甚至想象自己未来王妃的模样。② 拉施特记

---

① 〔瑞典〕多桑. 多桑蒙古史：下册 ［M］. 冯承钧，译. 北京：上海书店出版社，2001：139.

② LANE G. Early Mongol Rule in Thirteenth – Century Iran：A Persian Renaissance ［M］. Routledge Curzon，2003：129.

载，塞尔柱克沙还把秃儿罕哈敦的两个女儿阿必失和比比—撒勒忽木囚禁在白堡中。

更为重要的是，塞尔柱克沙相继处死旭烈兀派驻法尔斯的八思哈阿哈勒贝和忽都鲁必阇赤及其随从，捣毁蒙古军营，戕害蒙古官兵家人。多桑说："旭烈兀派驻泄剌失（设拉子）之长官斡兀勒贝、忽都鲁必阇赤二人直言其残忍。塞尔柱克沙怒，手杀其一人，命人杀别一人，并杀其从者。"① 法尔斯形势严峻，秃儿罕哈敦的情人苫思丁·米亚克逃出设拉子来到旭烈兀汗廷，向旭烈兀报告了法尔斯所发生的一切。旭烈兀闻讯后，怒不可遏，下令处死被监禁的塞尔柱克沙兄长马合谋沙，派遣蒙古部将阿勒塔出和帖木儿率军前往设拉子镇压塞尔柱克沙叛乱，邻省的波斯地方诸侯领兵协同镇反，克尔曼主要是秃儿罕哈敦的非亲兄长大异密阿扎德丁·埃米尔·哈吉和箆力鲁克赖丁的军队，亚兹德主要是阿答毕阿剌·倒剌的军队，此外，洛雷斯坦和伊斯法罕也派兵助阵。拉施特说，"这个情况被禀告了［合罕］至尊。于是派出了异密阿勒塔出和一支军队来，要秃儿干哈敦的兄弟，也思忒（亚兹德）的阿答毕阿剌—倒剌，与鲁克纳丁、舍班迦列的箆力们，以及该地区的大食（波斯）军队一起，往擒塞勒术—沙"②。塞尔柱克沙不甘屈服，拒绝投降，阿勒塔出围攻设拉子城。面临庞大的联合军队，塞尔柱克沙慌忙携带金银珠宝逃到库尔斯夫城，伺机潜入印度，1264年塞尔柱克沙在可集隆城星期五清真寺为蒙古军所擒杀。阿勒塔出派出蒙古军分遣队对设拉子继续存在的一些叛乱活动平息，并依照大札撒惩罚叛乱分子，设拉子的社会秩序逐渐稳定。

4. 伊利汗国的直接管辖

塞尔柱克沙之死标志着设拉子的萨尔古尔王朝相对独立的统治时代终结。1264年萨德二世和秃儿罕哈敦年仅四岁的女儿阿必失名义上被伊利汗廷选为法尔斯新阿答毕，1265年旭烈兀汗给阿必失婚配给他的第11个儿子忙哥帖木儿（1256—1282）为长妻，称阿必失哈敦，亦称温思哈敦。至此，萨尔古尔王朝名存实亡。

伊利汗廷在法尔斯设官置府，法尔斯完全为蒙古统治者管理。1268年阿八哈委任艾格亚鲁为法尔斯首任省长，不鲁罕为设拉子八思哈。艾格亚鲁建立起

① 〔瑞典〕多桑. 多桑蒙古史：下册［M］. 冯承钧，译. 上海：上海书店出版社，2001：139.
② 〔波斯〕拉施特. 史集：第二卷［M］. 余大钧，周建奇，译. 北京：商务印书馆，1985：362.

有序的省县区行政管理体系，维护了法尔斯社会的稳定，繁荣了地区的经济。据瓦撒夫记载，"他任命了一些称职的人，并给收税者及侍从足够的津贴。他要他们作出合理经营他们的事务的保证，并严惩任何违反这些承诺的人。这样做的结果是赋税收上来了，省也繁荣起来。"①　当艾格亚鲁撤职回哈剌和林时，波斯著名诗人萨迪还为他作诗咏叹：

> "财富已经变得充裕，且不停地增长，
> 谨慎的人儿，内心并未被世俗约束。
> 王位、财富、高官厚禄，
> 所有的一切当它们离去，名利已毫无价值。
> 比黄金装点的宫殿更有价值的，
> 难道不是被载入史册的佳誉?"②

　　1271 年孙扎黑那颜③成为法尔斯第二任省长，火者苦思丁·志费尼主管法尔斯财税。1273 年春，孙扎黑率军镇压了波斯湾古尔哈特岛统治者摩诃末的叛乱，基什岛重回法尔斯的统治之下。1274 年孙扎黑护送 15 岁的阿必失回阿八哈汗廷与忙哥帖木儿完婚。这桩婚姻即使违反了穆斯林女性嫁给非穆斯林男性的伊斯兰法，但在很多史料中也没有过分地遭到谴责。帖古迭儿即位后，1283 年任命忙哥帖木儿为设拉子长官，不久委任忙哥帖木儿的妻子阿必失哈敦为设拉子的统治者。

　　阿鲁浑统治（1284—1291）下的法尔斯，值得一提的是萨尔古尔家族的终结。1284 年阿鲁浑汗委任赛义德族人伊马杜丁·阿布·图拉布为法尔斯长官，传召阿必失哈敦回大不里士的伊利汗廷。阿必失藉以自己皇亲国戚和法尔斯公主的显赫地位，拒绝服从。1284 年 12 月，阿必失的侍从杀死阿鲁浑汗委任的法尔斯长官伊马杜丁。更有甚者，阿必失还派人暗杀了伊马杜丁的侄子扎马拉丁·摩诃末。扎马拉丁十分富有，在伊利汗廷相当有名，传言他发誓要为他叔叔伊马杜丁报仇雪恨。阿鲁浑汗得知自己任命的大臣伊马杜丁被杀后，十分愤怒，派急使传讯阿必失哈敦。在旭烈兀的王后、阿必失的婆婆完者哈敦的斡旋

①　LAMBTON A K S. Mongol Fiscal Administration in Persia（Part II）［J］. Studia Islamica, No. 65（1987）：104.
②　LANE G. Early Mongol Rule in Thirteenth - Century Iran：A Persian Renaissance ［M］. Routledge Curzon, 2003：134.
③　孙扎黑那颜（Suqunchaq Noyan）：一译速浑察那颜。

下，阿必失同意向伊马杜丁的儿子交纳赔偿金 50 万第纳儿，向扎马拉丁的遗孀赔偿 20 万，承诺上缴法尔斯近年拖欠伊利汗廷的税款 500 万。拉施特还说："阿必失哈敦的亲属灭里汗在定罪后，被处死，法儿思诸长官被罚打棍棒。"①1286 年阿必失哈敦在大不里士抱病身亡，法尔斯的萨尔古尔王朝寿终正寝。

（三）赫拉特省与蒙古人的统治

1. 库尔特王朝的兴起

库尔特王朝（Kart dynasty of Heart，1245—1389），兴起于东西方陆路交通要冲的阿富汗西北部地区赫拉特②。学术界普遍认为，库尔特王朝的奠基人是苫思丁·穆罕默德·库尔特③。库尔特王朝的兴衰，与蒙古帝国向西扩张及统治紧密联系在一起。

12 世纪中叶，古尔王朝（1152—1206）在阿富汗西部崛起。古尔王朝灭加兹尼王朝后，定都赫拉特，成为阿富汗和西北印度的统治者。1200 年花剌子模沙摩诃末，夺取阿富汗的巴尔赫和赫拉特，古尔王朝臣服于花剌子模帝国。1206 年古尔王朝苏丹穆伊兹丁（1175—1206）遇刺身亡，死后无嗣，古尔王朝分裂。成吉思汗西征花剌子模，1221 年拖雷军攻占赫拉特，赫拉特成为蒙古帝国属地，库尔特家族效忠成吉思汗，归顺蒙古帝国。

苫思丁·穆罕默德·库尔特的父亲阿布·伯克尔为古尔王朝赫拉特地区古尔山中要塞海撒儿堡长官，母亲是古尔王朝苏丹嘉泰丁的公主，所以，库尔特家族长期以来被视为古尔王朝的继承人。1245 年阿布·伯克尔去世，苫思丁·穆罕默德·库尔特嗣位古尔苏丹，称苫思丁一世，成吉思汗颁布赦令确认苫思丁·穆罕默德·库尔特的王位继承合法。1245—1251 年，苫思丁一世与蒙古统将撒里那颜一起，一直为蒙古帝国在欣都斯坦忠心耿耿地南征北战，先后征服木尔坦、拉合尔，表现出阿富汗氏族部落传统的尚武精神。兰恩说："他不仅是一个为了向他的蒙古主人表示效忠的人质藩王，他看起来更像是一个为了自己以后能够在这个世界大帝国中占有一席之地的统治者。"④

1251 年拖雷系宗王蒙哥在术赤系拔都汗的支持下获得蒙古帝国大汗之位，四方诸侯来朝称贺。苫思丁一世东行蒙古，并在蒙哥大汗的宣誓即位典礼上及

① 〔波斯〕拉施特. 史集：第三卷［M］. 余大钧，译. 北京：商务印书馆，1986：194.

② 赫拉特（Herāt）：中国史籍称也里、哈烈。

③ 苫思丁·穆罕默德·库尔特（Shams al‑Dīn Muhammad Kart，1245—1278 年在位）：《史集》汉文本译为苫思丁·苫儿忒。

④ LANE G. Early Mongol Rule in Thirteenth‑Century Iran：A Persian Renaissance［M］. Routledge Curzon，2003：156.

时出现，这也是每一个地方统治者证明自己归顺并效忠主人的标尺。苫思丁一世站在蒙哥大汗就职典礼会堂最前面，他的贺言流畅又具说服力，给蒙哥大汗留下深刻印象。蒙哥大汗颁发赦令，土兰和伊兰所有的城市，只要苫思丁一世想管理哪，就把那个地方赐给他。多桑说："蒙哥帝即位之日，苫思丁入朝。帝以其祖与父皆受诸帝优礼，亦厚遇之，册封为也里国王，并畀以北至阿母河南至申河马鲁、古尔、西只斯坦、可不里、阿富汗斯坦诸地。命（阿母河等处行尚书省总督）阿儿浑赐其从官五十秃满。次日又入谒，帝复赐以御用袍服、三牌子、一万底那、印度刀、阿勒哈特枪、牛头骨朵、战斧、匕首各一。"① 正因为如此殊荣，苫思丁一世确立了赫拉特的统治权，并获得蒙古帝国的支持。库尔特王朝的宫廷史家、《赫拉特史》著作者赛义夫说："身为统治者的蒙哥大汗，公正地对待苫思丁·穆罕默德·库尔特，他得到君主蒙哥的宠信和庇护。"②

为开疆拓土，弘扬祖业，蒙哥大汗派遣胞弟旭烈兀分镇波斯，统兵征讨尚未降服的西域国家。旭烈兀西征途中，1255 年 9 月，苫思丁一世前往撒马尔罕郊外的旭烈兀斡耳朵，请示效力旭烈兀。拉施特说："篾力苫思丁—苫儿忒在这处驻地有幸先于伊朗的其他篾力受到接见，并受到了各种恩宠。"③ 旭烈兀委派苫思丁一世出使忽希思坦招安堡主纳昔刺丁，苫思丁一世圆满地完成了旭烈兀的任务，带着年迈的纳昔刺丁和各种礼物觐见了旭烈兀。

伊利汗国建立后，苫思丁一世继续效忠伊利汗国。苫思丁一世最突出的表现是在伊利汗国与金帐汗国争夺阿塞拜疆的战争中。1266 年金帐汗别儿哥率领大军南下高加索，占领打耳班。苫思丁一世接到阿八哈的指示前来觐见，阿八哈汗令他抱着必死杀敌的信念一起把入侵者逐出伊利汗国。苫思丁一世率领两百名士兵冲锋在前，身负重伤，拼死杀敌，别儿哥汗也赞其勇猛，阿八哈汗取得了对别儿哥汗作战的胜利。洪达米儿（1476—1535）指出"苫思丁·穆罕默德在伊利汗国取得这场胜利中建立了卓越的贡献"。④

然而，苫思丁一世还是失信于阿八哈汗并为其所弃，主要原因是 1270 年察合台汗国八剌汗入侵伊利汗国，苫思丁一世为八剌汗所游说，且在双方交战中

---

① 〔瑞典〕多桑. 多桑蒙古史：下册［M］. 冯承钧，译. 上海：上海书店出版社，2001：47.

② LANE G. Early Mongol Rule in Thirteenth – Century Iran：A Persian Renaissance［M］. Routledge Curzon，2003：162.

③ 〔波斯〕拉施特. 史集：第三卷［M］. 余大钧，译. 北京：商务印书馆，1986：32.

④ LANE G. Early Mongol Rule in Thirteenth – Century Iran：A Persian Renaissance［M］. Routledge Curzon，2003：168.

保持中立。《赫拉特史》记载，察合台汗廷智囊忽都鲁·帖木儿建议八刺汗召见苦思丁一世，劝说苦思丁一世归顺并效忠察合台汗国。八刺委派忽都鲁·帖木儿前往海撒儿堡。忽都鲁·帖木儿告诉苦思丁一世说，因为八刺汗期望能与库尔特王朝建立一种友好和平关系，如果苦思丁·穆罕默德能去突厥斯坦觐见八刺汗的话，那么他同样也会得到八刺汗的尊敬和保护，赫拉特将继续保持安定。苦思丁一世经过两天的思考之后，他与王公大臣决定拜见八刺。拉施特也记载，八刺汗派遣忽都鲁·帖木儿"带着五百个骑兵去召请他〔苦思丁〕来。当他临近也里时，（赫拉特城伊斯兰教大法官）苦思丁·巴巴里带着酒食和礼物出来迎接他。忽都鲁·帖木儿进入篾力苦思丁·苦儿忒的海撒儿堡，陈述了八刺委托他说的话：'我们来夺取呼罗珊，打算进向伊拉克、阿塞拜疆和报达。如果你前来归顺我们，那就无疑会受到厚待，我们将把全部呼罗珊领地都赐给你。'篾力说：'我遵命服从。'两天后，他在忽都鲁·帖木儿陪同下动身，来到八刺处。"① 苦思丁一世受到八刺汗的热情款待和尊重。但在八刺营帐的八天里，苦思丁一世清楚地认识到八刺军队唯一的兴趣就是不断地掠夺，八刺绝对是一个专制暴君和破坏者。当阿八哈和八刺两位蒙古宗王之间的战争爆发，尽管赫拉特城门紧紧关闭而没有为察合台汗国的军队打开，八刺军的大溃败也并没能安抚阿八哈汗。苦思丁一世的通敌，尤其是在阿八哈与八刺间残酷的对决中未出一兵一卒，使阿八哈汗对自己这一藩王彻底失去信任，并对赫拉特实施报复打击。

　　首先，阿八哈汗下令摧毁赫拉特城，驱散赫拉特居民。阿八哈及其大臣们认为赫拉特的繁荣给伊利汗国带来的不是利好，而是正因为赫拉特的富裕，导致河中地的八刺汗入侵。为一劳永逸，解决的方案就是催残赫拉特，将赫拉特居民迁移到呼罗珊其他地区。阿八哈下令并颁布通告，赫拉特城所有的贵族和平民都必须在三天内撤离。阿八哈汗长子阿鲁浑宗王，率领一千名骑兵手持木棒强制执行这一命令。当听说赫拉特发生如此大规模的掠夺和屠杀行动，宗王秃卜申和财政大臣苦思丁·志费尼都感到极大的震惊，于是他们劝阻阿八哈汗不要采取如此大规模的破坏活动，希望阿八哈汗珍惜自己的荣誉，阿八哈收回摧毁赫拉特城的命令。拉施特记载，阿八哈汗"又怜惜起他们〔也里居民〕来，饶恕了他们的罪过，也里居民举起双手祈祷，向至高无上的真主为他祈求胜利

---

① 〔波斯〕拉施特. 史集：第三卷〔M〕. 余大钧，译. 北京：商务印书馆，1986：119.

的荣耀"。①

其次，阿八哈汗设计毒杀苫思丁一世，另立库尔特王朝苏丹。作为赫拉特的统治者，苫思丁一世思量自己在八剌兵犯呼罗珊事件中的所言所行，自知阿八哈汗不会宽恕自己。为求安身立命，苫思丁一世在古尔山中的海撒儿堡一直待到1275年。在宗王秃卜申的斡旋下，苫思丁一世通过与赫拉特贵族们的相互通信，有效地掌管着赫拉特。赛义夫说，赫拉特又进入一个繁荣时期，所有的道路都免受土匪的拦路抢劫，人们又在一个没有压迫的社会中自由地生活。

1275年财政大臣志费尼的儿子巴哈丁·志费尼（1253—1279）与不花作为特使，被派往赫拉特。阿八哈汗给苫思丁一世写了一封热情洋溢的赞美信，带给他荣誉长袍、珍珠腰带、宝剑各一件，恳求苫思丁一世离开海撒儿堡，回到赫拉特城。苫思丁一世派遣使者向阿八哈汗递交了一封表示忠心和顺从的回信，并通过使者向阿八哈汗和秃卜申献上礼物。在巴哈丁不断怂恿下，苫思丁一世离开海撒儿堡，前往伊斯法罕，苫思丁一世受到了巴哈丁以及大大小小王公贵族们的热烈欢迎。苫思丁一世在巴哈丁·志费尼的陪同下，来到大不里士。阿八哈汗拒绝接见他，并下令监禁苫思丁一世。1278年1月，苫思丁一世死于大不里士。

关于苫思丁一世的死因，所有的史料都认同他中毒身亡。拉施特说，苫思丁一世在监禁中陷入不断的烦恼，听说他在赫拉特的所有财产被洗劫，他选择了自杀。《史集》记载，"据他身边的部属们说，他在紊乱中服用了存放在镶嵌宝石戒指的宝石下面的毒药，于676年（1277年或1278年）在监禁中死去了"。② 洪达米尔和赛义夫说苫思丁一世是在洗澡的时候，吃了阿八哈汗派人注入毒药的西瓜而死。苫思丁一世之死标志着赫拉特的库尔特王朝相对独立的统治时代终结。

2. 鲁克纳丁·穆罕默德·库尔特的隐退

苫思丁一世死后，无人可以替代他来统治赫拉特，库尔特王朝政治处于真空，再次陷入无政府状态。1279年阿八哈汗召回卫戍打耳班的苫思丁一世之子鲁克纳丁·穆罕默德·库尔特，赏赐苫思丁二世一袭荣誉长袍、一件委任诏书、一副令牌，册封他为赫拉特的库尔特王朝苏丹，称苫思丁二世（1279—1295）。

1282年4月，阿八哈在哈马丹去世，苫思丁二世为求自保，避居海撒儿堡，

① 〔波斯〕拉施特. 史集：第三卷［M］. 余大钧，译. 北京：商务印书馆，1986：122—123.

② 〔波斯〕拉施特. 史集：第三卷［M］. 余大钧，译. 北京：商务印书馆，1986：146.

不敢轻出，将赫拉特政事委付其子嘉泰丁。1284 年阿鲁浑登临汗位，派人追剿藏匿于海撒儿的叛将欣都，苦思丁二世派军缉拿欣都，并交付阿鲁浑汗，阿鲁浑非常高兴，嘉奖苦思丁二世忠勇。因欣都之党发誓复仇，主政赫拉特的嘉泰丁也避居海撒儿堡，赫拉特城居民纷纷迁徙他乡。适值锡斯坦的尼兀答儿部蒙古人抄略赫拉特城，抢劫财物，掳掠人口，赫拉特几乎成为一座废城。

为复兴赫拉特，1291 年领有呼罗珊封地的阿鲁浑汗之子、宗王合赞，委派呼罗珊军政长官、蒙古显贵阿儿浑之子捏兀鲁思率领 5000 骑兵镇守赫拉特，维护当地治安。捏兀鲁思还积极招徕居民，购买牲畜，奖励耕作，免除赫拉特居民两年赋税，赫拉特日渐繁荣。捏兀鲁思遣使海撒儿堡，希望苦思丁二世移驻赫拉特城并主持政事，苦思丁二世婉言谢绝，希望隐居海撒儿堡以颐养天年，赫拉特处于伊利汗国松散的统治之下。

3. 法赫剌丁之乱

苦思丁二世不作为，隐居海撒儿堡，赫拉特叛乱和骚动四起，达官贵人不敢居住城内，人心惶惶。另一方面，赫拉特地处呼罗珊大道的交通要冲，来往军旅、急使所加负担沉重，一度繁荣的赫拉特又陷于荒废，拉施特说："州内没有任何完善设施。"[1] 无奈之下，捏兀鲁思只好遣使苦思丁二世，希望苦思丁二世之子法赫剌丁（1295—1307）掌管赫拉特政事，并将自己的侄女嫁给法赫剌丁为妻。1295 年合赞汗册封法赫剌丁为赫拉特苏丹，赏赐"鼓纛帐殿、现金十万，命为蒙古军千户长"。[2] 由此观之，第一，法赫剌丁虽承袭赫拉特的库尔特王朝苏丹之位，但只是名义上的赫拉特统治者，伊利汗国只是利用库尔特家族在赫拉特的显赫地位，以稳定赫拉特混乱的社会秩序。第二，赫拉特的军政长官仍是伊利汗国任命的蒙古军将捏兀鲁思，合赞汗在授予法赫剌丁为赫拉特苏丹之位的同时，任命他为伊利汗国的千户长，法赫剌丁只是伊利汗国一名地方官吏而已。

1297 年 3 月，捏兀鲁思为伊利汗国宰相撒都倒剌·曾札尼所诬陷为通敌埃及马木路克王朝，合赞汗也想铲除历来首鼠两端的捏兀鲁思及其党羽，于是兴起捏兀鲁思之案。1297 年 8 月，捏兀鲁思反抗乏力，带着 400 名随从逃奔赫拉特城，法赫剌丁为了赫拉特的安全，权衡利弊，最终拘禁了自己的上级和恩亲捏兀鲁思，并交给追剿捏兀鲁思的蒙古军将忽都鲁沙处死。拉施特记载，"（法

---

① 〔波斯〕拉施特. 史集：第三卷［M］. 余大钧，译. 北京：商务印书馆，1986：258.
② 〔瑞典〕多桑. 多桑蒙古史：下册［M］. 冯承钧，译. 上海：上海书店出版社，2001：275.

赫剌丁）篾力告诉士兵们将捏兀鲁思的那可儿们全部抓住捆起来，自己则带着几名古耳勇士登上城堡，将捏兀鲁思抓住、牢牢地捆缚住后说道：'有旨让我们将你交给异密忽都鲁沙。'"① 在捏兀鲁思案中，法赫剌丁的表现深受合赞汗赞许，合赞汗将自己的冠帽戴到法赫剌丁头上以示恩宠，并册封法赫剌丁为赫拉特地区之王。

自古以来阿富汗社会以部落为主体，部落首领在地方上拥有无限的权力，统辖一切事务，中央除任免行政官员负责征收赋税和维护社会治安之外，无力驾驭部落。法赫剌丁自认为在捏兀鲁思案中劳苦功高，乘机向合赞汗请求免除入朝觐见之礼，自恃赫拉特要塞城坚池固，易守难攻，遂产生摆脱伊利汗国政治臣服、经济纳贡的叛离念头。瓦撒夫说：法赫剌丁"其军队已增至六万人，开始不纳岁贡，托词不应忽都鲁沙军队之征发"。② 1299 年合赞汗授命御弟合儿班答率大军围攻赫拉特城，法赫剌丁率百名亲信逃奔古尔山寨。

1304 年合儿班答嗣位伊利汗，称完者都。1306 年 9 月，完者都委任突厥猛将答尼失蛮把阿秃儿率领一万军队前往赫拉特城围剿法赫剌丁。答尼失蛮兵临城下，遣使法赫剌丁降附，法赫剌丁不从。答尼失蛮采取对赫拉特城围而不攻的策略，10 天后，赫拉特城出现粮荒，法赫剌丁将赫拉特内城守卫交给部将扎马鲁丁·谟罕默德·沙姆，并授意与答尼失蛮伺机约和，自己则撤到邻近的阿曼库赫堡。答尼诗蛮率领呼罗珊军队结营阿姆河畔并进兵赫拉特城，召回驻军鲁木的答尼失蛮之子异密不者引兵赫拉特复仇。1307 年 2 月 5 日，不者领兵赫拉特城下，集结军队三万，并从近东地区带来西欧弓弩手若干名，遣使阿曼库赫堡斥责法赫剌丁杀父之罪。3 月初，不者开始围攻赫拉特城，沙姆拼死抵抗，围城战处于胶着状态。恰逢法赫剌丁死于阿曼库赫，沙姆秘不发丧，企图负隅顽抗。法赫剌丁一亲信逃出阿曼库赫堡，并将法赫剌丁死讯通告不者。不者大悦，一采取心理战，散布法赫剌丁死讯，引起沙姆军心动摇。二继续对赫拉特城围而不攻，以此消耗敌方粮秣，达到不战而降人之兵目的。多桑说：不者"乃密围也里城，城中缺食，一畜载麦竟值八十底那，饿死者达六千人。饥民呼吁，求开城门。守将乃放出无食者五千人，咸为不者士卒以兵杖拒还，或死于哈儿帖八儿河畔，或死于道上，或死于城下"。③ 赫拉特城岌岌可危，沙姆遣使

① 〔波斯〕拉施特. 史集：第三卷 [M]. 余大钧，译. 北京：商务印书馆，1986：258.
② 〔瑞典〕多桑. 多桑蒙古史：下册 [M]. 冯承钧，译. 上海：上海书店出版社，2001：276.
③ 〔瑞典〕多桑. 多桑蒙古史：下册 [M]. 冯承钧，译. 上海：上海书店出版社，2001：377.

请降，奉厚币贿赂牙撒吾儿，开城请纳蒙古军，不者下令催毁一切戍楼垒堡，派兵四处搜寻沙姆。6月沙姆率余部百人向牙撒吾儿请降，牙撒吾儿将沙姆交付给不者。不者决定把沙姆交给完者都汗审讯，牙撒吾儿恐事情败露，在押送沙姆的半路中截杀沙姆，法赫剌丁叛乱事件平息。

1307年7月，作为人质寓居完者都汗所的法赫剌丁之弟嘉泰丁被册封为赫拉特苏丹，称嘉泰丁一世（1307—1329），完者都汗派遣嘉泰丁一世为伊利汗国的代理人管理赫拉特。1317年完者都之子不赛因继位，遵嘱父命以大异密出班为辅，出班党同伐异，权倾朝野，俨然君主。《洒黑乌外思史》说：不赛因"只是名义上的汗王"。① 1327年不赛因策动剪除出班行动，出班举兵对抗，挈眷进向突厥斯坦，望能避难于赫拉特城。嘉泰丁接到不赛因手谕，缢杀出班。1335年不赛因死后，伊利汗国迅速瓦解，诸侯异密割据称雄，各自拥立伊利汗傀儡，整个波斯和阿富汗地区分裂为几个地方王朝，互相争斗，不能统一，1389年赫拉特的库尔特王朝为帖木儿所灭。

（四）鲁木的塞尔柱苏丹国与蒙古人的统治

1. 蒙古帝国统治下的鲁木

1071年曼兹喀特大捷，塞尔柱人迫使拜占廷帝国称臣纳贡。1078年，塞尔柱人军事首领苏莱曼占领小亚细亚中部，在科尼亚建立起鲁木的塞尔柱苏丹国。13世纪初蒙古帝国崛起前夕，塞尔柱苏丹国在小亚细亚存续150余年。学术界一般认为，阿剌丁·凯库巴德一世（1219—1237）是塞尔柱苏丹国最后一位能采取方法防御蒙古人入侵的鲁木统治者。②

1243年拜住替代绰儿马罕，继续率领蒙古军、亚美尼亚和格鲁吉亚军以抄略方式征伐埃尔祖鲁姆，并侵入埃尔津詹。鲁木的塞尔柱苏丹国嘉泰丁·凯豁思鲁二世（1237—1246）率领突厥军与叙利亚人、鲁木人、近东的法兰克人、格鲁吉亚人组成的援军在锡瓦斯和埃尔津詹之间迎击，6月26日，苦薛—答黑平原（Kösedag plain）之战，四万蒙古铁骑利用地理优势，在广阔的原野以迅雷不及掩耳之势猛烈地冲击凯豁思鲁二世的联军，敌军一触即溃，大部分军士被杀，锡瓦斯居民急遽请降，蒙古军旋即抄掠托卡特、开塞利。苦薛—答黑之战是蒙古人征服安纳托利亚具有里程碑意义的战役。凯豁思鲁的部将与阿马西亚

① BOYLE J A. The Cambridge History of Iran, Vol., 5 [M]. Cambridge University, 1968: 409.
② YILDIZ S N. Mongol Rule in Thirteenth – Century Seljuk Anatolia: The Politics of Conquest and History Writing（1243 – 1282）[M]. Chicago Illinois, 2006: 14.

的伊斯兰大法官赴锡瓦斯拜住营地求和，鲁木苏丹国同意向蒙古帝国交纳年贡40万第纳儿及若干布、马、奴婢礼物。1244年春，小亚美尼亚①国王海屯一世认为塞尔柱苏丹国大势已去，也遣使与拜住缔约，称臣纳款，承认蒙古帝国的宗主权。

1246年凯豁思鲁二世死，生前未指定继承人，鲁木的政治陷入危机。塞尔柱苏丹国大维齐尔苫思丁拥立凯豁思鲁二世长子伊兹丁·凯卡兀思二世（1246—1261）为苏丹，而部分贵族则奉戴伊兹丁的弟弟鲁克赖丁·乞立赤·阿尔斯兰四世即位。两兄弟争权夺利，相互混战。乞立赤·阿尔斯兰前往哈剌和林，谒见贵由汗，面陈大维齐尔苫思丁滥杀无辜，越俎代庖，未经可汗许可，擅自拥立凯卡兀思二世。1246年贵由汗颁诏将塞尔柱苏丹国王位赐给乞立赤·阿尔斯兰四世，并规定鲁木应缴纳年贡"120万海帕帕，500件丝织品、500匹马、500头骆驼、5000头小牲畜（绵羊、山羊等），此外，呈献与年贡价值相当的礼物"②。苏丹之位的争夺强化了蒙古帝国在小亚细亚的统治。在蒙古帝国控制下，鲁木出现二王分国而治的政治局面，贵由汗划定克孜勒河（锡瓦斯河）以西地区由凯卡兀思二世统治，以科尼亚为都；以东地区归乞立赤·阿尔斯兰四世统治，以托卡特为都。

1254年蒙哥大汗在鲁木继续推行二王分治政策。然而，两兄弟为独霸鲁木相互残杀，战败的乞立赤·阿尔斯兰四世为兄长凯卡兀思二世所监禁。1255年拜住以凯卡兀思二世交纳赋税迟缓为由，在科尼亚和阿克萨赖兴师问罪，凯卡兀思二世逃赴蒙古西征军统帅旭烈兀斡耳朵处宣誓效忠，被羁縻的乞立赤·阿尔斯兰四世为拜住释放后也匆忙前来拜见旭烈兀。拉施特记载："亦咱丁和鲁克纳丁两个算端从鲁木来到至尊［旭烈兀］处效劳"③，旭烈兀继续维持鲁木二王分国而治的局面。1257年4月，拜住从鲁木前往哈马丹谒见旭烈兀，禀报小亚细亚经略情况，旭烈兀斥责拜住征服鲁木不力，拜住统领大军以旭烈兀之名重新征伐鲁木，在阿克萨赖附近，再一次打败塞尔柱苏丹国。《史集》记载："拜住那颜立即返回，带着军队开进鲁木边区。当时，鲁木算端阿剌丁的儿子吉牙撒丁乞豁思罗甫和拜住那颜交战于苦薛—答黑并被击溃，拜住占领了整个鲁木，进行了杀掠。"④

---

① 小亚美尼亚：即西里西亚（Cilicia），一译奇里乞亚。
② 〔法〕勒内·格鲁塞. 草原帝国［M］. 蓝琪，译. 北京：商务印书馆，1998：444.
③ 〔波斯〕拉施特. 史集：第三卷［M］. 余大钧，译. 北京：商务印书馆，1986：33.
④ 〔波斯〕拉施特. 史集：第三卷［M］. 余大钧，译. 北京：商务印书馆，1986：46.

以上史实表明，13世纪40—50年代蒙古统将拜住在小亚细亚以军事打击为手段，使鲁木的塞尔柱统治者臣服，哈剌和林汗廷通过册封两名苏丹，推行二王分治方式，相互掣肘，最大限度地实现了蒙古帝国在小亚细亚的宗主权。鲁木的苏丹在称臣纳贡的条件下，被迫听从蒙古大汗安排以保持有条件的统治力。

2. 伊利汗国统治下的鲁木

1258年1月，旭烈兀灭巴格达的阿拔斯哈里发政权，伊斯兰世界为之震惊和恐慌。8月，旭烈兀前往大不里士并以此为驻地。鲁木的两苏丹先后五天内来到旭烈兀营地纳款称贺。凯卡兀思二世曾以兵抗拒过拜住，心有余悸，为求旭烈兀宽解，极尽阿谀奉承之能事。多桑说："谒见时跪进一靴，靴底绘有己貌，匐伏言曰：'愿王以其尊足置于其仆首上。'旭烈见如此自卑，益以脱古思可敦为之解，乃宥之。"①

伊利汗国建立后，蒙古统治者在鲁木继续推行两王分国而治的方针。约1260年大维齐尔苦思丁死，凯卡兀思二世和乞立赤·阿尔斯兰四世各自选任维齐尔，乞立赤·阿尔斯兰四世推选木因丁·苏莱曼（1260—1277）为自己王宫的维齐尔，封以波斯官号帛儿万涅（parvāna，掌印官）。木因丁·苏莱曼在蒙古—塞尔柱政治背景下专权近二十年，鲁木政局更为混乱。首先，木因丁·苏莱曼为达篡夺鲁木统治权之目的，利用伊利汗旭烈兀剪除凯卡兀思二世。伊本·比比说，木因丁·苏莱曼遣使鲁木的蒙古长官阿邻札黑，密告凯卡兀思二世通敌埃及的马木路克王朝苏丹拜伯尔斯。② 为求政治庇护，凯卡兀思二世加紧投靠马木路克王朝步伐，1262年致书拜伯尔斯，"愿以国境一半让之，附以空白封册数纸，请埃及算端随意封给罗姆采地于何人"③。旭烈兀决意消灭凯卡兀思二世，凯卡兀思二世逃奔君士坦丁堡，拜占庭皇帝不敢开罪旭烈兀汗，将凯卡兀思二世监禁在一海边小城。1265年金帐汗国军队侵入拜占庭，救出凯卡兀思二世，金帐汗忙哥帖木儿以克里米亚封赐凯卡兀思二世，以图对抗伊利汗国。凯卡兀思二世1279年死前一直寓居在克里米亚，鲁木形成乞立赤·阿尔斯兰四世独享政权的局面。不过，鲁木的实际统治权操控在维齐尔帛儿万涅手中。为达篡权目的，帛儿万涅密告阿八哈汗，诽谤乞立赤·阿尔斯兰四世也通敌马木路

① 〔瑞典〕多桑. 多桑蒙古史：下册［M］. 冯承钧，译. 上海：上海书店出版社，2001：93.

② YILDIZ S N. Mongol Rule in Thirteenth – Century Seljuk Anatolia：The Politics of Conquest and History Writing（1243–1282）［M］. Chicago Illinois，2006：299.

③ 〔瑞典〕多桑. 多桑蒙古史：下册［M］. 冯承钧，译. 上海：上海书店出版社，2001：169.

克王朝，1268 年阿八哈汗处死乞立赤·阿尔斯兰四世，册立年仅四岁的乞立赤·阿尔斯兰四世之子嘉泰丁（1265—1284）为新苏丹，称凯豁思鲁三世，帛儿万涅继续专权。

　　巴格达的阿拔斯王朝灭亡后，开罗的马木路克王朝成为伊斯兰世界的中心和支柱。阿八哈汗时代（1265—1282），马木路克王朝苏丹不仅是埃及的君主，也是穆斯林叙利亚的统治者，阿八哈继续推行反马木路克王朝政策。1277 年 4 月，马木路克王朝苏丹拜伯尔斯率军入侵鲁木，在埃尔比斯坦大败三万多蒙古军、格鲁吉亚军和鲁木的塞尔柱军队，拉施特说："激战半天后，蒙古军被击溃，逃生者不多"。① 鲁木的蒙古统将秃忽和秃答温万户长阵亡，塞尔柱苏丹国维齐尔帛儿万涅逃奔开塞利和托卡特。阿八哈汗闻讯后，1277 年 7 月率军急赴安纳托利亚，严惩战斗中表现不力的塞尔柱突厥人，诺外利说，阿八哈汗下令"纵兵大掠，凯撒里牙（开塞利）与额儿哲罗姆（埃尔祖鲁姆）两地间七日程之地，皆被焚杀，死者逾二十万人，虽法官、律士亦不得免"②。拉施特也说："在愤怒之中，他（阿八哈）下令对鲁木的某些地区进行屠杀和掠夺。撒希卜苦思丁·志费尼好几次赎出了一些城市。"③ 诺外利的记载称愤怒中的阿八哈滥杀无辜 20 万人，这个数字无疑是夸大了，但它足以说明阿八哈在鲁木实施屠杀和掠夺的残酷程度。8 月 2 日阿八哈以逃避敌人、未及时通报敌情和规避觐见宗主三条罪名处死塞尔柱苏丹国维齐尔帛儿万涅。

　　帛儿万涅处死之后，伊利汗国统治者强化了对鲁木的统治，中央政府直接委任鲁木军政长官。1277 年 8 月，阿八哈汗把鲁木委托给自己的兄弟、宗王弘吉剌台镇守，任命撒希卜苦思丁·志费尼经理鲁木财政。1282 年 7 月，帖古迭儿继续派遣宗王弘吉剌台率领大军戍守鲁木。1284 年 8 月阿鲁浑即位后，委派宗王忽剌术和宗王乞合都掌管鲁木地区。1295 年 10 月，合赞汗委任撒都剌丁·曾札尼管理鲁木财政，撒都剌丁·曾札尼被处死后，鲁木的财务官授给沙剌法丁·奥都剌合蛮。11 月，合赞汗派遣脱合察儿担任鲁木的军事长官。脱合察儿和巴剌秃被处死后，1297 年 5 月，合赞汗"委任伯颜札儿、不赤忽儿、脱忽思帖木儿为鲁木异密，速剌迷失本人则担任鲁木军队的大异密"。④

　　另一方面，鲁木名义上的统治者苏丹听任伊利汗废立，塞尔柱苏丹国名存

① 〔波斯〕拉施特. 史集：第三卷［M］. 余大钧，译. 北京：商务印书馆，1986：141.
② 〔瑞典〕多桑. 多桑蒙古史：下册［M］. 冯承钧，译. 上海：上海书店出版社，2001：169.
③ 〔波斯〕拉施特. 史集：第三卷［M］. 余大钧，译. 北京：商务印书馆，1986：141.
④ 〔波斯〕拉施特. 史集：第三卷［M］. 余大钧，译. 北京：商务印书馆，1986：307.

实亡。诚如格鲁塞所言："科尼亚的最后一批塞尔柱克苏丹们是由桃里寺（大不里士）宫廷随意任命和罢免的，他们的权威比任何一个蒙古长官都小。"① 1282年帖古迭儿废黜鲁木君主凯豁思鲁三世，册立归顺伊利汗国的凯卡兀思二世之子马苏德（Ma'sūd）为塞尔柱苏丹，称马苏德二世（1282—1298）。1279年阿鲁浑汗缢杀凯豁思鲁三世。1298年合赞汗又废黜马苏德，册立凯卡兀思二世之孙阿剌丁·凯库巴德为鲁木苏丹，称凯库巴德二世（1298—1300）。拉施特记载："算端马思忽惕（马苏德二世）由于曾在巴剌秃处和他共事而受到猜疑，被罢免，算端之位被交给费剌木儿思的儿子、他的侄子阿剌丁·乞忽巴忒（阿剌丁·凯库巴德二世）"。② 1300年合赞汗废黜凯库巴德二世，复立马苏德二世为鲁木苏丹。1304年马苏德二世死，鲁木的塞尔柱苏丹国已不复存在。

1334年不赛因去世，伊利汗国瓦解，安纳托利亚处于无君主统治的政治混乱局面，作为伊利汗国遗产的札剌亦儿王朝在小亚细亚兴起，土库曼人卡拉曼公国和奥斯曼公国也在伊利汗国崩溃后先后崛起。

总体而言，伊利汗国与地方王朝的政治关系，可以归纳如下几点。

第一，蒙古统治者以军事征服为手段，使鲁木的塞尔柱苏丹国、赫拉特的库尔特王朝、克尔曼的忽都鲁汗王朝和法尔斯的萨尔古尔王朝臣服，通过蒙古帝国和伊利汗国最高统治者册立苏丹、阿答毕王位，延续地方王朝统治的存在，并实现蒙古帝国和伊利汗国的宗主权。历代伊利汗一开始就使用伊利汗自己或伊利汗自己和地方统治者的名字铸造钱币，强化和认同蒙古统治者的宗主权。蒙古统治者还通过伊斯兰宗教礼仪的呼图白，实现伊利汗在星期五大清真寺的诵读，在伊斯兰世界宣示伊利汗统治权的合法性。

第二，伊利汗国统治下的各地方王朝，几乎是不同程度上的傀儡政权。蒙古统治者在地方上设置达鲁花赤，维持地方社会治安，上可任意废立王朝统治者，下可弹压地方贵族叛乱和平息黎民百姓暴动。在赋税管理上，中央委任财政官，实行扑买包税制，最大限度地榨取被征服和被统治地区的民脂民膏。地方王朝通过签军、纳贡、觐见等形式履行藩臣义务。

第三，伊利汗国在赫拉特、克尔曼、鲁木和法尔斯的统治方式和政治联系呈现一定的差异性，大致表现出伊利汗国与地方王朝之间三种不同的统治方式。在赫拉特，蒙古统治者给归顺的库尔特王朝统治者以苏丹封号，保留其较大的统治权，派出蒙古官员监督，实施征税和执行伊利汗命令，库尔特王朝维持着

① 〔法〕勒内·格鲁塞. 草原帝国 [M]. 蓝琪，译. 北京：商务印书馆，1998：482.
② 〔波斯〕拉施特. 史集：第三卷 [M]. 余大钧，译. 北京：商务印书馆，1986：307.

较为独立的地方王朝统治；甚至库尔特王朝统治者无时不希望体现出阿富汗部落首领统辖地方一切的政治意愿。在克尔曼，忽都鲁汗王朝通过与伊利汗国蒙古统治者缔结不断的婚姻关系，在伊利汗支持下，忽都鲁汗王朝保证了在克尔曼统治的巩固，克尔曼地区出现长期政治稳定、经济繁荣和社会发展的局面；克尔曼的忽都鲁汗王朝与伊利汗国蒙古统治者一直保持着紧密的政治联系。在法尔斯和鲁木，伊利汗国统治初期，承认法尔斯的阿答毕和鲁木的苏丹统治政权，设拉子的萨尔古尔王朝和鲁木的塞尔柱王朝，与伊利汗廷建立起政治上的宗藩关系；伊利汗国统治后期，伊利汗国频繁废立设拉子的阿答毕和鲁木的苏丹，使之成为伊利汗国的傀儡，并在地方上设官置府，强化对法尔斯和鲁木的统治权，萨尔古尔王朝和塞尔柱苏丹国名存实亡并最终消亡。

第三章

蒙古人在西亚的军事

伊利汗国是蒙古帝国第三次向西扩张的产物，是蒙古—突厥游牧贵族占统治地位的军事封建政权。它在战争中诞生，也在战争中延续，更在战争中瓦解。伊利汗国的军事战争，主要包括对埃及的马木路克王朝的扩张战争、对同为成吉思汗后裔的金帐汗国的领土纠纷之战和对察合台汗国侵吞呼罗珊地区的还击之战，以及完者都在里海南岸对吉兰的征服战争。

一、艾因贾鲁特之战

（一）旭烈兀出兵叙利亚

1258 年立国 500 余年的阿拔斯哈里发政权为旭烈兀所灭，叙利亚为之震惊而惶惶不可终日。此时叙利亚大部分地区早已处于风雨飘摇的艾尤卜王朝统治之下，沿海狭长地带则为十字军国家所有。1259 年 9 月，雄心勃勃的旭烈兀兵分三路，命怯的不花为先锋，拜住为右翼，孙扎黑为左翼，自统中军，进兵叙利亚。1260 年 1 月，经过一个多月激烈的攻城战，蒙古军攻克叙利亚北方重镇阿勒颇城，除工匠艺人外，阿勒颇遭到蒙古军的屠城，旭烈兀下令城内无论男女老幼一律杀光。旭烈兀委任法黑剌丁·撒乞管理，并派秃格勒·巴黑失为阿勒颇的军事长官。

阿勒颇被攻陷后，艾尤卜王朝苏丹纳绥尔·优素福率军从大马士革城郊营地仓皇出逃，向加沙奔出，准备逃往埃及，哈马、霍姆斯、南方重镇大马士革城不战而降，大马士革达官显贵被派出觐见旭烈兀。2 月，蒙古帝国在大马士革建立起行政机构，史载，"［旭烈兀］指派了一个蒙古军事长官及三个大食那可儿，并［下令］让阿剌丁·合失、哲马里丁·合剌海·可疾维尼、伊斯兰教法官苫思丁·合迷掌管大马士革地区的事"①。不过，蒙古人在叙利亚北部、中部，除了设置代理人，并未构建起行之有效的行政管理。3 月 1 日，西征军先锋

---

① 〔波斯〕拉施特. 史集：第三卷 ［M］. 余大钧，译. 北京：商务印书馆，1986：76.

怯的不花在亚美尼亚国王海屯一世及其女婿安条克君主波赫蒙德六世的陪同下进入大马士革城。应波赫蒙德六世的请求，怯的不花允许大马士革城内一座清真寺改建成天主教堂，其他几座清真寺则被平毁。在此后两个多月的时间内，怯的不花的先锋军没有受到太大的阻力便长驱直入叙利亚的纳布卢斯、阿杰隆、耶路撒冷、希伯伦、阿什凯隆，并直抵加沙，蒙古军在巴勒斯坦和外约旦地区实行了一次长距离、劫掠式的大扫荡。苏丹纳绥尔·优素福对埃及马木路克王朝苏丹库图兹①剥夺自己的统治权忧心忡忡，只能在叙利亚沙漠及周边地区辗转奔波，最后在卡拉克城被蒙古军所俘，并押送到旭烈兀营所。叙利亚全境已成蒙古西征军的囊中之物，埃及似乎也指日可待。

但是，1259年8月蒙哥大汗去世，忽必烈和阿里不哥争位，消息送达旭烈兀军营后，旭烈兀命怯的不花镇守叙利亚，继续攻略叙利亚和巴勒斯坦未征服之地，自己率领主力在1260年6月26日回到波斯阿塞拜疆的大不里士安营扎寨，静观其变。

关于旭烈兀向东移师的原因，学术界存在三种观点。一是普遍认为旭烈兀离开叙利亚是因为蒙哥大汗的去世而做出的政治反应。蒙古帝国的政治文化是，一旦合罕去世，各路诸侯必须前往合罕斡耳朵哀悼，更重要的是宗王们须举行忽里勒台选立新汗，所以，帝国的其他事务暂且搁置，新合罕选立为第一要务。旭烈兀闻讯兄长蒙哥合罕去世，于情于理，必须停止大好局势下的叙利亚战事，这是毫无疑义的。拉施特明确记载："总之，在短时间内报达、迪牙别克儿、迪牙剌必阿和叙利亚完全被征服，进入旭烈兀都督们的统治范围。他〔也〕占领了鲁木诸地区。这时，以失克秃儿那颜为首的急使从东方来到，他们急急忙忙地早就从那里动身，送来了蒙哥合罕去世的噩耗。旭烈兀汗内心非常悲伤，但面不改色。他将乞怯不花留下守卫叙利亚，动身回到合列卜（阿勒颇），并于658年6月24日星期天（1260年6月6日）到达阿黑剌忒。"② 拉施特继续说："旭烈兀由于蒙哥合罕去世和阿里不哥叛乱，内心很不安。"③ 二是学者欧文·阿米泰·普瑞斯认为，旭烈兀停止叙利亚战事，移师东行极有可能把自己当作

---

① 库图兹（al - Muzaffar Sayf al - Dīn Qutuz）：一译穆扎法尔·赛福丁·库图兹，1259—1260年在位。

② 阿黑剌忒（Akhlāt）：今土耳其凡湖西岸的阿赫拉特。

③ 〔波斯〕拉施特. 史集：第三卷〔M〕. 余大钧，译. 北京：商务印书馆，1986：76—77.

大汗位置的候选人，是为争夺帝国大汗之位。① 此说不无理由，因为蒙哥大汗猝死，生前未指定任何人为继位者，按照蒙古帝国汗位选立惯例，作为蒙哥大汗兄弟、帝国有重要影响的宗王旭烈兀也是有可能被蒙古贵族们选立或拥戴为大汗的，只是这一说法没有史料根据或没有文献中的历史逻辑。三是摩根强调后勤补给因素，旭烈兀移师东行是由于叙利亚地区缺乏充足的牧草来供养他庞大的军队，因为他的军队主要由骑兵组成。他的观点基于1262年旭烈兀写给法国国王路易九世的一封信，在信中旭烈兀宣称他从叙利亚撤退主力军队是由于这里饲料和牧草的缺乏②。这一观点看起来有根有据，实则没有其他史料作为佐证。查理斯·J.哈佩林认为，1/3的蒙古军队完全由非蒙古人组成，主要是亚美尼亚人和格鲁吉亚人，他们不会为他们的马匹要求牧场，伊利汗国的叙利亚签军也不会。农作物和其他物质可以填补天然牧场的不足。在冬天展开的战争可以避开高温酷暑，降雪也可以提供水源，同样的还有河流和降雨。③

我认为，旭烈兀闻讯三兄弟之间发生的大事——蒙哥合罕去世和忽必烈与阿里不哥争位后所做出的政治反应，其逻辑关系是停止战事是遵循帝国政治惯例；移师东行大不里士安营扎寨是静观其变；做出谴责阿里不哥叛乱、支持忽必烈为大汗的决定是审时度势，自己争取了最佳的政治利益，忽必烈让其管理波斯和西亚诸地，并使之成为自己的兀鲁思。正如拉施特所言："旭烈兀和阿鲁忽都倾向于［忽必烈］合罕方面，两人不断互相派遣急使。旭烈兀向阿里不哥派去急使，责备他并力图制止他［的称合罕之举］，他向［忽必烈］合罕也派去了急使。……这时合罕派人告知旭烈兀汗和阿鲁忽道：'各地区有叛乱，从质浑河岸到密昔儿的大门，蒙古军队和大食人地区，应由你，旭烈兀掌管，你要好好防守，以博取我们祖先的美名'。"④ 此外，旭烈兀还责令自己的次子术木忽儿站在阿里不哥阵营参与阿里不哥反对忽必烈的争位之战，术木忽儿在父王旭烈兀的干预下，脱离了阿里不哥。《史集》说："当阿里不哥出征阿鲁忽并把他打败后，他［术木忽儿］借口有病，在撒麻耳干附近脱离了阿里［不哥］，因为旭烈兀对他反抗忽必烈汗之事不满，通知他躲开［为阿里不哥］效劳。他

① AMITAI - PREISS R. Mongols and Mamluks: The Mamluk - Ilkhanid War (1260—1281) [M]. Cambridge University Press, 1995: 28.

② MORGAN D. The Mongols in Syria (1260—1300) [M]. Crusade and Settlment: 231 - 233.

③ HALPERIN C J. The Kipchak Connection: The Ilkhans, the Mamluks and Ayn Jalut [J]. Bulletin of the School of Oriental and African Studies, University of London, 2000, 63 (2) 229.

④ 〔波斯〕拉施特. 史集: 第二卷 [M]. 余大钧，周建奇，译. 北京: 商务印书馆, 1985: 299.

从那里到了忽推哈敦处后，动身到父亲处效劳"。①

（二）艾因贾鲁特之战

1. 旭烈兀遣使埃及责令马木路克王朝归附

征服埃及是蒙古帝国向西扩张的既定政策，旭烈兀已经很明显表现出出兵埃及的意愿。艾因贾鲁特之战前几个月，旭烈兀遣使埃及，致函马木路克王朝苏丹库图兹。《史集》记载，旭烈兀派遣急使同40名那可儿组成庞大的使团前往埃及，呈递的国书中说："伟大的上帝选择了成吉思汗及其家族，把地上各地区一下子赐给了我们。正如所有人都应知道的，凡是拒绝归顺的人就要连同妻子、儿女、族人、奴隶和城市一块消灭，而关于我们的无边无际的大军的传闻就象有关鲁思帖木和亦思芬迪牙儿的传说那样传遍四方。因此，如果你归顺我们的至尊，你就纳贡、觐见，请求〔给你〕派军事长官，否则就准备作战。"②从国书来看，旭烈兀明确告知马木路克王朝要么臣服蒙古，要么就等待接受蒙古帝国所施加的毁灭厄运，理由非常简单，成吉思汗及其家族的蒙古帝国统治世界的权力是上帝赋予的，天命所归，与蒙古帝国斗，即与天斗，结果肯定是国破家亡，唯一的出路就是归顺上天，向蒙古帝国屈服投降。

2. 马木路克王朝决意迎战蒙古军

旭烈兀的使团所呈递的国书在埃及引起巨大反响，马木路克王朝到了最危急的关头，苏丹库图兹召集大臣商讨处理伊利汗旭烈兀征服埃及的对策。

埃及的马木路克王朝是在抵御十字军东征中诞生的一个外来的军事贵族统治政权，军队是马木路克王朝在埃及维持政权的主要支柱和力量。马木路克王朝的军队主要由三部分组成，一是受成吉思汗和绰儿马罕军事打击逃亡叙利亚和埃及的前花剌子模帝国士兵，其占大部分。二是受旭烈兀军事打击逃奔埃及的前叙利亚的艾尤卜王朝士兵。这两股军力多为土库曼人、贝督因人和库尔德人，都有家破人亡、流离失所的亡国之痛。三是埃及马木路克王朝苏丹和埃米尔的马木路克军团，尤其是作为马木路克军队的中坚力量——皇家马木路克军团，他们的地位与权力优于一般的马木路克军团。卡拉卡桑迪曾说："皇室马木路克是军队中最重要且最受尊敬的一部分，他们最靠近苏丹，也是最大封邑的拥有者，而且他们是从不同阶层的埃米尔中任命的。"③ 马木路克是埃及统治者

---

① 〔波斯〕拉施特. 史集：第三卷〔M〕. 余大钧，译. 北京：商务印书馆，1986：21—22.

② 〔波斯〕拉施特. 史集：第三卷〔M〕. 余大钧，译. 北京：商务印书馆，1986：77.

③ AYALON D. Studies on the structure of the mamluk army－Ⅰ〔J〕. Bulletin of the school of oriental and african studies，1953，15（2）：209.

苏丹或埃米尔购买来的奴隶，统治者们对他们进行严格训练并灌输效忠主人、笃信伊斯兰教的信念，马木路克一旦成为训练有素的士兵后，主人们就将他们从奴隶的身份中解放出来，成为自由人。这些购买来的马木路克与故乡断绝联系，未来的荣耀完全依赖于主人擢升，而提拔的依据是忠诚和勇敢，苏丹与马木路克之间形成了一种相辅相成的紧密关系，苏丹以马木路克为基础进行统治、巩固统治，马木路克依靠苏丹任命军政要职。大塞尔柱王朝著名维齐尔尼扎姆·莫尔克（1019—1092）曾说："一个顺从的奴隶比三百个儿子还要好；因为后者渴望他们父亲的死亡，而前者渴望主人的荣耀。"① 所以，从马木路克王朝的军队构成来看，其官兵或背井离乡，或家破人亡，他们大都对蒙古帝国的军事侵略义愤填膺，抱定杀敌以保家乡的信念。苏丹库图兹说："如今迪牙别克儿、迪牙儿刺必阿和叙利亚充满了哭声，从报达以迄鲁木之地全都荒废了，无人耕作、播种。如果我们不能胜过〔蒙古人〕，奋起打退他们，那么密昔儿不久就会象其他地区那样地遭到蹂躏。"②

另一方面，鉴于蒙古帝国统治者在伊斯兰世界以往的军事征服中，追杀逃亡的花剌子模沙摩诃末，剿灭新花剌子模沙扎兰丁，处死降服的阿萨辛派宗教国主鲁坤丁·忽儿沙，消灭阿拔斯王朝哈里发穆斯台耳绶，其对被征服统治者大都实行族灭的惯例，也使马木路克王朝的统治者们引以为戒，降者亦遭诛杀。拉施特记载，马木路克王朝军将纳昔刺丁·乞木里在商讨对策时说："他〔旭烈兀汗〕并未负责履行诺言，因为他在缔结条约、允诺后，却突然杀死了忽儿沙、木思塔昔木、忽撒马丁阿迦和亦儿必勒（伊拉克的埃尔比勒）长官，如果我们前去见他，他大概也会同样对待我们……讲和也没用，因为他们的允诺不可靠"。③ 面临伊利汗国旭烈兀的军事威胁和政治侮辱，埃及的马木路克王朝全体贵族们最终形成了反伊利汗国的对策——抗则生，降则亡。在实力派拜伯尔斯的建议下，苏丹库图兹下令处死伊利汗国使者，把蒙古人的头颅高高悬挂在开罗城门上，并且宣称"这仅仅是埃及人悬挂起的第一个蒙古人的头颅"。马木路克王朝动员全国军队，激发士气，开赴叙利亚，迎击蒙古军。

3. 艾因贾鲁特会战

1260 年 7 月 16 日，库图兹的军队离开开罗，开向叙利亚边界加沙地带。库

---

① PETRY C F. The Cambridge History of Egypt，Vol. 1 〔M〕. Cambridge University Press，1999：245.

② 〔波斯〕拉施特. 史集：第三卷〔M〕. 余大钧，译. 北京：商务印书馆，1986：79.

③ 〔波斯〕拉施特. 史集：第三卷〔M〕. 余大钧，译. 北京：商务印书馆，1986：79.

图兹积极主动率军开赴叙利亚抗击蒙古人，主要出于一种战略考虑。通过收集情报，库图兹确知当时在叙利亚驻守的蒙古人仅仅是蒙古西征军的一小部，并非旭烈兀的大部，与蒙古军在叙利亚作战取胜的可能性非常大。即使在叙利亚失利，他还有机会率军回埃及重整旗鼓抗敌，一旦在埃及与蒙古人战败，马木路克王朝则必遭灭顶之灾，所以，库突兹决定主动出击迎敌。

库图兹派遣拜伯尔斯为先锋，在加沙地带，拜伯尔斯发现了一小支蒙古军，这支队伍看到马木路克人走了。据拉施特记载，蒙古人的这支队伍是拜答儿统将的先锋，发现埃及军队进入叙利亚后，拜答儿急忙派人告知在巴尔贝克的怯的不花统帅。怯的不花命令拜答儿不要后退，等待援军，但为时已晚，在加沙地带，库图兹与拜答儿发生遭遇战，库图兹亲自率军袭击了拜答儿的小支队伍并直追到阿昔河畔。拉施特说："由于乞忒不花到来之前，忽都思（库图兹）攻击了拜答儿，并把他赶到了阿昔河畔。"①

库图兹率领大部队移向阿克，面对突如其来的大量穆斯林军队，滨海的十字军也别无选择，阿卡的法兰克人与马木路克王朝缔约，向马木路克人提供所需帐篷和粮秣，开放通道，法兰克人在战斗中保持中立。马木路克军队在阿卡城郊扎营三天，这为埃及人在战役初期获得很大的优势。随着战争的临近，库图兹担心马木路克军队内部畏战情绪滋长，库图兹在阿卡再次向军队做战前动员演讲，激发手下官兵奋勇杀敌。欧文·阿米泰说："演讲的内容主要是两点：一是埃米尔们必须为保卫他们的家庭和财产而战（这也就暗示要保卫他们在埃及享有的权利），二是也是一次向不信仰伊斯兰教的异教徒发动的'圣战'。演讲产生了很好的效果，埃米尔们含泪彼此宣誓要将蒙古侵略者赶出他们的国家。"②

收到马木路克军队已进入叙利亚境内并向北移动的消息，驻营贝卡谷地的怯的不花立刻聚集分散在大马士革各地的蒙古军队，亲自率军南下，在离艾因贾鲁特不远的地方安营扎寨。艾因贾鲁特位于吉尔博阿山西北角的耶斯利河谷地带，今巴勒斯坦的吉多纳村，距今约旦河左岸贝桑西北方15公里。现在这条泉水称艾因（Ayn）或马扬·哈鲁德。沿着吉尔博阿山是纳赫尔·贾鲁特河（Nahr Jalut），河水给蒙古骑兵提供了充足的水源，耶斯利河谷地带为蒙古骑兵提供充足的牧草，吉尔博阿山可以保护蒙古军队的侧翼安全。蒙古人选择在艾

---

① 〔波斯〕拉施特. 史集：第三卷［M］. 余大钧，译. 北京：商务印书馆，1986：80.

② AMITAI - PREISS R. Mongols and Mamluks: The Mamluk - Ilkhanid War（1260—1281）［M］. Cambridge University Press，1995：39.

因贾鲁特静待马木路克人，在地理位置上应说占据了有利条件。蒙古人希望马木路克人走狭窄且多岩石的哈鲁德河进入耶斯利河谷，待马木路克人还来不及部署军队之前就发起冲锋，但马木路克军队却在滨海的十字军安排下绕道卡梅勒山，过了阿克，来到吉尔博阿后山。拜伯尔斯的先锋在前，库图兹的主力部队随后。抵达艾因贾鲁特之后，拜伯尔斯率兵登上吉尔博阿山邻近的莫雷山岗，发现蒙古军队在艾因泉水附近，蒙古人也发现了马木路克人向他们开进。意识到自己所处的危险境地，拜伯尔斯派人告知库图兹马上后撤，成功脱离蒙古人的包围圈，拜伯尔斯马上率领先锋加入库图兹的主力部队。

双方在伊斯兰历 9 月 25 日星期五（1260 年 9 月 3 日）发生会战。马木路克军队从西北方沿着耶斯利河谷地进入战场，战斗在河畔进行。双方军队数量都在 1 万人左右。交战之初，蒙古人主动进攻马木路克军队，马木路克军队并不顺利。虽然无史料详述战斗过程，但是蒙古骑兵冲散了马木路克军队，库图兹迅速重整军队并对蒙古人发起反击，蒙古军队又发动了第二次冲击并几乎将马木路克人击溃。史料记载，库图兹并没有惊慌失措，他再次重整军队，并高喊"啊，真主安拉！帮助你的信徒库突兹去打败蒙古人吧！"① 然后他发起对蒙古军队的正面进攻，双方从清晨肉搏厮杀到中午，蒙古军队最后抵抗不住而崩溃，向不同方向逃窜。一部分逃到附近的山顶试图进行抵抗，很快为拜伯尔斯的军队追上并消灭，一部分被当地的居民抓住并杀死，一部分在河边的芦苇荡里避难，为马木路克人放火烧死。统将怯的不花顽强抵抗，拒绝部下劝说逃脱战场，最后精疲力竭，为马木路克人所俘。怯的不花临死不屈，为库图兹所杀。拉施特记载："乞忒不花拼命攻击左右［之敌］，［力竭］摔倒。有些人催促他逃跑，但他不听，却说：'人不免一死，与其卑鄙地逃跑，不如光荣地死去。'"② 蒙古人和马木路克人在战场上牺牲的人数究竟有多少？史料文献皆无精确的数目记录。怯的不花在比哈的大本营，连同他的家人都被马木路克军队俘获。拉施特说：马木路克军队"侵袭了直到幼发拉底斯河边为止的叙利亚所有地区，毁掉了见到的一切，洗劫了乞忒不花的营地，俘虏他的妻子、子女和亲族，杀死了各地区的官员、都督。［事先］得到消息的人则逃跑了"③。艾因贾鲁特之战，马木路克军队乘胜追击，已无军队镇守的大马士革、哈马和阿勒颇城为埃及军

① AMITAI – PREISS R. Mongols and Mamluks: The Mamluk – Ilkhanid War（1260—1281）［M］. Cambridge University Press, 1995: 41.

② ［波斯］拉施特. 史集：第三卷［M］. 余大钧, 译. 北京：商务印书馆, 1986: 80.

③ ［波斯］拉施特. 史集：第三卷［M］. 余大钧, 译. 北京：商务印书馆, 1986: 80.

攻占，伊利汗国在叙利亚的行政管理机构瓦解，叙利亚全境直至幼发拉底河地区悉为埃及的马木路克王朝所有。欧文·阿米泰评说："蒙古人在叙利亚的统治走到了尽头，取而代之的是马木路克人成功地控制了整个叙利亚地区直至幼发拉底河流域。这也开启了马木路克人与伊朗地区的旭烈兀及其子孙领导下的蒙古人长达六十年的激烈争斗。"①

（三）蒙古人在艾因贾鲁特失败的原因

第一，蒙古帝国的霸权主义及旭烈兀的军事扩张，严重威胁了埃及的马木路克王朝生存权，反而大大激发马木路克军队起来保家卫国，蔑视伊利汗国的军事威胁和政治压迫。

蒙古军队若侵犯埃及，就埃及的马木路克王朝而言，只有三条路可供选择——和、战，或逃离本国。但是，埃及北滨地中海、南接撒哈拉大沙漠，面对来自叙利亚的蒙古军队，逃亡之路，只能向西投奔马格里卜，不过，马格里卜远隔荒漠，路途遥远；降和之路，也就是成为蒙古帝国的附庸，考虑到花刺子模沙、阿刺模忒宗教国主、阿拔斯王朝哈里发的归宿，前车之鉴，已不可取；唯一的选择就是与蒙古人顽强战斗，或有一线生机。马木路克王朝苏丹库图兹号召说："伊斯兰的埃米尔们，你们久食国禄，却怯于圣战。我誓死一战，愿者随我进，不愿者可离我去，安拉对他们是明察的。伊斯兰妇女如受凌辱，责在他们。"② 最重要的大埃米尔拜伯尔斯响应道："让我们一起去作战。如果获胜，这正是我们力求达到的，而并非只要人民不谴责我们就行。……无论我们战胜或阵亡，都能受到人们的谅解和感激。"③ 正因为如此，马木路克军队在抗击蒙古人入侵这一问题上，上下一致，团结齐心。

在艾因贾鲁特之战中，埃及的马木路克王朝取胜的两个决定性人物——库图兹苏丹和拜伯尔斯大埃米尔，暂时达成妥协，同心协力对抗蒙古人。一是库图兹坚定走出埃及远征叙利亚，在战争进行到关键时刻发表演说告知马木路克军队打败异教徒蒙古人的必要性。在战争进行时，表现出一个军事家应有的冷静头脑，败不馁，胜不骄，不急不躁。二是尽管库图兹和拜伯尔斯以往长期不和，但面临蒙古人的侵略，在国破家亡的紧要关头，至少是达成了暂时的妥协，库图兹在战斗中也给予拜伯尔斯以充分的信任。

① AMITAI R. Mongol Raids into Palestine（A. D. 1260 and 1300）［J］. Journal of the Royal Asiatic Society of Great Britain and Ireland，1987（2）：243.

② 郭应德. 马木鲁克人抗击蒙古军入侵的胜利［J］. 阿拉伯世界，1987（2）：74—75.

③ 〔波斯〕拉施特. 史集：第三卷［M］. 余大钧，译. 北京：商务印书馆，1986：79.

　　反观伊利汗国军队，尽管蒙古人英勇奋战，统帅怯的不花身先士卒。但是，在作战中，叙利亚签军首领之一、霍姆斯统治者、艾尤卜王朝的艾什赖弗·穆萨临阵脱逃，导致蒙古军军阵大乱，为敌所破。欧文·阿米泰说："尽管艾什赖弗·穆萨曾经为蒙古人效力并在战争之初加入蒙古人一方作战，但他的临阵叛逃毕竟有助于马木路克军队的胜利。因而，他过去的行为得到了库突兹的原谅，库突兹将霍姆斯城作为封邑赐给了他"。① 第二，蒙古——拉丁同盟的破裂，鼓舞了埃及的马木路克王朝迎击叙利亚的蒙古人。

　　叙利亚狭长的沿海地带是十字军的拉丁国家，北部属波赫蒙德六世控制的安条克公国和特里波利郡；南部属名存实亡的耶路撒冷王国，保留着提尔男爵领地、法国的阿卡小行政区和雅法郡等松散的联邦。蒙古帝国与拉丁同盟开始于 1258 年旭烈兀对叙利亚的征伐。在早已臣属于蒙古帝国的小亚美尼亚国王海屯一世的建议下，其女婿波赫蒙德六世也归顺蒙古帝国，加入蒙古人反叙利亚阵营。1259 年 11—12 月，旭烈兀统帅的蒙古西征军与海屯一世和波赫蒙德六世率领的亚美尼亚和法兰克人首次合作，攻克阿勒颇城。作为回报，旭烈兀将萨拉丁以来为穆斯林所收复的、曾属阿勒颇公国的土地悉数交给波赫蒙德六世。所以，艾因贾鲁特战役，毫无疑问，滨海地带北部的波赫蒙德站在怯的不花一边。

　　但是，滨海地带南部的法兰克人则公开抵制蒙古人的统治并开始勾结埃及的马木路克王朝。阿卡的男爵们把蒙古人视为野蛮人，格鲁塞说："遗憾的是，尽管安条克—特里波利王波赫蒙德六世可能在此问题上与他（怯的不花）看法一致，但是，阿迦（阿卡）的男爵们仍视蒙古人为野蛮人，甚至他们宁愿要穆斯林，而不要这些野蛮人统治"②。旭烈兀移师东行后，他们开始反抗怯的不花在叙利亚的统治，尤其是西顿的儒连伯爵杀死怯的不花的侄子，蒙古人对这一背信弃义的行为大为震怒。作为惩罚性的军事行动，1260 年 8 月 17 日，怯的不花率领 300 名蒙古人占领并洗劫了西顿，怯的不花与拉丁人反目成仇，蒙古—拉丁同盟破裂。叙利亚滨海地带的法兰克人敌视蒙古人，通好马木路克王朝，极大地鼓舞了马木路克人抗击叙利亚的蒙古军，库图兹苏丹决定趁此机会主动出击，歼灭强敌于国门之外。诚如格鲁塞所言，库图兹"意识到形势正在朝着对他有利的方面转化。旭烈兀与蒙古主力军一旦启程回波斯，怯的不花若无沿

① AMITAI – PREISS R. Mongols and Mamluks：The Mamluk – Ilkhanid War（1260—1281）[M]. Cambridge University Press，1995：45.

② 〔法〕勒内·格鲁塞. 草原帝国 [M]. 蓝琪，译. 北京：商务印书馆，1998：460.

海法兰克人的援助，靠最多只有两万人的驻军维持征服地区将是不可能的。既然这些法兰克人已经与他决裂，马木路克军可以行动了"①。

第三，马木路克军队人数比蒙古军多，旭烈兀移师东行是艾因贾鲁特战役失败的战术错误。

马木路克军队多少人？投入艾因贾鲁特战役多少人？马木路克王朝和伊利汗国的史料文献均无明确记载。马木路克王朝的军官建制分别为统领5、10、40、1000名士兵的埃米尔（主要职能是军事长官）。据戴维·阿亚龙研究，苏丹盖拉温统治时期（1279—1290），统领1000名士兵的大埃米尔为24人，也就是说大埃米尔的军力为24000人。统领40名士兵的埃米尔为200—800人，且统领40名士兵的埃米尔可扩充为统领70—80名士兵，换算为军力约8000—32000人。统领10名士兵的埃米尔为60—300人，且大多扩充为统领20名士兵，换算为军力约600—6000人。统领5名士兵的埃米尔，在马木路克时代，据卡拉卡桑迪说，他们的数量非常少，尤其是在埃及。叙利亚的数量也不多。大多数统领5名士兵的埃米尔是已故埃米尔的儿子，他们遵从父亲的遗嘱得到小埃米尔的头衔，实际上，与那些受宠的士兵地位相同。②

投入艾因贾鲁特战役的马木路克军队多少人？据伊利汗国的波斯史学家瓦撒夫说，马木路克人是12000骑兵，不过学者大都不信这一数据。近代以来许多学者认为，在艾因贾鲁特之战中，马木路克军队的数量要比伊利汗国军队的数量大得多，理由主要是马木路克王朝军力至少三万人以上，苏丹亲自率军去埃及是为了征讨叙利亚的蒙古人，可谓是破釜沉舟、举国之力，不可能只领军一万人去获取胜算不大的军事远征。格鲁塞说，马木路克"另一优势是他们人数多"③。欧文·阿米泰说，马木路克取胜的原因之一是"马木路克军队规模相对强大"④。

就军队质量而言，马木路克虽然名义上为奴隶，但深受主人器重，地位甚至超越主人的儿子，他们不仅可以通过自己的忠诚勇敢进入国家的统治阶层，担任重要军政职务，甚至可以成为苏丹。马木路克军队拥有超强的战斗力，并

---

① 〔法〕勒内·格鲁塞. 草原帝国〔M〕. 蓝琪，译. 北京：商务印书馆，1998：460 - 461.

② AYALON D. Studies on the structure of the mamluk army - II〔J〕. Bulletin of the school of oriental and african studies, University of london, 1954, 16（1）：448 - 476.

③ 〔法〕勒内·格鲁塞. 草原帝国〔M〕. 蓝琪，译. 北京：商务印书馆，1998：461.

④ AMITAI - PREISS R. Mongols and Mamluks: The Mamluk - Ilkhanid War（1260 - 1281）〔M〕. Cambridge University Press, 1995：45.

非马木路克与生俱来，主要是后期的严格训练。马木路克士兵主要来源于高加索地区和中亚的突厥部落，这些地区的居民具有粗壮强健的体魄和好勇斗狠的性格，本身具有良好的战斗素质。马木路克作为被精心挑选出来的、卖到埃及的奴隶，埃及的统治阶层将马木路克依照各自种族和部落特征把他们送入军事学校塔巴哈（tabaqa）进行严格的军事训练。在学校，马木路克新兵们首先学习阿拉伯语和伊斯兰教义，目的是牢固树立起绝对忠勇的理念；然后再让他们进行系统化的身体和军事技能训练，包括熟练使用弯刀、长矛和弓箭等武器，以及骑兵应具备的骑术、长矛刺杀、格斗等技术。马木路克王朝时期仍属冷兵器时代，骑术、箭术备受重视。马木路克统治者清楚地认识到，对付马背上的蒙古游牧民，只有大量的弓箭手骑兵组成的军队才能经得起并最终打败蒙古人的进攻。马木路克军事学校特别强调骑术、箭术的威力和技能训练。马木路克士兵须先练习地面站立射箭，然后学习马上射箭，最后掌握策马飞驰箭术。这些基本军事技能精通熟练后，开始进行战术训练，演练实战中进退迂回的各种队形和互相策应的基本战术，直至他们非常熟练地掌握，经过主人认同，才成为一名真正的马木路克士兵。所以，马木路克和蒙古人作战习惯上相似，不同的是马木路克是训练有素的职业军人，军事素质高，而蒙古人是半游牧半军事的民兵。戴维·阿亚龙说："艾因贾鲁特之战是源自同一种族的两支力量以战争的方式解决彼此的冲突，其结果是昨日的异教徒战败了明天的穆斯林。"①

参战艾因贾鲁特战役的蒙古军队多少人？史料文献的记载和近现代学者的推论莫衷一是。伊利汗国安纳托利亚的史学家伊本·比比说蒙古人是 5000 人，阿勒颇史学家巴赫布拉攸斯说是 10000 人，亚美尼亚史学家海屯也认为是 10000 人。马木路克王朝史学家、拜伯尔斯和盖拉温的传记作家萨菲仪·本·阿里说蒙古军队有一个土绵，理论上也就是 10000 人。拜伯尔斯·曼苏里说蒙古人是 12000 骑兵。诺外利、亚美尼亚人基拉罗斯和瓦尔坦说是 20000 人。波斯史学家瓦撒夫说，怯的不花有三个土绵，一个土绵是镇守大马士革的怯的不花的蒙古人，一个土绵是镇守阿勒颇的拜答儿的蒙古人，另一个土绵是阿勒颇和大马士革的当地签军，包括 500 人的亚美尼亚和格鲁吉亚附庸军。三个土绵，也就是 30000 人，学者一般认为这一数据不可信。D. 阿亚龙、欧文·阿米泰为代表的

---

① AMITAI R. The Mongols in the Islamic Lands: Studies in the History of the Ilkhanate [M]. Ashgate Publishing Company, 2007: 145.

近现代学者大都认同，伊利汗国的军队数量约为 10000—12000 人。① 1260 年 5 月旭烈兀移师东行，带着六分之五的兵力（10 万兵力以上）撤出叙利亚战区，其动机非常复杂，深层的原因不可得知，也不可理喻。就历史发展逻辑而言，旭烈兀本人继承帝国大汗之位并没有成为现实，与金帐汗国的武力冲突直到 1262 年才发生，况且金帐汗国来犯兵力也不足 3 万人，远不会动摇伊利汗国的统治基础。如果伊利汗国要继续向西扩张，就应该把大部分军队驻守叙利亚，蒙古人在艾因贾鲁特战场上败北的主要原因应是旭烈兀在战术上的失算。

（四）艾因贾鲁特之战的历史影响

艾因贾鲁特之战是蒙古帝国向西扩张的转折点。经历三次西征，帝国的元气似乎已经耗尽，蒙古人一路向西高歌猛进的势头被彻底遏制，幼发拉底河最终成为马木路克王朝和伊利汗国的分界线。衰败的伊斯兰世界在埃及的马木路克王朝带领下，捍卫和传承伊斯兰文明。

1. 叙利亚开始纳入埃及的马木路克王朝版图

艾因贾鲁特战役结束后，马木路克王朝苏丹库图兹首先按照顺者昌、逆者亡的规则，处置叙利亚的艾尤卜家族残余势力。哈马城统治者曼苏尔·穆罕默德曾在蒙古入侵叙利亚时站在马木路克一边对蒙古军队作战，战后重新获得自己的王国。艾什赖弗·穆萨曾为蒙古人效力，但在战场上临阵叛逃，有助于马木路克军队的胜利，库图兹将霍姆斯城作为封邑赐还给他。赛义德·哈桑因坚定地站在蒙古人一边同马木路克军队作战，库图兹将他处死。艾因贾鲁特之战实际上终结了残存的艾尤卜王朝在叙利亚的统治，马木路克王朝占领了叙利亚，叙利亚自萨拉丁后再一次与埃及结合在一起。

库图兹在叙利亚委任官吏，开始对叙利亚行使行政管理。1260 年 9 月 8 日，库图兹处死勾结蒙古人的大马士革贵族侯赛因·库尔迪，委任桑贾尔·哈拉比为大马士革的统治者，任命投附马木路克王朝的赛义德·阿拉丁·别都拉丁·卢卢为阿勒颇的统治者，任命曼苏尔·穆罕默德为哈马的统治者，将部分哈马分封给臣服于库图兹的贝都因人最强大的部族——法德勒部首领爱薛·穆哈那作为封地，强化幼发拉底河边疆地区的保卫。

希提曾说：艾因贾鲁特之战，"这次胜利是文明史上一件难忘的事件；假若蒙古人占领了开罗，他们一定会破坏开罗的宝库和图书。这次胜利，不仅消除了对叙利亚和埃及的威胁，而且为两个邻国的重新合并开辟了道路，这次的再

---

① AMITAI R. The Mongols in the Islamic Lands: Studies in the History of the Ilkhanate［M］. Ashgate Publishing Company, 2007: 123 – 124.

合并，在麦木鲁克王朝的统治下，继续二百五十年之久，直到奥斯曼人征服这两个国家的时候为止"①。

2. 打破了蒙古军队不可战胜的神话，鼓励马木路克人不断抗击伊利汗国的侵略

摩根曾说，艾因贾鲁特之战是伊利汗国的一个转折点，它标志着蒙古人入侵中东以来一路高歌猛进的势头因此而被遏制，尽管这次战役在真正意义上并没有阻止西亚的蒙古人继续并反复兵进叙利亚，毫无疑问，但它给了马木路克人心理上相当大的鼓励。马木路克王朝现在清楚地表明，不可战胜的蒙古人事实上是可以被打败的。②

欧文·阿米泰也说：马木路克军队在艾因贾鲁特之战中的胜利被马木路克王朝学者们大书特书，因为这次战争保护了伊斯兰世界的安全，蒙古军队战无不胜的神话也被打破。回顾历史，我们可以发现，艾因贾鲁特之战只是马木路克王朝一次暂时性的胜利。伊利汗国在艾因贾鲁特之战中投入的军力也仅仅是他的一小部分，蒙古人在叙利亚的卷土重来仅仅是时间问题，但叙利亚毕竟有了长达21年的时间没有受到蒙古人的报复，马木路克王朝在这段时间内得到喘息之机。正因为这21年，马木路克王朝在苏丹拜伯尔斯和盖拉温卓越的领导下，为接受伊利汗国在叙利亚发动战争的考验做好了充分准备。③

3. 为马木路克王朝清除十字军在近东的残余势力创造了有利的外部条件

13世纪50年代中后期，埃及的马木路克王朝面临东西方两支强大的军事力量威胁，一是盘踞在叙利亚沿海地带披坚执锐的西欧十字军，一是定都大不里士纵横驰骋的西亚蒙古人。艾因贾鲁特战役之前，西亚蒙古人试图与西欧基督教世界组成反埃及马木路克王朝的军事阵线。艾因贾鲁特之战，叙利亚滨海地带的法兰克人非但漠视蒙古人，反倒帮助马木路克王朝补给军队所需，开放通道。艾因贾鲁特战役之后，因蒙古人的失败，伊利汗国退守幼发拉底河以东一线，近东地区的拉丁基督教国家直接处在马木路克人的刀尖锋口之下。正如彼得·杰克森所言，艾因贾鲁特之战，马木路克王朝"实现了自1193年萨拉丁死后叙利亚第一次与埃及的聚合，因此，它对一块'飞地'的滨海法兰克人的十

① 〔美〕希提. 阿拉伯通史：下册〔M〕. 马坚，译. 北京：商务印书馆，1979：787.
② MORGAN D. The Mongols〔M〕. Wiley-Blackwell, 2007：138.
③ AMITAI-PREISS R. Mongols and Mamluks: The Mamluk-Ilkhanid War（1260-1281）〔M〕. Cambridge University Press, 1995：47-48.

字军国家构成了巨大的威胁"①。随着伊利汗国开始与金帐汗国和察合台汗国的军事战争，马木路克王朝赢得相当宝贵的 21 年和平崛起的国际环境，为反击叙利亚的十字军提供了极为有利的外部条件。苏丹拜伯尔斯（1260—1277）决定利用这一大好时机，实行远交近攻的对外政策，与同伊利汗国交恶的金帐汗国结盟，与拜占庭帝国修好，与西西里、阿拉贡和塞维尔缔约通商，到达了遏制西亚的蒙古人和孤立叙利亚的十字军之目的。

1263 年拜伯尔斯夺取艾尤卜家族的卡拉克和劭伯克。1265 年占领医院骑士团的凯撒里亚和阿尔苏夫。1266 年夺取圣殿骑士团的萨法德，1268 年又攻破雅法。更为重要的是，伊利汗国的附属国安条克公国波赫蒙德六世即使向马木路克王朝投降，但受到的处罚更重，1.6 万名守军被杀、10 万名军队被俘，十字军实力最为强大的堡垒安条克沦陷。1271 年夺取医院骑士团最主要的堡垒希斯尼·艾克拉德，接着叙利亚的亦思马因派的麦斯雅夫、凯海夫等要塞被彻底摧毁。1285 年苏丹盖拉温（1279—1290）继续打击十字军，占领塔尔突斯的麦尔盖卜。1289 年攻破特里波利。1291 年苏丹赫列勒·艾什赖弗（1290—1293）攻克十字军在近东地区的最后一个堡垒阿克，标志着断断续续 200 年的西欧十字军东征（1096—1291）最后以彻底失败而告终。同年，5 月 18 日艾什赖弗攻克提尔，7 月 14 日夺取西顿，7 月 21 日占领贝鲁特，十字军完全被逐出叙利亚，马木路克人彻底清除了十字军在近东地区的残余势力，在抗击十字军东侵中赢得了辉煌的胜利。

4. 加快了马木路克王朝为伊斯兰世界所认同

伊斯兰教自创立之初到马木路克王朝建立，已近 700 年，并成为世界三大宗教之一。穆罕默德作为伊斯兰教的先知，既是伊斯兰世界的宗教领袖，也是伊斯兰国家的政治化身。在伊斯兰世界，历代统治者都是宗教和政治的统一体。阿拔斯王朝虽然自 9 世纪中叶以来开始走向衰落，哈里发政权反倒先后为突厥人、布韦希人和塞尔柱人所驾驭，哈里发大权旁落，仅仅保留了宗教领袖的地位。但是，哈里发神圣的宗教地位不容忽视，伊斯兰王朝的苏丹们都必须尊崇哈里发教权，借此从伊斯兰法理上取得统治地位的合法性，并为伊斯兰世界所认同，马木路克王朝也不例外。

马木路克王朝是一个由一批外来的奴隶们在埃及建立起来的军事寡头政权。这些奴隶主要是突厥人和蒙古人。艾尤卜王朝仿效阿拔斯王朝，利用外国的奴

---

① JACKSON P. The Crisis in the Holy Land in 1260 [J] The English Historical Review, 1980, 95 (376): 481.

隶充当禁卫军，以致重蹈覆辙，昨日的奴隶成为今天的埃米尔和明天的苏丹。在马木路克王朝，苏丹之位只属强者。马木路克王朝是艾尤卜王朝的篡权者，埃米尔拜伯尔斯也是前任苏丹库图兹的篡位者。艾因贾鲁特之战使拜伯尔斯扬名立万，这次战役促使拜伯尔斯直接成为马木路克王朝新上位的统治者。"作为奴隶出身的新兴统治者拜伯尔斯急切需要获得合法地位，唯一的途径就是哈里发的册封。"①

　　1258 年旭烈兀推翻了巴格达的阿拔斯王朝，拜伯尔斯需要搜寻甚至创造新的哈里发。为了实现自己的政治目的，拜伯尔斯决定给予阿拔斯王朝后裔们以政治庇护和扶持。1261 年拜伯尔斯把逃亡到大马士革的前阿拔斯王朝末代哈里发穆斯台耳绥木的叔父请到开罗，并在市中心的大清真寺使他在盛大和隆重的仪式上就任哈里发之职，称穆斯坦绥尔，并迅速地诏告伊斯兰世界。作为政治利益回报，"新任哈里发在同一清真寺为拜伯尔斯穿上阿拔斯王朝的黑色长袍，被册封为全世界的苏丹"②，拜伯尔斯得到哈里发的授权，统治埃及、叙利亚、迪亚别克尔、希贾兹、也门和幼发拉底河地区。希提曾说："拜伯尔斯朝代最大的奇观，就是他为一系列新的阿拔斯哈里发举行就职典礼，这些哈里发都是傀儡，没有一点实权。这位素丹的目的，使他自己的王冠合法化，使他的宫廷在穆斯林们的眼中具有正统的地位。"③

　　拜伯尔斯得到苏丹之位并使之合法，凭借的是什么？凭借的就是他在艾因贾鲁特战役中的杰出表现。在艾因贾鲁特战役中，拜伯尔斯坚定不移的抗敌信念、卓越的军事指挥才能和敏锐的政治头脑，使他获得了埃及和叙利亚埃米尔们的支持和拥护，与苏丹库图兹一起，赢得艾因贾鲁特战役的胜利，成功地把不可一世的蒙古军驱逐出叙利亚，并永远阻止了旭烈兀及其继承者们率领的可怕的、成群的蒙古军向埃及和北非的推进，使埃及幸免于蒙古人的破坏，埃及伊斯兰文化和政治制度得以传承。1260 年 9 月 3 日，艾因贾鲁特会战后不到两个月，10 月 22 日拜伯尔斯发动政变，谋杀库图兹，拜伯尔斯一夜之间从一名埃米尔成为马木路克王朝新的苏丹，并维持了 17 年的帝王统治。拜伯尔斯开创了马木路克王朝历史的新纪元，开罗成为伊斯兰世界的中心和支柱。正如乌马里所说，"埃及、叙利亚和希贾兹苏丹国，成了伊斯兰世界的支柱和穆斯林的宗教

① AYALON D. Studies on the Transfer of The Abbāsid Caliphate from Bagdād to Cairo ［M］. Arabica, T. 7, Fasc. 1, 1960：42.
② HOLT P M. Some Observations on the Abbāsid Caliphate of Cairo ［J］. Bulletin of the School of Oriental and African Studies, University of London, 1984, 47（3）：502.
③〔美〕希提. 阿拉伯通史：下册［M］. 马坚，译. 北京：商务印书馆，1979：813.

堡垒"①。希提对拜伯尔斯评道:"拜伯尔斯是第一位伟大的麦木鲁克人,是麦木鲁克王朝真正的奠基者。他初次闻名是因为阿因·扎卢特的战场上对蒙古人作战立下战功。"②

二、1260 年和 1281 年的霍姆斯之战

(一)第一次霍姆斯之战(1260)

1. 叙利亚变局

马木路克王朝苏丹库图兹(1259—1260)在 1260 年 9 月 3 日艾因贾鲁特战役中自始至终亲自指挥并取得辉煌胜利,打破了蒙古人不可战胜的神话,实现了叙利亚与埃及的再一次结合。库图兹在叙利亚设官置守,但因未满足拜伯尔斯对阿勒颇封地的要求,招来横祸。10 月 22 日,在库图兹从叙利亚回埃及的路途中,拜伯尔斯发动政变,谋杀库图兹,篡夺了王位,成为马木路克王朝新苏丹。

拜伯尔斯政变引发叙利亚政治和安全形势的恶化。在南部,大马士革统治者桑贾尔·哈拉比叛乱,拒绝承认拜伯尔斯为马木路克王朝的新苏丹,宣布大马士革独立,自封为马立克·穆扎希德王室的继承人,自立为苏丹。在北部,阿勒颇一些重要的埃米尔暴动,推翻库突兹任命的阿勒颇统治者赛义德·阿拉丁·卢卢,拥戴胡塞姆·丁·拉斤·朱坎达尔·阿齐兹为阿勒颇新的统治者,割据称雄,成为马木路克王朝的一个"半独立的王国"。

2. 拜答儿突袭

1260 年 9 月艾因贾鲁特战役的失败并没有使旭烈兀放弃夺取叙利亚和埃及,如上所述,叙利亚的变局重新点燃蒙古人征服叙利亚的希望。闻讯苏丹库图兹被杀,怯的不花原先锋军将领拜答儿率领艾因贾鲁特之战的蒙古军余部和两河流域的蒙古军约 6000 人,进攻叙利亚的阿勒颇城。1260 年 12 月 6 日,在比拉要塞,原阿勒颇统治者赛义德·阿拉丁·卢卢以少数马木路克人抵御,因寡不敌众,很快为蒙古军所攻破。埃米尔胡塞姆·丁·拉斤·朱坎达尔·阿齐兹意识到难以独立对抗蒙古人,率领阿勒颇余部前往哈马的统治者曼苏尔·穆罕默德,这支混合起来的军队又开向霍姆斯,与霍姆斯的统治者艾什赖弗·穆萨的军队集合,并推为联军的总司令,等待即将到来的蒙古侵略军。

① AYALON D. Studies on the Transfer of The Abbāsid Caliphate from Bagdād to Cairo [M]. Arabica, T. 7, Fasc. 1, 1960: 58.
② 〔美〕希提. 阿拉伯通史: 下册 [M]. 马坚, 译. 北京: 商务印书馆, 1979: 811.

据马木路克王朝文献记载，拜答儿抵达阿勒颇城，发现阿勒颇和哈马的马木路克军队弃城逃跑，立马向南追击。1260 年 12 月 11 日，拜答儿率领蒙古军抵达霍姆斯城，在距离霍姆斯城大约 150 公里的哈立德·本·瓦利德墓地附近与阿勒颇、哈马和霍姆斯三支穆斯林军队约 1400 名组成的联军发生遭遇战。拜答儿将蒙古军将分成 8 支分遣队，第一支为 1000 人，其他的几支列于其后。与蒙古军相比，艾什赖弗·穆萨的穆斯林军队数量相对较少，艾什赖弗·穆萨自己的军队为中军，曼苏尔·穆罕默德的军队为右翼，阿勒颇的埃米尔率领的军队为左翼。艾什赖弗·穆萨命阿拉伯部落军首领扎米勒·本·阿里率军突袭蒙古军后方，穆斯林左右中三支军队发起集体冲锋，导致蒙古军溃散。马木路克王朝史学家玉尼尼记载："小鸟们都在蒙古军队面前展翼飞翔，蒙古人又为烟雾所干扰。穆斯林军队向蒙古人发起一次集中攻击，最后取得了胜利。"[1] 拜答儿带着残余军队逃离战场，一路为穆斯林军队所追击，蒙古军大部分为穆斯林军队被杀或俘虏。在这批俘虏中也有一青年名怯的不花加入了盖拉温的马木路克军队，后来通过自己努力成为马木路克王朝的苏丹（1294—1296）。

3. 第一次霍姆斯战役之影响

西亚的蒙古人在第一次霍姆斯战役败北，对其继续进行叙利亚的军事扩张以及伊利汗国在西亚的政权巩固影响不大。一是此战役的规模较小。马木路克王朝大多数史家认为蒙古军力约为 6000 人。乌马里认为蒙古军只有 1300 人。[2]伊利汗国史家拉施特甚至对本战役无任何记载。二是此战役的战术是蒙古人一次无精心策划的小股军队的突袭。若能胜之，可报艾因贾鲁特战役之辱；若败之，穆斯林军队也不会远距离纵深追击，蒙古骑兵也可退而保之。所以，第一次霍姆斯之战的失败对西亚的蒙古人继续发动叙利亚战争不产生任何影响。蒙古军之所以在此战役中未能成功，主要原因祸起萧墙。蒙古帝国内部出现蒙哥大汗死后忽必烈与阿里不哥汗位争夺之战（1260—1264），帝国已无暇顾及叙利亚战事。多桑也认为如是，他写道："旭烈兀急欲为怯的不花复仇，然因蒙哥皇帝之死不能再作远征。"[3]；次之，旭烈兀与北方的金帐汗国之间的战争，也牵制了旭烈兀率领大军进攻叙利亚和埃及的计划，它也是西亚的蒙古人一直未能

---

① AMITAI – PREISS R. Mongols and Mamluks：The Mamluk – Ilkhanid War（1260—1281）［M］. Cambridge University Press, 1995：51.
② 〔瑞典〕多桑. 多桑蒙古史：下册［M］. 冯承钧，译. 上海：上海书店出版社，2001：126.
③ 〔瑞典〕多桑. 多桑蒙古史：下册［M］. 冯承钧，译. 上海：上海书店出版社，2001：124.

牢固控制叙利亚并进兵埃及的重要原因之一。

　　但是，对马木路克王朝而言，第一次霍姆斯战役的胜利是相当重要的。穆斯林在此次战役中所投入的军力尽管规模不大，但与蒙古军相比，数量更少，它的胜利使穆斯林更加相信蒙古军队并非不可战胜，从而大大鼓舞了马木路克王朝不屈不挠地抵抗西亚蒙古人的斗争意志。欧文·阿米泰评说："马木路克王朝历史学家称第一次霍姆斯之战的胜利较之艾因贾鲁特之战的胜利更为意义重大。因为鉴于艾因贾鲁特之战，马木路克军队占有优势，而在霍姆斯的战役中穆斯林却处于少数。尽管战役的胜利是由北叙利亚的艾尤卜王朝取得而不是由马木路克埃及取得，但是我们必须明白这支联军的大部分还是由马木路克组成。所以，第一次霍姆斯之战的胜利更加说明了马木路克王朝是一支抵抗蒙古人入侵穆斯林世界的真正力量。"① 第一次霍姆斯之战后，叙利亚的原艾尤卜王朝的贵族纷纷汇聚到埃及的马木路克王朝苏丹统治之下。一方面或受封马木路克王朝在叙利亚的封地，艾什赖弗·穆萨和曼苏尔·穆罕默德继续保有各自在叙利亚的城市。拜伯尔斯还把泰勒·巴希尔作为封地返还给艾什赖弗·穆萨；另一方面，阿齐兹系（Aziziyya）和纳绥尔系（Nasiriyya）的埃米尔都纷纷去往埃及求见苏丹，加入马木路克军队，成为抵御西亚蒙古人侵略叙利亚的重要力量。

　　（二）第二次霍姆斯之战（1281）

　　1265 年，旭烈兀死，长子阿八哈即位，是为第二任伊利汗。阿八哈继续奉行蒙古帝国既定的对叙利亚和埃及的军事扩张政策，1269 年阿八哈汗致书埃及马木路克王朝苏丹拜伯尔斯的书信说："当我们的国王阿八哈出发向东征服的时候，他征服了全世界。任何反对他的人都会被杀死。即便你飞上天还是钻下地，你都不会逃过我们的追逐。你所能采取的最好的政策就是和我们保持和平。你不过是来自锡瓦斯草原上的一个身份低贱的奴隶。怎么敢反抗我们主宰全世界的王？"②

　　1. 埃及的马木路克王朝内乱

　　马立克·扎希尔·鲁克努丁·拜伯尔斯·本杜格达里，因为在 1260 年艾因·扎鲁特战役和 1263—1271 年对十字军在叙利亚所占据的城市收复中的杰出表现，确立了他在马木路克中的统领地位。1260 年 10 月拜伯尔斯发动政变，夺

　　① AMITAI – PREISS R. Mongols and Mamluks：The Mamluk – Ilkhanid War（1260—1281）［M］. Cambridge University Press，1995：52.

　　② AMITAI – PREISS R. Mongols and Mamluks：The Mamluk – Ilkhanid War（1260—1281）［M］. Cambridge University Press，1995：159.

取了马木路克王朝苏丹之位。美国学着菲利普·K. 希提说："拜伯尔斯是第一位伟大的马木路克人,是马木路克王朝真正的奠基者。"① 为巩固新政权,保卫边疆。拜伯尔斯一方面尊奉巴格达的哈里发为穆斯林世界的精神领袖,扶植阿拔斯家族成员为自己政权授权合法的傀儡,挟天子以令诸侯。另一方面积极备战,全力开动军事机器,主动抗击来自东方的蒙古人和西方的十字军的威胁,并颇有成效。1277 年 5 月拜伯尔斯死。

拜伯尔斯死后,马木路克王朝和伊利汗国边境相对平静,马木路克王朝却陷入激烈的派系争斗和权力倾轧之中。拜伯尔斯的儿子马立克·赛义德·白赖凯(1277—1279)继承了他父亲的苏丹之位。一登上王位,白赖凯通过培养自己的私人马木路克势力以打压前任苏丹手下的马木路克来加强自己的力量。白赖凯削弱追随他父亲的马木路克兵团及其他埃米尔的权力,包括拜伯尔斯自己购买的扎希尔系(Zāhiriyya)马木路克,委任自己手下马木路克亲信担任重要职位。

在白赖凯自己的哈撒克系马木路克(Khassakiyya)中,盖拉温和拜萨里两人是当时马木路克王朝最有实力的两位埃米尔。白赖凯最初为巩固自己的权力,1279 年命令两人率领 1 万名马木路克士兵前往小亚美尼亚,盖拉温入侵西里西亚,拜萨里攻打鲁木城堡。盖拉温的兵锋远达今土耳其的塔尔苏斯,13 天内在小亚细亚烧杀抢掠。拜萨里进攻鲁木城堡,但是没能成功夺取。白赖凯的削藩计划没能成功实现,毫无疑问,那些经验老到的埃米尔们对新苏丹的这种行为普遍不满,迎接盖拉温和拜萨里回开罗。1279 年 8 月白赖凯被强迫退位,拜伯尔斯的七岁儿子赛拉米什(1279)另立为新苏丹,盖拉温为苏丹太傅阿答毕,实际上是王国的幕后统治者。盖拉温任命宋豁儿·阿失哈儿为大马士革的统治者,伊兹丁·艾伊贝格为埃及名义上的苏丹代理人。这种安排并没有持续太长时间。埃米尔们和哈撒克系马木路克都准备服从盖拉温,1279 年 11 月,在位不满三个月的赛拉米什被废黜,盖拉温以马立克·曼苏尔的名义,正式成为马木路克王朝的苏丹(1279—1290)。

2. 宋豁儿和爱薛叛乱

盖拉温成为苏丹之后,所面临的潜在危险是扎希尔系,首要任务照例是通过安插自己的马木路克亲信在权力中心以加强自己的统治,同时限制前任苏丹的势力。扎希尔系马木路克是拜伯尔斯统治的重要柱石,一些重要的埃米尔对

---

① HITTI P K. History of the Arabs [M]. MacMillan and Co. Ltd, London St Martin Press, New York, 1956: 676.

盖拉温及其手下的马木路克怀有极大的反感。盖拉温所遇见的一个棘手问题，就是宋豁儿·阿失哈儿在大马士革的叛乱。

盖拉温任摄政王时，宋豁儿被委任为大马士革的管理者，盖拉温被拥立为苏丹后，宋豁儿以马立克·卡米勒的名义宣布自己为大马士革独立的统治者，其势力范围一直延伸到南巴勒斯坦，并得到阿勒颇和哈马城以及贝都因人首领爱薛·穆哈那的支持。1280 年 5—6 月，盖拉温的军队在加沙地带两度与宋豁儿的军队交战，在战斗过程中，宋豁儿为阿勒颇和哈马城的军队所背弃，宋豁儿战败，与爱薛·穆哈那一起逃往叙利亚的刺合伯特城堡，刺合伯特城堡堡主"不纳，乃奉书阿八哈，请其攻取"① 叙利亚。

伊本·达瓦达里记载，宋豁儿并没有写信给阿八哈而是写信给伊利汗国巴格达总督阿塔·篾力·志费尼。志费尼收到信后立即上报阿八哈，并派人去安抚宋豁儿。宋豁儿控制了北部叙利亚的要塞舍黑云，又建立起一个属于自己的小王国，与家人一起静观事态发展。与此同时，爱薛·穆哈那依然留在叙利亚沙漠的东部边缘，志费尼遣使并希望劝诚爱薛归附伊利汗国。多桑说："爱薛遣其弟，随使至报达，由报达送致阿八哈汗所。阿八哈赐以荣袍，并拨报达之课税一部分为其年金。"②

3. 第二次霍姆斯之战

马木路克王朝激烈的派系争斗，宋豁儿和爱薛的叛乱并希望得到阿八哈的帮助，为阿八哈实施长期准备用兵叙利亚以报复拜伯尔斯袭掠鲁木提供了契机。1280 年 10 月，阿八哈兵分三路进入叙利亚，军队人数不详，规模不大。据马木路克文献记载，蒙古军一路是来自鲁木的军队，由撒马合儿、坛吉和塔兰吉率领；一路是来自杰吉拉东部的阿八哈的外甥拜都率领，与之同行者还有马尔丁的统治者；第三路为主力部分，由阿八哈汗的弟弟忙哥帖木儿率领，亚美尼亚的一支军队也参与了这次行动。巴赫布拉攸斯说伊利汗国军队由阿八哈汗另一个弟弟弘吉剌台统帅。

蒙古先锋军进入叙利亚地区之后，发现宋豁儿·阿失哈儿在自己的大本营舍黑云迟迟未发兵协同作战，便取消全面进攻叙利亚的计划。但是这次出征依然给叙利亚部分地区造成很大的伤害。短时间内蒙古军占领阿勒颇城，杀男子，

---

① 〔瑞典〕多桑. 多桑蒙古史：下册［M］. 冯承钧，译. 上海：上海书店出版社，2001：183.

② 〔瑞典〕多桑. 多桑蒙古史：下册［M］. 冯承钧，译. 上海：上海书店出版社，2001：183.

掳妇孺，清真寺和王侯官邸付之一炬，幸者寡也，阿勒颇居民纷纷逃亡大马士革和埃及。多桑说："焚杀二日，仅藏伏地下者获免。"① 伊利汗国这次对叙利亚的用兵，对于蒙古人来说是一次短暂的突袭，也无史料表明，阿八哈汗何以在取得胜利的前提下撤兵而归。格鲁塞说："这不过是一次侦察行动。"②

为抗击蒙古人对叙利亚的侵略和稳定新政权，马木路克王朝苏丹盖拉温开始一系列的战争准备。第一，册立赫列勒·艾什赖弗为王位继承人。第二，大行赏赐官兵奋勇杀敌，军将每人 1000 第纳儿，士兵每人 500 第纳儿。第三，亲率军队自开罗前往叙利亚迎战。1281 年春，爱薛·穆哈那和宋豁儿·阿失哈儿向盖拉温负荆请罪，以示衷心归附，盖拉温归还其以前取得的几座城堡和要塞，还赐给宋豁儿·阿失哈儿伊克塔封地和 600 名骑兵，某种程度上为马木路克王朝抵挡伊利汗国的叙利亚军事进攻既解除后顾之忧，更可作为马前卒。第四，据一封 1280 年 10 月 5 日杰弗里和希伯伦的主教写给爱德华一世的信来看，伊利汗国的蒙古人将派出 5 万人的步兵骑兵混合军入侵叙利亚，信中说蒙古人希望滨海的法兰克人在军需供应和人力上给予支持。③ 史料中并没有记载法兰克人对此要求做出过什么回复。但是，盖拉温阻止了任何可能伤害王权的威胁。1281 年 5 月，盖拉温与阿卡城的法兰克人和的黎波里的波赫蒙德七世签订了长达十年的停战协定，法兰克人在这次战争中明显地采取了中立，马木路克王朝成功地阻断了蒙古人与法兰克人的军事联盟。

1281 年 9 月，蒙古军 5 万，兵分两路出征叙利亚，阿八哈汗亲自统帅一军，阿八哈汗弟弟忙哥帖木儿宗王统领一军。小亚美尼亚国王勒文三世（Leon Ⅲ）和格鲁吉亚率领的一支骑兵，合计约三万人，也加入蒙古军。10 月 15 日，阿八哈汗驻军在幼发拉底河附近的辛贾尔。10 月 29 日，蒙古军队开始离开哈马南移。拉施特记载："队伍几乎［延伸了］四程④远。马祖黑阿合和罕都忽儿的部队在右翼，而阿里纳黑、泰出—把阿秃儿和宗王忽剌术、合剌那海在左翼。"⑤中军为忙哥帖木儿的军队，实际由帖克捏和朵剌带统领。J. 史密斯教授认为如此过于分散的行进方式可能是出于搜寻食物和畜牧的需要。但是，它也给战场

① 〔瑞典〕多桑．多桑蒙古史：下册［M］．冯承钧，译．上海：上海书店出版社，2001：184.
② 〔法〕勒内·格鲁塞．草原帝国［M］．蓝琪，译．北京：商务印书馆，1998：469.
③ AMITAI – PREISS R. Mongols and Mamluks：The Mamluk – Ilkhanid War（1260—1281）［M］．Cambridge University Press, 1995：127.
④ 程：法尔萨赫（farsakh），余大钧先生将 1 法尔萨赫译为 1 程，1 程约 6 公里．
⑤ 〔波斯〕拉施特．史集：第三卷［M］．余大钧，译．北京：商务印书馆，1986：157.

上带来了一些困惑，正如左、右两翼的将领们都不知道自己的同伴作战情况。①10 月 30 日，忙哥帖木儿的先锋军与马木路克王朝军队在霍姆斯附近发生遭遇战。马木路克文献记载，被俘的一蒙古军将说，蒙古军的右翼最为强大，他建议盖拉温最好加强自己的左翼以保护好自己的军旗。

10 月 12 日，马木路克军队全部集结完毕，加上叙利亚军队及贝督因人，多桑说军队数量基本上与蒙古军相当，但具体数量在历史文献中存在着很大的争议，关于蒙古人军队的确切数量一般认为 8 万—10 万人之间，马克利齐说阿八哈派遣了一支 25，000 人的军队给忙哥帖木儿统帅进攻叙利亚。巴赫布拉攸斯说 5 万人。约瑟夫·德·坎西说 4 万人。海屯说 3 万人。瓦撒夫记载为三个土绵（万户）部队，也就是 3 万人。在马木路克军队的布阵上，盖拉温命令哈马城和大马士革城的埃米尔为右翼，右翼军主要是曼苏尔·穆罕默德和哈马的军队、拉斤·曼苏里和大马士革的军队、拜萨里和泰伯尔斯·维齐里的军队，爱薛·穆哈那的贝督因人为右翼军先锋；宋豁儿·阿失哈儿和桑扎尔·哈拉比为首的埃米尔为左翼，一部分库尔德人为左翼军先锋；盖拉温把攻击蒙古军的重点放在左、右翼，所以，马木路克王朝的左、右翼在军力布置上最强。中军以苏丹代理人突兰泰的军队为核心，是几个方阵中最为薄弱的部分。皇家马木路克是新近购买的，属于一群没有战斗经验的年轻人，盖拉温置之于先锋军的后面。

尽管蒙古人及其马匹在夜晚一直在不停地行进，并非常疲惫，但是交战之初，蒙古骑兵使用大量弓箭，射伤若干马木路克军队，蒙古军处于上风。阿里纳黑的左翼军击溃马木路克军队右翼，马木路克右翼军在蒙古人的进攻下溃败，蒙古军开始追逐被击败的马木路克军队一直过了霍姆斯，甚至杀死了一些霍姆斯的平民，抢劫他们的财物，溃败的一批马木路克军队最远者撤退到大马士革、萨法德、加沙甚至回了埃及。勒文三世的亚美尼亚和格鲁吉亚军队也击溃了对手。欧文·阿米泰认为："事实上，正是这支看起来规模很大的蒙古左翼军最后取得了这次小规模战斗的胜利。"②

虽然，蒙古左翼军对马木路克右翼军造成打击，马木路克军队在战场上布置的其他方阵军力很强，整体上，马木路克军队还很稳固。随着战役的延续，盖拉温亲临战场督战，马木路克军队开始向蒙古人发起集中攻击，一些马木路

---

① SMITH J M. Ayn Jālūt: Mamlūk Sucess or Mongol Failure? [J]. Harvard Journal of Asiatic Studies, 1984, 44（2）.

② AMITAI – PREISS R. Mongols and Mamluks: The Mamluk – Ilkhanid War（1260—1281）[M]. Cambridge University Press, 1995: 196.

克文献中说在战斗的整个过程中，盖拉温都是稳固地站在自己的位置上，分毫不动。多桑说，盖拉温"建旗于高岗之上，左右仅有骑兵三百。其左翼与中军之一部既败走，然其右翼与中军之另一部则追逐蒙古左翼与中军。战场仅余埃及军五千"①。马木路克军队的顽强拼搏迫使蒙古军后退，加上伊利汗国的中军统帅忙哥帖木儿为马木路克将领哈只·乌兹帖木儿伪降所大意，导致忙哥帖木儿为哈只·乌兹帖木儿袭击负伤而退下战场，蒙古军聚集在自己的统帅周围显得手足无措，军心涣散。马木路克军队开始集中兵力进攻蒙古军，忙哥帖木儿仓皇而逃，军将撒马合儿殁于阵前，蒙古军瞬间被分散成若干小股部队，每个小股部队都在拼尽全力开始后撤，随后演变成集体溃逃，或逃向北方，或东奔沙漠。在逃跑中，蒙古军或被马木路克军队和贝督因人追击，或被叙利亚当地居民袭杀，或被沙漠、饥饿所折磨，许多士兵在撤退中被杀死。伊本·弗拉特记载蒙古人和格鲁吉亚人之间为了争夺马匹而内讧，双方在混战中死了很多人。在回渡幼发拉底河中，许多逃亡的蒙古士兵溺死于河中，还有部分人躲进芦苇荡，盖拉温下令焚烧芦苇而被俘。拜伯尔斯·曼苏里说蒙古人在撤退中死亡的人要比他们在战争中死去的人还要多②。拉施特记载："宗王忙哥帖木儿还是个少年，没有见过激战，由大异密中的帖克捏和朵剌带—札鲁忽赤发号施令。他们有些畏缩，转身后退，战士们便逃跑了，蒙古军队死了很多人。"③ 第二次霍姆斯之战，埃及马木路克王朝最终胜利。第二次霍姆斯战役后不久，1284 年 4 月，阿八哈汗和宗王忙哥帖木儿相继去世。

4. 第二次霍姆斯战役之影响

蒙古人在第二次霍姆斯战役之败，主要原因是军队统帅忙哥帖木儿年少缺乏战争经验，为敌所蒙蔽，因负伤而撤离战场致使军心涣散；重要因素是蒙古军队及其马匹日夜奔波致使非常疲乏，相反，马木路克军队以逸待劳；关键作用是最高统帅阿八哈汗没有高度重视，未能亲临战场督战，以致蒙古军缺乏核心领导。我认为，伊利汗国用兵叙利亚只是战略上的考量，能否成功占领叙利亚并非战争之目的，蒙古人对叙利亚的远征自始至终就是不断以袭扰、掳掠叙利亚城池为目的，从而造成伊利汗国对叙利亚的高压军事态势，迫使叙利亚成为伊利汗国和马木路克王朝的军事缓冲带。正因为如此，可以解释伊利汗国最

① 〔瑞典〕多桑. 多桑蒙古史：下册 [M]. 冯承钧，译. 上海：上海书店出版社，2001：187.

② AMITAI – PREISS R. Mongols and Mamluks：The Mamluk – Ilkhanid War（1260—1281）[M]. Cambridge University Press，1995：199.

③ 〔波斯〕拉施特. 史集：第三卷 [M]. 余大钧，译. 北京：商务印书馆，1986：157.

高统治者阿八哈为何长期计划用兵叙利亚，并大规模征调军队，但在第二次霍姆斯战役中，自己的主力军则驻屯于今伊拉克的幼发拉底河沿岸的辛贾尔，阿八哈希望在这里等待战争的结果，而没有直接进入叙利亚参加并指挥蒙古人进攻马木路克军队这一现象，马木路克军队也无力继续挺进伊利汗国境内去进攻蒙古人。所以，西亚的蒙古人在第二次霍姆斯战役中的失败，对伊利汗国的统治也并未构成重大威胁。

虽然如此，蒙古军在第二次霍姆斯战役的溃败，挽救了叙利亚沦为蒙古人属地的命运，解除了蒙古人对埃及的马木路克王朝的军事威胁，稳固了盖拉温的新生政权。尽管马木路克历史文献中关于盖拉温在这次战争中褒贬不一，但这仍不妨碍他在第二次霍姆斯之战中充当马木路克军队的精神象征。有史料表明，盖拉温在战争中为鼓舞士气，把马木路克军队团结在自己的战旗之下，巍然屹立于前线山岗之上。马木路克人为保卫国家的生存，叙利亚人为保卫自己的家园，埃米尔们都强烈地要求到叙利亚北部去主动迎战蒙古军。所以，马木路克王朝在第二次霍姆斯之战中取得胜利，至少暂时消除了蒙古军对埃及和叙利亚的军事威胁，盖拉温稳固了自己的王权。在这次战争之后，盖拉温派遣一支军队去镇守叙利亚北部地区，哈马和阿勒颇的独立总督主动让出自己的城池，宋豁儿·阿失哈儿也离开霍姆斯前往自己的营地舍黑云。11月6日，盖拉温进入大马士革城和阿勒颇城，并受到当地穆斯林的热烈欢迎。多桑说："大马司人处于惊惶之中者数日，其居民皆赴回教大教堂哭祷上帝，旋赴城外礼拜堂中，祷告上帝，保佑回教徒使之战胜敌人。战胜之翌日，有鸽传书至，报告战胜之事。由是合城腾欢，奏乐庆祝，城堡结彩。"① 随着蒙古人军事威胁的消除，马木路克苏丹盖拉温开始集中注意力清除法兰克人在叙利亚地区的最后占领地。而伊利汗国对叙利亚发动新一轮的军事进攻，则是十八年后合赞汗的计划。

三、合赞三征叙利亚

蒙古人统治西亚时期，视埃及的马木路克王朝为对外扩张最主要的障碍，不断用兵叙利亚。1295年合赞汗改信伊斯兰教，定逊尼派伊斯兰教为国教，完成了蒙古人在穆斯林的西亚地区统治的合法化。合赞汗继续弘扬先祖军事扩张遗业，在1299—1303年间，先后三次用兵叙利亚，并最终以失败结束。伊利汗国长期用兵叙利亚并大多败北，它对蒙古人在西亚统治政策的根本性改变产生

---

① 〔瑞典〕多桑. 多桑蒙古史：下册［M］. 冯承钧，译. 上海：上海书店出版社，2001：186—187.

了重大影响。

（一）合赞出征叙利亚的动因

1. 马木路克王朝是西亚的蒙古人军事扩张的最大障碍

13 世纪 60 年代，旭烈兀的西征导致在波斯建立起一个蒙古—突厥人统治的伊利汗国，这既是实施黄金氏族建立全球性蒙古大帝国战略的结果，同时为兵进叙利亚，占领埃及提供了前哨和阵地。伊利汗国虽然扼控波斯、阿塞拜疆以及小亚细亚等大部分地区，但是处在异族统治下的伊斯兰教徒从没有把自己视为伊利汗国的臣民。在旭烈兀西征过程中，这位世界征服者成吉思汗的嫡孙原以为通过大肆掠杀穆斯林并掳获财物等恐怖手段来威慑西亚诸伊斯兰教国家，相反这种政策引起穆斯林各阶层的强烈不满。随着巴格达哈里发王国的崩溃，近东穆斯林发现自己不自觉地处在蒙古—突厥人异族的统治之下，他们失去了长期以来的精神支柱，于是埃及的马木路克王朝自然成为伊斯兰教的支柱以及穆斯林世界的心脏。所以，西亚的伊利汗国与埃及的马木路克王朝争夺叙利亚是蒙古人对伊斯兰世界的最大威胁。

2. 合赞汗为实现祖先征服埃及的夙愿

1295 年 6 月，旭烈兀的曾孙合赞汗为弘扬祖先的征服业绩以及实现征服埃及的梦想，把伊斯兰教作为个人和国家的宗教，虽然他并非一位虔诚的穆斯林，但他的皈依使伊利汗国在伊斯兰世界带来了实质性的政治利益，完成了蒙古人在西亚统治合法化的程序，解除了穆斯林对伊利汗国统治的敌视状况，从而使合赞汗兵进叙利亚成为与埃及的马木路克王朝在伊斯兰世界内部争权夺利的统治阶级内部矛盾，而非过去尖锐敌视的民族矛盾和宗教矛盾，为实现蒙古人占领叙利亚和打败埃及马木路克王朝这一多年来的夙愿扫清了障碍。

3. 埃及的马木路克王朝国内政局动荡

13 世纪末，埃及的马木路克王朝国内政局动荡不安，诸将领为争权夺利，相互攻讦，为合赞出兵叙利亚带来了有利的条件。1293 年 12 月 12 日，"马木路克诸将领在游猎时射杀苏丹艾什赖弗·赫列勒（1290—1293）"①，推举副王巴牙答剌即位，从而导致埃米尔乞忒不花和开罗守将辛札儿共讨巴牙答剌，拥立年仅 8 岁的卡拉温之子纳绥尔·穆罕默德·本·盖拉温（1293—1294）为苏丹。次年 12 月，诸将又软禁幼主，奉立乞忒不花（1294—1296）为苏丹。1295 年副王拉斤谋刺乞忒不花，致使乞忒不花脱走。次年 11 月，拉斤（1296—1298）自

---

① POOLE S. History of Egypt：in the Middle Ages ［M］. London：Methuen & Co., Ltd, 1977：288.

立为苏丹。这一结果又引起以哈剌温为首的众将领举兵讨之，再立纳绥尔
（1298—1308）为算端。尤其是 1299 年 1 月，以拜伯尔斯为首的伯海里部马木
路克人和以撒剌儿为首的撒列哈部（Sālihaiyya）与曼苏尔部马木路克（Mansūrī
mamlūks）为争夺苏丹之位，双方兵戎相见，不分胜负，最后双方拟定再次推举
14 岁的纳绥尔为苏丹，并由 8 名重要的埃米尔摄政。如此一来，埃及马木路克
王朝的苏丹王权完全由军事寡头操纵，因而苏丹职位的争夺非常激烈，往往诉
诸阴谋与暗杀，"玛麦里克人皆谋窃据大位，算端之废立，一如幻术者手中之弹
丸"①。"在马木路克统治时期，每个算端在位时间平均不到五年。"② 所以，埃
及马木路克王朝政局动荡也就给合赞汗出兵叙利亚以可乘之机。

4. 合赞汗上位后国内政治和经济稳定

就伊利汗国合赞汗统治的汗位而言，合赞在争夺汗位过程中，消灭了大批
异己势力，并积极笼络亲附。通过剪除伊勒赤歹、宽彻巴勒坤竹克、脱合察儿、
涅孚鲁思以及速剌迷失，合赞大规模排斥异己。仅宗王阿儿昔兰一案，"一月间
凡杀宗王五人，叛将三十八九人"③。此外，合赞还大量起用一批曾经抚养过他
的部将作为自己汗权的核心力量，任命木来掌管迪牙别克儿和迪牙剌必阿两州；
委派纳邻管理呼罗珊和祃拶答而的财政；分封胞弟合儿班答统管呼罗珊；派妹
夫忽都鲁沙掌管鲁木和阿兰等地。通过排斥异己、笼络亲附，合赞汗把一个分
裂因素很浓的汗国变成一个向心力较强的中央集权国家，它为合赞汗出兵叙利
亚提供了较为稳定的国内局势，并可依靠中央集权保证充足的战备物质与人力。

1295 年以来合赞汗还进行了一系列的宗教、税收、土地制度等方面的改革，
积极招抚流亡，禁止滥杀，安民保民，休养生息，发展生产。"比较新旧簿籍，
从前任在何代，五年所费公帛，不及合赞时一年赏赐之多。从前预先处分来之
收获，今则国家仓库之中常储有一年之谷。"④ 韩达剌·可疾维尼记载，合赞汗
改革后，国家岁收从 1700 万第纳尔增至 2100 万，约等于 1200 万美元。⑤ 经济
的复兴为合赞汗兵进叙利亚提供了可靠的经济保证。

（二）合赞三征叙利亚

---

① 〔瑞典〕多桑. 多桑蒙古史：下册［M］. 冯承钧，译. 上海：上海书店出版社，2001：
288.

② 杨人梗. 非洲通史简编［M］. 北京：北京大学出版社，1984：135.

③ 〔波斯〕拉施特. 史集：第三卷［M］. 余大钧，译. 北京：商务印书馆，1986：286.

④ 〔瑞典〕多桑. 多桑蒙古史：下册［M］. 冯承钧，译. 上海：上海书店出版社，2001：
333.

⑤ BOYLE J A. The Cambridge History of Iran［M］. Cambridge University，1968：497.

1. 第三次霍姆斯之战（1299）

1299 年叙利亚人不断袭扰伊利汗国的边境地区上美索不达米亚的马尔丁，亵渎伊斯兰教，这为合赞汗出兵叙利亚提供了借口。拉施特记载：1299 年 9 月初，合赞汗抵达大不里士，"急使们从鲁木和迪牙别克儿接 2 - 3 地跑来报告说，叙利亚人侵犯边境，举行袭击，在道路上抢劫，焚烧谷物，骚扰伊斯兰教徒。他们围攻马儿丁，掳走了许多伊斯兰教徒。9 月，他们在清真寺中奸淫伊斯兰教姑娘，有些人还喝酒。……这些情况传及伊斯兰君主（合赞）圣聪，激起了他的宗教热忱和为伊斯兰教建立丰功伟绩的壮志，认为自己必须去消除这些恶意非难者的祸害"。①

1299 年 10 月，合赞汗召见伊斯兰诸教长、律士，在征得出师的认可后，开始募兵，规定"十人中金军五人，每人应有马五匹，军装全副，赍六月粮，以驼五千运输军粮，"②，这样集结了九万骑兵，任命忽都鲁沙为统帅，木来为先锋，兵分左、右翼以及中军三部，随征的还有小亚美尼亚军队。15 世纪的马木路克王朝史学家马克利齐说，此次出征的蒙古军"人数据说有十万之多，他们还有亚美尼亚人和格鲁吉亚人的签军，埃及的军队约为敌军的三分之一"③。不过，马克利齐关于蒙古军人数的记录似乎不可信。史密斯教授根据伊利汗国史学家瓦撒夫记录，蒙古人每十人中五人出征，西亚的蒙古军共 13 万户，因此断定合赞进入叙利亚的骑兵是 6.5 万人，马匹是 32.5 万。④ 这一数据似乎有一定的理由。而埃及的马木路克军队数量，14 世纪早期叙利亚编年史家达哈比写到马木路克军队有 2 万人上了战场，瓦撒夫认为马木路克军队是 4 万人。尽管很难确定两支军队准确数量，但是，资料表明蒙古人与马木路克相比在数量上占有 2—3 倍的优势。10 月 16 日，合赞汗从京城大不里士出征叙利亚。11 月 21 日合赞汗取道摩苏尔，到达奈绥宾，并检阅军队。11 月 23 日，委任忽都鲁沙为先锋军。

12 月 7 日，合赞在哈拉特—贾巴尔渡过幼发拉底河。12 日蒙古军兵临阿勒颇城下，该城长官闻风而逃，随后合赞兵进哈马城，其长官归降。20 日，蒙古军驻营叙利亚沙漠边沿的塞莱米耶，发现敌人侦骑，合赞汗亲自带着一支卫队

---

① 〔波斯〕拉施特. 史集：第三卷 [M]. 余大钧，译. 北京：商务印书馆，1986：310.

② 〔瑞典〕多桑. 多桑蒙古史：下册 [M]. 冯承钧，译. 上海：上海书店出版社，2001：288.

③ 〔美〕希提. 阿拉伯通史：下册 [M]. 马坚，译. 北京：商务印书馆，1979：817.

④ AMITAI R. The Mongols in the Islamic Lands: Studies in the History of the Ilkhanate [M]. Ashgate Publishing Company, 2007：236.

侦察敌情，研究 18 年前忙哥帖木儿在霍姆斯失利的战场位置。

12 月 23 日，合赞的中军抵达霍姆斯以北十几里远的哈只纳达尔，伊利汗国在军队布置上，木来率领的军队为右翼军，其后是异密之子撒塔勒迷失万人队，再其后是牙满和木儿塔忒的万人队。合赞汗率领的军队是中军，中军的先锋是异密出班和莎勒坛，中军的右侧还有阿术亦—速古儿赤的儿子脱黑鲁勒察，侍臣们在中军之后，亦里巴思迷失的万人队殿后。后军的统将是阿里纳黑的儿子忽鲁迷失万户长。因为 23 日是星期三，不宜交战，合赞欲休兵一日。是日黎明，不料埃及马木路克军队忽然迫近，伊利汗国的军队还没有来得及骑上马，布置好战斗阵式，合赞率中军九千人仓促应战，又急令左右两翼进军，埃及军有两万余骑。拉施特记载："密昔儿〔埃及〕人推测蒙古军队向左移动是为了撤退。[他们] 曾决定于星期四作战。认为 [蒙古军] 可能撤退，他们 [密昔儿] 星期三突然骑上马扑向 [蒙古人]。伊斯兰君主合赞汗得知敌军前来，同全体军队一起作了两次跪拜仪式祈祷后，骑上马率领所有在场的军队出去迎战敌人"。① 伊本·达瓦里也记录说："蒙古人在军营里让马匹休息，一旦发现马木路克军队，他们立即上马，组成队列，向马木路克军队奔出。"②

战前，合赞决定以中军抵抗敌军大部，待左右两翼包抄后一举歼敌。战斗开始后，合赞的右翼军鸣鼓击敌，使埃及军误以为合赞主力，于是埃及军大部压进，致使忽都鲁沙率领的右翼军先溃。拉施特记载：马木路克军队"颇指望于他们的人多势众和装备，……忽都鲁沙那颜下令击鼓，密昔儿人推测伊斯兰君主在这支部队中，他们一下子冲向那里，成千上万的人不断冲来。突破了队伍的 [防御] 后，打退了勇士们，异密 [忽都鲁沙] 部队中的许多人被杀和打伤。异密带着骑兵加入到君主处。"③ 合赞急令中军与左翼并进，以步兵、弓弩手万人居前，并亲自持矛，冲突敌阵，蒙古军士气高涨，一鼓作气，埃及右翼全军溃退。下午，战斗基本结束。拉施特说：合赞汗"像狂怒的狮子般地咆哮着，打乱了敌军队伍，用长矛打翻他们 [敌人] 的勇士。他向军队高呼，让他们下马射箭。然后重新骑上马，向他们冲过去。战斗从上午延续到傍晚时分。最后，密昔儿人被击溃逃窜"。④ 合赞本人在战斗中有力的指挥，这是蒙古人获胜的一个关键性因素。相反，埃及的马木路克王朝苏丹纳绥尔年幼，军队指挥

① 〔波斯〕拉施特. 史集：第三卷 [M]. 余大钧，译. 北京：商务印书馆，1986：312.

② AMITAI R. The Mongols in the Islamic Lands: Studies in the History of the Ilkhanate [M]. Ashgate Publishing Company，2007：238.

③ 〔波斯〕拉施特. 史集：第三卷 [M]. 余大钧，译. 商务印书馆，1986：313.

④ 〔波斯〕拉施特. 史集：第三卷 [M]. 余大钧，译. 商务印书馆，1986：313—314.

权操纵在重要的埃米尔手中，马木路克王朝缺乏有决定性作用的指挥者，导致军队逃离战事。为减轻负担，马木路克军队放弃盾牌、武器和其他装备，无组织、无秩序地向南快速逃离，导致一些撤退的士兵遭受了黎巴嫩德鲁兹人的劫掠。伊本·达瓦里悲伤地说："山地居民和贝督因人比蒙古人更差地对待马木路克人。"① 第三次霍姆斯战役，蒙古军击毙埃及马木路克王朝的特里波利长官克儿特、莫剌迦卜守将拜巴儿思、巴剌特讷思守将月祖别等统将数人，骑士近千人。12 月 27 日，埃及马木路克王朝苏丹败还开罗，霍姆斯城长官献城，合赞掳获埃及苏丹在霍姆斯城的金库和军械辎重，分赏诸将士，并让大部分将领穿上埃及苏丹储藏的荣袍。

蒙古军掳掠霍姆斯居民两天后，12 月 28 日，合赞进兵大马士革。大马士革城居民愿意称降并交纳 100 万第纳儿作为蒙古军的战赋，② 以求合赞宽宥大马士革居民不死。拉施特说："大马士革的撒塔儿［长老］、首领、达官贵人和知名人士出来迎接［君王］，表示归顺，并请求委派都督。"③ 合赞委派了忽都鲁一乞牙担任大马士革的都督，掌管赋税。委任宗王钦察为大马士革的异密，掌管军事。下令原马木路克王朝在大马士革的所有公职人员，如金库书吏、军队书吏等，让他们照旧任职。

1300 年 1 月 2 日，合赞公布保障大马士革居民的赦令，并严禁蒙古人骚扰大马士革城。拉施特记载：合赞汗降旨"不得惊扰任何一个人，不得欺负当地居民。想进城的异密和战士，若无底万所发给的规定的文书，绝对不准进城"，④ 大马士革城人心稍安。1 月 8 日，大马士革居民开始以合赞之名进行礼拜五祈祷，随后，合赞任命具有蒙古血统的乞卜察克为叙利亚省长，别帖木儿为阿勒颇、哈马、霍姆斯等地长官，额儿别乞为的黎波里、萨法德既沿海地区长官，札剌鲁丁的儿子牙喜亚（Yahia）总管课税，并留忽都鲁沙和出班率24000 人镇守叙利亚。2 月 4 日，合赞因天气炎热领兵回国，缺水、缺草也许是合赞不得已撤军的主要原因。

关于蒙古人是否大队人马立即追赶溃逃的马木路克军队直至中叙利亚和巴勒斯坦地区的各种文献，尚存异议。诺外里（死于伊兰历 732 年/公元 1332 年）

---

① AMITAI R. The Mongols in the Islamic Lands：Studies in the History of the Ilkhanate［M］，Ashgate Publishing Company，2007：251.

② ［瑞典］多桑. 多桑蒙古史：下册［M］. 冯承钧，译. 上海：上海书店出版社，2001：295.

③ ［波斯］拉施特. 史集：第三卷［M］. 余大钧，译. 北京：商务印书馆，1986：314.

④ ［波斯］拉施特. 史集：第三卷［M］. 余大钧，译. 北京：商务印书馆，1986：314.

和伊本·达瓦答里为代表的马木路克作者指出，合赞汗没有下令追赶马木路克军队，是因为他担心马木路克人的逃跑是一个阴谋，目的是引诱蒙古军进入马木路克军队的埋伏圈。但是，达哈比、库突比、拜伯尔斯·曼苏里等人记载，蒙古军对溃逃的马木路克士兵发起了大队人马的追击。库突比在1363年记载，"合赞曾派出一位名叫木来的军官带领一万骑兵去追赶哈只纳达尔之战中被打败的埃及人和叙利亚人。他们追上了一些穆斯林士兵和逃难的平民。他们洗劫钱财，缴获战利品及俘虏，其数量之多没人数得清。木来带着他的军队来到了加沙地区，约旦河谷及耶路撒冷……木来又带着他的军队从约旦河谷、加沙和耶路撒冷来到了大马士革。有相当大一群俘虏跟随着他。"拜伯尔斯·曼苏里同样记载，"合赞从他的军队中派出二万人给木来、也先不花、旭札克和旭勒出，他们到达了约旦河谷和贝桑，肆意破坏并入侵了这个地区，洗劫他们所见之处的家畜、粮草和设备，还残杀任何落入他们手中之人。他们的侵略延伸至耶路撒冷和希伯伦，而他们最远到了加沙，在那里他们残杀了与外界隔绝的星期五清真寺里的穆斯林"。伊利汗国史学家拉施特和瓦撒夫、小亚美尼亚史学家海屯都简要地记载了合赞派木来的蒙古军追击马木路克军队到了加沙。海屯甚至记载，参与伊利汗国发起的第三次霍姆斯战役的小亚美尼亚国王海屯二世说："霍姆斯战役胜利之后，合赞曾在短期内亲自追击败逃的撒拉逊人（Saracens）。接着，合赞下令派亚美尼亚国王和木来带着大约四万蒙古兵去追击苏丹直至埃及的沙漠地区，并将伊利汗国的统治权推及该地区直至加沙。他们出发了，杀死了所有落入他们手中的撒拉逊人。然而，三天后，合赞召回了海屯，同时命令木来带着他的军队继续前进。这位将军没能抓住苏丹，当时苏丹有骑着快马的贝督因人随行。最终，木来自加沙经由耶路撒冷和约旦河谷向北返回。"① 至于为何没有继续追赶到开罗并一举消灭马木路克王朝，史料没有任何记录，原因不详。无论蒙古人是否大规模追击马木路克军队，合赞汗在第三次霍姆斯战役中所取得的仍将是一次重大胜利。

2. 第二次出征叙利亚（1300）

第三次霍姆斯战役后，埃及马木路克王朝苏丹纳绥尔败还开罗，积极组建新军，筹备军费，"命各地供给马驼枪刀，征收课税长官请诸律士决议征收特别战费，仿从前司教也速丁允许算端忽秃思征收身税每人一底那之例"，"命开罗

① AMITAI R. Mongol Raids into Palestine（A. D. 1260 and 1300）［J］. Journal of the Royal Asiatic Society of Great Britain and Ireland，1987（2）：243 – 246.

之征收课税官征税于商贾富人，得金甚巨，足供武备之需"①，并颁诏嘉奖不降蒙古军的叙利亚各寨堡守将。另一方面，合赞汗对大马士革和巴勒斯坦的控制相当松弛，军队大部分都留在叙利亚北部。无论 1260 年还是 1300 年蒙古军的先锋都深入加沙地带，并肆意劫掠、杀戮和破坏，但不久都撤军北归，巴勒斯坦地区一直是埃及的马木路克王朝和西亚的伊利汗国的战场。只要蒙古军退出巴勒斯坦，埃及的马木路克王朝不经任何战争就会重新建立起对叙利亚包括巴勒斯坦的控制。1300 年 4 月，尽管在蒙古人的保护和监督下，叙利亚境内由合赞汗任命的乞卜察克、别帖木儿、额儿别乞又叛归马木路克王朝，重新获得马木路克王朝苏丹的原谅，并委任以掌管叙利亚。4 月 8 日，大马士革城的公共祈祷中又恢复了埃及马木路克苏丹纳绥尔的名字。至此，蒙古人在叙利亚所统治的时间还不足百天，合赞汗毅然决定第二次出征叙利亚边区。

合赞汗第一次出兵叙利亚后，曾留忽都鲁沙率军镇守大马士革，以便把叙利亚作为进攻埃及的前哨和基地。因叙利亚又尽入埃及马木路克王朝之手，蒙古人悉数被逐回幼发拉底河对岸。

1300 年 9 月 16 日，合赞派忽都鲁沙率三万大军为先锋，欲再次夺取叙利亚。9 月 30 日，合赞率军从京城大不里士出征。10 月 28 日，埃及马木路克王朝苏丹也从开罗出发，进抵大马士革城，双方剑拔弩张，战争一触即发。11 月 17 日，合赞率军抵达摩苏尔城，派遣异密出班和木来为中军的先锋。12 月 25 日，合赞汗军队在札巴儿和昔芬渡过幼发拉底河，进军阿勒颇。

1301 年 1 月 26 日，合赞汗军队驻营阿勒颇城的勒纳思邻。不料年冬雨多雪大，"续雨不止者四十一日"②，以致两军粮秣缺乏，加之天寒地冷，人畜冻死甚多。尤其是合赞方损失更为惨重，"蒙古所受此种气候不适之灾更甚，在进兵大马司之途中，冻毙马驼甚夥，骑士多无马"③。拉施特记载："这个冬天下了许多雨。异密速台和鲁木行军的异密昔宝赤的一部分恰好驻扎在一处地势不好的地方。突然下了大雨，严寒降临了。出现了如此多的污泥，以致两个异密的军队不能相互联合在一起，许多牲畜倒毙在污泥和寒冷中。伊斯兰君王派遣异密木来率领一个万人队的牲畜把他们带回来。他们到了那里，仅能想方设法解

---

①〔瑞典〕多桑．多桑蒙古史：下册［M］．冯承钧，译．上海：上海书店出版社，2001：298.

②〔瑞典〕多桑．多桑蒙古史：下册［M］．冯承钧，译．上海：上海书店出版社，2001：305.

③〔瑞典〕多桑．多桑蒙古史：下册［M］．冯承钧，译．上海：上海书店出版社，2001：305.

救自己。"① 因而，合赞只好放弃进攻马木路克军队的计划，草草收兵。4 月初，异密忽都鲁沙带兵也回到幼发拉底河对岸的苦沙甫。

3. 苏法尔草原之战（1303）

1301 年 2 月，合赞返回伊利汗国，8 月，遣使埃及，提出议和，文中说："埃及称臣纳岁币于合赞，星期五之公共祈祷列入合赞之名。埃及所铸货币，一面于哈里发名下著录马合某合赞之号，一面于信教词下著录埃及算端之名。"② 结果，埃及马木路克王朝拒绝合赞汗提出的议和条件，并积极准备迎战，以"一封缄甚密之箧呈合赞，……及开箧，见其中各种兵器皆备，合赞怒"③。合赞随后又多次遣使埃及议和，均遭拒绝，决定三征叙利亚。

1303 年 3 月 18 日，合赞进抵叙利亚的剌合伯特，剌合伯特军民积极备战，安装好石砲等器械。合赞派出大异密速台和莎勒坛以及宰相拉施特和火者撒都丁前往剌合伯特招降城民，诏书说："此次出征的原因是密昔儿人从若干时期以来所采取的不义行动。朕一再派出使者向他们送去训谕和告诫，但是他们不听劝谕，送来了不恭的答词。朕认为〔此系〕处理大事上的无知和缺乏经验，曾予以宽忍。但当这一举止超越了限度，战无不胜的大军有必要出征报复，征途不得不经过这个地区。除此而外，〔我们〕并无任何侵犯你们叙利亚人的理由。我们应当让你们考虑这件事，顾惜自己的生命、财产，前来归顺，因为你们知道：是我们这方面有理，你们不要固执，不要自取灭亡。"④ 21 日，剌合伯特城堡派人回复合赞汗，表示愿意归顺伊利汗国。27 日，忽都鲁沙和出班率军在拉卡渡过幼发拉底河并向阿勒颇推进。4 月 2 日，忽都鲁沙进军哈马城，长官乞忒不花弃城脱走大马士革，与埃及马木路克王朝苏丹纳绥尔的军队会合。

1303 年 4 月 20 日，忽都鲁沙率左翼军进攻敌人右翼，初战告捷。拉施特说："我军的左翼攻击敌军右翼，敌方十三名尊贵的异密，其中包括忽撒马丁·兀思塔答—答儿，以及敌方相当多的人被杀。敌军筋疲力尽，受到重创后逃跑了。我军勇士队追赶了他们几程路。"⑤ 但蒙古军统将木来率军撤离，忽都鲁沙势单力弱，埃及军乘机进攻，在大马士革南边的苏法尔草原上双方鏖战，蒙古

① 〔波斯〕拉施特. 史集：第三卷〔M〕. 余大钧，译. 北京：商务印书馆，1986：318—319.
② 〔瑞典〕多桑. 多桑蒙古史：下册〔M〕. 冯承钧，译. 上海：上海书店出版社，2001：313.
③ 〔瑞典〕多桑. 多桑蒙古史：下册〔M〕. 冯承钧，译. 上海：上海书店出版社，2001：313.
④ 〔波斯〕拉施特. 史集：第三卷〔M〕. 余大钧，译. 北京：商务印书馆，1986：331.
⑤ 〔波斯〕拉施特. 史集：第三卷〔M〕. 余大钧，译. 北京：商务印书馆，1986：333.

军一缺水乏食，二失去统御，各千人队陷于混乱，无法形成战斗队形，最终支持到午祷，全军溃败。苏法尔草原战役，致使蒙古"被俘兵将万人，马两万匹。……蒙古统将迪塔黑、雪你台、景叔三人为埃及军所俘"①。苏法尔草原之战给合赞军以决定性打击，这是西亚的蒙古人最后一次对叙利亚的军事干涉。合赞撤军回波斯后，从此西亚的蒙古人再也无能为力继续进行长期用兵叙利亚和埃及的对外扩张政策，蒙古人自始以来一直欲实现西征埃及的梦想终成泡影。

（三）合赞三征叙利亚胜败的原因

13 世纪 20 年代在蒙古黄金氏族的鼎盛时期，蒙古人以闪电般的速度西取波斯。1252 年蒙哥大汗派遣胞弟旭烈兀出镇西亚，统兵征讨尚未降服的西方伊斯兰国家，以实现先祖成吉思汗建立世界帝国的迷梦。对于伊利汗国的蒙古宗王们来说，对外扩张的目标自始就是在西方建立一个新帝国。在征服波斯后，叙利亚与埃及就成为他们最接近的唯一可以向外扩展的邻邦。因而伊利诸汗多次发动西征叙利亚的对外扩张活动。1260 年在艾因贾鲁特战役中，埃及的马木路克军队给予旭烈兀统率的蒙古军第一次以决定性的打击，从而打破了蒙古军不可战胜的神话，也鼓舞了被征服地区人民纷纷起来反抗蒙古人统治的信心。1277 年阿布里斯廷（Abulistin）战役后，阿八哈汗对叙利亚也爱莫能助。13 世纪 90 年代，合赞通过改革，国内政局渐趋稳定，经济稍有复兴，又擎起先祖对外扩张并西进埃及的传统政策，在 1299—1303 年三次出兵叙利亚，与埃及马木路克王朝短兵相接，结果证明双方谁也没有绝对的实力置对方于死地。从合赞汗三次对埃及马木路克王朝的战争进程来看，合赞汗 1299 年霍姆斯战役的胜利是暂时的，而 1303 年苏法尔平原的失败则是必然的。

第三次霍姆斯之战，蒙古军之所以取胜，一方面是经过合赞汗在伊利汗国内大刀阔斧地改革后，恢复和发展了蒙古人征服时期在西亚造成的残败经济。同时，实行伊斯兰法又调和了西亚当地官吏和百姓与蒙古人严重对立的矛盾，缓和了穆斯林对伊利汗国统治的敌视态度，完成了合赞汗统治西亚的合法化，一定程度上使民族关系较为融洽，"在法儿斯山区，许多蒙古人就与波斯人通婚"②，"从而避免了蒙古人在伊朗统治的最大危险，征服者与被征服的穆斯林

① 〔瑞典〕多桑. 多桑蒙古史：下册 [M]. 冯承钧，译. 上海：上海书店出版社，2001：319.
② MORGAN D. Mdieval Persia（1040—1797）[M]. London and New York：Longman, 1988：181.

下层人民之间扩大的分歧"①。所以说，国内政局稳定，经济的复兴是合赞第一次进军叙利亚获胜的主要原因。相反，马木路克王朝因争权夺利，政局动荡，致使霍姆斯战役中马木路克军队难以团结一心。斡亦剌部怨恨本部首领被杀以及怯的不花苏丹被废，心存不满，故"算端执斡亦剌五十人缢杀之"②。以后纵使埃及苏丹犒赏，"骑士一人各得三十至四十底那不等。然士气丧失，预睹其必败"③。双方对阵，埃及军避开敌军，游而不战。另一方面合赞在进军途中严明军纪，从而缓和了叙利亚人的反抗情绪。例如，在阿勒颇城，曾有部分蒙古贵族欲按照先例以田间麦苗饲养马匹，合赞严令禁止，"不可以人食供马食，犯者斩"④。途经哈马城，因该城长官归顺，合赞军故绕道而过。在大马士革城，合赞下令"除持有省令外，凡将士皆不许入大马士革城"，"禁止本军不许扰害何种阶级人民，不许扰害大马司城境既西利亚之地，不许损害居民本身以及其家属财产，俾商农及其他各业人等得以安居乐业。……俾知吾人言出法随，决不宽贷"⑤。尤其重要的是，合赞汗在霍姆斯战役中，身先士卒，持矛冲突敌阵，"像狂怒的狮子般地咆哮着，打乱了敌军队伍，用长矛打翻他们［敌人］的勇士"⑥，致使蒙古人士气大振，故能转败为胜。然而要持续这场战争，消灭埃及马木路克王朝，则远非合赞汗统治下的伊利汗国国力所能及。因为经济复兴只是初见成效，改革后的伊利汗国的经济生活还远未达到征服前西亚地区的水平。塞尔柱时代，波斯国库税收为100，580，000第纳尔（金币），合赞时波斯税收为21，000，000第纳尔，只及先前的19%。许多村庄、城镇还未完全恢复。13世纪初，哈马丹有600个村庄，到1340年还只有212个，伊斯费因从451个减为5个，比哈克从321个减为40个，仅伊斯法罕从400个增至800个村庄⑦。

① SINOR D. Inner Asia：History—Civilization—Languages［M］. Indiana University press，1971：177.

② 〔瑞典〕多桑. 多桑蒙古史：下册［M］. 冯承钧，译. 上海：上海书店出版社，2001：289.

③ 〔瑞典〕多桑. 多桑蒙古史：下册［M］. 冯承钧，译. 上海：上海书店出版社，2001：290.

④ 〔波斯〕拉施特. 史集：第三卷［M］. 余大钧，译. 北京：商务印书馆，1986：311.

⑤ 〔瑞典〕多桑. 多桑蒙古史：下册［M］. 冯承钧，译. 上海：上海书店出版社，2001：294—295.

⑥ 〔波斯〕拉施特. 史集：第三卷［M］. 余大钧，译. 北京：商务印书馆，1986：313 - 314.

⑦ BOYLE J A. The Cambridge History of Iran，Vol. 5［M］. Cambridge university press，1968：496 - 497.

　　伊利汗国进行战争的兵力主要来源于蒙古—突厥人各部，相当大的一部分游牧民奉行传统的攻城略地政策，大肆掳掠财物。十三四世纪蒙古人发动的对外扩张战争，其主要动机在于掠夺财物。无论战争中攻城略地，还是征服某地之后，蒙古—突厥军事贵族皆实行竭泽而渔式的贡赋政策。所以，在战争中，蒙古人对占领土地的保护并非十分热衷，对占领地的经济发展并非关注，蒙古军对被征服地区造成了严重的灾难，大量的精壮男劳动力被杀，妇孺掳掠为奴，土地荒废成片，城池残破，加上社会治安不到位，严重地破坏了当地社会生产力发展。正如巴托尔德所说：成吉思汗等蒙古—突厥人的战争的目的，"不过是大规模的劫掠，……夺取被征服者的骏马和妇女"①。所以，合赞虽伊斯兰化，建立起一个与蒙古传统政策迥然不同的汗权集中的政体，但也不能不满足蒙古—突厥人掠夺战利品的经济需要，就连他自己也身不由己。霍姆斯战役后，因大马士革城居民曾答应向蒙古人"缴纳战赋一百万底那"②，而免其城遭蒙古兵纵掠；但蒙古军校的监征，巧取豪夺，无所不至，以致"大马司附近士卒与乡民被杀被掠，因是死者近十万人，所献合赞之额，共有三百兆六十万答剌黑木（第尔汗银币），此外供给兵械布谷暨马驼两万匹，逐日并须供应合赞宫廷、乞卜察克与诸蒙古统将邸之需，至若寻常士卒则掠以自给，已而食粮缺乏，物价腾贵"③。合赞回国后，统将木莱率一万五千骑追逐埃及苏丹，在加沙"尽屠所见之埃及士卒，残破其地"④。在1301年第二次兵进叙利亚途中，虽然双方天寒不能交战，但是合赞在叙利亚北部"获马牛羊无算，男妇幼童甚众，所俘之多，致售男妇一人仅得价十答剌黑木者"⑤。在1301年9月马木路克苏丹的议和条件书上，首先向埃及说明称臣纳币的具体内容，所以，合赞汗率蒙古人兵进叙利亚的真正动机与原因仅在于此。

　　在合赞兵进叙利亚时期，周边的黄金氏族其他几个汗国亦出于同一目的乘机劫掠伊利汗国的门户呼罗珊，窝阔台汗国和察合台汗国的河中军在1270年、1279年、1288年、1289年、1295年、1299—1300年屡次兴兵劫掠，抢劫财物，

① HOUTSMA M T. The Encyclopaedia of Islam, Vol. 1, Leyden, 1908~1927：295.
② 〔瑞典〕多桑. 多桑蒙古史：下册 [M]. 冯承钧，译. 上海：上海书店出版社，2001：295.
③ 〔瑞典〕多桑. 多桑蒙古史：下册 [M]. 冯承钧，译. 上海：上海书店出版社，2001：295.
④ 〔瑞典〕多桑. 多桑蒙古史：下册 [M]. 冯承钧，译. 上海：上海书店出版社，2001：297.
⑤ 〔瑞典〕多桑. 多桑蒙古史：下册 [M]. 冯承钧，译. 上海：上海书店出版社，2001：305.

掳掠人畜，焚烧茅舍。仅 1295 年笃哇抄掠呼罗珊等地，"将 20 万妇女，儿童掳走充作奴隶"①。北边的钦察汗国因失儿湾、阿兰和格鲁吉亚等土地问题与伊利汗国结下不解之仇，双方也不时兵戎相见。这些给伊利汗国带来巨大的威胁，削弱和牵制了合赞汗出兵叙利亚与埃及作战的力量。

　　另一方面，就合赞汗本人而言，第一次与叙利亚人交锋在不利的条件下率先垂范，振奋士气。而第三次与叙利亚人作战中，则是居后尽情享受奢侈与豪华的生活。在兀章（Ujān）时就开始大兴土木，造亭阁楼榭，"建起特别大的金帐以及镶满珍珠、宝石的金座"②，金帐建成后，大宴宗王僚属三昼夜，"合赞汗头戴前所未有的饰有宝石的王冠，腰缠恰如其分的腰带，身穿珍贵的织金服，他命令后妃、全体宗王和异密们以及近臣们用各种装饰品打扮得富丽华贵。全体骑上无与伦比的好马出去游玩"③。所以统将也不亲临战场，甚至高级将领伺机退去，致使蒙古军溃退，相互践踏，死伤惨重。相反，埃及马木路克王朝苏丹纳绥尔亲临前线指挥作战，鼓舞将士。战前，纳绥尔诰示："教中战士等，勿念汝之算端，可为汝之家族与圣教而战"，并严肃军纪，"见逃者可杀之，即以逃者之物属汝"④。

　　总而言之，合赞汗与埃及马木路克王朝争夺叙利亚完全是出于掠夺战利品的经济需要。合赞汗虽经过改革，在一定程度上有利于战争的进行，但政治经济的改革效果还远不能持续这场战争，更何况合赞在位后期也开始贪图安逸，并非锐意进取西方，加之与黄金氏族其他几个汗国交恶所构成的威胁严重影响着伊利汗国夺取与巩固叙利亚。所以合赞三征叙利亚，先胜后败，最终无力实现先祖的迷梦则是历史发展的必然。对叙利亚战争的终结，从而断绝了蒙古—突厥游牧贵族在战争中获得战利品的来源，迫使蒙古—突厥军事贵族注重农业生产，实行军事封地制，从根本上改变了蒙古人的土地制，建立起一种不可剥夺的土地私有制，使得合赞汗的继承者、弟弟完者都·合儿班答在位期间，伊利汗的权力保持在最高峰。

---

①　内蒙古大学蒙古史研究所编. 蒙古史研究参考资料，新编第 37 辑 1985 年 3 月，50.

②　〔波斯〕拉施特. 史集：第三卷［M］. 余大钧，译. 北京：商务印书馆，1986：324.

③　〔波斯〕拉施特. 史集：第三卷［M］. 余大钧，译. 北京：商务印书馆，1986：325.

④　〔瑞典〕多桑. 多桑蒙古史：下册［M］. 冯承钧，译. 上海：上海书店出版社，2001：318.

四、完者都征服吉兰

（一）吉兰自然环境

吉兰在行政上属于今伊朗里海地区，是里海低地三个主要潮湿地区（马赞德兰省、戈尔甘省西部）之一。据说吉兰一称的意思就是"泥"。厄尔布尔士山北侧山麓丘陵和里海南岸地区皆为亚热带湿润和半湿润气候，年降水量最多达1548.384毫米，因吉兰位于塔利什—扎格罗斯山和向东延伸的厄尔布尔士山的夹角中，吉兰雨量多。吉兰地势也比伊朗其他大多数地方低，从它的西面和南面的山上突然下降的气团又会引起绝热增温，在吉兰形成一个"暖房"。不同于伊朗高原的自然环境，又热又湿、亚热带植被繁茂是吉兰地区的特点，也是游牧民在行进中不可克服的生物地理障碍。

历史上，抵达吉兰的通道，一是穿行塔利什山的通道，一是经由阿尔达比勒，把大不里士和里海沿海连接起来的通道，还有一条通道就是从拉什特通往边城阿斯塔拉。除拉什特以外，富曼和拉希兼，是吉兰地区的社会中心。

（二）完者都出征吉兰的动机

关于完者都汗出征吉兰的动机或缘由，马木路克王朝的阿拉伯史料和伊利汗国的波斯史料给出的信息迥异。阿拉伯编年史家拜伯尔斯·曼苏里、艾勒卜·斐达、玉尼尼、伊本·达瓦答里、巴纳卡提、伊本·苏布拉、努外里等人认为，完者都出征吉兰，或因谢赫八剌合和大异密忽都鲁沙被杀所致，或因掠夺波斯人的民脂民膏。而在同时代的波斯史料中，以喀沙尼的《完者都史》、韩达剌·穆思托非的《胜利之书》和《选史》为代表，较详细地记录了完者都出征吉兰的背景和过程，认为完者都出征吉兰，或因察合台汗国宗王笃哇讥笑所致，或为强迫吉兰人缴纳丝绸赋税。①

我认为，完者都出征吉兰，深层原因是蒙古帝国和伊利汗国长期奉行的军国主义扩张思想没有放弃。伊利汗国自旭烈兀创立以来，长期用兵叙利亚，以武力对付马木路克王朝，藉以消灭马木路克人以统御伊斯兰世界。阿八哈、阿鲁浑和合赞皆奉行蒙古帝国既定的对叙利亚和埃及的军事扩张政策。完者都一登上王位，频繁派出使者出使西欧，又开始寻求建立西方基督教世界的联盟并发动新的打击马木路克王朝的十字军战争。

1305年完者都遣使西欧，致书法王腓力四世（1285—1314）、英王爱德华二

---

① AMITAI - PREISS R, MORGAN D O. The Mongol Empire And Its Legacy ［M］. Brill leiden Boston koln, 1999：74 - 84.

世（1307—1327）和教皇克勒蒙五世（1305—1314），伊利汗国 1305 年 5 月 13/14 日致法王的国书云："完者都算端谕富浪算端曰：昔者富浪诸算端皆与我曾祖、我祖、我父、我兄友善。距离虽远，彼此皆视同邻国，互相传言，互相遣使，并以礼物相赠……诸祖与汝等之约，吾人仍守之，与自誓无异。……我闻富浪诸算端和好亲睦，实为得计。由是彼此皆可赖上帝气力，共讨扰乱我辈和好之徒。" 1307 年 11 月末，英王爱德华二世答完者都国书言："苟能解除种种困惑，我人甚感聚集全力歼灭摩诃末派之信徒。观今之势，似可图之。"① 完者都派遣托马斯出使教廷，甚至承诺基督教国家若希望收复耶路撒冷，伊利汗国将提供 20 万匹马、20 万担小麦和 10 万骑兵。由此可见，完者都征服马木路克王朝、统治伊斯兰世界的帝国主义思想并未放弃，征服吉兰只是未竟之业的部分而已。

完者都出征吉兰的近因是，1306 年 12 月 25 日察合台汗国遣使斡儿歹合赞出使伊利汗国，通报察合台汗笃哇之死，斡儿歹合赞口无遮拦，说出察合台汗国笃哇和大臣们经常讥笑伊利汗国统治者"不能平定国内区区吉兰一地，何出狂言扫平埃及马木路克王朝"。完者都闻言，颇以为耻，决定征服吉兰。

（三）完者都征服吉兰（1307）

在伊利汗国统治波斯前期，吉兰因其森林密布和山高路险的自然环境得以长期独立。完者都出征吉兰前夕，吉兰东临马赞达兰，西接阿尔达比勒，北滨里海，南屏厄尔布尔士山，全境不过 180 平方公里，在这狭小的区域共生活着彼此独立的 12 个部落。1307 年 5 月，完者都汗兵分四路出征吉兰。第一路军的统领是异密出班，取道阿尔达比勒，经由阿斯塔拉，沿里海西岸，南征吉兰西北地区；第二路军的统领是伊利汗国军队总司令忽都鲁沙，取道塔利什山山道，经由哈勒哈勒，进军富曼和拉什特；第三路军的统领是脱欢和木明，经由加兹温，取道厄尔布尔士山山道，进军戈儿吉养。第四路军的统帅是完者都汗，他亲率中军，取道塔林，北进拉希詹。

出班一军抵达阿斯塔拉，对阿斯塔纳围而不攻，该部首领鲁坤丁·阿合马自愿纳币降附，为蒙古军筹措粮秣，充当向导，讨伐加斯卡尔②，该部首领谢里夫·倒刺纳币，归附伊利汗国统治。

脱欢和木明一军从加兹温出征，沿沙赫河行进，攻占加尔姆鲁德，最后占

① 〔瑞典〕多桑. 多桑蒙古史：下册［M］. 冯承钧，译. 上海：上海书店出版社，2001：398—400.
② 加斯卡尔（Gaskar）：今伊朗卡鲁（Khālū）。

领吉兰西部重镇戈儿吉养，当地统治者欣都沙屈服。一周后，脱欢和木明带着战利品回到苏丹尼耶。

忽都鲁沙一军进抵哈勒哈勒，此部首领舍里甫丁前来拜见，并向忽都鲁沙进言说此地地势险要，民风彪悍，希望蒙古军以和为贵，招安各部首领。忽都鲁沙性格高傲、刚愎自用，轻视舍里甫丁建言，自恃大军压境，区区一方即可平定。1307 年 6 月 13 日，忽都鲁沙命令孛罗海牙为先锋官，进攻里卡布詹，该地居民据险抵抗。经过三次小规模的军事冲突，蒙古军小胜，底巴只为首的各部落首领表示愿意归附蒙古人统治，孛罗海牙将战况禀告忽都鲁沙。受游牧贵族军事掠夺财物的传统思想支配，忽都鲁沙的儿子昔宝赤强烈反对吉兰人的和平归顺，坚持用武力征服吉兰。多桑说：昔宝赤向父帅进言，"既已兵入其境，应略其地而歼其民。如从孛罗海牙之言，则此征将无殊荣矣"①。忽都鲁沙听从了儿子的建议，召回孛罗海牙并以昔宝赤代为先锋官进讨吉兰人。

昔宝赤率先锋军东进秃林，沿途实行血腥的屠杀政策，当地居民被杀无数。在求和无望的前提下，秃林和拉什特的部落军联合起来，在拉什特和秃林两城周围英勇抵抗，誓死捍卫自己的生存权。昔宝赤不谙当地沼泽遍布的地理环境，屯兵之地多为池沼。与底巴只两军相接，昔宝赤的先锋军失利败走，人马皆陷入淤泥之中，生存者甚少。喀沙尼说，1307 年 6 月入侵里卡布詹的忽都鲁沙军队，因为吉兰人开河决堤，水淹蒙古军屯兵之营，导致昔宝赤军队失败。② 忽都鲁沙不堪先锋军兵败之羞，率主力继续推进，士兵深知里卡布詹地理之恶劣，前车之鉴，不想再次贸然前进。忽都鲁沙军法处死士兵数人，但徒然无效，蒙古军纷纷后退。吉兰部落士兵乘胜追击，忽都鲁沙左右仅存四十余骑，最后为敌所杀。穆思托非说，只有十分之二的蒙古军幸存者散乱地回到京城苏丹尼耶，忽都鲁沙沿途征服各地的掳获物悉数成为底巴只的战利品。马木路克王朝的阿拉伯史料记载，忽都鲁沙失败的消息得到确认后，谢赫八剌合因与忽都鲁沙之间情深谊长，他自愿要求去里卡布詹处理忽都鲁沙事件，底巴只嘲笑了八剌合，并被带去观看被钉死在桩子上的忽都鲁沙，然后以同样的方式处死了八剌合。完者都闻讯后感到特别震惊，并誓言发动新的战争以荡平吉兰。

完者都一军 1307 年 5 月从京城苏丹尼耶出发，经由加兹温、库兰达什特和

① 〔瑞典〕多桑. 多桑蒙古史：下册［M］. 冯承钧，译. 上海：上海书店出版社，2001：367.

② AMITAI - PREISS R. DAVID O. MORGAN. The Mongol Empire And Its Legacy［M］. Brill Leiden Boston koln，1999：94.

瑙尚，进入低廉地区。5 月 21 日，完者都驻营萨菲德河畔，纵兵抄略低廉，掳获妇孺。6 月，军队抵达拉希詹，完者都遣使招安部落首领奴帕的沙，奴帕的沙前来降归，在统将也先忽都鲁和大臣撒都丁的建议下，完者都友善地接待了奴帕的沙。6 月 13 日，完者都渡过萨菲德河，扎营库察思凡。14 日，库察思凡部落首领锁鲁黑前来降服。

完者都另派速台率左翼军一部征讨帖迷章，自己率领中军折返，在忽腾驻营。速台的军队进至帖迷章，当地部落首领埃米尔·穆罕默德希望和平，主动请降纳贡。但是，速台军中一统将曼沙乞认为帖迷章地区富庶，反对接受埃米尔·穆罕默德的请和，主张以武力劫掠帖迷章。在求和无望的前提下，帖迷章的居民据险以守，顽强抵抗蒙古军的进攻，打死蒙古统将脱克帖木儿，并最终打败速台的蒙古军，速台率领残部非常羞愧地逃回京城苏丹尼耶。埃米尔·穆罕默德为求一方平安，遣使完者都，陈述被迫应战的缘由，表明帖迷章居民愿意恪守臣属之职。完者都宽恕了帖迷章的抵抗行为，并接受帖迷章居民的归附。

与此同时，完者都闻讯忽都鲁沙被杀，立即组织一支包括库尔德人、洛雷人、格鲁吉亚人和呼罗珊人在内的三千人联军，委任宋达维·把阿秃儿、谢赫·别黑鲁勒、阿布·伯克尔·徒思三人为首领，为忽都鲁沙报仇，率军征讨里卡布詹。6 月 18 日，蒙古联军与富曼、拉什特和秃林三地的合兵在拉什特附近交战，联军遇到吉兰人的顽强抵抗，宋答维·把阿秃儿和阿布·伯克尔·徒思阵亡，谢赫·别黑鲁勒受伤并派人请求完者都增援。完者都命令异密忽辛·古烈干、舍云治、亦邻真和畏兀儿台急行军赶往富曼。6 月 20 日，舍云治的蒙古军突袭富曼地区的忽腾平原。6 月 22 日，在拉什特和穆萨阿巴德与吉兰人交战，战斗从中午一直持续到第二天。吉兰人由里卡布詹、舍里甫·倒剌、穆罕默德·本·萨拉尔和底巴只的兄弟扎万希尔领导，战斗进行得非常激烈，蒙古军伤亡很大，但舍云治顽强地抵抗住吉兰人的不断进攻，此时忽辛和亦邻真的部队出现在曼吉勒战场，吉兰人最终失败，各部首领纷纷表示归顺伊利汗国统治，每年向汗廷缴纳丝料贡赋，并重金赎回所有被俘虏的吉兰人。6 月 23 日，完者都释放所有部落首领，册封奴帕的沙为吉兰王，蒙古军队撤军，完者都凯旋。但据穆思托非记载，吉兰省向伊利汗国缴纳 2 万第纳尔银币赋税，为便于管理，吉兰地区被划成两大属国，即拉希詹和富曼，总督分别为奴帕的沙和底巴只。①

---

① AMITAI – PREISS R. DAVID O. MORGAN. The Mongol Empire And Its Legacy［M］. Brill Leiden Boston koln，1999：116.

马木路克王朝史料在淡化完者都征服吉兰的成就上也记载，扎万希尔执行了对算端［完者都］营地马匹袭击的计划，晚上赶走了 7000 匹马。完者都、出班、拉施特和撒都丁被袭击惊醒，估算了损失。扎万希尔在途中遇见底巴只，底巴只考虑此次袭击是否明智。清晨，出班的军队又遭到底巴只的伏击，尽管出班冲出伏击圈，黄昏时回到完者都的营地，但出班步步惊心，害怕英勇的扎万希尔发起新的攻击，完者都主动下令撤军。在一个今天无法考证的、芦苇丛生的、名叫阿布尔法姆伊斯的地方，完者都的军队休整了三天。可第四天，蒙古军遭到一场恐怖的风暴袭击，陆地瞬间变成汪洋大海，军队人马陷入泥潭。当完者都看到自己部队的狼狈状态，开始怀疑继续进军是否明智。于是在拉施特、撒都丁和出班的建议下，拉施特承诺蒙古人不进入吉兰界域骚扰的前提下，吉兰各部首领同意签署一项称臣纳贡的协议，完者都回到了苏丹尼耶。①

（四）完者都出征吉兰的历史影响

完者都出征吉兰，历尽重重困难，战胜自然艰险和吉兰人的顽强抵抗，最终征服吉兰。作为胜利者，完者都付出了巨大的人员牺牲，J. A. 波伊勒视之为"皮洛士式的胜利"②。

在政治上，从胜利的角度看，完者都征服吉兰地区，将历史上从未被蒙古人征服的波斯最后一块边地纳入了蒙古人的统治之下，也是蒙古帝国军国主义思想指导下的胜利。摩根说：完者都的"军队征服了濒临里海的吉兰省，里海沿岸各省因其厄尔布尔士山北麓难以接近的莽丛困难，常常摆脱波斯中央政府的控制，与 20 世纪初和伊斯兰时代早期一样，可以肯定地说，重大的意义是蒙古人这个最可怕的征服者征服了吉兰"③。所以，征服吉兰是完者都统治的伟大成就之一。从代价的角度看，1307 年完者都出征吉兰，折兵损将，代价巨大。尤其是伊利汗国军队总司令忽都鲁沙之死，无疑给蒙古人在西亚的统治造成了重大影响，并为出班的跃升提供了最佳时机。完者都班师苏丹尼耶后，对出征吉兰的军士论功行赏，昔宝赤因罪处罚，其父忽都鲁沙万户长之封号被褫夺，并转封给出班位下，出班成为汗国军队总司令。1316 年完者都因病逝世，其子不赛因 11 岁继位，导致出班的外戚专权，伊利汗国在如此特殊的政治环境中开

① AMITAI – PREISS R. DAVID O. MORGAN. The Mongol Empire And Its Legacy ［M］. BRILL Leiden Boston koln, 1999：112 – 113.

② BOYLE J A. The Cambridge History of Iran ［M］. Cambridge university press, 1968：401.

③ MORGAN D. Medieval Persia 1040 – 1797 ［M］. London and New york：Longman, 1988：77.

始走向羸弱和瓦解。正如海屯所说，"忽都鲁沙之死给伊利汗国的未来带来了无法估量的影响。假如他还活着，继任忽都鲁沙军队总司令的异密出班就不会攫取汗国所有的军政大权"①。

在经济上，完者都征服吉兰并与吉兰长期和平相处，这对波斯地区的经济贸易起到一定的积极作用，尤其是为伊利汗国的大不里士、加兹温和阿尔达比勒与吉兰地区的富曼、拉什特、拉希兼等城市之间的丝绸贸易大开便利之门。和穆思托非同时代的乌马里记载："蒙古人进入了和富曼和拉希詹友好相处的时期，以至于商人可以自由地进入这些地区出口他们的大量收集来的丝绸。"②

五、伊利汗国与金帐汗国的战争

（一）金帐汗国

金帐汗国（1243—1502），亦称钦察汗国或术赤兀鲁思，是蒙古帝国四大汗国建立最早的西北宗藩国。1217 年，为讨伐吉利吉思部反叛，成吉思汗长子术赤奉命出征，征服了吉利吉思及谦河③以西直至也儿的石河④所有的森林中百姓诸部。因此成吉思汗将西北地域各部赐与术赤所有。1225 年，成吉思汗大分封，术赤作为长子，海押立以西所有征服地均属于他。术赤在世时（？—1227），其封地实际上包括乌拉尔河以东的钦察草原东部和阿姆河、锡尔河⑤流域下游的花剌子模地区。1236—1240 年，窝阔台汗命术赤第二子拔都西征，征服了伏尔加河流域的钦察、不里阿耳诸部和罗斯人，罗斯诸公国成为藩属国。1243 年，拔都以伏尔加河下游的拔都萨莱（今阿斯特拉罕附近）为中心建立起金帐汗国，其疆域东起额尔齐斯河，西至俄罗斯，南滨巴尔喀什湖、里海和黑海，北达北极圈附近。政治版图上，金帐汗国南邻伊利汗国，东界察合台汗国和元朝，西接拜占庭帝国。

（二）伊利汗国与金帐汗国交恶的原因

1. 旭烈兀与别儿哥失和

1251 年，拖雷系的蒙哥在术赤系的拔都支持下，登上大汗之位，成为大蒙古国第四代大汗。1253 年，蒙哥派遣胞弟旭烈兀西征波斯地区，各支宗王军队

---

① BOYLE J A. The Cambridge History of Iran［M］. Cambridge university press, 1968：401.

② AMITAI – PREISS R. DAVID O. MORGAN. The Mongol Empire And Its Legacy［M］. Brill Leiden Boston koln, 1999：116.

③ 谦河：今俄罗斯叶尼塞河上游。

④ 也儿的石河（Erti?）：突厥语（Erti?），今额尔齐斯河。

⑤ 锡尔河：汉书称药杀河，阿拉伯语和波斯语称赛浑河或细浑河。

每十人抽调二人一同前往，协助出征。金帐汗国派出忽里、巴剌罕和秃塔儿三宗王穿过里海西岸的打耳班通道和花剌子模和河中地区来到波斯，效力于旭烈兀位下。旭烈兀通过蒙古帝国第三次西征在西亚建立起伊利汗国。拔都时代，旭烈兀与金帐汗国关系友好。1257 年，拔都之弟别儿哥登上汗位（1257—1266），金帐汗国与伊利汗国开始失和，并最终兵戎相见。

考察伊利汗国旭烈兀与金帐汗国别儿哥关系交恶的成因，第一，别儿哥自恃拥戴蒙哥登上汗位之功，居功自傲，盛气凌人，使旭烈兀暗生怨恨。1248 年 3 月，贵由暴死横相乙儿①之地，皇后斡兀立海迷失摄政。拔都以宗王之长身份召集贵族大会，商议选立新汗。在拔都提议和支持下，蒙哥被推举为大汗，并决定来年在怯绿连河大斡耳朵重新召开忽里勒台，拥戴蒙哥正式登基。为防止察合台和窝阔台两系诸王叛乱，拔都派遣其弟别儿哥率领大军扈从蒙哥东还并留在蒙哥身边效力。1251 年，蒙哥即位。拔都和别儿哥也因拥戴有功，获得更大利益。在此背景下，拔都实际上统治了罗斯，河中地区也置于拔都控制之下，蒙哥还将谷儿只授予别儿哥作为封地。如此一来，金帐汗国成为大蒙古国中领土最大的宗藩国，实力当在诸宗藩国之上。在别儿哥效力蒙哥汗时期，别儿哥自恃拥戴之功，凌驾于旭烈兀之上，不断派出急使，显示自己的权力，致使旭烈兀心生怨恨。拉施特记载："［先是］拔都曾派别儿哥陪伴蒙哥合罕到京城哈剌和林去，在亲族中间让他［蒙哥］登上皇位，他［别儿哥］在某一时期曾在蒙哥合罕身边效劳，由此不断向旭烈兀汗处派遣急使，显示自己的权力。由于别儿哥是兄长，旭烈兀忍受下来。"②

第二，在旭烈兀西征中，金帐汗国协同出征的三宗王伺机叛乱，加深了别儿哥与旭烈兀之间的仇恨。1253 年，金帐汗国派出三宗王随旭烈兀出征西亚，三宗王之中，一是拔都之兄斡儿答的长子忽里，二是拔都之弟昔班的儿子巴剌罕，三是拔都之弟不哇勒的孙子秃塔儿。三宗王的军队在协助旭烈兀征服中东广大地区后，留在伊利汗国，驻营阿塞拜疆的大不里士和马拉盖。巴剌罕图谋背叛伊利汗国，秃塔儿还使用巫术诅咒旭烈兀。事情败露后，旭烈兀派异密孙扎黑遣送秃塔儿回金帐汗国，并向别儿哥汗禀明事由。按照成吉思汗大扎撒规定，别儿哥让旭烈兀自行处理，秃塔儿又被送回旭烈兀处，1260 年 2 月 2 日，旭烈兀处死秃塔儿。之前，巴剌罕在旭烈兀举行的一次大宴会上无端暴死，秃塔儿被处死不久，忽里也突然死去。巴剌罕和忽里二宗王莫名其妙的死去，导

———
① 横相乙儿：今新疆青河东南。
② ［波斯］拉施特．史集：第三卷［M］．余大钧，译．北京：商务印书馆，1986：91.

致别儿哥怀疑二王皆为旭烈兀所害，心存伺机报复之念。1262 年 8 月，别儿哥派遣那海率领 3 万人越过打耳班，进军伊利汗国。两国既已开战，随征旭烈兀的金帐汗国三宗王的三万家属，一部分人经过打耳班逃奔金帐汗国，另一部分人则在尼兀答儿的带领下，经过呼罗珊抵达哥疾宁地区，并由此形成后来以不断劫掠伊利汗国东南部地区的尼兀答儿部人，这一切大大加深了伊利汗国和金帐汗国之间的仇恨。

　　第三，别儿哥指责旭烈兀在消灭巴格达的阿拔斯哈里发政权中施以暴行，使旭烈兀也对别儿哥汗大为反感。旭烈兀与别儿哥结怨已久，双方冲突还源于宗教信仰之异。别儿哥汗是金帐汗国最早信仰伊斯兰教的汗王。14 世纪著名的阿拉伯史学家伊本·赫勒敦写道："他［别儿哥］由涅只蔑丁·忽不剌的门徒之一舍木薛丁·巴哈儿昔接纳入教……巴哈儿昔住在不花剌，派人劝别儿哥入教。他［别儿哥］成了伊斯兰教徒，就派人颁发给他一张文书，准许他在其余领地内随意处置一切。但他［巴哈儿昔］辞绝了。别儿哥动身去会见他，他［巴哈儿昔］却不许他进去见他，直到他的亲近请求他接见别儿哥时为止。他们为别儿哥求得了他的允诺［准他进去见他］，他便进去了，又重复了一遍入教的誓约，司教责成他公开传［伊斯兰］教。他［别儿哥］在自己的全体人民中间传播它，在自己的全部领地内建起了清真寺与学校，亲近学者与法学家，与他们为友。"① 别儿哥皈依伊斯兰教的具体时间虽不得而知，但据乌马尔与哈勒哈桑迪说，别儿哥于 13 世纪 40 年代，也就是即位前就已皈依伊斯兰教。鲁布鲁克从另一角度也证实了这一点，据《出使蒙古记》载，1253 年在鲁布鲁克一行前往哈剌和林觐见蒙古合罕途中经由金帐汗国境内，当时驻守铁门关（今俄罗斯杰尔宾特西）的拔都之弟别儿哥已是一个伊斯兰教徒，"他（别儿哥）地处于从波斯和突厥来的所有的萨那森人所走的大路边上。萨那森人到拔都那里去时，经过他这里，都送给他礼物；而他也假装是一个萨那森人，在他的斡耳朵里，不准吃猪肉。"②

　　1258 年 2 月，旭烈兀对巴格达城全面进攻，蒙古军入城后大肆烧杀掳掠，洗劫 17 天，处死哈里发穆斯台耳绥木，据称巴格达被杀者达 80 万人，被视为伊斯兰世界的支柱和象征的阿拔斯王朝灭亡。别儿哥时代，金帐汗国已是一个堂堂大国，事实上金帐汗国开始独立。作为蒙古帝国具有影响力的别儿哥汗，

———————————

　① 〔苏联〕Б. Д. 格列科夫，А. Ю. 雅库博夫斯基. 金帐汗国兴衰史［M］. 余大钧，译.
　　北京：商务印书馆，1985：135.

　② 〔英〕道森. 出使蒙古记［M］. 吕浦，译. 北京：中国社会科学出版社，1983：142.

旭烈兀的重大军事行动在别儿哥看来，理应向他通报，尊重他的看法，更何况别儿哥汗倾向于伊斯兰教，同情穆斯林，尊敬作为伊斯兰教精神领袖的哈里发，所以旭烈兀灭掉阿拔斯王朝、处死哈里发穆斯台耳绥木，使别儿哥极为反感，别儿哥汗派人指责旭烈兀的血腥残暴行为。据拉施特记载：别儿哥恼怒地说，旭烈兀"毁灭了木速蛮（伊斯兰教徒）的所有城市，打到了所有木速蛮君主家族，不分敌友，未经亲族商议就消灭了哈里发，如果永恒的上帝佑助我，我要向他追偿无罪者的血"[①]。而别儿哥对旭烈兀的指责，也使旭烈兀极为反感。拉施特记载：旭烈兀说："虽说他是兄长，［但］他既毫不谦逊、感到惭愧，而却对我威胁、强迫，那我就再也不尊重他了。"[②]

2. 伊利汗国与金帐汗国领土之争

伊利汗国与金帐汗国发生内讧，根本原因是阿塞拜疆领土之争。14 世纪的阿塞拜疆包括今天的阿塞拜疆共和国和伊朗的东、西阿塞拜疆省。阿塞拜疆水草肥美，这里有良好的冬季牧场——库拉河下游的穆甘平原，也有理想的夏季牧场——覆盖丰美青草的阿剌答黑（Ala—Tagh）的山地牧场，对于从事游牧生活的蒙古人而言，阿塞拜疆是游牧民的理想之地。而且，阿塞拜疆也是西亚至东欧平原商贸的必经之地，境内的大不里士和马拉盖等城镇的手工业，尤其是纺织业闻名遐迩，所以，旭烈兀及其后裔特别重视这一地区，伊利汗国的京城或设在大不里士，或设在马拉盖，或赞詹附近的苏丹尼耶，阿塞拜疆在伊利汗国统治时期有了很大发展。史料记载，"过去的帖必力思城全城四围共为六千步，而到了合赞汗（1295—1304）时代扩展到二万五千步"[③]。

别儿哥汗则认为，在蒙古帝国的分封中，阿塞拜疆是金帐汗国的属地。旭烈兀西征强占了原属金帐汗国的失儿湾、阿兰和格鲁吉亚等地，本身就不对。彼特鲁舍夫斯基说："根据成吉思汗遗言，阿姆河和咸海以西的地面应划入术赤及其后裔的封地内。但由于这些地方——伊朗高原和外高加索诸国远离金帐汗国，术赤王朝鞭长莫及，故在 13 世纪 20—50 年代，伊朗和外高加索诸国由术赤汗的地方官管辖。旭烈兀汗来到伊朗后，将最高权力控制在自己手中。"[④] 旭烈兀西征伊斯兰世界，术赤兀鲁思的蒙古人积极参加了征服战争，按照蒙古帝国

① 〔波斯〕拉施特. 史集：第三卷 ［M］. 余大钧，译. 北京：商务印书馆，1986：91.
② 〔波斯〕拉施特. 史集：第三卷 ［M］. 余大钧，译. 北京：商务印书馆，1986：91.
③ 〔苏联〕Б. Д. 格列科夫，А. Ю. 雅库博夫斯基. 金帐汗国兴衰史 ［M］. 余大钧，译. 北京：商务印书馆，1985：61.
④ 〔苏〕Н. Л. 彼特鲁舍夫斯基. 旭烈兀王朝统治下的伊朗和阿塞拜疆（1256 年—1353 年）［J］. 蒙古史研究参考资料，50.

家产共享的原则，加上为打通钦察草原在里海西部地区的商贸通道，别儿哥千方百计地要求旭烈兀把阿塞拜疆作为报酬和战利品划给金帐汗国。由于双方都高度重视阿塞拜疆的重要性，关于阿塞拜疆问题的谈判也就没有任何结果，最终引发两国在外高加索地区的军事冲突。

3. 金帐汗国与马木路克王朝结盟反对伊利汗国

旭烈兀和别儿哥在阿塞拜疆问题上的矛盾，双方结下不解之仇，为争夺阿塞拜疆导致兵戎相见。1262 年秋，金帐汗别儿哥命那海宗王率军 3 万在打耳班与旭烈兀交战，大败而归。1263 年 1 月，别儿哥汗又出兵阿塞拜疆。为能彻底击败伊利汗国，别儿哥汗开始寻求军事盟友，先后派遣使者出使马木路克王朝和拜占廷帝国，企图建立一个反伊利汗国的政治联盟。

拜占廷帝国考虑到伊利汗国已统治小亚细亚大部分地区，希望与伊利汗国保持友好的睦邻关系。而马木路克王朝强烈意识到，波斯的蒙古人是继十字军后对埃及的最大威胁，所以，埃及的马木路克王朝认为与金帐汗国结盟是一个遏制伊利汗国的千载难逢的好机会。1263 年 7 月，基于共同的敌人和需要，马木路克王朝与金帐汗国建立起反对伊利汗国的军事联盟。尔后，马木路克王朝不断怂恿或协助金帐汗国与伊利汗国交战，达到削弱伊利汗国在叙利亚战争中对马木路克王朝的军事压力，这也是伊利汗国长期用兵叙利亚，却未能彻底征服叙利亚的主要因素之一。正如 Б. Д. 格列科夫所说："埃及所迫切关心的是离它较远的金帐汗国在与伊朗旭烈兀朝敌对关系继续甚或加剧时仍能壮大、顺利发展。马木鲁克算端的打算很简单：旭烈兀朝伊朗是辖有叙利亚的埃及的邻国，两国的国界线在美索不达米亚，强大的伊朗对马木鲁克算端是个威胁。还有什么手段比两个蒙古汗国相互敌对更为有效呢？因此，马木鲁克朝埃及外交政策的全部基本任务就在于：千方百计地维持这种敌对状态，并尽可能加强它。在这个基础上，贝巴儿思与别儿哥频繁地互遣使者，贝巴儿思从开罗送来十分丰厚的礼物，最后还坚持提出金帐汗国应在短时期内实现伊斯兰教化"[1]。格鲁塞说：拜伯尔斯"从这次和解中获得双倍的利益。从此，他可以在金帐汗国的臣民、钦察突厥人中征集新的马木路克补充他的军队（应该记住，他本人就是一个钦察突厥人）。更重要的是，通过这一幸运的外交上的胜利，它正在促使成吉思汗蒙古人的势力互相抵消。由于术赤家族的支持和别儿哥在高加索发动的牵

---

① 〔苏联〕Б. Д. 格列科夫，А. Ю. 雅库博夫斯基. 金帐汗国兴衰史 [M]. 余大钧，译. 北京：商务印书馆，1985：63—64.

制性行动，拜伯尔斯永远地阻止了旭烈兀家族向叙利亚的进军"①。

（三）伊利汗国与金帐汗国的战争

伊利汗国与金帐汗国的战争（1257—1355），断断续续近百年，战场主要集中在外高加索地区，较大规模的战役主要是四次。

1. 捷列克河之战（1262 年）

别儿哥汗为了替被旭烈兀害死的金帐汗国三宗王报仇，1262 年 8 月，命令秃塔儿的从兄弟、别儿哥的侄孙那海率军 3 万，越过打耳班，进军伊利汗国。那海身为金帐汗国万户长，性格坚强，手段阴险毒辣，组织能力强。旭烈兀闻讯后，8 月 20 日，从夏季牧场阿剌答黑集结出发，派遣绰儿马罕之子失烈门为先锋部队迎击那海。11 月 15 日，在敌我悬殊十分明显的情况下，失烈门在沙马吉失利败走。拉施特记载："别儿哥的军队攻击失烈门，杀死了许多人，莎勒坛出黑被杀死在河里。"② 11 月 21 日，撒马合儿那颜和阿八台那颜赶到设里汪③，在沙别兰④附近战胜那海的军队。旭烈兀从沙马吉乘胜追击，那海败走，其军被逐出打耳班，旭烈兀掳获了那海军队后方大量的妇孺和牲畜，驻营在捷列克河附近，举行宴饮，庆功三天。拉施特说：旭烈兀"下令让全体军队武装出发。日出时，他们邻近可萨的打耳班。一群敌人守在打耳班城墙上。射去一阵箭后，敌人被赶走了，城墙被攻克，遂夺得了打耳班"⑤。那海得知辎重被夺取后，重新聚集部众，利用打耳班突降暴雪的自然条件，12 月 16 日突然折回并突袭旭烈兀的军营，旭烈兀军队仓促应战后撤退，骑兵企图渡过捷列克河，由于河面冰层不十分坚固，骑兵的马蹄踩碎了冰，很多骑兵被淹死，波斯的蒙古人被金帐汗国的蒙古人赶到打耳班以南，旭烈兀的长子阿八哈侥幸逃回沙别兰。1262 年旭烈兀与别儿哥首次大的军事冲突发生在捷列克河左岸附近，称为捷列克河之战。这次战争以旭烈兀大败结束。伊本·瓦西勒说："别儿哥汗来到战场上，看到那可怕的残杀情景时说：'让安拉谴责这个用蒙古人的剑残杀蒙古人的旭烈兀

---

① 〔法〕勒内·格鲁塞. 草原帝国［M］. 蓝琪，译. 北京：商务印书馆，1998：501—502.

② 〔波斯〕拉施特. 史集：第三卷［M］. 余大钧，译. 北京：商务印书馆，1986：91—92.

③ 设里汪（Shīrvān）：今阿塞拜疆共和国希尔万平原。

④ 沙别兰（Shābarān）：今阿塞拜疆共和国东北的库巴附近。

⑤ 〔波斯〕拉施特. 史集：第三卷［M］. 余大钧，译. 北京：商务印书馆，1986：91—92.

吧！如果我们齐心协力，定能征服全世界．'"①

旭烈兀回到大不里士，情绪十分低落，整日郁郁寡欢，号召全国各地武装军队，准备进攻金帐汗国。为报复别儿哥汗，1263 年 4 月 22 日，旭烈兀下令处死在大不里士从事买卖的所有金帐汗国商人，没收他们的全部财产。别儿哥汗也以其人之道还治其人之身，用同样的手段对待在金帐汗国经商的所有伊利汗国的商人和工匠。两国商贸往来因战争之故遽然终止，这是捷列克河之战影响的第一表现。第二表现是，旭烈兀派军将不花剌城中隶属金帐汗国的五千居民，驱之平原，杀其男子，掳其妇孺，掠其财物。捷列克河之战的另一影响是，伊利汗国境内的别儿哥属军陆续逃离伊利汗国而投奔马木路克王朝，一定程度上对伊利汗国的政治稳定，尤其是伊利汗国与马木路克王朝的军事对抗产生了消极影响。旭烈兀与别儿哥开战前，别儿哥曾下令在伊利汗国效力于旭烈兀的金帐汗国军队回国，并通知属下军队，若通过阿塞拜疆的通道受阻，可转道马木路克王朝控制下的叙利亚，甚至可以在埃及求得庇护。旭烈兀与别儿哥开战后，曾有别儿哥属军一部约二百骑逃入叙利亚境内。埃及苏丹拜伯尔斯命令叙利亚的镇守官热情款待这支骑兵。马木路克史料记载："算端命西利亚之官吏善待之，并供给彼等与其妇女必须之衣粮。逃人至开罗，算端赐四将各人百骑，封地一区，并以马匹、布帛赐诸将卒，诸逃人遂尽皈依回教。此例一开，后来鞑靼人来投埃及者，陆续有之"。②

2. 库拉河之战（1265）

1265 年 2 月 28 日，49 岁的旭烈兀病死于注入乌尔米耶湖的察合秃河③畔，长子阿八哈成为第二任伊利汗（1265—1282）。阿八哈曾参加过捷列克河之战，登位后，阿八哈最初希望与别儿哥化干戈为玉帛，改善与金帐汗国的敌对关系。所以，阿八哈同意了别儿哥提出的恢复双方商贸往来的建议，甚至允许别儿哥在伊利汗国京城大不里士修建清真寺。但是，别儿哥考虑的却是如何利用阿八哈继位伊始、政权不稳之际，在大不里士兴修纺织厂和清真寺，大肆笼络人心，让大不里士居民强烈地意识到"别儿哥汗才是大不里士居民的真正汗王"。加上别儿哥不断强化与马木路克王朝苏丹拜伯尔斯的外交关系，阿八哈汗改变了最初对别儿哥的友好态度，开始对金帐汗国保持高度警备。

---

① 〔苏联〕Б. Д. 格列科夫，А. Ю. 雅库博夫斯基. 金帐汗国兴衰史 ［M］. 余大钧，译. 北京：商务印书馆，1985：62.

② 〔瑞典〕多桑. 多桑蒙古史：下册 ［M］. 冯承钧，译. 上海：上海书店出版社，2001：135.

③ 察合秃河畔（Jaghātū）：今伊朗阿塞拜疆省的扎林内河（Zarīneh Rūd）。

1265 年，那海又打着为秃塔儿报仇的旗号，率领大军再次从打耳班方向进犯伊利汗国，并直接威胁伊利汗国核心地区阿塞拜疆。7 月 19 日，阿八哈命宗王玉疏木忒为先锋部队北上反击那海。玉疏木忒的军队渡过库拉河，在源于高加索南麓、流经设里汪的察罕沐涟河①附近与那海军队相遇。双方列队布阵，展开厮杀，战斗非常激烈，伤亡都很大，那海被伊利汗国军队射伤眼睛后，带着自己的军队逃回设里汪。

1266 年，阿八哈的主力军渡过库拉河，别儿哥汗带着 30 万骑兵也来到库拉河畔。考虑到敌方人数众多，阿八哈汗把军队撤回到库拉河对岸，两军隔河安营扎寨，每天互射弓箭，皆不敢贸然过河进攻对方。如此对峙十四天后，别儿哥为寻找有利的渡口主动沿库拉河，溯流而上，来到梯弗里斯②，途中生病去世。在群龙无首的情况下，金帐汗国军队回国。阿八哈汗则下令在库拉河岸重要地段筑建土墙栅栏，挖掘深壕，任命宗王忙哥帖木儿和撒马合儿那颜驻军防守，自己带着大军凯旋归。

3. 哈剌—八黑之战

别儿哥死后，忙哥帖木儿成为金帐汗（1266—1280），继续推行与伊利汗阿八哈为敌的政策。为惩罚拜占庭帝国皇帝米凯尔八世（1259—1282）千方百计阻挠金帐汗国与马木路克王朝建立联盟和竭力支持伊利汗国，忙哥帖木儿发动了对君士坦丁堡的远征。在河中地区，金帐汗国全部丧失了原属术赤家族在阿姆河地区的利益，包括花剌子模在内的楚河以西草原现已成为察合台汗国的一部分。但是，1269 年塔剌思会议上，忙哥帖木儿汗不断怂恿察合台汗国和窝阔台汗国进攻伊利汗国东大门呼罗珊地区。拉施特说：忙哥帖木儿"也长期反对阿八哈汗。他们作战数次，而阿八哈汗取得了胜利"③。

1284 年阿鲁浑通过与阿合马—帖古迭儿内战，以武力夺得了伊利汗国统治权。忙哥帖木儿欲乘阿鲁浑汗位不稳之机，发动了对阿鲁浑的军事进攻。阿布尔—哈齐—把阿秃儿汗说，金帐汗忙哥帖木儿派遣脱歹和突儿客台统帅八万人的军队去攻打阿鲁浑汗。闻讯后，阿鲁浑派遣脱合察儿率领大军应敌，阿鲁浑本人随后而至。两军在哈剌—八黑交战，金帐汗国军队被打败，被迫逃走。忙哥帖木儿也因哈剌—八黑之战的失败，心痛至极，以致一命呜呼。阿布尔—哈

---

① 察罕沐涟河：今阿塞拜疆共和国的阿克苏河（Aq – Su）。
② 梯弗里斯（Tiflis）：古地名，今格鲁吉亚首都第比利斯（T'bilisi）。
③ 〔波斯〕拉施特．史集：第二卷［M］．余大钧，周建奇，译．北京：商务印书馆，1985：147.

齐—把阿秃儿汗说："这次战败的消息极大地刺痛了忙哥—帖木儿，使他郁郁而终。"①

继任金帐汗忙哥帖木儿之位的是他的兄弟脱脱蒙哥（1280—1287）。脱脱蒙哥是一位虔诚的托钵僧，热衷伊斯兰教并近似癫狂，汗国的实际权力掌握在1262—1266年两次出兵伊利汗国的万户长那海手中。脱脱蒙哥的崇教弃政导致他汗位被黜，继位的是他的侄子秃剌不花（1287—1290），在那海的操纵下，秃剌不花对伊利汗国又发动新的战争。1288年9—10月，拉施特记载，金帐汗国派遣探马—脱黑塔和不花统帅大军出征，驻营在阿兰和穆甘草原的阿鲁浑闻讯后，任命异密脱合察儿和宽只—巴勒为先锋部队，"他们［与对方］作战，杀死了［对方］军队的一个统将不鲁勒台和许多士兵。被击溃的敌人退回去了"②。

1289—1290年，阿鲁浑汗在阿兰驻冬。1290年3月13日，急使们来报，金帐汗国又从打耳班方向进犯伊利汗国。阿鲁浑汗降旨命秃格勒、失克秃儿那颜和弘出黑巴勒领军出征。3月28日，脱合察儿和其他异密随后行进。4月13日，阿鲁浑进抵沙别兰。4月29日，两军先锋部队在打耳班的合剌苏河相遇。金帐汗国的先锋部队统帅是阿八赤、忙哥帖木儿之子明里—不花、也怯扯和脱黑鲁勒察和千户长不忽之子泰出。因伊利汗国统将弘出黑巴勒和泰出的英勇冲击，金帐汗国军队逃窜。拉施特说：敌军"被杀了约三百骑，若干人被俘。在被杀的人当中有千户长孛罗勒台、合带和也怯扯的兄弟，在被俘当中有脱脱的大异密扯里克台"③。

4. 霍伊之战（1355）

在脱脱时代（1291—1313），金帐汗国内乱不已，那海独断专行，脱脱已成傀儡。为消弭伊利汗国的军事威胁，脱脱和那海力促金帐汗国与伊利汗国恢复和保持和平友好关系，所以，脱脱统治的25年，两国关系和睦。不过，脱脱似乎并未放弃历任金帐汗军事进攻伊利汗国的计划，1306年脱脱遣使马木路克王朝苏丹纳绥尔（1298—1308），建议埃及苏丹与金帐汗国共同出兵攻打伊利汗国，这一建议遭到埃及方面婉言谢绝。

继脱脱后成为金帐汗的是他的侄子月即别（1313—1341），在他统治时期，金帐汗国国力臻于鼎盛。月即别汗放弃了与伊利汗国之间和平友好的关系，多

① 阿布尔—哈齐—把阿秃儿汗. 突厥世系［M］. 罗贤佑，译. 北京：中华书局，2005：166.
② 〔波斯〕拉施特. 史集：第二卷［M］. 余大钧，周建奇，译. 北京：商务印书馆，1985：148.
③ 〔波斯〕拉施特. 史集：第三卷［M］. 余大钧，译. 北京：商务印书馆，1986：208.

次遣使埃及，寻求马木路克王朝支持，为索求阿塞拜疆向伊利汗国不断发起军事挑衅。阿布尔—哈齐—把阿秃儿汗说："他曾两次去攻打伊朗的阿布—赛义德汗（伊利汗不赛因 Abū S'aīd——引者注），但这些出征均以失败告终，直到他去世也未能征服这个国家。"① 13 世纪后半叶至 14 世纪前半叶，阿兰和阿塞拜疆等外高加索地区始终牢牢控制在伊利汗国手中。

1335 年，伊利汗不赛因死，伊利汗国权臣、统将各自拥立傀儡为汗，相互攻杀，伊利汗国迅速瓦解。1343 年伊利汗国权臣出班的次子、帖木儿塔失的儿子阿失剌甫控制着大不里士，1344 年阿失剌甫拥立努失儿完（1344—?）为伊利汗，努失儿完实为傀儡。阿失剌甫贪婪残暴，敛财无数，国人不堪忍受，纷纷出逃他国。伊利汗国一法官穆尤丁投奔金帐汗国，怂恿札你别汗（1342—1357）出兵阿塞拜疆。阿布尔—哈齐—把阿秃儿汗说："帖木儿—塔失之子迈力克—阿失哈夫（阿失剌甫——引者注）当时正统治着阿哲儿拜毡（阿塞拜疆）。其国内的一大部分居民和毛拉，因为忍受不了这个堕落、恶劣君主的暴政，纷纷逃离故国，到外面寻求避难所。他们之中有一人是哈的—穆尤丁，他来到萨莱城定居，每天在此地布讲教义。一天，札尼—别克汗来到清真寺来听这位哈的说教。哈的在结束其说教后，开始控诉迈力克—阿失哈夫的暴政与罪恶，他讲得绘声绘色、淋漓尽致，是如此令人愤慨，以至札尼—别克汗及所有在场的人都听得热泪盈眶。于是，哈的对汗说：'如果你不去为我们向这个迈力克—阿失哈夫复仇，那么就要当心：在世界末日审判那天我们对你的控告。'这番话在汗心中引起巨大的反响，他集结起一支军队，去攻打迈力克—阿失哈夫。"② 当然，伊利汗国的内政无须札你别汗干涉，札你别汗出兵阿塞拜疆是金帐汗国历史问题，伊利汗国无政府混乱状态是金帐汗国复仇并索取阿塞拜疆的最好时机。

1355 年，札你别汗率领一支庞大的军队征讨伊利汗国，沿途所向披靡，军队长驱直入阿塞拜疆，阿失剌甫与札你别汗在霍伊展开一场大战，阿失剌甫战败，为札你别汗所擒，并带到金帐汗国都城萨莱。札你别汗还缴获了阿失剌甫四百头满载宝石的骆驼，并俵散出征的将士们。鉴于阿失剌甫的倒行逆施所激起的沸腾民怨，札你别汗最终杀掉了阿失剌甫，首级悬挂在大不里士清真寺门口，札你别汗委派自己的儿子别儿迪别为阿塞拜疆的总督。格鲁塞说："札你别

① 阿布尔—哈齐—把阿秃儿汗. 突厥世系 [M]. 罗贤佑，译. 北京：中华书局，2005：167.

② 阿布尔—哈齐—把阿秃儿汗. 突厥世系 [M]. 罗贤佑，译. 北京：中华书局，2005：168.

汗利用波斯长期的无政府混乱，实现了其家族长期的野心：征服阿哲儿拜占。他于1355年实现了这一目标，还占领了原波斯诸汗的都城桃里寺。"① 不过，1355年札你别汗出兵阿塞拜疆是金帐汗国最后一次侵入伊利汗国。

1357年金帐汗札你别病逝，别儿迪别被召回钦察，阿塞拜疆的军政事务委付给丞相阿乞术管理。1358年原伊利汗国的蒙古人札剌亦儿部哈散之子兀洼思崛起，兵进大不里士，以莫须有罪名杀害阿乞术，兼并了阿塞拜疆。金帐汗国也因汗位之争再次陷入内战，伊利汗国与金帐汗国之间长达百年的战争以两败俱伤的结果彻底终止。

（四）伊利汗国与金帐汗国交恶的影响

13世纪50年代至14世纪50年代近百年的伊利汗国与金帐汗国之间的战争无论对蒙古帝国还是伊利汗国和金帐汗国在政治和经济上都产生了极为不利的影响。

第一，伊利汗国与金帐汗国长期的战争，客观上加速了蒙古帝国的瓦解。蒙古帝国，东起今天中国的东北，西迄俄罗斯和土耳其的小亚细亚，横跨欧亚大陆，是一个非常复杂的政治联合体。学术界一般认为，1251年蒙哥汗继位，是蒙古帝国建立以来的最大事变，它标志着窝阔台系和察合台系与术赤系和拖雷系两大敌对阵营的形成，也是蒙古帝国走向分裂的开端。韩儒林先生认为，"蒙哥的政变使成吉思汗黄金家族的裂缝无可弥缝地扩大。此后，各支贵族都着意经营自己的兀鲁思。旭烈兀被派去征服哈里发，就把波斯等地作为自己的禁脔，形成自帝一方的局面。忽必烈受命主管漠南汉地，也把力量的重心放在汉地，极力培养自己的势力"②。

蒙古帝国分裂的这一趋势，随着忽必烈和阿里不哥四年的争位之战，海都为首的窝阔台系和察合台系后王乘机割据称雄，察合台汗国与伊利汗国的战争、金帐汗国与伊利汗国的交恶等诸因素进一步加剧。蒙古帝国，无论是作为宗主的元朝与四大藩属国之间，还是四大藩属国之间的政治博弈，如此巨大的内耗使蒙古帝国无法集中力量以应对外部势力的变化，更无意团结一致进一步开疆拓土。如此背景下，蒙古帝国最西端的两大藩属国——伊利汗国和金帐汗国——全力争夺阿塞拜疆的控制权，战争持续百年，元廷鞭长莫及、无暇顾及两者间的矛盾，除要求两者承认自己的大汗名义之外，已不可能进行任何控制，两者与元廷的关系渐行渐远，各自走向独立或半独立的政治格局。所以，伊利

---

① 〔法〕勒内·格鲁塞. 草原帝国［M］. 蓝琪，译. 北京：商务印书馆，1998：510.
② 韩儒林. 元朝史：上册［M］. 北京：人民出版社，1986：201.

汗国与金帐汗国的长期战争客观上加速了蒙古帝国的进一步瓦解。

第二，伊利汗国与金帐汗国的长期战争，既抑制了伊利汗国与马木路克王朝争夺叙利亚，也阻碍了伊利汗国和金帐汗国之间的商贸往来。

伊利汗国是蒙古帝国第三次西征的直接产物。旭烈兀建立伊利汗国后，统治着波斯地区、两河流域和小亚细亚。伊利汗国奉行传统的军事扩张政策。为与埃及的马木路克王朝争夺叙利亚并最终征服埃及，自伊利汗国缔造者旭烈兀开始，直至完者都汗，除帖古迭儿外，诸伊利汗不断对叙利亚发起一系列的军事行动。

为索求阿塞拜疆地区，金帐汗国别儿哥 1262 年开始出兵阿塞拜疆，并积极寻求政治军事盟友，不断派遣使者出使埃及马木路克王朝。马木路克王朝认识到伊利汗国是继十字军后对埃及的最大威胁，所以，1263 年马木路克王朝与金帐汗国建立起共同反对伊利汗国的政治军事联盟。在别儿哥到札你别汗统治的近百年，诸金帐汗不断对伊利汗国发起的一系列军事进攻中，埃及的马木路克王朝都给予了金帐汗国直接或间接的支持；同样，在伊利汗国与马木路克王朝争夺叙利亚的战争中，金帐汗国一系列大规模的军事行动，使伊利汗国腹部受敌，无法全力争夺叙利亚。诚如格鲁塞所言，"埃及算端拜巴尔思利用这种外交关系促成了成吉思汗族人中间的隔离，由于有术赤王室的支持，有别儿哥在高加索方面的牵制，他得以成功地拦住了旭烈兀王室向叙利亚的推进。"①

另一方面，长期的战争也妨碍了伊利汗国与金帐汗国两大兀鲁思之间的商贸往来。金帐汗国武力索求阿塞拜疆地区，一个重要原因是经贸往来问题。阿塞拜疆不仅有闻名遐迩的商业城市，还有富庶的手工业中心，更重要的，它是金帐汗国唯一一条通向地中海南部地区和黑海地区的管道。控制阿塞拜疆，对金帐汗国的商业贸易来说，意义非同一般。伊利汗国和金帐汗国长达百年的战争，最终结果是两败俱伤，两国之间的商业贸易受到极大影响。战争使商贸通道阻塞，甚至双方因战争之故对彼方的商人施以报复，或杀戮，或籍没财物。譬如，1262—1263 年两国军事冲突后，旭烈兀下令："将在帖必力思经商及进行交易、广有财产的别儿哥斡兀勒［宗王］的商人全部处死，并将他们的全部财产没收，送入国库……这些商人中许多人把存款和珍品放在帖必力思有名望的市民家里。他们被杀戮后，［上述］财富便落入持有者手中。别儿哥斡兀勒为报复起见，也反过来杀戮［旭烈兀］汗国的商人，并用同样手段对付他们。进出

---

① 〔法〕格鲁塞. 草原帝国［M］. 魏英邦，译. 西宁：青海人民出版社，1996：437.

的道路、商人的往来以及有熟练技能者的作品——一下子都受到了限制。"① 反观而言，当金帐汗脱脱与伊利汗合赞和完者都保持和平友好关系时，经由高加索管道的两国间的商贸往来又呈现繁荣景象。瓦撒夫说："当脱脱（1290—1312）成为忙哥帖木儿的继承人时，由于使节和外交信件的交换，道路对商人和经商资财拥有者重新开放，保护过客安然无恙地通过的设施又建立了起来。阿儿兰州苦于大车、天幕、马、羊拥挤，那些国家的货物和珍奇物品在中断了一个时期后，如今又能畅销各处了。"② 战争是政治博弈的一种手段，也是商业贸易发展的一把双刃剑。

六、伊利汗国与察合台汗国的战争

（一）察合台汗国

察合台汗国，亦称察合台兀鲁思，是蒙古帝国和元朝的一个西北宗藩国，是成吉思汗次子察合台及其后裔在我国西北和中亚地区建立的政权。大帐设在阿力麻里附近的虎牙思。1218 年，西辽灭亡，作为次子的察合台分得蒙古属民四千户和天山一带牧场。1225 年，成吉思汗大分封，畏兀儿之地一直延伸到阿姆河以北的草原地带封属给察合台，属民扩充为八千户，中亚地区的城郭地带则由中央政府直接委派官吏掌管。

1251 年蒙哥拥立为大汗后，察合台后王反对者也速蒙哥被废，拥护者合剌旭烈为蒙哥大汗选立为察合台汗国统治者。合剌旭烈在回国复位途中病逝，其妻兀鲁忽乃在阿力麻里摄政监国。在忽必烈与阿里不哥争位时期，阿鲁忽乘机夺取察合台汗国政权，并控制了原属中央政府直辖的中亚城郭地带。不久，阿鲁忽承认忽必烈为大汗，忽必烈将按台山（阿尔泰山）至阿姆河之间的地带划归阿鲁忽管理。1265 年阿鲁忽死，木八剌沙未经忽必烈大汗允许被选立为汗，忽必烈则派察合台后王八剌回国即位。不久，八剌与窝阔台后王海都背叛忽必烈大汗。1271 年八剌死，在海都的支持下，八剌之子笃哇成为察合台汗国之主，从此，察合台汗国为窝阔台汗国海都所控制。海都死后，笃哇与海都之子察八儿重新承认元廷为宗主，笃哇乘机与元廷联合攻打察八儿，1306 年左右，笃哇兼并了窝阔台汗国大部分的领地，将天山南北和广大的河中地区全部置于自己

① 〔苏联〕Б. Д. 格列科夫，А. Ю. 雅库博夫斯基. 金帐汗国兴衰史［M］. 余大钧，译. 北京：商务印书馆，1985：62—63.

② 〔苏联〕Б. Д. 格列科夫，А. Ю. 雅库博夫斯基. 金帐汗国兴衰史［M］. 余大钧，译. 北京：商务印书馆，1985：72—73.

的统治之下，并向半独立化方向发展。14 世纪初，察合台汗国鼎盛时期，其疆域东起我国吐鲁番和罗布泊，与元廷接壤；西至阿姆河，濒临伊利汗国；北及巴尔喀什湖，与金帐汗国为界；南抵印度大部分地区。1346—1347 年，合赞算端汗被杀后，察合台汗国政治形势发生重大变化，贵族内讧不断，汗的权威消失，汗位更迭频繁，察合台汗国渐次分裂为东、西两部。

（二）阿八哈与八剌之战的成因

成吉思汗西征将中亚地区开始纳入蒙古帝国的管控之下，阿姆河以北的中亚城郭农耕之地由中央政府设官置守，各支宗王共享财赋之利。1251 年蒙哥被拥立为帝国大汗，支持者拔都和别儿哥的术赤系兀鲁思因拥戴之功在中亚的势力得以急剧膨胀。忽必烈与阿里不哥争位，中亚地区政治格局再次发生巨变。阿里不哥为筹集粮秣和兵源，1260 年册立阿鲁忽为察合台汗国之主，命其防守西域，征集给养，提供兵源，蒙古帝国驻中亚之地长官麻速忽听其号令，别失八里等处行尚书省在中亚地区的职能已不复存在。阿里不哥失败后，忽必烈仍无力控制中亚，阿鲁忽在中亚的暴发大大伤害了术赤系后王的利益，在无法单独依靠自身力量抗衡阿鲁忽的情形下，术赤后王别儿哥和忙哥帖木儿积极扶植窝阔台系宗王海都，并与忽必烈为敌。1265 年阿鲁忽死，海都乘机夺得察合台汗国大斡耳朵驻地阿力麻里及其中亚大片土地。

1265 年阿鲁忽死，阿鲁忽妻兀鲁忽乃未经忽必烈大汗允许，选立自己的儿子木八剌沙为汗，这既有悖于蒙古帝国汗位继承的旧例，也是对忽必烈大汗权威的藐视和挑战，忽必烈则派察合台后王八剌回国复位。八剌回国后，伪装拥护木八剌沙为汗，伺机夺取兵权，1266 年发动兵变，废黜木八剌沙汗，出示忽必烈诏书，自立为察合台汗国之汗。忽必烈扶植和册立察合台后裔宗王八剌为汗，原为加强帝国中央政府对西北地方藩属的管控，但实际上，八剌竭力保护阿姆河至阿尔泰山地区的利益，千方百计阻止中央政府统治西域，公开与元廷为敌，出兵 3 万迎击忽必烈派出的 6 千火你赤部骑兵，劫掠中央政府管辖之地斡端（新疆和田）财物，扣留大汗使臣薛彻干。刘迎胜说："按理说应该是元廷的胜利，但事情却向相反的方向发展。八剌即位为汗后，不再只是忽必烈和元中央政府的代理人，更重要的是，他成了察合台系宗王的政治代表。"①

八剌力量的急剧膨胀，也把金帐汗国和窝阔台汗国热络起来，形成窝阔台后王海都、金帐汗忙哥帖木儿为一方和察合台后王八剌为一方两大对峙集团，双方的军队在昔浑河（忽阐河）河畔展开激战，拉施特说："八剌布置了埋伏，

---

① 刘迎胜. 察合台汗国史研究 [M]. 上海：上海古籍出版社，2006：173.

用计击溃了海都和钦察的军队，杀掉和俘虏了他们许多人，夺得了许多战利品。"① 金帐汗忙哥帖木儿知道海都失利后勃然大怒，派遣自己的叔父别儿哥彻儿率领 5 万骑兵去增援海都。海都重新召集起四散的军队，与八剌作战。金帐汗国和窝阔台汗国联军最终击溃了八剌的军队，八剌从昔浑河以西溃逃到阿姆河以北地区才收集自己的残军。

八剌兵败后，决定侵占富庶的河中地区，抢劫名城不花剌和撒马尔罕，借以打击敌方和补充自己的给养。窝阔台后王海都、钦察与术赤系后王忙哥帖木儿、别儿哥彻儿考虑到河中府的被毁于彼于己皆无裨益，为重新瓜分河中地区的经济收益，决定与八剌和解。八剌权衡军事压力和领地再分配之利弊，也同意和谈，订立和约。1269 年春，术赤系、窝阔台系和察合台系三方宗王在塔剌思河流域的塔剌思草原和坚者克草原聚会，西北三宗藩国在未经帝国中央政府首肯和参与下，召开了一场瓜分阿姆河以北地区的忽里勒台，形成了一个术赤系、窝阔台系和察合台系后王为一方，反对拖雷系后王忽必烈和阿八哈为一方的两大同盟。会议最终决定，河中地区的 2/3 划归八剌，1/3 为海都和忙哥帖木儿所有，并决定 1270 年春由八剌率军渡过阿姆河夺取伊利汗国的东部门户——呼罗珊。拉施特记载，八剌说："察合台和窝阔台是成吉思汗的儿子。窝阔台合罕的后人是海都，察合台的后人是我，他们的兄长术赤的后人是别儿哥彻儿和忙哥—帖木儿，而幼弟拖雷的后人为忽必烈合罕。如今他夺得了东方汉地和摩至那国［南宋］，其境土之广大只有伟大的上帝知道。阿八哈汗及其兄弟们占有了西方从阿姆河直到叙利亚和密昔儿的他的父亲的分地，在这两个兀鲁思之间则是你的辖境突厥斯坦和钦察巴失地区。终究是你们一起反对我。我想了又想，不管想了多少次，我也不认为我犯了什么错。他们说：'是你有理。就这样决定吧：我们不再想过去的事，将夏营地和冬营地加以公平的划分，迁居到山地和草原上去。这个地区是极其荒凉的不毛之地。'他们决议：河中地区三分之二归八剌所有，三分之一则归海都和忙哥—帖木儿管辖。他们的会议最后决定：由八剌明春渡过阿姆河带领军队进攻伊朗，夺取阿八哈汗的某些领土，以扩大八剌军队的牧场、土地和畜群。"② 所以，在蒙哥和忽必烈大汗时代，阿鲁忽和八剌的崛起，中亚地区政治格局的巨变，阿姆河以北地区的瓜分完毕，八剌要想获得新领地，就只能越过阿姆河觊觎伊利汗国的东部门户呼罗珊之地，争夺或保护呼罗珊地区成为八剌与阿八哈之战的首要原因。

① 〔波斯〕拉施特. 史集：第三卷［M］. 余大钧，译. 北京：商务印书馆，1986：109.
② 〔波斯〕拉施特. 史集：第三卷［M］. 余大钧，译. 北京：商务印书馆，1986：112.

（三）赫拉特之战（1270）

1. 八剌策反捏古迭儿

1253 年旭烈兀西征伊斯兰世界，按照蒙古帝国旧例，各支宗王签军出征。察合台后王捏古迭儿率领 1 万骑兵随旭烈兀出征，并留驻伊利汗国。阿八哈汗非常器重捏古迭儿，常召请捏古迭儿参与伊利汗国军政大事。

为更有效地对阿八哈实行军事进攻，八剌希望笼络效力于阿八哈汗的察合台宗王捏古迭儿，并通过使臣送达八剌致捏古迭儿密函，八剌在信中写道："敬告捏古迭儿阿合：我将统率浩荡大军进攻阿八哈汗领地。当他（阿八哈）出兵反击我时，希望你别同他一起出征，这样就使他无力和我们交战，好让我们通过不管什么样的途径夺取他的领地。"捏古迭儿心领神会，密令部下组织行动，以请求阿八哈汗允许他返回自己的营地格鲁吉亚为借口，企图沿里海西海岸打耳班通道进入察合台汗国，与八剌会合。

捏古迭儿的反叛败露后，为消除这一重大隐患，阿八哈委派镇守格鲁吉亚的绰儿马罕之子失烈门那颜追击。捏古迭儿率军奔向打耳班通道，进入格鲁吉亚山林，陷于蒙古骑兵和格鲁吉亚军队的重重包围，军队死伤无数。无可奈何之下，1270 年 3 月，他带着妻室儿女前来觐见阿八哈汗。捏古迭儿的叛逆行为得到了阿八哈的宽恕，但被监禁起来，失去了人身自由，他的军队按照百人队、十人队遣散到伊利汗国其他部队之中。1271 年八剌为阿八哈击退后，捏古迭儿解禁，终身留守阿八哈身边。八剌策动捏古迭儿内应的阴谋破产。

2. 八剌进攻秃卜申

秃卜申是旭烈兀的第六个儿子、阿八哈同父异母的兄弟，母亲是汉人那合真妃子，所以，秃卜申与玉疏木忒是亲兄弟。1265 年阿八哈继位后，秃卜申被派去镇守呼罗珊、马赞达兰以迄阿姆河畔地区。为了对伊利汗国实施军事进攻，八剌出师的理由是索取曾属于察合台汗国、现为伊利汗国所控制的巴忒吉思草原。八剌遣使通告镇守呼罗珊的秃卜申说："咱们双方是亲属。巴忒吉思①草原直至哥疾宁②和辛河③之间乃是我们的祖上的牧场。你应当把巴忒吉思腾出来，让我的同部族人驻扎在那里。"④ 秃卜申拒绝了八剌的要求，并将此事奏明阿八哈。阿八哈回复说，上述地区乃是我们旭烈兀家族的领地，如果八剌强求，我

---

① 巴忒吉思草原（Bādghīs）：今阿富汗的巴德吉斯。
② 哥疾宁：今阿富汗的加兹尼（Ghaznī）。
③ 辛河（Indus）：今印度河。
④ 〔波斯〕拉施特. 史集：第三卷 [M]. 余大钧，译. 北京：商务印书馆，1986：113.

们决定用剑誓死保卫。八剌闻讯后,率领 10 万骑兵渡过阿姆河,对伊利汗国发动军事进攻,瓦撒夫说八剌渡河时间是伊斯兰历 667 年（1268）,拉施特说是伊斯兰历 668 年（1269—1270）。按照塔剌思会盟议定的决议,窝阔台汗国派出宗王钦察和察八忒率军出援八剌。在马鲁察叶可①,秃卜申和阿儿浑的军队与八剌的军队进行了交战,因为军队力量悬殊,秃卜申退守马赞达兰,等待阿八哈大军到来,八剌占据呼罗珊大部分地区。

3. 钦察和察八忒叛离八剌

八剌出兵呼罗珊,窝阔台后王海都为履行塔剌思和约所定义务,派兵增援八剌。但是,窝阔台系的海都并不希望察合台系的八剌强大,所以,海都在派出宗王钦察和察八忒前往八剌军营时,嘱咐他们伺机离开八剌。钦察受海都之命,率军来到八剌驻营地听从八剌调遣。为表示对八剌的尊重,钦察将自己部属所献马匹一部分献给八剌。八剌部下异密札剌亦儿台不满钦察宗王所献劣马,对钦察语出不逊,引起身为蒙古后裔宗王的钦察强烈不满。在处理作为自己的异密札剌亦儿台和作为盟友的钦察宗王之间的冲突问题上,自大傲慢的八剌很不理性,任由部下对钦察的粗野言行,导致钦察带着两千骑兵负气出走。拉施特说:"钦察感到深受侮辱,但八剌却什么话也不说。[钦察]明白了,八剌是支持札剌亦儿台的。他深受侮辱,怒气冲冲地出去了。"②尽管八剌派出自己的兄弟匆忙追赶钦察,希望他能回心转意。但是钦察去意已决,在马鲁③附近,他对前来安抚的八剌兄弟道出自己的怨恨,他说:"我一点儿也不怨恨八剌和你们,但我受不了哈喇出（属民）说的话。我曾带着自己的部队前来,[如今]我仍带着自己的部队返回到海都处,你们别费心了,请回去吧"。④ 钦察回到海都处,海都高兴地抚慰了他。因海都与阿八哈重归于好,钦察派人将自己返回的消息告知了阿八哈,这无疑使八剌更为被动,增强了阿八哈抗击八剌的信心和勇气。

钦察离去,八剌开始监视察八忒的言行,察八忒只能相机而动。在八剌移师赫拉特之时,察八忒认为这是离开八剌的好时机。当察八忒带着 1 千骑兵撤到不花剌境内,在阿姆河以北地区镇守的八剌长子伯帖木儿意识到察八忒是在叛离父王八剌,便率军追缴察八忒。察八忒的军队被击溃,带着九个那可儿逃

---

① 马鲁察叶可（Marūchaq）:位于穆尔加布河的阿富汗边城。

② 〔波斯〕拉施特.史集:第三卷［M］.余大钧,译.北京:商务印书馆,1986:115.

③ 马鲁（Merv）:今土库曼斯坦的马雷（Mary）。

④ 〔波斯〕拉施特.史集:第三卷［M］.余大钧,译.北京:商务印书馆,1986:116.

回海都处。

钦察和察八忒率三千骑兵的叛逃，来自窝阔台汗国的军援和支持化为乌有，它既削弱了八剌的军事力量，更使八剌的军队成为深入敌境的孤军，而且严重地影响了八剌军队的士气和战斗力。拉施特记载，当察八忒叛逃的消息传到八剌处，八剌召开会议，商议是否追剿察八忒叛军，众将领如是说："我们来呼罗珊作战，迄今尚未遇到敌人。如果我们前去追他［察八忒］，如果派出军队，他也［照样］不会回来。他一定会停下来作战。双方的军队都要受到很大损失，我们将和海都失和。钦察和察八忒都是擅自离去的。我们可派急使去见海都说，你派他们到我们处来援助我们对敌人作战。我们还没有到达敌人处，他们却背叛你的旨意擅自逃走了。海都将会下令惩罚他们。"① 实际上，海都已与阿八哈缔结和约，昔日八剌的盟友现已成为阿八哈的盟友，大战前的形势朝着越来越不利于八剌的方向发展。八剌在总结后来赫拉特之战惨败的原因时说："钦察由于酒后与札剌亦儿台谈话时的一个微不足道的缘故受了委屈，没等我问清楚就离开大帐回去了。我派木明、牙撒儿和阿八赤去追他，以博得好感，但不管对他规劝和说了多少次'你们是奉海都安答之命来的，不应返回到敌方去'，他不听这些话，没有回来。因此，我们的军队意志沮丧，当我们进向也里时，察八忒也无缘无故地转身追随他去了。我没有派任何人去［追他］，因为我知道，他不会听从规劝，而最后发生了战斗。由此我们的事业出了毛病"。②

4. 苦思丁一世的中立

1270 年 5 月，八剌派遣一军抄略了呼罗珊的内沙布尔地区，并派遣另一军准备洗劫赫拉特。考虑到臣服于伊利汗国的赫拉特统治者、库尔特王朝苦思丁一世的反抗，八剌的异密忽都鲁帖木儿主张劝降，力争苦思丁一世站到八剌一边。八剌同意了忽都鲁帖木儿的建议，委派他前往苦思丁一世的老巢海撒儿堡，敦促苦思丁一世与八剌建立友好关系。经过两天思考，苦思丁一世决定拜见八剌。拉施特记载，忽都鲁帖木儿"带着五百个骑兵去召请他［苦思丁］来。当他临近也里（赫拉特）时，（赫拉特城伊斯兰教大法官）苦思丁·巴巴里带着酒食和礼物出来迎接他。忽都鲁—帖木儿进入篾力苦思丁·苦儿忒的海撒儿堡，陈述了八剌委托他说的话：'我们来夺取呼罗珊，打算进向伊拉克、阿塞拜疆和报达。如果你前来归顺我们，那就无疑会受到厚待，我们将把全部呼罗珊领地

① 〔波斯〕拉施特. 史集：第三卷［M］. 余大钧，译. 北京：商务印书馆，1986：117—118.

② 〔波斯〕拉施特. 史集：第三卷［M］. 余大钧，译. 北京：商务印书馆，1986：130.

都赐给你。'篾力说:'我遵命服从。'两天后,他在忽都鲁—帖木儿陪同下动身,来到八剌处。"①

最初,苫思丁一世受到了八剌的热情款待,但在留寓八剌营帐的八天里,他看到八剌的军队无情地抢劫赫拉特富人的财物,清楚地认识到八剌的军队是一支穷凶极恶的军队,八剌也是一位暴君和破坏者。所以,当阿八哈和八剌在赫拉特交战时,苫思丁一世保持了中立,并紧紧关闭赫拉特城门而没有为八剌的军队打开,在阿八哈与八剌进行残酷对决时,苫思丁一世始终未出一兵一卒支援对方。苫思丁一世的中立,使八剌更为孤立,也使阿八哈对其彻底失去信任,以至于八剌兵败后,阿八哈对赫拉特实施了报复,并设计毒杀了苫思丁一世。

5. 赫拉特会战

1270 年 4 月 27 日,阿八哈率军从伊朗阿塞拜疆的米亚内出发,在弘忽鲁兰②接见了忽必烈大汗派来的急使迭怯彻克,了解到迭怯彻克在八剌军营被截留时所见所闻,增强了迎敌决战的信心。拉施特记载:迭怯彻克说八剌"他们全部时间饮酒、娱乐,他们的马不中用"。③ 阿八哈加速前进到列夷附近的忽米思,秃卜申宗王和阿儿浑阿合前来觐见。为鼓舞斗志,阿八哈在剌忒罕草地犒赏诸军,并派兵剌探八剌军情。尔后,阿八哈布阵列兵,委任玉疏木忒宗王的军队为左翼,阿八台那颜的军队为中军,秃卜申宗王的军队为先锋以突袭和骚扰敌军。一场关乎两国生死攸关命运的决战即将拉开帷幕。

当然,大战临近,阿八哈对本次战争的胜算也没有十分把握,为尽可能地避免战争,阿八哈希望和好为上策,战场决定胜负为下策。所以,阿八哈派出使臣前往八剌,在捍卫汗国领土完整的前提下,提出解决两者间矛盾的三点建议:"第一,和好,以便我把哥疾宁和起儿漫……以迄辛河之滨地区给你;第二,和平地回到你自己的地区和城市去,别作不切实际的梦想;第三,准备作战"④。

八剌对阿八哈提出的和战方案难以定夺,于是召集众异密商讨何去何从。在会上,也速儿异密主和,理由是军事盟友钦察和察八忒叛离,我方战马羸弱,阿八哈宽厚。也速儿的主和理由可说是理性的,对八剌军队的实情做出了正确

---

① 〔波斯〕拉施特. 史集:第三卷 [M]. 余大钧,译. 北京:商务印书馆,1986:119.
② 弘忽鲁兰(Qongqur – Oleng):褐草地之意,即伊朗的赞詹和卜哈尔之间的大草原。
③ 〔波斯〕拉施特. 史集:第三卷 [M]. 余大钧,译. 北京:商务印书馆,1986:120.
④ 〔波斯〕拉施特. 史集:第三卷 [M]. 余大钧,译. 北京:商务印书馆,1986:121.

而明智的分析。但是，马儿合兀勒和札剌亦儿台异密主战，理由是阿八哈在与埃及和叙利亚的马木路克军队作战，阿八哈提出的方案实为秃卜申和阿儿浑的缓兵之计。暂不论战争结局如何，马儿合兀勒的理由实际上就是无稽之谈，是一种误判。八剌权衡异密们的建议后，决定与阿八哈作战。

为了真正弄清阿八哈是否亲自来到马赞达兰，战前，八剌派出三名骑兵前去侦察敌情。为诱敌进入拉施特称之为"狼草地"的伏击圈，阿八哈将计就计，对活捉的三名侦骑导演了一场阿八哈正在打耳班与金帐汗国军队酣战的假戏，然后故意让八剌一侦骑逃脱去禀告八剌。八剌得知敌军在赫拉特城附近丢弃辎重，不知是计，决定去抢夺敌军营帐。在夺得敌方丢弃的大量辎重后，全军沉溺于胜利的虚幻之中，殊不知，阿八哈亲自率领的军队驻营在伏击圈的山岗上，正静静地等待八剌军队的到来，一场早已决定胜负的大战即将开始。拉施特说："当他们渡过也里城附近的河后，见到整个原野上布满了帐幕。他们很高兴，便洗劫了所有的东西，并驻扎也里的南面，在宴饮欢乐中度过了这一天。第二天黎明他们上了［马］，当他们疾驰了二程之地以后，见到无穷尽的原野上由于有许多军队，就象一望无际的海洋般波涛起伏。八剌的高兴变为懊恼。"①

1270 年 7 月 22 日，阿八哈以秃卜申宗王、撒马合儿和罕都那颜的部队为右翼军。以玉疏木忒宗王、孙台、阿儿浑阿合、失克秃儿那颜、孛罗勒台和奥都剌阿合的部队为左翼军，其中阿儿浑的部队中还包括克尔曼和亚兹德的苏丹只扎只和阿答毕玉速甫沙的军队。以阿八台那颜的部队为中军。两军发布命令摆开阵势，赫拉特会战开始。马儿合兀勒异密作为八剌的先锋官冲向阿八哈军队，他左右驰骋，为敌军弓箭射死，马儿合兀勒之死大大影响了八剌军队的士气。为了替马儿合兀勒报仇，札剌亦儿台异密奋勇请战，带着自己的骑兵冲击阿八哈的左翼军，因为他的勇猛和顽强战斗，阿八哈的左翼军被击溃。札剌亦儿台穷追敌军到赫拉特的浦尚②时，发觉自己的军队已经散开，看到阿八哈的军队重新布好阵，札剌亦儿台不敢恋战便逃离战场，阿八哈派出不花—帖木儿追击，八剌感到十分震惊和绝望。阿八哈看到了胜利的曙光，对军队发出总攻号召："光荣或耻辱就在今天"。九十岁的老将孙台下马坐在两军中间，对着自己的战士们语重心长地说："我们享受阿八哈汗的恩典，是为了有［今天］这样的日子。人总有一死。如果孙台被杀死，只不过杀死一个九十岁的老翁。如果你们抛弃我，你们的妻子和儿女从阿八哈汗和成吉思汗子孙的手中躲到哪里去！总

---

① 〔波斯〕拉施特. 史集：第三卷［M］. 余大钧，译. 北京：商务印书馆，1986：125.

② 浦尚（Pūshang）：遗址位于今阿富汗赫拉特省的古里安（Ghurian）。

之，勇敢地厮杀吧，你们指望神给你们胜利和光荣吧！"① 伊利汗国全军上下齐心协力、斗志高昂，手握军刀或长矛，杀气腾腾地冲向敌军。伊利汗国军队经过三次猛攻，八剌全军溃败，坠马受伤而逃，侥幸躲过被捉的厄运，但八剌的失败导致他众叛亲离。拉施特写道，八剌说："我从马上跌落下来，全体军队都从我身旁通过。我对我所认得的异密和护卫们喊道：我是八剌，是你们的君主，把马给我，但这些畜生没有一个在这时理睬我，他们从我身旁逃跑了。"② 八剌仅仅带着五千残兵回到不花剌，最终抑郁而终。伊利汗国收复了为八剌所占据的呼罗珊直至阿姆河岸之地，阿八哈取得赫拉特大捷。

（四）阿八哈与八剌之战的影响

第一，阿八哈取得赫拉特大捷，伊利汗国东部边境地区的军事压力大为减轻。赫拉特会战，伊利汗国大获全胜，察合台汗国军队惨败，1271 年八剌在众叛亲离中受惊吓死，八剌的后王笃哇也沦为海都的附庸，察合台汗国对伊利汗国来说已不构成真正威胁，阿八哈乘势将战火燃烧到河中地区。1272 年阿八哈派军侵入花剌子模、河中地区，劫掠乌尔根齐、希瓦城。1273 年 11 月，阿八哈又攻入察合台汗国的首府不花剌，纵兵一周，"居民之未能逃走者多被屠杀，伊利汗国的军队带回波斯的俘虏达五万人之多"③。此后，来自河中地区的察合台后王对伊利汗国的骚扰也只是零星的、小规模的入侵而已。1279 年察合台之孙尼兀答儿，常以军侵寇阿八哈领地。瓦撒夫记载，"此种战士号曰尼兀答儿部人，或哈剌乌纳思。曾侵入法儿思，在起儿漫境上之腾克息痕地方，败蒙古人、黎勒人、突厥蛮人、曲儿忒人合组之一军，杀七百人，继掠黑儿巴勒以俘虏与所掠之物还昔斯单（锡斯坦）。越三年，尼兀答儿部人又侵入法儿思。进至波斯湾沿岸，抄掠此州南部与沿海诸地，饱载而去"④。1295 年 12 月，察哈台系和窝阔台系后王乘合赞即位之际侵入伊利汗国境内。多桑说："呼罗珊防军既少，河中之兵遂乘虚侵入。八剌合之子都哇与海都之子撒儿班同以兵来蹢此地，并

---

① 〔波斯〕拉施特. 史集：第三卷［M］. 余大钧，译. 北京：商务印书馆，1986：127—128.
② 〔波斯〕拉施特. 史集：第三卷［M］. 余大钧，译. 北京：商务印书馆，1986：130—131.
③ 王治来. 中亚史纲［M］. 长沙：湖南教育出版社，1986：489.
④ 〔瑞典〕多桑. 多桑蒙古史：下册［M］. 冯承钧，译. 上海：上海书店出版社，2001：182.

扰祸揆答而。"① 1299 年在合赞汗第一次出兵叙利亚期间，笃哇之子忽都鲁火者率河中军侵扰法尔斯和克尔曼，抄掠两个月后方才退出。也先不花（1310—1320）成为察合台汗国之主后，为弥补被元军击败的损失，一度入侵呼罗珊，元军再度深入中亚草原，也先不花被迫从呼罗珊撤军。总之，伊利汗国东部边境虽不断受到察合台后王军队的劫掠，人畜财物损失无算，但这些小规模的军事冲突并不能对伊利汗国构成致命的威胁。

　　第二，赫拉特会战大大削弱了察合台汗国的实力，导致察合台后王在相当长的时期内沦为窝阔台后王海都的附庸。八剌在赫拉特会战大败，究其对察合台汗国的影响而言，无疑是巨大的，其一体现在八剌众叛亲离，其二体现在察合台后王依附海都。可以说，赫拉特大战的惨败使察合台汗国走向衰落。刘迎胜说："察合台汗国在很大程度上保持着游牧民的旧俗。一国之汗或一部之长，往往以勇武著称。得势时四方来归，从者如云；一旦破败，部下顿作鸟兽散。"② 八剌在赫拉特会战中，全军溃败，自己坠马，小命险些难保，昔日强悍的威风已不复存在，亲族僚臣以各种借口纷纷叛离。拉施特说："除了札剌亦儿台和一些先逃回来的异密们，没有一个人出来迎接他，而逃回到那里的亲族们都没有停留，都已渡过河去了。……我要把不服从我的人抓起来，让他们的军队返回来。"③ 为收集散落的部民，惩罚叛逆，重拾统治权威，八剌派出其弟牙撒兀儿出使昔日的安答海都，请求海都能给予军援以讨平内乱，同时派出千户长纳兀勒答儿追杀影响最大的叛逆宗王阿合马，另派宗王塔里忽讨伐逃往忽毡的堂兄弟聂古伯。在得知阿合马被杀后，塔里忽宗王在返途中也投奔了元朝控制下的别失八里。八剌不管以何种方式企图聚集自己的力量，众叛亲离的他已穷途末路。鹬蚌相争，渔翁得利。此时的海都则利用察合台汗国内部分崩离析的状态攫取八剌在河中地区所得的一切利益。拉施特说："海都把自己的异密和宰相们召集来了，召开会议说：八剌从我们的领地上榨取脂膏已经有好几年了，……如今他又坐着轿子率领军队开始同亲族们纷争、内讧。……我们寻找用较好的方式消灭他的方法，扶植别的人到他的位置上去，使他的部属臣服于我们。"④ 所以，海都设计军援八剌，自己率领两万骑兵开拔八剌营地，密令军队

① 〔瑞典〕多桑. 多桑蒙古史：下册［M］. 冯承钧，译. 上海：上海书店出版社，2001：265.
② 刘迎胜. 察合台汗国史研究［M］. 上海：上海古籍出版社，2006：226.
③ 〔波斯〕拉施特. 史集：第三卷［M］. 余大钧，译. 北京：商务印书馆，1986：131.
④ 〔波斯〕拉施特. 史集：第三卷［M］. 余大钧，译. 北京：商务印书馆，1986：132—133.

包围八剌住所并一举歼灭之。消息传到八剌处，1271 年 8 月 9 日夜，八剌因惊吓而死。

八剌死后，察合台后王中已无强者和核心人物，诸后王纷纷投奔海都，成为海都的附庸，尤其是已被八剌废黜的前察合台汗国之主木八剌沙。拉施特记载，八剌死后第二天，"木八剌沙、出班、合班带着全体万户长和千户长们来了，他们跪在海都面前说：'从今以后海都阿合是我们的君主，他的一切命令，我们都俯首听从。八剌在世时压迫我们，夺取了继承的和获得的东西。如果海都阿合保护我们，我们只要活着就将自愿地竭力为他服务。'"① 察合台汗国内部混乱，海都将察合台汗国之位的嗣立玩弄于股掌之中，先立曾背弃八剌逃亡忽毡的察合台之子撒班的儿子聂古伯为汗（1272—1274），继之扶植不合帖木儿（1274? —?），连八剌之子笃哇汗（1275? —1306）也是海都的傀儡汗而已。赫拉特之战，八剌的惨败，导致察合台汗国四分五裂并走向衰落。

第三，八剌在赫拉特会战中惨败为忽必烈经营中亚创造了有利条件。1265年八剌在忽必烈的支持下以武力夺取了木八剌沙的察合台汗国之位，其势力日益增长，并开始吞并蒙古帝国中央政府在中亚的属地，抢夺中央控制的和田和喀什噶尔等地。1269 年，为夺取更多的土地、牧场，察合台汗国、窝阔台汗国和金帐汗国三方抛开帝国中央政府的管控，在塔剌思举行重新瓜分中亚地区的忽里勒台，一致决定反对帝国大汗忽必烈和伊利汗国之主阿八哈。塔剌思会议加快了西北宗藩国脱离中央的步伐，加速了蒙古帝国的进一步解体。

1270 年八剌借口收复在中亚的祖地，悍然出兵伊利汗国。赫拉特会战，不可一世的八剌为阿八哈击败，八剌不久死去，察合台汗国势力急剧衰退，这为元世祖忽必烈经营中亚创造了有利条件。八剌死后，木八剌沙、八剌之子笃哇等察合台后王成为海都附庸，察合台汗国曾占据的和田和喀什噶尔等地也回到忽必烈手中。元朝在和田、叶尔羌和喀什噶尔等地设官置守，开设驿站，畅通交通，招徕流民，开发生产。为威慑西北藩王，1271 年忽必烈在阿力麻里设置幕府，派驻大军，委任皇子那木罕镇守西域，元廷在中亚维稳的力量得到夯实。1303 年笃哇和海都之子察八儿请和元朝，西北叛王承认元朝的宗主地位，元朝与察合台汗国建立了友好关系。

---

① 〔波斯〕拉施特. 史集：第三卷〔M〕. 余大钧，译. 北京：商务印书馆，1986：135—136.

第四章

蒙古人在西亚的对外关系

伊利汗国对埃及的马木路克王朝奉行传统的军事扩张政策。自伊利汗国缔造者旭烈兀（1256—1265）开始，直至完者都统治时期（1304—1316），除帖古迭儿（1282—1284）之外，伊利汗不断用兵叙利亚，并希望与西欧基督教国家建立起反马木路克王朝的政治和军事联盟。大大小小的叙利亚战争一次又一次失利，1322年伊利汗国最终与马木路克王朝签订和约，开启了睦邻友好的邦国关系。

一、蒙古人在西亚与马木路克王朝的外交

（一）旭烈兀遣使埃及

1259年马木路克王朝摄政王穆扎法尔·赛福丁·库图兹（1259—1260）废黜幼主曼苏尔·阿里，篡夺王位，自命苏丹。库图兹首要任务是巩固王国，保卫边疆，尤其是应对蒙古军咄咄逼人的军事威胁。

蒙古帝国对叙利亚和埃及奉行军事扩张的既定政策，1258年旭烈兀率蒙古军攻陷巴格达，终结了阿拔斯王朝在伊朗和伊拉克的统治。1260年旭烈兀又占领叙利亚南北两大城市阿勒颇和大马士革，兵锋直指埃及。《史集》记载：1260年旭烈兀臣服大马士革和鲁木地区后，闻讯蒙哥合罕去世、阿里不哥与忽必烈争位内战，心中很是不安，旭烈兀率领主力军从叙利亚撤退到伊朗阿塞拜疆地区，静观其变，留任怯的不花镇守叙利亚，伺机出兵埃及。旭烈兀在伊朗、伊拉克、小亚细亚和叙利亚的军事行动节节胜利的大好形势下，按照蒙古帝国传统的心理威慑战术，1260年旭烈兀派出一个40人的大规模军士使团前往埃及，呈递致马木路克王朝苏丹库图兹的通牒，以军事进攻为威胁手段，强逼库图兹臣服蒙古帝国。旭烈兀的使团对库图兹说："伟大的上帝选择了成吉思汗及其家族，把地上各地区一下子赐给了我们。正如所有的人都应知道的，凡是拒绝归顺的人就要连同其妻子、儿女、族人、奴隶和城市一块消灭。而关于我们的无边无际的大军的传闻就象有关鲁思帖木和亦思芬迪牙儿的传说那样传遍四方。

因此，如果你归顺我们的至尊，你就纳贡、觐见，请求［给你］派军事长官，否则就准备作战。"①

旭烈兀的使团和致苏丹库图兹的通牒在埃及引起巨大反响，孰战孰和，朝野上下争论不休。库图兹召集众将领商议对策说："旭烈兀汗率领大军从土兰（突厥斯坦）急速地进向伊朗，哈里发、算端、篾力之中无人能抵挡他。他征服了所有各国，进到大马士革，如果不是由于他接到他的兄长的死讯，那末密昔儿也被他一起征服了。因此他将乞忒不花留在那些地区，乞忒不花就象那埋藏着仇恨的怒狮和恶龙。一旦他想侵占密昔儿，那就谁也无力抵抗，而只能丧失政权。必须想出对策来。"②

马木路克王朝在埃及和叙利亚的大部分士兵是前花剌子模帝国扎兰丁的突厥蛮军队，扎兰丁在叙利亚为旭烈兀穷追猛打，亡命马尔丁地区，被当地库尔德人所杀，他的军队在叙利亚溃散，逃亡埃及，投奔开罗君主。前事不忘，后事之师。库图兹的突厥蛮军事将领们怀着国恨家仇，在走投无路的逆境中决心抵抗蒙古人的军事进攻。库图兹说："如今迪亚别克儿、迪牙儿剌必阿和叙利亚充满了哭声，从报达以迄鲁木之地全都荒废了，无人耕种、播种。如果我们不能胜过［蒙古人］，奋起打退他们，那末密昔儿不久就会象其他地区那样地遭到蹂躏。""我的看法是：让我们一起去作战。如果获胜，这正是我们力求达到的，而并非只要人民不谴责我们就行。"③ 库图兹的军将首领拜伯尔斯建议苏丹处死蒙古使者，与蒙古军决一雌雄。1260 年 7 月 26 日库图兹在夜里秘密杀害使者，黎明时出征叙利亚、迎击蒙古军。多桑说："出发之日，杀蒙古使者与其随从三人，以其首枭示于扎维拉门，仅宥青年一人不死，以隶玛麦里克队中。宣谕全国，共起防护回教。"④ 杀害蒙古使者事件，表明马木路克王朝与伊利汗国之间势不两立，并誓死抵抗蒙古人的决心，也使西亚的蒙古人坚定了与埃及马木路克王朝军事对抗的邦国政策，1260 年 9 月双方演变为艾因贾鲁特之战，蒙古军事长官怯的不花阵亡，叙利亚大部分地区落入马木路克王朝手中，马木路克王朝成为伊斯兰世界的支柱，成为抗击蒙古人的中坚力量，苏丹库图兹巩固了马木路克王朝在埃及这一外来政权，蒙古人和马木路克王朝之间的争端暂时得到解决，蒙古帝国第三次西征结束。

---

① 〔波斯〕拉施特. 史集：第三卷［M］. 余大钧，译. 北京：商务印书馆，1986：77.

② 〔波斯〕拉施特. 史集：第三卷［M］. 余大钧，译. 北京：商务印书馆，1986：78.

③ 〔波斯〕拉施特. 史集：第三卷［M］. 余大钧，译. 北京：商务印书馆，1986：79.

④ 〔瑞典〕多桑. 蒙古史：下册［M］. 冯承钧，译. 上海：上海书店出版社，2001：118.

（二）阿八哈与拜伯尔斯的国书往来

1260 年马木路克王朝军队先锋官拜伯尔斯在艾因贾鲁特战役中表现出卓越的军事才能，击败有不可战胜神话的蒙古军队，名声大振。拜伯尔斯在与苏丹库图兹回埃及的途中乘机杀害库图兹，并成为马木路克王朝真正的奠基者和最著名的苏丹（1260—1277）。在外交政策上，拜伯尔斯最鲜明的特点是在他任苏丹后不久，即与伏尔加河中下游的金帐汗国联盟，共同对付波斯地区的伊利汗国。

1265 年金帐汗国别儿哥汗出兵高加索，威逼伊利汗国，阿八哈汗率军挺进库尔河，与金帐汗国军队对峙。1266 年春，别儿哥的侄子那海在阿克苏河为阿八哈所败，别儿哥病殁于第比利斯。在阿八哈应对金帐汗国的军事进攻期间，马木路克王朝乘机出兵伊利汗国的附属国小亚美尼亚，1265—1266 两年间，拜伯尔斯占领叙利亚沿海地区的凯撒里亚、阿尔苏夫、萨法德、雅法等地，侵入小亚美尼亚，宣谕海屯国王入贡埃及和开放小亚美尼亚至叙利亚的通道。小亚美尼亚国王海屯畏惧伊利汗国，拒绝了拜伯尔斯的无理要求。拜伯尔斯命令叙利亚的哈马城首领率军进攻小亚美尼亚，叙利亚军队沿途烧杀掳掠，在伊斯肯德鲁纳特俘虏了小亚美尼亚王子列文，小亚美尼亚军队溃败。"埃及军焚杀西里西亚（小亚美尼亚）之大部分地方者约二十日，始回归，得有捕获品甚众，男女俘虏甚多，牲畜亦夥。每牛一匹售价银币二枚，竟有不能售出者。"① 阿八哈因北方战事无力出兵小亚美尼亚，海屯不得不向拜伯尔斯求和，1267 年 6 月双方签订安条克和约，小亚美尼亚让出一些边界要塞，埃及释放王子列文。作为休战条件，伊利汗国释放马木路克王朝被俘军将宋豁儿。于是，"海屯作为苏丹和阿八哈之中间人写信拜伯尔斯，以图带来双方的和平"②。

1269 年阿八哈遣使大马士革，拜见拜伯尔斯，带给拜伯尔斯礼物和国书，要求修和。关于阿八哈致拜伯尔斯的国书，最完整的记录当属马木路克王朝历史学家伊本·弗拉特（死于伊斯兰历 807 年/公元 1405 年）的记载，他参考了马木路克王朝早期作家拜伯尔斯的私人秘书和传记作者伊本·扎希尔、玉尼尼（死于伊斯兰历 726 年/公元 1326 年）、达哈比（死于伊斯兰历 748 年/公元 1348 年）、库突比（死于伊斯兰历 764 年/公元 1363 年）、伊本·卡希尔（死于伊斯兰历 775 年/公元 1373 年）、伊本·达瓦答里（死于伊斯兰历 739—740 年/公元

---

① 〔瑞典〕多桑. 蒙古史：下册［M］. 冯承钧，译. 上海：上海书店出版社，2001：151.

② AMITAI R. The Mongols in the Islamic Lands：Studies in the History of the Ilkhanate［M］. Ashgate Publishing Limited Gower House，2007：12.

1338—1340 年）的相关记录，给我们传达了伊利汗国国书的信息。在阿八哈国书中，阿八哈的"和平"，仍然意味着对蒙古人无条件的投降。马木路克作者记载，阿八哈国书上说："仰赖最高神的力量、合罕的好运以及阿八哈汗的命令：因为塔克夫尔（Takfur，意为国王，此指海屯一世）的信函已呈给我们，我们获悉，苏丹鲁坤丁［拜伯尔斯］应知道，伊利汗（旭烈兀）派出的使者被库图兹所杀，苏丹们要求调停，表示归顺之意。我知道，你已请求和我们一起的钦察人——赛福丁·巴拉班、巴杜尔丁·巴克迷失和赛福丁·萨克兹的儿子们。毫无疑问，近年，我们之间，长者、年轻的兄弟之间冲突是真实的。因为冲突，我们没有奔向你。但是现在当我们所有的长者、年少的兄弟聚会，我们同意遵守命令和扎撒。你已经呈书并请求'我们将臣服并交出权力'，我们很高兴你们这一表示。因为普天之下，在成吉思汗的命令和法令下，许多人变得忠诚，成为蒙古人的奴仆。现在还是在合罕的命令和法令下，当父亲犯罪时，儿子不应负责任，如果兄长犯罪，弟弟也不应承担责任。最可耻的罪行是，库图兹犯了罪，他要承担责任。如果你认为自己说的是真的，在合罕的命令和法令下，你的兄弟、儿子和军官应送到我们这里来。如果你认为你说的是假的，那就请你准备战斗。想要做不明智的事情，我们会知道什么？天神会知道，因为合罕的好运。我们已命令，向你派来骑着驿马的两名使者。写于伊斯兰历667年赖比尔阿色尼月20日/公元1268年12月27日，地点巴格达。"

拜伯尔斯回复给阿八哈汗的国书说："以仁慈的同情的上帝之名：天佑神助和伟大苏丹拜伯尔斯的佳运。阿八哈汗王应知道我们授权塔克夫尔，希望汗王知道我们关注的是苦思丁·宋豁儿·阿思哈儿。关于库图兹杀害的两位使者，也许神已经宽恕了他，我们已经把使者安全遣回汗王那里了。关于埃米尔苦思丁·宋豁儿·阿思哈儿，我们授权塔克夫尔，作为我们的中间人，我们有什么事情可以问他，别无他事。"①

在拜伯尔斯的答信中，拜伯尔斯自豪地对比了成吉思汗的扎撒，认为现今马木路克王朝苏丹有比成吉思汗更伟大的法令，自然，拜伯尔斯的权威比蒙古汗的权威要大，言下之意，苏丹不会臣服于伊利汗国。

阿八哈的国书尽管有胁迫之言，但是1270—1273年阿八哈因抵御来自河中地区的察合台后王八剌汗的侵略，不能发兵埃及。拜伯尔斯非常清楚，埃及所面临的最大、最直接的威胁就是伊利汗国的蒙古人的军事进攻，所以拜伯尔斯

---

① AMITAI R. The Mongols in the Islamic Lands：Studies in the History of the Ilkhanate［M］. Ashgate Publishing Limited Gower House，2007：17-30.

不愿展开和平内容方面的谈判，只能答应海屯，谈判的主题是人质宋豁儿和列文释放问题。也许正因为金帐汗国和察合台汗国对伊利汗国的军事侵略，迫使阿八哈不得不释放拜伯尔斯所要求的马木路克将领宋豁儿。在解决金帐汗国和察合台汗国的军事威胁后，阿八哈在外交政策上最期待的事，莫过于在西方与拉丁世界结成反马木路克王朝的军事联盟，继续反马木路克王朝的武装斗争。1273 年阿八哈遣使致函罗马教皇格列高利十世（1271—1276）和英王爱德华一世（1272—1307），并受到路易斯宗教委员会长老们的接见，但是罗马教皇、英法国王都未响应阿八哈的倡议。

（三）阿合马遣使盖拉温

1282 年 4 月阿八哈去世，阿八哈的弟弟帖古迭儿继承汗位（1282—1284），成为伊利汗国第三任统治者。帖古迭儿放弃蒙古帝国传统的反马木路克王朝政策，改信伊斯兰教，取名阿合马，并"醉心于伊斯兰教托钵僧的伴有音乐、舞蹈的狂热跳神，很少管理、整顿国事"[①]，"想尽一切办法使鞑靼人皈依穆罕默德的伪法"[②]，是"一个狂热的穆斯林统治者，他破坏基督教堂，使得大量的蒙古人改变他们原有的宗教信仰，并且派遣使节到埃及向苏丹提出和平与友谊的建议"[③]。

拜伯尔斯之后，马木路克王朝中最突出的人物是马立克·曼苏尔·盖拉温。1279 年盖拉温废黜拜伯尔斯的儿子赛拉米什的王位，篡夺苏丹政权。1282 年 8 月 25 日，帖古迭儿派遣开塞利法官忽忒巴丁·设拉子和异密苦思丁·本·塔伊提·阿米迪出使埃及，向马木路克王朝倡议和谈结盟。

关于伊利汗阿合马遣使盖拉温的记录，保存在马木路克王朝枢密院同时代任职的萨非·布·阿里（1252—1330）的《盖拉温传》和萨非的舅舅穆赫伊·丁·伊本·阿布都·扎希尔（1223—1292）的《盖拉温传》两部作品之中。

在萨非·布·阿里和伊本·阿布都·扎希尔的著作中，萨非说："阿合马即位时通过摩苏尔的谢赫奥都剌合蛮皈依伊斯兰教。为了蒙古军队的利益，他建议阿合马和苏丹保持和平关系。"[④] 所以，阿合马遣使埃及。萨非·布·阿里和

---

① 〔波斯〕拉施特. 史集：第三卷 [M]. 余大钧，译. 北京：商务印书馆，1986：167.

② 〔法〕勒内·格鲁塞. 草原帝国 [M]. 蓝琪，译. 北京：商务印书馆，1998：470.

③ ALLOUCHE A. Teguder's Ultimatum to Qalawun [J]. International Journal of Middle East Studies，1990，22（4）：441.

④ HOLT P M. The īlkhān Ahmad's Embassies to Qalāwūn：Two Contemporary Accounts [J]. Bulletin of the School of Oriental and African Studies，University of London，1986，49（1）：128.

伊本·阿布都·扎希尔的书中皆附有阿合马致盖拉温的国书（原信签署的日期是伊斯兰历681年赖买丹月1日/公元1282年12月3日）①，在国书中，阿合马宣称：他已改信伊斯兰教，建立了伊斯兰宗教机构，恢复了伊斯兰教法；设置了宗教地产瓦克夫；对朝圣者旅行给予物质支持和安全保障，开放了两国交通，允许商人自由往来，处死乔装托钵僧的间谍。忽忒巴丁一行在马木路克王朝境内受到严密的保护，多桑说："埃及算端克剌温闻使臣将至其国，所携随从甚众，乃遣侍从官二人，迎之于比莱特城附近境上；又命诸州长官，使臣所过之处，严加监察，不许与本国臣民交通；并不欲使臣觇其国内形势，只许使臣夜行。使臣于夜中抵阿勒波，城人不知其至。"② 1283年7月2日，忽忒不丁使团到达马尔丁。1284年1月7日，抵达阿勒颇。伊本·阿布都·扎希尔的书中记载，忽忒巴丁在1284年2月21日到达大马士革，并在大马士革受到盖拉温的隆重接见。盖拉温慎重地给予阿合马回信，欢迎阿合马改信伊斯兰教，同意阿合马的和平外交政策。盖拉温在国书中说："君既采用吾人之信仰，则凡怨恨皆已消灭，凡过去之事皆已遗忘，将以和好继承嫌恶。盖信仰如同一种建物，其各部须相互支持，任在何处高揭旗帜，皆见有其亲友也。……君言吾人之修好，将发生世界之平和与人类之幸福。然当友谊门户开辟与倾向平和之时，无人拒绝亲善。其勒缰避免冲突者，实较优于伸手再谋和好之人，平和实为诸诚中之首诚也。"③ 盖拉温响应阿合马倡导的两国之间的自由通行，在剌合伯、阿勒颇、比拉、阿因塔卜颁布了自由通行命令，并向阿合马保证他无领土扩张的野心，反对伊利汗派遣伪装成托钵僧的间谍行为。

1284年阿八哈的儿子阿鲁浑借口阿合马热衷伊斯兰教和勾结马木路克王朝，公开反叛阿合马，在阿鲁浑和阿合马交战期间，阿合马第二次派遣奥都剌合蛮出使埃及。萨非说，1284年1月奥都剌合蛮偕三答兀、马尔丁的宰相苦思丁一行50人，受命去和盖拉温缔结和平协定。依蒙古贵族风俗，使团贵人头上撑伞，每行至一驿站，埃及特使都要向盖拉温通报行程。盖拉温命令高级异密扎马鲁丁·阿忽失·法里斯在幼发拉底河岸的比拉城会见使团，因为伞是苏丹权

---

① 马克利齐书记录的日期是伊斯兰历681年主马达·敖外鲁月/公元1282年8月21日。参见〔瑞典〕多桑. 多桑蒙古史：下册［M］. 冯承钧，译. 上海：上海书店出版社，2001：198.

② 〔瑞典〕多桑. 多桑蒙古史：下册［M］. 冯承钧，译. 上海：上海书店出版社，2001：196.

③ 〔瑞典〕多桑. 多桑蒙古史：下册［M］. 冯承钧，译. 上海：上海书店出版社，2001：199—200.

位的标志之一，盖拉温禁止使团继续使用伞，奥都剌合蛮遵从苏丹的命令，前往阿勒颇。阿勒颇长官苫思丁·哈剌宋豁儿·曼苏里向苏丹汇报了使团的人数，盖拉温担心奥都剌合蛮蛊惑叙利亚臣民，重申使团不得与外界勾通。1284 年 1 月 7 日使团夜抵阿勒颇，休息三天后，前往大马士革。3 月 2 日奥都剌合蛮到达大马士革城，但一直处于被隔离状态，等待盖拉温的到来和接见。7 月 27 日，盖拉温自开罗前往大马士革，行至加沙，闻讯伊利汗阿合马已死。8 月 26 日，盖拉温到达大马士革，夜里接见了奥都剌合蛮。萨非描述，奥都哈剌蛮面对穿着华丽长袍的马木路克侍从，盖拉温则打扮成托钵僧，他面色苍白，言语混乱，对奥都哈剌蛮呈上的礼物和书信不屑一顾，命令奥都哈剌蛮下跪，听了奥都哈剌蛮带来的口信。盖拉温遣人去见使团，将阿合马的死讯告诉奥都哈剌蛮，奥都哈剌蛮当场晕了过去。伊利汗国使团被马木路克王朝监禁，12 月 8 日奥都哈剌蛮死去。拉施特记载："阿合马来到阿剌答黑夏营地，派遣奥都剌合蛮出使密昔儿，但人们把他扔进大马士革死牢中，他一直被监禁到死去为止。"①

伊利汗帖古迭儿皈依伊斯兰教，在他短暂的统治期间（1282—1284），两次遣使埃及，希冀与马木路克王朝缔结和平，化解伊利汗国与马木路克王朝的军事冲突。因权力之争，帖古迭儿统治两年后，伊利汗国的政权为阿鲁浑所据，帖古迭儿与马木路克王朝的约和失之交臂，但他趋于和平这一言行被学者广为称誉。不过，帖古迭儿皈依伊斯兰教和趋向和平的意愿并没有改变伊利汗国和马木路克王朝军事对立政策的本质。

（四）蒙古人在西亚与马木路克王朝的战争

1. 伊利汗国与马木路克王朝战争的缘由

伊利汗国与马木路克王朝的战争是国外学者长期以来较感兴趣的研究课题之一。伊利汗国对马木路克王朝奉行战争政策的原因错综复杂，国外学者莫衷一是。综述之，施普勒和摩根认为，伊利汗国与马木路克王朝争夺叙利亚战争，主要原因是伊利汗国寻找贸易出海口。因为西亚的蒙古人经由臣属的安纳托利亚和小亚美尼亚的"间接"商路远远不够。为鼓励贸易尤其是从地中海贸易中分享更多的商业利益，伊利汗国必须控制叙利亚，掌握地中海东部沿海地区与西方世界展开直接贸易的出海口。阿亚龙教授认为，伊利汗国频繁攻击叙利亚的主要原因是西亚的蒙古人一直担心埃及的马木路克人和金帐汗国的蒙古人联合进攻伊利汗国，为消弭潜在的危险，伊利汗国试图摧毁叙利亚边境地区借以削弱马木路克王朝的攻击；另一方面，穆斯林世界的统治者们尤其是埃及的马

---

① 〔波斯〕拉施特. 史集：第三卷［M］. 余大钧，译. 北京：商务印书馆，1986：170.

木路克王朝都希望复兴阿拔斯哈里发政权，同样也对异教的伊利汗国统治者构成莫大的威胁。杰克森则认为，蒙哥大汗委以胞弟旭烈兀西征并授予旭烈兀家族以叙利亚为其领地，所以占领叙利亚是旭烈兀家族的权力和目标。而阿米泰近来研究认为，旭烈兀征服西南亚的最初动力源于蒙古帝国的计划，即拓宽蒙古帝国的版图。这种侵略计划是传统的游牧民渴望扩张并控制定居的农耕地区以及蒙古人坚信有权征服世界并受成吉思汗黄金家族庇护的观念所致。[①] 上述观点，可以说都不无道理。

　　总体上看，伊利汗国对叙利亚的每一次战争的缘由，都会因伊利汗国和埃及马木路克王朝双方的政治环境和社会条件的变化而有所差异，但伊利汗国对叙利亚战争的根本原因，我认为，埃及的马木路克王朝既是西亚的蒙古人进一步扩张的最大障碍，也是伊利汗国在西亚统治稳定和巩固的最大威胁，伊利汗国试图征服叙利亚借以巩固蒙古人在西亚的统治并实现建立世界性帝国的迷梦。

　　第一，埃及的马木路克王朝是伊利汗国西进最顽强的抵抗者，是伊斯兰文明最坚强的捍卫者。

　　可以如是说，马木路克王朝是伊斯兰世界面临强大的十字军和蒙古军不断威逼的产物。12世纪中叶之后，伊斯兰世界进一步走向危机，巴格达的哈里发政权有名无实，游牧的塞尔柱人从中亚南下，在阿拔斯王朝西部各省区相继建立起自己的政权，哈里发政权已经成为塞尔柱苏丹政权的附庸。而8世纪中叶开始就与阿拔斯王朝公开分庭抗礼的后倭马亚王朝（756—1492）在西班牙和葡萄牙收复失地运动的沉重打击下迅速萎缩。三足鼎立的伊斯兰世界唯有埃及的艾尤卜王朝（1171—1250）凭借强悍的突厥军事贵族所建立的军事寡头政权顽强地抗击着川流不息的十字军东征，伊斯兰世界的中心实际上转移到埃及，开罗不仅是埃及的政治、经济、文化中心，也是整个穆斯林世界的宗教中心。

　　1193年萨拉丁死后，盛极一时的艾尤卜王朝迅速解体，伊斯兰世界不仅无力进取，而且诸如贝鲁特、撒法德、太巴列等被收复的城市相继重新落入近东的法兰克人之手。1249年法王圣路易九世发动第七次十字军东征，埃及再一次面临严峻的威胁，埃及的危机促成伯海里系的马木路克人（1250—1390）作为一个强大的政治和军事因素登上穆斯林世界的中心舞台。马木路克王朝（1250—1517）在拜伯尔斯即位前的十年（1250—1260），大小军事将领弱肉强食、相互倾轧，但它并未对马木路克苏丹政权产生太大的影响。相反，马木路

---

　　① AMITAI R. Mongols and Mamluks：The Mamluk – Ilkhanid War 1260 – 1281 ［M］. Cambridge University Press，1995：231.

克王朝在面临新的更为强劲的外敌——蒙古人入侵的威胁之下，变得更加巩固。1258 年旭烈兀终结了巴格达的阿拔斯政权并继续向西进军，前锋直至加沙，埃及的马木路克王朝再一次面临生死存亡的抉择。1260 年突厥奴隶出身的马木路克将领拜伯尔斯在耶路撒冷以北的艾因贾鲁特战役中成功地阻挡住蒙古人西进的凌厉攻势，消除了蒙古人对埃及的威胁。拜伯尔斯恢复哈里发制，承认阿拔斯王朝哈里发作为全体穆斯林的宗教领袖，并以此获得哈里发的册封，确立了埃及马木路克王朝统治的合法性。艾因贾鲁特战役直接或间接地促使了马木路克政权得以巩固和发展。马木路克王朝不仅成为伊斯兰文明的坚强保护者，而且成为伊利汗国的蒙古人西进的顽强抵抗者，也是蒙古人建立跨欧亚非三洲大帝国的最大绊脚石。

第二，马木路克王朝越来越威胁着伊利汗国政权的稳定和巩固。

马木路克王朝在拜伯尔斯（1260—1277）、盖拉温（1279—1290）以及纳绥尔（1293—1340）三位苏丹统治时期，不仅成功地抵御了伊利汗国的蒙古人对叙利亚地区的不断进攻，而且在外交上对伊利汗国实行远交近攻的策略，极大地威胁着伊利汗国在西亚地区的统治。在叙利亚沿海地区，马木路克王朝对十字军和西方基督教世界采取先和平后战争的外交方略。在 1261 年、1267 年、1269 年、1271 年、1281 年和 1285 年先后与叙利亚的西方基督教势力，包括圣殿骑士团、医院骑士团、条顿骑士团以及意大利热那亚和威尼斯等商业城市签订休战和约，① 不断瓦解和削弱西方基督教世界与伊利汗国的蒙古人缔结联盟的力量和进程，从而巩固了埃及的马木路克政权。另一方面马木路克人又伺机发起一系列有计划的军事行动，收复十字军在叙利亚沿海地带的军事堡垒，直至 1291 年彻底铲除十字军在近东地区的势力。在小亚西亚地区，马木路克王朝对附属于伊利汗国的小亚美尼亚王国和鲁木的塞尔柱政权积极主动出击，严厉惩处伊利汗国的忠实盟友。1266 年拜伯尔斯征讨西里西亚，使小亚美尼亚王国首都息思（土耳其的科赞）成为一片废墟。1275 年、1276 年、1279 年、1292年，马木路克王朝频繁地进攻和破坏小亚美尼亚王国。② 对于伊利汗国北面的金帐汗国，马木路克王朝认识到金帐汗国与伊利汗国在阿塞拜疆问题上存在争议以及马木路克王朝必须从金帐汗国境内源源不断输入新马木路克的重要性，

① HOLT P M. Mamluk – Frankish Diplomatic Relations in the Reign of Qalāwūn (678 – 89/1279 – 90) [J]. Journal of the Royal Asiatic Society of Great Britain and Ireland, 1989 (2): 278 – 289.

② PETRY C F. The Cambridge History of Egypt, Vol. i [M]. Cambridge University, 1998: 279.

因而积极与金帐汗国展开联盟，形成南北夹击伊利汗国的态势，对旭烈兀家族的统治构成莫大的威胁。所以，伊利汗国也不得不实施远交近攻的外交战略，在西面也通过频繁地发起叙利亚战争，积极打破埃及马木路克王朝和金帐汗国的围堵。可以说伊利汗国对叙利亚的战争不仅仅是领土扩张的军事行为，也是伊利汗国在西亚巩固旭烈兀家族统治的军事手段。

2. 伊利汗国与马木路克王朝的主要战争

伊利汗国的蒙古人与叙利亚战争主要集中在旭烈兀（1256—1265）、阿八哈（1265—1282）、合赞（1295—1304）以及完者都（1304—1316）四位伊利汗统治时期。

（1）旭烈兀对叙利亚的征战

为完成蒙哥大汗委付给旭烈兀征服穆斯林世界的任务，蒙古第三次西征军攻陷巴格达之后继续西进，企图囊括叙利亚，吞并埃及。1259 年 9 月蒙古大军出征叙利亚，在臣属于蒙古人的小亚美尼亚王国和波赫蒙德的法兰克人联合攻击下，1260 年 2 月旭烈兀占领叙利亚北方重镇阿勒颇城，肆意烧杀掳掠，整个穆斯林的叙利亚地区一片惶恐。哈马、霍姆斯以及叙利亚南部重镇大马士革不战而降，蒙古军先锋直趋加沙，威逼埃及，马木路克政权岌岌可危。但是，适值蒙哥大汗死讯递达旭烈兀军营，按照蒙古帝国惯例，旭烈兀停止战事，率蒙古主力军退驻伊朗的阿塞拜疆地区，委以先锋统将怯的不花留守叙利亚。

格鲁塞认为，怯的不花在巴勒斯坦与法兰克人发生了激烈的利益冲突，叙利亚南部的法兰克人和蒙古人的联盟关系遂告破裂，而且镇守叙利亚的蒙古军不足万人，这些事实极大地鼓舞了埃及马木路克人和穆斯林驱逐蒙古人的勇气。1260 年 9 月，拜伯尔斯统帅的马木路克军与怯的不花的蒙古镇守军在今约旦河左岸贝桑附近的艾因贾鲁特决战，蒙古军寡不敌众，统帅怯的不花阵亡，留驻叙利亚的蒙古军溃败，蒙古人所占领的叙利亚诸城全部丧失，分离达 250 年之久的叙利亚与埃及重新合并一起。艾因贾鲁特战役消除了蒙古人对埃及的威胁，阻止了蒙古人的西征。斯塔夫里阿诺斯认为，艾因贾鲁特战役"挽救了伊斯兰教世界，标志着蒙古帝国衰亡的开端"[①]。实际上，艾因贾鲁特战役并未给旭烈兀西征军造成决定性的打击。相反，叙利亚与埃及的合并以及怯的不花的阵亡更加刺激了旭烈兀西进叙利亚的欲望。1260 年 11 月，旭烈兀乘拜伯尔斯刺杀马木路克苏丹库图兹以及篡夺苏丹之位而引发埃及内乱的时机，派遣约六千人的

---

① 〔美〕斯塔夫里阿诺斯. 全球通史——1500 年以前的世界〔M〕. 吴象婴，等译. 上海：
　　上海社会科学院出版社，1999：386.

蒙古军再一次出征叙利亚，蒙古军又攻克阿勒颇和哈马两城。1260 年 12 月，蒙古军在霍姆斯与当地穆斯林军队展开激战，即所谓的第一次霍姆斯之战，蒙古军败退，伤亡甚众。旭烈兀企图占据叙利亚的军事行动又遭挫折。1262 年旭烈兀受到来自北面金帐汗国别儿哥汗的军事威胁，不得不把注意力转移到高加索地区，无暇顾及叙利亚和埃及。

（2）阿八哈汗与马木路克王朝的战争

1266 年库拉河战役和 1273 年赫拉特会战后，阿八哈汗成功地解除了伊利汗国所面临的来自北面金帐汗国和东北侧察合台汗国的巨大军事威胁。但与此同时，马木路克王朝拜伯尔斯对伊利汗国的属国小亚美尼亚王国以及鲁木地区不断地发起军事打击。1277 年 4 月，鲁木地区的一些突厥异密怂恿和帮助拜伯尔斯进兵鲁木。在阿布鲁斯坦①，马木路克军与鲁木地区约 14000 人的蒙古驻军展开激战，蒙古军统帅秃忽和秃答温阵亡，蒙古军大多被击毙。多桑说蒙古军死者达 6770 人。拉施特记载："蒙古军被击溃，逃生者为数不多。"② 拜伯尔斯乘机纵兵大掠凯撒里亚至额儿哲罗姆地区。阿八哈闻讯并疾驰鲁木，下令处死部分勾结马木路克的突厥蛮人，委任宗王弘吉剌台镇守鲁木。

拜伯尔斯死后，其旧部继续操纵马木路克王朝实权，两年内先后废黜白赖凯（1277—1279）和赛拉米什（1279）苏丹之位，埃及政局动荡不安。1279 年盖拉温篡夺王位，大马士革长官宋豁儿叛乱并通好伊利汗国。为报阿布鲁斯坦战败之辱，阿八哈乘马木路克王朝内讧之际出兵叙利亚。1280 年 9 月，一支蒙古分队袭扰阿勒颇城。翌年，阿八哈汗委任宗王忙哥·帖木儿统率 5 万蒙古军，并在 3 万小亚美尼亚人、格鲁吉亚人和波赫蒙德七世的法兰克人协助下浩浩荡荡进军叙利亚。1281 年 9 月，盖拉温苏丹亲率 8 万军队在霍姆斯与蒙古军展开会战，③ 史称第二次霍姆斯之战。初战双方互有胜负。盖拉温亲临战场指挥并遣将诈降，蒙古军统帅忙哥·帖木儿遭突袭，坠马而逃，蒙古军大乱。盖拉温乘机发起总攻，指挥优势兵力全线击溃敌军，收复哈马和阿勒颇，再一次将蒙古人逐出叙利亚。第二次霍姆斯之战既给予伊利汗国的蒙古军以决定性打击，解除了蒙古人对埃及的再一次威胁，同时为马木路克王朝 1291 年彻底肃清叙利亚的十字军残余势力奠定了良好的基础。

---

① 阿布鲁斯坦（Abulustayn）：今土耳其阿尔比斯坦。

② 〔波斯〕拉施特. 史集：第三卷 [M]. 余大钧，译. 北京：商务印书馆，1986：141.

③ AMITAI R. Mongols and Mamluks: The Mamluk – Ilkhanid War 1260 – 1281 [M]. ambridge University Press, 1995：189.

(3) 合赞汗三次兵进叙利亚

阿八哈死后，1282—1295 年间，西亚的蒙古宗王和贵族争权夺利，伊利汗位更迭频繁。与此同时，金帐汗国和察合台汗国不时攻击伊利汗国边境，迫使伊利汗国将注意力转向外高加索北部和呼罗珊地区，伊利汗国无力进取叙利亚。合赞武力夺取汗位之后，改信伊斯兰教，完成了蒙古人对穆斯林统治的合法化。同时合赞汗积极平息内讧和骚乱，巩固了自己的统治地位。更重要的是，合赞汗进行全方位的社会改革，迅速地恢复和发展了伊利汗国的社会经济，伊利汗国日渐强盛。合赞汗追随旭烈兀和阿八哈的对外政策，对马木路克王朝又开始发起新的军事进攻，在 1299—1303 年三次用兵叙利亚。

1299 年叙利亚人不断骚扰伊利汗国边境马尔丁地区，合赞汗决定出兵叙利亚。同年 10 月，合赞汗亲率 9 万骑兵入侵叙利亚，大有倾覆埃及马木路克王朝之势。阿勒颇、哈马两城不战而降。12 月蒙古军在霍姆斯再一次与马木路克王朝苏丹纳绥尔率领的 2 万埃及骑兵相遇，即所谓的第三次霍姆斯之战。是役，合赞汗以绝对优势的兵力取得胜利，击毙特里波利长官等统将数人以及埃及骑兵近千人，纳绥尔败还开罗，霍姆斯和大马士革纷纷纳款称降。1300 年因叙利亚天气开始炎热以及察合台后王忽都鲁·火者劫掠克尔曼和法尔斯，合赞汗任命叙利亚各地长官之后，领兵回到波斯。

合赞汗率主力退出叙利亚不久，大马士革等地又叛归埃及，蒙古人占据叙利亚不足百日。另一方，马木路克王朝苏丹纳绥尔在埃及组建新军，筹备军费，积极准备抵抗蒙古军的入侵。1300 年 9 月，合赞汗派忽都鲁沙率 3 万大军为先锋，决定重征叙利亚。纳绥尔也从开罗出发，进抵大马士革城。是年冬，雨多雪大，两军粮秣缺乏，人畜冻死者甚多。合赞汗只好放弃进兵之策，退出叙利亚。

1301 年伊利汗国遣使埃及，提出不平等的议和条件，遭到马木路克王朝的拒绝，合赞汗决定第三次出征叙利亚。1303 年 3 月蒙古军先锋统帅忽都鲁沙进攻阿勒颇、哈马城，合赞汗随后督师。4 月忽都鲁沙抵达大马士革，在苏法尔草原，蒙古人、亚美尼亚人和格鲁吉亚人组成的 5 万联军与马木路克王朝苏丹纳绥尔率领的埃及军队展开鏖战。初战蒙古军告捷，但终因蒙古军缺水乏食，全军溃败。埃及军奋勇追击，俘虏蒙古士兵 1 万余人，缴获战马 2 万匹，伊利汗国进攻叙利亚又一次受到重创。苏法尔草原之役后，伊利汗国再也无力继续进行大规模对外扩张。

完者都汗继续追随伊利汗国历来反对埃及马木路克王朝的对外政策。1312 年完者都派遣一支小规模的蒙古军尝试攻掠叙利亚，结果无功而返。1312 年之后，蒙古军再也没有越过幼发拉底河，伊利汗国征服叙利亚和埃及的迷梦终成泡影。

3. 伊利汗国与马木路克王朝战争的影响

首先，伊利汗国的蒙古人不断地侵袭叙利亚无疑给叙利亚人民以及蒙古人本身都造成巨大的破坏。成吉思汗率领蒙古人发动战争，目的完全是大规模的劫掠，夺取被征服地区居民的骏马和美妇。伊利汗国的蒙古人对叙利亚的战争仍然是传统的攻城略地、掳掠财物的战争，战争的侵略性决定了蒙古人对叙利亚地区的野蛮破坏，战争给双方都造成了重大的生命和财产损失。在叙利亚方面，成千上万的民众死于非命或被俘为奴，许多城市建筑化为灰烬，社会生产力遭到严重破坏。据多桑记载，旭烈兀围攻阿勒颇城历时 7 天，蒙古军进入城区之后纵兵 5 天，阿勒颇城大街小巷积尸遍地，"其被俘之妇孺约有十万人，或售之小阿美城利国，或售之欧洲人领地，堕阿勒波城，毁其回教堂，破坏其园林"①。旭烈兀进军大马士革，大马士革城虽投诚献纳，但蒙古军仍然继续抄掠，焚其楼舍。合赞汗统治时期，全体蒙古人皈依伊斯兰教，但伊利汗国仍对叙利亚的穆斯林滥杀无辜、虏获钱财。例如，第三次霍姆斯之战后，大马士革居民除献纳蒙古军 100 万第纳尔的巨额战赋之外，监征的蒙古军官兵还巧取豪夺，无恶不作，以至于"大马司附近士卒与乡民被杀被掠，因是死者近十万人，所献合赞之额，共有三百兆六十万答剌黑木。此外供给兵械布谷暨马驼二万匹，逐日并须供应合赞宫廷、乞卜察克与诸蒙古统将邸之需，至若寻常士卒则掠以自给"②。合赞返回波斯后，统将木莱率一万五千名骑兵继续追逐埃及苏丹纳绥尔，在加沙地带斩杀所能发现的埃及士兵，摧毁其地。1301 年合赞汗第二次兵进叙利亚，虽然双方天寒未能交战，但合赞汗在叙利亚北部仍实施抄掠。多桑说："蒙古军至，获马牛羊无算，男妇幼童甚众，所俘之多，致售男女一人仅得价十答剌黑木者。"③

对埃及和叙利亚来说，马木路克王朝也是一个外族统治政权。为了报复伊利汗国对马木路克政权的打击和威胁，马木路克人在叙利亚、小亚美尼亚和鲁木同样是掳掠财物。1261 年，拜伯尔斯追逐蒙古军至阿勒颇城，遂向当地居民

---

① 〔瑞典〕多桑. 多桑蒙古史：下册 [M]. 冯承钧，译. 上海：上海书店出版社，2001：112.

② 〔瑞典〕多桑. 多桑蒙古史：下册 [M]. 冯承钧，译. 上海：上海书店出版社，2001：296.

③ 〔瑞典〕多桑. 多桑蒙古史：下册 [M]. 冯承钧，译. 上海：上海书店出版社，2001：305.

强索大量财物。《世界史略》记载，"埃及军强征居民军税十六万银币，居民苦痛遂臻极点"①。又如，拜伯尔斯 1265—1266 两年间乘阿八哈征讨察合台后王之际侵入小亚美尼亚王国，大部分西里西亚地区为马木路克军队肆意烧杀抢掠达 20 天，虏获的耕牛每头仅售 2 个第尔汗银币，甚至有些牲畜无法售出而随意抛弃。所以，马木路克王朝惩罚性地报复伊利汗国的属国小亚美尼亚和鲁木地区，同样给叙利亚和西亚地区的社会生产力造成严重破坏。

伊利汗国不断地西侵叙利亚也给蒙古人本身造成重大的人员伤亡。艾因贾鲁特战役、第一次霍姆斯之战、第二次霍姆斯之战，伊利汗国均以失败而告终。虽然史料缺乏伊利汗国与马木路克王朝历次交战中军队伤亡的具体数额，但是，我们还是可以通过某些战役略见一斑。据不完全统计，入主西亚的蒙古人近 20 万，在 1277 年的阿布鲁斯坦战役中死亡 6770 人。1303 年伊利汗国的 5 万联军在苏法尔草原之战中为马木路克军所俘虏的蒙古士兵多达 1 万余人，死者更是无算。伊利汗国的蒙古人发动一系列西侵叙利亚的战争，严重地削弱了蒙古人自身的力量，并消耗了伊利汗国大量的钱财，其结果是伊利汗国各种矛盾更加尖锐化和复杂化，进一步动摇了伊利汗国统治西亚的基础。

其次，伊利汗国对马木路克王朝历次战争的失败使蒙古人建立世界性帝国的迷梦彻底破碎，一定程度上助推伊利汗国的蒙古人变更传统的统治政策。13世纪 50 年代，蒙古帝国发动第三次西征，其最终目的是实现建立一个东起太平洋、西临大西洋的世界性帝国的迷梦。旭烈兀征服西亚大部分地区之后，南面已达波斯湾、阿拉伯海，北面、东面分别为同宗同族并且处于交恶状态的金帐汗国、察合台汗国。所以，叙利亚和埃及成为旭烈兀家族对外扩张的唯一方向，征服叙利亚和埃及成为历代伊利汗的最大夙愿。自 1260 年艾因贾鲁特战役以降，马木路克王朝一次又一次地给予蒙古人以顽强的打击，不仅彻底打破了蒙古人不可战胜的神话，遏制住蒙古人西侵的浪潮，而且使旭烈兀家族根本无法实现建立世界性帝国的迷梦。

伊利汗国前期，蒙古统治者奉行对叙利亚和埃及扩张政策的同时，政治、经济和宗教政策仍主要沿袭蒙古帝国的传统，尤其是将伊斯兰教视为敌对宗教，严重地影响了伊利汗国统治地位的稳定和巩固。伊利汗国对叙利亚战争的屡次失败，使蒙古人丧失了通过大规模战争获取丰厚战利品等财物的主要途径，加剧了伊利汗国内外环境的进一步恶化，一定程度上促使蒙古统治者开始考虑接

---

① 〔瑞典〕多桑. 多桑蒙古史：下册［M］. 冯承钧，译. 上海：上海书店出版社，2001：127.

受伊斯兰教，变更蒙古人在西亚的传统统治方式。1282 年旭烈兀之子帖古迭儿继位后，帖古迭儿皈依伊斯兰教，取名阿合马，并不断遣使通好埃及马木路克王朝，主张双方停止战争，实行睦邻友好的外交关系，完全改变了旭烈兀家族的传统政策。虽然阿鲁浑汗（1284—1291）阻止了蒙古人伊斯兰化的倾向，但是伊利汗国 1295 年合赞汗登位后便以伊斯兰教为国教，并全面实行政治和经济改革，改变了伊利汗国前期传统的游牧生产和生活方式，加速了伊利汗国游牧文明与农耕文明的融合。1295—1335 年的 40 年间，伊利汗国的蒙古人不仅实现了伊斯兰化，完全抛弃了早期伊利汗国排斥穆斯林的政策，而且在 1322 年最终与埃及马木路克王朝签订休战、睦邻友好条约，促进了马木路克王朝和伊利汗国之间商业贸易和交通的正常往来。

最后，马木路克王朝不断击败伊利汗国的蒙古人入侵，既巩固了马木路克王朝在埃及和叙利亚的统治地位，也保护了伊斯兰文明。马木路克，更为准确的含义是军事奴隶。马木路克王朝（1250—1517）是在抵御第七次十字军东征埃及的过程中，由突厥籍奴隶出身的军事首领推翻艾尤卜王朝之后在埃及建立的外族统治的军事寡头政权。因此马木路克王朝统治埃及的前十年，政局较为混乱，政权并不稳固。更为重要的是，出身卑微的马木路克军事首领统治埃及的合法性在伊斯兰世界一直受到质疑。

1258 年巴格达的阿拔斯王朝为蒙古人所灭，伊斯兰世界一片混乱，穆斯林失去以往的政治和宗教中心。而埃及的马木路克王朝同时面临着西欧十字军和东方蒙古人入侵的威胁，特别是 1260 年蒙古人大举入侵叙利亚，进抵加沙，埃及的穆斯林政权危在旦夕。马木路克王朝历代苏丹奋起抗击蒙古人和十字军的斗争。如阿米泰所说，马木路克人"是为宗教信仰而战、为国家生存而战、更为他们的人身自由而战。同时马木路克人也是居于统治地位的阶级，在他们看来除了战胜伊利汗国的蒙古人别无选择"[1]。因此，马木路克人在抗击蒙古人和十字军的斗争中谱写了一曲又一曲可歌可泣的乐章。尤其是 1260 年艾因贾鲁特战役，马木路克人成功地阻止了蒙古人的西进，消除了埃及的威胁，并把叙利亚和埃及重新结合起来，"伯海里系马木路克王朝开始普遍为穆斯林所接受，马木路克政权被视为伊斯兰教的救星。"[2] 所以，在抗击蒙古人入侵的斗争中，马

---

[1]　AMITAI R. Mongols and Mamluks：The Mamluk－Ilkhanid War 1260－1281 ［M］. Cambridge University Press，1995：234.

[2]　PETRY C F. The Cambridge History of Egypt，Vol. ⅰ ［M］. Cambridge University Press，1998：248.

木路克王朝开始得到伊斯兰世界的公认，政权更加稳定。

另一方面，马木路克王朝为能彻底战胜伊利汗国的蒙古人和十字军的入侵，积极扶植流亡开罗的阿拔斯王室贵族，在埃及恢复巴格达的哈里发制，并通过哈里发的册封保证了马木路克王朝苏丹政权的合法地位。可以说，在抗击伊利汗国的蒙古人和收复十字军在东方的据点的斗争中，马木路克王朝的苏丹政权不断得到巩固和加强。马木路克王朝给屡弱的伊斯兰世界带来生机，拯救了埃及文化和伊斯兰文明。卡尔·布罗克尔曼说："在所有的伊斯兰教国家中，只有埃及的文化发展的平坦道路没有受到蒙古人侵略的打断。"① 希提也认为：正是马木路克人"永远阻止了旭烈兀和帖木儿率领的可怕的、成群的蒙古掠夺者向前推进，否则，这些蒙古人早已改变了历史的全部进程以及西亚和埃及的文化。由于阻止了蒙古侵略者前进，埃及就幸免于叙利亚和伊拉克所遭遇的那种破坏，而使自己的文化和政治制度得以连绵不断地存在下去，这是阿拉比亚以外的任何其他穆斯林地区都没有能享受到的有利条件"②。

（五）不赛因与马木路克王朝缔约修好

1316 年 12 月完者都去世，其子 12 岁的不赛因继位，不赛因在位时期（1317—1335），伊利汗国中央集权瓦解，地方军事贵族割据称雄，特别是1317—1327 年，汗国政权实际上掌握在摄政王、外戚之家的出班手中，不赛因虽然统治伊利汗国 17 年（1317—1335），但诚如格鲁塞所言："他终身是那些以他名义实施统治而且互相争权夺利的蒙古封建主们的傀儡"③。对叙利亚的扩张，如上所述，伊利汗国历史上几乎是以失败告终。1320 年不赛因在内外交困下，希望与埃及的马木路克王朝修好，放弃传统的敌对政策。另一方面，马木路克王朝考虑到多年来与伊利汗国在叙利亚的战争，敌我双方都付出惨重的人力、物力和财力代价，叙利亚基本上为埃及所控制，第三次登位的埃及苏丹纳绥尔在其统治后期（1309—1340），贪图安逸，生活奢靡，挥霍无度，国力日渐衰微。在国内叛乱不已的情形下，他也希望与伊利汗国缔结和平条约。1322 年不赛因遣使开罗，呈递国书：①希望埃及勿派刺客谋杀伊利汗国官员；②两国皆不索取逃匿对方的人员；③马木路克王朝停止对伊利汗国及其附属国的军事进攻；④两国之间商贸、交通往来自由；⑤穆斯林每年的麦加朝圣，双方巡礼

① ［德］卡尔·布罗克尔曼. 伊斯兰教各民族与国家史［M］. 孙硕人，等译. 北京：商务印书馆，1985：277.

② ［美］希提. 阿拉伯通史：下册［M］. 马坚，译. 北京：商务印书馆，1979：806.

③ ［法］勒内·格鲁塞. 草原帝国［M］. 蓝琪，译. 北京：商务印书馆，1998：488.

者以王室旗帜为标志，互不相扰；⑥埃及不再引渡叛将哈剌宋豁儿。纳绥尔与大臣们朝议，同意伊利汗国所列的议和条款，至此，60余年干戈化为玉帛，结束了两国间长期的仇恨、敌视、骚扰和攻伐，双方实现了睦邻友好的关系。多桑说："不赛因终其世与纳昔儿和好。此二算端互称为兄弟，常互相遣派使臣。"① 1335年不赛因死后不久，伊利汗国迅速解体，1355年伊利汗国灭亡。

二、蒙古人在西亚与西欧的外交

（一）列班·扫马之前出使蒙古帝国的基督教使者

1. 蒙古帝国的扩张

1219—1223年蒙古第一次西征，消灭中亚劲旅花剌子模帝国，哲别和速不台率军绕过里海南部，越过格鲁吉亚，翻越高加索，驰骋南俄大草原。1235—1241年第二次西征，蒙古人征服俄罗斯，进兵西亚、波兰和匈牙利，德国朝野上下震惊，匈牙利国王贝拉四世遣使德国皇帝腓特烈二世（1220—1250）和教皇格列高利九世（1227—1241）求助，蒙古军纵横亚欧大陆。1230年绰儿马罕率蒙古军冲入波斯西北地区，驻营穆甘草原和阿兰，1241年拜住统军进占锡瓦思和马拉提亚，1244年臣服西里西亚的小亚美尼亚。1253—1260年第三次西征，成吉思汗之孙旭烈兀消灭里海南岸的亦思马因派木剌夷国和巴格达的阿拔斯哈里发政权，并进入叙利亚，兵锋直指埃及的马木路克王朝，蒙古帝国的版图扩展到黑海南北，德涅斯特河流域为金帐汗国所有，小亚细亚的大部分处在伊利汗国的控制之下，蒙古帝国直接与欧洲国家毗邻。蒙古帝国入侵欧亚，给亚欧大陆以巨大震惊和恐慌。1240年马太·巴黎（？—1259）的《大编年史》所引用的1238年亦思马因人遣使西欧基督教国家联盟抗蒙的国书中，可略见一斑。波斯人甚至已将蒙古人妖魔化，信中说："人类的欢乐，尘世的幸福，不是永久没有哀伤的，因此在这一年（1240），一支可憎的撒旦人，也就是无数的鞑靼人马，从他们的群山环绕的家乡杀出，穿过（高加索的）坚硬山岩，像魔鬼一样涌出地狱，因此他们被恰当地称作地狱的人。像蝗虫遍布地面，他们恐怖地毁坏了（欧洲的）东部地区，用烧杀把它变成荒凉。经过撒剌逊人（波斯人）的国土，他们夷平城镇，砍倒树木，堕毁堡垒，拔掉葡萄树，破坏园林，杀戮城民和农夫。偶尔他们饶恕一些乞命的人，但他们强迫这些被贬为最低贱奴的人，到最前列去跟自己的同胞打仗。那些假装去打仗，或者躲起来想逃命

---

① 〔瑞典〕多桑. 多桑蒙古史：下册［M］. 冯承钧，译. 上海：上海书店出版社，2001：430.

的，就被鞑靼人赶上来屠杀掉。如果有人勇敢地（替他们）作战，而且取得胜利，他们也得不到奖赏和酬报，所以鞑靼人虐待俘虏，就像虐待他们的雌马。

2. 列班·西蒙西行绰儿马罕营地

蒙古第二次西征时期（1235—1241），经略西亚的蒙古统帅绰儿马罕倾向于基督教，伯希和说，绰儿马罕妻子的两个兄弟是基督教徒。① 绰儿马罕征服和统治西亚时期（1233—1241），叙利亚人基督教聂思脱里派列班·阿答·西蒙恳求窝阔台大汗颁布谕令，禁止蒙古西征军屠杀放弃武装抵抗的西亚臣民。1241年窝阔台汗委以西蒙大权，遣赴大不里士传达帝国法令，命绰儿马罕禁止屠杀归顺的基督教徒，西蒙掌管西亚地区的基督教事务。亚美尼亚编年史家、刚加的基拉罗斯记载：列班·西蒙"既莅其地，基督教徒苦难大苏，既免于死，复免为奴。先是大食城如帖必力思及纳黑出汪之类，居民敌视基督教徒，禁称基督之名，基督教徒不特未敢建设礼拜堂树立十字架，甚至不敢出行城市。列班既至，建礼拜堂，树十字架，命人日夜击版，公然用本教仪式殡葬死者，持福音书、十字架，执烛唱歌，而随之行"②。列班·西蒙的宣教和布道，西亚地区不少的蒙古人改信基督教，为西亚的基督教的生存和发展营造了有利的环境。

3. 柏朗嘉宾东行哈剌和林

为解除蒙古帝国的威胁，罗马教廷和法国派遣僧侣充当使者兼传教士，希望与蒙古帝国建立睦邻友好关系。1245年初教皇英诺森四世（1243—1254）在法国里昂召开宗教会议，大会最重要的议程之一就是商议如何应对蒙古入侵问题，"找到一种对付鞑靼人、其他反宗教分子及迫害基督百姓者的补救方法"③，会议最后决定派遣传教士出使蒙古，伺机窥探蒙古军力，劝告蒙古统治者停止杀戮基督教徒，"希望他们畏惧上帝的愤怒，不要进攻基督的国土"④，试图缔结和约，劝勉蒙古统治者改信基督教。1245年4月意大利方济各会修士柏朗嘉宾（1182—1252，亦译普兰诺·卡尔平尼）一行，受教皇之命，从里昂出发，途径金帐汗国，拜见拔都营帐，并被护送到哈剌和林。7月22日柏朗嘉宾抵达哈剌和林的失剌斡耳朵，8月晋见和参加贵由汗登位大典，也受到皇后脱列哥那的友好接待。伯希和说："尚需指出，脱列哥那善意接待因诺曾爵四世（英诺森

① 〔法〕伯希和撰. 蒙古与教廷［M］. 冯承钧，译. 北京：中华书局，1994：56.
② 〔法〕伯希和撰. 蒙古与教廷［M］. 冯承钧，译. 北京：中华书局，1994：55.
③ 耿昇，何高济，译. 柏朗嘉宾蒙古行纪·鲁布鲁克东行纪［M］. 北京：中华书局，1985：192.
④ 耿昇，何高济，译. 柏朗嘉宾蒙古行纪·鲁布鲁克东行纪［M］. 北京：中华书局，1985：192.

四世）之使者，盖因其子贵由身边之基督教徒颇受优遇故也。"① 11 月 13 日柏朗嘉宾带着贵由汗致教皇复信回国。1247 年 11 月 24 日柏朗嘉宾抵达里昂向英诺森四世复命，并呈上贵由汗复信和出使报告《蒙古史》。

4. 阿思凌出使拜住营地

为劝说小亚细亚的蒙古人皈依基督教，1245 年 3 月多明我会修士、意大利伦巴德人阿思凌一行奉教皇之命出使蒙古人控制下的西亚地区。1247 年 5 月阿思凌抵达塞凡湖东岸的阿兰草原，拜见继任绰儿马罕统帅之位的拜住那颜，因阿思凌进言称教皇不知大汗驻西亚的代表拜住，且拒绝向拜住三跪礼，拜住怒火中烧，欲处死阿思凌。伯希和说，拜住左右的辅佐僚臣进言，劝阻拜住毋杀使者。② 1246 年 8 月 24 日贵由选立为汗，其后派遣将领四处征伐，特遣宴只吉带征西，1247 年 7 月 17 日宴只吉带抵达拜住营帐。拜住根据 1256 年贵由汗给柏朗嘉宾致教皇信函的内容，拟定回信给罗马教皇，7 月 25 日阿思凌离开拜住营地，途经大不里士、摩苏尔、阿勒颇、安条克和阿克，1248 年从阿克乘船前往意大利，11 月 28 日向教皇呈上拜住复信和出使报告《鞑靼史》。值得注意的是，阿思凌西还的使团中，多了两名随行的蒙古使者爱别吉和薛儿吉思往见教皇。

拜住遣使教皇，开了蒙古帝国统治者派遣使臣赴西欧交往的先河，表明蒙古统治者也希望了解西欧基督教国家的政治取向，并伺机寻求建立与基督教世界共同抗击穆斯林的军事联盟。《大编年史》记载，1248 年拜住使臣抵达西欧，教皇英诺森四世非常重视蒙古使节，多次前往使者住所探视和密谈，并赠与绯色银鼠被服以示关怀，教皇甚至鼓励西亚的蒙古人出兵罗马教廷的政敌——尼西亚帝国皇帝瓦塔西，因使臣认为条件不成熟，婉言拒绝了教皇的建议。在 1248 年 11 月 22 日教皇致拜住的答信中，教皇再次希望蒙古人不要杀戮基督教徒。

5. 安德·龙如美东行蒙古

法国巴黎雅各修道院多明我会修士安德·龙如美，曾从事东方语言研究，通晓阿拉伯语。1238—1239 年奉法王路易九世之命出使拜占庭帝国首都君士坦丁堡，迎回圣物莉冠。因东方之行的经历和熟悉东方和蒙古人习俗，安德·龙如美奉教皇英诺森四世之命，为劝化蒙古人改信基督教和停止杀戮基督教徒，重赴东方。1245 年安德·龙如美从霍姆—卡拉出发，途经阿克、安条克、阿勒

---

① 〔法〕伯希和撰. 蒙古与教廷 [M]. 冯承钧，译. 北京：中华书局，1994：203.
② 〔法〕伯希和撰. 蒙古与教廷 [M]. 冯承钧，译. 北京：中华书局，1994：124.

颇、摩苏尔、大不里士，抵达西亚的蒙古人占领区，途中与阿思凌使团汇聚，1247 年春夏奉使归来。

1245 年的里昂公会，教皇英诺森四世号召西欧各国君主支持路易九世组织第七次十字军东征。1248 年 8 月 25 日路易九世在埃格—莫特扬帆出征，9 月 17 日抵达塞浦路斯的利马索尔港。1248 年 11 月 14 日，两名青年大卫和马克自称是蒙古驻西亚军事统帅宴只吉带的特使，在塞浦路斯觐见路易九世，呈递宴只吉带的信函，表达帝国大汗贵由对基督教世界的友好态度。格鲁塞和伯希和认为，使团目的之一是"野里知吉带（宴只吉带）当时正在计划进攻巴格达的哈里发朝（10 年后，旭烈兀将给这一行动带来一个胜利的结果），抱着这种目的，野里知吉带想与即将在埃及对阿拉伯世界发起进攻的圣路易的十字军联合"①。路易九世信以为真，为争取蒙古军的支持，派遣安德·龙如美、若翰·卡尔卡松、纪尧姆三名通晓阿拉伯语的多明我会修士、2 名书记和两名官员一行 7 人，以安德·龙如美为使团首领，出使宴只吉带军营和贵由汗廷，使节们携带有两份法王致宴只吉带和贵由汗的信函和十字架，以及法王赠贵由汗的一座悬挂刺绣镶板的红色教堂式帐幕。1249 年 1 月 27 日，安德·龙如美使团随蒙古使者从塞浦路斯的尼科西亚启程，在安条克登岸，北行穿越小亚美尼亚、卡帕多西亚的凯撒里亚、锡瓦斯和额儿哲罗姆，经第比利斯，前往大不里士或穆甘草原的宴只吉带军营，宴只吉带将安德·龙如美使团派往贵由汗廷。因 1248 年贵由汗去世，皇后斡兀立海迷失摄政（1248—1251），海迷失在窝阔台汗国封地叶密立接见了安德·龙如美，1251 年使团回到阿克复命。

龙如美一行虽受到皇后的礼遇，但海迷失的复信却令法王大失所望。约因维尔记载，海迷失的答书说："和平是好事，盖在和平之地，用四足行者可以安然食草，用两足行者可以安然耕田。用将此事谕汝知悉，汝不来附，则不能获有和平。盖长老若翰将向吾人奋起，使众人执兵而斗，兹命汝等每年贡献金银，设若违命，将使汝与汝民同灭。"② 海迷失的复信，语气傲慢，语言轻蔑，威胁法王归附蒙古帝国，带来贡品或者面临惩罚。由于法王对海迷失答书极为不满，暂时放弃了与蒙古人联合进攻伊斯兰世界的计划。不过，教皇和法王派往蒙古的使节，尽管没有说服蒙古帝国改变征服和杀戮基督教徒的态度，但是柏朗嘉宾和阿思凌带给西欧统治者的答书和出使报告清晰地表达了蒙古帝国的世界观

---

① 〔法〕勒内·格鲁塞. 草原帝国［M］. 蓝琪，译. 北京：商务印书馆，1998：442—443.

② 〔法〕伯希和撰. 蒙古与教廷［M］. 冯承钧，译. 北京：中华书局，1994：225—226.

——蒙古人要统治世界，所有的欧洲人都没有怀疑蒙古人的力量。正如德·拉切维尔茨所说，"他们逐渐形成了蒙古帝国创造世界这样的观念，上帝所指派的领导者就是成吉思汗的继承者。即使许多国家依然没有置于大汗的控制之下，但是他们将被视为蒙古帝国世界版图之一。"①

6. 鲁布鲁克东行蒙古

安德·龙如美出使蒙古的外交使命虽然没有使路易九世如愿，但龙如美却给圣路易提供了许多有关蒙古人的宝贵情报，陈述蒙古帝国的朝野上下有大量的基督教徒，罗斯东南部有一个信仰基督的蒙古大首领、拔都之子撒里答，在一座营地中有八百个装在车辆上的教堂，等等。另一方面，巴格达的阿拔斯王朝的雅各派和聂思脱里派主教之位岌岌可危，也使热衷基督教利益的路易九世牵肠挂肚。为了劝化蒙古统治者皈依基督教和保护西亚地区的基督教徒，路易九世决定派遣方济各会修士、法国佛兰德斯人威廉·鲁布鲁克以传教士身份东行蒙古。柔克义说：鲁布鲁克"可能在那个时候已有意访问那遥远的地区，宣讲正教，把散居在蒙古帝国内的基督徒携归罗马教廷"②。詹姆斯·赖扬说："威廉的目的是希望在东方传播基督教义，并慰问基督教徒。"③

1251 年底或 1252 年中，鲁布鲁克赴君士坦丁堡和小亚细亚之前，曾与安德·龙如美在巴勒斯坦会晤，了解过蒙古帝国的一些情形。柔克义说，"鲁布鲁克从他那里得到许多有价值的情报，最后促使自己决定走俄罗斯方向的道路赴蒙古，不走亚美尼亚的道路。前一条路，他已从嘉宾的使团那里了解到，它有利于把他带到撒里答的营地，据称撒里答是个信仰基督教的蒙古人，那么他能指望得到撒里答的帮助继续旅行，同时得到帮助在蒙古人中建立传教团。"④ 1252 年初春，鲁布鲁克带着路易九世致撒里答和蒙古帝国大汗的信件，从阿克行至君士坦丁堡。1253 年 5 月 7 日，从君士坦丁堡前往伏尔加河下游的金帐汗国。他穿越黑海，5 月 21 日抵达克里米亚半岛上的苏达克。苏达克在 12 世纪 50 年代是黑海地区的基辅罗斯与亚洲的贸易枢纽，伊本·艾西尔（1160—1234）曾说："苏达克是金帐汗国的城市，钦察人从苏达克获得商品，原因在于它位于

① MORGAN D. The Mongols［M］. Wiley – Blackwell, 2007：157 – 158.
② 耿昇，何高济译. 柏朗嘉宾蒙古行纪·鲁布鲁克东行纪［M］. 北京：中华书局，1985：195.
③ RYAN J D. Christian Wives of Mongol Khans：Tartar Queens and Missionary Expectations in Asia［J］. Journal of the Royal Asiatic Society, Third Series, 1998, 8（3）.
④ 耿昇，何高济译. 柏朗嘉宾蒙古行纪·鲁布鲁克东行纪［M］. 北京：中华书局，1985：198—199.

可萨海滨。"① 7 月 31 日鲁布鲁克抵达撒里答营地,并在伏尔加河岸拜见拔都,随后被送往蒙古,12 月 27 日到达哈剌和林之南的蒙哥冬营地。1254 年 1 月 4 日和 5 月 24 日,鲁布鲁克两次得到蒙哥大汗的接见。宗教上,蒙古帝国实行兼容并蓄的开放性政策,帝国内的佛教、道教、伊斯兰教和基督教均同等对待。但是,鲁布鲁克请求蒙哥大汗允许他在蒙古传教的要求被婉言拒绝,他带着蒙哥大汗致法王路易九世的信函回国,1255 年 8 月 15 日到达的黎波里。在致法王的信中,蒙哥汗仍然宣称成吉思汗及其继承者受天之命为世界之主宰,各国均应臣服帝国的理念。鲁布鲁克虽没能留在蒙古传教,但他的旅行报告《东行纪》详细地记载了蒙古人的政治、经济、军事和社会情况,为西欧统治者与蒙古人的政治交往提供了重要情报。

(二)阿八哈汗与英王爱德华一世的联盟

13 世纪 60 年代以后,十字军东征已是明日黄花,马木路克王朝在苏丹拜伯尔斯(1260—1277)的领导下,不断攻克十字军在近东地区的据点和堡垒。1263 年拜伯尔斯占领卡拉克,1265 年夺取凯撒里亚和医院骑士团的阿尔苏夫,1266 年收复圣殿骑士团的萨法德,1268 年占领雅法和安条克。尤其是安条克,它既是十字军的大本营,拜伯尔斯在此歼敌一万六千,俘虏十万,给十字军国家在近东的生存以沉重的打击,加速了十字军国家之间日益瓦解和矛盾凸显的进程。更重要的是,安条克也是十字军与波斯的蒙古人一直保持相互提携的联络站,安条克的失陷使东方的十字军越来越依赖于西方基督教国家的支援。1268 年教皇克雷芒四世(1265—1268)呼吁西欧各国君主支持法王圣路易九世(1226—1270)组织的第八次十字军东征。作为英国王子的爱德华在圣路易的感召下,向法王借款 7 万英镑,作为东征的军费。1270 年爱德华率领 7000 人来到撒丁岛,加入了路易九世的远征军。

1270 年 7 月 18 日法王路易九世统帅的十字军在突尼斯的迦太基登陆,尽管十字军没有遇到穆斯林的强烈反抗,但是十字军严重缺水,皈依基督教的突尼斯哈夫西德王朝统治者阿布·阿卜杜拉·穆罕默德·穆斯坦绥尔坚决抵抗,加上十字军内部流行痢疾,死亡现象十分严重,路易九世也未幸免,8 月 25 日他客死突尼斯。圣路易的弟弟、西西里国王、安茹的查理劝说侄子腓力(后继承法国王位)与马木路克王朝签订停战协定。爱德华对此十分愤怒,他宣誓:"以

---

① MARTIN J. The Land of Darkness and the Golden Horde: The Fur Trade under the Mongols XIII – XIVth Centuries [J]. Cahiers du Monde russe et soviétique, 1978, 19 (4): 404.

上帝作证,即便所有跟随我的人都背离了我,我也要和侍从官佛温去阿克,至死不渝!"① 雅克·巴威奥特说:"爱德华看上去是想要去实现路易九世首先企图在圣地完成的事业(或者我们可以如此猜测):在西西里越冬后,1271年他前往圣地,希望借助蒙古人的力量重新夺回耶路撒冷。"②

路易九世远征突尼斯失败,拜伯尔斯深谙基督教国家不可能再以兵来援助爱德华。1271年春,耶路撒冷的形势进一步恶化,爱德华完全意识到仅仅依靠不足7000人的军队与马木路克军队抗衡,无异于以卵击石,所以他试图与伊利汗国阿八哈汗结成军事联盟,共同进攻马木路克人。为此,爱德华派出雷吉纳尔德·罗塞尔、戈德弗鲁瓦·沃思、约翰·帕克出使大不里士,阿八哈同意派军协同爱德华作战,正值阿八哈率领主力军在呼罗珊地区与察合台汗国八剌汗交战,只能派出一支驻营鲁木的10000—12000蒙古军人进攻叙利亚。在撒马合儿的统帅下,蒙古军蹂躏了安条克、阿勒颇、哈马、霍姆斯直到凯撒里亚之间的大片地区,带着大批掠夺而来的人口和牲畜回到安纳托利亚附近的营地,蒙古军暂时减轻了马木路克人对爱德华军队的压力。但是,爱德华在阿克附近的进攻却不那么成功,大批英国士兵因不适应当地气候而丧生,协助爱德华东征的近东十字军积极性也不高。1272年9月24日,爱德华乘船从阿克回国,途中闻讯父王亨利三世于11月16日去世,爱德华在法国加斯科尼待了很长一段时间,1274年8月2日才回到英国,19日他加冕称王,成为爱德华一世(1272—1307)。

1271年格列高利在阿克朝圣时,当选为罗马教皇,称格列高利十世(1271—1276)。他千方百计重新组织十字军东征以拯救圣地,在1274年5月7日召开的里昂宗教会议上,因为阿八哈汗使者到来,格列高利十分高兴地延请蒙古使者入会。蒙古使者不是为了宗教信仰问题而是为了建立与基督教国家联盟而来,他们传达了阿八哈汗出兵圣地并进攻穆斯林的愿望,在伊利汗国使臣回国时,格列高利还赠以美服,附以致阿八哈汗的书信(1274.3.13),并说明在基督教军队能够抵达圣地之前,将遣使伊利汗国。教皇在里昂会议上还呼吁西欧各国君主与伊利汗国联盟以有效开展反马木路克王朝的斗争。1274年在小亚美尼亚国王勒文三世(Leon Ⅲ)的催促下,阿八哈汗又派出一个不少于16人

---

① LOCKHART L. The Relations between Edward I and Edward II of England and the Mongol īl-Khāns of Persia [J]. Iran, 1968, 6: 23.

② PAVIOT J. England and the Mongols (c. 1260–1330) [J]. Journal of the Royal Asiatic Society, Third Series, 2000, 10 (3): 309.

的使团出使西欧，再次表达了从穆斯林手中解放圣地和保护基督徒之意，希望爱德华一世出兵耶路撒冷。1275 年 1 月 26 日爱德华一世在致阿八哈汗的书信中，告知阿八哈汗正在筹备一支十字军，希望阿八哈汗能履行这种神圣计划，同时表示遗憾，因为教皇尚未做出决定，不能奉告出兵圣地耶路撒冷的日期，并敦请阿八哈汗眷顾圣地和东方的基督徒。爱德华一世的信中说："吾人欣悉君之爱护基督教，与君援助基督教与圣地而反对基督教敌之决心，颇深感谢。请君执行此种神圣计划。至若吾人到达圣地与夫基督教徒通过之时，现尚未能奉告。盖吾人作答之时，教皇对于此时尚未决定也。一俟决定之日，即以奉告。吾人敢以圣地与东方一切基督教徒之事奉托。"① 1275 年 10 月爱德华一世通过耶路撒冷的医院骑士团团长休·列维尔和圣殿骑士团团长纪尧姆·德·博热的来信，获得了东方战事消息，了解到蒙古军 1274 年 11 月曾包围幼发拉底河流域的比拉城堡，但在 12 月又被马木路克王朝苏丹拜伯尔斯所败，蒙古军撤回波斯。

　　1276 年 11 月阿八哈汗还派出两名格鲁吉亚人约翰和詹姆斯·瓦萨里出使西欧，拜见了教皇约翰二十一世（1276—1277）和法王腓力三世，并前往英国宫廷，表达了西欧君主若出兵圣地，伊利汗国将以军事援助，但是西欧统治者除表示歉意外，皆未响应阿八哈汗的倡议。二位使臣还转告了阿八哈汗和忽必烈皇帝愿意侍奉基督教，所以教皇选派传教士数人准备前往东方传教。1277 年教皇约翰二十一世去世，尼古拉三世（1277—1280）登上教皇之位，新教皇派出彼得、安东尼、约翰等 5 名传教士携带教皇致阿八哈书信，前往伊利汗国传教。

　　（三）列班·扫马的西行

　　1. 列班·扫马和麻古思的宗教之旅

　　13 世纪亚美尼亚编年史家巴·赫布拉攸斯记载，元代中国涌现出两位杰出的聂思脱里派基督教徒（景教徒）——列班·扫马和麻古思。列班·扫马的（Rabban Sauma）叙利亚语，即法师之意，1225 年出生于汗八里（今北京），其父昔班，汗八里景教巡视员，其母克雅姆塔，夫妻婚后多年无子，祈求上帝，斋戒数年，遂生一子，欣喜之余，名之曰巴·扫马（Bar Sauma 叙利亚语，斋戒之子）。列班·扫马年长二十，父母为其娶妻成家，希望扫马继承父职。但是，列班·扫马心系宗教冥想生活，崇尚苦修。史载，"他过着一种严格的贞洁与谦卑的生活且全身心投入，以获得精神之超越，他努力使自己契合于来世的万事

――――――――――

① 〔瑞典〕多桑. 多桑蒙古史：下册［M］. 冯承钧，译. 上海：上海书店出版社，2001：190.

万物。当他年届二十时，其心燃起熊熊圣火，烧尽罪恶之荆棘（或荆棘之来源），涤去诸种淫猥和污秽，净化其灵魂。因他更喜主之爱，他紧握犁把，不愿看身后。他毫不犹豫地抛弃世俗之阴暗，并立刻抛弃属于他的娱乐之物。他视美食为无物，且滴酒不沾"①。扫马的言行，与父母的期望相左甚远，然不改初衷。当他尽心服侍父母三年后，终为父母所理解。扫马三十岁时，接受总主教马·乔治的削发剃度仪式，隐居在汗八里郊区一小山洞虔诚苦修，声名远播，成为一位德高望重的苦修僧。史载，"他的德行让他成为一非常可敬之人，终于，其美德在彼地流传开去，群众常常聚集于他周围，聆听其话语，每个人都将荣誉划拨于他（即归于他）"②。

麻古思（Markos），1245 年出生于科尚城③。其父贝尼尔，是科尚城景教区副僧正④。也是一位信仰虔诚、矢志不渝侍奉上帝的僧者。麻古思，比起他三位哥哥，更专注于景教宗教生活。与列班·扫马一样，他也接受了良好的宗教教育，遵守律法，笃定隐修，不辞辛苦，前往汗八里，仰拜列班·扫马，并结为师徒关系。麻古思经历三年的修士生活后，接受了总主教马·聂思脱留斯的削发剃度仪式，成为一名真正的修士。

麻古思和列班·扫马两人虔诚修行，终日斋戒，净化心灵，感悟上帝。经过多年隐修，麻古思和列班·扫马最大的心愿是前往西域巡礼基督教圣迹，瞻仰基督教圣物，在耶路撒冷接受真正的解罪。约 1275—1276 年，两人决意西行耶路撒冷朝圣，开始了他们的宗教之旅。麻古思说："如果我们离开此地，往西方出发，对我们会有极大的助益，因我们能够［拜谒］神圣殉教者和天主教神甫之墓，得到［他们］的祝福。如万有之主基督延长我们的寿命，赐恩惠于我们，则我们可去耶路撒冷，如此我们便能得到我们罪行的完全宽恕和对我们愚蠢罪恶的赦免。"⑤ 他们不辞路途遥远之辛苦，不为战乱所恐惧，"天国就在心

---

① 〔伊儿汗国〕佚名，朱炳旭译. 拉班·扫马和马克西行记［M］. 郑州：大象出版社，2009：2.
② 〔伊儿汗国〕佚名，朱炳旭译. 拉班·扫马和马克西行记［M］. 郑州：大象出版社，2009：3.
③ 法国学者夏博（M. Chabot）认为科尚城为山西省霍山府，英国学者亨利·玉尔认为科尚城为山西省东南的霍州府，伯希则认为科尚城为山西省东胜州。
④ 景教实行等级分明的教界制，传教士分八级，最高级为总主教（Catholicus/Patriarch），第二级为总主教（Metropolitan），第三级为主教（Bishop），第四级为司祭（Presbyter），第五级为副僧正/执事（Archdeacon/Diaconate），第六级为助祭（Deacon），第七级为副助祭（Sub‐deacon），最低级为读经师（Reader）。
⑤ 〔伊儿汗国〕佚名，朱炳旭译. 拉班·扫马和马克西行记［M］. 郑州：大象出版社，2009：7.

中"，奋勉践行朝圣心愿。从汗八里出发，来到麻古思故乡——科尚城，受到百姓欢天喜地的迎接，并得到信仰景教的汪古部统治者爱不花和君不花的热情接待，爱不花是蒙古帝国贵由汗的女婿，君不花是当朝皇帝忽必烈汗的女婿，他们为列班·扫马和麻古思精心准备了坐骑、衣物和钱粮。从科尚城来到唐古忒（西夏），在中兴府（银川），百姓闻听两位僧者前往耶路撒冷，"不分男女老幼，咸急切前去会见，因唐古特之民是热忱的信徒，他们思想纯洁。他们送给二僧各种礼物，并接受两人的祝福，随后一大群人护送他们上路"。① 从唐古忒去洛顿（和田），路途疲乏劳顿，荒无人烟，6个月后，他们来到喀什噶尔，在塔拉斯河岸拜见海都，尔后抵达呼罗珊地区的徒思，拜谒圣·马·申雍修道院，并接受修道院主教的祝福。他们与修道院的僧侣交流信奉上帝的心得体会，启程前往阿塞拜疆，并在伊利汗国都城篾剌合拜见波斯地区景教大总管马·登哈（1266—1281），禀明从忽必烈大汗的汗八里城前来西域朝圣之意，大总管看到他们毕恭毕敬，产生慈爱之心，同意他俩参观泰西封的科可（塞琉西亚）大教堂和伯加迈的马·伊塞克尔圣墓。然后经过额尔比勒、摩苏尔、辛贾尔、尼西宾和马尔丁，拜谒了两河流域的马·奥金圣墓、戈扎尔塔圣迹和马·米迦勒修道院，麻古思和列班·扫马沿途受到各地神甫和僧侣的祝福。在大总管马·哈登的帮助下，他俩拜见了伊利汗阿八哈，"阿八哈很友好地接见了他们，并且非常乐意他们前来朝圣耶路撒冷，还给他俩签发沿途官书和引荐信"②，阿八哈汗还命令汗国各地贵族帮助麻古思和列班·扫马朝觐耶路撒冷。因叙利亚北部战事，麻古思和列班·扫马抵达亚美尼亚古都阿尼城后，折回大总管处，完成了他俩宗教之旅夙愿。诚如马·哈登所言，"此非去耶路撒冷之时也。国内动乱，路已经中断。现在观之，你们已得所有教堂及其中之圣物（或遗迹?）的祝福，照我看，当一人以纯洁之心敬拜它们时，便绝不亚于去耶路撒冷朝圣"③。1280年马·哈登委任麻古思为驻中国的契丹和汪古教区总主教，列班·扫马为巡视总监。1281年2月24日马·哈登在巴格达去世，25日波斯地区各主教一致推选35岁且精通蒙古帝国政策、语言和习俗的麻古思为马·哈登的继承人——"东方教会宗主教"，称雅八拉哈三世（Yahbhallaha Ⅲ），管理东起中国，西至巴勒

---

① 〔伊儿汗国〕佚名，朱炳旭译. 拉班·扫马和马克西行记 [M]. 郑州：大象出版社，2009：9.

② MCLEAN N. An Eastern Embassy to Europe in the Years 1287 – 8 [J]. The English Historical Review，1899，14 (54)：303.

③ 〔伊儿汗国〕佚名，朱炳旭译. 拉班·扫马和马克西行记 [M]. 郑州：大象出版社，2009：15.

斯坦，北达西伯利亚，南临斯里兰卡的东方景教教区。11月麻古思前往阿八哈汗营地，接受阿八哈的祝贺和履新信物——圣杯、圣冠、阳伞、斗篷、牌子、任命书和官玺，并在科可大教堂举行授职大典。雅八拉哈三世在巴格达掌教36年（1281—1317）。

2. 列班·扫马的外交之行

1256年旭烈兀消灭阿剌模忒的亦思马因派宗教国，1258年征服巴格达，火烧巴格达城，特别是巴格达的大清真寺，屠杀穆斯林9万余人①，并实行宗教迫害政策，赦免基督教徒，结束了阿拔斯王朝长达450余年的统治。蒙古人在中东地区的征服和统治，就东方基督徒的宗教活动条件而言，无疑大大优渥于阿拔斯王朝，同时代的亚美尼亚史家基拉罗斯说："攻占报达时，旭烈兀之妻脱古思可敦②为聂思托里安教派基督教徒讲话，或者另一种说法，她为基督教徒们的生命求情。旭烈兀赦免了他们，并允许他们保有财产。"③ 甚之者，旭烈兀还把哈里发的一座宫殿赐给巴格达景教大主教马基哈。旭烈兀进攻篾牙法里勤时，大部分穆斯林被杀，唯有基督徒幸免。篾牙法里勤的基督教徒数量很多，因为该城是雅各派的古老教区，也是亚美尼亚教派的中心。基拉罗斯说："这些教堂受到尊重，由圣·马鲁塔收集的数不清的遗物也同样受到尊重。"④ 在巴格达的聂思脱里派、叙利亚的雅各派和亚美尼亚派的基督徒眼里，蒙古人成为被穆斯林压迫的基督教徒的复仇者和救世主。

在西亚，旭烈兀为首的蒙古统治者倾向于基督教。在蒙古帝国和伊利汗国，相当一批有重要影响的女性，她们既扮演皇太后、皇后和皇妃的角色，又是虔诚的基督教徒。唆鲁禾帖尼别吉，她是信仰基督教的克烈部王罕的侄女、成吉思汗幼子拖雷的长妻、大汗蒙哥和忽必烈的母亲，也是第一任伊利汗旭烈兀的母亲。脱古思，克烈部王罕的另一侄女，旭烈兀的长妻。在旭烈兀的后妃中，脱古思的侄女秃乞台哈敦和侄孙女忽都鲁沙哈敦，拜占庭帝国皇帝巴列奥略王朝米凯尔八世的女儿玛丽公主，她们都是虔诚的基督徒，并在蒙古帝国的政策上起着举足轻重的作用。拉施特曾提到，脱古思哈敦"受到充分的尊敬，很有权势。因为客列亦惕人基本上都信奉基督教，所以她经常支持基督教徒，基督教徒在她的时代势力很盛。旭烈兀尊重她的意志，因此对基督教徒大加保护、

① 基拉罗斯说9万，多桑说8万。
② 脱古思可敦（Doquz khatun）：也译脱忽思合敦。
③ 〔法〕勒内·格鲁塞. 草原帝国［M］. 蓝琪，译. 北京：商务印书馆，1998：451—452.
④ 〔法〕勒内·格鲁塞. 草原帝国［M］. 蓝琪，译. 北京：商务印书馆，1998：456.

厚待:在所有的领地上都建立起教堂,在脱忽思哈敦的帐殿旁经常搭起[行军]教堂,并[在那教堂里]打钟"①。13 世纪后期,蒙古帝国宗教政策的开放性和蒙古统治者后妃们信奉基督教,为教皇为首的西欧统治者联络蒙古人,并希望在蒙古传教和缔结利益联盟创造了特殊意义的政治环境,也为伊利汗廷和西欧统治者加强外交提供了有利条件。

1282 年 4 月 1 日阿八哈汗去世,阿八哈的弟弟帖古迭儿继位。帖古迭儿皈依伊斯兰教,通好马木路克王朝,歧视基督教徒,监禁景教宗主教雅八拉哈三世,没有任何联盟西欧基督教国家共同反对马木路克王朝的意愿,彻底改变了伊利汗国传统的反埃及政策。此举遭到觊觎汗位的阿八哈之子阿鲁浑的强烈反对,并利用武力废黜了帖古迭儿的汗位。阿鲁浑登上汗位之后,立刻恢复他父亲实施的反马木路克王朝政策,保护基督教徒,再次启用雅八拉哈三世。为与西欧政治力量建立更密切的关系以对抗马木路克王朝,1285 年阿鲁浑致函教皇霍诺留四世(1285—1287),信中说:"由于萨拉逊人②的土地将处在你们与我们之间,我们将共同包围和扼死它。……在上帝、教皇和大汗的庇护下,我们将驱除萨拉逊人!"③ 所以,阿鲁浑提议十字军在叙利亚的阿克或埃及的达米埃塔登陆,伊利汗国将联合进攻穆斯林叙利亚,并承诺阿勒颇和大马士革归蒙古人,耶路撒冷归十字军。

阿鲁浑汗倾向于基督教徒,并且希望征服巴勒斯坦和叙利亚,为此他敦请宗主教雅八拉哈三世推荐一位能胜任出使西欧的人,寻求西欧统治者的军事联盟。雅八拉哈三世熟知列班·扫马完全有能力承担这一特别任务,故向阿鲁浑汗推荐列班·扫马为特使。列班·扫马很高兴地接受了这一任务,带着阿鲁浑赐予的 2000 米思哈勒黄金、30 匹良驹以及委任书、引荐信、国书、牌子和礼物出使西欧。

1287 年 3 月,列班·扫马一行从黑海名港特拉布宗乘船至君士坦丁堡,受到拜占庭帝国皇帝安德洛尼卡二世(1282—1328)的热情欢迎。列班·扫马在宏伟壮观、金碧辉煌的圣索菲亚大教堂祈祷后,启程前往意大利,两个月后抵达那不勒斯,并转至罗马。令人遗憾的是,4 月 3 日教皇霍诺留四世去世,新教皇尚未选立,12 位罗马红衣主教无意与伊利汗国使臣商议结盟对抗马木路克王

---

① 〔波斯〕拉施特 . 史集:第三卷 [M] . 余大钧,译 . 北京:商务印书馆,1986:19—20.

② 萨拉逊人(Saracens):近东地区的穆斯林。

③ 〔法〕勒内·格鲁塞 . 草原帝国 [M] . 蓝琪,译 . 北京:商务印书馆,1998:472.

朝问题，三天后，却刻意与列班·扫马探讨景教信仰问题。列班·扫马特别强调景教和圣地解放对伊利汗国的重要性，他说："要知道，我们的许多长老（7世纪以来的几个世纪中的聂思托里安教传教士们）曾到突厥人、蒙古人和中国人的居住地，对他们进行教化。今天，许多蒙古人已经是基督教徒，他们中有君主和皇后的孩子们，他们接受了洗礼，信仰基督。他们在扎营地建造教堂。阿鲁浑王与主教团结。他希望叙利亚归他所有，恳求你们援助解放耶路撒冷。"① 瞻仰圣彼得大教堂及罗马其他教堂、圣迹、圣物后，列班·扫马前往法国，9 月 10 日到达巴黎，受到法王腓力四世（1285—1314）的隆重接见。列班·扫马呈上阿鲁浑汗致法王信函和礼物，希望与法王行动一致，收复耶路撒冷。信中曰："长生天气力里，皇帝福荫里，阿鲁浑汗，致书于法兰克王，贵国使臣巴什麻至，据云：伊勒汗出征埃及时，汝欲派兵接应。有志如是，深感嘉尚。余虔信天气，将於豹儿年（1290）冬季末月秒出师。春季第一月驻兵大马斯，汝如预定时地，践约兴师，大福荫护助里，耶路撒冷可克。余以之畀汝。否则会军之时地无定，吾人之行动不一，则无利益之可言矣。汝可遣派娴习各方语言之使臣，以法国出产稀罕可爱之礼物至。然非长生天气力里皇帝福荫里不可。吾使名蒙喇里尔，并以奉闻。"② 法王亲自陪同列班·扫马拜谒了圣察帕勒教堂。参观索尔邦至圣丹尼勒的教堂后，列班·扫马前往加斯科尼拜见英王爱德华一世，波尔多市民夹道欢迎，与列班·扫马同行的使者将阿鲁浑汗和雅八拉哈三世的信函和礼物呈给爱德华一世。爱德华一世对阿鲁浑的国书关于耶路撒冷解放问题的看法非常高兴，他说："我们是这些城市佩十字徽号的国王，我们所考虑的就是这些事，就此事而言，当我闻知阿鲁浑和我看法一致时，我感到非常安慰。"③ 爱德华一世及国务大臣们举行盛宴，热情款待列班·扫马一行的到来。但是，英法两国君主皆无意与伊利汗国商议军事联盟，列班·扫马只好启程回国，在罗马受到 1288 年 2 月 20 日当选为新教皇的尼古拉四世（1288—1292）的热情接见，尼古拉四世曾试图组织新的十字军东征，他饶有兴趣地听取了列班·扫马关于阿鲁浑汗的提议，并作答书，"其意略得汗书及聆使者之言，甚喜。其尤慰者，指挥大地诸君主心灵之天主，不惟感格阿鲁浑，使之善待其所属之基督教民，且使之表示其欲发展基督教疆域之意思。复次教皇表示

① 〔法〕勒内·格鲁塞.草原帝国［M］.蓝琪，译.北京：商务印书馆，1998：473.
② 江文汉.中国古代基督教及开封犹太人［M］.北京：知识出版社，1982：131.
③ LOCKHART L. The Relations between Edward I and Edward II of England and the Mongol īl－Khāns of Persia［J］. Iran，1968，6：25.

其感谢之意，并为蒙古汗列举正教之信条。"教皇还致书阿鲁浑："闻使者言，其汗若能夺耶路撒冷国于逆徒之手，拟于此耶路撒冷城中受洗。此意固佳，然不如先行洗礼，得上帝之助，将不难拯救此国。且为拯救自身计，受洗之事亦刻不容缓。此事将使上帝嘉悦，而使其臣民增加云云。"① 但是，尼古拉四世只谈及阿鲁浑洗礼之事，也无意商讨联盟事宜。宗教活动上，新教皇允许列班·扫马参加了复活节（4 月 10 日）前一周的庆祝仪式，并亲自授给他圣餐。列班·扫马出使西欧虽受到各国君主的热情款待和欢迎，但联盟西欧君主组织十字军进攻埃及的马木路克王朝的外交任务却收效甚微。列班·扫马带着罗马教皇尼古拉四世、英王爱德华一世和法王腓力四世致阿鲁浑汗的信件和礼物回国后，阿鲁浑非常高兴，任命他为御前景教牧师，并允许在汗帐旁建立教堂。阿鲁浑汗还为自己的儿子完者都受洗，并取名尼古拉，以向教皇表示敬意。

　　（四）蒙古人在西亚与西欧的外交

　　伊利汗国、西欧、马木路克王朝三者之间的关系，实质上是围绕争夺叙利亚地区展开的。它们相互影响、相互制约，决定了在特定历史条件下伊利汗国、西欧基督教国家和埃及的马木路克王朝的外交政策和实践。总体上看，伊利汗国对外政策和实践的核心是积极构建与西欧基督教国家的军事联盟，不断侵袭叙利亚地区，防御和打击马木路克王朝。伊利汗国的外交政策和实践无论是对伊斯兰历史抑或世界历史都产生了深远影响。

　　1. 伊利汗国与西欧外交的历史背景

　　（1）伊利汗国对叙利亚的战争多次为马木路克王朝所阻遏

　　叙利亚地区，西濒地中海，东接美索不达米亚，北连安纳托利亚，南至埃及和北非，是东西方的桥头堡，亚非之间的交通要道，无论是商贸、交通还是战略位置都极其重要；叙利亚土地肥腴，也是著名的"粮仓"。自古以来，叙利亚就是列强们竞相角逐的场所。埃及的法蒂玛王朝（909—1171）、艾尤卜王朝（1171—1250）和马木路克王朝（1250—1517），历朝历代统治者都把埃及及其东邻叙利亚的结合视为政权巩固的目标和象征。十字军时期（1206—1291），叙利亚是基督教世界和伊斯兰世界长期争锋之地。1192 年和约之后，十字军在叙利亚仅保有提尔到雅法的沿海地带，叙利亚大部分地区为艾尤卜王朝和马木路克王朝所控制。1258 年旭烈兀攻陷巴格达，灭阿拔斯王朝，哈里发的少部分王室贵族逃奔埃及。拜伯尔斯为使马木路克王朝苏丹政权合法化以及对外扩张，

　　① 〔瑞典〕多桑. 多桑蒙古史：下册［M］. 冯承钧，译. 上海：上海书店出版社，2001：236—237.

积极扶植流亡的阿拔斯王室贵族为傀儡，在埃及恢复哈里发制。如此一来，伊斯兰世界的中心便从巴格达的阿拔斯王朝转到开罗的马木路克王朝。埃及的马木路克王朝成为伊斯兰世界的支柱。它既成为蒙古人进一步军事扩张的打击对象，也成为蒙古人企图建立一个从太平洋沿岸直抵大西洋沿岸的帝国的最大屏障。

13 世纪 50 年代蒙古人夺取波斯地区之后进一步向西扩张。1260 年 1 月蒙古军攻克叙利亚北部重镇阿勒颇。接着，哈马、霍姆斯和大马士革等中心城市相继失守，蒙古军占领了叙利亚绝大部分地区，前线兵锋直逼埃及，旭烈兀的蒙古军已成为马木路克王朝最大、最直接的威胁。1260 年艾因贾鲁特战役，蒙古军先锋统帅怯的不花阵亡，全线溃败。马木路克人则乘胜追击，蒙古军退守到幼发拉底河迤东地区，叙利亚与埃及又重新结合在一起。艾因贾鲁特战役之后，旭烈兀在西亚建立起伊利汗国。自旭烈兀以来的诸伊利汗大多奉行对叙利亚的侵略扩张政策，叙利亚成为伊利汗国与马木路克王朝争夺的焦点。1281 年阿八哈派出重兵并在藩属国小亚美尼亚、格鲁吉亚以及叙利亚的法兰克人协同下，主动进攻叙利亚，在霍姆斯战役中蒙古军大败，伊利汗国向叙利亚和埃及的扩张再一次被遏制。1299 年合赞又率领 9 万大军对叙利亚进行大规模的侵袭，并一度占据叙利亚。但 1303 年苏法尔草原之战，蒙古军又一次遭到沉重的打击。苏法尔草原战役之后，伊利汗国实际上再也无力发起侵袭叙利亚的战争。所以，夺取叙利亚是伊利汗的夙愿，也决定了伊利汗国"远交近攻"的对外政策，伊利汗国积极与叙利亚的十字军以及西欧基督教国家极力寻求联盟、共同打击劲敌马木路克王朝。

（2）恶劣的周边政治环境已构成对伊利汗国的极大威胁

伊利汗国除了与西面埃及的马木路克王朝争夺叙利亚之外，北面的金帐汗国和东北侧的察合台汗国皆与伊利汗国交恶，周边政治环境对伊利汗国政权的稳定和巩固极为不利，这也迫使伊利汗国积极寻求西欧基督教国家的联盟，藉以摆脱伊利汗国所面临的周边国家所造成的逼压困境。早在窝阔台去世之后，蒙古帝国内部矛盾凸显，帝国政权渐次解体。蒙哥大汗的即位问题实质上已演化成拖雷系与术赤系联合起来反对窝阔台系与察合台系的政治斗争。所以，在以忽必烈为首的拖雷系反对以海都为首的窝阔台系和察合台系的斗争中，金帐汗基本上站在蒙古帝国、元朝忽必烈的一边，这使得伊利汗国与金帐汗国的主要关系集中在领地纠纷的问题上。伊利汗国与金帐汗国的结怨始于旭烈兀西征时期。表面上看，双方的冲突源于宗教信仰的差异。史料记载，别儿哥汗（1257—1266）是金帐汗国最早信仰伊斯兰教的蒙古统治者。14 世纪著名的阿拉伯史学家伊本·哈勒敦说："他［别儿哥］由涅只篾丁·忽不剌的门徒之一舍木薛丁·巴哈儿昔接纳入教……巴哈儿昔住在不花剌，派人劝别儿哥入教。他［别儿哥］成了伊斯兰教徒，就派人颁发给他一张文书，准许他在他的其余领地内随意处置一切。但他［巴哈儿昔］辞绝了。别儿哥动身去会见他，他［巴哈儿昔］却不许他进去见他，直到他的亲近请求他接见别儿哥时为止。他们为别儿哥求得了他的允诺［准他进去见他］，他便进去了，又重复了一遍入教的誓约，司教责成他公开传［伊斯兰］教。他［别儿哥］在自己的全体人民中间传播它，在自己的全部领地内建起了清真寺与学校，亲近学者与法学家，与他们为友。"① 1253 年威廉·鲁布鲁克拜见拔都时也说，别儿哥已是一名伊斯兰教徒。② 所以，旭烈兀在西亚肆意屠杀穆斯林、偏爱基督教徒的一系列行为导致别儿哥汗非常痛心并不断地斥责旭烈兀。但实质上，伊利汗国和金帐汗国交恶的真正根源在于旭烈兀第三次西征强占了原属术赤封地的阿塞拜疆等地，双方结下不解之仇，经常为争夺阿塞拜疆而兵戎相见。之所以如此，是因为阿塞拜疆地区气候适宜、草地丰美、交通和商贸位置优越。雅库博夫斯基说："旭烈兀所重视的是阿塞拜疆出色的牧场。在这方面蒙古人特别喜爱库腊河下游驻冬的穆甘草原，及适于夏天放牧的覆盖着丰美青草的哈剌塔黑的山坡。最后，旭烈兀及其后裔对阿塞拜疆各城镇中享有盛名的富庶的手工业，尤其是纺织业，非常重视。别儿哥汗千方百计地硬要将阿塞拜疆并归金帐汗国。"③ 况且，水草丰美、物产富裕、经济发达、交通便利的阿塞拜疆的大不里士是伊利汗国旭烈兀朝的都邑，伊利汗据此既可聚集战争物资、休养生息，补充兵马，又可洞悉国内舆情。所以说，阿塞拜疆问题是内讧的焦点和实质。

1262 年秋，金帐汗别儿哥命令那海率军 3 万在打耳班与旭烈兀交战。翌年，别儿哥汗又出兵阿塞拜疆。为能够彻底击败伊利汗国，别儿哥汗开始积极寻求盟友，先后派遣使者出使马木路克王朝和拜占廷帝国，企图建立一个围堵伊利汗国的战略联盟。拜占廷帝国考虑到伊利汗国统治着鲁木大部分地区，希望与伊利汗国保持友好的睦邻关系。而马木路克王朝越来越清楚地认识到伊利汗国是继十字军之后对埃及的最大威胁。所以，1263 年 7 月，马木路克王朝与金帐汗国建立起共同反对伊利汗国的联盟，形成南北夹击伊利汗国的态势。1265 年

① 〔苏〕Б. Д. 格列科夫，А. Ю. 雅库博夫斯基. 金帐汗国兴衰史［M］. 余大钧，译. 北京：商务印书馆，1985：135.
② 〔英〕道森编. 出使蒙古记［M］. 吕浦，译. 北京：中国社会科学出版社，1983：142.
③ 〔苏〕Б. Д. 格列科夫，А. Ю. 雅库博夫斯基. 金帐汗国兴衰史［M］. 余大钧，译. 北京：商务印书馆，1985：61—62.

别儿哥乘阿八哈即位之际又挑起阿塞拜疆的战火，结果金帐汗军队被伊利汗国彻底击败，别儿哥汗也死于败北途中。之后的忙哥帖木儿（1266—1282）虽然调整了金帐汗国的对外政策，主张与马木路克王朝和拜占廷帝国保持友好外交关系的同时，试图与伊利汗国和解。但是，金帐汗国并未放弃对阿塞拜疆的索求。阿八哈死后，金帐汗忙哥帖木儿便乘机想夺取阿塞拜疆。1290 年忙哥帖木儿率 1 万多人由打耳班冲入伊利汗国边境。合赞汗统治时期（1295—1304），金帐汗脱脱（1291—1313）曾于 1302 年遣使伊利汗国，请求归还阿兰、阿塞拜疆两地。凡此种种，伊利汗国与金帐汗国为争夺阿塞拜疆等地断断续续进行了近一个世纪的战争，无疑给伊利汗国政权的稳定和巩固造成极大的威胁，并牵制了伊利汗国对叙利亚的军事扩张。

另一方面，伊利汗国还不断地受到来自阿姆河以东的察合台汗国对呼罗珊地区的侵袭。呼罗珊是伊利汗国的东北部门户，位于著名的"丝绸之路"上，战略地位极为重要；而且呼罗珊拥有巴里黑、赫拉特、马鲁、内沙布尔等众多历史悠久而富庶的大城，是伊利汗国重要的农业和工商业地区。但是，呼罗珊地区长期以来面临着同宗同族的察合台后王的侵扰，严重地威胁着伊利汗国东北地区的安全。1251 年蒙哥继任蒙古帝国大汗之后，开始大规模清洗窝阔台系和察合台系诸叛乱宗王，致使海都为首的窝阔台和察合台后王坚决反对忽必烈的元朝和旭烈兀的伊利汗国。1269 年海都、八剌在塔剌思会盟，"目的是要建立一个以海都为首的反对元朝忽必烈汗和波斯伊利汗的联盟"①。塔剌思会盟决定：第一，河中地区的 2/3 划归八剌，1/3 为海都等人占有；第二，1270 年春，八剌率军渡过阿姆河夺取伊利汗国门户呼罗珊。所以，1271 年之前八剌倾其全力越过阿姆河与伊利汗国阿八哈汗作战。只是因为窝阔台后王海都不希望八剌强大，致使八剌在赫拉特会战中为阿八哈汗大败，八剌沦为海都的附庸。之后，察合台后王尼兀答儿经常侵入伊利汗国领地。瓦撒夫记载：1279 年，"此种战士号曰尼兀答儿部人，或哈剌乌纳思人。曾侵入法儿思，在起儿漫境上之腾克息痕地方，败蒙古人、黎勒人、突厥蛮人、曲儿忒人合组之一军，杀七百人，继掠黑儿巴勒，以俘虏与所掠之物还昔斯单。越三年，尼兀答儿部人又侵入法儿思。进至波斯湾沿岸，抄掠此州南部与沿海诸地，饱载而去"②。1295 年察合台系后王都哇乘合赞即位之际侵入呼罗珊，多桑说："呼罗珊防军既少，河中之兵

---

① 王治来. 中亚史纲 [M]. 长沙：湖南教育出版社，1986：486.

② 〔瑞典〕多桑. 多桑蒙古史：下册 [M]. 冯承钧，译. 上海：上海书店出版社，2001：181—182.

遂乘虚侵入。八剌合之子都哇与海都之子撒儿班同以兵来蹂躏呼罗珊此地，并扰祸楼答而。"① 1299 年都哇之子忽都鲁·火者乘合赞兵进叙利亚之际率河中军侵扰法尔斯、克尔曼，抄掠两个月方可休兵。伊利汗国东部边境不断地遭受察合台汗国的侵袭、劫掠，人畜财物损失无算，并迫使伊利汗国派出大批的军队开赴呼罗珊以对东部地区进行重点防御，导致伊利汗国无力大规模向西扩张。正如格鲁塞所说，"波斯汗国从一开始就明显地受到钦察可汗们的敌视，后来又受到察合台诸汗们的敌视，不久便陷于四面楚歌的境地，来自高加索或阿姆河方向的不断的侧击使波斯汗国瘫痪，阻止了它向叙利亚方向的扩张"②。

（3）十字军东征运动在近东地区日渐衰落

八次大规模的十字军东征，可以说，仅第一次暂时称之为成功的军事行动。1096 年约 15 万欧洲骑士冲入耶路撒冷，在近东占领区主要是叙利亚和巴勒斯坦的沿岸地带先后建立起 4 个十字军拉丁国家。但是十字军在近东地区缺乏牢固的根基，遭到以埃及为首的近东各族人民的沉重打击。1130 年摩苏尔地区埃米尔伊马顿丁·赞吉开始向十字军发动大规模的反攻，收复叙利亚北方重镇阿勒颇。1144 年爱德萨伯国区沦陷，叙利亚地区的大部分城市落入赞吉王朝之手。艾尤卜王朝时期，1187 年萨拉丁在赫淀战役中大败耶路撒冷王国国王 G. D. 律西安，攻陷耶路撒冷城，收复叙利亚和耶路撒冷大部分地区，耶路撒冷王国事实上已名存实亡。圣城耶路撒冷的陷落在欧洲再次掀起十字军的征伐，虽然英王狮心理查占领了拜占庭帝国属地塞浦路斯岛，法兰克人在巴勒斯坦攻占阿克（1191），但是十字军已无法夺回圣地耶路撒冷。1192 年英国狮心王理查与艾尤卜王朝缔结和约后，西欧基督教国家为夺取圣地而战的念头，事实上已烟消云散。另一方面，从第四次十字军（1202—1204）开始，西欧基督教国家收复圣地的宗教热情基本丧失，放弃了既定的直接夺取圣城耶路撒冷的军事目标。第四次十字军东征所占领的是信仰同一的拜占庭，并在君士坦丁堡建立起一个拉丁帝国。有学者认为，十字军 1204 年的胜利，只是一次新的军事与商业联盟的胜利。欧洲并非每一个人都沉醉于这次十字军运动，几乎有一半十字军拒绝把目标转向君士坦丁堡。③ 从第五次十字军开始，罗马教皇失去了组织者、鼓动者的核心地位。第五次十字军由德皇腓特烈二世统帅主攻埃及，在教皇的诅咒

---

① 〔瑞典〕多桑. 多桑蒙古史：下册 [M]. 冯承钧，译. 上海：上海书店出版社，2001：265.

② 〔法〕勒内·格鲁塞. 草原帝国 [M]. 蓝琪，译. 北京：商务印书馆，1998：463.

③ KOENIGSBERGER H G. Medieval Europe 400 – 1500 [M]. Longman Group （FE）Ltd，1987：256.

中，德皇同样招致失败。尔后，腓特烈二世纯粹出于贸易扩张的原因又进行了未曾使用武力的第六次东征。十字军最后两次大的军事行动则由法王路易九世组织。1248年路易九世领导第七次十字军进攻埃及的艾尤卜王朝。"为侵略埃及，法兰西用尽了它所有的军队和财力；他在塞浦路斯海上布满了1800艘帆船；按最保守的估计船上也得有5万人之多。"① 但是，法王最终也落得兵败被俘的境地（1250年），被迫缴纳40万块金币之后获得释放。之后，路易九世在近东苦心经营4年，修葺城堡和军事要塞，并于1270年发动一场进攻北非突尼斯的第八次十字军。尽管如此，法军还是未逃脱失败的命运。所以，H. G. 科尼格斯伯格说："法王的最后冒险纯粹是一场闹剧。"② 总而言之，在以埃及为首的近东各族人民的沉重打击下，十字军东征自13世纪初以降逐渐走向衰落。

十字军走向衰落的影响之一，是西欧基督教国家也开始积极寻求与西亚的蒙古人加强军事联盟。伊利汗国为了要在西方建立起一个新帝国，继承了蒙古帝国对西欧基督教国家的传统外交政策，与西欧国家和罗马教皇加强联系，共同对付埃及的穆斯林。因此，伊利汗国与西欧的外交关系也就随着十字军东征运动的变化发展而消长。早在十字军东征初期，西欧就谣传东方出现一个新国王成吉思汗，他击败了信仰伊斯兰教的中亚强国花剌子模帝国，这一消息令西欧人欢欣鼓舞，他们相信成吉思汗是大卫王的化身，将帮助基督教徒夺回圣地耶路撒冷。然而，西欧人的乐观情绪随着蒙古人第二次西征，拔都蹂躏俄罗斯，匈牙利军队惨败而骤冷下来。欧洲人意识到：蒙古人对欧洲的威胁绝不亚于伊斯兰方面。幸运的是，这种直接威胁因窝阔台汗之死而渐次消失。当金帐汗国统治俄罗斯时，西欧各国就把蒙古人的征服看作是一个遥远的、局部性的问题。蒙古人第三次西征后，伊利汗国不断加强对叙利亚的战争。但是，马木路克王朝反十字军和蒙古军的斗争蒸蒸日上。共同的敌人即埃及的马木路克王朝将伊利汗国与西欧紧密地联系在一起，双方不断地派遣使者以寻求建立一个强大的反马木路克人的军事联盟。大卫·摩根说："基督教企图帮助蒙古人出兵叙利亚，作为回报，蒙古人则帮助基督教国家收复圣地耶路撒冷"。③

（4）伊利汗国同情和保护基督教徒

---

① 〔英〕爱德华·吉本. 罗马帝国衰亡史：下册 ［M］. 黄宜思，等译. 北京：商务印书馆，1997：476.

② KOENIGSBERGER H G. Medieval Europe 400 – 1500 ［M］. Longman Group Ltd, 1987: 260.

③ MORGAN D. Medieval Persia（1040 – 1797） ［M］. London and New York：Longman, 1988：64.

东西方史料记载，早在唐代，聂思脱里派基督教已经在蒙古部落中传播。13 世纪成吉思汗提倡宗教平等、信仰自由以及兼收并蓄的宗教政策，基督教在蒙古帝国发展成为一支举足轻重的重要宗教势力，一些蒙古汗王、后妃以及大臣纷纷信仰基督教。英国学者道森曾说："基督教在蒙古的地位是比较强的，在传教活动方面甚至提供了比西方基督教界所了解到的更为巨大的机会。由于他们同克烈部王族通婚，大汗们的妻子和母亲中，有许多是基督教徒，包括他们之中某些最有影响的人物在内，如蒙哥、忽必烈、旭烈兀的母亲'唆鲁和帖尼或莎儿合黑帖尼别姬'和旭烈兀的正妻脱古思可敦，后者被亚美尼亚编年史作者称为第二个圣海伦娜。"① 正因为基督教的发展和影响在蒙古帝国进一步扩大，罗马教皇希望野蛮的蒙古人全体皈依基督教并成为打击伊斯兰势力和支持基督教事业的同盟者。所以，罗马教廷不断地派出使节，蒙古帝国与罗马教廷的直接联系和交往日益增多。

在蒙古人征服和统治西亚前期，基督教得到伊利汗国极大的同情和偏爱。1258 年旭烈兀攻陷巴格达时大赦城内基督教徒并允许他们保有自己的财物，旭烈兀甚至还把阿拔斯王朝哈里发穆斯台耳绥姆（1242—1258）的一座宫殿赠给景教大主教马基哈。阿八哈也积极支持各基督教会，他是叙利亚景教大主教马登哈和雅八拉哈三世的保护人。1265 年阿八哈还与拜占庭皇帝米凯尔八世（1259—1282）之女玛丽公主联姻。在蒙古人统治下，景教在西亚各地建有大量的修道院。伊利汗们热情支持和保护基督教，完全出于政治和军事的考虑，通过扶持国内的基督教势力，增强征服叙利亚的精神感召力，并为伊利汗国沟通西欧基督教国家以尽早实现与西欧结成反马木路克王朝的军事同盟创造更好的条件。

2. 伊利汗国与西欧的外交活动

拔都西征时期（1231—1239），东欧大部分地区为蒙古人所征服，西欧面临着蒙古人的严重威胁。1245 年里昂公会之后，罗马教皇英诺森四世为首的西欧统治者积极主动派出方济各会修士柏朗嘉宾为首的使团出使蒙古汗廷。表面上，柏朗嘉宾是奉教皇之命"规劝蒙古大汗率领臣民信奉天主教，并劝蒙古罢兵休战，不要和欧洲基督教国家为仇，屠杀无辜人民"②。事实上，从柏朗嘉宾呈递给罗马教皇的报告来看，其出使蒙古的真正目的在于全面、准确地了解蒙古帝

---

① 〔英〕道森编. 出使蒙古记：绪言［M］. 吕浦，译. 北京：中国社会科学出版社，1983：19.

② 江文汉. 中国古代基督教及开封犹太人［M］. 北京：知识出版社，1982：113—114.

国的动向、军情、实力和作战策略，为西欧基督教国家抵御蒙古人的进攻提供准确而详尽的资料。与柏朗嘉宾出使蒙古的同时，1245年罗马教皇还派出以多明我会修士阿思凌为首的使团出使驻扎在里海西岸的蒙古统将拜住营地，希望蒙古人停止对基督教世界的侵略扩张。如此来看，柏朗嘉宾和阿思凌使团是罗马教皇为首的西欧统治者对蒙古帝国的一次刺探性交往，因而所得到的回复也只能是蒙古统治者以其傲慢的语气劝诫罗马教皇尽早归顺帝国大汗。

1248年应该说是西欧基督教国家与蒙古帝国交往史上的一个极其重要的年份。西亚的蒙古军统帅宴只吉带和法国国王路易九世之间开始了真正的政治交往，双方积极寻求建立联盟，以对付共同的敌人——信仰伊斯兰教的马木路克王朝。1248年5月15—24日，驻军穆甘草原的蒙古军统帅、信仰景教的宴只吉带获悉法王路易九世发动第七次十字军东征，遣使大卫和马克晋见驻跸塞浦路斯岛并正统率十字军东征的路易九世。宴知吉带以极其诚恳而毫无傲慢的语气致函法王，"要求法国出兵埃及，配合蒙古军进攻巴格达的计划，双方协同对穆斯林作战"①。作为回复，路易九世派出多明我会修士龙主麦人安德鲁·龙如美等人出使蒙古汗廷，正值贵由大汗驾崩，摄政的斡兀立海迷失礼待了西欧使者。与此同时，法国倾其举国之力的第七次十字军东征最终为埃及的艾尤卜王朝所挫败。1253年路易九世再一次派遣方济各会修士威廉·鲁布鲁克为代表的使团拜见哈剌和林的蒙哥大汗。鲁布鲁克返回欧洲后，向法王呈递了出使蒙古汗廷的报告《东方行纪》。从蒙哥大汗致路易九世的复信来看，蒙古朝廷视法王的使节为朝贡行为，复信语气也十分傲慢，因而鲁布鲁克通好蒙古的使命却未能实现，西欧基督教国家最初尝试与蒙古帝国结盟的外交实践没有获得成功。但是无论法王的使节还是教皇的使团皆使欧洲人明白，蒙古汗廷和军队中有许多人信仰基督教并有一批人乐意与基督教世界联系，这为罗马教廷、英国和法国与伊利汗国外交奠定了有利的基础。事实上也是如此，旭烈兀在1258年对叙利亚的征伐中开始了十字军与蒙古军的军事联盟。

1258年的叙利亚大致分为两部分。一部分是基督教的西部沿海地带，北部属于波赫蒙德六世控制的安条克公国和特里波利郡；南部属于名存实亡的耶路撒冷王国，保留着提尔男爵领地、法国的阿克小行政区和雅法郡等松散的联邦。另一部分是包括阿勒颇和大马士革南北两大重镇的叙利亚内地，属于伊斯兰教的艾尤卜王朝。应特别指出的是，在旭烈兀征伐叙利亚的战争中，波赫蒙德六世因为是早已臣属于蒙古帝国的小亚美尼亚国王海屯一世的女婿。受其岳父影

---

① 何芳川，万明. 古代中西文化交流史话 [M]. 北京：商务印书馆，1998：98.

响，波赫蒙德六世很快加入了蒙古人反对穆斯林叙利亚的联盟。阿米泰说："虽然政治现实起着作用，但是，海屯国王在促使他女婿安条克的波赫蒙德六世加入蒙古战线发挥了重要的影响。从一开始，亚美尼亚人是蒙古事业的基督教徒中主要支持者，亚美尼亚统治者和学者们在建立蒙古人与基督教世界联盟对付穆斯林阵线上较早地就尝试引起西方的基督教世界的兴趣。"① 1260 年旭烈兀率领的蒙古军与海屯和波赫蒙德率领的亚美尼亚人、法兰克人首次合作，并联合攻克阿勒颇城。作为回报，旭烈兀将萨拉丁以来为穆斯林所收复的、曾属阿勒颇公国的土地悉数交给波赫蒙德六世。之后，哈马、霍姆斯和大马士革纷纷投诚，蒙古军第一次实现了对穆斯林的叙利亚征服。

1259 年蒙哥大汗驾崩，按蒙古惯例，旭烈兀停止西征，蒙古人对西欧的直接威胁解除。继而，忽必烈与阿里不哥为争夺大汗之位展开了为期四年的内战（1260—1264），蒙古帝国出现解体，它决定性地影响了旭烈兀在西亚的攻略进程，旭烈兀在西亚便建立起自己的政权。对于西征之业，旭烈兀则全权委付给信仰景教的蒙古统将怯的不花，负责镇守叙利亚并伺机进攻埃及。伊斯兰世界中心的开罗现已面临着蒙古人最直接的威胁，埃及的马木路克王朝积极奋起反击。另一方面，基督教的叙利亚对蒙古人攻掠穆斯林的叙利亚所做出的反应也出现鲜明的分野。北部的波赫蒙德毫无疑问地站在怯的不花一边，而南部的法兰克人则公然抵制蒙古人的统治并勾通埃及的马木路克王朝。阿克的男爵们把蒙古人视为野蛮人，尤其是西顿的儒连伯爵杀死了怯的不花的侄子，而蒙古军洗劫了西顿以作为报复。尔后，南部的法兰克人通好埃及、敌视蒙古军，这些行为中断了叙利亚沿海地带南部的法兰克人与蒙古人的军事联盟，极大地鼓舞了马木路克人抗击入侵叙利亚的蒙古军，导致在 1260 年的艾因贾鲁特战役中蒙古军大溃败，蒙古人全部退出叙利亚占领区。

旭烈兀优待基督教徒使罗马教廷非常欢欣。1260 年教皇亚历山大四世又诱劝旭烈兀改信天主教，《莱纳耳德集》记载：亚历山大四世承诺，"君将见基督军队之公然辅助，使君征服回教诸国之权力大增。君若遵守公教之教训，政权将必巩固"②。但是，艾因贾鲁特战役之后，埃及苏丹拜伯尔斯（1260—1277）开始加强军队，保卫叙利亚边疆，伊利汗国无法发起对马木路克王朝大规模的

---

① AMITAI R. Mongols and Mamluks, The Mamluk - Ilkhanid War 1260 - 1281 ［M］. Cambridge University, 1995：25.
② 〔瑞典〕多桑. 多桑蒙古史：下册 ［M］. 冯承钧，译. 上海：上海书店出版社，2001：143—144.

进攻。况且，北面的金帐汗国对于伊利汗国而言，较之西面的马木路克王朝更具威胁性。1262 年和 1265 年金帐汗国别儿哥汗先后两次发起与伊利汗国争夺阿塞拜疆的战争。更有甚者，别儿哥与马木路克王朝结盟，南北夹击伊利汗国的态势已经形成。另一方面，拜伯尔斯开始收复叙利亚的十字军据点，先后攻占了克拉克（1263）、凯撒里亚（1265）、撒法德（1266），尤其是 1268 年 5 月伊利汗国的盟友拉丁人的安条克陷落。面临强大的共同敌人，旭烈兀之后的伊利汗开始积极寻求与罗马教皇和西欧基督教国家的联盟，双方互派使臣，致力于建立一个新的反马木路克王朝的共同阵线。

阿八哈统治时期（1265—1282），罗马教廷虽频繁地遣使伊利汗国，1267 年教皇克勒门四世、1274 年教皇格列高利十世、1278 年教皇尼古拉斯三世都贻书阿八哈，但是，罗马教廷唯一的希望是伊利汗国的蒙古人皈依天主教并保护东方的基督教徒，而对于与伊利汗国缔结军事联盟共同打击马木路克王朝的倡议并未响应。与西欧基督教国家的军事联盟一时无法实现，阿八哈决定联合附属的小亚美尼亚出兵叙利亚。1281 年小亚美尼亚国王海屯一世之子勒文三世（Leon Ⅲ）率领 3 万亚美尼亚人、格鲁吉亚人和法兰克人加入蒙古人与马木路克人的霍姆斯会战，但 5 万蒙古军同样惨遭失败。

阿鲁浑武力夺取汗位之后，为了抗击东北侧的察合台汗国和北面的金帐汗国的大规模军事行动，希望借助欧洲人的合作牵制埃及的马木路克王朝东进，极力与罗马教廷和西欧各国建立同盟，联合进攻耶路撒冷和叙利亚等地。1285 年阿鲁浑汗致函教皇洪诺留四世，向西欧基督教国家提议："埃及的土地在你们和我们之间……希望你我双方两面夹攻。"① 为了尽可能结成反马木路克王朝的共同阵地，1287 年阿鲁浑派出景教徒列班·扫马出使西欧，向法王腓力四世、英王爱德华一世以及新任教皇尼古拉四世呈递了阿鲁浑的礼物和书信，倡议西欧基督教国家共同行动进攻马木路克王朝。阿鲁浑甚至承诺：一俟蒙古和西欧同盟军攻占耶路撒冷，他将接受洗礼，改信基督教。除形式上的礼仪之外，西欧各国对阿鲁浑的具体而明确的提议还是未做出确切的回答，因此西欧基督教国家与伊利汗国缔结军事同盟的计划无法付诸行动。

阿鲁浑汗并未因此放弃同基督教国家联盟的计划，1289 年 4 月 10 日，他又派出新的使者、热那亚人布斯卡里诺·德·吉索菲出访西欧。布斯卡里诺使团 7 月 15 日到达罗马，受到尼古拉四世盛情接见。12 月，布斯卡里诺拜见法王腓力

---

① 〔英〕阿·克·穆尔. 一五五〇年前的中国基督教史［M］. 郝镇华，译. 北京：中华书局，1984：124.

四世，呈上阿鲁浑汗的书函，反复陈述伊利汗国希望建立解放圣地耶路撒冷的军事联盟，提醒法王必须遵守之前向列班·扫马许下的与蒙古人协同作战的承诺，并答应给法国十字军提供装备和 2—3 万匹战马，阿鲁浑承诺：如若获胜，耶路撒冷献给法王。阿鲁浑也请求法王回赠白隼和各色宝石。现藏于法国国家档案馆的阿鲁浑汗致法国国王腓力四世的书信说："阿鲁浑以预备会兵共取圣地之意通知法兰西国王。设若国王亲以兵来，阿鲁浑将偕谷儿只之二基督教国王至少以兵二万骑往会。顾法兰西王与其诸藩臣颇难运送所需之马渡海，阿鲁浑将以二三万匹赠之或售之。阿鲁浑且能在罗姆为之预备粮储，将命人以牲畜、骆驼、谷面及其他军食付之。"① 1290 年 1 月 5 日布斯卡里诺抵达伦敦，带着教皇尼古拉四世给爱德华一世的引荐信觐见了爱德华一世，阿鲁浑表示：若英王亲率十字军远征圣地，阿八哈汗也将亲率一支军队进攻异教徒。除了受到西欧统治者热情款待外，英法君主以远征圣地必须得到教皇许可为搪塞，西欧对十字军东征的兴趣已日渐冷淡。格鲁塞在其名著《亚洲史》中说："西方国家与蒙古人此次合作的不能成功可视为一场灾难，因为，这是西方凭借蒙古人的联合行动以适当的规模对抗撒拉森人并获得成功的最后机会。"② 值得钦佩的是，阿鲁浑并未因西方反应冷淡而使自己进攻马木路克王朝灰心丧气，1291 年 3 月阿鲁浑临死前，他又派出布斯卡里诺第二次出使西欧，使团在罗马同样受到尼古拉四世的接见，并带着教皇的诏谕先后到达巴黎和伦敦。在英国，爱德华一世对联合蒙古人以收复圣地耶路撒冷表现出些许热情，1291 年夏，他派出自己年轻时的随从杰佛里·德·兰利为首的使团，带着赠与阿鲁浑汗的白隼出访伊利汗国，因为布斯卡里诺精通蒙古语，在伊利汗廷颇有影响，使团伴随布斯卡里诺同行。1291 年 12 月，杰佛里由热那亚启程前往特拉布宗，1292 年 4 月抵达特拉布宗，然后经由锡瓦斯、开塞利、凡湖、霍伊，最终抵达大不里士。1292 年夏，在阿剌塔赫夏营地觐见伊利汗国新任统治者乞合都。遗憾的是，乞合都荒淫奢靡、财政拮据，无力顾及西欧联盟事宜。1293 年 1 月 11 日，杰佛里使团带着乞合都回赠英王的一只雪豹，回到热拉亚，至于何时回到英国，无从考证。随着马木路克王朝于 1291 年 5 月 18 日攻克十字军在近东地区的最后一个据点阿克，历时 200 年的十字军东征以西欧彻底失败告终，也意味着西欧与伊利汗国

① 〔瑞典〕多桑. 多桑蒙古史：下册 ［M］. 冯承钧，译. 上海：上海书店出版社，2001：238.

② LOCKHART L. The Relations between Edward I and Edward II of England and the Mongol īl‐Khāns of Persia ［J］. Iran，1968，6：26.

缔结军事联盟的可能性不复存在。

1295 年 10 月合赞成为伊利汗国新任统治者，虽然他改信了伊斯兰教，伊利汗国成为伊斯兰国家，但是他继承了旭烈兀、阿八哈和阿鲁浑所推行的反埃及和联合西欧的传统外交政策。1299 年合赞汗取得第三次霍姆斯之战胜利后，西欧基督教国家收复圣地耶路撒冷的希望再次燃起，基督教国家请求与西亚的蒙古人一同组织联合远征军。阿拉贡王国国王雅各二世（1291—1311）还积极遣使以示祝贺，同时希望为伊利汗国解放圣地助一臂之力。多桑记载："言闻其胜上帝之敌，甚喜，愿海舟、士卒、粮马等物来助，请以所需语使者。并言曾命其臣民欲赴此种地域从合赞军者，任其往从。如欲其以军往助，则请以将来所攻取之圣地与其他地域五分之一为报。末言，冀其阿剌贡臣民自由旅行西利亚，巡礼圣墓，不纳贡赋。"① 在西欧外交事务上，合赞汗再次派出布斯卡里诺执行联盟西欧以对抗马木路克王朝的外交使命，布斯卡里诺先访问罗马和巴黎，1301 年教皇卜尼法斯八世（1294—1303）写信给合赞汗。1302 年 4 月 12 日，合赞汗复信教皇，肯定了联合出兵计划，同时也提醒基督教国家不要忘记曾经允诺的约定。1303 年初，布斯卡里诺抵达伦敦，合赞汗也带去一封致英王爱德华一世的信函，合赞在信中"明显地抱怨法兰克人长期来没有与蒙古人共同重新征服圣地做任何尝试，希望爱德华一世出兵耶路撒冷"，爱德华一世在 3 月 12 日的复信中说，他相当担忧圣地耶路撒冷的局势，但是，西欧基督教国家间的战争妨碍了他全身心投入收回圣地这件事上。"基督教国家正陷于相互间交战，如果天下太平，即可为重新征服圣地而携手共进。"② 希望再次付之东流，合赞汗于 1303 年毅然决然第三次发起对叙利亚大规模进攻，苏法尔草原之役，合赞汗军队惨败，伊利汗国再也无力继续大规模发兵与马木路克王朝争夺叙利亚，阿拉贡王国在内的西欧各国君主与合赞汗联合进攻马木路克王朝的行动并未实现。

1304 年 5 月 17 日合赞汗去世，其弟完者都即位（1304—1316）。完者都曾于 1288 年受洗为基督徒，并取名尼古拉，但后来改信伊斯兰教，一度是什叶派的支持者。完者都对伊斯兰教虔诚，但对外政策上，如其兄合赞汗一样，希望与西欧建立起反马木路克王朝的联盟。1305 年完者都派遣万户长秃满和马马剌

---

① 〔瑞典〕多桑. 多桑蒙古史：下册［M］. 冯承钧，译. 上海：上海书店出版社，2001：315.

② LOCKHART L. The Relations between Edward Ⅰ and Edward Ⅱ of England and the Mongol īl‐Khāns of Persia［J］. Iran，1968，6：29.

黑，携带致教皇克勒蒙五世（1305—1314）、法王腓力四世和英王爱德华一世的书函出使西欧，秃满一行先至法国，拜会法王腓力四世，口头传达完者都的友谊，表达完者都为西欧内战平息、复修旧好感到由衷高兴，并希望与西欧各国君主联合起来反对马木路克王朝。现藏于法国国家档案馆的完者都致腓力四世国书，完者都在穆甘草原于 1305 年 5 月 15 日拟定此信，在信中，他祝贺自己与元成宗铁穆耳、窝阔台宗王察八儿、察合台宗王都哇和金帐汗宗王脱脱和好如初，蒙古帝国各兀鲁思已经重新联合为一整体，道路复通，望遵守祖辈以来与西欧君主间的友谊，团结合作，共讨马木路克王朝。多桑记载："完者都算端谕富浪算端曰：昔者富浪诸算端皆与我曾祖、我祖、我父、我兄相友善。距离虽远，彼此皆视同邻国，互相传言，互相遣使，并以礼物相赠。汝当忆之。今者吾人得上帝福荫，身登大位，吾人欲遵曾祖父兄之遗教，不敢违其成规。诸祖与汝等之约，吾人仍守之，与自誓无异。彼此和好尤将胜前，彼此将遣派使臣。我辈兄弟因信恶臣（哈剌赤）之谗言，以致失和。乃今铁穆耳可汗、脱脱、察八儿、都哇与吾人等成吉思汗诸后裔，皆赖上帝之感格与福荫，复和好如初。由是东起南家之国（中国），西抵塔剌之湖，我辈之民族皆联合为一，道路复通。苟有离心者，互约共击之。我既不忘汝与曾祖父兄之友谊，特命使者马马剌黑、秃满二人往使汝国。我闻富浪诸算端和好亲睦，实为得计。由是彼此皆可赖上帝气力，共讨扰乱我辈和好之徒。此事上帝临之。七〇四年蛇儿年夏季第一月第八日"①。拜会法王后，秃满前往英国，不幸爱德华一世去世，继位的爱德华二世（1307—1327）接见了伊利汗国使者，爱德华二世就完者都汗的坦诚和友谊表示感谢，在 1307 年 10 月 16 日和 11 月 30 日致完者都汗的复信中，爱德华二世保证，除非路途困难，他将尽力配合完者都消灭马木路克王朝。"若我们配合默契，邪恶的异端行将毁灭，祝愿您获得成功，实现值得称许的计划。"② 不过，即使完者都向教皇承诺：西欧基督教国家发兵耶路撒冷之日，他将以 10 万大军、20 万匹战马、20 万担小麦协助基督教军队收复圣地耶路撒冷，但是，与西欧结盟反埃及的马木路克王朝的计划始终未能实现。究其原因，除十字军东征日薄西山之外，事实上，"欧洲人并不信任蒙古人，也就阻止了联盟

---

① 〔瑞典〕多桑. 多桑蒙古史：下册［M］. 冯承钧，译. 上海：上海书店出版社，2001：398.

② LOCKHART L. The Relations between Edward I and Edward II of England and the Mongol īl - Khāns of Persia［J］. Iran，1968，6：30.

的建立"①。

不赛因统治时期（1317—1335），伊利汗国中央集权瓦解，地方军事贵族割据称雄，对叙利亚的战争，历史上伊利汗国几乎以失败告终，1322 年不赛因与埃及的马木路克王朝缔约修好，放弃了传统的军事对抗政策，结成睦邻友好关系，所以，伊利汗国不赛因朝也就不必积极遣使西欧以寻求英国或法国的军事联盟。相反，1320 年小亚美尼亚因受马木路克王朝、伊利汗国鲁木总督出班之子、帖木儿塔失以及突厥军事一部首乌马尔的军事侵略而岌岌可危，年仅 10 岁的小亚美尼亚国王勒文五世求助罗马教皇约翰二十二世（1316—1334），希望得到西欧各国君主的军事援助。为此，1322 年 7 月 13 日，约翰二十二世致书不赛因，历言小亚美尼亚国王与旭烈兀家族亲密友好的政治关系，希望不赛因援助小亚美尼亚。约翰二十二世还陈述了旭烈兀家族历任统治者与基督教国家的友好关系，鼓励不赛因改信基督教。在 7 月 12 日致不赛因的书信中，教皇说："吾人常闻君之祖先迭遣使向罗马教皇与圣座表示敬意，并使同一使臣致书于富浪诸王表示友好。前任诸教皇与诸基督国王曾以礼待使者。君之祖先与诸国王且互致馈赠。脱君遵先人之例，亦遣使来，吾人实无任欢慰也。"② 随历史条件的变化，不赛因虽没有遣使西欧寻求联盟，但是，他默许了罗马教皇约翰二十二世任命弗兰科斯·贝鲁塞为伊利汗国都邑苏丹尼耶的基督教大主教。在勒文五世的求助下，不赛因还遣军 2 万支持勒文五世政权，并请求马木路克王朝苏丹纳绥尔对小亚美尼亚息兵修和，1323 年小亚美尼亚与埃及议定 15 年停战条约。1327 年帖木儿塔失叛逃埃及，纳绥尔自认为不赛因不快，决定处死帖木儿塔失。8 年后，不赛因去世，伊利汗国瓦解，伊利汗国与西欧的官方交往之路受阻。

3. 蒙古人在西亚与西欧外交的历史影响

西亚的蒙古人在蒙古帝国和伊利汗国统治时期，一直与西欧基督教国家保持着友好的合作和亲密的往来，它不仅对伊利汗国的政治走向产生了重大影响，而且也对基督教世界和伊斯兰世界的发展起着重要的作用。

第一，伊利汗国和基督教世界致力于建立反埃及马木路克王朝联盟的外交政策和实践，一定程度上影响了伊利汗国国策的发展方向。伊利汗国前期，除

---

① MORGAN D. Medieval Persia（1040—1797）　[M]. London and New York：Longman，1988：64.

② 〔瑞典〕多桑. 多桑蒙古史：下册 [M]. 冯承钧，译. 上海：上海书店出版社，2001：420.

帖古迭儿之外，自旭烈兀至阿鲁浑皆奉行传统的对外扩张政策，出于政治和外交同盟的需要，诸伊利汗在国内积极保护和支持基督教会，偏爱基督教徒，以此推进伊利汗国征服叙利亚的战争和巩固旭烈兀家族在西亚的新生政权。正因为如此，位于亚历山大列塔湾附近的小亚美尼亚王国以及格鲁吉亚王国不仅承认了伊利汗国的宗主地位，而且坚定不移地站在伊利汗国一边，积极反对叙利亚的穆斯林，成为伊利汗国的忠实盟友。另一方面，藉以小亚美尼亚信奉天主教并与罗马教会相结合，伊利汗国成功地实现了与叙利亚的安条克和的黎波里的十字军联合打击伊斯兰国家的军事联盟，一定程度上缓解了埃及马木路克王朝所带来的威胁，使伊利汗国可以聚集相当的军事力量应对北面金帐汗国对阿塞拜疆的觊觎，确保了伊利汗国政权的稳定和巩固。同时这种关系也使得罗马教皇信心满满地希望伊利汗国的蒙古人改信基督教并收复叙利亚和耶路撒冷，双方保持着密切的使臣和书信往来。不过随着十字军东征的彻底失败，伊利汗国已经无法实现与西欧基督教国家实质性的军事联盟，西亚的蒙古人不得不变更在西亚的统治政策。自合赞汗开始，伊利汗国放弃了蒙古帝国以来同情和保护基督教徒的传统，合赞汗以伊斯兰教为国教，伊利汗国的全体蒙古人成为穆斯林。在伊利汗国后期，伊利汗彻底地改变了前期的统治方略，积极依靠穆斯林僧俗贵族，大力发展社会经济，西亚的蒙古人逐渐波斯化和伊斯兰化，伊利汗国最终融入伊斯兰世界。

第二，伊利汗国前期与西欧基督教世界保持着密切友好的外交关系，极大地促进了东西方的经济和文化交流。伊利汗国，东与中国元朝关系十分密切，西与基督教世界的高层领导保持着频繁的友好往来，在中国元朝和欧洲国家的交往中起着重要的桥梁作用。列班·扫马、马·雅八拉哈三世、孟·高维诺正因为伊利汗国前期扶植基督教、通好西欧，因而景教僧侣充当了东西方交往的重要使者。而这些肩负交往使命的传教士和使臣们的频繁往返活动，极大地促进了伊利汗国、元朝中国和西欧国家之间的相互了解和文化交流。例如，通过旭烈兀、阿八哈、阿鲁浑诚挚地致函罗马教廷和英法君主，不断地明确表示关心和爱护基督教，教皇和欧洲各国君主都表现出由衷的喜悦，并热切地希望伊利汗国的蒙古人改信基督教，大大地改变了欧洲人早先敌视和对抗蒙古人的看法，并试图与伊利汗国的蒙古统治者结成联盟共同对付宿敌马木路克王朝。通过频繁而友好的交往，也促进了东西方文化的交流。中国的雕版印刷、火药武器、丝绸和瓷器制造、炼铁高炉等大量科学技术传入西亚和西欧，阿拉伯的三角帆船也传入地中海、大西洋，而西亚的天文、医学等成就传入中国。

另一方面，伊利汗国与西欧保持友好的外交关系，最大限度地发挥了中东地区的交通和贸易优势，促进了东西方商业和贸易的发展。伊利汗国扼控西亚地区，把持着亚欧大陆主要的交通和贸易路线的枢纽，通过陆路可达黑海和叙利亚各港口，利用波斯湾可通埃及、印度和中国，伊利汗国成为东西方物质文明和精神文明交往的最佳中介。诸如尼柯罗兄弟、马可·波罗以及杨枢等大批的东西方商人穿越伊利汗国陆路和水路贸易网，将波斯的马匹和生丝、小亚细亚的明矾和矿石、埃及的亚麻织物和玻璃制品、中亚的皮革和马匹、印度的棉花和香料、南亚的优质木材和奢侈品、中国的丝绸和瓷器等名特产品转运四方。在与西欧友好的外交往来中，西欧商人开始尝试穿越黑海，并沿顿河和伏尔加河前往里海和波斯并经过波斯湾直接前往印度和东印度群岛的贸易线。欧洲人由此发现了令其垂涎和神往的香料原产地及其价格，强烈地吸引着西方人寻找新的通往"香料产地"的海路，而这一梦想又随着伊利汗国后期伊斯兰化得以加速实现。斯塔夫里阿诺斯说："更重要的是，伊利汗国的合赞汗（1295—1304）改宗伊斯兰教，无意之中切断了欧洲人去香料群岛的运输路线。从此，几乎所有的香料都是沿红海至尼罗河航线，用船运输，使阿拉伯和威尼斯经纪人获得巨额利润。但有些欧洲人不愿继续支付昂贵的价款，尤其是他们现已知道香料的产地及其价格，从此开始避开穆斯林这一障碍的新道路，结果达·伽马开辟了一条环绕非洲的划时代的航线。"① 英国学者赫德逊也认为，伊利汗国的伊斯兰化以及与叙利亚的频繁交战迫使欧洲人寻找一条新的能避开敌对的伊斯兰世界直接通达印度、印尼群岛的"香料之路"，导致欧洲人地理大发现的伟大时代到来。②

---

① 〔美〕斯塔夫里阿诺斯. 全球通史—1500 年以前的世界 ［M］. 吴象婴，等，译. 上海：上海社会科学出版社，1999：334.
② 〔英〕G. F. 赫德逊. 欧洲与中国 ［M］. 李申，等，译. 中华书局，1995：123.

第五章

蒙古人在西亚的宗教和文化

蒙古人在西亚的扩张，无疑给被征服地区的社会生产带来深重的灾难。然而，伊利汗国统治时期波斯文化继续发展并呈现繁荣之势。丹尼斯·西诺尔评说："如果说蒙古人早期的征服意味着无法估量的破坏，那么伊利汗国后期的文明很大程度上弥补了这些损失"。① B. B. 巴托尔德断论："如果说在历史上某一时期波斯民族在世界文化活动中占据了无可争议的地位，那么这一时期恰恰是蒙古人统治时期。"②

一、蒙古人在西亚的宗教

（一）1295 年前的伊利汗国宗教

1. 萨满教

蒙古统一之前，蒙古社会普遍信仰原始的萨满教。萨满教是蒙古人古老的宗教，它以万物有灵为核心，尤其崇拜天神腾格里。虽然萨满教是一种不系统的而且近乎迷信的宗教，但它与蒙古人的法律、传统、风俗习惯、禁忌紧密结合在一起，制约着人们的言行，并根植于蒙古人的思想情感之中。所以，成吉思汗及其继承者们认识到萨满教的重要性，将萨满教与汗权紧密结合在一起。

为强化汗权权威，成吉思汗将自己视为"天之子"，是受天之命来统治人间的代表，并将自己所做的一切都归之于天之意，"彼所欲为之事，则曰天教恁的，人所已为之事，则曰天识着，无一事不归之天。"③ 萨满教也利用天命观为成吉思汗忠实服务，为蒙古统治者征服和统治世界制造思想舆论。所以，萨满教对巩固蒙古帝国的统治和维护汗权起着不可低估的作用。正因为如此，萨满

---

① SINOR D. Inner Asia: History – Civilization – Languages [M]. Indiana University, 1971: 178.

② 〔苏〕B. B. 巴托尔德. 蒙古征服对波斯文化的影响 [J]. 蒙古学资料与情报，1988 (4).

③ （宋）彭大雅，撰，王国维，校. 黑鞑事略 [M]. 清华学校研究院，1926: 12.

教在蒙古统治阶级之中倍受尊崇，许多皇室成员笃信萨满。贵由大汗的皇后斡兀立海迷失终日与萨满巫祝共处。蒙哥大汗"凡行事必谨叩之，殆无虚日，终不自厌也"①。1257 年旭烈兀觐见阿拔斯王朝哈里发的使臣时说，希望哈里发归附，并郑重宣告："长生天神选择了成吉思汗和他的家族，并将东方到西方的全部土地赐给了我们。凡是俯首听命地从内心和言词与我们一条心的人，他的领地、财产、妻子、儿女和生命就能保全，而蓄意反对［我们］的人，就不能享有这些。"② 阿八哈汗宠爱萨满巫师巴拉赫。阿鲁浑非常信佛，常年服用"仙丹"，1291 年 1 月病重时，属下建议阿鲁浑让萨满施法祛病，阿八哈听从了建议，"'珊蛮们用［羊的］肩胛骨占卜说，病因是受了巫术。'秃合察黑哈敦被怀疑行使巫术。她在棍棒酷刑下受审，最后，这位哈敦和许多妇女被抛入河中"③。即使是如此粗野的萨满巫术，广大的蒙古游牧民亦坚信不疑。

2. 兼收并蓄的宗教政策

蒙古帝国建立后，征服和统治范围日益扩大，帝国境内并存着佛教、伊斯兰教、基督教、道教、儒教、萨满教、犹太教等东西方各种宗教，成为世界上宗教汇聚的大场所，各种宗教在帝国的共存性，很大程度上意味着必须实施宗教信仰的自由和相互间的宽容。作为欧亚大陆的新统治者，蒙古统治阶级认识到佛教、基督教和伊斯兰教已根植于各自的民族之中，而且这些宗教都是有组织、有系统的宗教，远远超出原始性很浓的萨满教，萨满教已不适应疆土广袤的蒙古帝国的政治需要。所以，蒙古统治者从政治上考量，为达到"因其俗而柔其人"的统治目的，帝国从征服一开始，就对各种宗教采取兼容并蓄的政策。在蒙古帝国内，既保持蒙古人的原始宗教信仰萨满教，又宽容基督教、伊斯兰教和佛教。成吉思汗规定，一切宗教都应受到尊重，应对各种宗教平等，并把它作为札撒的内容法律化。志费尼记载：成吉思汗"因为不尊崇任何宗教，不追随任何教义，所以他没有偏见，不舍一种而取另一种，也不尊此而抑彼。他尊敬有知识的宗教虔诚者。……一方面优待穆斯林，一方面敬重基督教徒和佛教僧。他的子孙中，有人选择信奉伊斯兰教，有人信仰基督教，有人崇拜佛教，也有人仍恪守先辈的旧法，不信仰任何宗教"④。这种宗教开放、宽容、平等的原则，成吉思汗的继承者们都忠实地予以遵守。

① （明）宋濂，等.元史：卷八［M］//宪宗纪.北京：中华书局，1976：54.

② 〔波斯〕拉施特.史集：第三卷［M］.余大钧，译.北京：商务印书馆，1986：51.

③ 〔波斯〕拉施特.史集：第三卷［M］.余大钧，译.北京：商务印书馆，1986：211.

④ JUVAINI. The History of the World – Conqueror［M］. BOYLE J A. Manchester University，1958：26。

窝阔台汗和贵由汗借助各种宗教为其统治祈祷祝福，蒙哥汗喜欢经世治国的儒家学说，忽必烈也把宗教看作是加强皇权必不可少的工具，元世祖对马可·波罗说："全世界所崇奉之预言人有四，基督教徒谓天主是耶稣基督，回教徒谓是摩诃末（穆罕默德），犹太教徒谓是摩西，偶像教徒谓其第一神是释迦牟尼。我对于兹四人，皆致敬礼，由是其中在天居高位而最真实者受我崇奉，求其默佑。"① 忽必烈既践行了先祖所制定的宗教自由、平等政策，也说出了帝国宗教宽容政策的政治实质。1326年天主教传教士安德鲁在给罗马教皇的信中说："在此大帝国境内，天下各国人民，各种宗教，皆依其信仰，自由居住。盖彼等以为凡为宗教，皆可救护人民。……吾等可自由传道，虽无特别允许，亦无妨碍。"② 开放、宽容意识构成蒙古帝国宗教政策的基本内核，也是成吉思汗子孙应予遵循的宗教法则，它为伊利汗国各种宗教的繁荣提供了政策保障和宽松自由的政治环境。

3. 伊斯兰教

蒙古人征服西亚前，统治西亚的是阿拔斯王朝，它是一个政教合一的国家。巴格达的哈里发，既是阿拔斯王朝的最高统治者，更是伊斯兰世界的精神支柱，逊尼派伊斯兰教在阿拔斯王朝占统治地位，居民大多信仰逊尼派。13世纪阿拔斯王朝哈里发的政治权力日益衰落，但宗教权威不断加强，尤其是哈里发以宗教领袖来强化其权力的神圣性。哈里发宣称，他不再是先知的代理人，而是安拉的代理人，其权力直接受自安拉。因此，穆斯林每星期五举行聚礼时，都要为哈里发祈祷祝福。这种神权思想在旭烈兀进攻巴格达和处置末代哈里发穆斯台绥姆时强烈地表现出来。1258年旭烈兀进攻巴格达，哈里发曾派遣特使前往旭烈兀帐殿时称道："若哈里发被杀，整个世界将陷入混乱，太阳将从他面前隐没，雨水不再降落，万物不再生长。"③ 甚至投附旭烈兀的阿拔斯王朝占星者、迭儿腾地区长官忽撒马丁也预言：巴格达一旦被攻陷，将发生六大灾祸。④ 巴格达攻陷后，哈里发即将被处死，伊斯兰世界又纷纷谣传："哈里发的血如果洒在地上，他（旭烈兀）及其不信教的蒙古人将为地球所吞食。"⑤ 面对如此强大的宗教观念和社会舆论压力，旭烈兀既要翦除正统哈里发，又要笼络被征服地区的民心，于是利用伊斯兰教逊尼派和以往长期受压制的什叶派之间的尖锐矛

---

① 沙海昂，注. 马可波罗行纪［M］. 冯承钧，译. 北京：中华书局，2004：305.

② 张星烺，编注. 中西交通史料汇编：第一册［M］. 北京：中华书局，2003：334.

③ BOYLE J A. The Cambridge History of Iran，Cambridge University，1968，5：538.

④ 〔波斯〕拉施特. 史集：第三卷［M］. 余大钧，译. 北京：商务印书馆，1986：57.

⑤ BOYLE J A. The Cambridge History of Iran［M］. Cambridge University，1966：539.

盾，召集什叶派大法官纳昔剌丁·徒昔（1201—1274）就是否处死哈里发及如何处死哈里发问题与逊尼派法官进行激烈辩论。最终，旭烈兀采用以布袋将哈里发扎绑起来并置之木板之下用马践踏至死的方法处死哈里发。旭烈兀围绕伊斯兰教宗教领袖处置问题的巧妙解决。从宗教的角度上来看，一方面，它一定程度上缓解了逊尼派教徒的恐惧、怨愤之情，但也给逊尼派教徒的伊斯兰宗教领袖的道统以毁灭性的打击；另一方面，它为逊尼派和什叶派紧张局势的平息，为伊斯兰法学派别之间思想对立的淡化，为以往长期受压抑的什叶派获得解放和拓展势力，提供了一个良好的契机。

　　基于政治和军事需要，为反对逊尼派的阿拔斯王朝和马木路克王朝，旭烈兀积极笼络什叶派宗教上层。早在第三次西征初期，1251 年旭烈兀就下令在哈不伤从国库中拨款修建大清真寺。1258 年围攻巴格达时，旭烈兀积极接受几位有影响的什叶派大法官建议，在旭烈兀发行的所有钱币上铭刻着穆斯林的清真言。甚至风传，在忠诚服务于伊利汗廷的什叶派大法官、大学者纳昔剌丁·徒昔的影响下，旭烈兀已成为一名穆斯林。我们无须讨论旭烈兀改信伊斯兰教的真实性问题，但是，什叶派的学术中心希拉归顺蒙古人，在伊利汗廷内，一批最著名的什叶派伊斯兰学者一直在为蒙古人服务是不争史实。有学者认为，什叶派发现如果要选择统治者，蒙古人显然比阿拔斯人和塞尔柱人更能让人接受，著名的什叶派教义学家和教法学家伊本·塔乌斯甚至发布法特瓦教令，声称宁愿服从异教徒的，然而是公正统治者的旭烈兀，而不要自称是先知继承人的阿拔斯王朝。① 所以说，伊斯兰教在伊利汗国并没有遭到排斥，即使在阿鲁浑尽力联络西欧各国以建立反马木路克王朝的军事联盟时期，阿鲁浑汗对伊斯兰教上层还是较为尊教。例如，1290 年 9 月，在接近斋月时，阿鲁浑下令在京都大不里士设置四座读经坛，并邀来伊斯兰教法官、教长伊玛目和全体穆斯林参加，阿鲁浑完全按照伊斯兰惯例举行节日祈祷，伊斯兰教法官和传教者备受尊敬和厚待。帖古迭儿是第一位信仰伊斯兰教的伊利汗，他自称阿合马，对伊斯兰教法官优礼有加。拉施特说："帖古迭儿很尊重司教奥都剌合蛮，称之为父，而对住在阿儿兰的一个巴必·牙忽卜的穆拉德教派者明里则称之为弟。"②

　　特别需要注意的是，1295 年合赞汗率领西亚的全体蒙古人成为穆斯林，什叶派伊斯兰教成为伊利汗国的国教，什叶派在蒙古人统治西亚时期得到迅速发展，并逐渐成为波斯地区势力最强的伊斯兰教派。这与今天伊朗伊斯兰共和国

---

① 王宇洁. 伊朗伊斯兰教史［M］. 银川：宁夏人民出版社，2006：42.
② 〔波斯〕拉施特. 史集：第三卷［M］. 余大钧，译. 北京：商务印书馆，1986：167.

尊奉什叶派伊斯兰教为国教以及全伊朗人口 90% 以上的穆斯林信仰什叶派的局面不无关系。什叶派宗教学者服务于伊利汗廷比比皆是，完者都即位前信仰逊尼派的哈奈菲派。即位后，哈奈菲派日见骄恣，与信仰逊尼派的沙菲仪派的宰相拉施特矛盾白热化，两派甚至在汗廷上争执不已，引起完者都和忽都鲁沙为首的部分蒙古异密极为不满。在蒙古军将塔林塔思、马什哈德的什叶派神学家塔吉丁·阿瓦吉和扎马勒·丁·穆塔希尔的影响下，1309 年完者都从逊尼派公开改信什叶派，并使什叶派成为国教。为表示虔诚信仰伊斯兰教，完者都大兴伊斯兰教建筑，1310 年完成的伊斯法罕大清真寺精致典雅，1304—1325 年修建的纳坦兹大清真寺气势宏伟。其子不赛因 1316 年即位后，他起初也是一位什叶派信徒（后改信逊尼派），伊本·白图泰说，如果一个逊尼派教徒在阿里或侯赛因的圣陵不以哈里发阿里的名义起誓，就会有被什叶派教徒打死的危险，所以，信仰逊尼派的伊本·白图泰路过库法一什叶派村庄时，只好另走他乡。什叶派尤其是圣裔拥有崇高的地位，伊本·白图泰说："圣裔总监由伊拉克素丹（伊利汗不赛因）选派。素丹十分信任他，享有高位，赐给旗帜鼓乐仪仗，早晚有人在他府前吹打。"① 总之，从 1295 年合赞汗改信伊斯兰教到 1335 年不赛因统治结束，伊利汗国已经成为一个地地道道的伊斯兰国家。

4. 基督教

蒙元时期，波斯的聂思脱里派基督教徒被称为迭屑（Tarsā）或也里可温（Erke'un）。受蒙古贵族集团原有政治观念和经济利益的制约，除帖古迭儿外，伊利汗国在统治西亚的前期一直没有改变对外扩张政策，继续进行与马木路克王朝争夺叙利亚的战争。13 世纪下半叶，为打败埃及的马木路克王朝，伊利汗国把西方的基督教世界看作是反马木路克王朝的天然盟友，并企图与之结成反马木路克王朝的共同联盟。受其影响，波斯地区的基督教尤其是景教（聂思脱里派基督教）在伊利汗国的政治生活中扮演着重要的外交使臣角色，代表者当推列班·扫马出使西欧。所以，景教在西亚较之前享有发展的最好空间，不仅得到旭烈兀、阿八哈、阿鲁浑等伊利汗及脱古思、玛利亚等后妃们的关爱，而且还得到忽必烈及其在中国的继承者们的保护。在西亚，特别是脱古思合敦对基督教优渥有加，史料记载："蒙古大军西征，对基督教徒多所爱护者，托古思可敦之功也。""王（旭烈兀）及妃（脱古思）有功于基督教，不下于君士坦丁

① 马金鹏译. 伊本·白图泰［M］. 银川：宁夏人民出版社，1985：142.

大帝及其母海伦娜。"① 所以，"在宗主教马天合②（1265—1281）领导下，聂思脱里教会的教阶组织被重新组织起来，并且从波斯和印度洋扩展到里海和太平洋"③。13 世纪中叶，景教在波斯及东方设立了 1 个宗主教驻节地和 25 个主教区。在伊利汗国境内，设有宗主教驻节地和 18 个主教区，分别是一区的军迪沙普尔、二区的尼西宾、三区的巴士拉、四区的摩苏尔、五区的塞琉西亚（巴格达）、六区的哈勒旺（克尔曼沙阿）、七区的波斯和凡城、八区的呼罗珊、九区的赫拉特、十区的阿拉伯和阔脱罗拔、十一、十二区、十三区的亚美尼亚、十四区的大马士革、十五区的阿塞拜疆、十六区的刺夷（德黑兰）和塔巴里斯坦、十七区的低廉（吉兰）、十八、十九区、二十区的巴尔赫、二十一区的塞吉斯坦、二十二区的哈马丹，可想而知，景教在伊利汗国获得巨大发展和重要影响。④ 现附表如下：

13 世纪中叶景教主教区驻节地

一区	军迪沙普尔（Jandisapur）
二区	尼西宾（Nisibis）
三区	巴士拉
四区	摩苏尔
五区	塞琉西亚（Beth Seleucia）
六区	哈勒旺（Halwan）
七区	波斯和凡城（Van）
八区	呼罗珊
九区	赫拉特
十区	阿拉伯和阔脱罗拔（Cotroba）
十一区	秦尼（Sinae）
十二区	印度
十三区	亚美尼亚
十四区	大马士革

① 张星琅，编注. 中西交通史料汇编：第一册［M］. 北京：中华书局，2003：279，281.

② 马天合（Mar Denha）：一译马登哈。

③ ［英］道森，编. 出使蒙古记［M］. 吕浦，译. 北京：中国社会科学出版社，1983：21.

④ 宝贵贞，宋长宏. 蒙古民族基督宗教史［M］. 北京：宗教文化出版社，2008：76—77.

续表

十五区	阿塞拜疆
十六区	剌夷（Ray）和塔巴里斯坦（Tabaristan）
十七区	低廉（Daylam）
十八区	撒马尔罕
十九区	喀什噶尔
二十区	巴尔赫（Balkh）
二十一区	塞吉斯坦（Sejistan）
二十二区	哈马丹
二十三区	汗八里
二十四区	唐兀忒
二十五区	瑙察（Nuachet）

1284 年阿鲁浑即位后，来自蒙古帝国首都汗八里的景教教徒麻古思被选为波斯及东方地区的宗主教，称雅八拉哈三世，他在伊利汗廷中获得相当大的影响，是因为阿鲁浑决定派遣新的使团出使西欧时，雅八拉哈三世推荐了列班·扫马出使西欧。由于罗马教皇为首的西欧封建主也希望与蒙古人尤其是西亚的蒙古人共建反对马木路克王朝的阵线，新教皇尼古拉四世以极大的热情接待了列班·扫马，并"批准其居于一切东方人之上的宗主教的权力"。① 阿鲁浑汗对列班·扫马出使西欧非常满意，任命列班·扫马为伊利汗廷的神父，并专为列班·扫马设立一座与汗帐相连的礼拜堂，阿鲁浑还为自己的儿子完者都受洗，取名尼古拉以对教皇表示敬意。阿鲁浑汗甚至在 1288 年 4 月致教皇的信中许诺，当蒙古与西欧的联军攻占耶路撒冷时，他本人将在圣地耶路撒冷接受洗礼。

拜都（1295）虽然在位不到一年，但他"好结文士，常与阿八哈之妃东罗马主女玛利亚论宗教，深知基督教理，所用多基督教徒"②。可见，景教在伊利汗国的地位是十分尊崇的，景教的总部就设在波斯，景教早已渗透到蒙古王公贵族之中。仅西亚的蒙古人，就有不少政治地位显赫者信奉景教，虔诚者，莫过于旭烈兀的母亲唆鲁禾帖尼可敦、长后脱古思可敦、大将怯的不花等。阿八哈汗的妃子玛丽亚，原是拜占廷帝国皇帝米凯尔八世（1259—1282）的女儿，这些后妃们还经常为自己的孩子施洗，至少可以说，帖古迭儿和完者都在孩童

① 〔英〕道森编. 出使蒙古记［M］. 吕浦，译. 北京：中国社会科学出版社，1983：24.
② 屠寄撰. 蒙兀儿史记：卷71［M］. 北京：北京书店，1984：490.

时曾是基督教徒。尤其要一提的是，旭烈兀的长后脱古思可敦，她是克烈部王罕的孙女，在蒙古帝国的地位极高，拉施特记载："蒙哥汗曾明白地指示他的兄弟（旭烈兀），凡事要同脱古思可敦商议，并听从她的意见"。① 正因为脱古思可敦"有力地支持基督教徒，以致在她的保护下，基督教社团受到很大影响。为了恳求她，旭烈兀支持、保护、厚待这些社团，伊利汗国各地修有大量新教堂"②。脱古思可敦生活时代，基督教在波斯地区势力强盛，犹太教徒在伊利汗廷也备受青睐，萨都·倒剌和拉施特宰相就是两位杰出的犹太人。

5. 佛教

伊利汗国奉行宗教宽容政策，许多伊利汗人也热衷佛事，偏爱佛教。旭烈兀倾向于佛教，拉施特说："他特别喜爱大兴土木，所建造的建筑物留下来很多，他在阿剌答黑建造了一座宫殿，并在霍伊建造了庙宇。"③ 阿八哈同样也尊崇佛教僧侣。

阿鲁浑统治时期（1284—1291），佛教势力在伊利汗国达到繁盛。因为阿鲁浑本人嗜好炼丹方术，倡导佛事，甚至从印度招徕佛僧，方士们从四面八方聚拢到阿鲁浑汗王身边。《史集》记载："阿鲁浑很相信巴黑失［佛教僧］们和他们的那一套规矩，经常保护、赞助这些人。［有一次］从印度来了个巴黑失，使人们相信他能长生不老。人们问他，那里的巴黑失是如何变得长生不老的，他回答说：'服用特殊的药剂。'阿鲁浑汗问道：'这种药剂这里有吗?'巴黑失说：'有。'［阿鲁浑］命令他配制这种药剂。巴黑失配制了含有硫磺和水银的混合物。［阿鲁浑汗］服用了八个月左右，除此而外，还在帖必力思城内恪守斋戒四十天。当时除兀儿都乞牙、忽章和撒都—倒剌外，任何人也不得接近他，巴黑失则日夜不离他的身边，谈论宗教信仰。"④ 阿鲁浑汗在位时，炼丹术士们消耗了无数的金钱进行浓缩、蒸馏、溶解、揉制、漂白、发酵、烧炼、还原等"仙丹"炼制环节，然而，这位汗王则非常乐意拨给他们钱财。阿鲁浑汗还为自己制造了寺庙并厚施各种财物。

为使佛教发扬光大，乞合都一出生，佛教僧给他取了一个喇嘛教名——亦怜真·朵儿只，藏语为大宝金刚之意。需要指出的是，信佛和崇佛纯属伊利汗

① 〔英〕道森. 出使蒙古记［M］. 吕浦，译. 北京：中国社会科学出版社，1983：20.
② SPULER. BERTOLD: History of the Mongols based on Eastern and Western Accounts of the Thirteenth and Fourteenth Centuries［M］. tr. from German by Drummond H S. London Routledge & Kegan paul，1972：121.
③ 〔波斯〕拉施特. 史集：第三卷［M］. 余大钧，译. 北京：商务印书馆，1986：37.
④ 〔波斯〕拉施特. 史集：第三卷［M］. 余大钧，译. 北京：商务印书馆，1986：210。

个人宗教信仰问题。伊利汗国早期（1256—1295），尽管西亚各地充斥佛寺，但是，佛教并未与伊利汗国的君主和贵族之间结成密不可分的政教关系，对伊利汗国的宗教、政治和社会生活并未造成重要影响。

（二）1295 年后的伊利汗国宗教

1295 年合赞即位，与之前的伊利汗国统治者相比，宗教政策上，合赞改信伊斯兰教并使之成为伊利汗国的国教。

合赞幼年生活在祖父阿八哈汗身边，阿八哈对佛教特别虔诚，合赞最初在信仰上对佛教十分热衷。拉施特说，直到征讨拜都之前，合赞对佛教的信仰和崇拜是无法形容的，"［阿八哈汗］指派偶像教巴黑失们［佛教僧］担任教师去照管他（合赞），因此偶像教教义在他的心中扎下了根，尤其是因为他的祖辈信奉偶像教教义，遵循偶像教之道。自从伊斯兰教兴起后在信奉它的所有各地完全被排除的偶像教在他们的时代重新出现。偶像教会壮大了，巴黑失们被十分尊敬地从印度、客失米儿、北中国和畏兀儿地区送来，到处建造寺庙，消耗了巨额财富。正如大家所亲眼看到的，传播偶像教教义的事业特别繁荣。伊斯兰君主［合赞汗］经常同巴黑失们一起在寺庙中，学习偶像教教义，对偶像教教义的爱好日益增长，对偶像教的信念加强起来。当阿八哈汗死后，他［合赞］的父亲阿鲁浑汗派他去掌管呼罗珊的军队，他在哈不伤城中建造了庄严的寺庙，大部分时间他是在那些寺庙中同巴黑失们一起在交谈、进食中度过的"。① 合赞严格遵守佛教教义的规定，使得过去所有巴黑失对他的禁绝肉欲和严守戒律的精神深感惊讶。尽管如此，像以往伊利汗一样，合赞热衷佛教仅仅是个人宗教信仰而已，并且对其他宗教也持宽容态度。合赞就经常询问伊斯兰教法官，探讨伊斯兰教的义理。为联合亚美尼亚和格鲁吉亚以抗击马木路克王朝，合赞汗也善待西亚的基督教徒。

1295 年 6 月 16 日，在伊利汗国历史上，这是一个具有重要意义的日子。是日，合赞在费鲁兹库赫对着伊斯兰教大司教谢赫·撒都剌丁·易卜拉欣·哈马维宣誓效忠，皈依什叶派伊斯兰教，合赞独尊什叶派，并把什叶派伊斯兰教视为伊利汗国的国教。虽然，合赞并非是伊利汗国第一位穆斯林汗王，但他与帖古迭儿汗皈依伊斯兰教有着本质的区别。帖古迭儿改信伊斯兰教纯属个人信仰问题，并招致众多的蒙古军事贵族的抵制和反抗，而合赞皈依伊斯兰教则是西亚的全体蒙古人的宗教事务，是政治问题，政治和宗教结合在一起，宗教成为

---

① ［波斯］拉施特. 史集：第三卷［M］. 余大钧，译. 北京：商务印书馆，1986：348—349.

王权加强和汗国巩固的有力工具，这在西亚地区也是传统的统治方略。

与此同时，合赞汗开始对佛教及其他宗教信仰者加以压制和迫害，毁掉大不里士、巴格达和汗国各地所有的基督教堂、犹太教堂，所有非穆斯林宗教团体改信伊斯兰教。特别是重点迫害波斯各地的佛教徒，摧毁所有庙宇和偶像，禁止在波斯地区修建寺庙。如此情形下，大部分非穆斯林被迫改信伊斯兰教，而对于小部分仍然信守原有宗教者尤其是佛教徒，合赞汗诏谕："你们之中想回到印度、喀什米尔、西藏以及你们先前所来的地方，悉听尊便。但是依然留居下来的人必须停止信奉原来的宗教以防止亵渎伊斯兰教，如若不诚信真主或兴修异教寺庙，我将毫不犹豫地对你们处以死刑"。① 为警示非穆斯林，合赞汗甚至不顾一些王妃和异密们的规劝，毅然决然地拆毁其父王生前所修建的佛教庙宇。

另一方面，合赞在捏兀鲁思的请求下，下令所有的公文印章刻上清真言，在诏谕和外交信函上均写上起誓词——以真主的名义起誓，在钱币上铸上四大哈里发和合赞自己的名字，镌刻什叶派的图案。1297 年合赞和臣僚在一次公共集会仪式上，公开穿戴穆斯林的传统头巾。合赞在麦加等城市建立了大量的宗教慈善机构，修建大清真寺、经学院和苏非修道堂，经常参观大清真寺，在公共场所诵读《可兰经》，拜谒马什哈德和美索不达米亚地区什叶派圣墓。拉施特说："最初，他前去拜谒徒思的圣墓、莎勒坛·巴牙即忒墓、阿不哈散·哈剌合尼墓、司教阿不—赛夷·［伊宾］·阿不—海儿墓以及其他当地的圣父墓。他亲眼认识了［陵墓附近的］村落构造和居民的境况。接着，当他成为伊斯兰教徒时，他得以拜谒信教者的元首阿里的圣墓和报达诸圣父的其他陵墓。"②

合赞汗的兄弟及其汗位继承者完者都起初也是一名基督教徒，后来一度成为佛教徒，最终改信伊斯兰教。不过，完者都汗时代（1304—1316）的伊利汗国，伊斯兰教宗派之间的激烈斗争开始影响蒙古统治阶级上层集团的宗教政策并使完者都汗表现出摇摆不定的宗教倾向。有学者认为，完者都汗起初信守哈奈斐派，然后是沙菲仪派，当他厌恶逊尼派之间的明争暗斗后，仍留居在波斯的巴黑失希望努力赢得完者都回到信仰佛教。但是，在马什哈德的什叶派宗教学者塔吉丁·阿瓦吉、札马剌丁·穆塔希尔和阿拉马·希里的影响下，完者都汗最终改信什叶派。为传播伊斯兰教义，完者都下令全国各地什叶派宗教首领和宗教学者云集首都苏丹尼耶，建立经学院，传授什叶派教义，什叶派乌里玛

---

① BOYLE J A. The Cambridge History of Iran, Vol., 5 ［M］. Cambridge University, 1968: 542.

② ［波斯］拉施特. 史集：第三卷 ［M］. 余大钧，译. 北京：商务印书馆，1986：389.

的作用加强。一些资料表明，完者都汗的宗教信仰的取舍，主要是因为服务于汗廷的各宗教派别的积极宣传，但是，完者都时代的伊斯兰教宗派斗争没有成为左右汗廷政治的重要因素。所以，我们能理解完者都汗死前为何不停改信这一历史现象。完者都汗的儿子及其继承者不赛因继续信守逊尼派伊斯兰教。

蒙古统治西亚时期，就穆斯林信仰而言，大多数人仍然信守逊尼派伊斯兰教，伊拉克的巴格达、波斯的伊斯法罕和设拉子都是逊尼派活动的中心地区。14 世纪的伊本·白图泰记载，完者都统治时期，正是这些信仰逊尼派伊斯兰教地区的学者和居民坚决地抵制伊利汗廷强迫他们改信什叶派伊斯兰教。不过，伊利汗廷虽然对什叶派表现出更多的偏向，但是，随着巴格达的逊尼派信仰者哈里发穆斯台绥姆的终结，逊尼派和什叶派两大派之间长久以来的斗争已经变得不如从前那么尖锐，两派出现了调和的趋势。例如，信仰苏非主义的逊尼派教徒阿布·马法希尔·雅希亚·巴哈尔兹在 1323 年撰写一本名为《奥拉达·阿巴卜·瓦·富苏斯·阿达卜》的神秘主义宗教书，该书就包含了什叶派伊玛目所宣传的祷文。就什叶派而言，其对逊尼派采取了更为和解的态度。著名的神学家和神秘主义者撒都剌丁·易卜拉欣（1246—1322），这位曾影响合赞皈依伊斯兰教的学者，是一位逊尼派教徒。虽然如此，他还是在纳昔剌丁·徒昔和其他有学问的什叶派学者领导下从事宗教研究。

应注意的是，蒙古人征服和统治西亚时期，伊斯兰教发展的最大特征是苏非主义教团势力日益扩展。倭马亚时代（661—750），波斯人哈桑·巴士里倡导清苦冥思的虔诚修炼方法，以求达到人主合一，即穆斯林与安拉意志的和谐统一，后人尊之为苏非主义的奠基者。1096 年基督教世界对近东地区发动长期的十字军东征，人民饱受战争苦楚，需要宗教学者对现实生活给予理论的说明和心灵的拯救，积极反抗十字军的伊斯兰世界统治者需要宗教维系人民抗敌的精神支柱，在统治者的支持下，神秘主义迅速发展起来。约 12 世纪末，波斯人阿布杜·卡迪尔·吉拉里（1077—1166）正式创立伊斯兰世界第一个苏非神秘主义教团——卡迪里教团。最初的苏非主义，倾向于个人苦修，隐居于简陋场所，实行长时间斋戒，没有统一的社会组织，因而影响不大。1258 年伊斯兰宗教领袖哈里发为蒙古人所杀，伊斯兰世界深陷危机，苏非派发现他们自己完全被置于一个没有哈里发的、非穆斯林的蒙古人统治之下。出于对现实生活的消极抗议，或者说普遍对社会不安的控诉，苏非聚集在一个著名的导师（主要是长老谢赫）周围，形成一个大规模的、有社会组织的苏非主义教团，通过苏非教团功修，寻求精神解脱，藉以心灵安慰。苏非教团的活动中心称之为罕喀（khāneqāh 道堂），尤其在乡村，苏非教团的导师日益将苏非的宗教生活引入更富个人情感的形式，以期用繁琐的宗教礼仪达到人主合一的精神境界。导师成为弟子与真主交通、融合的中介，也是弟子能否获得"真理"的关键。

无论是伊利汗王，还是西亚地方王朝的统治者、权贵和社会各阶层都大建清真寺，兴办经学院，巡礼圣地圣墓，宣传伊斯兰教义，把大量的地产或钱物捐赠给罕喀，从而换取苏非信徒的政治支持，苏非主义教团迅速发展。拉施特记载：合赞"在哈马丹州薛非苦黑郡不晋只儿忒村，建造了一座非常好的罕哈黑（道堂），将许多大地产捐献给那里作伊斯兰教寺院的不动产"①。波斯阿尔达比勒的萨法维教团的建立者谢赫萨非·丁（1252—1334），这位苏非长老长期受到伊利汗国的尊重和关爱，以致萨法维家族拥有巨大的财富、庞大的地产和数不尽的牲畜，不赛因甚至授权他的家族世代管理罕喀。② 劳伦斯·G·波特尔说："建在阿尔达比勒的萨法维家族的罕喀享受着伊利汗的保护，伊利汗还向罕喀捐赠土地以作瓦克夫，捐赠的土地看上去是免税的。"③ 在伊利汗的支持下，萨法维教团派出大量传教师深入蒙古—突厥部落从事宗教宣传和组织活动，赢得大批皈依者。伊利汗与萨法维家族的亲密友好合作关系，为萨法维王朝的建立打下良好的社会基础。

在波斯的苏非教团中，其中有两个影响大的教团，一个是波斯东部的库布拉维教团，一个是波斯西部的苏哈拉瓦迪教团。苏哈拉瓦迪教团的创建者是阿布·纳吉布·苏哈拉瓦迪（？—1168）及其侄子绥哈布丁·欧麦尔·本·阿卜杜拉·苏哈拉瓦迪（1144—1236），该教团曾受到阿拔斯王朝哈里发纳绥尔（1180—1225）的重视和支持。库布拉维教团在逊尼派教义的基础上吸收和接受了苏非派的神秘主义学说，创建人纳吉姆·丁·库布拉（1145—1221），在蒙古人征服中亚过程中，他拒绝为蒙古人服务，选择了反蒙古人之路，并最终牺牲，库布拉维教团随之瓦解，成员在中亚各地零星活动。但是，也有部分成员认为蒙古人在宗教上是宽容的，甚至支持什叶派，因而他们往往选择与伊利汗国合作。例如，著名的谢赫阿拉·倒剌·塞姆南（死于1336年）就把大部分时间用在阿鲁浑汗廷的服务上，希望借此影响伊利汗国的政治倾向。库卜拉维教团的长老赛义德·丁·哈姆雅在呼罗珊建立起一座罕喀，他的儿子、谢赫撒都剌丁·易卜拉欣大部分时间在合赞汗身边服务，合赞汗与他常常探讨伊斯兰教义，

① 〔波斯〕拉施特. 史集：第三卷［M］. 余大钧，译. 北京：商务印书馆，1986：398.
② MINORSKY V. A Mongol Decree of 720/1320 to the Family of Shaykh Zāhid［J］. Bulletin of the School of Oriental and African Studies, University of London, 1954, 16 (3): 515–527.
③ LAWRENCE G. Potter, Sufis and Sultans in Post–Mongol Iran［J］. Iranian Studies, Religion and Society in Islamic Iran during the Pre–Modern Era, 1994, 27 (1/4): 90.

也正是这位谢赫为合赞汗洗礼，使之成为一位穆斯林。事实上，合赞汗顺应了社会历史发展的趋势，采用伊斯兰教。通过伊斯兰的传播，吸收大量的外来文化，主要是波斯文化和阿拉伯文化，使蒙古文化和波斯文化相融合，使伊利汗国文化呈现出繁荣昌盛之景象。

法尔斯的萨尔古尔王朝第四任统治者阿布·别克尔（1226—1260）及其继承人向苏非捐赠许多地产以做瓦克夫，在设拉子兴修经学院和苏非修道堂。伊利汗国灭亡后，某些激进的什叶派苏非教团还建立起一些独立的地方性小王朝。例如，朱里耶教团的首领哈桑·朱里在呼罗珊的萨卜泽瓦尔建立起萨尔贝达尔王朝（1337—1286）。沙伊希亚教团的首领米尔咱·布左格于1359年在马赞达兰的阿莫勒建立起马尔亚什王朝。

总之，合赞改信之前的伊利汗国，在西亚所采取的宗教政策基本上沿袭了蒙古帝国传统的兼收并蓄的宽容和开放政策。在伊利汗国后期，合赞及其后继者顺乎社会历史发展趋势，改信伊斯兰教，并使伊斯兰教成为西亚的全体蒙古人信仰的宗教，什叶派伊斯兰教得到加强，什叶派与逊尼派的争论得到缓和，并推动了什叶派的苏非主义教团迅速发展。合赞改信伊斯兰教，以伊斯兰法为治国之本，伊利汗国成为一个地地道道的伊斯兰国家，成为伊斯兰文明史上一个重要的组成部分。

二、蒙古人在西亚的文化

伊利汗国是一个由蒙古—突厥外来民族主导的军事游牧国家。与统治游牧世界相比，伊利汗国在西亚要管理好如此广阔的农耕地区，要治理好如此众多的城镇和乡村，就需要更多地吸收西亚文化。1295年合赞皈依伊斯兰教，这一事件成为伊利汗国在西亚统治的分水岭，蒙古人波斯化和伊斯兰化，蒙古人与波斯人，游牧文明与农耕文明，伊斯兰文化与中国文化不断交往和融合，产生了辉煌、瑰丽的伊利汗国文化。

（一）波斯文学

阿拉伯人征服波斯帝国后，波斯的阿拉伯人波斯化，波斯人伊斯兰化。随后，征服和统治波斯、伊拉克的塞尔柱人、蒙古人也伊斯兰化和波斯化，成为波斯文化的保护者和传播者。伊利汗国统治时期是波斯古典文学的黄金时代，诗歌更是空前繁荣，抒情诗、哲理诗、故事诗的成就更为突出，涌现出莫拉维、萨迪、哈菲兹、哈珠·克尔曼尼、欧贝德·扎康尼等一大批久负盛名、流芳千古的大诗人，其中尤以莫拉维、萨迪和哈菲兹三人最为著名，他们与菲尔多西（940—1020）一起被誉为中世纪波斯文学的"四大支柱"，堪称世界文学史上的奇葩。歌德颂赞中古波斯诗歌如是说，"谁要真正理解诗歌，/应当去诗国里徜徉；/谁要真正理解诗人，/应当前去诗人之帮。"① 这里所指的"诗国"就是中古时代的波斯，"诗人"就是哈菲兹等波斯诗人。

1. 莫拉维与《玛斯纳维》

莫拉维（1207—1273），全名为莫拉纳·扎兰丁·穆罕默德·巴尔赫依·莫拉维·鲁米，是 13 世纪波斯的苏非大长老、大学者，苏非神秘主义理论的集大成者，波斯语最伟大的神秘主义诗人，也是莫拉维教团的创始人。1207 年莫拉维生于中亚名城、阿富汗中北部的巴尔赫城，其父巴哈乌丁·瓦利德（1148—1230）是呼罗珊地区一位德高望重的伊斯兰教学者、苏非大长老，兼任花剌子模帝国宫廷文臣。少年时代的莫拉维接受传统的伊斯兰教育。1221 年初，成吉思汗统兵渡过阿姆河，抵达巴尔赫城。因为蒙古人的入侵，官场上失意的巴哈乌丁带着 13 岁的莫拉维和 300 多名弟子举家西迁，取道巴格达，前往麦加朝圣。巴哈乌丁一家途径呼罗珊名城内沙布尔，与苏非大诗人阿塔尔（1145—1221）邂逅，阿塔尔将自己的著作《神秘论》送给年轻的莫拉维，哲理深邃的《神学论》对莫拉维影响至深。后来，莫拉维曾说："萨纳伊是眼睛，阿塔尔是心灵，我们追随的是两位先辈的传统。"② 朝觐归来，巴哈乌丁一家前往叙利亚，莫拉维先后在大马士革和阿勒颇等地求学，掌握了波斯语和阿拉伯语，后来定居在今土耳其的科尼亚，欧洲人习惯称他为"鲁米"，意为"罗马人"。在科尼亚，巴哈乌丁继续宣经布道，建立了苏非主义的莫拉维教团。1231 年莫拉维的父亲去世，24 岁的莫拉维接替父职，继任莫拉维教团长老。1244 年，莫拉维投奔名师、苏非主义神学家沙姆斯丁·穆罕默德·大不里士（？—1247），并与其结为莫逆之交，潜心研习苏非学理和奥义，接受功修训练，成为著名的苏非学者和诗人。1273 年莫拉维逝世。

莫拉维在波斯文学史上的成就，除《夏姆士集》《四行诗集》《隐言录》和《书信集》外，代表作是短篇叙事诗《玛斯纳维》。就《玛斯纳维》的内容而言，凡六卷。1258 年开始创作，3 年后，莫拉维完成第一卷，十年后，完成其余五卷。鸿篇巨制，约 25000 联诗句，大致为三：一是传经布道时，莫拉维吟诵的苏非主义大众化诗句；二是与好友聚会时，吟诵的苏非哲理性诗句；三是与自己的挚友沙姆斯丁独处时，吟诵的苏非主义奥义诗句。《玛斯纳维》诗作以短篇故事形式展

---

① ［德］歌德. 歌德诗集：下册［M］. 钱春绮，译. 上海：上海译文出版社，1982：303.
② 萨纳伊（Shanaj 1080—1140）：塞尔柱王朝时期首位以叙事诗形式宣传苏非主义的波斯著名诗人，代表作是《真理之园》。

开，或取材于百姓耳熟能详的历史典故，或援引信众朗朗上口的《古兰经》和《圣训》故事，或来源于乡里坊间的民间寓言和传说，它们大多采用隐喻、暗示、象征和夹叙夹议的手法，不时穿插大量的传闻轶事，以精湛的叙事诗体语言将深奥的苏非宗教哲理大众化，达到宣传苏非主义思想的目的，故成为苏非派穆斯林的"精神的《玛斯纳维》"。15 世纪波斯神秘主义大诗人贾米（1414—1492）称《玛斯纳维》为"波斯语的《古兰经》""知识的海洋"。

就《玛斯纳维》的思想而言，莫拉维生活的时代，正值蒙古人三次西征及伊利汗国统治时期，残酷的战争和野蛮的杀戮，社会的动荡，人民的饥寒交迫和颠沛流离，伊斯兰教派的纷争，道德的沦丧，导致悲观失望的情绪弥漫整个社会。对现实世界的强烈不满，追求个人自由的心声在呼唤，人与人之间的关系成为社会普遍关注的问题。所以，莫拉维在自己的诗歌中，更多思量的是人与人、人与社会之间的关系。莫拉维是著名的苏非长老，他的诗作更多地带有宗教色彩，强调人的清心寡欲，心灵的净化，尘世物欲的寂灭，以对真主无限的爱，达到人主合一的苏非派最高精神境界。现举一例，在《朱哈和哭丧的孩子的故事》中，孩子因自己的亡父将被抬进黑暗狭窄的屋子而大哭不止，孩子的父亲死后，肉体虽腐烂变质，荡然无存，但灵魂得以解脱和自由。莫拉维吟诵道："对你来说，坟墓胜过这样的内心，/不论怎样都应超越自己内心之坟。/潇洒诙谐者啊，你很鲜活，是活人之子，/你对这狭窄的坟墓不感到憋气窒息？/你是时代的优素福，/是天空丽日，/跳出这深井和监狱吧，展示自己，/你的优努斯已经窒息在鱼腹，/要救他别无他法除了祷告真主。……忍耐是你祈祷之核心，/忍耐吧，这是正确的祷念，/任何祈祷都不够它的等级，/忍耐吧，忍耐是获救之钥匙。"这则故事告诫苏非信徒："生何所惧，死何所畏？"对于苏非主义者来说，功修的目的就是要摆脱人世间的世俗欲念，摆脱肉体外衣的束缚，寻求灵魂的解脱，在寂灭中实现与真主的合一，在合一中获得永存。"洗涤身心者，只为自己而洗涤。真主是唯一的归宿。"[①] 这就是苏非主义者奉为圭臬的经文。

一般认为苏非主义诗歌以萨纳伊为开端，经阿塔尔发展，到莫拉维达到顶峰。莫拉维的《玛斯纳维》，在赞颂真主的同时谴责某些信众背弃真主，在宣扬内心纯洁的同时指责或暗示某些信众内心的肮脏和虚伪。莫拉维用神秘主义诗歌宣讲苏非主义教义和奥理，既丰富和发展了苏非主义思想体系，使苏非主义

---

① 马坚译. 古兰经: 35: 18; 7: 29; 2: 46 [M]. 北京: 中国社会科学出版社, 1981: 334, 113, 5.

日趋完善，并成为穆斯林世界的重要思想体系。同时，莫拉维以苏非主义诗歌为形式，悉心营造苏非们的精神乐园，也成为统治者平稳社会的工具，具有巨大的社会作用。

2. 萨迪与《果园》《蔷薇园》

谢赫·莫什莱夫·本·莫斯莱赫（1208—1292），以笔名萨迪（Sa'di）享誉世界，全名为谢赫·穆斯列赫丁·阿卜杜拉·萨迪·设拉子依，是中古波斯伟大的人道主义诗人，训诫诗巨擘，被公认为世界文化名人。1208 年萨迪生于波斯南方历史名城设拉子，波斯正值外族频繁入侵和统治、社会动荡时代。1194 年剌夷之战，花剌子模沙帖乞失（1172—1200）消灭塞尔柱王朝苏丹托格里勒（1176—1194），塞尔柱王朝覆亡。蒙古三次西征，1220 年花剌子模帝国灭亡，1258 年阿拔斯王朝灭亡，旭烈兀家族在西亚建立起伊利汗国。萨迪生活在一个生活艰辛、战乱频仍的时代。

萨迪幼年丧父，在慈善者的帮助下，曾入当时伊斯兰世界文化中心巴格达的最高学府尼扎米耶学院学习，研究文学和教义学，一度师从苏非学者谢哈布丁·苏哈拉瓦迪（1155—1235），刻苦钻研《古兰经》和伊斯兰文化，开始以波斯文和阿拉伯文从事文学创作，享有"设拉子的黄莺"之称。因为伊斯兰世界政治和宗派斗争激烈，社会矛盾尖锐，阿拉伯帝国瓦解，地方王朝兴起，诸侯割据称雄，广大百姓生活在水深火热之中。受苏非主义之苦行、禁欲、坚忍、克己和安贫思想的影响，1225 年萨迪离开巴格达，开始了长达 30 年的托钵僧云游生活，足迹遍布亚非广大地区，漫游了阿拉伯半岛、埃及、摩洛哥、埃塞俄比亚、印度、阿富汗和我国喀什噶尔等地。其间，他做过雇工，也曾为十字军所俘虏，还服过苦役。1257 年，年届五旬的萨迪结束了长期的托钵僧云游生活，回到阔别已久的家乡设拉子定居，从此遁世隐居，潜心著述，将平生的经历、旅途的见闻及人生的感悟写成了世界闻名的作品：诗集《果园》（1257）和散文故事集《蔷薇园》（1258），使之成为波斯文学的最高典范，人类文化宝库中的珍品。

《果园》，凡 4000 联诗句，分序诗五首，正诗十章：正义与治国之道，善行，真正的爱、陶醉与激情，谦虚，乐天知命，论教育，感恩，悔过与正道，向主祈祷和结束语。全诗由 160 则小故事组成，均采用诗歌形式，着力塑造诗人心中所憧憬的纯洁、善良、正义和公平的理想之国，字里行间洋溢着对家乡、对黎民百姓的人道主义的关爱，目的是劝谕世人，匡正世俗。正如诗人在序诗《写书缘起》中所言："我怀念乡亲故人，多么深情意厚，／我再也不能在叙利亚和鲁木逗留。／可是，我此番离开这许多繁茂的果园，／怎可空手还乡去与故人会面？/我自忖游子从埃及都带回砂糖，/作为礼物，献给亲友品尝。/我虽没带回砂糖馈赠亲朋友人，/但甘言如饴，比砂糖还甜三分。/这并非供人食用的砂糖，/是糖样的语言，诗人写在纸上。/我营造了这座幸运的殿堂，/旨在育人，它有十扇门儿开敞。/第一座门是公正与治世之理，/要誓为民牧，对主心怀畏惧。/第二座门是行善是做人的根本，/行善之人对主要怀感激之心。/第三座门是爱、陶醉与激情，/人力无法使这爱消失平静。/第四座门是谦虚，第五座门是乐天知命，/第六是心满意足者的身世情形。/第七座门是关于人的教育感化，/第八是感激主使我们身体康宁。/第九座门是回头是岸，有罪应忏悔，/第十是向主祈祷，全书告终。"① 乱世之中，如何做人？如何待人？萨迪在《果园》中以满腔的热情、质朴的语言、睿智的哲理写出了诗人关于人生的思考和美好的愿景。《果园》是萨迪的理想与愿望的体现，是对善良与赤诚、正义与纯洁、光明与真理的礼赞。1257 年萨迪完成《果园》（《萨迪集》）的创作后，人们争相传抄，用作教材，广为流传，在波斯与国外多次印刷并被译为数十种文字出版，是伊利汗国时期优秀的文化遗产。

萨迪另一部代表作是《蔷薇园》，分序言和八章：帝王的本性，达尔维什的品德，知足常乐，寡言之益，爱与青春，老朽与虚弱，教育的功效，论交往之礼。诗人采用散文和诗歌交替使用的文体，着力描绘现实社会的真假、美丑、善恶、光明与黑暗的生活图景。诚如诗人在结语中写道："此书我是为有识之士所写的。有识的朋友们明鉴，我用语句和长线串着治病救人的箴言的明珠。我用诙谐的蜜糖调制了一剂苦口的忠言良药，以免枯燥乏味，使人丧失从中获益的机会。"② 萨迪用心良苦地撰写此书，期望唤醒世风日下的社会良知。

就《果园》和《蔷薇园》的思想而言，两部作品写作方式虽然不同，但表达的思想完全统一，萨迪文学思想的核心是深厚的人道主义，表现如下几个方面。

第一，同情和热爱受苦受难的人民大众，倡导人的尊严，崇尚人的价值。

萨迪生活的时代，波斯社会动荡不安，塞尔柱人、花剌子模人和蒙古人相继入侵和统治，伊斯兰教宗派纷争不已，民族矛盾、社会矛盾和宗教矛盾交织在一起，复杂错综。萨迪云游亚非地区，耳闻目睹了伊斯兰世界的社会动荡，民无定所，饥寒交迫，挣扎在死亡线上。只要痛苦存于人间，悲天悯人的人道主义情怀就必然是人类最高贵的品质。萨迪站在普通民众的立场上，为他们的

---

① 〔波斯〕萨迪. 果园 ［M］. 张鸿年，译. 长沙：湖南文艺出版社，2000：10.

② 〔波斯〕萨迪. 果园 ［M］. 张鸿年，译. 长沙：湖南文艺出版社，2000：217.

苦楚申诉，为她们的生存呐喊，大量创作孤儿寡母、小偷、囚犯、艺人、乞丐等下层人物的形象，处处彰显诗人悲天悯人的人道主义情怀。在《果园》第一章第 7 则故事《一个贵人见饥民而心焦如焚》中，诗人写道：有一年，大马士革遭遇历史上罕见的旱灾，滴雨不落，草木干枯，颗粒无收，老者啖草根，幼者含乳而死。"茫茫大地已不见升起的炊烟，／升腾而起的只有寡妇焦心长叹。／贫苦人形容憔悴似无叶的秃树，／强健者的臂膀瘦弱得细弱干枯。／山中绿树枯死，园中枝叶凋零，／蝗虫吃光园林，人们捕食蝗虫。"有一个善良的富人，家境殷实，仓廪丰盈，却因他人饥寒交迫而忧心如焚。他的朋友问他为何如此悲伤？他回答："啊，朋友，即使你自己站在岸边，／见友人失足落水如何能心安？／我面容憔悴并不因自己缺米少粮，／是同情无粮人的苦楚才面目焦黄。／贤德之人不愿看到破裂的伤痕，／不论伤的是别人还是他自身。／我的确身强力壮粮米不愁，／但见别人受苦我痛苦得发抖。／纵令你身强力壮去陪伴病人，／他哪还有心肠去作乐开心。／我见可怜的贫苦人口中无粮，／我口中的大饼也似毒药难入愁肠。／当朋友获罪得咎遭到监禁，／自己哪还有兴致漫步在园林？"① 萨迪作为一位虔诚的托钵僧同情黎民百姓，先天下之忧而忧，后天下之乐而乐，希望富贵者心怀仁爱慈善，奉行伊斯兰教号召信徒布施行善的宗教义务和伦理道德，人生在世不仅要洁身自好，更应行善积德。

第二，以人道主义为起点，谴责和批判压迫和剥削人民的统治阶级，对横行霸道的暴君、酷吏和为富不仁者深恶痛绝，对伪善的宗教人士无情讽刺和针砭，哀叹不合理的社会制度和不人道的社会现状，主张君主贤明仁慈。在《蔷薇园》第一章第 12 则故事《暴君最好的敬主之道》中，一位暴君问一位圣徒，怎样修行才最有价值？圣徒回答说："对你来说最好是白天睡觉，让百姓安生。""我见一个暴君白昼昏昏睡去，／我说：他是个恶人，睡去于人有益。／凡是一个人睡去比醒时有益于人，／这样的人最好不要在世上生存。"② 作为封建社会的文人，萨迪主张开明君主制，寄希望君主贤明仁慈，赞赏历史上的明君，虔诚敬主，体恤百姓，爱民保民。否则，"暴君决不能为王，／豺狼决不能牧羊。／国王若蓄意欺压榨取，／就是毁掉国家的根基。……国王不仁，平日欺压臣下和百姓，／危难之际臣民便与他反目为仇。／关怀农夫吧，那你就不惧任何敌人，／对公正的国王农夫便是他的大军。你应关怀体恤下属臣民，／以防日后陷于绝境命

---

① 〔波斯〕萨迪. 果园［M］. 张鸿年，译. 长沙：湖南文艺出版社，2000：53～54.

② 〔波斯〕萨迪. 蔷薇园［M］. 张鸿年，译. 长沙：湖南文艺出版社，2000：29.

不由人"①。诗人以自己丰富的阅历和深厚的文化底蕴，体验到时序轮回，事迁境移，警告君主要正视现实社会矛盾，要警惕社会危机的爆发，君为轻，民为贵，人民是君主统治的根基，君民关系如舟水，水能载舟，亦能覆舟。

第三，劝诫世人修身养性。萨迪认为做一个奉主之道、道德高尚的人，需不断强化内心修为，发展自我，完善自我。诗人在《果园》第二章《善行》中写道："如若明智，你应注重修养内心，/躯身终会腐烂，内心善果永存。"② 在《果园》第二章《善行》第 22 个故事中写道："一次与博学的沙哈伯教长在海上旅行，/他提出两项忠告让我仔细聆听。一项是不应骄傲要谦虚谨慎，/一项是不应以恶意去揣度他人。"③ 在《果园》第二章《善行》第 38 个故事中写道："以怨抱怨岂不是易如反掌，/以德报怨方显出丈夫的胸怀气量。"④ 诗人道出一条条真诚、正直、善良、博爱、自由、平等、自尊、自强、自立、谦虚、慷慨、勤劳、勇敢、豁达、淡泊的人生哲理，描绘出一幅心目中的理想人生的美丽图景。

萨迪的作品是不朽的，《果园》和《蔷薇园》的伟大在于人民性。萨迪以优美典雅、独具风采的抒情诗风格，以朴实无华、精炼流畅的民族语言，以广阔的精神世界和博大的人文胸怀，站在人民一边，不缠绵于个人情感的窠臼，满腔热情地将自己的社会和人生理想融入时代发展的需要之中，尽心尽力地将中古时代伊斯兰世界的现实主义和理想主义高度结合，以人道主义为基点，以仁爱慈善为核心，抒发忧国忧民的伟大情怀，歌颂和赞美人民，鞭挞和讽刺暴君、佞臣。萨迪的爱是人类的博爱，他著名的"阿丹子孙皆兄弟"诗句已成为联合国创办的宗旨之箴言。萨迪的《果园》和《蔷薇园》是伊斯兰世界伦理道德著作的典范，是波斯 14 世纪抒情诗泰斗哈菲兹的先行者。

3. 哈菲兹与《哈菲兹抒情诗全集》

哈菲兹，全名为沙姆斯丁·穆罕默德·哈菲兹·设拉子依（1327—1390），14 世纪波斯伟大的抒情大师、神秘主义诗人。哈菲兹成果丰硕，体裁多样，主要包括抒情诗、颂诗、短诗和四行诗，其中尤以抒情诗最具特色，为世人所钟爱。

1327 年哈菲兹生于波斯的设拉子，父亲是一个商人，祖籍伊斯法罕。哈菲

---

① 〔波斯〕萨迪. 蔷薇园［M］. 张鸿年，译. 长沙：湖南文艺出版社，2000：24.
② 〔波斯〕萨迪. 蔷薇园［M］. 张鸿年，译. 长沙：湖南文艺出版社，2000：97.
③ 〔波斯〕萨迪. 果园［M］. 张鸿年，译. 长沙：湖南文艺出版社，2000：107.
④ 〔波斯〕萨迪. 果园［M］. 张鸿年，译. 长沙：湖南文艺出版社，2000：128.

兹幼年丧父，为自食其力，在一家面包坊学艺。他奋发图强，渴望知识，热爱文学，希望成为一位苏非主义诗人。劳作之余，哈菲兹常常在附近的一所伊斯兰学校学习传统的伊斯兰课程，拜师交友，孜孜不倦地背诵《古兰经》和他所喜爱的波斯古典诗歌。20 岁的哈菲兹已显露出卓越的文学才华，将他作为一名年轻有为的诗人和修道有成的苏非主义学者，被誉为"设拉子的夜莺"。21 岁的哈菲兹能熟背整部《古兰经》，故赢得了"哈菲兹"美称，并自豪地将之作为自己的笔名。哈菲兹生活的时代正值蒙古人统治波斯的伊利汗国衰落时期，民族矛盾、阶级矛盾和宗教矛盾交织在一起，社会动荡不安，人民生活困苦。热爱祖国，眷恋家乡，渴望自由，追求社会和谐，成为诗人创作的永恒主题，所以，他一直在法尔斯地方王朝—英术王朝（Injuids 1318—1353)① 宫廷供职，并备受统治者阿布·伊沙克（1343—1353）宠爱。1323 年穆扎法尔家族在克尔曼建立起地方王朝—穆扎法尔王朝（Muzaffarids 1323—1393），1353 年穆扎法尔王朝兼并法尔斯，哈菲兹失宠。中年丧子，继之丧妻，家庭的不幸和统治者的冷落，哈菲兹已看破红尘。尽管他多次为德里和巴格达的统治者所邀请，还是放弃了利禄丰厚的宫廷诗人生活，甘愿为一名苏非托钵僧。1387 年中亚统治者帖木儿占领波斯，1390 年哈菲兹在极度愤懑和贫困中离开令他无限眷恋的故乡设拉子。哈菲兹一生追求真善美，痛恨假丑恶，对故乡寄予深厚的同情，对人民怀着无限的热爱，因此他的诗章表现出浪漫主义和现实主义的高度统一，尤其体现在他的抒情诗华章之中。如果说莫拉维集宗教抒情诗之大成，萨迪将波斯的世俗诗发展到高峰，那么，哈菲兹的抒情诗则将世俗诗和宗教诗有机地结合起来，成为波斯古典文学中最伟大的抒情大师。哈菲兹的代表作是《哈菲兹抒情诗全集》。

波斯著名文学家阿里·达什提说：哈菲兹的诗既有莫拉维的灵魂—张扬苏非主义和神秘主义哲理，又有萨迪的语言——凝练、质朴和清丽以及感情炽烈的道德训诫，也有海亚姆（1048—1122）的思想——无情地揭露和批评宗教神学。

哈菲兹诗歌的第一大主题是歌唱爱情。爱美之心，人皆有之。窈窕淑女，君子好逑。哈菲兹的爱情诗既秉承了波斯古典诗歌崇尚女性、痴恋美女、歌颂爱情的传统，又具有扑朔迷离且放荡不羁的个性鲜明的意境。"萨吉啊，快快摆

---

① 1303 年伊利汗合赞任命赛甫丁·马哈茂德·沙赫（Sharaf al‑Din Mahamud Shah）为法尔斯的行政长官，掌管汗室地产法尔斯。不赛因在位时（1317—1335），权臣当道，他允许马哈茂德·沙赫自治法尔斯，马哈茂德·沙赫实际上成了法尔斯的君主，因腾哲（Inju）为汗室地产之意，故历史学家多称之为英术王朝。英术王朝统治者热衷文化艺术，招揽人才，奖掖学术。

上酒杯,/把清冽的芳醇斟满;/君须知,爱情谈何容易,/千里迢迢路途艰险!/风儿把你的兰麝的芳香,/从你的鬈发间吹散;/多少颗期待的心啊,日日夜夜把东风思念!"① 几乎哈菲兹所有的诗篇都是献给美丽女子的,诗人执着地追求心目中爱恋的美丽姑娘,视爱情为至尊,为爱情所癫狂。"情人啊,无须再把香水,/抛洒在我们的聚会上,/从你那缕缕秀发中间,/我们已闻到了阵阵芳香。/我全神贯注——/聆听你美妙的琴声和歌声;/我目不转睛——/注视你的红唇和杯的晃动。/我的心上人啊,/莫提糖的甜美;/你那红唇秀口,/才符合我的口味。/自从对你爱慕的真情,/占据了我破碎的心窝,/那酒店的一隅,/就成了我永恒的寄托。"② 诗人用他那至爱、至真、至情的话语,字里行间宣泄着苦苦追求的爱情,豪放洒脱,情真意切,炽热感人,痛苦并快乐着,真诚地表达了诗人对美好生活的渴望,对恋人的倾心,对爱情的执着,对理想的追求和对人生的潇洒。"哈菲兹啊,要赢得她的爱慕,/要实现自己的宿愿,/你千万莫和她离开寸步,/你要把整个世界抛到一边。"③ "我有一个崇高的心愿,/期待你那挺秀的身段;/漫漫岁月梦萦魂迁,/你的发香吹到我身边。/你看那命运的美容师,/制造了何等的诱惑和骚乱,/他把两只活泼的水仙,用染眼剂描绘得黑灿灿。/我企盼有朝一日与你结合,/经受了许多长夜的折磨。"④ "我的心七上八下,/并非今日才匍匐在你门前,/早在鸿蒙初开之日,/我就与你情长缱绻。/对于哈菲兹,爱情之路/无所谓容易与艰难,/正如对于天上的飞鸟,/无所谓道路坎坷与平坦。"⑤ 读哈菲兹的爱情诗,可强烈地感受到诗人在美丽爱情面前的忘我冲动,恋人的那音容、那扑鼻而来的体香,沁人心脾,映入眼帘,浮现在脑海里。诗人的审美意象是一个苦苦爱恋的美女。她那婀娜多姿的体态、飘逸芬芳的鬈发、乌黑发亮的媚眼、甜言蜜语的红唇、美妙动听的歌声,都成了诗人炽热的渴望和放浪的宣泄。哈菲兹的爱是泛爱,是博爱,是追求,是理

---

① 〔波斯〕哈菲兹. 哈菲兹抒情诗全集:上 〔M〕. 邢秉顺,译. 长沙:湖南文艺出版社,2001:1.
　　萨吉:波斯酒馆的司酒者之意,大多为年轻貌美的姑娘,因而成为波斯古典诗人咏赞美女、情人、爱情的代名词。
② 〔波斯〕哈菲兹. 哈菲兹抒情诗全集:上 〔M〕. 邢秉顺,译. 长沙:湖南文艺出版社,2001:94—95.
③ 〔波斯〕哈菲兹. 哈菲兹抒情诗全集:上 〔M〕. 邢秉顺,译. 长沙:湖南文艺出版社,2001:2.
④ 〔波斯〕哈菲兹. 哈菲兹抒情诗全集:下 〔M〕. 邢秉顺,译. 长沙:湖南文艺出版社,2001:557.
⑤ 〔波斯〕哈菲兹. 哈菲兹抒情诗全集:下 〔M〕. 邢秉顺,译. 长沙:湖南文艺出版社,2001:560.

想，是正视人性。他的爱情诗鲜明地表现出自由、豪迈、洒脱、风流、浪漫的风范。恩格斯也如是说："读放荡不羁的老哈菲兹的音调十分优美的原作，令人十分快意。"①

　　哈菲兹诗歌的第二大主题是歌咏美酒。波斯是一个尚酒的民族，历史悠久。古老的琐罗亚斯德教倡导饮酒，享受生活。"适量饮酒对人体有益，可以增加体温，促进消化，增强记忆力和思维能力，使人情趣盎然，语言生动，生活愉快。"② 历史之父希罗多德说：波斯人"非常喜欢酒并且有很大的酒量。……他们通常都是在饮酒正酣的时候才谈论最重大的事件"③。中古阿拉伯历史学家艾哈迈德·爱敏说："正是他们推动人们追求其祖先从科里斯时代起就司空见惯的奢侈生活，教给人们如何通过古老的波斯文化给予的艺术方法去追求享乐，而不是用阿拉伯人所熟知的天真纯朴的方法。没有波斯人，阿拉伯人怎会知道精心设计的歌会，穷奢极侈的酒会以及舒适享乐的生活呢？"④ 在波斯人眼中，畅饮不仅是嗜好，是传统，更是文化。波斯文人开怀畅钦，以沉醉为乐，方显文化人特有的生活方式，美酒就成了文人们产生灵感的催化剂、精神寄托的佳园。哈菲兹亦不例外，有诗为证："哈菲兹已与酒结缘，不要再把它规劝；当他已经误入歧途，就再难以迷途知返。"⑤

　　诗人一生坎坷，对酒当歌，酌者自清，人生几何，他以酒叩问上苍："为何要把美酒回避——当美酒在向我召唤？在当今的世界上，岂有更好的道路可选！"⑥ "酒啊，那苦口的酒啊，/虽然被苏菲称为万恶之源，/但却更令人惬意陶然，/胜过亲吻晚辈的小脸。"⑦

　　哈菲兹受过传统的伊斯兰教育，作为一个虔诚的苏菲信徒，他一方面揭露与嘲讽某些苏菲教徒的虚伪和诡诈："传道者们在宣讲台上，/高谈阔论卖弄虔诚；/而当避开人们的耳目，/他们的行为却大相径庭。/我心中有一个疑难，/

---

① 马克思恩格斯论艺术：第二卷 [M]．北京：中国社会科学出版社，1983：102.

② 张鸿年．波斯文学介绍：上 [J]．国外文学，1982（2）.

③ 〔希腊〕希罗多德．历史：上 [M]．王以铸，译．北京：商务印书馆，1985：69.

④ 〔埃及〕艾哈迈德·爱敏．阿拉伯—伊斯兰文化史：第二册 [M]．史希同，译．北京：商务印书馆，1990：170—171.

⑤ 〔波斯〕哈菲兹．哈菲兹抒情诗全集：上 [M]．邢秉顺，译．长沙：湖南文艺出版社，2001：167—168.

⑥ 〔波斯〕哈菲兹．哈菲兹抒情诗全集：上 [M]．邢秉顺，译．长沙：湖南文艺出版社，2001：153.

⑦ 〔波斯〕哈菲兹．哈菲兹抒情诗全集：上 [M]．邢秉顺，译．长沙：湖南文艺出版社，2001：10.

请问问训诫者和长老有何教诲，/他们叫人忏悔罪过，/为何他们自己却很少忏悔？/这些训诫者们/似乎并不相信终审日，/因为正是这些虚伪和欺骗，/裁决着世间的是非曲直。/这些暴发户，/重新骑上昔日那头驴；/他们之所以洋洋得意，/都是为了获得突厥奴隶。"① 另一方面，诗人赞颂真主，渴望正义，追求真善美，希望用自己的诗歌来引领信众敬主、拥抱神爱，也希望个人和社会获得拯救。"在这个群体里，/充斥着愚昧与无知；/主啊，请你指引我，/把珍宝售给有识之士。"② 然而，现实的黑暗、生活的无助和社会的无奈，比比皆是，诗人借酒表达自己对伊斯兰教僵化的教条怀疑和批判的态度。"苏菲，快快来吧！/这酒杯明镜般亮丽；/看看这红色美酒，/多么清纯令人惬意。"③ "萨吉啊，起来吧，/把酒杯给我拿来！/把这人世痛苦的头顶，/用层层泥土覆盖。/萨吉啊，到前面来，/把酒杯递到我手上！我要脱掉这青色僧衣，/把它远远抛到一旁。/在聪明人的眼里，/饮酒会败坏人的名声；/对我们这些浪荡汉，/名声好坏有何不同！/萨吉啊，拿酒来吧！/何时丢下这骄傲的美酒？/直到泥土压上头顶，/不幸的命运已经到头。"④ 作为真主的喉舌，哈菲兹追求真善美，希望用自己的诗歌来拯救社会，他的人道主义的关怀在他的抒情诗中精妙明晰，以致苏非主义对哈菲兹的诗歌奉若经典。诗人生前好友古兰丹姆在《哈菲兹诗集》序言中说："苏非派歌颂真主时，听不到哈菲兹激动人心的诗，就唤不起狂热的感情，酒徒欢聚时，不吟咏他的情意缠绵的诗句，就感到意犹未尽。"⑤

哈菲兹的诗，语言精巧，风格独特，思想深邃。既崇尚自由，淋漓尽致地表达诗人自己的放荡不羁的个性，又热爱生活，同情百姓，向往光明，把波斯古典抒情诗推向顶峰。正如德国大诗人歌德赞叹哈菲兹所言："哈菲兹啊，除非丧失了理智，我才会把自己和你相提并论。你是一艘鼓满了风帆的劈波斩浪的大船，而我不过是在海浪中上下颠簸的小舟。"⑥

---

① 〔波斯〕哈菲兹.哈菲兹抒情诗全集：上［M］.邢秉顺，译.长沙：湖南文艺出版社，2001：395—396.
② 〔波斯〕哈菲兹.哈菲兹抒情诗全集：上［M］.邢秉顺，译.长沙：湖南文艺出版社，2001：12.
③ 〔波斯〕哈菲兹.哈菲兹抒情诗全集：上［M］.邢秉顺，译.长沙：湖南文艺出版社，2001：12.
④ 〔波斯〕哈菲兹.哈菲兹抒情诗全集：上［M］.邢秉顺，译.长沙：湖南文艺出版社，2001：14.
⑤ 张鸿年.波斯文学史［M］.北京：北京大学出版社，1993：178.
⑥ 〔波斯〕哈菲兹.哈菲兹抒情诗全集：上［M］.邢秉顺，译.长沙：湖南文艺出版社，2001：7.

4. 其他著名文学家

除上述三位闻名遐迩的大诗人外，蒙古人统治西亚时期，波斯文学领域还涌现出一批颇有成就的文学家。

哈珠·克尔曼尼（1290—1352），著名的苏非主义诗人，代表作为《哈珠·克尔曼尼诗集》，此外还有5部叙事诗《波斯王子胡马与中国公主胡马雍》《玫瑰与新春》《至善新篇》《光明之园》《奇珍异宝》。诗人祖籍波斯克尔曼省，是伊利汗不赛因同时代的人。青年时代，哈珠在苏非大师阿拉·倒剌·塞姆娘依（1261—1336）的教导下，成为一名虔诚的苏非主义者。他曾游学四方，赴麦加朝觐，后定居故乡设拉子，与抒情大师哈菲兹交情深厚。哈珠的苏非主义诗歌，语言明快，意境悲苍。诗人洞察人世真谛，宣扬一心向主的苏非主义思想，鄙视权贵，傲视强权，同情民众，淡泊自守，在深沉悲怆的诗句中饱含着对满目疮痍的祖国命运的深切关怀。在爱情诗方面，诗人也像大多数波斯古典诗人一样，更多地写爱情的苦楚，写内心的苦恋，视美丽的姑娘至高无上。哈珠如是说："痛苦往往来源于对美艳名姝的痴情，人们在心田上撒播的是忧伤之种。"①

欧贝德·扎康尼·加兹温尼（？—1370），伊利汗国时期的波斯著名讽刺诗人和散文作家。主要作品为《贵人的品德》《百条忠告》《恭维话》《笑林趣谈》《情人篇》，代表作是寓言讽刺诗《鼠与猫》。有学者评论："他的四行诗风格近似于欧玛尔·海亚姆，抒情诗风格近似于哈菲兹。"② 欧贝德祖籍加兹温，出身名门望族，自幼受到良好的伊斯兰传统教育，博闻强识，聪明颖慧，后定居法尔斯省设拉子。也许希望供职于法尔斯的穆扎法尔王朝，他曾写诗章礼赞穆扎法尔王朝君主。但是，欧贝德一生刚正不阿，口诛笔伐，针砭时弊，痛斥权贵。生性耿直的他，在无力把握自己的人生之际，无可奈何地悲叹自己的渺小，生命的逝殇。人生几何，以酒当歌。诗人借酒解愁，冷嘲热讽、嬉笑怒骂宗教上层道貌岸然，藐视神学成规，忤逆宗教清律，大胆破戒贪杯，甚至放浪形骸。"萨吉，请赏我几杯，我又愁溢心头，/赏我几杯新酿，或是成年老酒，/一任苏非伪善隐居和沽名钓誉，/我们在酒肆消磨残酒，名声扫地。/在翠绿的草坪上请把美酒斟满，/伴着乐声赏花，有如花的美人陪伴。/展示你的秀目朱唇，当我有酒在手，/看你糖样的唇杏般的眼系在心头。"③ 诗的目的在于再现真实的人生和个性。欧贝德的诗歌有着敏感丰富的感情世界和自由无羁的个人气质，

① 陶德臻，何乃英编选. 伊朗文学论集 [M]. 南昌：江西人民出版社，1993：45.
② 陶德臻，何乃英编选. 伊朗文学论集 [M]. 南昌：江西人民出版社，1993：27.
③ 张鸿年. 波斯文学史 [M]. 北京：昆仑出版社，2003：236—237.

他的诗演绎了他那超凡脱俗的独立人格和叛逆勇气，体现出诗人求索人生真谛的艺术魅力。

《鼠与猫》，是欧贝德的佳篇名作，语言丰富生动，故事短小精干，情节生动活泼，哲理精辟深刻。欧贝德在寓言讽刺诗《鼠与猫》中，以猫为凶残的统治阶级的形象，视鼠为善良的黎民百姓的代表，故事情节言简意赅。一只鼠口出狂言，不惧恶猫，为正窥视的恶猫所猎食。恶猫踌躇满志、假惺惺地走进清真寺忏悔祈祷，貌似弃恶从善。恶猫的言行为一只鼠耳闻目睹，鼠辈们为恶猫的行动感动不已，派出七只老鼠带上丰厚的礼品去拜访恶猫，决定与之修好安和，结果五只鼠成为恶猫的腹中之物。鼠辈们决定报仇雪恨，演化出一场猫鼠大战，鼠辈终因势不力敌，伤亡惨重，逃之夭夭。诗人以诙谐的诗句，无情鞭挞强者恶猫骄横跋扈、残暴奸诈，热情昂扬善良的弱者鼠辈们为改变命运而不惧强暴、奋勇抗争的勇气，表现出欧贝德对人生的积极探索，对现实的深刻剖析。诗人寓意深远，昭示善良的弱者：道不同，不相为谋；深仇大恨，和解无望；怙恶不悛之徒，贪婪凶残，本性使然；毋为虚情假意所惑，勿施仁善图报。

纳昔剌丁·徒昔（1201—1274），全名为阿布·贾法尔·穆罕默德·本·穆罕默德·徒昔，以火者·纳速剌丁·徒昔著称，伊利汗国旭烈兀朝的维齐尔，什叶派哲学家和思想家，中古时代西亚地区重要的穆斯林数学家和天文学家之一，也是一位著作等身的文学家。纳昔剌丁深得蒙古统治者、伊利汗国奠基人旭烈兀的信任，在马拉盖建立起天文台和图书馆，并使之成为伊利汗国天文学和数学的研究中心。他将散居在西亚各地的学者召集一起，翻译和出版雅典和亚历山大图书馆馆藏的数学名著，为繁荣伊斯兰数学做出了重要贡献。

纳昔剌丁在蒙古人主宰西亚之前，曾供职于里海南岸地区的阿剌模忒宗教国，在13世纪20—50年代，写了许多关于伦理、逻辑、诗歌、哲学方面的重要著作。伦理著作是《纳绥尔伦理书》（1236）和《尊贵者的品德》，论述了伦理道德和个人品德的修养原则，以及修身治国平天下的要义。逻辑学著作是《借鉴的基础》，主张诗歌意境应富于想象。诗歌理论著作是《诗歌标准》，阐发古典格律诗的韵律和韵脚的设置，强调诗歌的内容和意境高于韵律和节奏。哲学著作是《心路自传》，叙述了纳昔剌丁个人追求真理和知识，并皈依十二伊玛目派的心路。天文学著作是《伊利汗历表》。经济学著作是《论财政》，它是研究十三四世纪蒙古人统治西亚时期的经济、财政和赋税历史的珍贵资料。

总而言之，正是在伊利汗国统治西亚时期，蒙古人征服和统治西亚地区，政治上，解放了波斯长期受制于阿拔斯王朝的局面，伊利汗国利用波斯人管理波斯，波斯又涌现出英术王朝、穆扎法尔王朝等一批地方本土政权，它们也为波斯文化的恢复和繁荣做出了重要贡献，波斯古典文学空前繁荣。蒙古人统治西亚的这一时期，波斯诗歌和散文，从内容到形式彻底地改变了以往宣扬古波斯帝王将相丰功伟业为主题的局面，代之以富于宗教色彩、包含人生哲理以及劝谕性伦理道德的作品，特殊的历史环境铸就了波斯古典文学的黄金时代。法国著名的东方学家雷纳·格鲁塞评论中古时代波斯古典文学成就时说："伊朗文学中充满了人文主义内容和语言与思想的永恒的魅力。伊朗所创作的文学作品在一定的程度上使希腊罗马文学从中受益。伊朗文学引发了一场运动，恰如我们新时代（文艺复兴）的文化运动一样，给人们留下了一座座精神宝库。萨迪和哈菲兹是这一文学的最完美的代表。他们不仅在伊朗名声卓著，而且在整个伊斯兰世界，在突厥－阿拉伯人身居其中的亚洲，他们的作品像在伊斯法罕和设拉子一样受到人们的欢迎。对此，我们有什么可说的呢？在西方，从歌德以及其他诗人身上，都可以看到他们的语言魅力和纯情抒情诗的影响。"①

（二）历史学

蒙古人统治时期，西亚的历史编纂学繁荣昌盛、硕果累累。伊利汗国史学的繁荣与蒙古统治者非常重视本民族的历史与传统以及伊利汗廷内荟萃不少的历史学家从事史书编纂工作息息相关。伊利汗国时期，西亚出现了一大批声名远播的史学家，留存下众多的波斯文和阿拉伯文史学著作，成为我们今天研究蒙古人统治中亚和西亚历史的主要文献来源，其中最负盛名的当推志费尼的《世界征服者史》、拉施特的《史集》和瓦撒夫的《瓦撒夫史》。

1. 志费尼与《世界征服者史》

志费尼（1226—1283），全名为阿老丁·阿塔·蔑力克·志费尼，伊利汗国杰出的政治家、卓越的历史学家。代表作《世界征服者史》是第一部用波斯语写成的蒙古史，被公认为世界史学名著。

1226年志费尼出生于波斯呼罗珊省志费因县阿萨德法镇（今伊朗内沙布尔西北），家族显赫。曾祖巴哈丁曾效力塞尔柱帝国（1031—1157）。1192年花剌子模沙帖乞失（1172—1200）西征塞尔柱帝国所辖地马赞德兰，巴哈丁积极归顺帖乞失，并受到封赐。祖父苦思丁曾任花剌子模帝国苏丹摩诃末和扎兰丁的撒希卜底万。1219—1225年蒙古第一次西征，花剌子模帝国灭亡，河中地区和呼罗珊纳入蒙古帝国版图。志费尼的父亲巴哈丁②又归附蒙古帝国，并历任呼

---

① 〔波斯〕哈菲兹. 哈菲兹抒情诗全集：上［M］. 邢秉顺，译. 长沙：湖南文艺出版社，2001：8.

② 巴哈丁（Bahā' al—Dīn Juvainī）：《元史》译为宝合丁。

罗珊和马赞德兰行政长官成帖木儿、阿母河等处行尚书省省长阿儿浑阿合、伊利汗国奠基者旭烈兀的财政大臣。志费尼的兄长苫思丁历任伊利汗国前三朝旭烈兀、阿八哈和阿合马的宰相兼财政大臣。

志费尼本人20岁前已经为蒙古帝国服务,曾任阿儿浑阿合的秘书,三次入朝蒙古帝国首都哈剌和林。1256年旭烈兀在西亚建立起伊利汗国之后,阿儿浑阿合隶属旭烈兀,志费尼被推荐给旭烈兀,追随旭烈兀征讨阿剌模式的亦思马因派宗教国和巴格达的阿拔斯王朝,1259年志费尼被旭烈兀任命为巴格达长官,为官二十余年,轻徭薄赋,招徕流民,鼓励垦荒,开凿水渠,兴办学馆,政绩显著。1282年志费尼为政敌所陷,被阿八哈免职。1282年志费尼又为新任伊利汗阿合马复职。1283年志费尼病逝。

《世界征服者史》,原名为《塔里黑扎罕古沙》,后称为《世界征服者史》,分上下两卷,内容包括三部分,所叙史实起自成吉思汗,中经窝阔台、贵由和蒙哥三汗,迄于旭烈兀西征阿剌模式。上卷第一部分为成吉思汗至贵由汗历史(其中包括畏兀儿历史和哈喇契丹历史),主要记载成吉思汗西征花剌子模帝国战事以及窝阔台和贵由的政治历程。除颂词和绪言外,正文41节。第1节叙成吉思汗兴起前蒙古人的情况。第2节叙成吉思汗制定的律令和札撒。第3节叙成吉思汗与克烈部王罕的关系。第4节叙成吉思汗四子术赤、察合台、窝阔台和拖雷的历史。第5—7节为畏兀儿史。第8—10节为屈出律与哈剌契丹历史。第11—28节为成吉思汗西征河中地区和灭花剌子模帝国历史。第29—33节为窝阔台汗登位、出征及言行录。第34节记脱列哥那哈敦及其摄政。第35节记法迪玛哈敦。第36节记贵由登位。第37节记斡兀立海迷失皇后及其宗王。第38—40节记术赤系及出征俄罗斯。下卷第二部分主要为花剌子模帝国及蒙古帝国西亚行省历史。共32节。第1—9节主要叙摩诃末与花剌子模帝国形成史。第10节为哈剌契丹衰亡史。第11—24节为花剌子模帝国衰亡史。第25节记八剌黑与波斯克尔曼地区的征服。第26—32节记旭烈兀西征前蒙古帝国在西亚和中亚的统治。下卷第三部分主要叙蒙哥登位、蒙古帝国第三次西征以及阿剌模式的亦思马因派历史。除颂词和序言外,共16节。第1节记拖雷和唆鲁禾帖尼别吉。第2节叙八赤蛮及其灭亡。第3—5节叙蒙哥朝简史。第6—7节叙旭烈兀西征亦思马因派。第8—16节叙亦思马因派宗教国历史。

《世界征服者史》目前有波斯学者加兹维尼的波斯文校勘本①、英国东方学

---

① ALA AL – DIN'ATA MALIK JUVAYNI, Tarikh – i Jahan – gusha. Mirza Muhammad Qazvini, Leyden: J. Brill [M]. London: Luzac, 1911 – 1937 (3vols).

家波伊勒的英译本①和我国学者何高济根据英译本翻译的汉译本。②

《世界征服者史》最大的特点是史料性强，所述史实准确而全面。志费尼生活在蒙古人征服和统治中亚和西亚时期，20 岁以前，他已经是蒙古帝国中亚统治者阿儿浑的秘书，三次随阿儿浑入朝哈剌和林，后来跟随伊利汗国奠基者旭烈兀东征西讨。1259—1282 年，志费尼作为巴格达地区行政长官，为官二十余年。按照志费尼本人的说法，他 27 岁开始撰写此书，即 1252 年 5 月至 1253 年 9月，也就是他第三次入朝哈剌和林朝贺蒙哥登位，并滞留在哈剌和林近一年半的时间里开始撰写本书。因此，志费尼的《世界征服者史》的资料或直接源于作者所见所闻，或为自身参与帝国在西亚地区的军政要务的经验总结，书中关于蒙哥汗登位的记述，1229—1256 年初成帖木儿、阔儿吉思、阿儿浑阿合等蒙古长官统治中亚和西亚的历史，比汉文相关内容的文献资料更为详尽和准确。所以，志费尼的《世界征服者史》是波斯文蒙古史文献中最具权威性的著作之一。

《世界征服者史》另一特点是文笔生动和辞藻华丽。志费尼是一位文学大师，他的《世界征服者史》不仅是历史著作，也是一部优秀的散文作品。他以叙述加诗歌的方式，采用华美工巧的骈体文，讲究词句的对偶与声韵的设置，常引用《古兰经》典故或前人诗句，从而避免了战争编年史的枯燥乏味，给读者呈现出一部引人入胜的史诗般的散文作品，诗歌和历史典故的巧妙配置和穿插，更增加了全书的艺术效果，使本书成为波斯散文史上著名"华丽文体"的代表作。举一例说明，在屈出律和脱黑脱罕一节，志费尼先叙述一被俘少女劝说屈出律皈依佛教，放弃基督教信仰。接着，志费尼以诗歌咏叹少女以自己独特的魅力感化统治者和征服者改信事件："你用偶像般的面孔把我变成你的崇拜者，/迷住了我，而从前你却给我带来烦恼。/难道天火焚毁我的肝脏，/因为崇拜偶像者该当火劫。"③ 正因为志费尼利用骈体文形式，以华丽的语言、诗歌般的述说，议论、总结或阐发历史现象，既长于叙事，也擅长议论，使《蒙古征服者史》在志费尼的笔下，气势磅礴，波澜壮阔，有声有色，鲜活起来，文采

---

① ALA AL – DIN'ATA MALIK JUVAYNI. The History of the World Conqueror ［M］. trans. From Persian into Einglish by J. A. Boyle，Manchester：University Press，1958，(2vols)．

② 〔伊朗〕志费尼. 世界征服者史：上下册［M］. 何高济，译. 内蒙古人民出版社，1981.
　　〔伊朗〕志费尼. 世界征服者史：上下册［M］. 何高济，译. 北京：商务印书馆，2004.

③ 〔伊朗〕志费尼. 世界征服者史：上册［M］. 何高济，译. 北京：商务印书馆，2004：67.

斐然，生动感人。

当然，本书最明显的缺陷是唯心主义的英雄史观和宗教史观。作者颂扬成吉思汗及其子孙的功德溢于言表，以宿命论和宗教史观审视蒙古帝国的崛起、花剌子模帝国的灭亡、阿剌模忒宗教国和阿拔斯王朝的覆灭。

2. 拉施特与《史集》

拉施特（1247—1318），全名为拉施特·阿丁·法兹勒·阿拉赫·本·伊马德·道莱·阿布·伊·卡伊尔·哈马丹尼，以拉施特·阿丁著称，伊利汗国三朝宰相，著名的政治家、卓越的历史学家和思想家。代表作《史集》是14世纪初以波斯文写成的第一部世界通史性巨著。

1247年拉施特出身于波斯哈马丹城，即古代米底亚首都埃克巴坦那一个学者家庭，他父亲是一名犹太人药剂师。拉施特曾供职于希伯来学院，掌握了希伯来语和犹太人的传统和习俗。30岁时，拉施特开始在伊利汗国第二任君王阿八哈（1265—1281）宫廷任御医，并皈依伊斯兰教。巴赫布拉攸斯记载，拉施特后来被乞合都汗（1291—1295）任命为御膳官。1298年春，近50岁的拉施特受阿八哈的孙子合赞汗（1295—1304）的赏识而被擢升为宰相，参加过合赞汗举行的第三次远征叙利亚。拉施特是伊利汗国封建官僚的代表，历任三朝宰相，重权在握。他的14个儿子中有8人是行省长官。同时拉施特又是封建大地主，占有庞大的地产、大量的作坊和无数的果园。所以，拉施特的政治理念是维护封建统治阶级，尤其是如何调和外来的游牧统治者蒙古人，与被征服的西亚人之间的矛盾。拉施特为合赞汗制定了全面实施政治、经济和宗教改革的计划，为合赞汗加强中央集权，恢复和发展西亚地区的经济，改善民生，做出了重要贡献。

拉施特学识渊博，阅历丰富，著述繁然可观，神学、动物学、农学、建筑学和政治学的研究皆有建树，留存下来的主要有以下几种著作。《评注之钥》是一部关于《古兰经》的理论评注著作。《皇家推论》和《问题与回答》是拉施特和完者都汗探讨苏非派宗教和哲学问题的心得体会。《动物和历史遗迹》是一部涉及植物学、农学和建筑的著作。《拉施特策论》则主要记载拉施特及其儿子在伊利汗国施政理念和政治经验。拉施特还主编过一部中国医学百科全书《伊利汗的中国科学宝藏》。在史学上的贡献，则是他为了完成合赞汗和完者都汗指派的任务，主持编纂了蒙古人征战史，这部史学著作在合赞的继承人、合赞的兄弟完者都汗统治时期（1304—1316）完成。为纪念王兄合赞，完者都把此书定名为《合赞吉祥史》，即我们通称的《史集》。著名东方学家巴尔托德说，这是"一部庞大的历史百科全书"，"中世纪任何一个民族，无论是亚洲或欧洲的，都囊括在内"。"据说《史集》在抄录、装订和插图绘制等方面的开支高达60000 第纳儿，相当于 36000 英镑。"①

在完者都汗的儿子不赛因统治时期（1316—1335），拉施特与同僚塔只丁·阿里沙之间的矛盾尖锐化，受阿里沙构陷，1318 年 7 月，拉施特被腰斩处死。伊本·哈贾评道：拉施特"是一位犹太人药剂师的儿子，后改宗伊斯兰教，从伊利汗的仆人上升为维齐尔；他支持和保护穆斯林；他在大不里士建了很多非常好的公共建筑；他对敌人十分凶残，而对博学和虔诚的穆斯林极为慷慨"②。

据《拉施特镇捐献书》记载，③《史集》的母本和几个抄本均保存在拉施特镇，拉施特被害后，《史集》遭到抢劫与破坏。拉施特儿子吉约索尔·丁任宰相时，曾收集起原存于拉施特镇的一些版本，自吉约索尔·丁被害后，《史集》母本及其抄本不复存在。今保留下来的三个版本，一是藏于伊朗古莱斯坦宫图书馆的 1663 年版本（伊朗本），一是藏于大英博物馆的约 1433 年版本（伦敦本），第三个版本是藏于土耳其伊斯坦布尔的托普卡皮宫博物馆的手抄本（土耳其本）。《史集》的刊本较多，典型的有：1836 年，法国史学家卡特麦尔校订、译注的《波斯的蒙古人历史》；1858—1888 年俄国史学家贝勒津校订、译注的《突厥蒙古部族志》和《成吉思汗传》；1911 年法国史学家伯劳舍校订的《成吉思汗的继承者》；1940—1941 年奥地利史学家卡尔·扬校订的《合赞汗传》和《阿八哈汗至乞合都汗传》；1957 年苏联史学家阿里札德校订、阿伦德斯翻译的《伊利汗国史》；1959 年巴赫曼·卡利米在德黑兰出版的《合赞吉祥史》；1963 年苏联史学家罗马斯凯维奇、赫塔古罗夫和阿里札德校订的《突厥蒙古部族志》；1968 年日本刊布藏于伊朗古莱斯坦宫博物馆的《史集》影印本；1980 年阿里札德校订的《窝阔台汗传》；1994 年劳山和穆萨维校注的《史集》；汉译本《史集》则根据苏联学者赫塔古罗夫、阿里札德等人校订的《史集》译本，是商务印书馆在 1982—1986 年出版的余大钧、周建奇翻译的三卷本。我国学者周良霄还根据英国学者波伊勒的《成吉思汗的继承者》英译本转译成汉文并附有大量注释。

现存《史集》分三部，卷帙浩繁：第一部《蒙古史》，第二部《世界史》，第三部《世界地志》，然留传至今的只有前两部和一个残缺不全的附编。第一部

① BOYLE J A. Rashid al – Din: The First World Historian ［J］. Iran, 1971, 9: 19 – 20.
② ANDREW J. BOYLE, Rashid al – Din: The First World Historian, Iran, Vol. 9 (1971), pp. 19 – 20.
③ SHEILA S. BLAIR: Ilkhanid Architecture and Society: An Analysis of the Endowment Deed of the Rab – i Rashidi ［J］. Iran , 1984, 22: 67 – 90.

4 卷，分别记述突厥和蒙古部族志、成吉思汗先世、成吉思汗纪、波斯伊利汗以外的成吉思汗后裔史以及旭烈兀至合赞诸伊利汗纪。特别是第二部 4 卷，利用了伊利汗廷所藏元廷颁赐的《金册》等档案和谙熟蒙古史事的蒙、汉等族学者口述资料，记述古代波斯诸朝历史、先知穆罕默德传、诸哈里发历史、10—13 世纪伊斯兰教诸王朝史及突厥、中国、西欧人诸民族历史，其史料价值极高，是研究蒙古人在中亚和西亚历史最重要的基本史料。

《史集》的史学价值巨大。第一，信史实录。拉施特是一个勤奋而又严谨的学者，他有政治家敏锐的眼光，也有学者渊博的知识。拉施特通晓犹太语、希伯来语、突厥语、蒙古语、阿拉伯语和波斯语。他亲自编写了《史集》第一部《蒙古史》之《部族志》《成吉思汗先祖纪》《成吉思汗纪》部分。因为《史集》编写工程浩大，为了能圆满完成合赞和完者都的编史任务，拉施特利用宰相行政职务资源，招揽四方俊才，会集各族学者，还召集中国学者孛罗丞相、李大迟、倪克孙等人参加《史集》编撰工作。作为主编，拉施特广泛采用《金册》《圣武亲征录》《世界征服者史》《资治通鉴》《通鉴纲目》《佛祖历代通载》等原始资料，彰显《史集》内容翔实的史料价值。拉施特自称该书的所有历史事件和传说皆未做任何修改。正因为各族学者的参与和坚持秉笔直书的原则，《史集》既保证了《中国史》《印度史》和《法兰克史》庞大工程的完成，也使《史集》基本上成为实录信史。正如拉施特所说："史学家的职责在于将各民族的记载传闻，按照他们在书籍中所载和口头所述的原意，从该民族通行的书籍和［该民族］显贵人物的言行中采取出来，加以转述。［所述正确与否，正如阿拉伯语所说］，责任在于转述者。"①

第二，世界史观。蒙古帝国是一个空前绝后的、横跨欧亚大陆的大帝国，是游牧民族第三次，也是最后一次对农耕地区的大冲击。在蒙古帝国崛起的历程中，古代游牧文明和农耕文明的相互冲突、相互融合表现得淋漓尽致。蒙古游牧民族的大冲击扫荡了欧亚大陆一些主要的，并走向衰落而分裂的封建国家，为近代意义上的世界历史形成创造了积极作用。所以，拉施特在编撰世界史时，他必须把蒙古史置于"蒙古帝国统治下的和平"的宏大历史背景之中，从而使《史集》编撰的维度大大拓宽，不仅要写蒙古人的征战史，还要写蒙古人征服和统治下的中亚史、西亚史、埃及史；不仅写伊斯兰世界的历史，还要写非伊斯兰民族史；不仅写伊利汗国的历史，还要写伊利汗国与基督教世界的交往史、

---

① ［波斯］拉施特. 史集：第一卷第一分册［M］. 余大钧，周建奇，译. 北京：商务印书馆，1983：114.

与南俄大草原的交往史、与中国交往的历史。拉施特的史学观恢宏广大，他突破了中古时代穆斯林历史学家传统的地方史观、民族史观、国家史观，改变了西方古典史学中所谓的地中海世界观，第一次尝试将东起太平洋西至大西洋的世界历史联络起来。拉施特还广泛利用波斯、阿拉伯、中国、突厥、叙利亚、亚美尼亚和格鲁吉亚的史料文献，写出了真正意义上的世界性历史著作。卡尔·雅恩认为："这部著作的编撰无论是与前几个世纪的史学编撰相比，还是与之后的几个世纪的史学编撰相比，都是一项相当有雄心且成功的事业。……是有关东西方诸国的第一部全球通史。"① 鲁克·克文敦也说："伊利汗国统治时期所写的几部重要著作甚至列于伊斯兰制度下所写出的最伟大的史著之中。拉施特·哀·丁是世界上最伟大的历史学家之一，《史集》一书是世界上第一部真正的全史。"② 傅海波和波伊勒也将《史集》誉为第一部真正意义上的世界通史。③ 波伊勒说，600 年后西方才出现威尔斯的《世界史纲》，傅海波还指出，作为一部世界史著作，《史集》没有诞生在东方的元帝国，也没有诞生在西方的基督教世界，却诞生在东方和西方之间的中介站——波斯地区的伊利汗国，体现了波斯地区在蒙古世界帝国版图上的特殊的历史地位。④

当然，《史集》也免不了阶级和时代的局限，尤其是拉施特作为伊利汗国宰相和宫廷文人，他竭力为成吉思汗黄金家族歌功颂德，鲜明地表现出他的英雄史观和宗教史观。诚如拉施特在《史集》编撰时所言，"这些著名家族和伟大部落的精华，乃是世界征服者成吉思汗君主，而其后裔和家族的精华，则为世界的荫护，算端马合木·合赞汗国君"，合赞和完者都的汗权"是〔最高〕真理……的意志预先定下了：成吉思汗及其家族〔后来的〕列祖列宗、子孙后代〔享有一切〕尊荣之资之易和国门的大启，以及国事的进展，乃至本朝之兴隆，均有赖于伊斯兰教之支持和伊斯兰教法典成规的协助"⑤。

3. 瓦撒夫与《瓦撒夫史》

① JAHN K. Rashid al – Din's History of India〔M〕. Hague, 1565：10.
② 〔美〕鲁克·克文敦. 游牧帝国〔J〕. 中亚史丛刊，（2）.
③ FRANKE H. Some Sinological Remarks on Rasid al – Din's History of China, Oriens 4, 1951：26；JAHN K, Rasid al – Din as a World Historian, in Yadname – ye Jan Rypka, Prague, 1967：79 – 87；BOYLE J A. Rashid al – Din, the First World Historian, Iran 9, 1971：19 – 21, 26.
④ FRANKE H. Some Sinological Remarks on Rasid al – Din's History of China, Oriens 4 (1951)：26.
⑤ 〔波斯〕拉施特. 史集：第一卷第一分册〔M〕. 余大钧，周建奇，译. 北京：商务印书馆，1983：112.

瓦撒夫（1264—1334），原名希哈布丁·本·阿卜杜拉·法兹拉赫·谢拉夫，十三四世纪伊利汗国著名史学家，代表作是《瓦撒夫史》。瓦撒夫出生于波斯法尔斯省设拉子城，最初任伊利汗国设拉子的税务官。受拉施特宰相赏识，他被引荐到伊利汗宫廷任职。1312 年六月拉施特在苏丹尼耶将瓦撒夫的书进献给伊利汗完者都，完者都大为赞赏，赐阿卜杜拉·法兹拉赫名为瓦撒夫，意为"御前颂扬者"，并将此书改名为《瓦撒夫史》。

《瓦撒夫史》，原名《土地的分割与世纪的推移》，共 5 卷，是一部起于蒙古帝国大汗蒙哥，而止于 1319 年的伊利汗国历史。本书主要记载伊利汗国八任君主旭烈兀、阿八哈、帖古迭儿、阿鲁浑、乞合都、合赞、完者都和不赛因的历史，同时记载了忽必烈、术赤、察合台后裔的历史，以及同时期法尔斯、克尔曼、德里等地方王朝的苏丹历史。第一卷为蒙哥大汗之死至帖古迭儿时代的历史。第二卷为阿鲁浑汗以及法尔斯阿塔卑历史。第三卷为乞合都（包括拜都）和合赞统治前期历史以及德里苏丹的历史。第四卷为合赞统治后期和完者都统治前期以及元成宗之后元朝皇帝的历史。第五卷为完者都统治后期和不赛因以及术赤、察合台、窝阔台后王的历史。此外，书中还附有《世界征服者史》的摘要。因为《瓦撒夫史》遵循志费尼的编年史体例，主要记述伊利汗国时代伊利汗及成吉思汗家族其他后王的历史，所以《瓦撒夫史》被认为是《世界征服者史》的补遗和续篇，也是研究伊利汗国历史的重要文献。

《瓦撒夫史》，1853 年首次在印度孟买刊布。1959 年伊朗德黑兰重刊此书。1856 年德国人哈默·普格斯塔尔将该书的第一卷译成德文。就文献学而言，《瓦撒夫史》的成就，在许多方面是其他同时代史料所无法超越的，尤其是伊利汗国晚期完者都和不赛因两朝的历史资料。乔治·兰恩说："他的史作成为现代学者了解这一时期必不可少的资料来源"。①

4. 其他著名史学家

喀沙尼（？—1337），全名阿布·卡西姆·阿卜杜拉·本·穆罕默德·喀沙尼，早年历史不详，是伊利汗宫廷文书和著名史官，作为拉施特的僚臣，曾参加他主持的《史集》编纂工作。代表作是《完者都史》。拉施特被处死后，喀沙尼曾宣称自己是《史集》的真正著作者。学者马欣·罕布里认为："对比这两部史书的写作风格，让人很难相信这两部风格迥然不同的史书是出于同一人。"②

《完者都史》，是一部始于 1304 年伊利汗合赞去世而讫于 1317 年不赛因即

---

① LANE G. Early Mongol Rule Thirteenth-Century Iran［M］. Routledge Curzon，2003：7.

② LANE G. Early Mongol Rule Thirteenth-Century Iran［M］. Routledge Curzon，2003：7.

位的伊利汗国完者都朝历史，故一般被视为拉施特的《史集》续编。《完者都史》是一部编年体断代史，完整地记载了伊利汗国第八任君主完者都在位（1304—1316）的 13 年史实，并包括同时期察合台汗国的相关历史。全书分前言、正文和结语三部分，正文部分按伊斯兰时间逐年编排，一年一篇，共 14篇，每一篇前冠以年份作为篇名，诸如"伊斯兰历 704 年大事"。与伊利汗国时期其他著名的波斯史家相比，喀沙尼的作品"缺乏专业性，文字不够紧凑，编排相当混乱并且包含一些不精确的内容"①。但是，《完者都史》却保留了相当珍贵的关于完者都朝的法律资料，同时因现存《史集》"完者都纪"的阙如，此书正好弥补这一缺欠，这对研究伊利汗国晚期完者都的统治及伊利汗国与察合台汗国的政治关系有着不可或缺的作用。《完者都史》波斯文手抄本有二，一是现藏于土耳其伊斯坦布尔阿亚索菲亚图书馆的土耳其本，另一是藏于法国巴黎国家图书馆的法国本。其中法国本是土耳其本的摹本。1969 年马欣·罕布里在德黑兰出版该书波斯文校勘本。② 此外，喀沙尼还编写过《历史的精华》，这是一部始于阿丹而止于 1258 年阿拔斯王朝为旭烈兀所灭亡的通史性著作。本书大约成于 1305—1306 年。书中有关旭烈兀西征并消灭立国近六百年的阿拉伯帝国（661—1258）的记载，有一定的参考价值。

卡兹维尼（？—1340），全名为韩达剌·本·阿里·巴克尔·阿合马·本·纳绥尔·穆思托非·卡兹维尼，是伊利汗国晚期著名的历史地理学家。卡兹维尼出生于波斯可疾云（今伊朗加兹温）一显贵家庭。如喀沙尼一样，他受伊利汗国维齐尔拉施特的提携，被任命为加兹温、阿卜哈尔、赞詹的财政监督官，后升为伊利汗国最高税务官。

卡兹维尼留存下来的著作主要是三部：一是《心之愉悦》，本书分两部分，第一部分简略叙述蒙古人在波斯的统治，第二部分详细记载伊利汗国的地理区域和人口数据。本书最大的亮点是，因作者长期任伊利汗国税务官，书中所提供的财政资料相当可信，是研究伊利汗国晚期地理学和人口统计学的重要资料。二是《选史》，完成于 1330—1334 年，是一部散文体的通史性著作。全书分绪言、六章正文、结语三部分。第四章蒙古史内容简要记述了成吉思汗、窝阔台、贵由、蒙哥、忽必烈、旭烈兀至不赛因九位伊利汗等 14 位蒙古君王事迹。因本书取材很大程度上较为陈旧，史料价值不大。值得一提的是，书中包含的部分

① LANE G. Early Mongol Rule Thirteenth – Century Iran［M］. Routledge Curzon, 2003：7.
② ABU AL – QASIM LBN ALI LBN MUHAMMAD AL – QASHANI, Tarikh – i Uljaytu, ed. Mahin Hambly, Tehran：Bungah – i Tarjuma va Nashr – i Kitab, 1969.

原始资料，尚属作者时代的记载，弥足珍贵。1910 年和 1913 年 G. 布朗在莱顿和伦敦校刊并出版了本书影印本和英译节本。三是《胜利之书》，它是一部仿效菲尔多西《列王纪》体例的诗作，囊括自古至 1334 年的重大历史事件。《胜利之书》是阿布鲁的《史集续编》重要的史料来源之一，查尔斯·梅韦尔曾强调《胜利之书》的重要性。

巴纳卡提（？—1330），全名为法赫丁·阿布·苏莱曼·达乌德·本·阿比·法兹勒·巴纳卡提，伊利汗国晚期著名的史学家，代表作是《巴纳卡提史》。巴纳卡提在 1301—1302 年曾是合赞汗宫廷诗人，曾有"诗圣"之称。

《巴纳卡提史》，原名是《显贵的历史与系谱的智慧园》，它是一部始自阿丹止于 1317 年不赛因登位为止的世界性通史。全书分九部分，最后部分为蒙古史。巴纳卡提虽有比较明显的通史眼光，但主要节录拉施特《史集》而成，本书对伊利汗国的欧洲人、犹太人、中国人、印度人、蒙古人以及其他民族记录的信息较少，因此史料价值不大。1970 年伊朗学者贾法尔·希尔整理巴纳卡提的手稿，并在德黑兰出版《巴纳卡提史》。

伊本·比比（？—1282 或 1283），伊利汗国著名的史学家，代表作是《鲁木的塞尔柱王朝史》。中古时代的鲁木曾是塞尔柱王朝的版图，旭烈兀西征后，为蒙古人所控制，鲁木的塞尔柱王朝被纳入伊利汗国的政治管辖。本书是一部伊利汗国统治下的小亚细亚地方政治史，是研究伊利汗国晚期，尤其是札剌亦儿王朝统治小亚细亚时期珍贵的历史资料。帕垂克·温格认为："伊本·比比的史书提供了在安纳托利亚伊利汗国的统治、马木路克人的侵袭和鲁木的塞尔柱人起义的详情。"①

（三）天文历算

13 世纪中叶以后，伊斯兰世界在科学发展史上唯有天文历算和医学保持世界先导地位，而天文历算的中心则在伊利汗国马腊格天文台和图书馆。

1. 建立马腊格天文台

蒙古人以游牧为生，天苍苍，野茫茫，广袤草原的自然环境和天人相应的传统观念，使蒙古人，无论军政重大决策，还是日常生活必先观星象、占星卜，预测未来，趋利避害，祈福消灾。天文历算历来是蒙古统治者感兴趣并积极扶植的学问。蒙哥时代之前的蒙古人主要依靠萨满占卜，自蒙哥大汗开始，渐次转向依赖阿拉伯和中国传统天文历算。诚如马腊格天文台的创建者和总监、西

---

① WING P. The Jalayirids and Dynastic State Formation in the Mongol Ilkhanate ［M］. Chicago Illinois，2007：49.

域著名的天文学家纳昔剌丁·徒昔（1201—1274）向旭烈兀建言："欲卜事变吉凶，必须编定良善天文表，按日指示日、月、五行星之方位。"① 正是在这种历史背景下，马腊格天文台应运而生。

1259 年，为满足对外扩张和宗教生活的需要，热衷天文历算的蒙哥大汗委任纳昔剌丁因时择地修建天文台。拉施特记载："当时，有旨让极其伟大的、幸福的毛拉、人类的导师、贤明者之王、近年最可尊敬的活动家、火者纳昔剌丁·徒昔（愿真主饶恕他）在认为合适的地方建起一座观察星象的建筑物。他选了篾剌合城，建造了一座壮丽的天文台，这个情况的原因如下：蒙哥合罕以其智慧的完美和远见的卓识，卓异于［其他］蒙古君王，他曾解答欧几里德的若干图。他有卓绝的见解和崇高的意念，认为必需在他强盛时代建造一座天文台，他下令让札马剌丁·马合谋·塔希儿·伊宾·马合谋·集迪·不花里着手办这件重要的事。"②

1259 年蒙哥大汗去世后，旭烈兀留纳昔剌丁为己用，令其继续修建马腊格天文台。旭烈兀谙熟星占术，无论是在征服战争，还是统治管理上，都有着重要的政治作用。"当星占家的意见与旭烈兀的政治目的一致时，他会赞同星占家；当星占家的看法与旭烈兀的军政决策相悖时，他会毫不犹豫地抛弃他们的建议。"③ 这一点，无论是旭烈兀在是否进攻巴格达和如何处死阿拔斯王朝哈里发，还是在是否处死财政大臣苦思丁·志费尼的问题上，皆可得到充分说明。马腊格天文台工程雄伟，费用巨大。当纳昔剌丁开具天文台建筑经费单时，旭烈兀曾一度彷徨，质疑修建耗资如此巨大的天文台是否合算。"纳昔剌丁请其命人持一铜盘击之山上，士卒闻声皆仓卒出帐观之。旭烈兀与纳速剌丁知此声之所自来，则不为动。纳速剌丁曰：星宿运行认识之功用在此。盖其预示事变，知之者可能预防，不知者则惊愕也，旭烈兀许以巨款建天文台，仅仪器一项已费两万底那。"④ 在大马士革人木爱亦答丁·阿儿即—乌第、摩苏尔人法黑剌丁·篾剌吉、第比利斯人法黑剌丁·阿黑剌提、加兹温人纳只马丁·答必剌尼·可疾维尼四位学者的帮助下，旭烈兀登位 7 年后，纳昔剌丁在伊利汗国建立起当时世界上规模最大、设备最先进的天文台和藏书 40 万册的图书馆。天文台安放了许多精密的大型仪器，例如，浑天仪、天球仪、地球仪、观星器。唐纳

---

① 〔瑞典〕多桑. 多桑蒙古史［M］. 冯承钧，译. 上海：上海书店出版社，2001：93.

② 〔波斯〕拉施特. 史集：第三卷［M］. 余大钧，译. 北京：商务印书馆，1986：73.

③ SALIBA G. Horoscopes and Planetary Theory：Ilkhanid Patronage of Astronomers, Beyong the Legacy of Genghis Khan［M］. edited by KOMAROFF L. Boston：Brill Leiden, 2006：362.

④ 〔瑞典〕多桑. 多桑蒙古史［M］. 冯承钧，译. 上海：上海书店出版社，2001：94.

德·N. 韦尔伯说：马腊格天文台"工作人员中有一个叫乌第人，他是颇有声望的建筑家、工程师和天文学家，他负责铸造和工具车间；他关于天文台仪器记录的手稿留存下来了，现今陈列在德累斯顿博物馆的一个完好的天球仪，上面刻有于 1297 年在马腊格铸造字样，很可能就是他的杰作"①。"天文台台顶开天窗以透日光，俾所观测子午线及日时。"②

伊利汗国马腊格天文台的落成，表现出伊斯兰天文学的迅速发展。1272 年和 1283 年，伊利汗国天文学家库特布丁——设拉子（死于 1311）在纳昔剌丁·徒昔和木爱亦答丁——阿儿即——乌第研究的基础上，发表了两篇天文学和数学论文，其中关于前人未曾涉猎的水星运行问题，取得一些新成果，文中某些观点被证明是正确的。G. 萨利巴说："正是这些重大的研究鼓舞了忙于修建马腊格天文台的建筑者们，他们所取得的成果对未来的天文学发展产生了深远的影响，这种影响一直持续到欧洲文艺复兴，那时他们的著作被哥白尼和开普勒等近代科学家所利用。"③ 鲁克·克文敦也认为："波斯的天文学比欧洲先进得多，欧洲要到 16 世纪才由泰刻·卜拉赫发明与马义德·哀·丁、阿尔·乌第在马拉格所设计的仪器，并由布拉哈做出一些天象观察，这些观察使后来的刻卜勒有可能取得理论上的进展。"④ 美国学者希提说："在科学上，自 13 世纪中叶以后，阿拉伯人只在两个部门里维持他们的领导地位，一门是天文历算，包括三角学，另一门是医学，特别是眼科学。但是，在第一种学科中，做出贡献的，主要是用阿拉伯语写作的波斯科学家，他们的活动中心是伊利汗的天文台和马腊格的图书馆，领导人是赫赫有名的徒昔人纳昔剌丁。"⑤

2. 编修历法

日月星辰，运行有律，非一朝一夕所能认识。编订天文历表，必须有长期的天文观测和大量的经验积累，方可成就。为完成旭烈兀规定的 12 年内编成新历表的任务，纳昔剌丁借助希腊天文学家托勒密和阿拉伯天文学家埃勒吉斯、特班勒、哈基米和伊本·阿勒姆的研究成果，1272 年左右，编成声名远播的《伊利汗历表》，并进献给阿八哈。多桑说："以此表比较以前诸表，其年太阳方

---

① WILBER D N. The Architecture of Islamic Iran: The Ilkhanid Period [M]. Princeton: New Jersey Princeton University Press, 1955: 10.

② 〔瑞典〕多桑. 多桑蒙古史 [M]. 冯承钧，译. 上海：上海书店出版社，2001：94.

③ SALIBA G. Horoscopes and Planetary Theory: Ilkhanid Patronage of Astronomers, Beyong the Legacy of Genghis Khan [M]. edited by KOMAROFF L. Boston: Brill Leiden, 2006: 367 – 368.

④ 〔美〕鲁克·克文敦. 游牧帝国 [J]. 中亚史丛刊，(2).

⑤ 〔美〕希提. 阿拉伯通史：下册 [M]. 马坚，译. 北京：商务印书馆，1979：821.

位相差有四十分。瓦撒夫书云："'纳速剌丁此书有数表，为从前诸表如 Gous-chiar、Fakhir、A'layi、Schahi' 诸人所编之表所无者。'"① 沈福伟认为，《伊利汗历表》"在世界天文学史上起到了里程碑的作用，这正是各国学者，包括中国科学家在内通力合作的结果"②。

3. 中国元朝天文学对伊利汗国天文学的影响

旭烈兀西征时从中国带去不少精通天文历算的学者以及各类书籍，以备占卜之需。为发展马腊格天文学，纳昔剌丁还荟萃了当时一批杰出的东西方学者从事学术交流和天文研究。例如，叙利亚雅各派天主教徒艾卜勒·法赖吉·伊本·伊卜里（1226—1286），他的拉丁语名字是鼎鼎大名的巴赫布拉攸斯，在1268 年和1272—1273 年，他曾两度受邀在马腊格讲授欧几里得的《几何原理》和托勒密的《天文大集》。

1264 年为协助胞弟旭烈兀筹建天文台，忽必烈派遣中国元朝秘书监工作的爱薛和傅岩卿等来马腊格参与天文台的建设和天文历算的编修工作。爱薛在1265—1267 年、1270—1273 年、1283—1286 年三次受元廷委派，出访伊利汗国马腊格天文台，参与纳昔剌丁主编的《伊利汗历表》编制工作，纳昔剌丁曾向傅岩卿（傅穆斋、傅孟吉）学习天文推步术，爱薛与纳昔剌丁合作编写了《几何原本》，共同从事数学和天文学研究。M. C. 强森说："1264 年牙赫亚·本·艾比·苏克尔·马里比（死于1283）曾经在马腊格天文台和一位中国学者一起共事过，写了一部关于中国天文学的专著。"③

（四）建筑

蒙古人统治下的西亚建筑，在伊斯兰建筑史上占有重要的地位，它继承了塞尔柱王朝时期伊斯兰建筑风格并加以完善和定型，为帖木儿王朝之后的伊朗建筑起着积极的示范作用。伊利汗国时期，西亚建筑及其装饰工艺发展快、水平高，主要原因是入主西亚的蒙古统治者大力保护手工业者，热衷城市和公共设施建设，尤其是合赞汗率领全体蒙古人皈依伊斯兰教后，荟萃全国才华卓越的工匠艺人，大力修缮和建造清真寺、经学院、圣墓、陵寝等复杂的建筑群。唐纳德·N. 威尔伯说："成千上万的建筑工人被征调，当时最有才华的匠人能聚集在一起，他们可以充分地展示他们的建筑理念和技艺，这为来自小地方的、

① 〔瑞典〕多桑. 多桑蒙古史 [M]. 冯承钧，译. 上海：上海书店出版社，2001：94.
② 沈福伟. 中西文化交流史 [M]. 上海：上海人民出版社，1988：232.
③ JOHNSON M. C. GREEK, Moslem and Chinese Instrument Design in the Surviving Mongol E-quatorials of 1279 A. D. [J]. Isis，1940，32（1）31 –32.

地位低的工匠们兴修地方性建筑物提供了丰富的灵感之源。伊利汗国时代，伊朗地方性建筑风格及其水平与时代发展的趋势是保持一致的。"① J. A. 波伊勒将塞尔柱王朝和伊利汗国时期的建筑视为同一风格的建筑艺术。② 这一时期，波斯建筑者在阿拉伯人统治下所形成的伊斯兰建筑风格基础上，结合波斯萨珊王朝传统的建筑特点，形成了拱形圆顶的"伊万"（īvān）型建筑典范。建筑和装饰是伊利汗国时期建筑设计的两大因素。建筑物的特征呈现拱形圆屋顶建筑的标准化；装饰的特征是钟乳石状的穹窿、几何形的镶嵌细工、广泛应用动物尤其是中国龙凤形象，反映出蒙古人统治下西亚的建筑特点深度融合了东方元素。伊利汗国时期的建筑在表现伊斯兰传统的同时，众多建筑结合在一起形成复杂的建筑群成为当时建筑发展的最主要特点。比什塔姆和纳坦兹的所有建筑遗物几乎是伊利汗国时期的建筑物，它集中反映了这种建筑风格的成长和定型。

文献资料和考古发掘说明，伊利汗国的主要建筑物包括城堡要塞、皇宫官邸、医院学校、天文台和图书馆等非宗教性建筑，以及圣陵、清真寺、经学院等宗教性建筑。其中，宗教性建筑在伊利汗国占有特别重要的地位，并呈现出较高的建筑水平。除马腊格天文台外，伊利汗国的建筑水平主要体现在四大建筑群：合赞汗陵园、拉施特镇、苏丹尼耶新都、阿里沙大清真寺。

1. 合赞汗陵园

蒙古人尊奉萨满教，认为长生天神腾格里是主宰万物的最高神，相信天地人合一，回归自然，流行秘葬遗风，因此，伊利汗国前期的蒙古统治者，自王朝奠基者旭烈兀至拜都，皆无陵寝，实行秘葬。拉施特记载：旭烈兀去世后，"在迪黑哈剌罕对面的沙忽山上，③ 为他设立了很大的禁区，人们在他的帐殿里举行了哀悼仪式后，将他的灵柩葬在那片禁区中。"④ 1295 年合赞皈依伊斯兰教，崇尚伊斯兰传统，为他自己兴修陵墓。《史集》记载："成吉思汗家族的蒙古君王迄今有如下仪礼和风俗：他们的墓安在远离有人居住的地区和农耕地区无人知晓的地方，因此任何一个人也不知道他们的墓在什么地方。这些墓的周围地区被宣布为禁区，并委托给忠实可靠的人，叫他们不让任何人接近这些禁区。当君王皈依伊斯兰教，赋予信仰伊斯兰教以前所未有的高度尊崇时，他说：'虽说我的祖先的习俗是这样的，但如果连伊斯兰教徒也不愿让他的陵墓为人们

①　WILBER D N. The Architecture of Islamic Iran：The Ilkhanid Period ［M］. Princeton：New Jersey Princeton University Press，1955：34.

②　BOYLE J A. The Cambridge History of Iran，Vol. 5 ［M］. Cambridge University，1968：626.

③　沙忽山（Shāhū Tālā）：伊朗乌尔米耶湖中一小岛。

④　〔波斯〕拉施特. 史集：第三卷 ［M］. 余大钧，译. 北京：商务印书馆，1986：98.

所知，那未遵守教律不会因此而受损失。然而，这没有好处。既然我们成了伊斯兰教徒，就应当让我们的特征和伊斯兰教徒一样，尤其是因为伊斯兰教的仪式比［我们］那些［原有的旧］风俗要好得多。'"①合赞汗是第一位将他自己陵墓按照伊斯兰风格修建，并公之于众的蒙古统治者。当然，合赞汗修建高大雄伟的伊斯兰陵墓，希望强化汗权的存在，通过陵墓这一物体的象征，在精神领域内确立蒙古人在伊斯兰世界的领导权和统治权。

1297年10月合赞汗下令在京城大不里士西郊的苦卜开始建造陵墓，征调工匠14000余人，有蒙古人、突厥人、波斯人、摩苏尔人、亚美尼亚人和格鲁吉亚人。设计者是合赞汗本人。主体建筑为陵墓，包括大清真寺、沙菲仪派和哈奈菲派经学院、罕喀、赛夷赡养所、医院、图书馆、税务所和澡堂，属于集中式纪念性建筑群。在建筑群中，陵墓是最重要的伊斯兰纪念物。合赞汗作为帝王，遵循伊斯兰传统，陵墓建在大清真寺内，以示尊崇。合赞汗陵墓完全表现了集中式纪念性建筑物的构图理念，强调了垂直的轴线，形体简洁稳定，厚重朴实，端庄浑穆，纪念性很强。合赞汗陵墓也包含了丰富的变化，多边形的主体、圆柱形的鼓座、饱满的穹顶、突出檐口的尖塔，形成彼此强烈的对比。17世纪，合赞汗陵园还保存得相当完好，主体建筑合赞汗陵墓，是十二面体基座上砌筑穹顶的伊斯兰建筑。陵墓中央用穹顶覆盖，力求高耸。为保持墓室内部空间和谐，里面另砌一半球形穹顶。十二面体基座下有地下室。陵墓檐口下为碑文，黄金装饰，呈阿拉伯文字图案，内容为"算端马合木—合赞，愿真主赐福巩固他的统治和伊斯兰权力，愿真主赐福让他的统治绵延长久"②。合赞汗陵园是14世纪初伊斯兰世界规模最大和最雄伟的拱形圆屋顶建筑，拉施特说："从开始兴建以来，现在已经有几年了。它们比世上最大的建筑物、他所见过的马鲁的塞尔柱朝算端辛札儿的拱顶建筑物要大得多。"③

为修建和维护耗资巨大的合赞汗陵墓，合赞按照瓦克夫制为陵墓建筑群设立了慈善基金会，签订了王室捐献契约书。在合赞汗的捐献书中，详细地列举了陵墓建筑群兴修、维护和管理中相关人员所需的薪资、财物及其他开支。第

---

① 〔波斯〕拉施特. 史集：第三卷［M］. 余大钧，译. 北京：商务印书馆，1986：387—389.

② WILBER D N. The Architecture of Islamic Iran：The Ilkhanid Period［M］. Princeton：New Jersey Princeton University Press，1955：17.

③ 〔波斯〕拉施特. 史集：第三卷［M］. 余大钧，译. 北京：商务印书馆，1986：389—390.
　　附注：辛札儿墓外围直径27米。

一，为陵墓修建和维护提供地毯、织物、蒲扇、灯、油、铜罐、瓦罐、洗脸盆、大桶、木盆、簸箕、扫帚、香料等物；第二，为司教、苏非教师、哈的卜、伊玛目、赛夷、医师、药剂师、库吏、学员、仆役和厨师等人员提供薪资；第三，购买谷物，用于工作人员用餐和冬季半年中各种鸟所需饲料。第四，为100名孤儿购买100册《古兰经》和500名寡妇提供每人4曼棉花，等等。1304年5月17日，合赞汗病逝，随后葬入他下令修建的富丽堂皇的陵墓之中。合赞汗陵墓，这种纪念性建筑的形制从11世纪开始，历经几百年的演化，到14世纪初的伊利汗国时代，最终成熟和确立。

合赞汗陵园各机构主要工作人员及开销一览表

功能建筑物及主要工作人员	称号	开销物品
陵园		地毯、织物、蜡烛、蒲扇、香料；
《古兰经》诵读者	hāfiz/huffāz	《古兰经》诵读者和工资和礼拜五宵礼的甜食
大清真寺（mosque）		地毯、织物、蜡烛、蒲扇、香料
伊玛目	imām	
穆安津（宣礼员）	mu'ádhdhin	
瓦亦思（讲经师）	wāiz	
沙菲仪派和哈奈菲派伊斯兰教经学院（madrasa）		地毯、织物、蜡烛、陶器、香料
木答里思		
木爱亦忒		
法乞黑		
罕喀（khānaqāh 罕哈黑）		地毯、织物、蜡烛、炊具、香料；给被确定为乞丐和贫民的人购买粗麻布、普通靴子和皮衣
司教	shayk	
伊玛目	imām	
苏非教士	Sūfī/mutasawwifa	
医院		地毯、织物、蒲扇、油、香料、陶器；药剂、草药、药膏及住院病人所需大米粥、食物、衣服和卧具；住院死去的人的整理费
医师	tabīb	
骨科—眼科医师	jarrāh/kahhāl	
药剂师	sharāb – dār	

续表

功能建筑物及主要工作人员		称号	开销物品
赛夷赡养所			地毯、织物、蒲扇、蜡烛、香料
	监理	khādim	
	厨师	matbakhī	
天文台			地毯、织物、蒲扇、油、香料；天文台设备仪器修理费
	木爱亦忒		
	木纳维里		
	学员		
	理事	murattib	
图书馆（bayt – al – kutūb）			地毯、织物、蒲扇；购买和维护图书的费用
	管理员	khāzin	
	助理	munāwil	
税务所			地毯、织物、蒲扇和油；编制税务清册的开支
	—		
水池			蒲扇、油、香料、洗脸盆、铜罐、瓦罐、大桶、灌
	运水工	farrāsh	
澡堂			脚巾、木盆、灯、簸箕、扫帚、木柴和干草
	理发师		
	衣服保管员		
	锅炉工		
孤儿院			地毯、织物；《古兰经》100册购买费
	教师（5名）	muallim	
	孤儿（100名）	yatīm/aytām	
	保育员（10名）	atābik	
其他			每年购买2000件羊皮袄分发给穷人；冬天6个月的鸟食费；每年500名寡妇每人分发4曼棉花购买费；死在京城大不里士的外地人的丧葬费；伊斯兰节日的礼品开支费；拜访阿迪里牙宫的人住宿和用餐费；大不里士周围8程内道路清扫和建桥费
—		—	

2. 拉施特镇

拉施特是伊利汗国三朝宰相，作为一位政治家，他为合赞汗制定了全面改革的计划，给国家带来了四十年的繁荣；作为一个大地主，他拥有庞大的地产，富可敌国，为他成为一名热心的公共事业资助者奠定了雄厚的经济基础。在故乡哈马丹，拉施特捐建了一所医院；在京城大不里士，增建清真寺；主持修建新都苏丹尼耶；最负盛名的是，在大不里士修建了规模庞大的拉施特镇（Rab-i Rashīdī）。拉施特镇也是拉施特陵园，它是 13 世纪中叶蒙古人入侵和统治西亚之后，有卓越成就的宰相为自己修建的大型陵墓之一。希拉·S. 布莱尔说："拉施特镇可与大不里士的合赞汗陵园和苏丹尼耶的完者都陵园相媲美。"①

据拉施特的捐献书分析，拉施特镇分两区：外区为入口通道区，筑有环形堤状防御城墙，沿墙设有瞭望塔。现今保存下来的砖石构件和城墙遗址很好地说明了拉施特镇规模的宏大；内区是中心区，主要是 1 个基金管理所（maftah al-Abwāb）、1 个赡养所（dār al-diyāfa Hospice）、1 个孤儿院、1 个收容所、1 个罕喀道堂、1 个医院和 1 个陵园赖瓦德。

救济院是一座两层楼建筑，靠近内区入口处，主要为来访者提供食宿，右侧房间一般空着，可供清扫工住居。苏非派的罕喀道堂位于拉施特陵墓旁，基本成员是 1 名谢赫、5 名苏非、24 名《古兰经》朗诵者以及若干仆役，住宿区分凉房和暖房，供谢赫和苏非住居，苏非的重大活动一般在大庭院内举行，庭院设有王室成员专用走廊。拉施特的赖瓦德包括陵墓和附属建筑，有一个中心水池的庭院、大清真寺、图书馆、教室及其他房屋。

拉施特镇的管理层主要是 3 人，穆塔瓦里（mutawallī）为总监、穆什里夫（mushrif）为主管，纳吉尔（nāzir）是总监助理。总监是拉施特，职位世袭。据捐献书规定，拉施特镇瓦克夫下的收入分两部分，50% 的收入为穆塔瓦里、穆什里夫和纳吉尔三人所有，其中穆塔瓦里为 1/2，穆什里夫为 1/3，纳吉尔为 1/6。另外 50% 的收入用于拉施特镇的工作人员的薪资、生活及其他开支。拉施特镇的各类工作人员在正常情况下为 335 人，其中奴隶为 220 人。不同等级的人被分配在赖瓦德、罕喀、孤儿院、赡养所、收容院或医院工作。除奴隶外，所有人皆有薪资，每天提供一定份额的面包。拉施特镇年度工薪开支总额为 5776 第纳尔，每日消费面包总额为 791 曼。

---

① BLAIR S S. Ilkhanid Architecture and Society：An Analysis of the Endowment Deed of the Rab-i Rashidi, British Institute of Persian Studies ［J］. Iran，1984，22：67.

拉施特镇工作人员及薪酬一览表

职位	编制（人）	称号	年薪（第纳尔）	日供面包（曼）
陵园	陵园工作人员 26 人，年薪开支为 1，540 第纳尔，每天供应面包为 78 曼			
掌管钥匙人	1	kilīd – dār/khāzin	300	4
《古兰经》诵读者	24	hāfiz/huffāz	50	3
清扫工	1	farrāsh	40	2
清真寺	清真寺工作人员 27 人，年薪开支为 1，836 第纳尔，每天供应面包为 99 曼			
伊玛目	1	imām	120	6
穆安津	2	mu'ádhdhin	45	4
讲经师	1	wāiz	60	5
《古兰经》经释家	1	mudarris – i tafsīr wa hadīth	150	10
其他学科专家	1	mudarris – i sā'ir – i ulūm	500	10
学员	12	tālib – ilm/ mutaallim/fuqahā	30	3
乐师	1	muīd	200	6
导师	1	murattib	120	4
监护人	1	qayyim	36	2
运水工	1	saqqā	50	2
清扫工	2	farrāsh	30	2
看门人	2	bawwāb	30	2
秉烛人	1	mashala – dār	30	2
孤儿院	孤儿院人员 12 人，年薪开支为 300 第纳尔，每天供应面包为 16 曼			
教师	1	muallim	120	4
孤儿	10	yatīm/aytām	12	1
保育员	1	atābik	60	2

续表

职位	编制（人）	称号	年薪（第纳尔）	日供面包（曼）
图书室	图书室工作人员 2 人，年薪开支为 60 第纳尔，每天供应面包为 5 曼			
管理员	1	khāzin	30	3
助手	1	munāwil	30	2
罕喀（道堂）	罕喀工作人员 12 人，年薪开支为 510 第纳尔，每天供应面包为 37 曼			
谢赫长老	1	shayk	150	10
苏非教士	5	Sūfī/mutasawwifa	30	3
管理员	1	khāzin	30	2
监工	1	khādim	40	2
清扫工	1	farrāsh	30	2
运水工	1	saqqā	50	2
看门人	1	bawwāb	30	2
秉烛人	1	mashala – dār/sirājī	30	2
医院	医院工作人员 10 人，年薪开支为 700 第纳尔，每天供应面包为 36 曼			
全科医师	1	tabīb	330	10
实习医生	2	mutaallim – i tibb	30	3
骨科—眼科医师	1	jarrāh/kahhāl	100	5
药剂师	1	sharāb – dār	40	4
管理员	1	khāzin	30	3
清扫工	1	farrāsh	30	2
运水工	1	saqqā	50	2
看门人	1	bawwāb	30	2
厨师	1	matbakhī	30	2
赡养所	赡养所工作人员 8 人，年薪开支为 260 第纳尔，每天供应面包为 14 曼			
监工	1	khādim	30	2
厨师	2	matbakhī	30	1
清扫工	2	farrāsh	30	2

续表

职位	编制（人）	称号	年薪（第纳尔）	日供面包（曼）
运水工	1	saqqā	50	2
看门人	1	bawwāb	30	2
秉烛人	1	mashala – dār/sirājī	30	2
收容院	收容院工作人员4人，年薪开支为60第纳尔，每天供应面包为8曼			
看门人	1	bawwāb	10	2
厨师	1	matbakhī	10	2
厨师助理	1	shāgird	10	2
理事	1	murattib	30	2
220人奴隶	奴隶220人，每天供应面包为460曼			
突厥人	20	turk	—	3
园丁	150	bāghbān	—	2
渠道清理工	30	kahrīz – kān	—	2
其他仆役	20		—	2
其他人	其他工作人员14人，年薪开支为510第纳尔，每天供应面包为38曼			
治安员	1	isfahsālār	40	3
官吏	9	sarhang	30	3
仆役总管	3	bīg	50	2
总建筑师	1	mimār – i aslraqābat – i abwāb al – birr	50	2

以上数据源自《拉施特镇捐献书》，据统计，拉施特镇正常情况下各类工作人员（含奴隶）共335人，年薪开支为5776第纳尔，每日供应面包791曼

　　220名奴隶，都是购买而来，数量固定，有突厥人、加兹温人、鲁木人、赞吉人、格鲁吉亚人、印度人、埃塞俄比亚人、斯拉夫人、亚美尼亚人。其中20名突厥奴地位高一点，可获得每天3曼的面包，维持治安，保护村落。大部分奴隶清理渠道，耕作土地；少量奴隶或书写，或歌舞，或绘画，或作工艺镀金，

或从事园艺，每天可得 2 曼面包维生，所有的奴隶没有任何薪资。

　　与合赞汗陵园功能一样，拉施特镇的建造促进了伊利汗国的公益和慈善事业。拉施特镇也是集中式纪念性建筑群，集中式建筑的形制首先在于陵墓，它是伊斯兰的重要纪念物，同时还必须建造孤儿院、赡养所和收容院等慈善设施。拉施特在所订立的契约书中，承担了公益和慈善事业的大量开支。根据捐献书，拉施特同意承担赡养所、孤儿院和收容院以及所有学员、教师的一切开销费用。普通劳工每天供应 2—3 曼面包。救济院 35 名住宿者，早餐每人两碗浓汤（āsh），70 碗浓汤分三种：20 碗麦汤（halīmāna），35 碗果汤（turshī），15 碗豌豆肉汤。厨房每天为 100 名贫困者提供食物，每人可得 1 碗浓汤和 0.5 曼面包。拉施特镇也为拜谒圣陵的游访者提供每人 3 天的住宿和用餐。希拉·S. 布莱尔评说："毫无疑问，为游访者提供住宿是出于慈善目的，但同时也为了迎合建筑群的颂扬纪念功能，因为他们期望游访者在拉施特镇大清真寺米哈拉布后面的陵墓留下来瞻仰、祝福和祈祷，这表明建筑物的慈善功能仅次于纪念和宗教功能。四种功能——遗赠、纪念、宗教虔诚和慈善——交织在一起，推动了大部分陵墓建筑群的出现。然而，拉施特镇作为 14 世纪建造物，在当时因为拉施特的财富、精于世故和慷慨大方而引人注目。"①

　　拉施特镇的建造还繁荣了伊利汗国的教育和文化。作为集中式的纪念性工程，拉施特还必须同时建造清真寺、经学院、罕喀道堂、图书馆和教室等教育和文化设施，它是一个以清真寺为中心的多功能建筑群，是伊斯兰学者、导师和学员教育、文化和学术中心之一。

　　拉施特家族按照传统的瓦克夫制，通过签订法律文件瓦克夫耶（waqfiyya），以此建造和维持拉施特镇各机构的功能运行，保障大清真寺、经学院、图书馆和教室以及师生的生活开支。拉施特家族捐献给拉施特镇大量的土地和其他来源的资产，在清真寺周围建造一些商店和旅馆，尽可能地增加收入，为清真寺、经学院和医院等机构的工作人员提供日常所用。所以，拉施特在京城大不里士建有 24 个漂亮的商队旅馆，1500 所商店和 3 万家民居、公共浴室、店铺、作坊等。各个城市、乡村的学者都来到这里游访，其中有 200 个《古兰经》诵读者，400 名学者、神学家和法理学家与 6000 名学生，他们来自不同的伊斯兰地区，希望受到保护并接受教育。拉施特镇还聚集了近 50 名来自中国、印度和埃及的名医，除行医坐诊外，每人须带 10 名学生，每名学生的学习周期为 5 年，五年

---

　　①　BLAIR S S. Ilkhanid Architecture and Society：An Analysis of the Endowment Deed of the Rab – i Rashidi, British Institute of Persian Studies［J］. Iran , Vol. 22（1984）：83.

学医，经各位名医考核合格后，方可独立行医。诚如拉施特给自己的儿子、鲁木总督写信说："因此我们下令免费提供给他们的膳食费和日常费用，从鲁木、君士坦丁堡、印度斯坦的贡金中扣除，这样他们就能够将全部精力用于学习，然后用他们的知识为人们服务。我们也规定了每一学生更应该安排给各自的老师学习，规定了一个老师应该教导多少学生；弄清楚每个求知者的学习倾向和能力后，要求他们主攻一科。对于住居在拉施特镇和大不里士的所有学生，我们已经下达命令，他们必须每天到我们建的学校去学习。"① 拉施特镇还设有两个图书馆，其中一座藏有 6 万余册的历史、医学、诗歌和《古兰经》等书籍，许多书籍是从埃及、罗马、拜占庭、印度和中国收集来的，供师生使用。拉施特镇无愧于那个时代的教育和文化中心。

3. 苏丹尼耶（Sultāniyya）

伊利汗国的统治者是蒙古人，与游牧民族首领一样，每年随季节性变化在冬营地和夏营地之间畜牧迁移，在气候温暖的地方，诸如巴格达过冬，在水草肥美的山地牧场，诸如凡湖地区、阿兰和阿塞拜疆度夏，汗室随行人员构成一个庞大而流动的帐篷群落，没有多少资料记载伊利汗国这种流动性的帐篷城的规模和发展水平，因此，我们只能考察更为耐用而保存下来的砖石建筑物。

学术界普遍认为，伊利汗国新都苏丹尼耶，1290 年由阿鲁浑在今伊朗西北的苏丹阿巴德、加兹温至大不里士干道西北约 120 千米处、群山环抱的弘忽鲁兰（Qungqur – Oleng）草场开始建造，由于此牧场广阔，故被选择为夏营地。拉施特记载，阿鲁浑"在弘忽鲁兰草地，在舍尔维牙思方面，完全一样地兴建了一座城，引进水源，敷设水道。他在这地方耗费了巨额金钱，但由于［阿鲁浑汗］活得不长，该城在他生前没有建造完"②。

为达成父汗阿鲁浑的未竟心愿，1305 年完者都汗决定扩建此城，委任宰相拉施特为城建总监。完者都扩建此城的动机是希望此城无与伦比，自己流芳百世。但是苏丹尼耶的草地环境和商贸地位应该是作为游牧民族后裔的完者都扩建城市的主要动机。克拉维约记载："苏丹尼叶城，位于平原之上，有渠道穿城而过。街市及商场上，货物充斥。各商号设行栈，以接顾客；立仓库，以堆存货。城东为一片平川，地势广袤，为市民住宅区。城南系荒山数座，气候较热。山后即塞兰（吉兰）省境。由此直达里海。里海与其他大海隔绝，不能相通。

---

① WILBER D N. The Architecture of Islamic Iran：The Ilkhanid Period［M］. Princeton：New Jersey Princeton University Press，1955：21.
② ［波斯］拉施特. 史集：第三卷［M］. 余大钧，译. 北京：商务印书馆，1986：210. 。

故称之为大湖较为妥当。自苏丹尼叶至里海，计 6 日程。里海附近，亦产宝石。塞兰境内，气候极热，从来未见降雪。因此，盛产柠檬、橘子之属。苏丹尼叶城之商业繁盛，交易之数额颇为巨大。官府之税收，泰半仰赖于此。"① 苏丹尼耶作为国际商业中心的角色谈不上，但作为波斯地区的商贸中转条件还是具备的。

完者都以叙利亚的大马士革城为城市设计蓝图，招徕摩苏尔等地犹太人和基督教徒参加建造工作，征调工人 1.2 万余人，其中，5000 人切割和磨光石头，1000 人搬运建材，2000 人伐木，3000 铁匠制作铁钉等物，500 人为木匠，500 人运大理石。配备的设施是 1000 座砖窑，1000 座石灰窑，5000 辆运车，1000 头驴子运石料，5000 头骆驼运木材。完者都在此修建城堡、瞭望塔、医院、经学院、清真寺和宫殿，朝臣们也纷纷出资建造自己的府邸，其中最活跃的是宰相拉施特和阿里沙，他们两人相互竞争，修建庭院楼阁。经过八年的扩建，1313 年新城建设最终竣工。完者都隆重地举行了入城仪式，他非常惊奇地说："这就是我脑海里想象的都城！"② 在宴请文武百官之际，完者都询问大臣给这座城市取个什么名字，大臣们异口同声地说：苏丹尼耶（王城）。完者都的庆宴持续了七天，其间，儿子出生，他非常高兴给儿子取名不赛因，并以苏丹尼耶为新都，任命拉施特为苏丹尼耶城长官，并下令向此城移民。马木路克王朝史家诺外利说："从大不里士出发，10 天行程即可抵达（苏丹尼耶）。伊斯兰历 713 年（1313/1314 年），我们得到了此城完工的消息，并听说合儿班答从大不里士将大批商人、雇工、织工、工匠以及其他许多人迁往此城，并强迫他们定居该地。"③

苏丹尼耶由外城和内城组成。外城墙在 18 世纪至少有一扇大门保存下来，西方游历者常提及距完者都墓向西通往哈马丹约半里格（1.5 英里）处有一座巨大的石门，高 30 英尺，宽 12 英尺。内城以方形城堡为中心，岩石构建，每块岩石 599 嘉兹④。内城城墙很宽，韩达剌·穆思托非记载，阿鲁浑建造的城墙周长为 12000 步，完者都扩展为 30000 步，可供 4 匹马并驾齐驱。内城城墙用蓝色瓷砖贴面，城墙上刻有摩诃末·合儿班达的名字和骑士、狮子图案，城墙设置 16 座瞭望塔，周围有护城河。克拉维约说："城之中心，建有坚固之堡垒一座。

① 〔土耳其〕奥玛. 你查，译. 克拉维约东使记 [M]. 北京：商务印书馆，1985：90.

② LITTLE D P. The Founding of Sultaniyya：A Mamluk Version [J]. Iran，1978，16：173.

③ LITTLE D P. The Founding of Sultaniyya：A Mamluk Version [M]. Iran，Vol. 16（1978）：171.

④ 嘉兹（gaz）：长度单位，1 嘉兹约等于 25 厘米。

堡基系由巨石所筑成，其上起建碉楼。"①

城堡内最大的建筑是完者都陵墓，它是保存至今最壮丽的伊利汗国时代的建筑物，与合赞汗陵一样，属集中式纪念性建筑。多数波斯史家都称完者都陵墓为"雄伟的陵墓"（qubba or gunbadi'ālī）。完者都陵墓，高53米，平面设计呈八边形，每边长15米，外围直径39米，上为气势恢宏的卵形拱顶。陵墓内为白色大理石铺面。窗户很多，铁窗栏围起。陵墓内部装饰的是精美的花瓷砖镶砌、几何图案彩绘、库法体书法的宗教性铭文点缀。例如，完者都建在伊斯法罕的大清真寺中的米哈拉布，属灰泥装饰，米哈拉布周围雕刻有许多《古兰经》话语，其中一个片段写着："建筑清真寺的人，真主在天堂为他建筑一所房屋。"完者都陵墓上建有8个高高的尖塔，钟乳石状装饰，精美的釉砖盖顶。整座陵墓有3座大铁门。17世纪威尼斯游历者巴尔巴罗记载："陵墓末端是一座约三尺高的黄铜门，加工成格子状，门内是国王的圣体安置所。门对面是另一大门，两旁各有一座较小的门，所以这座宏伟的穹顶建筑共有四座门，两座大门，两扇小门，上面刻有花瓣或其他装饰图案。陵墓中心是一座典型的伊斯兰墓冢，像一座祭坛，但是比祭坛更宏大，而且上面覆盖着用丝绸和金线编织的珍贵织品。墓葬墙面贴虹彩砖。"② 卡沙尼说，陵墓的门和墙面上镶嵌有金子、珍珠和宝石。陵墓内还安放有完者都1305年下令在巴格达抄录的《古兰经》，现藏于莱比锡和德累斯顿博物馆。完者都汗陵是中古波斯最大的集中式建筑群，总体上看，亮丽活泼、构思巧妙别致，是当时伊斯兰建筑艺术的杰作。

合赞和完者都陵园是14世纪早期蒙古统治者精心设计的伊斯兰建筑，它承继了塞尔柱时期陵墓建筑风格的传统，同时，又确定了伊斯兰统治者陵墓建筑所具备的基本元素：入口处成对的尖塔、有穹顶的前厅、四伊万清真寺，这一形制为后来伊斯兰世界各统治者所模仿和喜爱。帖木儿在撒马尔罕建造新都之时，他不仅仿造了苏丹尼耶所建造的大清真寺，而且为新都周围的城镇以苏丹尼耶、设拉子、巴格达、大马士革和开罗名称命名。伊朗恺加王朝（1794—1925）第二位君主法塔赫·阿里沙（1797—1834）也选择苏丹尼耶为夏营地。诚如唐纳德·S. 威尔伯所说："伊利汗国时期的建筑既是世界性、帝国的，又是省级的、地方性的，近东地区已经习惯于按照君主的诏令建造大规模的建筑，

---

① 〔土耳其〕奥玛·你查，译. 克拉维约东使记 [M] . 北京：商务印书馆，1985：89.

② BLAIR S S. The Mongol Capital of Sultaniyya, British Institute of Persian Studies, Iran, Vol. 24 (1986)：143.

伊斯兰历史上，早几个世纪著名的巴格达团城以及这种建筑在萨迈拉①的巨大发展，都是法令建筑。伊利汗国时期汗王的要求也带来了诸如合赞尼耶和苏丹尼耶此类城市的修建，同时合赞汗特别下达法令，指示在他统治的每一个社区都必须建有一座清真寺和一个公共澡堂。这样的建设工程中，如同修建合赞汗和完者都陵墓一样，成千上万的工人被召集来参加修建工作，在建造过程中，那个时期最具才华的工匠显示了他们的才华和技艺，给更多卑微的从更小的地区召集来的工匠提供了丰富的灵感来源。这些地位低下的工匠，在省城和乡村做了大量的建设工作，通过考虑当地的风格、传统和材料，以与当前的建筑潮流保持一致。"②

4. 阿里沙清真寺

阿里沙清真大寺（Masjid－i－Jāmi of Ali Shah，1310－1320），位于大不里士，是伊利汗国后期宰相阿里沙所建，属集中式纪念性建筑。主体建筑是伊万型大清真寺，48 米深、25 米高、30 米宽。米哈拉布前敞厅上的拱顶，长 65 米，跨度 30. 15 米，拱脚高 25 米，超过了古罗马最大的拱顶。为平衡中央大穹顶，墙垣竟厚达 10. 4 米，它反映了伊利汗国时期拱券砌筑技术的高水平，具有帝国特征。

（五）细密画

鲁克·克文敦说："伊利汗统治时期，出现了一种新的绘画形式，即波斯的细密画。在波斯，叙事诗书籍中的插图艺术纯粹是伊利汗朝的创造。其中最好的范例就是《沙赫传》中五彩缤纷的插图。"③ 伊利汗国时期，波斯绘画风格在中国画风的强劲影响下出现了新突破、新发展，波斯绘画史上出现了最令人称道的伊利汗国细密画。巴希尔·格雷说："学者对蒙古人入侵前的波斯绘画史研究后，得出以下结论——波斯绘画在蒙古人入侵前并未达到有表现力且富于想象力的水平，直至蒙古人统治，使波斯绘画与中国绘画接触，它才有了特别且独有的特征。中国绘画不可思议的刺激作用使波斯画家自觉关注书籍中的绘画艺术。"④ 希拉·S. 布莱尔如是说："在伊朗，将伊利汗国的艺术与之前的艺术区分开来的最重要的变化之一是，插图书籍变得日益重要。……在书籍出版业

---

① 萨迈拉（Samarra）：今伊拉克巴格达北部城市。

② WILBER D N. The Architecture of Islamic Iran：The Ilkhanid Period ［M］. Princeton, New Jersey Princeton University Press, 1955：33－34.

③ 〔美〕鲁克·克文敦. 游牧帝国 ［J］. 中亚史丛刊，（2）.

④ ROBINSON B W. Rashid al－Din's World History：The Significance of the Miniatures ［J］. Journal of the Royal Asiatic Society of Great Britain and Ireland, 1980（2）：212.

方面，当插图书变得更加普通时，从塞尔柱时代到伊利汗国时代发生了一个重要的变化，插图书囊括了更广泛的题材，插图变得更大、更复杂，质量更高。"① 伊利汗国细密画是十三四世纪伊利汗国文化圈内流行的小型画种，主要以《古兰经》《列王纪》《史集》《世界征服者史》《卡里莱和迪木乃》等宗教、历史、英雄史诗、传奇故事和寓言等插图抄本为主体，大量引进中国龙凤、狮子、羚羊、莲花、牡丹等绘画元素和中国传统的工笔画，通过与波斯艺术风格相交融，形成独具一格的伊利汗国细密画。伊利汗国细密画表现出线条纤细，色彩艳丽，造型程式化，追求平面性和装饰性的特征。这种画风在中亚帖木儿王朝（1369—1500）继续发扬，在伊朗萨法维王朝（1502—1736）步入黄金时代。

伊利汗国统治西亚大部分地区，奠基者是旭烈兀，祖先是征服者成吉思汗，属于蒙古人世系，伊利汗国是外来的游牧民族在西亚建立的军事封建政权。伊利汗国的统治给伊斯兰世界绘画艺术带来两个重要结果：一是因伊利汗国与中国元朝特殊而密切的关系，中国绘画元素和工笔画艺术被引入波斯，成为波斯艺术家可借鉴的新源泉；二是为宣传赫赫武德，彰显统治权的合法性，积淀历史记忆，秉承宗教传统，教化穆民信众，皈依伊斯兰教的蒙古统治者大力弘扬波斯文化，爱好伊斯兰艺术，慷慨资助插图手抄书籍；艺术家荟萃在皇家图书馆或书坊从事集体创作，繁荣了需要书法家、装饰艺人、伊斯兰工笔画家和装订工共同参与的昂贵的书籍装帧艺术；在伊利汗国新的文化氛围中，画家们在书籍装帧艺术上广泛活跃，创作的插图抄本精品层出不穷。

1.《列王纪》的插图

《列王纪》（Shāhnāmeh），又译《王书》或《沙赫书》《沙赫纳美》，波斯伟大诗人菲尔多西（940—1020）历经 35 年创作的、约在 1010 年完稿的、3 万联句的波斯民族英雄史诗，它是世界文学史上最长的诗篇，内容主要是阿拉伯人入侵以前 3000 余年的波斯史，其中包括波斯历史上四大王朝 50 个国王的生平事迹，中间穿插有许多曲折生动的传说，充满劝诫和智慧。18 世纪以前，《列王纪》被认为是波斯帝国的正史，现被视为波斯社会生活的百科全书。张鸿年评说："《列王纪》问世一千年来，它的文化内涵、史学价值和艺术魅力已经为越来越多的人所认识。不仅世界文学爱好者阅读欣赏，各国学者也都多方面多层次地对它进行研究。综观全书，我们认为这部史诗有如下四方面的成就：一、

---

① LINDA KOMAROFF L. Beyond The Legacy of Genghis Khan［M］. Boston：Brill Leiden，2006：167.

《列王纪》是一曲伊朗民族精神的高亢的颂歌；二、《列王纪》是伊朗文学的宝库；三、《列王纪》是新兴的达里波斯语的基石；四、《列王纪》是波斯文明和伊朗古代社会生活的百科全书。"① 俄国杰出的民主主义者车尔尼雪夫斯基说："从有人证明《荷马史诗》不过是希腊民间诗歌的结集以后，一切有识之士终于发现民间诗歌有极高的诗学价值。菲尔多西的优美的创作，伊朗的《列王纪》里有许多章节，它们的美甚至在《伊利亚特》和《奥德赛》里找不到。"②

正因为菲尔多西的《列王纪》在波斯人民中享有崇高地位，并深受喜爱，《列王纪》问世之初，画家们便开始为它配插图。在伊利汗国留存下来的三十多部插图抄本中，约有 1/3 的抄本是《列王纪》。目前发现的最早标明时间的《列王纪》插图本，是 20 世纪初巴黎艺术商乔治·德莫特（Georges Demotte，1877—1923）收藏的 1330 年前后伊利汗国制作的插图本，通称《德莫特列王纪》（一译《大蒙古列王纪》），现藏于伦敦不列颠博物馆，它是伊利汗不赛因的宰相吉约索尔丁在大不里士拉施特镇书坊组织艺术家们集体制作的，尺寸为410×290mm，比之前抄本的书面空间大 6 倍，原抄本 120 幅插图，现存 89 幅，基本上以蒙古人喜爱的战争场面、神话故事和传说为主。插图中的人物脸型、武器装备、服饰是中国和蒙古式的，树木、岩石、云朵的自然景观绘法和龙凤图案的应用也源于中国。人物和建筑使用更鲜明的色彩，则完全是波斯绘画的技法。例如，波斯传说战神巴赫拉姆与恶龙战斗情景的插图，体现了波斯传统的英雄主义情节，但对于中国人以龙象征王权来说则不可理喻。又例如，在亚历山大之死的场景插图中，画家们把亚历山大置于中国图案的御床上，而周围四根伊斯兰风格的烛台则置于库法体图案的波斯地毯上，哀悼者分立两侧，画中蒙古贵族，留着长长的胡须，光着头顶，双手呈向上姿势以祈求上苍，充满悲伤。插图布局均匀、丰满，场景更多采用象征手法，充分表现出波斯传统的绘画技法与中国绘画理念的交融。《德莫特列王纪》的插图是伊利汗国绘画艺术的顶峰，被学者们视为伊利汗国宣扬自己的作品。又例如，藏于俄罗斯圣彼得堡国立萨尔蒂柯夫—谢德林公共图书馆的 1333 年《列王纪》抄本插图中包含着许多源自中国和蒙古的艺术传统和特点的细节，插图中经常能看见带着大朵莲花图案的服装、蒙古式的帽子和留着长发的人物。不管战斗、哀悼或死亡，理

---

① 〔波斯〕菲尔多西. 列王纪全集：一［M］. 张鸿年，宋丕方，译. 长沙：湖南文艺出版社，2001：14—15.

② 〔苏〕车尔尼雪夫斯基. 车尔尼雪夫斯基论文学：下卷（一）［M］. 辛末艾，译. 上海：上海译文出版社，1982：62—63.

想化的风格协调的情景都是细密画的突出特征，插图和文字内容的统一是细密画的特点之一。

2.《史集》的插图

前已所述，《史集》是伊利汗国政治家、史学家拉施特先后受伊利汗合赞和完者都之命修撰，被学者们视为第一部真正的世界史巨著。拉施特说必须每年在大不里士的书坊里制作波斯语和阿拉伯语两个版本的《史集》。在中古时代，依靠手工制作标准尺寸和高质量的作品，最佳的方法就是皇家或政府使用书法家和画师们在书坊里进行集体创作。

现藏于爱丁堡大学图书馆的阿拉伯文《史集》抄本，1306—1307 年制作，是迄今最早的《史集》存世抄本，不过该抄本缺损严重，无法了解抄本是否属于插图本。曾藏于英国皇家亚洲学会图书馆的 1314 年创作的插图本《史集》第二卷残篇，内含先知穆罕默德及其事迹、中国史、印度史和犹太人史四部分，"是现存最早的《史集》抄本之一，也是惟一传世的含有'中国史'部分的阿拉伯文《史集》抄本。该抄本是最著名的一部《史集》抄本，以插图精美而著称，抄写认真、工整，是所有现存抄本中抄录人名和地名最为准确可靠的一部"①。该抄本书页长 436 毫米，宽 291 毫米，抄本中人名、重要句子、章节标题以朱砂颜料抄写，字迹工整清晰，绘有不同风格的 100 幅插图，保存完好。该抄本为伊朗艺术商纳绥尔·哈利里博士 1980 年拍得，成为藏于伦敦不列颠博物馆的纳绥尔·哈利里博士伊斯兰艺术藏品，1995 年哈利里出版彩色影印本《史集》。现藏于土耳其伊斯坦布尔托普卡皮宫（Topkapi Saray）博物馆的 1317 年 8 月和 11 月制作的两部插图本《史集》是迄今发现的最早的波斯文抄本。此外，帖木儿王朝之后先后制作了几部插图本《史集》。

插图版《史集》现存抄本简表

序号	收藏地	版本文字	制作时间
1	哈利里私人藏品	阿拉伯文	1314 年
2	伊斯坦布尔托普卡皮宫博物馆	波斯文	1317 年 8 月
3	伊斯坦布尔托普卡皮宫博物馆	波斯文	1317 年 11 月
4	圣彼得堡国立萨尔蒂柯夫—谢德林公共图书馆	波斯文	1407 年
5	大英博物馆	波斯文	1433 年

---

① 王一丹. 波斯拉施特《史集·中国史》研究与文本翻译［M］. 北京：昆仑出版社，2006：100—101.

续表

序号	收藏地	版本文字	制作时间
6	伊朗古勒斯坦图书馆	波斯文	1663 年
7	大英图书馆	波斯文	1671 年
8	巴黎国立图书馆	波斯文	—
9	巴伐利亚州国立图书馆	波斯文	—

哈利里所藏的阿拉伯文《史集》抄本插图①，与其他波斯文《史集》抄本插图相比，插图中的颜色主要是红色、蓝色和褐色，间或使用绿色和黄色，阿拉伯缠头和袍子的饰带、人物面颊等高光部位较多地运用金色和银色。哈利里藏本色彩华丽，其中"望月之战前夕穆罕默德忠告族人"（129×250mm）、"穆罕默德接受巴努·纳迪尔（Banū Nadīr）的皈依"（113×250mm）和"穆罕默德领导海姆宰（Hamzah）和穆斯林对抗巴努·凯努卡（Banū Qaynuqa）"（113×247mm）三幅插图更为突出，布局精心，色彩艳丽，寓意简明。如《穆罕默德领导海姆宰和穆斯林对抗巴努·凯努卡》插图，画面前部是骑阿拉伯马的海姆宰，手持宝剑，四周为大型卷云环绕，卷云之上为天使迦百利，画面后部为一队持矛的骑士。整幅画表现了海姆宰身先士卒，在天使的佑护下，带着雄赳赳、气昂昂的骑士们出征，插图场景超越了虚饰的浮夸和战争表面的辉煌，用大量的天青石深蓝色颜料装饰海姆宰的袍子，以红色颜料绘制海姆宰胡子及马鞍和笼头，突出海姆宰的头领形象。

哈利里所藏《史集·中国史》部分，中国历代帝王肖像共 81 幅，大多遗失，现存 19 页。在《史集》编撰中，有中国学者参加，伊利汗统治者按照成吉思汗家族的传统和习俗，任命中国画师或谙熟中国工笔法的画家为《史集·中国史》中的王朝建立者及臣僚们画肖像，标准式样是按中国历代王朝顺序，列出每一王朝建立者的名字及子孙世系表。插图的标准程式通常分三格，中间格绘皇帝肖像，姿势不固定，或站立，或卧躺，或闲坐，左右两格为站立的臣僚，王朝建立者名

---

① MEREDITH – OWENS G. M. Some Remarks on the Miniatures in the Society's "Jāmi Al – Tawārīkh"［J］. Journal of the Royal Asiatic Society of Great Britain and Ireland，1970（2）：195 – 199.

王一丹. 波斯拉施特《史集·中国史》研究与文本翻译［M］. 北京：昆仑出版社，2006：216 – 227.

纳思霖. 伊朗细密画中的中国绘画因素：以《史集》和《列王纪》为中心［D］. 北京：中央美术学院人文学院，2008.

字位于插图上方。皇帝和臣子们的脸部造型基本上呈圆形，肖像正面描绘，脸部全部或四分之三以上的部位显露出来，柳眉凤眼，黑色线条勾勒，场景淡淡彩色，空间开阔，人物主体图像纵深立体感较强，鲜明地体现出中国画风。

《史集》插图本的特征之一是插图布局程式化。以《史集·合赞史》为例，合赞史包括从成吉思汗到合赞的历史，每位统治者分三部分记述，第一部分以谱系表开始，谱系表用小画像说明，最大插图为 65×65mm，大多数插图涂上金色，每幅插图绘制一对加冕登基的夫妇像，他们或坐在宝座上，或坐在坐垫上。第二部分为正文，以一帧登基典礼的双页插画开始，插图中，王室成员以标准样式被安排在王座前面。如果正文非常长，正文中也可以插图。统治者颁布告示，或举行宴会，均以巨幅的统治者及其王后加冕活动的单页插图说明，因此，加冕登基图在特定文本中起着特别作用。

3. 其他插图手抄书

插图手抄书的制作需要投入较多的人力、时间和资金，30 卷《古兰经》豪华插图本的抄写、彩饰和插图的制作时间需要六年才能完成。如此大规模的、较复杂的插图抄本要求书法、彩饰和绘画这些独特技艺的专家在书坊或缮写室集体制作，最精美的，特别是多卷本的书籍更是如此，它们往往在皇家图书馆或书坊制作。已知的伊利汗国最早的有卷首插图、含有标注日期的书尾题署的两部手抄书制作于巴格达，一部是 1287 年 11 月制作完成的 "精诚同志社"（Ikhwān al - Safā）结集的、旨在强化宗教道德和哲学结合的《文集》（Rasāʾíl）；与伊利汗国之前的阿拉伯抄本插图相比，《文集》插图抄本的创新点主要在于大量使用黑色和金色线条勾勒图案轮廓，构图方式上出现了双帧卷首插图设计。另一部是 1290 年 12 月完成的、志费尼的《世界征服者史》。此外，苏非需要书籍学习和教育，罕喀道堂也是插图手抄书的制作中心之一。神秘主义大诗人鲁米（1207—1273）的《玛斯纳维》，因被苏非派穆斯林奉为 "精神的《玛斯纳维》"，科尼亚的莫拉维教团出资于 1278 年 11—12 月制作完成了《玛斯纳维》插图本。存留下来的《玛斯纳维》，绘有 20 幅精美插图，抄写人署名是胡萨姆丁·查拉比。1333 年 11 月，莫拉维教团还出资完成了 30 卷《古兰经》插图本的制作。

伊利汗国最有名的，特别是专门制作插图抄本的书坊，当属合赞在巴格达和大不里士建立的书坊，以及宰相拉施特在大不里士、苏丹尼耶、哈马丹和亚兹德建立的书坊。在合赞汗的瓦克夫捐献书中，规定每年购买 100 册《古兰经》抄本。马木路克王朝编年史家伊本·福瓦提记载，1305 年拉施特已开始制作标有日期的插图书籍，在后来十几年的政治生涯中，拉施特作为伊利汗国三朝宰相，这些书坊制作插图抄本的活动日益活跃。1314 年 3 月拉施特规定书坊每年要完成两部《史集》插图抄本的制作任务。学术界认为，正因为拉施特的督造和资助，拉施特自己的 5 部著作和 4 部《古兰经》插图抄本幸存下来。留存下来的拉施特 5 部个人著作是：哈利里所藏的 1 部 1314 年制作的阿拉伯文《史集》插图本；伊斯坦布尔托普卡皮宫博物馆所藏的 1314 年 10 月和 1317 年 7 月创作的 2 部波斯文《史集》插图本；巴黎国家图书馆所藏的 1 部 1310—1311 完成的拉施特神学著作《拉施特经注》；卡塔尔所藏的 1 部 1311 年 12 月—1312 年 2 月制作的《拉施特经注》。4 部 30 卷《古兰经》抄本是：一部现藏于开罗国家图书馆的 1313 年 9 月的《古兰经》大型抄本（560×410mm），是拉施特资助并呈献给完者都汗的，学术界称哈马丹本，标注的抄写人是阿卜杜勒·伊本·穆罕默德·伊本·马哈茂德·哈马丹尼；第 2 部现藏于伊斯坦布尔托普卡皮宫博物馆的 1315 年 4 月的《古兰经》抄本，属拉施特个人财产，抄写人是阿卜杜拉·伊本·艾比·卡西姆·伊本·阿卜杜拉·图维·鲁德拉瓦里；第 3 部是一部散失的 1308 年的《古兰经》大型抄本（560×350mm），也是拉施特出资制作并呈献给完者都汗的，学界称巴格达本，抄写人是艾哈迈德·伊本·苏哈拉瓦迪；第 4 部也是一部散失的 1311 年的《古兰经》抄本，是两位宰相拉施特和撒都刺丁·撒兀赤（Saḍ al – Dīn Sawajī）出资制作并献给完者都汗的，抄写人是阿里·伊本·穆罕默德·伊本·宰德。①

此外，藏于伦敦印度事务所的波斯文插图本《诗选》（*Anthology of Diwans*），学术界认为，它的制作也应归功于拉施特，这部诗歌选集由阿卜杜拉·木明·阿拉维·卡什在 1314 年 2 月—1315 年 2 月期间抄写完成。1279—1298 年或 1299—1300 年，伊利汗廷在马拉盖制作了伊本·巴赫提苏的《动物寓言集》（*Manafi – i Hayavan*），现藏于纽约摩根图书馆。该抄本插图尺寸大小视空间而定，每页版式各不相同。画家不再客观描绘图像本身，而是更善于通过图像展现事物的想象力。罗伯特·希伦布兰德（Robert Hillenbrand）认为，"《动物寓言集》是波斯人接触中国艺术后一部早期的作品，而且是经典之作"②。现藏于伊斯坦布尔托普卡皮宫博物馆的 1300 年制作的《卡里莱和迪木乃》插图抄本，和藏于伦敦大英图书馆的 1307—1308 年创作的《卡里莱和迪木乃》插图抄本均属于伊利汗国作品。现藏于爱丁堡大学图书馆的比鲁尼的天文学著作《古代城

---

① KOMAROFF L. Beyond The Legacy of Genghis Khan［M］. Boston：Brill Leiden, 2006：172 – 173.

② KOMAROFF L, CARBONI S. The Legacy of Genghis Khan：Courtly Art and Culture in Western Asia1256 – 1353, The Metropolitan Museum of AartNew York Yale University Press［M］. New Haven and London, 2003：141.

邦年表》抄本，制作于 1307—1308 年，绘有 25 幅插图，插图颜色鲜明，人物形象化和格式化。

除伊利汗廷资助插图手抄书制作之外，波斯地方王朝——英术王朝（Injuids，1318—1353）的统治者也积极资助插图书籍事业的发展。英术家族最初是作为伊利汗廷的封臣统治法尔斯和克尔曼地区，对他们来说，伊利汗王室热心赞助艺术和文化，也是伊利汗国臣僚们积极学习的榜样。英术王朝虽然存在的时间不长，但在统治者的积极支持下，英术王朝完成了相当一批插图抄本的制作。

英术王朝最早的插图抄本是 1330 年制作的《列王纪》，现藏于伊斯坦布尔托普卡皮宫博物馆，这部手抄书 286 页，是一部大尺寸的对折式插图本，长 375毫米，宽 290 毫米，抄本用 6 列 34 行的标准纸张抄写，绘有 92 幅插图。第 2 部抄本是 1333 年制作的《列王纪》，现藏于圣彼得堡国立萨尔蒂柯夫—谢德林公共图书馆，这部手抄书共 369 页，长 355 毫米，宽 275 毫米，使用 4 列 33 行的标准纸张抄写，绘有 50 幅插图。第三部手抄书是 1341 年制作的《列王纪》，共有 325 页，370 毫米长，300 毫米宽，正文抄写在 6 列 30 行的标准纸张上，不同类型的插图 108 幅，它是现存的英术王朝插图抄本中最好的手抄书。在卷首插图页上，题有致哈吉·吉瓦姆·道莱·瓦·丁·哈桑的献词，吉瓦姆·丁曾任英术王朝的宰相，手抄书绘图十分简洁，但卷首页有画框式装饰，这是英术王朝早期插图抄本的风格。第 4 部英术王朝的《列王纪》抄本，是所谓的斯蒂芬斯版《列王纪》（Stephens Shāhnāma），共有 329 页，长 291 毫米，宽 210 毫米，正文抄写在 4 列 33 行的标准纸张上，不同类型的插图也有 108 幅，插图画框内标明的时间是 1352—1353 年。斯蒂芬斯将这部《列王纪》长期租借给华盛顿的亚瑟·M．萨克勒艺术馆，这部完整的手抄书是为英术王朝统治者阿布·伊沙克的妹妹、马立克哈敦制作的，它体现了英术王朝早期手抄书的风格：每一单页的画框式插图之后是一幅围绕正文内容的双页插图。

此外，英术王朝统治时期制作的插图抄本还有如下几部。现藏于设拉子帕尔斯博物馆（Pars Museum）的 1344—1346 年的《古兰经》插图抄本，抄写人署名为叶哈雅·哲马里·苏非，此抄本是英术王朝统治者阿布·伊沙克（1343—1353）的母亲塔什哈敦赠给设拉子沙赫·齐拉格清真寺（Shāh－i Chirāgh）的。因抄写人叶哈雅曾在伊利汗国翊国公出班府工作，1335 年伊利汗不赛因去世，伊利汗国迅速瓦解，大不里士的艺术家纷纷出走，叶哈雅来到设拉子为英术王朝服务。这部手抄书装帧艺术风格与英术王朝早期插图风格完全不同，属典型的伊利汗国插图风格：色彩鲜艳的阿拉伯式绘画边框和广泛使用宽边的金色饰线。现分别收藏于哈利里伊斯兰艺术藏品和设拉子的帕尔斯博物馆的 30 卷《古兰经》残卷，也是英术王朝的作品。学术界认为，作者兼抄写人穆罕默德·伊本·白德尔·丁的诗集《穆尼斯—阿合拉尔》（Mu'nis al - ahrār）在 1341 年伊斯法罕制作，资助人应该是阿布·伊沙克。

伊利汗国的细密画之所以光彩照人、灿烂夺目，究其原因，主要是伊利汗国的蒙古统治者热心文化建设，尤其是伊利汗国和中国元朝保持着密切友好的关系，人员往来频繁，大量中国画师参与伊利汗廷插图手抄书制作，中国的绘画风格在波斯得到广泛的传播，强烈地影响着波斯画风，使波斯出现新的绘画风格，以往那种过分强调色彩的波斯风格为中国式的柔和而清雅的工笔画所替代，过去线条性的图画演变为形态各异的人物、动物及其相关图景，这种画风导致伊利汗国的细密画"背景蕴涵着深刻的内容，天空五彩缤纷，人物栩栩如生，动物惟妙惟肖，植物枝茂叶盛"[1]。

（六）陶器

13 世纪成吉思汗及其继承者建立了空前绝后的、横跨欧亚大陆的蒙古大帝国。蒙古的征服和统治的重要影响之一是促进了东西方交通与文化交流。1258 年旭烈兀建立的伊利汗国控制着东起阿姆河、西至地中海、北自高加索、南抵印度洋的辽阔地区，并与宗主国元朝保持着密切而友好的关系，为中国与西亚的经济和文化的交流创造了良好的环境，也为伊利汗国制陶技术的创新和发展营造了有利的条件。

西亚制陶历史悠久，陈列的陶器琳琅满目，色彩丰富，款式多样。10 世纪西亚穆斯林陶工使用碱性的、透明的碳酸钠、碳酸钾或铅釉，出现了上釉陶器，但只能生产个别几种颜色的器皿。12 世纪西亚陶工为仿制中国唐朝白瓷，首先开创使用白色的锡釉，并导致工艺复杂的虹彩陶出现。虹彩陶是在锡釉之上涂施硫黄、氧化银、氧化铜、悬浮在醋之上的红褚石或黄褚石调制的虹彩釉，第二次烧制而成。虹彩铀技艺使得陶器呈现富丽堂皇的金子般的光泽，但烧制技术难度大。13 世纪 60 年代，今叙利亚的拉卡是生产虹彩陶最多的城市。13 世纪到 14 世纪中叶，伊利汗国的伊斯法罕的卡尚和德黑兰的苏丹阿巴德是出产虹彩陶和其他陶器的主要工业中心。卡尚，主要生产星状、十字纹状、阿拉伯式藤蔓和中国式花样图案的瓷砖，波斯语专称卡尚依（Kashani），意为卡尚瓷砖，这种瓷砖表面可见漂亮的光泽和卡尚瓷文化特色，闻名遐迩，备受欢迎。玛丽·E. 克瑞恩说："14 世纪的伊朗建筑，起主导作用的是强调瓷砖铺面。14 世

---

[1]　ADAMS C J. Iranian Civilization and Culture ［M］. Canada，1973：48.

纪早期建筑遗迹证明，镶嵌的墙面砖包括单色瓷、光瓷、釉下彩和釉上彩、模压或浮雕装饰的瓷砖。影响 14 世纪早期伊朗地区彩陶镶嵌瓷砖产量的因素，最初是十三四世纪之交大不里士附近的苫和拉施特镇的建筑瓷砖使用，还有就是1305 年开始修建的苏丹尼耶的完者都汗陵墓一期工程的瓷砖使用。"①

为迎合上层社会的需要，西亚陶工创新出米纳伊（Minai）和纳吉瓦尔迪那（Lajvardina）华贵的、属装饰性的陶器制造工艺。米纳伊字面意为珐琅，七彩釉器。米纳伊技艺是先在黏土陶器上涂施普通釉后高温烧制，然后在烧过的器皿光面上再涂施硼砂、玻璃粉、石英和铅、锡氧化物的珐琅釉料，低温再烧。这种釉上珐琅，同样能显现釉下蓝或青绿的装饰图样纹饰，还有釉上加金彩的，使器皿表面富丽光彩。纳吉瓦尔迪那技艺与米纳伊技艺差异不大，只是纳吉瓦尔迪那陶器更多采用抽象设计，在第二次烧制时涂施较昏暗的色料，形成有钴蓝釉装饰的陶器效果。纳吉瓦尔迪那陶器于 14 世纪在波斯，取代米纳伊陶器，成为占主流的多彩装饰的豪华陶瓷。

图 5-1 西亚虹彩釉盆（高 3 厘米，9 世纪，哈利里藏品）

图 5-2 卡尚纳吉瓦尔迪那陶盆

（直径 21.2 厘米，14 世纪早期，收藏于巴黎罗浮宫博物馆）

---

① CRANE M E. A Fourteenth - Century Mihrab from Isfahan [J]. Ars Islamica, 1940, 7 (1): 100.

中国制瓷文化源远流长，优质瓷器所需高岭土资源独有，中国瓷器的装饰工艺博大精深，融合了绘画、书法和雕塑等视觉艺术，造型优美和工艺精湛的中国瓷器深受欧亚非各国人民的喜爱。正如陈伟所言："中国瓷器的质料如湖水般波光粼粼，与中国丝绸相辅相成。中国瓷器打破时空限制，再辅以意境深远的中国画的装饰及东方式的空间造型，完满地综合了艺术中最基本的要素，似乎基本解决了艺术中形式与内容、空间与时间这两个难题，所以备受有一定艺术修养的人士的青睐。"[①] 在宋元明时期，陶瓷一直是中国对外出口的大宗商品。元代中国与西亚伊利汗国关系密切，西亚成为中国陶瓷的主要外销市场。14 世纪，在伊利汗国中后期，苏丹阿巴德陶工在保持钴蓝和青绿色调的基础上，深受中国浙江龙泉窑和江西景德镇湖田窑的青花瓷、青瓷的形状和设计影响，甚至装饰图案也模仿中国传统图样，生产出特色鲜明的苏丹阿巴德陶器。这种陶器色调更灰，形体更大、更高、更重。大部分圆边或叶状边的浅口青花瓷盘，直径在 45—48 厘米之间，高近 8 厘米。其中伊朗阿尔达比勒博物馆的一个青花瓷盘直径超过 57 厘米，高 10 厘米，凸显出元代中国瓷器粗狂、豪迈和刚劲的特色。伊利汗国陶器的装饰图案普遍融入中国传统的龙、凤吉祥动物和牡丹、莲花主题花样，所有图案具有鲜明的中国特色，也使西亚的制瓷工艺达到了一个新的境界。

1958—1978 年，德国一支考古队在伊朗长时间考古发掘伊利汗国仅存的一座蒙古式宫殿：塔赫特·苏莱曼宫（Takht - i Sulaiman）。塔赫特·苏莱曼宫是第二任伊利汗阿八哈在 1270 年开始修建的一座夏宫，位于大不里士西南的一个火山湖边，气候宜人，景色优美。周围还有波斯萨珊王朝宫殿遗址。在塔赫特·苏莱曼宫遗址上，考古工作者发掘出大量的建筑装饰材料——灰泥、大理石、虹彩陶瓷、纳吉瓦尔迪那瓷砖碎片。一些瓷砖碎片上的题名和图形来自《列王纪》，"表明蒙古统治者不仅要把自己装扮成萨珊帝王的继承人，还把自己当作是菲尔多西史诗中传奇性的君主和英雄的后代"[②]。一些瓷砖上中国装饰艺术风格的图案——龙、凤、莲花、牡丹花纹和程式化的卷云图样引人注目。在中国传统中，龙凤象征帝后权威，只有王室家族可以使用龙凤图形。正如普瑞希拉·苏塞克所说："龙和凤在塔赫特·苏莱曼宫的瓷砖上的流行可以和中国元

---

① 陈伟，周文姬. 西方人眼中的东方陶瓷艺术［M］. 上海：上海教育出版社，2004：172—173.

② 〔英〕罗伯特·欧文. 伊斯兰世界的艺术［M］. 刘运同，译. 桂林：广西师范大学出版社，2005：105.

朝的工艺品上流行的龙和凤相匹敌。这反映了龙和凤作为王权象征的重要性。在景德镇的瓷窑附近发掘出的五爪龙图青花瓷可能是专供蒙古宫廷使用而制作的。"① 斯蒂芬劳·卡尔波尼说："在装饰细节方面，伊利汗国早期与晚期艺术的连续性也非常显著，只是随蒙古人的入侵，像中国的龙凤、狮子、蹲伏的羚羊、莲花还有牡丹这些图案元素的传入，成为伊朗所有艺术的装饰元素。"②

图 5-3　塔赫提·苏莱曼（Takht-i Sulayman）夏宫遗址

　　现如今收藏于纽约大都会艺术博物馆的一片青花瓷砖的装饰和发掘于塔赫特·苏莱曼宫的瓷砖碎片的装饰一模一样，它证明这些瓷砖是卡尚窑的产品代表之一。收藏于大都会艺术博物馆所藏凤凰图虹彩瓷砖（图 5-12），是 13 世纪 70 年代卡尚窑的产品。瓷砖为虹彩陶，高 36 厘米，宽 37 厘米。它以蓝色和蓝绿色装饰，中央绘以密集的卷云，映衬一只华丽的、飞翔的凤凰。上下两个花边位于凤凰两侧，上花边区域装饰是程式化的旋涡形牡丹，牡丹花影和花蕾交替相间。下花边区域装饰是纤细的牡丹花枝。塔赫特·苏莱曼宫遗址发掘出来的一系列龙、凤和花边图案的瓷砖碎片说明，伊利汗国的陶器在强调西亚本土釉料、色调、纹饰和技艺的基础上，学习和模仿中国的白瓷、青花瓷、青瓷和釉里红，生产出有鲜明的伊斯兰文化特色的西亚陶器。

①　SOUCEK P. Ceramic Production as Exemplar of Yuan - Ilkhanid Relations［J］. RES：Anthropology and Aesthetics，1999（35）：131-132.

②　Synthesis：Continuity and Innovation in Ilkhanid Art［M］//KOMAROFF L. CARBONI S. edited：The Legacy of Genghis Khan：Courtly Art and Culture in Western Asia，1256-1353，The Metropolitan Museum of Aart. New York Yale University Press，New Haven and London，2003：202.

图5-4 凤凰图虹彩瓷砖

（卡尚，13世纪70年代，高36厘米，
宽37厘米。收藏于大都会艺术博物
馆。）

图5-5 虹彩瓷盆

（卡尚，1268年直径28.5厘米，
高6.5厘米。哥本哈根戴维藏品）

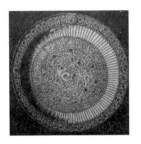

图5-6 鱼纹瓷盘

（伊朗，十三四世纪早期的虹彩釉收
藏于巴黎卢浮宫［6456］）

图5-7 三只凤凰图瓷碗

（伊朗，14世纪釉下彩瓷器，收藏于
巴黎卢浮宫［8177］）

图5-8、9 伊利汗国虹彩星形花样瓷砖，纽约大都会艺术博物馆

（20.120.50）、（1975.117.1）

三、蒙古人在西亚繁荣宗教和文化的原因

伊利汗国的宗教和文化，蒙古统治者的宗教宽容和兼容并蓄，文化的碰撞
和开放，伊利汗的热心鼓励和支持，各族人民的积极参与等因素导致，西亚涌
现出一大批杰出的文人学者和工匠艺人，宗教、文学、建筑、细密画和陶瓷硕

果累累，繁花似锦，发出一道道绚丽的光彩，向世界文化宝库奉献了大量的思想巨著和艺术精品，波斯文化呈现繁荣的景象。考量伊利汗国宗教和文化发展的社会历史原因，大致有几个原因。

第一，入主西亚的蒙古统治者尤其是伊利汗国后期的合赞、完者都和不赛因采取积极保护和热心鼓励波斯文化发展的政策，是波斯文化繁荣的最主要原因。

13 世纪蒙古人崇尚军事游牧生活传统，文明程度相对落后。蒙古人在对外扩张的过程中，为了能充分利用被征服地区的文人学者、工匠艺人服务于战争机器，历来对被征服地区采取赦免学者、宗教宽容和保护手工业者等举措。伊利汗国的缔造者旭烈兀经营第三次西征时，无论在阿剌模式，还是在巴格达，承袭了蒙古帝国传统的"攻城略地"政策，但是其为代表的伊利汗国统治者仍然善待西亚的手工业者、伊斯兰法官、阿里的后裔。例如，在围攻亦思马因派的中心阿剌模式堡时，旭烈兀真诚地听从了波斯学者志费尼的建议，保护了阿剌模式图书馆和所有天文仪器。1258 年旭烈兀还委任著名的什叶派伊斯兰学者纳昔剌丁·徒昔主持修建马腊格天文台和图书馆，从事天文观测与研究，"鼓励学者们展开学术辩论，给他们规定了一定的薪俸"①。旭烈兀之后的伊利汗继承了先辈们保护文化的良好作风。史载：阿八哈汗"让人类导师火者纳昔剌丁·徒昔的学生、将近一百名可尊敬的学者随侍宫内，并赐给俸禄"。② 阿鲁浑酷爱宫殿土木建筑，在大不里士附近，"他兴建了两座富丽堂皇的城堡。在这两座城堡之间建了一座城，城内建造了两座速非，尖拱的拱门和钟乳石阁楼，值得赞美的五彩缤纷的建筑物，该城被命名为阿鲁浑尼牙"③。

需强调的是，合赞汗、完者都和不赛因统治时代，汗国改信伊斯兰教，实行伊斯兰化，恢复和发展社会经济，积极笼络西亚名贵显达，大量启用穆斯林精英参与伊利汗国中央到地方的行政、财税管理和建设，缓和社会矛盾、民族矛盾和宗教矛盾，非常尊重知识和学者，波斯文化繁荣昌盛。

合赞汗本人特别爱好语言、历史和艺术。在语言方面，拉施特说：合赞汗"懂得蒙古语、阿拉伯语、波斯语、印度语、客失米儿语、藏语、汉语、富浪语，另一些语言他也稍许懂得一些"④。在历史知识方面，合赞汗非常详细地了

---

① 〔波斯〕拉施特. 史集：第三卷 ［M］. 余大钧，译. 北京：商务印书馆，1986：94.

② 〔波斯〕拉施特. 史集：第三卷 ［M］. 余大钧，译. 北京：商务印书馆，1986：105.

③ 〔波斯〕拉施特. 史集：第三卷 ［M］. 余大钧，译. 北京：商务印书馆，1986：215—216.

④ 〔波斯〕拉施特. 史集：第三卷 ［M］. 余大钧，译. 北京：商务印书馆，1986：354.

解蒙古族的历史，拉施特说，在掌握蒙古族和中国历史知识方面，合赞是仅次于中国孛罗丞相的权威，"了解伊朗、突厥、印度、客失米儿、中国和其他各族的帝王历史，主要是他们各不相同的承袭序列"①。合赞汗还熟识各种技艺，史载："珠宝加工、打铁、细木工、彩绘、铸造、旋光等手艺，没有一行他不比所有的行家更为精通。他还亲自制作，并教其他人制作。"② 合赞汗强调要尊重知识、尊重人才。在一次接见突厥学者希巴塔·刺黑时，合赞说："凡是他们知道的东西，我都高兴，因此尊重他们。"③ 合赞汗也是一位杰出的建设者和科学文化事业的赞助者。1297 年 10 月，合赞在苫地（Shandiadiyya）建造高大的合赞汗陵墓。在建造期间，他时常造访建筑工地，聆听建设者的意见，并专业地指导工程建筑。例如，当陵墓的地下室建造到地平面时，建筑师问合赞汗在地下室哪些地方做窗子以通风采光，合赞认为做窗子并不能解决光线问题，"光线应当从这里导入那里，否则阳光在那里不能给人带来好处"④。合赞通过巨额财政拨款，积极兴办一系列公共设施，先后在大不里士修建了 2 所学校、1 所医院、1 所天文台、2 所图书馆、1 所档案馆。为促进波斯文化的进一步发展，合赞承袭伊斯兰世界的瓦克夫制，将大量的土地、果园和商店作为发展波斯文化和教育事业的固定基金。在合赞汗的引领下，许多贵族、封建主纷纷捐献地产、钱财兴办清真寺、经学院和伊斯兰学校。例如，宰相拉施特在大不里士修有供 400 名学者居住的"学人街"和 50 人居住的"医生街"，并招纳 1000 名学生免费学习。

完者都和不赛因继续发展波斯文化事业。完者都时代，整个伊利汗国，尤其是巴格达，"华丽的建筑艺术特别引人注目，如星期五清真寺、祈祷堂、教堂学校、寺院、旅店以及医院、慈善机构和许多用于宗教和福利事业的建筑物都是令人惊叹的。……算端习惯在宫殿内或在游览各地时召集一些吃俸禄的有名学者和教授以及他们的助手和学生组织一个所谓的'智囊团'。"⑤ 完者都汗下令宰相拉施特主持修编百科全书式的通史《史集》和修建苏丹尼耶城。正因为伊利汗积极保护和发展波斯文化教育事业，波斯文化在蒙古人统治西亚时期成

---

① 〔波斯〕拉施特. 史集：第三卷［M］. 余大钧，译. 北京：商务印书馆，1986：354.
② 〔波斯〕拉施特. 史集：第三卷［M］. 余大钧，译. 北京：商务印书馆，1986：354—355.
③ ［俄］威廉·巴托尔德. 中亚突厥十二讲［M］. 罗致平，译. 北京：中国社会科学出版社，1984：202.
④ 〔波斯〕拉施特. 史集：第三卷［M］. 余大钧，译. 北京：商务印书馆，1986：303.
⑤ 蒙古人的世界帝国. 蒙古研究参考资料，新编第 32、33 辑，109.

为伊斯兰文明史上的光辉。

第二，伊利汗国时代波斯文化的高度发展，还应归功于 1258—1335 年伊利汗国波斯政局的相对稳定。从政治上看，早前，阿拔斯王朝和塞尔柱王朝并存，西亚群雄割据，混战不已，无有宁日。旭烈兀虽源于草莽，但是在十几年的征战中，他把从阿姆河以西到叙利亚和小亚细亚的广大地区统一在自己的政权之下，结束了 13 世纪 50 年代之前西亚割据称雄的混乱局面。伊利汗国与元朝中国保持密切的关系。在蒙古帝国四大汗国中，伊利汗国与元朝关系最为友好。伊利汗国创建者旭烈兀和元帝国建立者忽必烈属同胞兄弟。伊利汗忠实履行宗藩关系，所以元朝历任皇帝积极支持伊利汗国在西亚的政治统治。伊利汗国与元帝国之间交通畅通，双方使者频繁往来，既有利于伊利汗国政局稳定，也大大促进了两地间经济和文化的交流与发展。

另一方面，伊利汗国一开始就启用西亚本地穆斯林官员管理国家的行政和财税。在伊利汗国，因统治者蒙古人为军事游牧民族，大多不善行政和财政管理，所以，伊利汗启用西亚本地贵族，尤其是财政管理，撒希卜底万多为波斯人。例如，蒙古帝国首任西亚行政长官成帖木儿任命花剌子模人舍里甫丁为大必阇赤，呼罗珊显贵巴哈丁·马合谋·志费尼为撒希卜底万。两人在蒙古人统治西亚的历史上扮演着十分重要的角色。前者是花剌子模的代表，后者是呼罗珊的官僚代表。旭烈兀西征，尤其是忽必烈大汗认可旭烈兀对波斯的统治权之后，阿姆河等处行尚书省作为蒙古帝国中央政府在西亚的最高统治机关职能消失。但伊利汗仍遵循旧俗，设宰相和各部底万，委派穆斯林掌管全国民政、财政、司法。伊利汗国统治时期的维齐尔大多是西亚的穆斯林，例如，三朝宰相苫思丁·志费尼和拉施特。在法制建设上，蒙古人的扎撒与伊斯兰教法时有矛盾和冲突，伊利汗一开始就委任穆斯林学者为伊斯兰法官，利用西亚原有的伊斯兰教法体系审判和处理民事、刑事诉讼。1292 年，乞合都汗委以当朝宰相撒都剌丁·曾札尼的兄弟忽忒巴丁为伊斯兰教大法官。蒙古统治者启用穆斯林参与蒙古帝国和伊利汗国的国家管理，有助于缓和民族矛盾和宗教矛盾，扩大了伊利汗国的统治基础，巩固了蒙古人在西亚的统治，为伊利汗国的宗教和文化发展营造了良好的政治环境。

第三，伊利汗国历代蒙古统治者实行宗教宽容政策，尤其是合赞汗改信伊斯兰教，推行伊斯兰化，使伊斯兰文明得以延续和发展。13 世纪中叶旭烈兀征服西亚之后，在处理西亚宗教问题上遵循了蒙古帝国一视同仁的宗教宽容政策，对西亚地区各种宗教兼容并蓄。所以，蒙古统治者即使在征服伊斯兰世界的过程中穆斯林遭到大量的杀戮，但是，蒙古统治者也并非一味地排斥伊斯兰教，而是有选择性地利用和发展了在西亚一直受逊尼派压制的什叶派，蒙古统治者的征服和统治并没有中断伊斯兰文明的存在与发展。特别是合赞汗1295年改信什叶派伊斯兰教之后，蒙古统治者不仅把伊斯兰教作为个人的宗教，而且还将它作为全体蒙古人的宗教，作为伊利汗国的国教，伊斯兰教成为蒙古统治者在西亚的立国之本。宗教宽容政策和蒙古人的伊斯兰化保存和推动了伊斯兰文明的发展。刘中玉说："伊利汗国因其特殊的地理位置和文化背景，使蒙古体制和理念在被占领区域推行的过程更具代表性。蒙古人以草原民族的包容性和对其他文明的适应性，打破了处于交战状态的基督教文明和伊斯兰文明之间的政治壁垒和宗教禁忌，在阿拉伯文化、波斯文化以及塞尔柱突厥文化的基础上，使伊斯兰文明的草原特征和东方特征再次得到强化，从而提升了其多元文化的特点，在促进伊斯兰文化振兴方面具有一定的进步意义。"①

第四，波斯文化的强大影响。

波斯帝国和阿拉伯帝国历史上地处东方和西方陆路和海路的交汇点，为东西方商贸的中转站和集散地，多元文化特征和优越地理条件使波斯帝国和阿拉伯帝国孕育出丰富多彩和灿烂辉煌的波斯文化和阿拉伯—伊斯兰文化。伊利汗国的版图，历史上曾是波斯帝国和阿拉伯帝国的版图，文化灿烂而悠久。伊利汗国取代阿拉伯帝国统治西亚，自然受到波斯文明和伊斯兰文明的强烈影响。恩格斯说："比较野蛮的征服者杀光或者驱走某个国家的居民，并且由于不会利用而使生产力遭到破坏或衰落下去。例如摩尔西班牙的基督教徒，就是这样对待摩尔人赖以从事高度发展的农业和园艺业的大部分灌溉工程的。每一次由比较野蛮的民族所进行的征服，不言而喻地都阻碍了经济的发展，摧毁了大批的生产力。但是在长时期的征服中，比较野蛮的征服者，在绝大多数情况下，都不得不适应征服后存在的比较高的'经济情况'。"② 西亚的蒙古人是社会文明程度较低的游牧民，征服文明程度较高的西亚农耕地区之后，定居民所提供的税收、人力、物力及奢侈品，逐渐把蒙古统治者纳入伊斯兰贵族阶级的生活轨道，蒙古人为波斯文化所吸引，主动接纳波斯文明和伊斯兰文明。

自旭烈兀肇基以来，伊利汗一直启用伊斯兰世界本地的官僚贵族、文人学者、宗教人士、商人工匠为蒙古统治阶级服务。加文·汉布里所说："特别是伊

---

① 刘中玉. 伊利汗国时代的伊朗文化振兴 [M] //欧亚学刊：第八辑. 北京：中华书局，2008：198.

② 马克思恩格斯选集：第三卷 [M]. 北京：人民出版社，1972：222.

利汗国，非常广泛地任用了外族行政官员为其政权服务。"① 他们大多是突厥人、波斯人和阿拉伯人，信仰伊斯兰教。所以，他们对伊利汗国的蒙古统治阶级伊斯兰化和波斯化起着举足轻重的作用。第三任伊利汗帖古迭儿 1282 年个人改信了伊斯兰教。合赞汗 1295 年改信伊斯兰教并定伊斯兰教为国教，仰慕波斯的伊斯兰文化。多桑说："合赞既信回教，欲守其教习惯，不用其祖先遗俗。历巡波斯全国诸贤坟墓……乃在帖卜利司城西不远申卜之地，营建此种建物。"② 合赞公开表示："伊斯兰的仪式比［我们］那些［原有的旧］风俗要好得多"③，呈现出强烈的波斯文化爱慕之心。马克思在谈到阿拉伯人、土耳其人、鞑靼人和莫卧儿人征服印度但不久就被同化的历史时说："野蛮的征服者总是被那些他们所征服的民族的较高文明所征服，这是一条永恒的历史规律。"④ 合赞汗推崇波斯文化和伊斯兰文化是蒙古人在西亚统治的必然。

第五，13 世纪中叶至 15 世纪末，苏非教团异常活跃，它既成为当时伊斯兰世界最显著的特征，也极大地促进了苏非文学的勃兴与鼎盛。旭烈兀消灭阿拔斯王朝以后，逊尼派伊斯兰教在西亚的统治地位随之崩溃。在蒙古人统治西亚时期，伊斯兰教什叶派迅速接近蒙古统治者，并一跃成为西亚占主导地位的伊斯兰教派。苏非教团深入民间并积极开展传教活动，从而使伊斯兰文化空前繁荣起来。自安萨里（1058—1111）将神秘主义纳入正统信仰的范畴之中，伊斯兰教重新立于个人信仰之上，苏非教理不仅得到官方承认和支持，其思想体系进一步系统化、理论化。蒙古人统治西亚时期，传统的宗教宽容政策使伊利汗国各地的苏非信徒人数迅速发展，教团异常活跃。苏非传教士云游四方，宣经布道，什叶派教义得到广泛传播，西亚的苏非信仰成为当时伊斯兰教的主要表现形式。在西亚和中亚开展苏非教团活动的纳格西班迪教团，它吸引了不少达官显贵和文人学者参加，涌现出一大批成绩卓著的苏非诗人和学者，对以波斯文学为代表的伊斯兰文学产生了深远的影响，导致苏非文学的勃兴。蒙古人统治西亚时期，苏非文学达到了发展的顶峰，很大程度上归功于苏非教团的传教活动。

第六，伊利汗国统治西亚时代，伊利汗国与元朝中国保持密切友好的关系，加强了东西方文化的交流，促进了波斯文化的繁荣。在蒙古帝国四大汗国中，

① 〔英〕加文·汉布里. 中亚史纲要［M］. 吴玉贵，译. 北京：商务印书馆，1994：153.
② 〔瑞典〕多桑. 多桑蒙古史：下册［M］. 冯承钧，译. 上海：上海书店出版社，2001：301.
③ 〔波斯〕拉施特. 史集：第三卷［M］. 余大钧，译. 北京：商务印书馆，1986：389.
④ 马克思恩格斯选集：第二卷［M］. 北京：人民出版社，1972：70.

伊利汗国与中国元朝的关系尤为亲密友好。伊利汗国的创建者旭烈兀，与既是中国元朝皇帝又是蒙古帝国大汗的忽必烈原本是同胞兄弟。政治上，伊利汗忠实履行着宗藩关系，把忽必烈视为蒙古帝国大汗，因而元朝历任皇帝也积极支持伊利汗在西亚的政治统治，伊利汗国与中国交通的畅通得到保障，双方使者频繁往来。这种往来既有政治合作、商业贸易，也有科技文化和宗教艺术的交流，既有物质交往，也有精神交往。正因为伊利汗国与元朝中国密切友好的交往，大大地促进了中国和西亚之间经济和文化的交流，推动了波斯文化的发展。

第七，伊利汗国后期的经济改革成功，是波斯文化繁荣的经济基础和物质条件。

13世纪20—90年代，蒙古人三次大规模西征，长期与马木路克王朝争夺叙利亚。兵锋所至，人口锐减、庐舍为墟，西亚地区生产力受到严重破坏。汗廷内部长期争权夺利，政局动荡不安，影响了社会经济的恢复和发展。特别是乞合都仿效中国元朝，滥发纸钞，使汗国经济几近崩溃边缘。伊利汗国面临深刻的社会经济危机，严重影响了合赞汗统治的巩固，成为合赞汗全面改革的社会历史条件。为此，合赞改信伊斯兰教并定为国教，废黜包税制和高利贷，固定税率和税额，整饬驿站，实行军事封地制，奖励垦荒，修复灌溉水利工程，统一货币和度量衡，发展工商业。

合赞汗的改革使蒙古统治者的弊政有所缓和，使衰落的社会经济迅速恢复和发展。农民生产积极性得到极大提高，荒地大量开垦，耕地面积增加，粮食产量不断提高，工商税减免，国内市场活跃，伊利汗国与元朝和西欧基督教国家关系密切，对外贸易发展，国际贸易呈现繁荣景象，都城大不里士取代巴格达成为国际性大都会。合赞汗的改革、完者都和不赛因的继续推进，使伊利汗国前期残破的社会经济迅速得到恢复和发展，国库充盈。中央所得税金，改革前每年为17万—18万核实第纳尔，改革后则达到21万第纳尔。伊利汗国后期的经济发展，成为伊利汗国文化繁荣的经济基础。

四、蒙古人在西亚繁荣文化的历史地位

伊利汗国文化是伊利汗国境内蒙古人、波斯人、阿拉伯人、突厥人和犹太人等各族人民共同创造的文化。它在伊斯兰文化和波斯文化史上起着承前启后、沟通东西文化的重要作用。伊利汗国实行宗教宽容、政治开放、鼓励商贸和发展文化的良性政策，积极吸纳波斯文化、伊斯兰文化、蒙古文化和中国文化，成就了伊利汗国文化的繁荣，促进了伊利汗国、埃及马木路克王朝和元代中国社会经济和文化的发展。

　　首先，伊利汗国促进了波斯文化的振兴，提升了波斯文化的多元特征。

　　波斯文明历史悠久，成果辉煌。安息王朝梅赫尔大帝时代（前124—前78年），打开了闻名遐迩的中国到罗马的丝绸之路，便利了东西方各民族的交通往来，促进了各民族经济和文化的发展。652年波斯萨珊王朝为阿拉伯人所推翻，波斯地区纳入阿拉伯帝国版图，波斯人伊斯兰化，波斯文化成为伊斯兰文化的重要组成部分。

　　1258年旭烈兀灭阿拔斯王朝，西亚成为蒙古帝国和伊利汗国属地。蒙古人入侵西亚，客观上推翻了西亚各民族臣服于阿拉伯帝国的政治格局，释放了波斯民族的文化特征，尤其是使达里波斯语摆脱了阿拉伯语的压抑。波斯语成为波斯人真正的民族语言，波斯文人学者利用波斯语创造了灿烂辉煌的中古波斯文化，尤其是波斯古典文学。

　　蒙古统治者在伊朗高原的边缘地带定居，从政治制度到经济制度、从思想文化到日常生活无不受波斯文化的影响，在波斯文明强有力的吸引之下，蒙古人接受了伊斯兰教，崇尚波斯文化传统，最终波斯化和伊斯兰化，伊利汗国成为伊斯兰国家。伊利汗国从中央到地方的行政和财政管理的显要人物几乎是不折不扣的波斯人，行政和财政组织形式完全波斯式，政权所使用的语言是蒙古和波斯双语，各民族文化和语言在伊利汗国碰撞和交融。13世纪之后，直至恺加王朝（1779—1925），蒙古人、鞑靼人以及契丹突厥人征服和统治波斯，各支派的突厥语词汇进入波斯语，至今仍有相当部分留在波斯语内。伊利汗廷保护艺术家、作家和诗人，荟萃了一大批波斯文人和学者，培植教育和文化。在蒙古人统治的特殊政治文化背景中，成长于十三四世纪的志费尼家族、拉施特家族和莫拉维家族，以及纳昔刺丁·徒昔、鲁米·巴尔赫依、萨迪·设拉子依、哈珠·克尔曼尼、欧贝德·扎康尼·卡兹维尼、哈菲兹·设拉子依和瓦撒夫等这些伟大的人物，支撑了波斯文化事业，重振了波斯人的精神力量，使波斯文化又焕发了新的生机，伊利汗国促进了波斯文化的振兴。

　　历史上，波斯文明的形成和发展是多民族文化融合的结晶，伊利汗国的文化发展也是如此，它不仅仅是波斯人创造的，还有蒙古人、突厥人、犹太人等众多民族，伊利汗国统治西亚100余年，是游牧文明与农耕文明，佛教、基督教、伊斯兰教、萨满教、祆教和摩尼教，波斯民族与蒙古民族、突厥民族、亚美尼亚民族和格鲁吉亚民族文化碰撞冲突、融合发展的时代，伊利汗国文化在成为波斯文化的继承者、培植者和传播者的同时，还大大提升了波斯文化的多元特征。

　　蒙古人以暴力手段在亚欧大陆构建了一个空前绝后的游牧大帝国，贯通了东西方交通，热络了东西方文化交流。正如埃尔顿·丹尼尔所说："蒙古远征在本质上是应当否定的，但它也为创造性提供了可能。他们消灭了像哈里发制度之类的旧制度的支柱，他们摧毁了波斯——伊斯兰文明中心的大城市，但把这种文明遗产的碎片散播到了城市周围的瓦砾之中；他们使伊朗文化的天平从东部偏向了西部；他们为统治制度的本质，还有统治者制定法律的特权提供了新的思想；他们为宗教异端和创新打开了大门；他们改变了伊朗种族的成分和人口的分布；他们从根本上改变了伊朗的经济和社会生活，提高了部落居民和部落政治的重要性。"① 宗教上，蒙古统治者实行兼容并蓄政策，犹太教、基督教、佛教和伊斯兰教并存，什叶派伊斯兰教和苏非主义教团得到新发展。伊利汗国的蒙古人还以游牧文明的开放性，改信伊斯兰教并定为国教。在阿拉伯文化、波斯文化和基督教文化的基础上，伊利汗国吸纳各民族文化的优秀因子，使波斯文化得到强化，使波斯文化的多元性得到提升。政治上，游牧政治文化和波斯农耕文化并存，蒙古扎撒、惯例、习俗与穆斯林伊斯兰教法、传统、习惯并存。文学创作上，伊利汗国文人既编撰蒙古人的历史，也书写犹太人、印度人、法兰克人的历史；既有宗教史，也有鲜明的人道主义世俗史；既有秉承传统内容和形式的波斯文学，更有创新的辉煌的中古波斯古典文学巨著；既使用中国畏兀儿（Chinese－Uyghur）的生肖历法，也弘扬伊斯兰纪年法。工艺上，陶瓷制作在坚持波斯拉毛粉饰、虹彩釉传统的同时，又积极吸纳中国青花瓷、青瓷和釉里红等多彩釉技术。建筑、制陶和细密画工艺上，广泛运用中国传统的龙凤、莲花、牡丹纹饰图样和工笔画技巧。诚如意大利学者加布里埃尔·曼德尔所言：正因为蒙古人的入侵，波斯的陶器，特别是陶都卡尚在 1236 年之后，融合了多种元素。波斯陶工把埃及、两河流域和中国的技艺结合起来，发展出光辉灿烂的波斯陶器。② 伊利汗国提升了波斯文化的多元特征。

其次，推进了埃及马木路克王朝的文化发展。

马木路克王朝（1250—1517），是突厥奴在埃及建立起来的军事寡头政权，在反抗西欧的十字军和东方的蒙古人对近东地区的侵略中起到了中流砥柱的作用，保护了伊斯兰文明。在伊利汗国前期，马木路克王朝一直与伊利汗国为争夺叙利亚而兵戎相见。1322 年伊利汗不赛因与马木路克王朝苏丹纳绥尔（1293—1341）约和，双方开启了睦邻友好的新政治关系，为埃及和波斯两地间

---

① 〔美〕埃尔顿·丹尼尔. 伊朗史 ［M］. 李铁匠，译. 北京：中国出版集团，2010：83.
② 〔意〕加布里埃尔·曼德尔. 伊斯兰艺术鉴赏 ［M］. 陈卫平，译. 北京：北京大学出版社，1992：5.

文化交流创造了良好的社会环境。

政治体制上，马木路克王朝的统治阶层，一是源自金帐汗国所控制的钦察草原的突厥人，二是长期与伊利汗国交战，三是 1322 年约和后，马木路克王朝与伊利汗国人员往来自由。所以，蒙古帝国统治体制大多为马木路克王朝所效仿。军队组织上，马木路克王朝基本上实行千户组织形式。千户制是蒙古帝国统治体制中最重要的一环，千户是基本的军事单位和地方行政单位，国家按千户征派赋役和签调军队。马木路克王朝的军队分皇家马木路克、埃米尔的马木路克和哈勒合（halqa）子弟军团，军官主要分千户长、四十户长和十户长，军事上完全仿效蒙古中军、左翼和右翼三军包抄战术，军队给养除战利品外，主要实行伊克塔军事封地制，它与蒙古帝国和伊利汗国的军事制度相差无几。马木路克王朝也实行怯薛护卫军制，护卫军保护苏丹人身和财产安全，分管苏丹宫廷各种事务，也是苏丹亲自统领的部队。在法律体制上，马木路克王朝受蒙古扎撒影响十分明显，社会划分上下贵贱等级。A. N. 波利亚克说：《大扎撒》内容除刑法和民法外，还包括国家政治、经济、军队和社会制度。这些制度是 13 世纪蒙古人扩张战争中取得胜利的护身符。扎撒不仅是马木路克王朝的刑事、公民和商业法规，也是马木路克王朝的行政组织体制的原本。①

手工工艺上，马木路克王朝的手稿插图、纺织品彩饰深受伊利汗国工艺美术影响。有学者认为开罗在 14 世纪大量制作的《古兰经》插图抄本是对 14 世纪完者都朝制作的 30 卷《古兰经》抄本的直接模仿。现藏于开罗国家图书馆的 1313 年版的《古兰经》插图抄本，也称哈马丹本《古兰经》，该抄本是完者都在哈马丹制作的。斯蒂芬劳·卡尔波尼说：1326 年前的某一天被佚名者带到了开罗，或许是伊利汗国和马木路克王朝和平谈判时的外交礼物，或者是 1322 年不赛因的商队成员带入开罗，最后它被埃米尔巴克帖木儿捐赠给开罗的一所罕喀。② 14 世纪前期在开罗制作的《古兰经》插图抄本，完全仿造哈马丹本《古兰经》制作，卷首插图的风格和彩饰与伊利汗国巴格达制作的《古兰经》如出一辙。

伊利汗国建筑装饰技术也影响了开罗的清真寺和君王陵寝建筑。伊利汗国清真寺的典型风格是米哈拉布的拉毛粉饰，这种风格在西亚非常受青睐，在伊

① POLIAK A N. The Influence of Ciingiz – Khān's Yāsa upon the General Organization of the Mamlūk State [J]. Bulletin of the School of Oriental and African Studies, University of London, 1942, 10 (4): 862 – 876.

② KOMAROFF L. CARBON S. The Legacy of Genghis Khan: Courtly Art and Culture in Western Asia, 1256 – 1353 [M]. New York Yale University Press: 2003: 208.

利汗国的清真寺装饰中越来越流行。1303 年马木路克王朝苏丹纳绥尔修建一所经学院，这座宗教建筑的米哈拉布呈精美的尖顶穹式浮雕，上有《古兰经》经文装饰。14 时期早期开罗另外四座米哈拉布，运用了伊利汗国灰泥和亚麻装饰技术。1329 年纳绥尔雇佣一位波斯大不里士工匠，仿造伊利汗国宰相阿里沙所建的清真寺装饰风格在开罗马修建了一所大清真寺。这座清真寺呈伊利汗国清真寺装饰特征，入口前有一对尖塔，属伊利汗国清真寺建筑典型的平面设计。1333 年纳绥尔在开罗城扩建了一座巨大的星期五清真寺，这座清真寺在规模和修建技术上，它是完者都穹顶建筑的仿照。纳绥尔宫殿的穹顶跨度 18 米，是开罗最大的穹顶建筑。1356 年苏丹哈桑下令建造他的陵墓，要求穹顶建筑的直径比纳绥尔的穹顶建筑的直径还要宽 3 米，他的陵墓建筑特征大多仿照伊利汗国完者都和不赛因汗陵墓建筑的形制和风格。

最后，加强了与中国文化的交流，促进了中国文化与科技的发展。

蒙元时期，横跨亚欧大陆的蒙古帝国和元帝国的形成，阻碍东西方交往的政治藩篱不复存在，"适千里者，如在户庭；之万里者，如出邻家"①。蒙古统治者为了满足战争和物质生产的需要，征调和签发大批的中亚和波斯军士、工匠、商人和学者东来中国，并逐渐演变成一个新的民族——回回人。蒙古统治者还实行兼容并蓄的文化政策，东西方交往出现大交融、大繁荣局面。元代中国与西亚地区的交往对象，实际上是伊利汗国。伊利汗国是蒙古帝国第三次西征的直接产物，是成吉思汗的嫡孙旭烈兀在西亚建立起来的蒙古人政权，属蒙古帝国四大藩属国——钦察汗国、窝阔台汗国、察合台汗国、伊利汗国——之一，不同程度上皆以蒙古帝国的继承者元帝国为宗主。伊利汗国的建立者旭烈兀和元朝的建立者忽必烈为同胞兄弟，共同的政治利益和经济利益使伊利汗国与元帝国形成亲密友好的关系，为中国与西亚的文化大交流创造了绝佳的条件和环境，中国与西亚的文化交流空前繁荣。文化交流是双向的，随着中亚和波斯穆斯林东迁，回回人的学问、技艺、文物、衣食也随之传入中国，伊斯兰文化为中国文化注入了强劲的伊斯兰元素。

语言文学上，蒙古三次西征，中亚和波斯等伊斯兰世界纳入蒙古帝国版图，大批的西域穆斯林被迁入中国，散居内地各处，形成大大小小的穆斯林社区，并演化为一个新的民族回回人，伊斯兰文化在中国广泛传播开来，重要表现之一是回回文在中国的普遍应用。有元一代，元政府大量启用色目人（西域人），蒙古文、汉文和亦思替非文（回回文，即蒙元时期中亚和西亚穆斯林地区流行

---

① 王礼撰．麟原文集，卷六，义冢记．

的波斯语）被定为官方语言文字，回回人在各地兴建清真寺、经学院和伊斯兰学校，穆斯林的宗教生活和文化教育使回回文在中国各地广泛使用。元政府重视伊斯兰教育，1289 年元廷设置回回国子学，1314 年改为回回国子监，设监官笃意管理和传授亦思替非文和波斯文，主持者被授以学士职位，教师皆为正七品学官，学生全部享受政府免费学习，学生学成后，政府各部门统一分配工作，亦思替非文字和波斯文学不断传入中国。佐口透认为："蒙古帝国盛行使用波斯语（被称为回回语），特别是在元朝的政治与文化方面，波斯语扮演着国际语的角色。"① 明清之际，伊利汗国波斯诗人萨迪的《蔷薇园》已成为中国穆斯林经堂教育的范本。成书于 1660 年的手抄本波斯语语法书《学习门径》，在北京东四清真寺和南京太平路清真寺皆有珍藏。

医学上，回回药物和医学的不断传入丰富了中医本草学。回回医药精良，元政府十分重视回回医学。奉召来华的伊利汗国景教徒爱薛（Isa），因擅长星历医药而得到元世祖忽必烈的器重，长期掌管西域星历、医药二司事务。1263 年爱薛在大都设京师医学院，1273 年京师医学院并入穆斯林医学机构——广惠司，管理制造御用回回药物和药剂。爱薛死后，长子也里牙任崇福使领，掌司天台。次子腆合为翰林学士，兼修国史。五子鲁合任广惠司提举，掌修回回药物。爱薛一家是伊利汗国来华的科技之家。1292 年元政府又设置大都回回医药院和上都回回医药院，掌管回回药务，翻译穆斯林药书。据记载，秘书监藏有回回药书"忒毕医经十三部"，"忒毕"（Tibb），阿拉伯语，意为"医学"。遗憾的是，这些回回药书大多散失。《回回药方》残部书录回回药方 3965 方，涉及回回药物 1000 余种，大量使用阿拉伯传统药材乳香、丁香、苏合香、没药、阿魏、毗梨勒、葫芦巴、血竭、芦荟、珍珠、龙脑等，回回药物和医学的不断传入大大丰富了中医药学。与以往本草相比，明朝李时珍所著的《本草纲目》新增列 374 种药物。有些药材，如没药（Muw）、葫芦巴（Hulbah）、毗梨勒（Halīlāh）等，② 至今为中国医药界广泛采用。中国传统的中药剂型以汤药为主，后辅以丸、散、膏、丹，与回回药方不无关系。回回医学独步蹊径，骨伤疗法、放血疗法、温蒸敷法、开刀排脓引流法等伊斯兰医疗法简明实用，传入中国各地，深受中国人民欢迎，无疑推动了中医中药的发展。

---

① 佐口透. 鞑靼的和平 [M] //日本学者研究中国史论著选译：第 9 卷. 北京：中华书局，1993：467.
② 宋岘. 古代波斯医学与中国 [M]. 北京：经济日报出版社，2001.

建筑技术上，元代伊斯兰文化在中国得到空前发展，伊利汗国伊斯兰建筑文化随之传入中国，并影响元朝宫廷建筑和各地清真寺建筑。元初著名的穆斯林建筑师也黑迭儿奉忽必烈之命，修筑元大都。他设计督造的汗八里宫殿，平面设计几近正方形，南北长 7400 米，东西宽 6650 米。全城 11 座门，东、西、南三面各 3 座门，北面 2 座门。城内分 50 坊，坊间平列直道。全城共 384 条大巷，以钟鼓楼为城中心。皇城内有三组宫殿以及太液池、御苑，蔚为壮观，具有浓郁的伊斯兰建筑风格。保存至今的北京北海琼岛，是当年也黑迭儿设计督造的御苑之一。也黑迭儿死后，其子马哈马沙继任父职，掌管工部，又在全国修造多处兼具中国传统和伊斯兰风格的建筑。

天文历算上，伊利汗国不断派出一些杰出的天文学者来华进行文化交流。扎马鲁丁便是代表之一。《元史》记载："世祖在潜邸时，有旨征回回为星学者，扎马剌丁等以其艺进，未有官署。"① 应扎马鲁丁忽必烈之请来华。扎马鲁丁，元代也称札马剌丁。1267 年扎鲁马丁编写《万年历》(《回伊斯兰历》)进献给忽必烈，并得以颁布；在大都修建了中国第一座伊斯兰天文台——回回司天台，成为首任回回司天台提点，并为忽必烈制造了当时世界上最先进的 7 种阿拉伯式天文仪器。《元史》记载："世祖至元四年（1267 年），扎马鲁丁造西域仪象。"②

①咱秃哈剌吉（浑天仪）："汉言混天仪也。其制以铜为之，平设单环，刻周天度，画十二辰位，以准地面。侧立双环而结于平环之子午，半入地下，以分天度。内第二双环，亦刻周天度，而参差相交，以结于侧双环，去地平三十六度以为南北极，可以旋转，以象天运为日行之道。内第三、第四环，皆结于第二环，又去南北极二十四度，亦可以运转。凡可运三环，各对缀铜方钉，皆有窍以代衡箫之仰窥焉。"③

②咱秃朔八台（方位仪）："汉言测验周天星曜之器也。外周园墙，而东面启门，中有小台，立铜表高七尺五寸，上设机轴，悬铜尺，长五尺五寸，复加窥测之第二，其长如之，下置横尺，刻度数其上，以准挂尺。下本开图之远近，可以左右转而周窥，可以高低举而徧测。"④

③鲁哈麻亦渺凹只（春秋二分仪）："汉言春秋分晷影堂。为屋二间，脊开东西横罅，以斜通日晷。中有台，随晷影南高北下，上仰置铜半环，刻天度一百八

① （明）宋濂，等 . 元史：卷九十［M］//百官志 . 北京：中华书局，1976：2297.
② 〔明〕宋濂，等 . 元史：卷四十八［M］//天文志 . 北京：中华书局，1976：998.
③ 〔明〕宋濂，等 . 元史：卷四十八［M］//天文志 . 北京：中华书局，1976：998.
④ 〔明〕宋濂，等 . 元史：卷四十八［M］//天文志 . 北京：中华书局，1976：998.

十，以准地上之半天，斜倚锐首铜尺，长六尺，阔一寸六分，上结半环之中，下加半环之上，可以往来窥运，侧望漏屋晷影，验度数，以定春秋二分。"①

④鲁哈麻亦木思塔余（冬夏二至仪）："汉言冬夏至晷影堂也。为屋五间，屋下为坎，深二丈二尺，脊开南北一罅，以直通日晷。随罅立壁，附壁悬铜尺，长一丈六寸。壁仰画天度半规，其尺亦可往来规运，直望漏屋晷影，以定冬夏二至。"②

⑤苦来亦撒麻（天球仪）："汉言浑天图也，其制以铜为丸，斜刻日道交环度数于其腹，刻二十八宿形于其上。外平置铜单环，刻周天度数，列于十二辰位以准地。而侧立单环二，一结于平环之子午，以铜丁象南北极，一结于平环之卯酉，皆刻天度。即浑天仪而不可运转窥测者也。"③

⑥苦来亦阿儿子（地球仪）："汉言地理志也。其制以木为园毬，七分为水，其色绿。三分为土地，其色白。画江河湖海，脉络贯串于其中。画作小方井，以计幅园之广袤、道里之远近。"④

⑦兀速都儿剌不定（计时仪）："汉言昼夜时刻之器。其制以铜如圆镜而可挂，面刻十二辰位、昼夜时刻，上加铜条缀其中，可以圆转。铜条两端，各屈其首为二窍以对望，昼则视日影，夜则窥星辰，以定时刻，以测休咎。背嵌镜片，三面刻其图凡七，以辨东西南北日影长短之不同、星辰向背之有异，故各异其图，以画天地之变焉。"⑤

以上七种仪器，皆属当时世界上最先进的天文仪表，装备元大都天文台之后，毫无疑问，对中国天文历算的发展起到了巨大推动作用。在扎马鲁丁的领导下，元代中国大量引进波斯和阿拉伯的天文学、数学和占星学等著作、地图和器物，1273年司天台所藏回回天文历表书籍，《积尺诸家历》录有48部，《兀速剌八个窟勒小浑天园》和《撒那的阿剌忒造浑天仪香漏》8部。例如，《麦者思的造司天仪式》《兰木立占卜法度》《麻塔合正灾福正义》《海牙剔穷历法段数》《速瓦里瓦乞必星纂》《兀忽烈的四擘算法段数》《罕里速窟允解算法段目》《撒非那诸般法度纂要》等，元朝秘书监成为中国和阿拉伯科学文化交流的重要中心。在扎马鲁丁及其伊斯兰天文仪器的影响下，1276年元朝天文学家和水利专家郭守敬（1231—1316）创制简仪、圭表、仰仪等十三种精密天文仪

①　〔明〕宋濂，等．元史：卷四十八［M］//天文志．北京：中华书局，1976：998—999.

②　〔明〕宋濂，等．元史：卷四十八［M］//天文志．北京：中华书局，1976：999.

③　〔明〕宋濂，等．元史：卷四十八［M］//天文志．北京：中华书局，1976：999.

④　〔明〕宋濂，等．元史：卷四十八［M］//天文志．北京：中华书局，1976：999.

⑤　〔明〕宋濂，等．元史：卷四十八［M］//天文志．北京：中华书局，1976：999.

器,"皆臻于精妙,卓见绝识,盖有古人所未及者"①。英国著名科学史家李约瑟说:"郭守敬的工作虽说显然具有独立性,但我们以后将看到,那是在具有阿拉伯传统的天文学家参加之下,并且是在传入波斯马拉加天文台的模型或仪象图之后完成的,他的表(四丈长的圭表)自然是中国学的一种发展,但看来确实受到了阿拉伯仪器巨型化倾向的激励。"② 从元代中国天文学的发展中,我们可以看到伊利汗国天文学发展高水平的倩影。

手工技艺上,元朝还引进伊利汗国高超的铸炮技术和陶瓷工艺。中世纪西亚穆斯林设计制造的投石机,工艺先进,能发射 360 公斤的巨石,入地三四尺,威力巨大。1271 年,元朝在征伐南宋的战争中,忽必烈遣使伊利汗国,希望伊利汗阿八哈派遣炮匠建造回回巨炮。阿八哈派亦思马因和阿老瓦丁举家来到大都任职,在大都铸成回回大炮。亦思马因在 1273 年进攻南宋襄阳的战斗中,在襄阳城外东南角装置能发 75 公斤石头的巨石炮,所击目标无不摧毁,襄阳城被克,亦思马因擢升为回回炮手总管,佩虎符。1274 年亦思马因死后,其子布伯袭职。元军大举南下,布伯利用回回炮在长江北岸击溃南宋军队。南宋灭亡后,元朝下令全国回回炮匠集中大都,统一管理,研发和推广新的回回兵器。史载,至治三年(1323 年),元英宗"遣回回炮手万户赴汝宁、新蔡,遵世祖旧制,教习炮法",③ 回回制炮技术在中国进一步传播开来。

伊利汗国陶瓷工艺对元代中国陶瓷工艺影响最显著的是培育了元代青花瓷。现在考古学家断定,元代青花瓷以景德镇为代表,烧制元青花的青色颜料——钴料,是从波斯卡尚输入中国的。此外,波斯的绿釉和青釉技术、波斯地区的细密画造型和彩绘技术相继传入中国,加之中国特有的高岭土制瓷原料,从而生产出胎质细腻、釉质通透、色泽深蓝雅致、纹饰繁密、更受青睐的元代青瓷、青花瓷和釉里红。三上次男说:"在景德镇烧制的洁白素地的瓷器上,用鲜艳的钴蓝描绘出花纹、鸟兽纹或风景、人物等青花瓷,我认为是蒙古帝国元朝统治下的中国,在波斯的伊斯兰陶器艺术影响下产生的。"④ 巴希尔·格雷说(Basil Gray):"波斯和中国是亚洲的两大图案中心。每个图案中心都具有自身的浓郁传统。它们时常互相影响。这些相互影响鼓舞了两国取得新的成就。"⑤

---

① 〔明〕宋濂,等. 元史:卷四十八〔M〕//天文志. 北京:中华书局,1976:989.

② 〔英〕李约瑟. 中国科学技术史:第四卷〔M〕. 陆学善,等译. 北京:科学出版社,1975:283.

③ 〔明〕宋濂,等. 元史:卷二十八〔M〕//英宗纪. 北京:中华书局,1976:628.

④ 〔日〕三上次男. 陶瓷之路〔M〕. 文物出版社,1984:16.

⑤ GRAY B. Persian Influence on Chinese Art from the Eighth to the Fifteenth Centuries〔J〕. Iran, 1963, 1:13.

结　语

　　13 世纪中叶的蒙古人征略是冷兵器时代游牧世界向农耕世界发起的最后一次大规模的、最激烈的，也是范围最广的冲击。伊利汗国是游牧部族蒙古人在第三次大冲击中通过武力征服并在西亚地区建立起来的外族统治政权。伊利汗国在 13 世纪中叶至 14 世纪中叶统治西亚的百余年内呈现出一些鲜明的特征和规律。

　　蒙古人在西亚的统治采取了伊斯兰封建制与蒙古帝国军事封建制相结合的方式。在伊利汗国前期（1260—1295），历任统治者多行蒙古旧制，奉行军事扩张政策，国家管理基本上属军事游牧贵族传统的粗放式管理，并仿行西亚地区伊斯兰国家体制，中央设宰相和底万各部，地方置州、县、村三级管理。但是，伊利汗国的国家管理体制很不健全，中央到地方大多委任西亚地区穆斯林显贵掌管民政、财政和司法等事务。国家职能主要是军事。军队几乎是蒙古人和与之联合的突厥人，他们是蒙古人在西亚对外扩张和对内统治的支柱。伊利汗国的军事制度仍沿用蒙古帝国的千户制，蒙古军事贵族在西亚地区形成一个特殊的贵族阶层。在伊利汗国后期（1295—1355），经过合赞汗改革，特别是蒙古人改信伊斯兰教并将之作为伊利汗国的国教之后，蒙古人波斯化和伊斯兰化。中央开始实行双宰相制，强化君主专制。土地制度上，伊利汗国推行阿拔斯王朝和塞尔柱王朝统治时期的军事采邑分封制，并使蒙古人由游牧生活方式逐渐向农耕和定居的生活方式转变，伊利汗国已成为一个伊斯兰国家。国家管理模式上，蒙古旧俗虽然深深影响伊利汗国的国家政治生活，但是，西亚的伊斯兰封建政治制度、经济制度和思想文化主导了伊利汗国的国家走向，伊利汗国成为一个典型的伊斯兰封建君主专制国家。在政治隶属关系上，伊利汗国与蒙元帝国保持着密切友好的宗藩关系，尤其是在伊利汗国前期，历代伊利汗尊奉蒙古帝国大汗和元朝皇帝为宗主。在国内政治事务上，伊利汗国在克尔曼、法尔斯、赫拉特和鲁木地区保留了原有的地方王朝，克尔曼的哈剌契丹王朝、法尔斯的

369

萨尔古尔王朝、赫拉特的库尔特王朝和鲁木的塞尔柱苏丹国都不同程度地依附于伊利汗国。格鲁吉亚和亚美尼亚也与伊利汗国结成较为稳固的宗藩关系。

伊利汗国是蒙古人通过军事手段在西亚地区建立起来的外族统治政权。战争是伊利汗国首要的政治生活。伊利汗国的军事战争，主要包括与埃及的马木路克王朝争夺叙利亚地区的扩张战争，与同宗的金帐汗国的领土纠纷之战，和察合台汗国侵吞呼罗珊地区的还击之战，以及完者都在里海南岸对吉兰省的征服战争。伊利汗国军事战争的重点是防御和打击埃及的马木路克王朝，它基本上贯穿于伊利汗国对外战争的始终。1260年9月蒙古人在艾因贾鲁特战役的失败，成为蒙古帝国向西扩张的转折点，打破了蒙古军队向西扩张中不可战胜的神话，鼓舞了埃及的马木路克人抗击蒙古人侵略的决心和勇气。1260年12月和1280年10月二次霍姆斯之战，伊利汗国对马木路克军队的进攻并未胜利，这表明西亚的蒙古人仅凭有限的军事力量通过战争手段实现游牧贵族利益的期望已今非昔比。1295年合赞汗改信伊斯兰教，通过全面改革，国力大为增强，合赞继续弘扬蒙古人传统的军事扩张政策，在1299—1303年，先后三次用兵叙利亚，并最终以失败而告终。合赞三次用兵叙利亚的失败基本上断绝了蒙古游牧贵族在战争中获得战利品的来源，迫使蒙古军事贵族注重农业生产，实行军事封地制，一定程度上助推了蒙古人在西亚地区变更传统的统治政策。完者都汗出征吉兰，深层原因仍然是蒙古帝国长期奉行的军国主义思想没有放弃。完者都虽然最终征服吉兰，但也只是一次劳民伤财的胜利。伊利汗国与金帐汗国的战争，根本原因是阿塞拜疆领土之争，两国之间的战争断断续续近百年，战争的展开集中在外高加索地区，较大规模的战役主要是1262年的捷列克河之战、1265年的库拉河之战、1284年的哈剌—八黑之战和1355年的霍伊之战。伊利汗国与金帐汗国的长期战争，客观上加速了蒙古帝国的瓦解。伊利汗国与察合台汗国的战争，首要原因是八剌觊觎伊利汗国的东部门户呼罗珊之地，1270年赫拉特会战，阿八哈取得大捷，并导致察合台后王在相当长的时期内沦为窝阔台后王海都的附庸，八剌在赫拉特会战的惨败为元朝皇帝忽必烈经营中亚创造了有利条件。

外交上，蒙古人在西亚奉行蒙古帝国传统的军事扩张政策，与西欧和埃及的马木路克王朝的外交关系，实质上是围绕争夺叙利亚地区展开的。它们相互影响、相互制约，决定了在特定历史条件下蒙古人在西亚与西欧基督教国家和埃及的马木路克王朝的外交政策和事务。蒙古人在西亚的外交政策的核心是积极构建与西欧基督教国家的军事联盟，不断侵袭叙利亚地区，防御和打击埃及的马木路克王朝。1260年伊利汗国缔造者旭烈兀攻占叙利亚南北两大城市阿勒颇和大马士革，兵锋直指埃及。为达到不战而屈人之兵，旭烈兀遣使马木路克王朝，通牒埃及政府，以威逼利诱手段寄希望马木路克王朝臣服于蒙古人。马木路克王朝认识到西亚的蒙古人是继西欧的十字军之后对穆斯林世界的最大威胁，决意誓死抵抗蒙古军。1260 年艾因贾鲁特之战，马木路克王朝将叙利亚大部分地区收入囊中。在苏丹拜伯尔斯统治时期，马木路克王朝的外交政策实行远交近攻，与伏尔加河中下游的金帐汗国联盟，共同对付西亚地区的伊利汗国。为对抗马木路克王朝，解除金帐汗国和察合台汗国的军事威胁，伊利汗阿八哈也实行了远交近攻的外交政策。1273 年阿八哈遣使西欧，拜见罗马教皇格列高利十世和英王爱德华一世，希望与西欧的基督教国家建立起反马木路克王朝的军事同盟。1274 年阿八哈又遣使西欧，拜见教皇约翰二十一世和法王腓力三世，并前往英国宫廷，希望西欧君主出兵圣地耶路撒冷。但是，西欧各国君主除委婉地表示谢意外，皆未积极响应阿八哈汗的倡议。帖古迭儿继任伊利汗后，他个人改信伊斯兰教，开始放弃蒙古帝国传统的反马木路克王朝政策。帖古迭儿两次遣使埃及，希望与马木路克王朝缔结和平，化解伊利汗国与马木路克王朝多年来的军事冲突。但是，帖古迭儿与马木路克王朝的约和因两年的短暂统治而失之交臂。继位的阿鲁浑、合赞和完者都皆继续奉行伊利汗国反马木路克王朝和寻求西欧军事联盟的外交政策。1285 年阿鲁浑致函罗马教皇霍诺里乌斯四世，向基督教国家提议东西夹攻埃及的方略。1287 年阿鲁浑派出景教徒拉班·扫马出使西欧，向法王腓力四世、英王爱德华一世和教皇尼古拉斯四世提出联盟反埃及的倡议。1289 年阿鲁浑致函法王腓力四世出兵耶路撒冷。但是，1291 年马木路克王朝收复阿克，十字军东征以彻底失败而告终，联盟西欧的军事行动最终化为乌有。1299—1303 年合赞三次用兵叙利亚，最后也以失败而结束。1322 年不赛因的统治因内外交困，放弃了蒙古人传统的敌对马木路克的政策，与马木路克王朝缔结和平条约，化 60 余年干戈为玉帛，双方实现了睦邻友好的外交关系。伊利汗国的外交政策和事务，一定程度上影响了蒙古人在西亚统治的政策和方向，与马木路克王朝长期战争并最终失败，加速了伊利汗国致力于国内经济建设和政治建设，并导致伊利汗国成为西亚地区的伊斯兰国家。当然，西亚的蒙古人与西欧基督教世界长期保持密切友好的外交关系，大大促进了东西方经济和文化的交流。

伊利汗国地处波斯、两河流域、高加索和小亚细亚大部分地区，历史上曾是波斯帝国和阿拉伯帝国的版图，种族繁杂，宗教多元，文化灿烂。伊利汗国取代阿拉伯帝国统治西亚，自然受波斯文明和伊斯兰文明的强烈影响。1258—1335 年蒙古人在西亚的统治相对稳定，历代蒙古统治者实行宗教宽容政策，尤其是合赞汗实行社会经济改革，提高综合国力，推进伊斯兰化。发展伊斯兰文明。西亚的蒙古人与元朝中国保持着密切友好的关系，东西方文化交流更为拓展，文化交流频繁，波斯宗教和文化呈现出繁荣景象。

宗教上，蒙古人统治西亚前期，基本上沿袭了蒙古帝国传统的兼收并蓄、一视同仁的宗教政策。1295 年前，在伊利汗国境内，各种宗教信仰自由，佛教、伊斯兰教、基督教、道教、儒教、萨满教、犹太教平等而并存，以往长期受阿拔斯王朝压抑的什叶派获得解放。蒙古人统治西亚后期，1295 年合赞率领西亚的全体蒙古人皈依什叶派伊斯兰教，并使之成为伊利汗国国教，什叶派及其苏非主义教团在蒙古人统治西亚时期得到迅速发展，伊利汗国成为伊斯兰国家。

伊利汗国作为外来的蒙古人在西亚统治的军事游牧国家，文化建设积极主动。1295 年合赞皈依伊斯兰教是蒙古人在西亚统治的分水岭，蒙古人波斯化和伊斯兰化。蒙古人与波斯人，游牧文明与农耕文明，伊斯兰文化与蒙古文化、中国文化不断交往和融合，产生了辉煌的伊利汗国文化。伊利汗国统治西亚时期是波斯古典文学的黄金时代，涌现出莫拉维、萨迪、哈菲兹等一大批流芳千古的大诗人。历史编纂学繁荣昌盛、硕果累累，出现了志费尼、拉施特等一批声名远播的史学家。天文历算上，蒙古人在西亚建立马腊格天文台和图书馆，编修《伊利汗历表》，拓展中国与西亚天文历算交流，使 13 世纪中叶以后的伊斯兰天文历算在科学发展史上保持着世界主导地位。蒙古人统治下的西亚建筑，继承了塞尔柱王朝时期伊斯兰建筑风格，也结合了波斯萨珊王朝传统的建筑特点，并深度融合了东方元素，形成了复杂的特色鲜明的伊利汗国式的拱形圆顶建筑群典范，出现马腊格天文台、合赞汗陵园、拉施特镇、苏丹尼耶新都、阿里沙大清真寺等一批高水平建筑群体。伊利汗统治西亚时期，波斯绘画风格在中国画风的强劲影响下出现了新突破、新发展，出现了最令人称道的波斯细密画，《列王纪》等插图抄本精品的创作层出不穷。伊利汗国的陶器在强调西亚本土釉料、色调、纹饰和技艺的基础上，学习和模仿中国的白瓷、青花瓷、青瓷和釉里红，生产出有鲜明的伊斯兰文化特色的西亚陶器。

伊利汗国文化是伊利汗国境内蒙古人、波斯人、阿拉伯人、突厥人和犹太人等各族人民共同创造的文化。它在伊斯兰文化和波斯文化史上起着承前启后、沟通东西文化的重要作用。伊利汗国实行宗教宽容，积极吸纳波斯文化、伊斯兰文化、蒙古文化和中国文化，成就了伊利汗国文化的繁荣，促进了伊利汗国、埃及马木路克王朝和元代中国社会经济和文化的发展。

毋庸讳言，蒙古三次西征，采取攻城略地、肆无忌惮的屠杀政策，蒙古骑兵的野蛮行径确实造成中亚和西亚成千上万无辜百姓的死亡，白骨蔽野，人口锐减，庐舍为墟，大片耕地荒芜，许多城镇化为灰烬，大量手工业者沦为奴隶，城市急剧衰落，蒙古西征严重阻碍了中亚和西亚社会经济的发展，中亚和西亚的社会生产力遭到空前的破坏。但是，蒙古人在西亚统治的百余年，对伊斯兰历史和世界历史所起的积极影响也不可忽视。在西亚和中亚的政治格局上，蒙古人结束了 12 世纪末和 13 世纪初整个伊斯兰世界四分五裂、割据混战的局面。几百年来，内部腐败、堕落，或内讧、分裂的伊斯兰世界在蒙古人的强权下完成了政治统一。某种程度上说，旭烈兀的西征为伊朗、伊拉克、土耳其等近代意义上国家的出现创造了必要的政治环境。西亚的蒙古人伊斯兰化，伊利汗国成为伊斯兰国家，蒙古人在西亚合乎历史规律地成为伊斯兰文明的传播者和继承者。蒙古人在西亚的征服和统治对亚欧大陆各地区和各民族相对闭塞状态的冲破、人类交往的扩大、东西方商贸和文化交流的拓展、波斯文化的空前繁荣、世界历史的形成做出了巨大的积极作用。

参考文献

一、中文部分

[1] 蒙古秘史［M］．余大钧，译注．石家庄：河北人民出版社，2001.

[2] 蒙古秘史［M］．内蒙古人民出版社校勘．呼和浩特：内蒙古人民出版社，1980.

[3]（宋）彭大雅．黑鞑事略［M］．王国维，校．清华学校研究院，1926.

[4]（宋）孟珙．蒙鞑备录［M］．上海：上海商务印书馆，1939.

[5] 元圣武亲征录［M］．何秋涛，校．上海：上海商务印书馆，1939.

[6] 李志常．长春真人西游记［M］．王国维，笺证．清华学校研究院，1926.

[7] 刘郁．西使记［M］．上海：上海商务印书馆，中华民国二十五年.

[8]（元）耶律楚材．西游录［M］．向达，校注．北京：中华书局，1981.

[9]（明）宋濂等撰．元史［M］．北京：中华书局，1976.

[10]（清）屠寄．蒙兀儿史记［M］．北京：中华书局，1962.

[11]〔伊朗〕志费尼．世界征服者史［M］．何高济，译．北京：商务印书馆，2004.

[12]〔波斯〕拉施特．史集：第一卷［M］．余大钧，周建奇，译．北京：商务印书馆，1983.

[13]〔波斯〕拉施特．史集：第二卷［M］．余大钧，周建奇，译．北京：商务印书馆，1985.

[14]〔波斯〕拉施特．史集：第三卷［M］．余大钧，译．北京：商务印书馆，1986.

[15]〔瑞典〕多桑．多桑蒙古史［M］．冯承钧，译．上海：上海书店出版社，2001.

[16]〔伊儿汗国〕佚名．拉班·扫马和马克西行记［M］．朱炳旭，译．郑州：大象出版社，2009.

[17] 〔英〕道森. 出使蒙古记 [M]. 吕浦, 译. 北京: 中国社会科学出版社, 1983.

[18] 柏朗嘉宾蒙古行纪鲁布鲁克东行纪 [M]. 耿昇, 何高济, 译. 北京: 中华书局, 1985.

[19] 〔意〕马可波罗. 马可波罗行纪 [M]. 沙海昂注, 冯承钧, 译. 北京: 中华书局, 2004.

[20] 伊本·白图泰游记 [M]. 马金鹏, 译. 银川: 宁夏人民出版社, 1985.

[21] 海屯行纪鄂多立克东游录沙哈鲁遣使中国记 [M]. 何高济, 译. 北京: 中华书局, 2002.

[22] 〔土耳其〕奥玛·李查译. 克拉维约东使记 [M]. 杨兆钧, 译. 北京: 商务印书馆, 1944.

[23] 阿布尔—哈齐—把阿秃儿汗. 突厥世系 [M]. 罗贤佑, 译. 北京: 中华书局, 2005.

[24] 哈菲兹. 哈菲兹抒情诗全集 [M]. 邢秉顺, 译. 长沙: 湖南文艺出版社, 2001.

[25] 萨迪. 蔷薇园 [M]. 张鸿年, 译. 长沙: 湖南文艺出版社, 2000.

[26] 萨迪. 果园 [M]. 张鸿年, 译. 长沙: 湖南文艺出版社, 2000.

[27] 莫拉维. 玛斯纳维全集 [M]. 穆宏燕, 等, 译. 长沙: 湖南文艺出版社, 2002.

[28] 〔法〕G. 费琅. 阿拉伯波斯突厥人东方文献辑注 [G]. 耿昇, 等, 译. 北京: 中华书局, 1989.

[29] 张星烺编注. 中西交通史料汇编 [G]. 北京: 中华书局, 2003.

[30] 马克思, 恩格斯. 马克思恩格斯全集: 第1卷 [M]. 北京: 人民出版社, 1985.

[31] 马克思, 恩格斯. 马克思恩格斯全集: 第12卷 [M]. 北京: 人民出版社, 1962.

[32] 中国大百科全书·中国历史·元史 [Z]. 北京·上海: 中国大百科全书出版社, 1985.

[33] 吴于廑, 等. 世界史·古代史编: 下卷 [M]. 北京: 高等教育出版社, 1994.

[34] 朱寰. 世界上古中古史 [M]. 北京: 高等教育出版社, 1997.

[35] 刘明翰. 外国史学名著评介: 第1—3卷 [M]. 济南: 山东教育出版社, 1993.

[36] 内蒙古社科院历史所. 蒙古族通史 [M]. 北京：民族出版社，2001.

[37] 高文德. 蒙古世系 [M]. 北京：中国社会科学出版社，1979.

[38] 韩儒林. 元朝史 [M]. 北京：人民出版社，1986.

[39] 〔苏联〕弗拉基米尔佐夫. 成吉思汗传 [M]. 余元盦，译注. 上海：生活·读书·新知三联书店，2007.

[40] 〔苏〕戈尔曼. 西方的蒙古史研究 [M]. 陈弘法，译. 呼和浩特：内蒙古教育出版社 1992.

[41] 朱耀廷. 蒙元帝国 [M]. 北京：人民出版社，2010.

[42] 〔苏〕弗拉基米尔佐夫. 蒙古社会制度史 [M]. 刘荣焌，译. 北京：中国社会科学出版社 1980.

[43]《成吉思汗法典》及原论 [M]. 北京：商务印书馆，2007.

[44] 宝贵贞，宋长宏. 蒙古民族基督宗教史 [M]. 北京：宗教文化出版社，2008.

[45] 苏鲁格，宋长宏. 中国元代宗教史 [M]. 北京：人民出版社，1994.

[46] 陈垣. 元西域人华北考 [M]. 上海：上海古籍出版社，2000.

[47] 李治安. 元代分封制度研究 [M]. 北京：中华书局，2007.

[48] 高荣盛. 元代海外贸易研究 [M]. 成都：四川人民出版社，1988.

[49] 刘迎胜. 察合台汗国史研究 [M]. 上海：上海古籍出版社，2006.

[50] 马建春. 元代东迁西域人及其文化研究 [M]. 北京：民族出版社，2003.

[51] 杨志玖. 马可波罗在中国 [M]. 天津：南开大学出版社，1999.

[52] 申友良. 马可·波罗时代 [M]. 北京：中国社会科学出版社，2001.

[53] 陆国俊主编. 中西文化交流先驱——马可·波罗 [M]. 北京：商务印书馆，1995.

[54] 徐黎丽. 突厥人变迁史研究 [M]. 北京：民族出版社，2008.

[55] 〔俄〕巴托尔德. 蒙古入侵时期的突厥斯坦 [M]. 张锡彤，张广达，译. 上海：上海古籍出版社，2007.

[56] 〔美〕丹尼斯·塞诺. 内亚研究文选 [M]. 张锡彤，张广达，译. 北京：中华书局，2006.

[57] 〔法〕艾田蒲. 中国之欧洲 [M]. 许钧，钱林森，译. 桂林：广西师范大学出版社，2008.

[58] 〔英〕罗伯特·欧文. 伊斯兰世界的艺术 [M]. 刘运同，译. 桂林：广西师范大学出版社，2005.

[59] 〔美〕希提. 阿拉伯通史 [M]. 马坚，译. 北京：商务印书馆，1979.

［60］纳忠.阿拉伯通史［M］.北京：商务印书馆，1999.

［61］郭应德.阿拉伯史纲（610—1945）［M］.北京：中国社会科学出版社，1991.

［62］彭树智.中东国家通史·伊朗卷［M］.北京：商务印书馆，2002.

［63］彭树智.中东国家通史·埃及卷［M］.北京：商务印书馆，2003.

［64］彭树智.中东国家通史·伊拉克卷［M］.北京：商务印书馆，2002.

［65］彭树智.中东国家通史·阿富汗卷［M］.北京：商务印书馆，2000.

［66］彭树智.中东国家通史·叙利亚和黎巴嫩卷［M］.北京：商务印书馆，2003.

［67］王治来.中亚史纲［M］.长沙：湖南教育出版社，1986.

［68］加文·汉布里.中亚史纲要［M］.吴玉贵，译.北京：商务印书馆，1994.

［69］〔美〕拉铁摩尔.中国的亚洲内陆边疆［M］.唐晓峰，译.南京：江苏人民出版社，2005.

［70］〔埃及〕艾哈迈德·爱敏.阿拉伯—伊斯兰文化史［M］.北京：商务印书馆，1995.

［71］江淳，郭应德.中阿关系史［M］.北京：经济日报出版社，2000.

［72］金宜久.伊斯兰教史［M］.北京：中国社会科学出版社，1990.

［73］江文汉.中国古代基督教及开封犹太人［M］.上海：知识出版社，1982.

［74］顾卫民.中国与罗马教廷关系史略［M］.北京：东方出版社，2000.

［75］王介南.中外文化交流史［M］.太原：书海出版社，2004.

［76］周一良.中外文化交流史［M］.郑州：河南人民出版社，1987.

［77］沈福伟.中国与西亚非洲文化交流志［M］.上海：上海人民出版社，1998.

［78］黄时鉴.东西交流史论稿［M］.上海：上海古籍出版社，1998.

［79］张文德.中亚苏非主义史［M］.北京：中国社会科学出版社，2002.

［80］马建春.大食·西域与古代中国［M］.上海：上海古籍出版社，2008.

［81］〔日〕三上次男.陶瓷之路［M］.北京：文物出版社，1984.

［82］〔伊朗〕阿宝斯·艾克巴尔·奥希梯扬尼.伊朗通史［M］.叶奕良，译.北京：经济日报出版社，1997.

［83］〔美〕丹尼尔.伊朗史［M］：李铁匠，译.上海：东方出版中心.2010.

［84］〔美〕鲁迪·马特.伊朗学在欧洲和东亚［M］.姚继德，译.银川：宁夏人民出版社，2008.

[85]〔美〕劳费尔.中国伊朗编［M］.林筠因,译.北京:商务印书馆,1964.

[86]张鸿年.波斯文学史［M］.北京:昆仑出版社,2003.

[87]宋岘.古代波斯医学与中国［M］.北京:经济日报出版社,2001.

[88]〔法〕阿里·玛扎海里.丝绸之路:中国—波斯文化交流史［M］.耿升,译.北京:中华书局,1993.

[89]邢秉顺.伊朗文化［M］.北京:文化艺术出版社,2003.

[90]〔伊朗〕扎比胡拉·萨法.伊朗文化及其对世界的影响［M］.张鸿年,译.北京:商务印书馆,2011.

[91]王一丹.波斯拉施特《史集·中国史》研究与文本翻译［M］.北京:昆仑出版社,2006.

[92]江淳,郭应德.中阿关系史［M］.北京:经济日报出版社,2001.

[93]白寿彝.回族人物志:上册［M］.银川:宁夏人民出版社,2000.

[94]〔法〕安田朴.中国文化西传欧洲史［M］.耿昇,译.北京:商务印书馆,2000.

[95]〔法〕沙百里.中国基督教史［M］.耿昇,等译.北京:中国社会科学出版社,1998.

[96]阿·克·穆尔.一五五零年前的中国基督教史［M］.郝镇华,译.北京:中华书局,1984.

[97]〔德〕卡尔·布罗克尔曼.伊斯兰教各民族与国家史［M］.孙硕人,等译.北京:商务印书馆,1985.

[98]〔日〕内田吟风等.北方民族史与蒙古史译文集［M］.余大钧,译.昆明:云南人民出版社,2003.

[99]〔英〕爱德华·吉本.罗马帝国衰亡史:下册［M］.黄宜思,等译.北京:商务印书馆,1997.

[100]〔英〕G.F.赫德逊.欧洲与中国［M］.李申,等译.北京:中华书局,1995.

[101]〔苏〕Б.Д.格列科夫,A.Ю.雅库博夫斯基.金帐汗国兴衰史［M］.北京:商务印书馆,1985.

[102]〔法〕伯希和.蒙古与教廷［M］.冯承钧,译.北京:中华书局,1994.

[103]〔法〕雷纳·格鲁塞.蒙古帝国史［M］.龚钺,译.北京:商务印书馆,1989.

[104]〔法〕勒内·格鲁塞.草原帝国［M］.蓝琪,译.北京:商务印书

馆，1998.

［105］〔美〕拉铁摩尔．中国的亚洲内陆边疆［M］．唐晓峰，译．南京：江苏人民出版社，2005.

［106］〔英〕博斯沃思主编．中亚文明史：第四卷［M］．华涛，译．北京：中国对外翻译出版公司，2008.

［107］刘迎胜．蒙元帝国与13—15世纪的世界［M］．北京：三联书店，2013.

二、外文部分

（一）专著类

［1］ ADAMS C J. Iranian Civilization and Culture［M］. Canada, 1973.

［2］ ALLSEN T T. Commodity and exchange in the Mongol Empire：A Cultural History of Islamic Textiles［M］. Cambridge University Press, 2002.

［3］ ALLSEN T T. Culture and Conquest in Mongol Eurasia［M］. Cambridge University Press, 2004.

［4］ AMITAI R. Mongols and Mamluks：The Mamluk – Ilkhanid War（1260 – 1281）［M］. Cambridge University, 1995.

［5］ AMITAI R. The Mongol Empire And Its Legacy［C］. BRILL, 1999.

［6］ AMITAI R. The Mongols in the Islamic Lands［M］. Variorum, 2007.

［7］ BASIL G. The World History of Rashid al – Din：A Study of the Royal Asiatic Society Manuscript［M］. London, 1978.

［8］ BIRAN M. Chaingis Khan：Makers of the Muslim World［M］. Oneworld Publications, 2007.

［9］ BIRAN M. Qaidu and the Rise of the Independent Mongol State In Central Asia［M］. Routledge Curzon, 1997.

［10］ BLAIR S. The Ilkhanid shrine complex at Natanz［M］. Harvard University, 1986.

［11］ BOSWORTY C E. The Medieval History of Iran, Afghanistan and Central Asia［M］. London, 1977.

［12］ BOYLE J A. The Cambridge History of Iran［M］：Vol. 5. Cambridge University, 1968.

［13］ BOYLE J A. The Cambridge History of Iran［M］：Vol. 4. Cambridge University, 1968.

［14］ BROADBRIDGE A F. Kingship and Ideology in the Islamic and Mongol Worlds

[M] . Cambridge University Press, 2008.

[15] BROCKELMANN C. History of the Islamic Peoples [M] . London and Henley, 1980.

[16] BROWN E G. A Literary History of Persia [M]: Vol. 3. Cambridge University, 1929.

[17] DANIEL E L. The History of Iran [M] . Greenwood, 2008.

[18] DANTI M D. The Ilkhanid Heartland [M] . University of Pennsylvania Museum Publication, 2004.

[19] GRAY B. The World History of Rashid al – Din [M] . Cambridge University Press , 1977.

[20] HAWTING G R. Muslims, Mongols and Crusaders [M] . Routledge Curzon, 2005.

[21] HILLENBRAND R. Persian Painting: From the Mongols to the Qajars [M] . I. B. Tauris, 2001.

[22] HOWARD D A. The History of Turkey [M] . Greenwood Press, 2001.

[23] HOWORTH H H. History of the Mongols: From 9th to the 19th Century [M]. London: Longmans, Green, and Co. , 1876.

[24] HUSSEY J E. The New Cambridge Medieval History [M]: Vol. , IV. Cambridge University, 1966.

[25] JACKSON P. The Mongols and the West (1221 – 1410) [M] . Longman, 2005.

[26] JUVAINI. The History of the World – Conqueror [M] . trs, J. A. Boyle. Manchester University, 1958.

[27] KATOUZIAN H. Iranian History and Politics: State and Society in Perpetual Conflict [M] . Routledge Curzon, 2003.

[28] KOLBAS J. The Mongols in Iran: Chingiz Khan to Uljaytu (1220 – 1309) [M] . Routledge Curzon, 2006.

[29] KOMAROFF L. Beyond the legacy of Genghis Khan [C] . BRILL, 2006.

[30] KOMAROFF L. CARBONI S. The Legacy of Ghengis Kahn: Courtly Arts and Culture in Western Asia (1256 – 1353) [C] . Metropolitan Museum of Art, 2002.

[31] KWANTEN L. Imperial Nomads: A History of Central Asia (500 – 1500) [M]. Leicester University, 1979.

[32] LAMBTON A K S. Continuity and Change in Medieval Persia – Aspect of Admin-

istrative, Economic and Social History, 11th – 14th Century [M]. Bibliotheca Perica, 1988.

[33] LANE G. Early Mongol Rule in Thirteenth – Century Iran: A Persian Renaissance [M]. Routledge Curzon, 2003.

[34] LANE G. Genghis Khan and Mongol Rule [M]. Hackett Publishing Company, 2009.

[35] LEWIS B. The Assassins: A Radical Sect in Islam [M]. London, 1970.

[36] LOCKHART L. Famous cities of Iran [M]. Walter Pearce & Co., Brentford, Middlesex, 1939.

[37] LRWIN R. The Middle East in the Middle Ages [M]. Great Britain by Mackays of Chatham Ltd, Kent, 1986.

[38] MORGAN D. Medieval Persia (1040 – 1797) [M]. London and New York: Longman, 1988.

[39] MORGAN D. The Mongols [M]. Wiley – Blackwell, 2007.

[40] PETRY C. The Cambridge History of Egypt [M]: Vol. 1. Cambridge University, 1998.

[41] PHILIPP T. The Mamluks in Egyptian Politics and Society [M]. Cambridge University Press, 1998.

[42] SAUNDERS J J. The History of the Mongol Conquests [M]. University of Pennsylvania Press, 2001.

[43] SINOR D. Inner Asia: History – Civilization – Languages [M]. Indiana University, 1971.

[44] SPULER B. History of the Mongols: Based on Eastern and Western Accounts Of the Thirteenth and Fourteenth Centuries [M]. London: Routledge & Kegan paul, 1972.

[45] Petry C F. The Cambridge History of Egypt [M]: Vol., I. Cambridge University Press, 1998.

[46] WEASS D H. France and the Holy Land: Frankish Culture at the End of the Crusades [M]. The Johns Hopkins University Press, 2004.

[47] WILBER D N. The Architecture of Islamic Iran: The Il – Khānid Period [M]. Princeton University, 1955.

（二）学术论文类

［1］AMITAI R. Mongol Raids into Palestine（A. D. 1260 and 1300）［J］. Journal of the Royal Asiatic Society of Great Britain and Ireland, 1987（2）.

［2］AYALON D. Studies on the structure of the mamluk army – Ⅰ［J］. Bulletin of the school of oriental and african studies, 1953, 15（2）.

［3］AYALON D. Studies on the structure of the mamluk army – Ⅲ［J］. Bulletin of the school of oriental and african studies, university of london, 1954, 16（1）.

［4］AYALON D. Studies on the structure of the mamluk army – Ⅱ［J］. Bulletin of the school of oriental and african studies, university of london, 1954, 16（1）.

［5］AYALON D. Studies on the Transfer of The Abbāsid Caliphate from Bagdād to Cairo［J］. Arabica, T. 7, 1960（1）.

［6］AYALON D. The System of Payment in Mamluk Military Society［J］. Journal of the Economic and Social History of the Orient, 1957, 1（1）.

［7］BALLAY U. The Astronomical Manuscripts of Nasīr al – Dīn Tūsī［J］. Arabica, T. , 1990, 37（3）.

［8］BERLEKAMP P. Painting as Persuasion：A Visual Defense of Alchemy in an Islamic Manuscript of the Mongol Period［J］. Muqarnas, 2003, 20.

［9］BLAIR S. A Medieval Persian Builder［J］. Journal of the Society of Architectural Historians, 1986, 45（4）.

［10］BLAIR S S. Artists and Patronage in Late Fourteenth – Century Iran in the Light of Two Catalogues ofIslamic Metalwork［J］. Bulletin of the School of Oriental and African Studies, University of London, 1985, 48（1）.

［11］BLAIR S S. Ilkhanid Architecture and Society：An Analysis of the Endowment Deed of the Rab – i Rashidi［J］. British Institute of Persian Studies, 1984, 22.

［12］BLAIR S S. Sufi Saints and Shrine Architecture in the Early Fourteenth Century［J］. Muqarnas, 1990, 7.

［13］BLAIR S S. The Development of the Illustrated Book in Iran［J］. Muqarnas, Vol. 10, Essays in Honor of Oleg Grabar, 1993, 10.

［14］BLAIR S S. The Ilkhanid Palace［J］. Ars Orientalis, Pre – Modern Islamic Palaces, 1993, 23.

［15］BLAIR S S. The Mongol Capital of Sultāniyya［J］. Iran, 1986, 24.

［16］BOYLE J A. Rashid al – Din：The First World Historian［J］. British Institute of Persian Studies, Iran, 1971, 9.

[17] BOYLE J A. Some Thoughts on the Sources for the Il - Khanid Period of Persian History [J] . Iran, 1974, 12.

[18] CLEAVES F W. A Chinese Source Bearing on Marco Polo's Departure From China and a Persian Source on His Arrival in Persia [J] . Harvard Journal of Asiatic Studies, 1976, 36.

[19] DIMAND M S. Three Persian Miniatures of the XIV Century [J] . The Metropolitan Museum of Art Bulletin, 1937, 32 (1).

[20] EARTHY E D. The Religion of Genghis Khan (A. D. 1162 – 1227) [J]. Numen, 1955, 2 (3).

[21] FATEH M K. Taxation in Persia: "A Synopsis from the Early Times to the Conquest of the Mongols" [J] . Bulletin of the School of Oriental Studies, University of London, 1928, 4 (4) .

[22] FISCHEL W J. On the Iranian Paper Currency of the Mongol Period [J]. Journal of the Royal Asiatic Society of Great Britain and Ireland, 1939 (4) .

[23] FITZHERBERT T. Khwājū Kirmānī (689 – 753/1290 – 1352): An éminence Grise of Fourteenth Century Persian Painting [J] . Iran, 1991, 29.

[24] GRAY B. Persian Influence on Chinese Art from the Eighth to the Fifteenth Centuries [J] . Iran, 1963, 1.

[25] HALPERIN C J. The Kipchak Connection: The Ilkhans, the Mamluks and Ayn Jalut [J] . Bulletin of the School of Oriental and African Studies, University of London, 2000, 63 (2) .

[26] HILLENBRAND R. Mamlūk and īlkhānid Bestiaries: Convention and Experiment [J] . Ars Orientalis, 1990, 20.

[27] HOLT P M. Mamluk – Frankish Diplomatic Relations in the Reign of Qalāwūn (678 – 89/1279 – 90) [J] . Journal of the Royal Asiatic Society of Great Britain and Ireland, 1989 (2) .

[28] HOLT P M. Some Observations on the Abbāsid Caliphate of Cairo [J] . Bulletin of the School of Oriental and African Studies, University of London, 1984, 47 (3) .

[29] HOLT P M. The īlkhān Ahmad's Embassies to Qalāwūn: Two Contemporary Accounts [J] . Bulletin of the School of Oriental and African Studies, University of London, In Honour of Ann K. S. Lambton, 1986, 49 (1) .

[30] HOLT P M. The Position and Power of the Mamlūk Sultan [J]. Bulletin of the School of Oriental and African Studies, University of London, 1975, 38 (2).

[31] JACKSON P. The Crisis in the Holy Land in 1260 [J]. The English Historical Review, 1980, 95 (376).

[32] JOHNSON M C. Greek, Moslem and Chinese Instrument Design in the Surviving Mongol Equatorials of 1279, [J] Isis, 1940, 32 (1).

[33] KADOI Y. Aspects of Frescoes in Fourteenth – Century Iranian Architecture: The Case of Yazd [J]. Iran, 2005, 43.

[34] KRAHL R. Export Porcelain Fit for the Chinese Emperor. Early Chinese Blue – and – White in the Topkapī Saray Museum, Istanbul [J]. Journal of the Royal Asiatic Society of Great Britain and Ireland, 1986 (1).

[35] LAMBTON A K. Changing Concepts of Justice and Injustice from the 5th/11th Century to the 8th/14th Century in Persia: The Saljuq Empire and the Ilkhanate [J]. Studia Islamica, 1988 (68).

[36] LAMBTON A K S. Mongol Fiscal Administration in Persia [J]. Studia Islamica, 1986 (64).

[37] LAMBTON A K S. The Evolution of the Iq? ā' in Medieval Iran [J]. Iran, 1967, 5.

[38] LEVY R. The Letters of Rashīd al – Dīn Fadl – Allāh [J]. Journal of the Royal Asiatic Society of Great Britain and Ireland, 1946 (1).

[39] LEWIS B. The Mongols, the Turks and the Muslim Polity [J]. Transactions of the Royal Historical Society, Fifth Series, 1968, 18.

[40] LITTLE D P. The Founding of Sultāniyya: A Mamlūk Version [J]. Iran, 1978, 16.

[41] LOCKHART L. The Relations between Edward I and Edward II of England and the Mongol īl – Khāns of Persia [J]. Iran, 1968, 6.

[42] MARTIN H D. The Mongol Army [J]. Journal of the Royal Asiatic Society of Great Britain and Ireland, 1943 (1).

[43] MASUYA T. Persian Tiles on European Walls: Collecting Ilkhanid Tiles in Nineteenth – Century Europe [J]. Ars Orientalis, Exhibiting the Middle East: Collections and Perceptions of Islamic Art, 2000, 30.

[44] MAY T. A Mongol – Ismāīlī Alliance?: Thoughts on the Mongols and Assassins [J]. Journal of the Royal Asiatic Society, Third Series, 2004, 14 (3).

［45］MCALLISTER H E. A Fourteenth – Century Persian Tombstone ［J］. The Metropolitan Museum of Art Bulletin, 1938, 33 (5).

［46］MCLEAN N. An Eastern Embassy to Europe in the Years 1287 – 8 ［J］. The English Historical Review, 1899, 14 (54).

［47］MELVILLE C. The Itineraries of Sultan ? ljeitü, 1304 – 16 ［J］. Iran, 1990, 28.

［48］MEREDITH – OWENS G M. Some Remarks on the Miniatures in the Society's " JāmiʿAl – Tawārīkh" ［J］. Journal of the Royal Asiatic Society of Great Britain and Ireland, 1970 (2).

［49］MORGAN D O. The Great yāsā of Chingiz Khān and Mongol Law in the īlkhānate ［J］. Bulletin of the School of Oriental and African Studies, University of London, In Honour of Ann K. S. Lambton, 1986, 49 (1).

［50］MORGAN D O. Who Ran the Mongol Empire? ［J］. Journal of the Royal Asiatic Society of Great Britain and Ireland, 1982 (1).

［51］MORGAN D. The Mongols in Iran: A Reappraisal ［J］. Iran, 2004, 42.

［52］MOULE A C. Documents Relating to the Mission of the Minor Friars to China in the Thirteenth and Fourteenth Centuries ［J］. Journal of the Royal Asiatic Society of Great Britain and Ireland, 1914.

［53］NATSAGDORJ S. The Economic Basis of Feudalism in Mongolia ［J］. Modern Asian Studies, 1967, 1 (3).

［54］O'KANE B. From Tents to Pavilions: Royal Mobility and Persian Palace Design ［J］. Ars Orientalis, Pre – Modern Islamic Palaces 1993, 23.

［55］PAVIOT J. England and the Mongols (c. 1260 – 1330) ［J］. Journal of the Royal Asiatic Society, Third Series, 2000, 10 (3).

［56］POLIAK A N. The Influence of Chingiz – khān's Yāsa upon the General Organization of the Mamlūk State ［J］. Bulletin of the School of Oriental and African Studies, University of London, 1942, 10 (4).

［57］ROXBURGH D. The Study of Painting and the Arts of the Book ［J］. Muqarnas, 2000, 17.

［58］RYAN J D. Christian Wives of Mongol Khans: Tartar Queens and Missionary Expectations in Asia ［J］. Journal of the Royal Asiatic Society, Third Series, 1998, 8 (3).

［59］SALIBA G. An Observational Notebook of a Thirteenth – Century Astronomer

[J] . Isis, 1983, 74 (3) .

[60] SCHIMMEL A. The Ornament of the Saints: The Religious Situation in Iran in Pre – Safavid Times [J] . Iranian Studies, Vol. 7, No. 1/2, Studies on Isfahan: Proceedings of the Isfahan Colloquium, Part I, 1974, 7 (1/2) .

[61] SCHURMANN H F. Mongolian Tributary Practices of the Thirteenth Century [J]. Harvard Journal of Asiatic Studies, 1956, 19 (3/4) .

[62] SINOR D. John of Plano Carpini's Return from the Mongols: New Light from a Luxemburg Manuscript [J] . Journal of the Royal Asiatic Society of Great Britain and Ireland, 1957 (3/4) .

[63] SMITH J M. Ayn Jālūt: Mamlūk Sucess or Mongol Failure? [J] . Harvard Journal of Asiatic Studies, 1984, 44 (2).

[64] SMITH J M. Mongol And Nomad Taxation [J], Harvard Journal Of Asiatic Studis, 1970 (30) .

[65] SMITH J M. Mongol Manpower and Persian Population [J] . Journal of the Economic and Social History of the Orient, 1975, 18 (3) .

[66] SMITH J M, PLUNKETT F. Gold Money in Mongol Iran [J]. Journal of the Economic and Social History of the Orient, 1968, 11 (3) .

[67] SOUCEK P. Ceramic Production as Exemplar of Yuan – Ilkhanid relations [J] Anthropology and Aesthetics, 1999 (35) .

[68] WEISSMAN K. Mongol Rule in Baghdad [J] . Chicago Illinois, 1990.

[69] WING P. The Jalayirids and Dynastic State Formation in the Mongol Ilkhanate [J] . Chicago Illinois, 2007.